上海交通大學
百年报刊集成

第一辑（1896—1949）
学 术 学 科

理学卷（第一册）

上海交通大学
档案文博管理中心 编

上海交通大學出版社
SHANGHAI JIAO TONG UNIVERSITY PRESS

内容提要

《上海交通大学百年报刊集成·第一辑（1896—1949）·学术学科》是上海交通大学"双一流"校园文化建设专项"交通大学百年报刊搜集整理、影印出版和数字化工程"第一期成果。本丛书第一期共22册，依照学科属性分为六卷：《综合卷》《工程卷》《理学卷》《经管卷》《研究所专刊卷》《国文卷》。

本卷收录民国时期交通大学自然科学类期刊四种，分别是《科学世界》《科学通讯》《科学介绍》《震光数理》，按创刊时间先后及体量大小，编为两册。这些刊物从不同的维度对自然科学进行阐释、推广，或启发兴趣、或指导学业、或研究高深学问，受到当时不同阶层读者的欢迎，对形塑时人的科学观念，普及科学教育有着积极意义。

本卷收录的期刊反映了交通大学追求真知、文理并重、知行合一的教风学风特点，以及交大师生为民启智、为国发奋的爱国热忱和社会担当。同时，这些刊物体现当时的科学认知与研究水平，是研究近代中国科学史、学科史的宝贵资料。

图书在版编目（CIP）数据

上海交通大学百年报刊集成．第一辑：1896—1949．学术学科·理学卷 / 上海交通大学档案文博管理中心编；漆姚敏主编．—上海：上海交通大学出版社，2022.3

ISBN 978-7-313-25834-2

Ⅰ．①上… Ⅱ．①上… ②漆… Ⅲ．①上海交通大学—理科（教育）—学术期刊—汇编—1896-1949 Ⅳ．① Z62

中国版本图书馆 CIP 数据核字（2021）第 222094 号

上海交通大学百年报刊集成 • 第一辑（1896—1949）• 学术学科• 理学卷

SHANGHAI JIAOTONG DAXUE BAINIAN BAOKAN JICHENG · DI-YI JI（1896—1949）·XUESHU XUEKE · LIXUE JUAN

编　　者：上海交通大学档案文博管理中心
主　　编：漆姚敏
出版发行：上海交通大学出版社　　地　　址：上海市番禺路951号
邮政编码：200030　　电　　话：021-52717969
印　　制：上海雅昌艺术印刷有限公司　　经　　销：全国新华书店
开　　本：787mm×1092mm　1/16　　总 印 张：106.25
总 字 数：1 962千字
版　　次：2022年3月第1版　　印　　次：2022年3月第1次印刷
书　　号：ISBN 978-7-313-25834-2
定　　价（共二册）：2 228.00元

《上海交通大学百年报刊集成》编纂委员会

主　　任：杨振斌　林忠钦

成　　员：（按姓氏笔画排序）

丁奎岭　万晓玲　王伟明　王宗光　毛杏云　李新碗　张安胜

张　凯　胡　昊　顾　锋　钱天东　奚立峰　徐学敏　谈　毅

《上海交通大学百年报刊集成·第一辑（1896—1949）·学术学科》编纂组

总 主 编：张安胜

副总主编：胡　昊　欧七斤　胡　端

组　　员：（按姓氏笔画排序）

叶　璐　朱　恺　孙　萍　何　菲　欧七斤　胡凤华　胡　端

许雯倩　曹灵钰　章玲苓　漆姚敏

本卷主编：漆姚敏

总序一

盛世修史，懿年纂志。在上海交通大学建校126周年之际，学校“双一流”校园文化建设专项“交通大学百年报刊搜集整理、影印出版和数字化工程”第一期成果《上海交通大学百年报刊集成·第一辑(1896—1949)·学术学科》正式出版发行，实为学校一以贯之地实施“文化引领”战略的一项重要成果。

《上海交通大学百年报刊集成》由学校档案文博管理中心组织整理、编纂。此套“学术学科”类丛书共计22分册，荟萃了49种期刊，近两千万字的宏大体量，依照学科属性，分为六卷：综合卷、工程卷、理学卷、经管卷、研究所专刊卷和国文卷，是新中国成立前交通大学学术期刊首次集成与影印出版，并建成可供检索和全文阅读的电子数据库，这对增强上海交大“双一流”建设的文化底蕴，提升学校文化软实力，具有重要的历史价值和现实意义。

作为一所深具厚重历史底蕴并以“理工见长、工文并重”著称的高等学府，交通大学在百年办学历史上创办刊行了数量极为可观的报纸、期刊。据不完全统计，仅新中国成立前就有155种，体量庞大，内容宏富，大致囊括学术学科、新闻资讯、文体社团、年报一览、毕业专刊、校友通讯、特别专刊七大类。从办刊水准而言，由于交通大学在中国高等教育史与科学技术史上具有非同寻常的代表性，且地处通商巨埠上海，得风气之先，领思潮之新，其所创办的报刊很大程度上构筑了20世纪上半叶我国高校科技文化报刊的顶端平台，并以其示范作用和诸多创新引领了同期其他大学办刊办报的发展方向。从内容而言，这些报刊不仅是交大百年演进历程与发展脉络最原始、最全景式的真实记录，而且涉及内容之广，视野之阔，远远超出“一校之史”的范畴，举凡我国近代经济、工程、科技、教育、文化、思想状况，无所不包，巨细兼收，是研究中国近现代科技史、经济史、政治史、教育史、学术史、社会史值得深挖细掘的一座富矿，洋溢着充沛的学术生命力，更是一份颇为珍贵的大学文化遗产。

长期以来，这批报刊资源养在高校“深闺”，对外开放程度不高，主动公布更是少见，严重制约着中外学术界以及交大师生校友对它们的研究与利用，更不利于百年交大历史文化遗产的传承与发扬。鉴于其重要史料价值与现实意义，学校档案文博管理中心以“交通大学百年报刊搜集整理、影印出版和数字化工程”为题,申报了2018—2020年上海交通大学“双一流”建设校园文化类项目,成功获得立项。该项目旨在全面搜集整理并影印出版上海交通大学1896—1949年公开刊印的各类期刊、报纸等出版文献,并建成可供校内外检索利用的数据库。此次影印出版的“学术学科”丛书,就是该项目的第一期成果。

翻阅这套大部头的报刊集成,大量校内外名家名师的高水平学术成果赫然在列,一批早期外国科学家与工程师的中译本文章也出现在其中,涉及的学人与学术成果不少都是各学科极具知名度的。例如,茅以升的钱塘江桥设计与施工研究,凌鸿勋的中国铁路研究,徐名材的化工教育研究,张廷金的无线电研究,赵祖康的公路交通研究,沈奏廷的铁道管理研究,辛一心的船海研究,顾澄的数学研究,陈柱的中国文学研究,马寅初的财政金融研究,杜定友的图书馆学研究,等等,不胜枚举。这些文章阐发宏论,探赜发微,各擅胜场,所阐述的问题除了具有较强的专业性外,还直指国计民生,关注社会生产力发展,深具交大“求实学、务实业”的优良学风,绝非躲在象牙塔内闭门造车式的学问。从中既可以了解交大前辈学人的学术气派,也可以吸收有益的治学经验,还能为新一代学人提供真实的历史借鉴,避免或减少不必要的曲折,更加稳健地走好自己的学术创新之路。

更激励人心的是,这些历史报刊中所反映的代表性学人、学科与学术成果的辉煌,正是如今建设交大“一流学科”历史必然性的坚实印证。在2017年上海交通大学入选国家“双一流”学科建设名单的17个学科中,船舶与海洋、数学、机械、土木、化工、电子电气、商业与管理等多个学科,历史上都办有专门的学术刊物,如《交大工程》《交大电机》《交大机械》《交大土木》《交大造船》《科学通讯》《震光数理》《管理》《经济学报》等等,这充分显示出厚重的学科积淀和清晰的学术传承。整理出版这些期刊,不仅是对交大先贤学术成就的致敬与礼赞,更增强了新时代交大人扎根中国大地,建设世界一流大学的底气与自信。

正所谓:“其作始也简,其将毕也必钜”。校史史料文献的收集整理与出版是一个永远在路上的文化工程,只有起点,没有终点。《上海交通大学百年报刊集成·第一辑(1896—1949)·学术学科》的出版仅仅是良好的开端,更多的后续成果将会陆续呈现,由此产生的整体效应必将发挥更大的存史、资政、育人效果,不仅为交通大学126年的成长留下真实写照,有利于我们深刻理解认识交大优良传统和优秀文化,而且更能提升大学文化软实力和影响力,凝聚起建设中国特色世界一流大学的最大向心力和最强精神动力。

是为序。

杨振斌　　林忠钦

上海交通大学党委书记　　上海交通大学校长

2022年1月

总序二

以《遐迩贯珍》(*Chinese Serial*)改名《六合丛谈》(*Shanghae Serial*),于清咸丰七年(1857)迁上海出版为标志,表明上海取代香港成为我国近代最大的商埠。同时,上海也逐渐发展成为我国最大的经济中心、最大的工业基地和国内外贸易中心,以及全国出版中心。同时,上海也是1949年以前我国高等学校最为集中的城市,在1947年达最高年份,高校总数为36所,并出版我国最早的文理综合性大学学报《约翰声》(*The St.John's University Echo*)等303种期刊。[①] 其中,清光绪二十二年(1896)由南洋公学发展而来的交通大学,于清光绪二十九年(1903)相继创刊《童子世界》(*The Childen' s World*)等75种期刊。

看历史比看未来要更为清楚,研究高校期刊不仅可知高等教育的过去,还可预知高等教育的未来。在学校"双一流"校园文化建设专项立项资助的背景下,上海交通大学的同仁全力开展"交通大学百年报刊搜集整理、影印出版和数字化工程"工作,实为功在当代、利在千秋之举。作为一位有着40余年编龄的期刊工作者和期刊研究爱好者,很乐意与大家分享我所了解的交通大学百年报刊史。

(一)

创刊于清光绪二十九年(1903)4月6日的《童子世界》(*The Childen' s World*)旬刊是晚清时期交通大学的代表性期刊,迄今已有118年的悠久历史。

甲午以还,忧国之士深感教育在培植治国兴邦之才方面的重要作用,遂有废科举、兴学堂之举。为求弥补西学师资不足的状况,也为求辅助课堂教学,晚清学堂或成立译书院,或订阅大量报刊,或自己创办期刊,作为日课,组织学子阅读学习。由此,确立了报刊在近世学堂中"何能舍此"的重要地位,成为清季所倡"研究""广育""报章"学务三端

① 姚远:《中国大学科技期刊史》,陕西师范大学出版社,1997,第167—190页。

之一。[①]

南洋公学亦于光绪二十四年(1898)成立译书院,"诹访通材,博求善本,数月之间,略之端绪",并逐渐形成"先章程而后议论""审流别而定宗旨""正文字以一耳目""选课本以便教育"等编辑原则,逐步翻译出版各国有关政治、历史、科技的书籍。以我国出版界前辈张元济为主持者(1899—1903年任主事),译述新学书籍。在其短暂的四五年存在期间,译书院曾出版了严复译述的《支那教案论》和《原富》(现通译《国富论》,[英]亚当·斯密所著)等30余种。光绪二十七年(1901)11月,张元济创办《外交报》旬刊,由商务印书馆代印出版。该刊从光绪二十七年(1901)至宣统二年(1911)1月共出300期,连续刊行10年。在翻译出版西书的同时,公学也出版了一些学生的国文习作。如光绪三十年(1904)印行的4卷本《南洋公学课文汇选》,即系南洋公学创办者盛宣怀、代总办张美翊在料检课文时,发现毕业生的课文,宗旨端正,词义渊雅,遂将其"汇为一编"。之后,又有1914年刊行的《南洋公学新国文》、1917年刊行的《南洋公学国文成绩二集》和1922年刊行的《南洋大学国文成绩第三集》,成为早期交大学生的国文成绩或教学辅助读物之一,与《童子世界》一起,形成晚清学校书、报、刊出版,并辅助教学与学术的新态势。

虽然南洋公学是一所以培养"新政"人才为主的学校,但它的教学体制、课程安排、规章制度、教员配备以至待遇等等,无不使人强烈地感受到封建社会的烙痕。部分旧派教员钳制学生思想,严禁学生传阅《新民丛报》等进步刊物,不准议论时政,因而引起学生强烈不满。光绪二十八年(1902)11月,学校掀起了一场空前规模的反封建专制的斗争,200多名学生退学抗议,素具民主思想的特班主任蔡元培,也因同情学生而愤然辞职。学生们退出公学后,为了继续求学,便向蔡元培主持发起的中国教育会请求帮助。是年11月20日,退学学生在教育会的支持下,成立了爱国学社,并于11月下旬正式开学。蔡元培被推为总理,南洋公学师范生吴稚晖任学监,章太炎、蒋观云等为教员。创刊于光绪二十九年(1903年)4月6日的《童子世界》旬刊,就是由南洋公学退学学生组织爱国学社的学生主办的。

尽管爱国学社后因吴稚晖等在《苏报》案中受到牵连而被迫解散,但它却为各地受压制的学生树立了榜样,并在当时社会各界引起强烈的反响。进步舆论纷纷对南洋公学退学学生的行动予以支持,并给予极高的评价。由此也不难看出,交大所具有的追求真理、爱国爱校的优良传统,早在南洋公学时期便已播下了种子。

① 姚远、颜帅:《中国高校科技期刊百年史》,清华大学出版社,2008,第7—8页。

(二)

交通部上海工业专门学校于1915年6月创办的《上海工业专门学校学生杂志》(*The Nanyang Students*)是辛亥革命以后和五四运动前夕,交通大学最具代表性的一份文理综合性期刊。

《上海工业专门学校学生杂志》实际上由中文、英文两部分组成,英文刊名为*The Nanyang Students*(《南洋学生》),可谓中西合璧。其创刊号载有中文文章30余篇,英文文章20余篇,自然科学和工程技术中的英文文章占绝大多数。其中有专文对中国工业不发达之故进行论述,而对"华人与狗不得进入"也有鞭辟入里的痛斥。

1915年1月,上海工业专门学校学生"感于本校精神之涣散、情谊之淡薄"而组织了南洋学会。该会"以联络感情,交换知识,焕发精神,引起兴趣为宗旨",于1915年6月创办了会刊《上海工业专门学校学生杂志》,由上海中华书局代印。校长唐文治在序中指出,"盖徒知文明之足以治天下,而不知甲胄戈兵之已随其后,悲夫。近代学子稍稍研求科学,徐而究其实,乃徒知物质之文明,而于有形无形之竞争,曾未尝少辨焉……我知中国必将有圣人者出,先以无形之竞争趋于有形之竞争,乃复以有形之竞争归于无形之竞争……我校诸生讲求工业,谋印杂志,公诸当世。余特发挥文明之学说,以勖勉之益,将以振起我国民也"。[①] 主要办刊人张荫熙在"发刊宣言"中也进一步指出:"铁道、电报、船舶、电话,有形之交通也;方言、国语、报章、杂志,无形之交通也。吾国进步之滞在有形之交通,尤在无形之交通。本校造就之材在有形之交通,亦在无形之交通。……本杂志发轫伊始,倚重科学,意在实艺,不务修辞,文旨谫陋,顾形自惭。博雅君子,宏垂教诲,所欣慕焉"。该刊在注重学术的同时,还大力宣传爱国主义思想,如张荫熙的"发刊宣言",便饱含忧国忧民、爱校爱国之情,他说:"以吾之心度天下千万人之心,吾以吾之性测天下千万人之性,必不尽一性,必不尽同。然观国徽而致敬,瞻校帜而生爱,油然而自发者。此天下千万人之性皆同,心皆一也。推此心达此性,虽以之救国可也。同人不揣绵薄,上欲:以一二人爱校爱国之心为天下千万人爱国之心;下欲:以一二人好察好问之性起天下千万人好学之性。此本杂志之所为刊也。"[②]他由国旗联想到校旗,由爱国联想到爱校,由一二人爱校爱国谋求千万人爱国,由一二人好学好问谋求千万人爱好学术,反映了该刊独特的爱校爱国观。

该刊于1920年停刊,共出版14期,为中英文合版,先后发表学术性文章62篇。其内

① 唐文治:《上海工业专门学校学生杂志·序》,《上海工业专门学校学生杂志》1915年(创刊号),第1页。

② 张荫熙:《发刊宣言》,《上海工业专门学校学生杂志》1915年(创刊号),第2—3页。

容包括：论著、工艺、科学、文苑、记载、说部、杂俎、体育等。其中在工艺与科学两个栏目中，每期都发表学术性文章若干篇，涉及数、理、化、天文、生物、地质等基础科学的各个领域。

张荫熙在述及其栏目时，言简意赅地概括出杂志的层次性和丰富内容。此处不妨罗列如下：第一，论著类——“贤良对策，下帷功勤，神龙嘘气，上薄为云，翻江泻海，写我云云，倒倾三峡，辟易千军”；第二，工艺类——“郢人垩墁，运斤成风，秦台毕午，缘木腾空，昆明大匠，蕉蒻纤工，广参玄化，判白批红（述及建筑、工具、航空等巧夺天工的工艺技术）；第三，科学类——“铄凝金石，辨析元霜，立竿求影，法出圆方，铜山西响，斗柄北芒，潮流往复，海换沧桑（述及冶金、化学、计时、数学、天文、海洋、地球演化等科学内容）；第四，体育类——“射御书数，干戈翰墨，入室生徒，拔山气力，起陆龙蛟，眈吞四国，乾乾天行，自强不息”；第五，文苑类——“词追回波，诗宗皮陆，屈宋文章，芙蓉初沐，西子笑颦，强效捧腹，春华秋实，贵称厥服”；第六，杂俎——“解人颐旨，妙语连环，凤麟毛角，文豹一斑，竹头木屑，如叶满山，包罗天地，收纳尘寰”；第七，说部类——“山海鬼神，寓言所托，出入齐谐，东方北郭，芸芸众生，沉溺一壑，觉世觉人，亦天之铎”；第八，记载类——“羲皇结绳，周人削漆，杌梼春秋，谨严一笔，三百六旬，尘事乙乙，纸上爪鳞，驹影何疾”；第九，欧文类——“春蚕食叶，秋螯行秔，分王海国，贝叶千行，不龟手药，洴澼洸方，因人设用，作我渡航”。

总的来看，《上海工业专门学校学生杂志》仍属以自然科学和工程技术为主的综合性期刊。在英文目录中，其栏目被分为 Engineering（工程技术）和 Science（科学）两部分。在科学技术与社会研究方面，创刊号发表有蓝兆乾的《科学救国论》（续至第 3 期）；林若履的《论本国工业不发达之故及其将来之推测》（续至第 2 期）；第 3 期发表有蓝兆乾的《欲兴实业引起社会热心其道何由》，第 2 卷第 1 期发表有鲍国宝的《说学会》和蔡其标的《以国文治科学平议》等。在自然科学基础理论研究方面，创刊号发表有李石林的《化学上之心得》，陈长源的《炮术与落体抛射体之互相关系》（续至第 2 期），金云的《论多次方》，金汤的《肥皂泡及其膜之张力》等；第 2 期发表有裘维裕的《几何三题》，林若履遗稿《空气杀人论》，心塞的《摄影谈》（续至第 3 期）等，第 3 卷第 1 期发表有戴茅澜的《裂殖菌》等。在工程技术方面，其内容较自然科学基础论文的内容更为丰富，包括电气工业、铁路建筑、电车运营技术、水利工程、无线电技术、海底电报技术、探海灯、双翼飞机制造、道路工程、房屋建筑、安源煤矿调查等诸多方面，反映了早期交通大学在译介西方现代工程技术知识方面的一些贡献，以及在几何学、微生物学、科学社会学研究方面的一些心得。

之后，随着学校的发展，交通大学创刊了一批重要期刊，忠实记载了学校各个时期的发展。诸如：交通大学由多科性大学实现向工科大学转型的代表性刊物——《南洋季刊》和《交大月刊》；交通大学综合性自然科学代表性期刊——《科学世界》和《科学通讯》；交通大学管理科学与工业经济代表性期刊——《交通管理学院院刊》《管理》和《经济学报》；工程技术学科的代表性期刊——《工程学报》，等等。

（三）

交通大学在长期的办刊实践中，也形成了独特的办刊思想。校长唐文治在宣统三年（1911）四月给主辖部门邮传部转咨学部的呈文中，认为"科举既停，专重科学，科学尚实，不宜诱之以虚荣"。他立足于科学救国和实业救国，本着中学为体、西学为用的原则，既弘扬中华民族的传统文化，又积极汲取西方先进的科学技术和工业文明。唐文治于宣统元年（1909）四月将这种崇尚实学、爱校即爱国的思想写进校歌："珠光灿，青龙飞，美哉吾国徽；醒狮起，搏大地，壮哉吾校旗；愿吾师生全体，明白旗中意，既醒勿睡，既明勿眯，精神常提起。实心实力求实学，实心实力务实业。光辉吾国徽，便是光辉吾校旗。"唐文治对新一代学生寄予莫大希望，呼吁社会予以爱护和培养。他认为："今者科举停，宪政举，天下之人将尽出于学校，天下之言政治、言学术、言外交法律、为农工商诸实业者，将尽出于学生，天下之所仰赖者非学生而谁赖？而世乃疑之、忌之、摧之、残之、废之，弃之者抑又何也？"[①] 在谈到学生、学校与国家的关系时，他认为："学生之对于学校，爱情已矣。有爱情于学校，乃能有爱情于国人。"[②]"我校诸生讲求工业，谋印杂志，公诸当世。余特发挥文明之学说，以勖勉之益，将以振起我国民也。"[③] 这种将学校、国家，以及将期刊、国民相联系的思想，突出地反映了高校期刊的社会纽带作用。

南洋公学向以"注重国学、国文，以保存国粹和注重科学工艺，以增进民智"为校风，而这种"精神所汇集之点，则爱国救民也"。工业专门学校时期的学校章程亦在第一章宗旨中规定："教授高等工业专门学科，养成工业人才，并极意注重道德，保存国粹，启发民智，振作民气，以全校蔚成高尚人格为宗旨。"这种讲求文理融通的学风甚至比北京大学还要早些，而且增加了注重国学、国文以保存国粹和爱国济民的内容。早在南洋公学时期，

---

① 唐文治：《学校培养人才论》（1909 年），载《交通大学校史》撰写组编：《交通大学校史资料选编第一卷》（1896—1927），西安交通大学出版社，1986，第 146 页。

② 唐文治：《学生格》（1912 年），载《交通大学校史》撰写组编：《交通大学校史资料选编第一卷》（1896—1927），西安交通大学出版社，1986，第 158 页。

③ 唐文治：《序》，《上海工业专门学校学生杂志》，1915 年第 1 卷第 1 期，第 1—2 页。

该校即提出:“我国学者多讲求哲理,而少研究科学;多重视文学,而少注重艺术……今我国之所不及他国者,其尚在哲理之少讲求,文学之多不重视乎,抑亦于科学之少研究,艺术之多不注意也。夫科学少研究,则新理何由发明;艺术多不注意,则新物亦何由制作,徒固守数千之哲理文字,其能免天演物竞之淘汰乎?!母校知其然也,故以科学艺术与哲理文学并重。[①]。正因为这种通才教育模式,故该校成为政治家、实业家、教育家、小说家,“乃至有震古铄今之名将”等各种优秀人才的渊薮。[②]

学术期刊,历来代表着一种最富创造力的文化现象,也是报道新思想、新发明和传播新理论的主要途径。进入19世纪以来,期刊取代了16至18世纪学者间的通信形式或图书小册子形式,逐渐成为记载和传播学术最迅捷、最重要、最系统和最权威的媒介。英国学者迪克认为:“假设没有定期刊物,现代学术当会以另一种途径或缓慢得多的速度向前发展,而且无论是科技工作还是社会科学工作也不会成为如同现在一样的职业。”[③]国立北平大学的欧阳谙教授曾精辟地揭示西方文明何以进步的两大标志,即:“试观泰西文明之进步其原因果何在?以吾所知,亦不外一实验室、一出版物耳。”[④]

吴宓曾指出,“大学是保存人类精神文化遗产的地方,一国一族有它自己光荣的文化遗产,全人类有全人类的公共产业。一般高级的文化遗产,都少实利的效用,所以必须靠最高的学术机构去保存它、去光大它”。[⑤]而精神或思想不能仅存于大脑,或满足于课堂宣讲,必须通过学校期刊这样的媒介公之于众才能发挥大学的价值,这正是学校期刊的功能与责任所在。这说明大学学术期刊是与社会沟通的一座桥梁,是学术成果流入社会的一道闸门,是大学学术传承与发展的一个品牌。

上海交通大学档案文博管理中心主持的“交通大学百年期刊搜集整理、影印出版和数字化工程”,意义在于:一可展现学校厚重的文化底蕴,提升学校世界“一流大学”“一流学科”建设的历史底气,增强师生校友建设实现“双一流”建设的自信心和使命感;二可通过期刊史料发掘,深化学术文化研究,深化校史文化研究,展示各个历史时期学术探索的轨迹,丰富校史文化资源建设,有利于落实文化引领战略;三可通过饮水思源,回顾历史,提炼爱国、爱校精神,联络海内外校友感情,增强广大校友、师生的凝聚力。因此,这显然

---

① 陈容:《南洋公学之精神》,载南洋公学同学会编:《南洋》1915年第1期。

② 邹恩润:《对吾校廿周年纪念之感言》,《上海工业专门学校学生杂志》1917年第1卷第1号。

③ [苏]米哈依洛夫等:《科学交流与情报学》,徐新民等译,科学技术文献出版社,1983,第64—65页。

④ 欧阳谙:《卷头语》,《工业月刊》1929年(创刊号),第2—3页。

⑤ 吴宓:《大学的起源与理想》(1948年4月16日),载《国立西北大学校刊》1948年第36期,第7—9页。

是一项艰巨浩大的校园文化工程，是高等学校传承优秀高等教育文化的一个创造，具有重大历史意义和现实价值。

姚远

西北大学科学史高等研究院特聘教授

2022年1月

影印说明

《上海交通大学百年报刊集成》整理、影印交通大学1896—1996年期间出版发行的报纸、刊物，是大型史料丛书，丛书将分批整理、影印出版百年交大的期刊、报纸资源。“第一辑（1896—1949）·学术学科”，整理影印新中国成立前交通大学[①]及各院系、研究所及相关社团自主创办、编辑、出版印行的“学术学科”类期刊共49种，共22册。第一辑依内容的学科属性，分为6卷:《综合卷》《工程卷》《理学卷》《经管卷》《研究所专刊卷》《国文卷》。为便于读者了解丛书的搜集、整理、编辑和影印过程，特作如下说明：

（1）本套丛书影印所依据的底本，尽量采用期刊的刊印原件，以保证文献的原始性与原真性。期刊原件主要有两个来源：一是本校档案馆馆藏历史档案。这些档案类期刊品相良好，质量上乘，虽已实现数字化保存，但此次为了保证影印精度，均调取原件予以重新扫描与技术处理。二是本校党史校史研究室历年搜罗购置的期刊原件，如查无原件，则以购置的电子资源替代。此外，还有来自上海图书馆馆藏期刊电子扫描件。该馆以较全面地收录晚清民国期刊报纸并建成特色数据库见长，其中就包含不少稀见的交通大学学术期刊。

（2）秉持“广泛搜罗，择优入书”的原则，在选择期刊版本的过程中，编者对不同馆藏地的版本优劣进行互勘比对，择取品相优质、内容完整、装帧美观者入书。

（3）为保留报刊内容的原真原貌，本次影印不作信息更动或删减，请读者使用时自鉴；若遇期刊底本漫漶、文字错误、划痕褶皱等问题，则酌情予以更正、补充或说明。

（3）丛书各卷卷首，配有“导语”，内容涉及学科沿革史、学科特色、期刊地位、重要学人以及学术贡献。编者为每一种期刊撰有“简介”，简要交代馆藏信息、创刊缘起、办刊宗旨、运作方式、特色栏目、学术成果、社会影响等，便于读者研究时参考。

（5）本套丛书后续将出版作者索引卷。凡在期刊中发表过文章的作者，按照笔画顺序

---

① 交通大学校名在新中国成立前曾出现多次变更，1896—1905年称“南洋公学”，1905—1911年称“上海高等实业学堂”，1912—1920年称“上海工业专门学校”，1921—1922年称“交通大学上海学校”，1922—1927年称“南洋大学”，1927年至1949年称“国立交通大学”，此处统称“交通大学”。

先后排列,并在作者姓名后面注明发表文章所在的册数、页码,以便读者查考利用。

由于时间匆忙,体量浩繁,加之期刊底本来源多元,部分底本中出现正文缺损、字迹模糊、字句与公式难以识别等问题,敬请读者谅解。

总目录

综合卷

叶璐 主编

工程卷

何菲 主编

经管卷（第二册）

经管卷（第三册）

经管卷（第四册）

经管卷（第五册）

研究所专刊卷

孙萍 主编

研究所专刊卷（第一册）

研究所专刊卷（第二册）

国文卷

欧七斤、朱恺 主编

理学卷　导语

本卷收录交通大学师生1949年前创办的自然科学类刊物四种，分别为《科学世界》《科学介绍》《科学通讯》《震光数理》，具体信息如下表。

1949年前交通大学创办的自然科学类期刊

刊名	刊期	主办者	出版地	创刊时间	终刊时间	发行刊数
科学世界	月刊	南洋公学科学世界社	上海	1920.4.20	1920.6.20	1卷3期
科学介绍	周刊	交通大学科学社	上海	1934	1935	83期
科学通讯	月刊	交通大学科学学院	上海	1935.4	1937.6	3卷19期
震光数理	半月刊	震光数理社	上海	1941.8.25	不详	不详

20世纪初，国内“教育救国”“实业救国”思想盛行一时。知识界普遍认为，欧美日各国强大的原因是科学发达、技术昌明。而我国则因科学知识没有普及，国弱民穷，因而推广科学知识成为当务之急。本卷所收录的四种刊物分别创办于20世纪20—40年代，所处时代及社会状况差异极大，但办刊宗旨却高度统一，即推广科学、启迪民智。

在新文化运动中创刊的《科学世界》，旨在“要对于社会上尽灌输科学知识和鼓吹科学观念的责任”①，“要社会上人能得普通科学的知识。能具有科学的思想，养成科学的观念和信仰”②。萌生在交通大学“黄金时期”的《科学通讯》认为“科学之昌明关系文化之盛衰国家之强弱，我国科学推行不广，无相互之研究高深之探讨”③是最大的一个原因，提出“本校校友散处各地，借兹一编可相切磋，此尤为本刊目的之所在，通讯二字所由起”④，旨在推动国内科学研究的交流探讨。同一时期的《科学介绍》也以“阐明科学原理，介绍实

① 《发刊导言》，《科学世界》1920年第1期，第1—3页。转引自荆树蓉：《交通大学初创时期的学术期刊》，《编辑学报》1998年第2期。

② 《本社启事二》，《科学世界》1920年第2期，第160页。

③ 黎照寰：《弁言》，《科学通讯》1935年第1期，第1页。

④ 裘维裕：《发刊大意》，《科学通讯》1935年第1期，第3页。

用常识”[①]为宗旨。诞生在抗战时期租界中的《震光数理》也提出：“科学乃建国之根本，而数理实为科学之基础。根基不稳固，安能支持高楼大厦？”[②]创办本刊，“希望由此能够启发青年研求科学之兴趣，培养科学之基础，从而加强建国的力量”[③]，即便在日伪政权的重重阴影下，也坚定地表达出追求科学、启迪民智、为国蓄力的愿望。

由于主创人员及面对的读者不同，刊物呈现出不同的风格。《科学世界》为科学普及性质的杂志，由南洋公学科学世界社编辑发行，作者为各院系学生，内容上“不求高深；即使有高深的也不多，并且必定用极浅显的说法来解释，总要使人家容易了解”[④]，所刊文章生动活泼，通俗易懂。《科学介绍》的编写主力也是在校学生，文章最初发表在交通大学科学社为《上海晨报》主编的自然科学周刊上，直接面对社会大众而不囿于大学校园，因此，刊物内容力求通俗化以普及科学知识，有亲切易读的特点。《震光数理》则于1941年在租界中创刊，由在震光数理专科学校任教的交通大学校友主编，定位是大中学生的课外数理读物、中等学校数理化教师的参考读物，所刊内容与当时的教科书吻合，还设有“各校招考试题解答”“悬赏”“读者信箱”等栏目与读者交流互动，受到喜爱数理的学生和青年们的欢迎。《科学通讯》创刊目的之一即为连接校友之间的“高深之探讨”及“切磋”，刊物编辑委员会成员是交大科学院的教师，所刊文章以数理化方向的研究及学科前沿介绍为主，还有科学方法、科学史以及教学方法、教科书方面的内容，反映了当时国内外科学发展状况，也反映了交通大学的科学研究状况，因此，学术性较强，读者需要达到相当的知识层次才能理解读懂。

本卷四种刊物都以科学为主题，在时间的流动中表现出延续性。然而，它们在不同的方向各有拓展。《科学世界》作为五四新文化运动中创办的科学启蒙刊物，它是交通大学最早的一份自然科学期刊，反映了交大早期科学技术水平和重视实业教育的理念，它的刊行对提升国人科学教育观念有着积极的意义。《科学介绍》继承了科学普及的思想，以《上海晨报》专刊形式刊行，使得它的传播范围更为广泛。《震光数理》则深入到对数理学科具体知识的梳理与探讨，对学生的数理学习有直接的指导与参考价值。《科学通讯》刊载的是更高层次的科研讯息，已经进入较高深的科学研究领域。这些刊物从不同的维度对科学进行阐释、推广，或启发兴趣，或指导学业，或研究高深学问，受到了

---

① 《编辑大意》，《科学介绍（第一卷 汇订本）》，1935年，封二。

② 《创刊词》，《震光数理》1941年第1卷第1期（创刊号）。

③ 《创刊词》，《震光数理》1941年第1卷第1期（创刊号）。

④ 《发刊导言》，《科学世界》1920年第1期。转引自荆树蓉：《交通大学初创时期的学术期刊》，《编辑学报》1998年第2期。

不同阶层读者的欢迎，科学也在不同的范畴被提及、探讨、应用，达成推而广之的社会影响。

在积贫积弱的旧中国，交通大学师生在繁重的课业之余创办的这些自然科学期刊反映了交通大学追求真知、文理并重、理论与实际并重的教风学风，以及交大师生热爱科学、为民启智、为国发奋的爱国热忱和社会担当。同时，这些刊物呈现的丰富信息，也使它们成为研究我国近代高等教育和学术期刊史的宝贵资料。

目　录

《科学世界》简介

《科学世界》(The Scientific World)是南洋公学科学世界社创办的自然科学月刊。1920年4月20日创刊,同年6月20日停刊,共计出版1卷3期。在上海、北京、天津、济南、开封、南京、苏州等14个城市以及日本设有代办处,发行范围很广。本卷收录《科学世界》1920年第1卷第2期。

南洋公学科学世界社是交大早期的一个学生社团,规定"本校同学皆得为本社社员"。社团"以研究及灌输科学学识为宗旨",其任务为"编辑发行出版事宜",实际上更类似于一个学生杂志社。"每期公举编辑、发行、出版、主任各1人,会计1人,书记2人,分期编辑5人"。[①]

作为中国高校创办较早的一份综合性自然科学期刊,《科学世界》的办刊宗旨"是要对于社会上尽灌输科学知识和鼓吹科学观念的责任"[②]。目的在于"要社会上人能得普通科学的知识。能具有科学的思想,养成科学的观念和信仰"[③]。在谈到科学与社会进步的关系时,编者认为"一个时代的进化不是单靠着精神文明,物质文明也是不可偏废的……现在中国国内精神界固然不能说达到圆满的程度,自然还要力求上进;不过物质方面,太没有成绩了"。为此,该刊明确提出:"科学发达,直接可使物质界进步,间接也可以使精神界进化。并且做精神文明运动的人多半是研究过科学的,即使没有研究过,也必定有科学的思想,然后精神文明的运动,才能稳固实在……所以,科学宜极力提倡。"这反映了交大在办学早期就致力于探索科学救国、知识强国的道路。

---

① 姚远:《中国大学科技期刊史》,陕西师范大学出版社,1997,第181页。

② 《本社启事二》,《科学世界》1920年第2期,第160页。

③ 《发刊导言》,《科学世界》1920年第1期。转引自荆树蓉:《交通大学初创时期的学术期刊》,《编辑学报》1998年第2期。

该刊第2期登载的文章有:《科学万能不受欧战影响》《科学研究的方法(译)》《科学与社会之扰乱(节译科学月刊)》《磁铁和电磁铁的性质》《你要做发明家么?》《口吃之预防与自助法》《机关车上司机室之听觉信号》《杠杆》《钢的制造法》《参观武汉工厂记录》《普利斯脱雷传》《科学杂谈》《电传照相》等。所刊文章主要介绍科学与社会的关系、科学研究方法、科学观、科学史及实用新技术,内容上“不求高深;即使有高深的也不多,并且必定用极浅显的说法来解释,总要使人家容易了解”[①],行文语言力求通俗易懂。此外,刊物排版紧凑,长篇文章末端凡纸张有剩余之处,皆见缝插针,编排短文,以较小的字体介绍科学常识,有《科学的分类》《隔电物的发明》《飞行的进步》《中国的煤矿数》《中国铁路的调查》《鲍沙树的应用》《大战所用的炮弹》等篇,无署名,短小精悍,易懂有趣。

该刊作者不拘校内校外,只要是与科学相关者,通过审定后均可在刊物上发表,报酬是送赠刊文杂志[②]。第1卷第2期作者(译者)有邹恩泳、恽震、支秉渊、谢升庸、俞凤宝、顾亦恺、陈章、茅以新、彭昕、沈劭、杨立惠等,其中,俞凤宝为圣约翰大学医学博士,顾亦恺为交通大学唐山学校学生,其他皆为交通大学上海学校电机、土木、机械三科在校学生。作者多为高年级学生,1921届以上年级学生居半数以上。

作为五四新文化运动中的科学启蒙刊物,《科学世界》的刊行对激发国人的科学意识及科学教育观念有着积极意义。

① 《发刊导言》,《科学世界》1920年第1期。转引自荆树蓉:《交通大学初创时期的学术期刊》,《编辑学报》1998年第2期。

② 《本社启事二》,《科学世界》1920年第2期,第160页。

上海南洋公學出版

一卷二號 每册八分

目 錄

THE

[illegible]CIENTIFIC WORLD

中華郵務局特准掛號認爲新聞紙類 民國九年四月二十日發行

本月刊代派簡章

（一）本埠代派處照定價七五折。

（二）外埠代派處照定價八折，寄費由本社担付，餘刊、退還寄費歸代派處付給。

（三）代派處每月結算一次，以便酌量增減，餘刊於三月後，一律退還。

（四）凡代派本社月刊者，均須照定價大洋八分出售，如有增加價目者，本社即停止其代派。

如有願代派本月刊者，請向本社發行部接洽。

總發行所

上海南洋公學科學世界社發行部

本誌各埠代派處

上海	商務印書館
	中華書局
	亞東圖書館
	羣益書局
	蘇新書局
北京	中華書局
	北京大學出版部
	高等師範
天津	中華書局
濟南	齊魯通信社
	教育圖書社
開封	第一師範販賣部
	第二中學販賣組
南京	新民圖書館
	共和書局
	高等師範成肇章
蘇州	小說林
	振新書局
	文益書局
蕪湖	科學圖書館
安慶	中華書局
成都	華陽書報流通處
	高等師範馬孟强
重慶	商業場第一鉅書府
杭州	間經堂
衢州	第八中學販賣部
嚴州	共和書局
日本	東方書報販賣圖

科學萬能不受歐戰的影響

鄒　恩　泳

“科學萬能”這句話究竟從那裏來的，我們姑且不去細究；這句話究竟對不對，現在也不必去詳論。大概世界上自從科學發達以後，所有虛玄荒渺的東西一掃而空。就直接的而言，物質方面日見進步，人類的需要大見完備；就間接的而言，所有精神界的學說也經了一番有力的革命，都要根據於科學了。換句話說，世界上幾乎沒有不受科學的影響的；無論直接間接都要有些科學的根據然後才有生存成立的希望；如果沒有科學的根據，就要漸漸的消滅去，至多也不過暫延殘喘罷了。人家看見科學有如此可驚可駭的結果，當然要稱讚一聲科學萬能。對於這種非常的讚語表同情的大概狠多；所以一向科學的信用都狠大。然而到了歐戰以後，科學萬能一句話竟然有了破產的現像。我現在意思是：如果科學是萬能，他仍舊是萬能，絕對不因爲歐戰損失去萬能的價值。

爲什麼大家以爲科學萬能受了歐戰的影響呢？第一大概是因爲德國打敗仗。世界上差不多都把德國作爲科學最發達的國。德國也都打敗了，科學還靠得住嗎？這種見地

注：本刊为第二号随第一号编页码，故从79开始计数。

我以爲錯了。德國敗了就是聯盟國勝了；試問聯盟國的勝仗豈不可說是靠着科學嗎？舊年大陸報曾登載某大學教授所著一篇論文詳論世界上許多科學中的發明家大半都是英美兩國的人，德國發明家極少；這篇文極論德國不過製造頗精，不足稱爲科學國。就這篇文看起來，我們心目中把德國作爲科學的代表實在有些不對。所以聯盟國打勝仗也可以說是也是因爲科學好的緣故。現在就承認聯盟國打勝仗不是因爲科學發達，乃是因爲人衆，德國打敗仗乃是因爲人寡；照這樣說法，德國雖敗，乃是衆寡不敵，不是因爲科學靠不住了；那末科學自身的價値還在，何至因爲德國敗了而損失他的信用呢？所以無論怎樣說法，德國這次戰爭不利不足爲科學靠不住的證據。

科學萬能這句話受歐戰影響的第二緣因大概是因爲在這次戰爭不知死了多少人命，殘廢了多少身體，燬壞了多少華盛城市；這種慘無人道的戰爭似乎都是由於戰爭器具比從前進步精緻；戰具的進步都是由於科學發達；由是科學的信用大失，科學萬能宣告破產的話就也發生出來了。我以爲用這樣說法來加罪於科學未免太冤枉了科學。比如飛艇；發明飛艇的人何曾要想用飛艇來拋炸彈殺人？然而他們打仗的人竟要利用飛艇，這又豈可以說是飛艇的罪嗎？

我們如果用飛挺來辦郵政，恐怕大家又要稱讚飛艇呢！現在美國已採用飛艇寄信；並且那國的鐵路工程師也已有用飛艇來測量地勢得有良好成績。再比如火車輪船本是交通的利器，然而如果用火車輪船來運兵去殺人，豈不是失了火車輪船的本來用處嗎？歐戰中馬達車用得狠多；馬達車又豈是爲戰爭而發明的嗎？還有狠多例像這種的也不勝枚舉。以上所說的都是各種東西原本不爲戰爭而發明的；現在比如槍礮毒氣彈等物却是特別因爲戰爭而發明的，又怎樣呢？我以爲這也不是科學的錯處。槍礮等物用以禦强盜是狠有用的；毒氣彈如果用以殺田間害蟲也狠有效，這是美國化學家說過的。然而他們不發明這等東西來維持人類幸福，却發明以爲戰爭之用，究是科學的罪過呢？還是發明人自已的罪過呢？所以我敢說各種用具不是爲戰爭而發明，而却作爲戰爭之用的，這是用的人罪過；各種器具本來沒有的而却爲戰爭乃特別發明出來，這是發明的人罪過。總而言之，科學沒有罪過，都是人自已的罪過。科學如果是萬能，終是萬能的；殘殺人類都是人自已心壞，不能夠怪科學。歷史上自從火發明之後，人類進步就開了一個新紀元；人人都稱讚火狠有用處。然而强盜却用火來燒屋打刼，是火的罪過呢？還是强盜的罪過呢？科學也是這樣；我們如果必要把罪過加在科學身上，就像把放火的罪加在火的身上去。“科學先生”斷斷不想殺人，想殺人的就是那般不顧人道的人。

其實科學在工業上，商業上，農林上，工程上，以及文學上，哲學上等等，功績也不知有多大；槍彈等眞眞祇佔科學中極小的一部份；因爲極小的一部份就把科學萬能埋沒掉，本已不狠合理，而況這埋沒理由還不充足呢！

科學的分類

科學分類的法子很多，報紙雜誌上，常常看見。現在拿最簡的列一表，介紹給讀者諸位看看。

甲●純粹科學：

1.數理的——研究數的性質及關係。

2.物理的——研究無機物的起原，構造，及性質，如物理學，化學，地理學，地質學，天文學等是。

3.生理的——研究有機物的構造，生活，及定律。如植物學，動物學，解剖學，生理學等是。

4.社會的——如政治經濟學，社會學，哲學，歷史學，心理學，政治學，法律學，教育學，宗教學等是。

乙●應用科學：

1.有機的——應用生理學原理，研究有機體生長及健康。如醫學，園藝學，衛生學，農學等是。

2.建設的——應用天然能力，供人類便利，如工程。

3.經濟的——應用經濟原理，到社會事業上去。如實業組織學，交通學，商業學，保險學，匯兌學等是。

科學研究的方法

(赫胥黎自然現象六演說之一)惲震譯

科學研究，沒有別的意義，只是運用心思必須的規範表現。他不過是用理性去解釋各種現象的規範，使得那解釋確切精準。一個科學家的思想程序，和尋常人的思想程序的分別，只像一個麵包師或是一個屠戶用天秤量他的貨物和一個化學專家用天秤法碼去做個極複雜的分析的分別。這並不因爲兩個天秤製造的原理不同，才有分別；却是因爲化學家天秤橫梁，擺在個比尋常的精細得多的軸子上，所以加上小小的一個法碼，就可以使得那橫梁側動。

這個道理，假使我舉個淺近的例，你們可以格外懂些。你們大概都曾聽見人家反覆着說，做科學事業的人用了『歸納法』『演繹法』去從自然界裏抽出許多自然法律和原故來，再從這些法律原故，用了他們巧妙的手段，造出許多假設律(Hypothesis)和理論(Theory)。很有些人想，尋常人的心思動作斷斷不能和他們科學家比的。要去學這些法子，只有進這一科做個學徒。你們聽了這些大話，一定要想科學家心思的組織，是和尋常人兩樣的；但是假使你們不給這些名詞嚇倒，就可以曉得這種推想是錯的，那些頂可怕的試驗器具就是你們自己每日每點鐘家用的東西。

馬里哀(Moliere)戲劇裏有一段極著名的事情，戲裏的主角聽見人家說他一生的說話，都自成文章，他非常的快慰。你們，我相信，也可以自己快慰，等到你們曉得自己一生所做的，都是按照着歸納和演釋的哲學方法。我想現在在座的人，沒有一個不是多少曾經做過一種複雜的思緒變動，也和科學家搜索自然現象一樣。

一個很小的實例，就可以證明這句話。假使你走進一爿水菓店，要買一個蘋果——你拿了一個，咬了一口，曉得是酸的，看那樣子，又硬又青。你另外拿一個，那個又是硬的，青的，酸的。店裏人再給你一個；你未嚐之前，一看那蘋果仍是青的硬的，你一定立刻就說不要，因爲已經兩次試過，這個一定也是酸的。

你們想想看，沒有事情再比這個簡單了；但是假使把你方才心裏所轉的念頭用邏輯來分析，你就很應該詫怪起來。第一樣，你已經做完一個『歸納法』的手續了。你從兩個經驗裏曉得酸味一定和青色硬質合在一起，第一次已經曉得了，第二次格外可以證實。這件事情雖然淺近，然而已經夠做一個歸納法，你把這事實擴充開去，可以盼望從無論那個青色硬質的蘋果裏找出酸味來。你就建設一條公律說：凡是青色硬質的蘋果都有酸味；就他這公律的應用，已經是個完美的歸納。你有了這個自然法律，等到人家給你一個蘋果，也是硬的青的，你就可以說，『凡是青色硬質的蘋果，都有酸味；這個蘋果是青色硬質，所以也有酸味。』這一個理性的線索，邏輯家叫他做三段論法，每段都有他的一定名詞——大前提，小前提，和結論。假使再推論出去，你還可以尋出別種的三段論法，結果得到你最後的決斷：『我不要這個蘋果』。所以你看，你先用『歸納法』得到一條法律；用了這法律，再去做『演繹』的手續，把特別情形來分解決斷。好，你現在得到這條法律了，等到過了幾時，你和朋友談論起蘋果的性質來，你就要和他講，『這是一件很奇怪的事情，我找出凡是青色硬質蘋果都帶酸味，』你朋友就說：『但是你怎樣曉得的呢？』你立刻回答，『我已經試了又試，可都是一樣的』。好啊，假使這件事換了在科學上，我們就要叫他做『實驗的證明』，如果你朋友仍舊不相信，你可以深進一層說，『我聽見沙茂色鄉和啼鳳鄉地方，生許多蘋果，他們所見的也是一樣。腦門和北美，也是如此。簡單些說，這是个人類公認的經驗。』這樣一說，你朋友除非是個不能理解的人，一定贊成你，說你得到的結論是合理的。他相信，雖則他自已不曉得他相信，證明的事實範圍越廣大——就是試驗做得越多，而得到同樣的結果，——情形地位的變化越多，在每個變化下，都得到同樣的結果，這最後的結果越準確。他就不再辨論下去了。他看這試驗在各種情形下都做過，對於時間，地點，人民，都是同樣的結果；他就對你說，你所定下的法律是完美的，他一定要相信這法律。

在科學上，我們也做同樣的事；——哲學家雖則做得格外精密些，然而道理終是一樣。去尋出個科學上的法律，一定要做種種的證明，用心思去做，不是像方才蘋果的事在隨意間得到的。無論在科學上或是普通生活上，我們對於一個法律的信任，只看那法律經過了實驗證明有無變動。譬如你把你手裏的東西一放，那東西立刻就落到地下，這就是最有名的『地心吸力律』的普通證據。他們科學家發明有這條法律的存在，法子和我們發明青色硬質的蘋果有酸味一樣的。但是我們相信這條法律這樣的堅決，普遍，不疑心，也只因爲全人類的經驗證實了他，而且我們隨時隨地都可以試驗得；這就是自然法律立定的最强基礎。

我方才所講的，都是講發明科學上法律的法子，就是尋常生活上所做的事。現在讓我們另外講一樁事（其實不過是這問題的別一方面）， 就是講那法子，怎樣靠了幾件現象的關係，我們去證明這件事和別事的因果。

我要把這理由清清楚楚擺在你們面前，只得再用一個普通例子。假使你們之中隨便那一個，早上起來，走進你的客廳，看見昨晚你擺在那裏的一個茶壺幾個匙沒有了，一窗子開在那裏，你看見窗檻上有個齷齪手印，或是再尋出些釘鞋印跡在外面砂地上。這許多現象立刻激動了你的神經，不到兩秒鐘，你就要說，『哦，什麼人把我窗子打開，跳進屋子，把我的茶壺和匙帶跑了!』這句話是你一刻兒衝口而出的。也許你再要說，『我曉得有這回事，一定有的！』你是不過把所曉得的說了出來；但是其實已經表明了一個『假設律』了。你並不曉得什麼；這個是從你心裏很快的組織成的一個假設律！這個假設律是從許多演繹歸納的思想線索組織成功的。

這件事的歸納和演繹在那裏，你怎樣去得到這『假設律』？第一層，你先看見那窗子開了；用了歸納演繹的思想線索，你已經到了一條極普通的法律，——并且是個極好的，——窗子自己不會開的，於是你就歸束到一定有人來開窗的。你又到了第二個普通的法律，就是茶壺和匙不會自己逃走出窗子的；於是你就想到他們不在你放的原地方，他們一定被人拿去了。第三層，你看了那窗台上的手印,外面的鞋跡，你又要說,一向的經驗曉得這種手印除了人手做成，不會有別的動物。同樣的經驗，也告訴我們除了人沒有別個動物在現在能夠著了釘鞋在砂地上踏出印跡。我不曉得從這些遺跡再能得出別種結果不能。無論如何，這種常識的法律已經很夠幫我們解決這件事。你最後到了你的結論了；這許多跡象，旣然除了人不能做，那麽留下這些跡象的一定是個人。你另外又有一條普通法律，從觀察和經驗得來的。這個我說來也難爲情，是個極普遍不可免的法律，——就是有幾個人是賊；你從這些前提，就做成個假設律，——那在砂地和窗台上留下跡象的人，就是開了窗跳進房偸去茶壺和匙的人。你已經得到一個原因，那原因很和你所看見的現象相合。你可以把各種跡象解釋明白，只要假設有一個賊；但是這不過是個假設的結論。這結論到底對不對，你並沒有絕對的證明；他的所以還有價値，只因爲是從歸納演繹理性的線索裏得出來。

我假定你是個僅有常識的人，你旣然得到這假設律，心裏很滿意，也許就跑到警察局裏去，叫他們追蹤這個夜賊，希望再收回你得物產。但是正當你要動身的時候，有幾個人恰好也來，聽得你這件事，就說，『我的好朋友，你太性急了。你怎樣曉得那留下印跡的人就是偸你東西的人？也許是一個猴子，把東西帶跑了，後來有個人走來看看，留了那幾個印路。』你就要囘答說，『很好很好，但是我們的經驗，證明這東西定是人拿去的。你的推想，恐怕沒有我的對。』當你正在這樣講的時候，另外一個朋友來了，他是個極有見解的人。他或者說，『啊，我的好朋友，你的確性子太急了些。你好武斷。你說所有的事情都正在你睡熟的時候，那你怎麼曉得這一夜天地的法律就沒有變換呢？也許是有超於自然的力量，來做這件事。』他的意思是說你的假設律不能算做眞理，并且你不能决定你睡熟時候的自然法律和醒着時候一樣。

你自然一時不能囘答這種的理論。你覺得你可敬的朋友對於你不大方便。你自己很相信得過你是對的，你就和他說，『我的好朋友，我只能把自然的推想來决定這事。假使你肯讓開路，給我走，我立刻就去報告警察。』很好，假定你這一去居然成功；運氣很好，你碰到個警察，把夜賊捉到，你的物件也在他身上，并且那印跡和他的鞋子恰好相合。假使再一審下來，各種事情都做了你假設律的實驗證明，一一都相符合。

好，在這個假定的事件，我把極普通的現象給你們看，顯出尋常求理性的步驟，只要你們耐煩去把他解剖。我所講的各種手續，都是一個稍有知識的人能夠做得到的。我說你引到那結論的思想線索，和一個科學家去發明最難的自然法律一樣。這法子是一樣；牛頓和拉潑拉斯去尋出天體運動的原理，你們去尋出一個夜賊，法子都是一樣。其中僅有的分別，不過是他們的研究格外隱微些，一步一步都要細細留心，不給他『假設律』有一些兒破綻。我們日常生活的假設律裏有些破綻，並不關重要；結論的對不對，也和他沒有什麼影響。但是在科學研究上，一個錯誤，無論大小，都很關緊要；就是結果不弄壞，一路的試驗上一定發生許多毛病。

你們不要自己弄錯，以為『假設』不過是假設的事，沒有什麼價值。在科學研究上，誠然有時『假設律』到底還是個『假設律。』但是我們的日常生活上，十分之九的緊要事情，是從假設律裏面出來的，并且是根柢不堅固的假設律。可以在科學上也是一樣，一個假設律一定要受過嚴密的審查，我們才可以做上去。你也許只有些假設律，別的沒有。一個人如果高興，儘可以說月亮是個綠乳餅，——這也是一個假設律。另外有一個人，也曾經對於這學問費過許多時間去研究，用最强的望遠鏡，觀測到許多結果，說月亮裏的地層組織和物料同地球裏的差不多，——這也不過是個假設律。兩個假設律，價值上有什麼大分別，我也用不着去講明。那根據充實科學知識的假設律自有他相當的價值，那信口瞎猜的自然價值極小。我們進化史上的每一大階級，和我所講的，都恰恰相合。一個人偶然看了個自然現象，極容易要問，用什麼手續在這事件上，可以解決這祕密？好，你有了個根據科學的假律；他的價值就和你的試驗證明的精細完密程度成比例。在這種地方，和尋常事一樣，獃子的猜想，終究是獃的；聰明人的猜想，就含着聰明。無論什麼事情，那結果的價值，全靠那研究的人用在他假設律上的各種證明怎樣的耐心，和怎樣的持久。

隔電物的發明

自電氣發明以來，隔電物的應用，一天多一天。從前的隔電物皆是橡皮的。但據橡皮的隔電物，四五個月就要壞，而且不能在水裏面用。現在德國新發明一種斯奈脂隔電物，（Schnetzey）可用二三年，且不受天氣的影響，防止潮溼酸性作用。這種材料的製法，係用普通的隔電物，另塗一種油漆。這油漆的成分，現在尚守祕密，無從探悉云。

科學與社會之擾亂

（節譯科學月刊）

李　青

今日爲科學昌明時代，宇宙間事物，經種種發明之程序，舊日科學家確定之說，遂不能成立。故於短促時間內，科學乃有改造世界之能力，卽社會上之絕無科學觀念者，亦莫不受其影響：迷信之破除，習尙之改革，舊日之生活，不適用於現實社會上，乃一變而進於新生活。新陳代謝，其成功之迅速，前此得未曾有，無論昔人夢想不到，卽科學自身亦未曾希望及此，抑其進步尙蒸蒸日上而未已也。

科學之發達，旣如此其著；其原動力之所在，誠不可不加以研究：吾人對於現實社會上不滿足之點，往往有强銳之感覺，而同時生成活動之潛勢力；蓋其不滿意點之顯明昭著，不待智者而後知。人民之感觸，純出於天性自然；故無富貴貧賤之分，無彼疆此界之別，莫不發生同一之感想，而表現同一不滿足於社會之狀態，科學家研究之動機，遂發軔於此焉。

由上所述，科學家欲以科學改造世界，則不能不順社會活動之傾向，而以其利益爲前提。前此之科學家，見不及此，關於科學上之成績雖優，然絕少注意於社會之問題，人類之需求日增，而不謀所以改良其供給，徒恃物質天然之進步，以引導社會於滿足之地位，則其不能宏量造福於人類可斷言也。

此種見解，已屬謬誤，乃今之學者，尙有附和其失者，以爲舍物質天然之進步外，別無他物可以爲改良社會之基礎。加以自私自利之徒，徒事混朦社會，偶有心得，亦必祕藏其隱，而不以貢獻當世；由是科學之進化，乃不能不少遲滯。幸而大多數人民不滿足於社會之感覺，與夫活動之潛勢力，時足以引起科學家研究之興會，不致科學發達之程，忽然中止。

進而言之，社會上之事業，須待科學之解決者甚多。蓋科學者，非徒物類之積聚事實之派別之一種手續也。其始也，胎於人類好奇心之掀動。其效也，若無足輕重，而普通人民實歎爲萬能。復次，科學爲考求眞實最高之手段：足以打破一切偏執之意見，而發露事物之眞相。若是固無怪於研究科學者之視科學智識爲茫無涯涘，而興望洋之歎也。赫胥黎 Huxley 謂「科學爲研求眞實之利器，科學家周旋於事物之間，無挾私毫之成見，持謙殫精而研究之，然後事方有濟。」信然。

科學之有功於社會，已無疑義。然大多數人民，猶昧然罔覺；卽間推崇之，亦不過詫其奇妙，非能重視其有改良社會之價值。且或因物質之文明，引起其奢華之慾望，故發明品愈富，則願望愈奢，循至於慾壑不可塡，此實不能認識科學之作用者。故明乎此者，視科學之智識重於發明之品物。且也科學之能力足以增進人類之本能，消滅天然之障礙，而使羣衆省得多量之時間，以從事於有用之工作。千百年來，科學日進不已，吾人今日乃得藉之以圖謀生計，增進幸福，其功豈不偉哉？

雖然，以科學解决人生之生計與幸福問題，必須有忍耐之研究，確實之觀察，决不能徒事揣測，與夫倉卒從事。且人類之生活，因空間而歧異：都會人民，富於社會觀念；城市鄉村之人，則往往缺乏共同生活之旨趣，互相競爭，互相衝突，致釀生計上成許多困難而不能得美滿之結果。其尤甚者，城市間之領袖，闇於社會痛苦之所在；以爲人民之不滿足，由於經濟之窘迫，於是遂演成經濟競爭之局。人民孜孜爲利，謀所以享富裕之幸福，而去貧窮之困苦。此等趨向，適以增進金錢之魔力，而自然界妨礙人欲之賦與，於以忽略。都會人民則反是，以爲人與人間經濟上衝突之勢力，須有一定之限度，始能各得圓滿之幸福。凡此種種，皆科學家以科學支配社會應求之不可忽略者也。

故以今日之城市，如能鼓吹科學之用途，未始不足以挽回此等之頹風。故紐約之市，發明品物，陳列街衢，絢爛欲奪人目；而其利便適用，實足以增進人生之幸福。故入其市，卽令人感覺於科學之能力，爲之悠然神往。若去此製造品中之重要部分，則人類之樂趣，將塔然頹敗，而不能須臾居留於此黑暗之鄉。

尤有進者：社會之恐慌，不專在於「工資」「物價」及「工作時間」諸問題之糾紛；而科學之幼稚，亦其一端。若專措意於前者諸問題，而擯棄科學於弗講，人類進化之活動，將有停塞之虞；而戰爭之危機，或因此而益迫。故今後欲解決世界之糾紛，惟在於灌輸科學智識於羣衆，俾人人因少數領袖之提倡，咸得領略科學之意味。能如是，社會乃得達於安全之地位。否則欲以毫無科學智識之人，而安居於此科學時代，則不可能之事實也。

今日以前之時代，當道者往往擨屜科學而不講；凡一般以科學精神灌注羣衆之人，皆不免遭其蔑視。而間自命爲科學家者，復不問科學之旣否普及，或自身之學識；已否傳授他人。學校之中，則中等學校尙缺乏科學一科之敎授。而生徒之升進專門學校，又不經此科之試驗。科學之不發達，是其一大原因。依他方面言之，科學家且常受商人政策之牽制，而經營於商品之供給，至使人民誤認所有物之多寡，爲幸福厚薄之表示，固不特阻滯科學之進步也。

故今後社會之需要，厥在「平民科學。」邇年來，社會上對於科學已有強猛之趨勢。醫學一科，尤爲顯著。以其效果足以排除一般營私業者之專利也。要而言之，「平民科學」乃指導社會惟一之良師，而爲人類進化不可缺之要素。譬之飲食居住與夫娛樂之事，洵與人生有重大之關係也。

（飛行的進步）

一九〇九年八月，開萬國飛行會，丁山 Latham 飛五百零八尺高，就得了頭獎。去年頂高的，竟飛到三萬四千六百十尺。今二月二十七。美國斯羅得大佐 Schroeder 飛到三萬六千零二十尺。當飛行時，他穿了電熱衣，帶了養氣假面具，呼吸毫無困難。不過眼球裏的液體冰凍，以致失明。因其天空的溫度，只有—60°F、

磁鐵和電磁鐵的性質

支秉淵

我們都知道當黃帝和蚩尤戰的時候，被雲霧迷失了路，就發明了一種東西，就是指南針。這針的一頭在無論何處專指着南方，所以黃帝軍士雖在大霧底下打杖，却曉得東西南北的方向。他們利用了這針的性質，大破蚩尤的兵，這針就是磁鐵的變相；可惜我們中國人的腦裏，充滿了神怪的思想，沒有一點研究的精神，過了幾千百年的指南針還是和黃帝用的一樣，沒有絲毫的更改。這是我們中國人的最大毛病了！

大約在十一十二世紀的時候，小亞細亞 Magnesia 城土人發現了一種鐵礦，一後人叫他爲磁鐵礦(Magnetite)。如果將這礦石用線懸掛起來，在無論何處，都指着一定的方向。再有一種奇特的性質是他能吸小的鐵塊。倘將這礦石在一根鐵條上磨了幾次（向一方向磨，不可磨了之後再反向磨，）這一塊被磨的鐵條就變成磁鐵，他的兩頭就能吸鐵，懸掛起來也能指一定的方向：一頭常指北方，一頭常指南方。後來就定磁鐵的兩頭爲兩極(pole)：指南的爲南極，指北的爲北極。兩頭的吸鐵力最強，中間最小。

磁鐵又有一種特性是「異極相吸」和「同極相推」。他常指南北，就是他的特性的結果。因為地球也是一個很大的磁鐵，他的南極在地球的北極，他的北極在地球的南極。

科學家假設磁鐵有一種人眼看不見的線，名為磁線(Magnetic lines of force)，從北極發出，由空中繞至南極，回歸原處。又定這種線是兩頭相接的，是沒有間斷的。一根線有一根線的路程，沒有兩根線互交的地方，如第一圖。吸鐵力的大小，是和這磁線的多少成正比例。磁線最密的地方是兩頭，所以兩頭的吸力最強。

市上的磁鐵，大概有兩種：一種是條形如第二圖 A，一種是馬蹄形如第二圖 B。馬蹄磁鐵的吸力，大概比條形磁鐵強，因為他的磁線在空中走的路程較短的緣故。

倘使電流流過一根傳電的直銅絲，銅絲的旁邊就有磁線環繞，如第三圖。磁線的方向可用「右手規則」(Right hand rule)定之。將右手捏電線，以大拇指指着電流的方向，其餘四指即指磁線環繞的方向。

倘將電線彎成一圈，當電流傳過的時候，磁線的方向，和電在直電線上一樣。不過他們都是同方向的穿過圈去，所以圈的一面就變南極，一面就變北極，如第四圖。如果將電線彎成許多聯續的圈，當電傳過的時候，環繞各圈的磁線合併起來變成了第五圖的形狀。一頭是南極，一頭是北極。極的方向是和電流的方向有關係的，電流的方向變了，極的方向也變了。他們的方向，可用極簡便的方法看出。將傳電的圈用右手揑住，以食指中指無名指小指指電流通過電線的方向，伸出大拇指，這大拇指所指的，就是北極的方向。

如果將一塊軟鐵 (Soft iron)，置於那個圈的裏邊，磁線就增加了許多倍數，所有的磁線差不多都穿過這塊鐵，這塊鐵就變爲磁鐵。電流一斷，鐵的磁性立失。這種磁鐵名爲電磁鐵，因爲他的磁性是因電而成的。

電磁鐵的鐵都是用極軟的鐵(註)做成。鐵的周圍，繞了許多層的電線。這種電線，不是平常的銅絲，是銅絲的外邊包了一層或兩層的紗線或絲線的。包線的作用是隔絕電流不許從一圈跳到隣圈，是要他團團走轉。

磁力的大小是和電流的多少成正比例。譬如同一個電磁鐵，用二倍的電流傳過，吸力差不多也大兩倍，用一半的電流傳過，吸力就小一半。如果傳過的電流相同，那末吸力的大小，是和電線轉數的多少成正比例，轉數多二倍，吸力也强二倍，轉數多三倍，吸力也强三倍。不過這吸力的增加是有限的。磁線的密度到了飽滿的地位，吸力的增加就不和電流或轉數成正比例。

電磁鐵和磁鐵主要的分别，可分五種：(1)電磁鐵是用軟鐵做的，磁鐵是用鋼做的。(2)電磁鐵的磁性是從電力得來的，不是像磁鐵一樣從別個磁鐵上得來的。(3)電磁鐵的磁性只存在電流通過的時候，電流斷磁性亦失。(4)磁力的大小可隨意更變，更變的法子是更變電流的多少。(5)磁極也可以隨意更換，只要更變電流的方向，磁極就可以更換了。

第一圖　第二圖

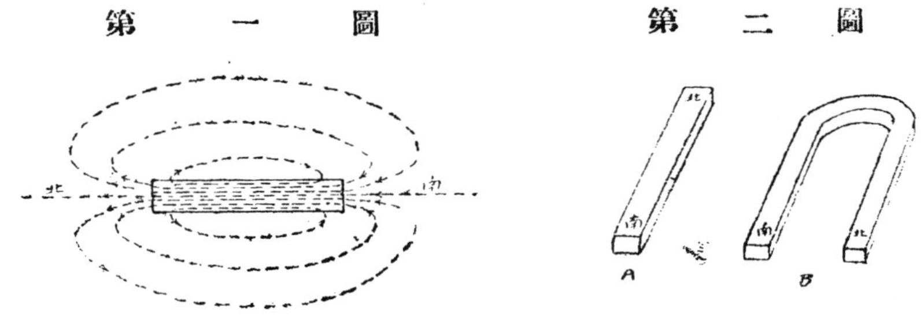

(註)鐵質愈淨，他的性質愈軟。大概鐵質裏邊，都含有少許的炭。做軟鐵的法子，是先將鐵塊燒紅，然後使他緩緩的冷去。最便的法子，是將紅鐵藏在熱灰裏，使他和灰一同冷去。當漸冷的時候，鐵裏的炭就漫漫的結晶起來，和鐵分離。鐵淨了，所以就軟了。

第三圖

第四圖

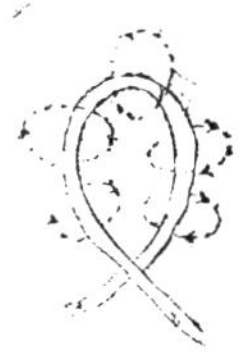

第五圖

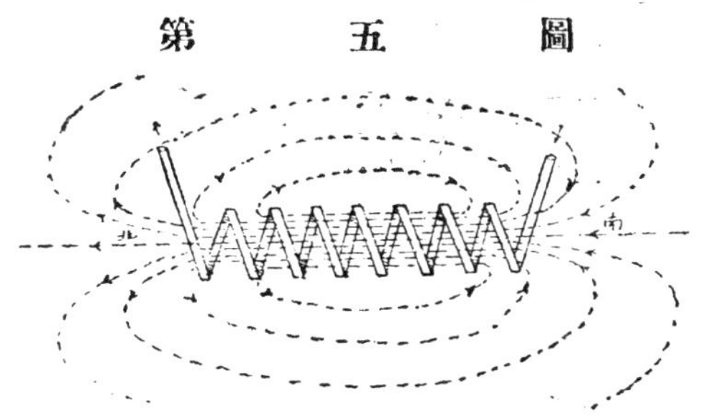

中國煤鐵數

中國煤鐵礦，倘要皆開出來，在世界上眞要數着第一。倘中國每年出煤十萬萬噸，則全國煤礦可供一千年之用。中國見有鐵七萬萬噸。拿這樣多的煤鐵，埋在地下。這是什麼原故呢？不是科學不發達嗎？

你要作發明家麼？

謝升庸

美國哀迪生氏 Thomas A. Edison 爲今世第一大發明家。如電燈，電車，電影戲，留聲機器，及鐵筋土等，均氏所發明。其外關於物理，化學，及其他工業上之發明，在美國得專利權者，共計有一千四百種之多。哀氏現年已七十三歲，仍極力從事研究。每晨八鐘郎入實驗室工作，每日工作時間，多至十八小時，至少亦在十二小時以上，其閱書休息等時，尚不在內。每夜只睡二三小時，至多不過六小時，且睡時無夢，有逾壯年之人。哀氏之事業，至今無人不受其利；其精力之强，及其成功之多，世間亦罕與倫比。

近時美國根白克君 H. Gernback 訪哀氏於其實驗室中。其相見之談話，頗足爲青年之法則，而對於青年之從事發明者，尤爲可貴之教訓，今譯之於下：

(1) 近代青年發明之機會

根白克：　君意現代研究電學之青年，有同樣發明之機會，如君昔日發明時代乎？

哀迪生：　彼輩青年發明之機會，較余多若干倍。蓋世界之奧祕，較昔顯明，電學之分岐，日出無窮，故發明之機會，因之增多，若以吾昔日所有者與之相較，誠不啻滄海一粟耳。

根：　據君之意，可以發明者，誠難數計。然電學中之發明，將來以何部為最要，能預言之乎？

哀：　每部之中，從事研究者，不下千計。而電學各部之分岐，又可數百種。況近日逐漸發明者，亦復不少。其範圍之廣，日增一日。若現在之電學，誠不啻幼孩時代，將來前途，必有可觀。欲預言之，正非易事也。

(2) 青年從事發明者之培養

根：　現代青年，欲培養其發明之才能，於工廠實習，函授，或大學三途中，以何者收效為最著？

哀：　余意 Seranton, Pa 之函授學校，為一班青年求學之惟一佳所。該校考試畢業後，可以從事專部研究；即謀工廠位置，亦頗容易。此不過就君問者而言，若就其較廣大者言之，則無論學習何科之青年，若彼能出相當之勤勞，均有成功之一日。當吾年少之時，日日勤勞從事，乃有前此之成功。今之青年，遠遜於吾；並欲於短少之工作時間，得巨大之酬報；且多愛嬉遊，以額減其精力。此種習慣，實為欲成功者之大阻力，其入人頗深，一時難望其遽去，然將來有所覺悟，必能更改無疑也。

(3) 現在最需要發明者爲何？

根：　何種發明，爲現代之最需者？

哀：　(一)自動機器，不需人工管理，爲近日惟一之要品。苟能實現，則勞働時間之爭執，可無形消滅矣。

(二)今之城市，均地少人多，房屋布置，又無良法；故雖稠密非常，而貧者仍患無家之苦。苟發明良好之布置，價廉而屋多；則人人均可得安家之便利。故此項發明，爲近日城市惟一之急需也。

根：　電燈所用之電流，當發光之後，其發出熱力，均歸無用。此種熱力，可設法利用之乎？

哀：　利用電燈之熱力，現已漸有人從事研究。雖尙無顯著之成績，然吾料終必有成功之一日。至於其燈之如何構造，非吾人此刻所能知也。

根：　君於下列四種原力。(一)地心熱力，(二)空氣動力，(三)海潮動力，(四)太陽熱力之利用。將有所指示乎？

哀：　(1) 用火山之熱力，以作發動器械機，意大利已有五千匹馬力之數，現尙有二萬匹馬力，在布置中。將來彼處或可全用火山之熱力，以代現在之煤炭，亦未可知。吾美 Neveda 及 Yellow Stone 二地，火山之熱力，強於全國之煤力。若能使用，誠一偉大之事業也。

(2) 吾意煤廠掘出之煤，即在其地焚燒，以磨電流，然後引此電至各處，較之運煤至各處，不知省力若干也。

(3) 水力之用，吾美取以作發動力者，與現有本能力相差尚遠，將來日進日廣，必有可觀也。

(4) 至於用太陽之熱力，其發明之路徑，長險難行，吾人當徐徐進步，以期其成功。其實現之日，不過較遲耳。

根： 君平生之第一嗜好，爲何物乎？

哀： 吾平生之惟一嗜好，即實驗是也。余覺天地之間，除此而外，無可使余有同等之喜悅者。至於吾休息之時，則愛登山，每於夏季，必上山休住，保養精力。如是則寒冬之日，可以作辛苦之工作。

哀迪生略史

哀迪生 Thomas A. Edison 於1847年，生於美國，家世貧寒，幼時不能多受學校教育。然其好學之心，則極誠篤。對於自然科學，研究尤勤。嘗於家中之地窖內，設製一實驗室，從事化學之實驗。年十二，在往來 Detroit 及

Port Horon 火車中，作賣書報之生涯。其作此業目的，冀於暇餘之時，得閱看書報之機會也，哀氏生平，最喜實驗，無時或離。故不久卽布置一實驗室，於行李車中。營業之後，時作時讀，愉快非常。後以化學室爆發，毀壞行李數事，哀氏販賣之職業，亦因此告終。

繼此之後，哀氏爲電報局之電報生，曾爲局中建立一支線。其後五年，均任職局中。公事之餘，則讀書實驗，無時或斷。至1868年，入Western Union in Boston電報局，爲辦事員。其後二年，某電報公司之器具損壞，經多數人修理，均未成功。後爲哀氏修好，因此哀氏遂爲該廠管理。每月薪資，有 300 元之數。未幾哀氏又在電報上有所發明，得40000元之酬金，乃自建一電汽工廠。其後二年，又發明電報中器具十餘種，電報事業，因之大進。

1877年，哀氏發明留聲機器。1878年，氏從事電燈之製造。欲用電流發光，以代煤氣，及煤油燈之用。1879年，電燈卽告成功。1891年，氏又發明活動影戲。後又有鐵筋土(水門汀土中有鐵條者)之發明爲建築事業開一新紀元。美國加入歐戰時，聘哀氏爲海軍顧問部部長，於軍事上効力頗多。哀氏生平事業，以電學爲最著。其對於電學之供獻，人所盡知。乃其生平之第一嗜好，則爲化學實驗，電學乃其次也。歐戰時，石炭酸，安息香油，橡皮等物，十餘種，美國斷絕供給，而國內各處之需用甚巨。氏乃不惜餘力，辛勤從事，設法製造，不久之後，美國各地，均無乏物之患矣。

鮑沙樹的應用

從前的舢板，大概是櫟木 Cork 做的。但櫟樹重且不便，上下極危險。Ecuador 產一種鮑沙樹，Balsatree 只有櫟木一半重，（櫟樹每方尺重十三磅十分之七，每板可容十四人至六十人，鮑沙樹每方尺重七磅十分之三）而堅如松。故運用極便，生長很快。據美國聯合果實公司報告，下種後，頭一年長三十六尺。據羅利 Rowlee 教授報告，每年直徑增加五寸。此次戰時，此樹用於飛機製造者甚多。此樹純係用細胞造成，無纖維質，故能禦寒製熱。這是他的特色。

口吃之預防與自助法

俞鳳賓博士

期期艾艾，自古有之。木訥近仁，何傷於事。但口吃者，欲言而不能暢，欲達其意而不能發揮，故患之者必須明其所由來，而常行自助之法。

司呼吸作用之諸部肌肉，在發言時，倘有抽搐之動作，卽可造成口吃之狀況。此種抽搐，每由神經機關，傳達於發音器與口腔，以及咽喉面部，甚至波及於四肢，或軀幹也。

患口吃者，大半爲男兒，女子佔少數。男與女之比例，約爲六與一。幼兒富於摹倣性，見人之患口吃，若頻戲習之，則漸成口吃矣。此種習慣，最宜戒絕。就鄙人之經驗而論，因摹倣性而沾染此疾者，不在少數。

神經性之兒童，易感刺激，易覺驚惶，故口吃之習亦易得。雖先天之有無關係，尙屬疑問；然父母之患此者，其子女往往罹之。至於後天之原因，而喉中之腺腫，連綿的稍不良，與身體孱弱，以及過勞或過疲。神經猛受刺激，推之貧血等症，均可惹起口吃也。防此習者，必須去其病根，若云自助之法，請觀下列四例，可見一斑矣。

（一）口吃之人，倘習唱歌，其唱歌之際，不致有口吃之虞。此乃音節之遲速，聲調之抑揚，其心中預爲部署，不致匆忙，且其心思注意於音樂中，其觀念已有所寄託，迨徐徐發音，不覺有所困難矣。

（二）口吃之人，若在低聲密語之際，其語言輒與常人無異。此因其心中並無畏忌，況接耳而密語者，必親暱之人，既無發聲之必要，安心而言，其結果遂可字字清楚，而惡習不來纏繞也。

（三）口吃之人，若在空曠之中，大聲呼喊一字二字或三四字之語言，大抵不感困難。此因大聲呼喊之前必須預先吸足其氣，滿貯其肺葉中，而後出聲，其肺葉既已充足，則發音自然順遂矣。

（四）鄙人昔在海外，課餘補習德文，德文教授某師頗嚴厲。某同學有口吃之習，其應答師長口問時，於第一星期內，不能表白清楚。吾師呵責之甚嚴，不准其口吃，而督令其作聲不苟，非改不可。至第二星期以往，便能應對如常人，此乃自治之力既強，無因循之餘地，雖惡習亦不難脫除。雖然，此僅口吃之程度未深者，方可依此法矯正之。

觀於上列之例，可知口吃並非無法可治者。口吃之人，第一須自壯其膽，愈餒則愈僨事。假使地上有厚板一長條，寬約二尺，吾人可步行，亦可疾足趨過。倘將此板，架於水面，一端置於船，一端置於岸，常人必不取疾足奔馳於其上。雖跬步緩行，心中猶懷警悸。何也？恐怖心使然也。村兒不識虎，毆虎如毆牛，此心理上無恐怖，而膽力驟增矣。口吃者，大半因膽怯而愈覺艱苦，時慮其訥訥可窘，則終日爲訥訥所窘矣。故其心理宜鎮靜，其思想宜專心致志，灌注於一事一物，不可慮及其口吃之瑕點。若逢應對之際，須注意於答語得當，徐徐抒述其所見，勿以其所患者，稍介於患也。

鄙人嘗讀特勒司拉氏所著學校衛生論中，有防免口吃之法四條，簡明而易學，亟譯於左，以諗國人。

(一) 發語宜緩，隨口而出。必先靜聽對面之言，而後專心答覆之。

(二) 聲音務求清朗。

(三) 先思而後言。將心中所有思想，先行整理。然後以次發表。

(四) 字字提清，句句須有秩序，使思想循序而出。切戒思想太急迫致句相混，字相含糊。

凡口吃者， 其氣易促， 因其肺量恆不足。 故防免之法，宜注意於深呼吸之練習，使其肺量充足。而後注意於朗誦之練習，可擇言文一致之著作，如白話體之論說與小說，或外國文之書藉，按日朗誦十分至二十分鐘，不使間斷，久之必能收效。鄙人曾見口吃之學生，能讀詩詞，不致艱窘，惟白話則頗有難色，良以一則有音調，一則無之也。大抵有韻之文，口吃者知所預備，不致匆忙。可見匆忙，實爲口吃之一大原因，不可不戒也。

西洋學校中，近年主張凡逢口吃之學生，宜受師長之特別訓練。一師專授一人，每日僅費數分鐘，教以如何呼吸。如何朗誦，如何提清句讀音節，如何減去其困苦，而效驗自可漸見。今鄙人於本論範圍中，祇能勉勵口吃者之自助，并望自助者之持以恆心，倘不見進步，則宜更請醫師爲之治療焉。

中國鐵路的調查

據去年交通部報告，中國共有鐵路 6657 英里。其中係中國資本造成者，只有 601 英里。中外合資者，1192 英里。其餘皆完全爲外資經營。美國有鐵路 320,000 英里。以中國如此的大。只有幾千里鐵道，交通運輸，怎樣會便利呢？

機關車上司機室之聽覺信號

(Railway Audible Cab Signal)

顧亦愷

十數年前，英國鐵道上，時有不期之災，層見疊出。推究其故，都因司機人駛過「示險信號」，致罹於危。迨夫輓近，彼邦工程師志心研究，始發明各種自動的防護具，(Automatic Safeguard) 甚為可恃。所謂司機室「聽覺信號」，卽其一也。此法在英國已經過試用時期，現正供用於一百四十英里之主要路綫上；並有一支路，亦棄"遠處信號"(Distant Sigkal) 而代以此法。其他數處鐵道公司亦正在考察此項防護具，以圖採用。

此項「聽覺信號」旣裝置在司機室內，故司機人及伙夫等終可聞見。非若舊時之法，必探首以望「遠處信號」之標記或燃燈也。司機人等之前，發動桿 (Starting Lever) 與舌門把柄 (Valve-Handle) 之旁，置一羅盤針面。路線上如無障礙，則現白色信號於其上。如有障礙，則現紅色信號。號上繪一字曰險。但是等信號，必須俯視；故另設一防護之法，用以喚起聽覺。法以吼聲汽筒 (Steam Siren) 或鳴汽笛 (Steam Whistle) 裝置於司機室內。險字出現時，吼聲汽筒立即發聲。其聲連綿，直至司機人將一橫桿舉起而止。火車經過安全信號時，司機室內另有一電鐘，連續發聲，直至司機人將遏音之具推緊始止。如上所述，防護具之外，似不必添置其他防護具。然當火車行將駛過「示險信號」時。倘有一種制動桿 (Brake) 益形便利。

沿路線緊要處，如欲示「聽覺信號」於司機人，可用下述之裝置。其法以T字形之鐵，妥駕於枕木之上，固定於軌道之中心，並與枕木絕緣 (Insulate) 。此種裝置，稱曰傳電軌 (Ramp) 。將傳電軌與信號房 (Signal Cabin) 時，以電線連結，供以電池。路線上如無障礙，則信號夫拉動「安全信號」桿時，號桿與傳電軌間之電溜流動。據下節之說明，便可知其電溜能使火車司機室內之電鐘發聲，同時白色信號亦現於室內。如信號夫拉動危險信號桿，則信號房與傳電軌間之電溜停止，羅盤針面即現一險字，司機人遂用制動桿以阻止火車之進行。

上節所云，信號房與傳電軌間有電溜流動時，火車司機室內即有表示安全之兩種信號發現。此何故歟？蓋機關車與傳電軌間，用滑瀉的接觸法，瞬時間有電流相通故也。其法以長約六十英尺之傳電軌，稍稍彎成弓形，其兩端在軌道同一平面內，中心高出軌道平面四英寸，其各部分均固定而不能移動；火車發動機(Engine)下，裝置一馬蹄鐵，與機關車本體絕緣，其位置可與傳電軌相嚙合，馬蹄鐵經過傳電軌之上，則躍起一英寸半，若在標準位置，則垂於螺旋形彈條之下，且閉合機關車上之電路，(Electric Circtit)使局部電溜(Local Current)流動。電路內有電磁石一。電流既通，電磁石之磁化度增强，可將開閉吼聲汽筒之槓桿舉起，而阻其發聲。然當馬蹄鐵經過傳電軌之上而躍起時，機關車上之電路卽斷，而電流停止，電磁石之磁力遂減弱，致將開閉吼聲汽筒之槓桿放下，一任吼聲汽筒發聲，同時險之紅色信號亦現於羅盤針面。

欲令險字信號不發現於司機室內，必須信號夫拉動安全信號桿始可；否則馬蹄鐵一度經過傳電軌之上，險字信號卽有一度之發現。蓋安全信號桿拉動後，號桿與傳電軌間之電流，便可流動。馬蹄鐵經過其上，在互相接觸之一瞬間，其電溜則循馬蹄鐵而傳至分極繼電器，(Polarited relay)以增强其電力，使繼電器與電磁石間之電路上，有電溜流動。故聯於電溜石之直接電路，雖因馬蹄鐵之躍起而中斷，然由繼電器之分電路，仍可增强電磁石之磁化度，而將一開閉吼聲汽筒之槓桿舉起，以阻其發聲。險字之信號亦不發現，同時由傳電軌作用於繼電器上之電溜，復使電力闢鐘上之局部電溜流動，使電鐘連續發聲，直至司機人推緊遏音之具，而電溜始斷。故設信號房所備之電池告罄，或誤連電線時，因馬蹄電之躍起，機關車局部電溜遂斷；聽覺及視覺兩種信號，卽爲司機人所聞見，當用制動桿爲停車矣。

是種裝置，並須機關車上之電溜亦陸續供給，以保持安全信號之發現始可。所耗費者，僅爲四個小乾電池。較諸全部防護具之價値賤甚。若電池內之電流告罄，則電磁石之磁化度不能繼續保持，致釋去其所羈留之槓桿，而「危險信號」又發現矣。

機關車停在車房中時，爲節省電流計，可用一種自動的裝置。只須汽鍋內之蒸壓力降至二十磅以下，電池內之電溜自可停止。苟其壓力升至二十磅以上，仍可自形流動。

綜上以觀，司機室內聽覺信號之效用，當迷霧或風塵之日，尤爲顯著。且司機人從事查看發動機之機械構造時，並可聽得信號。洵利便也！

近來自動轉軌器，及自動信號，發明已多種。英國倫敦地底鐵道，藉其功用，已可增加行駛之速率。是等自動器具，所費固屬不貲，然一旦用之，大可減少信號房之設置。聞某鐵道上自動器房一座，可代手術房十三座之用云。

槓　　　桿

陳　　章

我們讀物理學，起首必定先讀力學，因爲力學是各種科學的基本；就像電學，熱學，或光學中，到處多有力學的原理。所以一個不明白淺近力學的原則的人，要他來研究電學，熱學，或光學，自然是一件極困難的事。因爲這緣故，介紹力學淺近原則，可以做介紹別種科學的先鋒。凡已經在力學上有些明白以後，看別種科學，一定容易了解得多。在力學當中，最關緊要而又容易明白，并且日常遇着最多的，就是槓桿 (Lever) 的定理。

在沒有講到槓桿本身以前，有幾個名詞，必須先講個清楚。否則以下定理一定不容易明白。這幾個名詞，現在先把他解釋在下面：——

(1) 力 (Force). 力就是做工作的力，日常到處遇着的。他的定義在高深力學上，是“凡發生加速率 (Acceleration) 的就叫做力”。這定義的解釋，是不大容易了解。但是我們要明白槓桿定理，也用不着講得這樣深奧，只須解釋平常所遇着的力就夠了。

(2) 工作(Work)。凡物件被力移動其地位，我們就說這力做了工作，在這物件上。工作多少，可以拿所用的力，和所移動的長度去量，就等於他二數相乘的積。譬如有一物被3磅的力，移動4呎地位；所做的工作就等於3×4＝12“呎磅”。再譬如一物，被一格蘭的力，移動了一生的米達地位；所做的工作，就等於一“格蘭生的米達”用一最簡明的代數方程式來表他，就是

工作＝力×移動地位的長度。

但是明白了工作的意義以後，切不要誤會用了力終究能夠得到工作的。譬如房中的庭柱，他一天到晚，身上壓着極重的屋面重力，但是一步也沒有移動，是沒有做工作。又像一個人，搬一塊大石頭，那知這石頭一些兒不動；他這人雖用怎樣大力，依然一些不動，我們說他仍舊沒做工作。恰合如俗語所說的“吃力不討好”了。

(3) 機械利益，(Mechanical Advantage) 一在力學上有許多小機械，可以用極小的力，去抵當一極大的力；如滑車和槓杆都是。把阻力被用的力去除，他的商數，就叫做機械利益。用代數方程式去表明他，就是：

機械利益＝阻力÷用的力。

看了這個數目，可以曉得用力比阻力可以小幾倍；至

於機械利益怎樣得着的，看下面槓杆定理，就可明白。

I 槓杆的定義。一槓杆是在一支點上 (Fulcrum) 自由旋轉力量平均的竿子。如第一圖，MN 是一槓杆，他的支點是在A的一點；W_1 和 W_2 是兩個重量，用做力的。

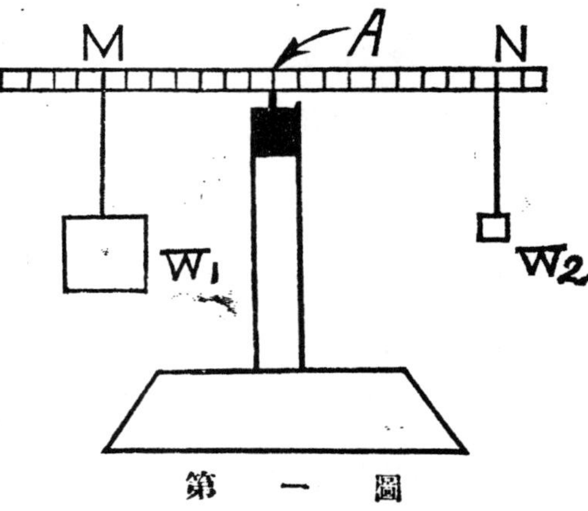

第 一 圖

II 槓杆的定理一假使 W_1和 W_2 沒有放上以前，這槓杆本在一平線上。於是加上 $W_1=36$ 格蘭，在離支點 7 生的米達的地位。又假使 W_2 等於28格蘭，若要那竿子再平，必須將 W_2 放在離支點 9 生的米達的地位。所以他們四數的關係，顯而易見是，$7\times36=28\times9$。所以不論 W_1 W_2 放在那裏，要這槓杆在平線上，必定要合符上寫的關係。

所以照上面所講的理論，可以定一個定理。這定理是不論用力 (Effort) 和阻力 (Resistance) 如何放法，用力乘他的離開支點的距離，必定要等於阻力乘他離開支點的距離。用代數方程式來

第 二 圖

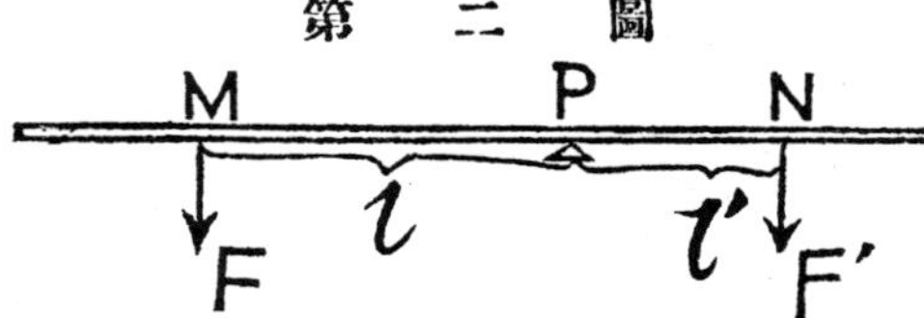

表明：假使用力是F；他離支點的距離是l，阻力是F'，他離支點的距離是l'，於是

$$F\times l=F'\times l'$$ 。（看第二圖）

從上面的方程式，可以明白一個支點在中，兩力在旁的槓杆，一個輕的力，必須比較重的力離支點遠些，方始不致於傾倒。這可以拿日常挑擔做一個例來講，一副擔子，挑擔的人在中，兩重在旁；挑担人的肩就是所說的支點；這是一個極好的例。照我們平日的經驗也曉得若然兩邊挑的東西是一樣輕重，挑的人自然在當中；若前一物比後一物重些，他的肩自然須向前些；這就可證明上說的定理了。

細察上說的例，28磅的力，也可以抵當36磅的力，可見用力不一定要同阻力的相等，儘可以比他小；所以有機械利益了。假使36磅算他是阻力，28磅是用力，於是這槓杆的機械利益，就等於 $36\div28=1\frac{2}{7}$。就是阻力可以比用力大 $1\frac{2}{7}$ 倍。這是解釋機械利益的應用。

III　槓杆的普通定理。—上面所講的例，是一個特例，因爲一面只有一力；并且二力的方向，是相反的，一力依着鐘轉方向，一力反着鐘轉方向，我現在要講一普通的槓杆，就是兩面的力，不限多少，并且不限二面的力，是一定方向相反的。試看第三圖，和第四圖，我們立刻可以

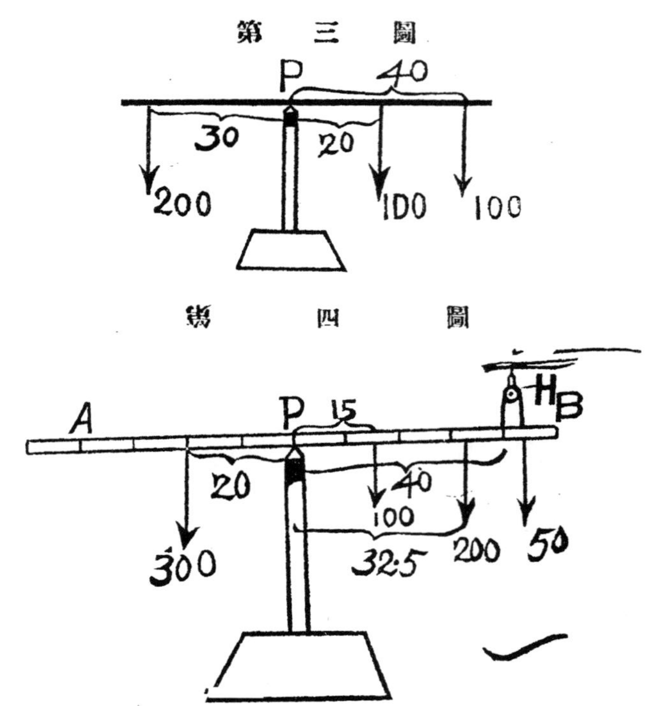

第三圖

第四圖

得着下列二個方程式，就是:—

$$200\times30=100\times20+100\times40 \cdots\cdots \text{(1)}$$

$$300\times20+50\times40=100\times15+200\times32.5 \cdots\cdots \text{(2)}$$

兩個方程式的意義，是極易明白，多是照着上面理論得出來的。但是在第四圖，要留心這50磅力的方向，這50磅力是掛在一個滑車上面，他的方向，和同一方面的力，恰好相反。他是要把在右的竿子向“反鐘轉方向”(Counter Clockwise) 而轉。若然拿這50磅的力，移到左面離支點40

的地位，所生的效驗，也相同。所以在方程式（2），50磅乘他離支點距離40，寫在等號的前，這是應當留意的。

從上邊兩個例，我們可以做一個普通定理，作爲結論。這普通定例是：向一方面（如鐘向或反鐘向）之力，各乘他離開支點的距離，相加之和數，須同向反一方面之力，各乘他離開支點的距離，相加之和數相等。用代數方程式表明，就是：

$$F_1l_1+F_2l_2+F_3l_3+\cdots\cdots=F'_1l'_1+F'_2l'_2+F'_3l'_3+\cdots\cdots。$$

IV 工作和槓杆。一上面所講的槓杆，多是不在行動，他的定理是拿 $Fl=F'l'$ 表現出來的。這方程式又可寫作 $F\div F'=l'\div l$；依第五圖，假使F的力使F'向上動S'的距離。同時F力自己一定也要向下移動S的距離。但是從幾何學上的原理，

第 五 圖

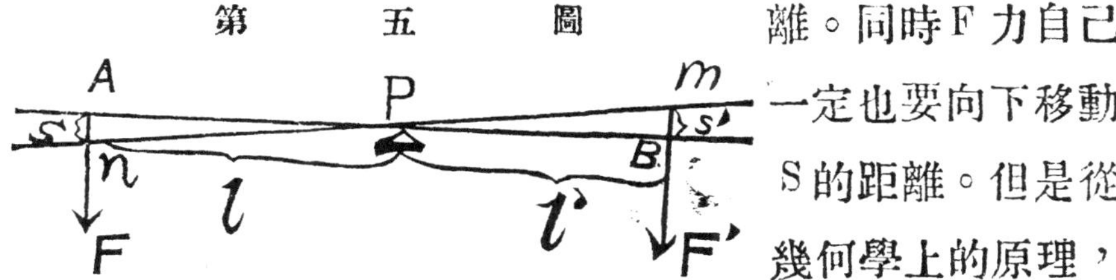

三角形 APn 和三角形 BPm 是相類的。（Similar）。因爲∠nAp 和∠mBp 都是直角，（Right Angle）；并且∠Apn ＝∠Bpm。 故所以他們二只三角形的邊，成功比例，如 $l\div l'=S\div S'$。

但從上面的方程式，$F\div F'=l'\div l$，

所以　$F \div F' = S' \div S$……………………………(1)

方程式(1)又可寫作

$FS = F'S'$……………………………………(2)

但是F是用的力，S是所移動的距離，他們相乘的積，是F力所做的工作。F'S'也可以作同樣的解釋。所以槓杆上工作的定理是：用力所做的工作，必定等於阻力所做的工作。(同方程式(2))

V 槓杆的分類—上面所講種種，都可以叫做槓杆的定理。現在要論他的種類了。我前面舉出來的槓杆的例，都是支點在中，阻力及用力在兩旁的；但是這不過槓杆中最普通的一類。槓杆共有三種，都是拿支點的地位來分別的。現在拿他分別在後：(1)支點在用力和阻力的中間。上面的槓杆都是這一類的，其餘如剪刀，秤人的秤，測物重的天平，挑的担，多是這一類的。(2)阻力在支點和阻力的中間。這一類不大普通，像切硬物的剪刀，轉螺旋的鉗子，都是的。(3)用力在阻力和支點的中間。人的手臂，和汽鍋上平安活塞，(Safety Valve)都是這一類極好的例。

在各種機器和日用物件上，應用槓杆的定理，也不知道有多少，上面不過舉幾個例罷了。他在科學及工程上面，着實有些功勞，我們研究科學的人，那裏可以不去研究他的定理呢？

大戰所用的砲彈

轟天動地的大戰爭，現在已告終了。他所用的槍砲，真真驚人。所用子彈，猶屬無算。據巴松氏 Sir Charles Parsons 的調查，英國西戰場，每天發砲一百萬發，用彈二萬噸。美國對於歐戰，槍砲貢獻極少。但當大戰將終時，竟用去三十一萬八千八百萬3,188,000,000美金。其中用作機關槍製造費者，竟達十一萬二百六十萬 1,102,600,000美金，云云。

鋼的製造法

茅以新

鑛物當中，什麼是頂有用？人家一定說是鐵。鐵有生鐵，熟鐵，鋼等；這裏那件頂有用？那自然是鋼。我平常想想，覺得人類的進化，鋼鐵的貢獻最大。在古時有鐵時代 (Iron Age)，歷史上算爲人類進化的一步。就在現代，也還是人類進化的工具。你看這次歐戰，沒有鋼，打得成嗎？世界的高屋，沒有鋼，造得成嗎？火車，輪船，橋樑，軌道，鍋爐，引擎，大至八百尺高的建築，小至一個鏍絲釘，沒有鋼，造得成嗎？這樣看來，鋼和人，是很有關係的了。

鋼的用處，既然這般大，那每年的消費額，一定一年多似一年了。生產額自然也要跟着加多纔夠支配。幸而科學的發達，是極快的。近來鋼的製造法，已經大大的進步了。比起從前，更爲驚人。從前一個爐每次出鋼，要十二天；現在只要五個鐘頭。每次出鋼的數目，也加到三十噸。這種進步，眞眞利害。所以引起很多人的注意，弄得我也不得不抽一點空，來研究研究這鋼的製造法。

(1) 鋼的定義。

我們想造鋼，先要明白鋼是什麽。普通人以爲鋼就是純鐵。其實是大錯了。純鐵是軟的，鋼是硬的。鋼並且又很韌。鋼在一定的溫度裏有一定的韌硬度。照科學的定義，鋼就是鐵裏含有一定數目的炭質。本常有千分之三(•30%)。

(2)鋼的種類。

鋼的造法很多，所得的鋼，也各不同。我們若依鋼的造法來分，鋼可以分作：—錬鋼，堝鋼，酸白生米鋼(Acid Bessemer Steel)，鹽基白生米鋼(Basic Bessemer Steel)，酸露底爐鋼(Acid Open Hearth Steel)，鹽基露底爐鋼 (Basic Open Hearth Steel)，合製鋼(Duplex Steel)，電爐鋼(Electric Steel)。再若依他的用途來分，鋼可以分：—建築釘鋼(Structural Rivet Steel)，建築鋼，鍋爐釘鋼(Boiler Rivet Steel)，鍋爐板鋼(Boiler Plate Steel)，機器鋼，軌道鋼，炮鋼，軸鋼，彈簧鋼，器具鋼，電線鋼，琴鋼。鋼也可以照他的硬度來分(即照炭質多少來分)，如軟鋼，中鋼(Mediug Steel)，硬鋼，最硬鋼等。

(3)製鋼的原理。

製鋼的原理，就是把鐵做成有一定的炭質。譬如用的原料是生鐵，生鐵裏含的炭質很多，那就要設法提去他的炭質。如原料是熟鐵，熟鐵的炭質很少，那就要設法加些炭進去。這就是各種製鋼法的共同原理。

我們明白了上面的幾條，就可以講製鋼法了。鋼的製法很多，就中以白生米法 (Bessemer Process) 爲最廣，露底法 (Open Hearth Process) 也很廣。餘如坩鍋法 (Crucible Process)，錬法，合製法，電爐法等也各有其用。我們現在且慢慢說來。

(a) 白生米法 (Bessemer Process)。

這裏的原料是生鐵。生鐵的炭質太多，去他的法子是把冷空氣吹進鐵液，去養化這炭質，成炭養$_2$ (Co_2)。主要的部分是：一鼓風爐(Blast Furnace)，混合鍋，改變器，空氣房，鼓風箱等。

先把各鼓風爐的鐵液，放在混合鍋裏，使他們調和。這混合鍋平常是很大的。大約有六百噸的容量。他的用處，是保存鐵液的溫度，和得一個某種程度的鐵。因爲各鼓風爐的鐵液，不是相同的。

然後再從這混合鍋裏，把鐵液倒入改變器裏。改變器是變鐵爲鋼的地方，所以叫改變器。他的容量，大約有三十噸。他是架在一種耳樞上 (Tunnions)，可以轉動的，他的底板上有許多孔，空氣便從這裏進去。這底板是活動的，可以常常換的。因爲用了二十五次左右，便要燒去了，所以要把他做得活動能換。

鐵液既到改變器裏，空氣便用壓力壓進去。這壓力是每方寸二十五磅。十分鐘後，所有的雜物，可以養化淸楚。以下的步程，就要看所用的生鐵，成分怎樣了。

假如磷，硫磺很少；矽很多；那就用酸法(Acid Process)。假如磷，硫磺極多，那就用鹽基法(Basic Process)。

在酸法裏，矽被養化了。養化的時候，發出極多的熱。這個熱就把鐵液的溫度，增加了許多。所以炭質全被燒去，發出的火焰，冲出口三十尺高。矽的養化，和錳的養化，就成了鐵滓 (Slag) ，浮在鐵液上面。這種鐵滓，從前都棄去的，現在却用作肥料，因爲裏面磷鈣等物很多，都於農田有益。

火頭底了，那空氣便不壓進去了。這時有一種預先算定了的鐵錳質 (Speigeleisen, or ferro manganese) 加進鐵液裏。這鐵錳質裏含有定數的炭質。再把空氣壓進去，那錳就被養化，走到鐵滓裏去，一齊流出。那炭質便進鐵液裏去，做成所要的鋼。這時就可以把他倒入模子裏，製成各種鋼的器具。從頭至尾，只要十五分鐘。

在鹽基法裏，磷質被養化了。同時也發出極多的熱。

這裏，改變器的四圍，是用鎂灰石 (Dolomite) 做成的。所以被養化的磷，就被這改變器的四圍吸收了做成鐵滓。不過鐵液裏還要加點石灰，空氣壓進去，也要多六分鐘，纔能有用。然後把鐵滓掠去，再把鐵錳質加進，和酸法差不多。不過要緊的，是先去鐵滓，後加鐵錳質。不然是沒用的，完全的時候，要二十五分鐘。

上面便是白生米法。

(b)露底法 (Open Hearth Process)。

這裏的原料是生鐵和熟鐵雜在一起。其中的雜物，是用高熱度的空氣養化的。用的爐叫做反射再生爐 (Reverberatory regenerative furnace)。這爐的重要部分是(1)一個大而淺的鍋，鍋底是用耐火物做的。這耐火物是矽的，或是鎂灰石，看生鐵的成分如何而定。(2)鍋上一個蓋。蓋的形狀，能使鍋裏的熱，反射到鍋裏來。(3)四個再生房。都是被餘下的煤氣燒熱的。他們的用處，是預備空氣和煤氣走過的時候，加熱給他們。每二個房循環來做這事。(4)幾個活門，管空氣煤氣的路的。(5)一個門，預備加原料到爐裏的。(6)一個洞，就從這取鋼。

這爐叫做反射，因爲爐裏的火，重行被蓋反射到爐裏。又叫做再生，因爲燒剩的火，還用來燒再生房。燃料是用空氣和煤氣。這裏也有酸和鹽基二法。

在酸法裏(Acid process)，爐裏有三分之一的生鐵，三分之二的熟鐵。空氣和煤氣放了進來，燃燒着。熱度便漸漸增高，鐵都溶化了。五六小時後所有的矽，錳，炭差不多都被養化。這時我們要看，鐵液裏的成分如何。若炭質很多，便加點純鐵礦苗。若炭質太少，便再加點生鐵。然後再加一些鐵錳質，把鐵液裏的養氣去了，停止養化作用。於用鋼已造成了。共總的時候，要六小時或十小時。這裏我們要注意的，是生鐵裏的矽要多，磷和硫磺要極少，爐的底是矽的。

在鹽基法裏(Basic Process)，生鐵熟鐵各半。所用的生鐵裏，磷和硫磺很多。爐的底是鎂灰石做成的。煤氣空氣燒了三四點鐘後，矽錳炭可被養化完。再燒，磷就被養化，硫磺和錳化合，都成鐵滓流出。這時我們要時常把鐵液的成分考查考查。成分相合之後，再把鐵錳質加入，去做成所要的鋼。共總的時候，要八小時或十二小時。

白生米法和露底法所製之鋼，都用在建築上。

(c)合製法(Duplex process)。

我們知道，在酸白生米法裏，矽是被養化了，不過磷質是不能養化去的；所以只能用在生鐵裏沒有磷質的地方。却是時候極快，這是他的好的地方。我們又知道在鹽基露底法裏，磷可以被養化了，這樣看來，假如生鐵裏又有矽，又有磷，不是可用兩法合製嗎？所以叫合製法。法先把生鐵放在酸白生米法裏。等到矽錳炭等物，都被養化了；就把這鐵液移至鹽基露底爐裏。在這裏磷也可以移去了。再加上鐵錳質，鋼就得到了。合製法所製的鋼，質地比白生米鋼好。時間比露底法快，只要四五小時。並且下等的生鐵可以用。這都是合製法的好處。

(d) 電爐法 (Electric process) 。

這法子完全和露底法一樣。不過露底法的火，是用煤氣的。電爐法的火，是用電的。所以不用養氣來燒，這是頂好的地方。在電爐法裏，硫磺和養氣，很容易移去。不過磷就難點了。

電爐有三種：一(1)電極在鐵液上面。如"斯太三拿'爐 Stassano furnace 。(2)所生的電弧，在電極和鐵液間的。如 Giroud, Heroult, Keller 的爐，就是這樣。(3)感應爐 (furnace of the induction type) 。在這裏鐵液就是變壓器 (Transformer) 的副線輪 (Secondary coil) 。如 Rochling-Rodenhauser, Kjellin 的爐，就是這種的。

電爐的力，是每噸鋼一百五十啓羅瓦德點鐘到一千啓羅瓦德點鐘。(Kilowatt hours)。共總的時候，是二點到五點。

電爐法所製的鋼，質地頗好。費用也比坩鍋法便宜。但是比白生米法露底法，却貴多了。電爐法最好製合金鋼(Alloy steel)。

(e)坩鍋法(Crucible process)。

這法的原料，是熟鐵和炭。八十磅的熟鐵和炭錳，放在一坩鍋裏，蓋起來。幾個坩鍋，放在一個爐上燒。鐵質一滾，鋼便成了。共總的時候，要三點到五點鐘。製出的鋼，質地極好，價錢也很貴。

(f)煉法(Cementation process)。

原料也是熟鐵和炭。不過這法太慢又很貴，所以現在不用了。我們也不必多研究他了。

上面已把各種製鋼法說過了。現在把他們總括起來，比較比較。比較的法子分四種，(1)質地，(2)價錢，(3)時間，(4)出貨。下面的表，是把各法列起來。好的，貴的，長久的，多的，依次放在前面。壞的，賤的，短的，少的，依次放在後面。

質地	價錢	時間	出貨
(1)電爐法	(1)坩鍋法	(1)鹽基露底法	(1)鹽基露底法
(2)坩堝法	(2)電爐法	(2)酸露底法	(2)酸白生米法
(3)鹽基露底法	(3)酸露底法	(3)合製法	(3)鹽基白生米法
(4)酸露底法	(4)鹽基露底法	(4)坩鍋法	(4)酸露底法
(5)合製法	(5)合製法	(5)電爐法	(5)坩鍋法
(6)鹽基白生米法	(6)鹽基白生米法	(6)鹽基白生米法	(6)合製法
(7)酸白生米法	(7)酸白生米法	(7)酸白生米法	(7)電爐法

看上面的表，我們立刻看出來，白生米法是頂好的了。因爲他的價錢便宜，時間短，出貨多。所不好的，就是質地。但是平常所用的鋼，並不要質地好。只要中等的，就可以了。所以自從白生米發明了這法之後，藝術界便大大的革新了！現在我們能夠造大船，高屋，火車，以及大建築，都不能不算是白生米的功呀！

一九二〇，四，一九。

參觀武漢工廠記錄

彭 昕

我們這一次到武漢各地參觀工廠，大小共有八個。各廠設配，多半採用科學方法，視察容易，管理方便，時間人工都極經濟。比較從前徒用手工，漫無管理的，眞進步得多。現在將各廠之大概情形，依規模之大小，寫在後面。

(一)漢陽鋼鐵廠

廠係張之洞所手創，在民國紀元前二十年始成立。廠門前是襄河，(即漢水)後面是大別山，(俗名龜山)左邊是湖北兵工廠，右邊接近揚子江。面積約有千畝。廠內可分三大部，第一化鐵部，第二練鋼部，第三機器部。化鐵部規模狠大，工人極多。鐵礦由大冶船運到廠的東邊碼頭；那邊設一個電力起礦機，該機好像天空橋樑，全身用鐵飯製成，長約三百尺，高約八十尺，一半靠住江岸，兩邊各由五條鐵柱固定，那一半横出江面，礦船停泊在底下。橋上兩邊各有小鐵房子一座，可進退，可旋轉，房門口用鐵索吊一大鐵手，能自由開合，挖取礦苗，置之火車中。大約每二分鐘可上下一次，每次約百多斤。即此一機，就可抵了一千幾百個工人。化鐵爐共有四個，一號二號兩座每日可出鐵二百餘噸，三號四號五百餘噸，終日終夜，長月長年，都不熄火。鐵苗石灰及焦煤由爐項倒下，漸次燒鎔，那熔液由爐底流出，凝在砂面上，成功一條一條二尺來長的半圓柱形，叫做生鐵 Pig Iron。每一化鐵爐旁，有四座熱風爐；爐係兩層圓筒，空氣由鼓風機壓進內層圓筒。鐵爐熱煙自爐頂引出，經外層圓筒，然後到烟囱裏去。故空氣到內層的時候，既經燒得極熱，到了爐中，相助火焰，益發熱了，最高的熱度約在華氏表三千度以上。所以爐身滿裝自來水管，水長流不息，減少爐殼熱度。那水流出來時，既熱得不堪了，所以有噴水機好幾十個，使水容易降底熱度，重新使用。

煉鋼部位在廠的西面，共有敞底爐八個，每次用四個或五個，因為每煉鋼一次裏面的火磚都破碎不堪了，必需重新鋪起。爐係長方形，前開二門，後有一洞，為出鋼液的地方。門前有電車來來往往，接濟飼料，爐中并不用煤，單用空氣混雜煤氣，Producer Gas。鋼爐前面有製煤氣爐 Gas Producer 十餘座，爐頂好像漏斗形，煤由該處漸次下降，即受燃燒，所含的容易蒸發之物蒸發為氣，經鐵管引至鋼爐中，猛力燒煉生鐵，約十時許，爐內盡成熔液。我們用藍色的鏡子，自爐門小孔看進去，裏面好像沸水一般泡花作浪，鋼液自後洞流於大鐵鍋內，用電力起重機搬來搬去，將鋼液由鍋底活塞注在方柱之鐵型內，變成鋼胚 Ingot。每個鋼胚重約九百二十啓羅格蘭，約一方尺面積，四尺高，遠望來只見一根一根紅柱，排列在那邊，非常美觀。鋼胚製成的時候，內部熱，外部冷，所以又要用火車及起重機，把那些一根一根的紅柱送進火窖，保持熱度預備將來送到拉鋼廠，拉成各種東西。

機器部係包括製造修理兩部。製造的有鋼條，鋼板，工字樑 I-Beam，方角樑 Angle-Beam，鐵軌等等。這些東西，都由滾機 Rolling mill 製成。有一滾機用三個大蒸汽機，共一萬四千五百匹馬力旋轉。各種鋼塊由火爐內取出來，紅灼灼的經過各種滾機，卽成各樣東西。像泥工塑泥，極其寫意，所謂『雖有千鈞舵化爲繞指柔』眞眞不錯。這種滾機約十幾個。切鋼的，鋸鋼的機，也有好幾個。修理部，機器狠多，都係爲修理廠內各種用具而設。講起來大麻煩。所以不記了。

各部的原動力，或直接用汽爐蒸汽，或用電力。發電處有三站：一設五百〇六瓩脫的發電機三，皆雙電三線機，電壓自四百三十至二百佛脫。一設百瓩脫之電機七，電壓自二百卄至二百三十佛脫。另一處在廠之東，爲電力起礦機設的，由交電流變爲正電流，電壓約四百佛脫。

(二)大冶礦鐵廠

大冶鐵廠係近年開始建築，離漢陽二百四十里，在長江南岸，黃石港之東，沿岸長有十里，地面有五千餘畝。聽人說比漢陽老廠大其六備，擬造化鐵爐十二座，現在造好二座，又高又大每爐每日可出鐵四百噸，但尙未曾使用。爐旁有鐵路直達礦山，載礦和石灰。另有架空鐵道，直到江岸，運煤。三樣會在一處，有斜升降機輪流自由傾倒直入爐中，用不着人去理他，比較老廠由升降機用人力推倒飼料入爐，進步得多。不過此廠專門化鐵，機器不像老廠的繁雜，但機器房屋，樣樣都新，舉頭一望，氣象好生雄偉，倘辦事的人實心實力做去，我想三年之後，在東亞當手屈一指了。

採礦的地方，離新廠約六十里，有火車直達，我們在火車上，探首外望，看見重山叠嶂，都是石頭，樹木很少。先到獅子山採礦處，火車停了，地下盡是小鐵道，開眼望山，只見無數黑線，斜鋪至半山。很多黑野猪沿線自上自下，非常快捷。我們步行前進，才曉日那黑線是鐵道，那走上走下的黑野猪都是礦車，半山有機房，將鐵索帮住車之一端，轉動軸轆，利用地心吸力，此上彼下，用不着原動力去推他，一車一車，連絡不斷，煞是好看。現在開採的共有三處，卽獅山，象鼻山，鐵山。礦苗都露出岩表，隨矚卽是，先用人工錐一小孔，約三四尺深，乃用炸藥炸烈。此法又費人工，又極遲緩。現在半山築有汽鍋室，及馬達房，用空氣壓機錐孔，極其容易，又不費力。引導者對我們說，若全數採用此法，每年至少可出礦苗一百萬噸。礦山連綿不斷；自西歷一八七六年英國工師發現鐵礦，遂惹人注意。其實據圖志所說，宋朝時，曾有人開採，所遺剩鐵屎 Slag 遍地都是他們將此老鐵屎化驗，足足有三十幾分鐵在內，可見從前老法鑄鐵，實在使不得。礦山開採數十年。但所挖之地，不過「九牛一毛」，現經工程試驗，一處礦苗入地二千尺，都未改變，卽此一處，可取數百年。其他一處，我們去參觀時，正在那邊打錐入地試驗。

(三)揚子機器公司

廠建在漢口東二十里，臨長江北岸，開辦約十二年。當時基本金不過四十萬，現在加到一百三十多萬。能自製機械，不恃外力。以前專建橋梁，屋架，汽舟，機車，鍋鑪，引擎，等等。現在自己建了一座化鐵爐，買礦苗自己鑄鐵。所用熱風爐，汽鍋，都係本廠自造。另有大打風機三座，係最新式的，購自美國。化鐵爐搬運飼料，都用電機，同大冶鐵廠設備差不多，非常靈活。機器廠裏管理及製造都極有條理，每件工作，都有一張程序單，上面有空白可以填寫工作名目，責任工頭姓名，工人什麼時候進來，什麼時候出去，多作幾小時工，工作完畢，單子，就要交進去，一有錯誤，立刻可以查出來。這種制度，較之他處工廠，就填密得多了。造船處曾造過重千噸，長三百尺的運船。其餘走內河小輪極多。去年那撞沉江寬商船的楚材軍艦，正在那邊修理，還沒有完竣呢。統視廠內卽知有條理，極清爽的工廠。大有蓬蓬勃勃氣象。心裏頭很羨慕他，很希望他快一些長成。

(四)湖 北 兵 工 廠

廠的地置同漢陽鋼鐵廠東西相連，有連絡的鐵道好幾條，面積較上海兵工廠小一些，約有四百畝左右。我們進去的時候，由廠長關照親兵領我們到各處觀看，第一汽機室，有三個汽鍋。第二砲廠，所造的都是過山砲，約三寸口徑。第三砲架廠，專做鐵輪，鐵架，木欄等。第四金工廠，做些車床，砲床等。第五翻砂廠。第六打鐵廠，用的都是汽搥。第七毛瑟槍廠，槍短小精緻，機器羅列，有幾架，每日可出槍一百五十枝。第八木工廠，專做毛瑟槍床，機器甚奇，所刨的東西，不圓不方，却能進退旋轉自由，刨得精光，細察之，都是變動輪Cam作怪。第九裝置槍床處。第十做刺刀處。第十一彈子廠。裏面許多很精緻的機器，一面由銅皮變成銅壳，一面將鉛丸磨滑，一面把銅帽子 Percussion Cap 放進，一面把炸藥片往玻璃管放下，機器底下就有整個兒的彈子裝好落下，倘使輕重或長短有些不對，旁邊有一個彈簧就把這個不合適的彈子彈到別處去了。每天可造彈子五六萬顆。第十二油槍所。第十三驗槍所，此係專驗毛瑟槍的地方，固定砲架二座，相離五十密達處有一塊大鋼版，另有兩小鋼版，可上可下，有方格紙一張，粘在小鋼版上，紙上半部當中刻一長二寸闊一寸的長方形，下半部有同樣的黑長方形，瞄準點卽集於黑長方形，連發五響，以五子齊中上部空長方形爲最妙。第十四爲裝運槍砲所。我們共看了十四處，每處都有銅牌寫明什麼工作，一看瞭然，廠內管理亦極認眞，我們常常看見牌示說那個工人早退工，應罰工銀幾天等等，機器都係德製，精美可愛，可惜有好幾處製造的地方，因軍事祕密，我們不能進看看。

(五)湖北水泥廠

廠鄰近大冶輪埠，離長江南岸約一里多。廠不甚大，水門汀石 Cement Rock 石灰，及鐵養，三樣都在廠後山上，採取極易。所製巴德耶水門汀，Portland Cement 用乾製法 Dry Process，設有大小碎壓器，粗細研磨器，烘焙器，混合器，燒窰，冷籠，和包紮機。用圓木箱裝好。由輸送機運至江邊輪舶，機係架定橋梁，繞以鐵索，由輪轉動，鐵索在橋兩邊此往彼來，極其便利，

(六)財政部造紙廠

廠在長江北岸，七里河西岸。房子造得很講究，却不甚大。只有造紙機一座，可造六樣紙張，輪流製造。有大蒸汽機一，爲全廠的原動力。造紙的手續是先把爛布扯成絲絲，雇些女工把布條藍的白的分開，布條子融化在藥水裏，和蒸熱的稻草粉混在一起，再用漂白粉漂白，那種白膩漿依着次序滚進旋轉機裏，機上繞着一層層的粗厚白布白漿滚過去，做成一層薄薄的浮皮，再滚下去，漸漸成了紙張，由滚筒內熱汽蒸發水分，最後滚出來，就是用的紙張了。切機卽付在主機之後。再由裝製機裝好。每天大約可出紙四百令，每令五百張。

(七)武昌電話公司

武昌城與漢陽漢口相對，成三角形，蛇山南北橫在武

昌城裏。電話局就建在蛇山頭上，黃鶴樓之後，地勢極高，房屋極新，電話可通武漢三鎮，線由水底透過。設配雖然簡略，却是中國最新式制度，叫做「公共電池制度」Common Battery System，佈置極靈便，打電話的無須搖鈴，只要舉起聽筒，就可和總局說話。管理電話的人都用小電燈明滅爲記號。儲蓄電池共有二十二隻，現用十一隻，房屋及各種設備都有擴充之餘地。

(八)武昌無線電報局

局在武昌東門內，政府設的，專供軍事之用。有發電機二，以電動機及煤油機生原動力。蓄電池六十隻。發報有三個屏風，分裝各種電錶，聚電器，感應圈，及電鍵等。機發都從德國買來。多半在夜間發電，兩木柱相距約百二十尺，高百六十尺，四線橫接頂上。電力可及菲立賓，檀香山，等處。

普利斯脫雷傳

(Joseph Priestley)

惲　震

我們中國人對於世界有名的科學家，實在太不清楚，連西洋小學生所說慣的口頭名人，講起來也不大曉得。我們因爲這個原故，所以打算在每一期本誌上介紹一個大發明家，使得大家腦筋裏除了記拿破侖，莎士比亞，威廉第二之外，多記幾個牛敦，法勒台，普利斯脫雷之類的人物。上期吳保豐君，已經介紹過大電學家法勒台，此次我來把化學創始者普利斯脫雷的歷史講講。

普利斯脫雷 (Joseph Priestley) 是一個合理自由思想的先鋒，又是一個化學的創始人。他於 1733 年，生在英國 Fielhead 地方，從小受 Calvin 教派的教育，所以少年時所研究的都偏於神學方面。1752年，他進了 Daventry地方的新教學校，其中的教師都主張懷疑和實驗的主義；教師學生和在一起，分開正負兩方面，自由討論一切問題。普氏常常立在反對"聖經"的一面，他年紀愈大，智力愈强，這種傾向愈深。他從 Calvinism 轉到 Unitarianism 一派，就是專信上帝不信耶蘇。1761年，有人請他去到 Warrington

地方一個新教學校裏，担任拉丁文，希臘文，法文，意大利文，民法，哲學批評的教科。他在教授的時代，竭力鼓吹自由思想，和他自己在求學時代一樣。他的一個學生後來對人說道："他講完一段書，一定要問學生有無不滿意的地方，要盡情的講出來。假使有那一個提出責問，他就格外歡喜稱讚。他想出種種法子，鼓勵學生問難。他的目的，只是要使學生自己下攷察，下判斷，不受別人的影響。"

他從小就愛研究自然科學；他兄弟說他小時候，把蜘蛛捉在瓶裏，看他在不換的空氣中，能生活多少時候。他自己又創辦一只學校，買了些抽氣器，發電器，以及別種器具，去教學生。起先他對於自然科學還不十分起勁，直等到 1766 年，碰見了美國大政治家大科學家富蘭克令(Benjamin Franklin)，兩個人契合無間，才聽了富蘭克令的勸，做成一部"電學史"，在1767年出版，大受歡迎。

他第一個化學發明，是把"炭酸氣"用大壓力壓到水裏去，做成大家喜歡喝的嗬蘭水；接着下一年做成一部"各種空氣的觀察"，送給皇家學會，立刻受到 Copley medal 的大獎賞。他到了倫敦，又到白明亨，被一個神會請做牧師。這時候他得到許多實驗的儀器，又做了 Lunar Society

的會員，和當代大科學家達爾文 (Darwin)，華德 (Watt) 一班人聚在一起，朝夜研究，所以這是他"一生最快樂最可紀念的時代"，

但是這時代一刻兒又變了：法國革命突然爆裂出來，差不多像電光一樣，閃過歐洲各國，把大家的眼睛都眩花了。一時羣衆感想，都激越得不可思議，從前所隱伏的黨爭，都趁此發現。普氏所持的議論，本來與衆不同，白明亨的人都恨着他，說他妖言惑衆，意圖不軌，就在一天聚集了一大羣舊教徒，去搶掠新教徒的房屋。普氏只得帶了家眷逃命，把藏書樓，儀器，文稿以及一切都丟下來，被他們燒了。

普氏從此不回白明亨了。他受了這樣大侮辱，絲毫不動氣，還是談笑自若，他夫人也如此。他到了倫敦，也覺得不是久居之所，就決意渡洋到新大陸去求新生活。1794他到美洲上岸，在本薛佛尼省安安穩穩住下，一直到老死，沒有災難。他死時在1804年二月六日，享年六十一歲。

他一生所研究的學問，不知有多少。在科學上的發明，已經是可驚；哲學上的著作，也極有價値；而關於政治的文章更有獨到的見解，和自由的精神。他做的文字，好像鐵砧上爆出來的火星，一點一滴，都深深打在牧師僧長

官吏的心坎裏，使他們猛省，他對待敵人，就像鐵匠對待鐵砧一樣的和愛。他朋友勸他不必和世俗爭論，不如去潛心研究學問的好。但是在普利斯脫雷看來，做哲學家科學家之前，一定先要完成一個人與公民的人格。做人與公民的重要，正不讓於做哲學家科學家。他能把世俗習慣的錯誤打倒，就和發明一條新理一樣的快活。他以爲思想言論的自由，比什麽學問的進步還要來得重要。像他這樣的人才毅力，才眞是眞理得勝的先鋒大將，比較在戰場上打仗的大將軍，不知好得多少咧！

普氏在科學界上的名譽，就是對於化學氣質上多所研究和貢獻。在他十八世紀下半葉時代，沒有什麽叫做化學。空氣，水，火，大家都當他們是種原質 (Elements)：那時蘇格蘭出了一位物理家，名叫白勒克 (Black) 發現一種比空氣重的氣質，帶些毒性，酸性，並能消去鹼性。大家聽了這話，已經驚奇個不了。十幾年後，又出了一位天才的發明家，叫做凱文狄虛 (Cavendish)，發刊了一部書，詳論“定空氣”(卽現在所謂炭酸氣)和“燒得着的空氣”(卽現在所謂輕氣)。凱文狄虛用了種種實在的試驗，證明在化學作用上，物質是不生不滅的。他孜孜矻矻的做下去，一直等到1784年，才得到那自古未有的基本發明，說水是兩種氣質化合成的，并且有一定的比量。

普氏在他們兩個人之間，簡直分不出高低上下。他的發明非但重大；而且可以驚訝，只要想想他試驗下手時的困難。他沒有白勒克所受的科學訓練，又沒有凱文狄盧的空閒和器具，他竟能赤手空拳直衝過科學的圍牆去奪到宇宙的祕密。他把天生的聰明來代替了教育的訓練，靠了自己的創造力做出許多儀器傢伙；到後來他所發現的氣質，竟比前人總共加攏來的還多。一樣一樣的發明下去，最後尋出了那項奇怪而又項尋常的"養氣"（法國人提他名字做Oxygen），才超峯絕頂安然戴上他那科學的王冠。這一件偉大事業，一發表登時各處學會大學的獎章勳章雨也似的飛來。

普氏雖則聰明絕頂，究竟打不破當時盛行的"Phlogiston Theoryo"。那時候大家都相信，空氣不受外界侵擾的時候，是個極素淨的原質，和水一樣。假使一件東西燒了，就算有一種微細質體叫做"Phlogiston"的，從那東西裏流出來，流到完結，燒也完結。一個不透氣的瓶子裏點着蠟燭，燭熄了就算是Phlogiston塞滿了瓶子裏的空氣，所以燭不能再燒下去。普氏一路試驗下去，找出無論那補空氣中只有五分之一能幫助燃燒，其餘五分之四完全沒有幫助燃燒的能力，就是說那五分之四早已經塞滿了 Phlogiston。當時大家就起了疑問，說既然空氣裏只有五分之一沒有 Phlogiston，能幫助我們的燃燒和呼吸，可有沒有法子尋出一種比較少些 Phlogiston 的空氣？若然有，豈不是於我們人類大有利益麼？

於是普氏就儘着發憤研究下去，果然在1774年八月一日，用太陽光的熱去燒"汞化養"，得到一種氣質，裝在瓶裏。他把蠟燭點着放進去，燒的光彩比在尋常空氣裏亮得多。再經過幾番試驗，他證明這氣質裏完全沒有 Phlogiston，他就叫這氣質的名目做"沒有 Phlogiston的空氣"。

他這樣一個大發明，自己竟不能解釋完備，給法國人拉服西歐 (Lavoisier) 冒了功去算做他不約而同的發現。普利斯脫雷的"沒有 Phlogiston 的空氣"就是拉服西歐的所謂"養"。他們兩個人好像是兩個航海探險家：第一個先發現了一處新地，不過把那裏雲霧當做山，那裏的幻景當做陸地城市；第二個跟着來，却就見解不同，地面的長度闊度量準了，地圖也細細的描了下來，好教後人容易找到。然而無論如何，自然科學照普氏的定義不過是"確定事實"，他對於科學上貢獻了這麼大的事實，難道還不足夠在化學史裏做個祖師爺爺嗎？

科學雜談

沈　劭

怎樣去做工業學校的學生？

弟弟：你看見時報上登的交通部工業專門學校錄取新生的廣告嗎？那中學一年級的新生上面也有你的名字。……………

哥哥：眞的嗎？請你拿來給我看一看。——哈哈？快活快活。

弟弟：我知道你是要歡喜的，你且告訴我你歡喜的理由。

哥哥：那工業學校是上海最有名的大學，並且招生取錄很嚴。我現在能做他裏面的學生，豈不是很榮耀嗎？

弟弟：你錯了，我們到工業學校念書，是要學工業智識；若是不要這種智識，就是世界最有名工業學校，也不要進去。有許多人在工業學校畢了業，却不做工業的事情，跑到北京做官去了。這種人，他本來不想做工程師，到這工業學校裏來，祗是因爲聽見人家說這學校名聲好的緣故。我不願意你同他們這樣辦法。所以要問汝情願做工程麼？

哥哥；我不明白工程師是什麽東西？

弟弟：工程師的定義狠多，最確切最簡括的就是『利用天然產力，創造人類幸福的人叫做工程師。』你知道二十世紀世界，是一個科學世界。科學就是解釋天然現像，同他所以然的一種學說。純粹科學家，專門研究這種道理。工程師就將他們所得的結果，想一個法子，用他到日用事物上面，使人類可以直接受他們的益處。這種就是工程事業，就是工程師所做的事情。

哥哥：請你給我一個列。

弟弟：我現在且將最切身的東西講給你聽。你身上所穿衣服，是紗廠所織的。紗廠裏用了工程師，因爲他讀過科學，知道機器的修理及用法，並且能想法使所織的布耐久好看，加增他的銷路。你住的房子，建築的時候，也要工程師打樣。他讀了科學，知道怎樣使他空氣流通，光線充足，又堅固，又美觀，就是那種田的人，也應該請工程師教他放肥料，天旱的時候，想法替他灌漑；雨水太多的時候，替他由溝裏導去。如果這樣收穫就沒有不豐盛了。若使不要工程師，你的衣食住都要形恐慌了。

哥哥：我們中國從來是沒有工程師，但是我們也有飯食，也有衣穿，也有屋住。譬如我有了錢，要造一間房子，只要叫那匠頭來，告訴他我們所要的樣子，他就會造了。若是要他造像那王宮似的一樣華麗，有錢也沒有做不到的，何必一定要那工程師？

弟弟：他們那些匠頭，都是沒有智識，只曉得『墨守舊規；』所以到了今日，那種田織布造房子的法子，還是同那二千年前一模一樣。紐約城裏數十層樓的房子，他們自然不能造；其他若大山洞，大鐵橋，種種偉大工程，更不是他們所夢想得到了。就說他們所做的王宮，只會將那最上等的材料放了進去，不知道這是一個狠不經濟的事情，譬如最上等的木頭，受了房子壓力，可以經歷百年；最上等鋼鐵，却可經歷百五十年。將這兩種放在一個房子上，到了百年，木頭斷了，房子倒了，鋼鐵也沒有用了。但是他還沒有斷呢，豈不是可惜了東西嗎？工程師就不這樣辦法，他用了經歷百年的木頭，就要配上那百年的鋼鐵，對於房子一點都沒有損害，但已省却不少的金錢了。並且材料要用多少，都用算學及力學等，計算得精精確確，一點兒也不會多用，致使糟蹋。這是對於造房子而言，若論其他工業，沒有一樣不是如此。

哥哥：我知道工程師的要緊了，我情願進那個學校，將來做一個工程師；但是我要知道工程到底有幾種？

弟弟：工程的種類甚多。最緊要的就是土木工程，機械工程，電氣工程，採礦工程，化學工程，衛生工程，製船工程，飛機工程等等。總之，凡是要一件東西的進步都是要用科學的方法來解決他，這種方法，就是一個專門工程學問。但是我們中國工業尚是幼稚，所以那個工業學校先設那最緊要的數料，就是土木科，同電氣機械科。土木科所學的，是鐵路，道路，河道的修竣，橋樑房屋隧道等等的建築。電氣機械科所學的，是電燈，電話，電車，電報，的原理，發動機，蒸氣鍋，及各種機器的研究。再有一科叫做管理科，學工廠鐵路及各種公司的組織，同他的管理法，薄記，經濟，商律等等，你覺得那科最有趣味？

哥哥：我們現在中國所以不能發達的緣故，就是因爲交通不便，鐵路馬路實在太少，河道更不必說，若使交通便利了，各種實業，不會不發展的。所以我要學土木科，替社會做這種便利交通的義務。

弟弟：我狠歡喜你選了土木工程做你將來職業。但是你要記得工程是一個將科學原理，用到實際的事情。學校有許多試驗繪圖實習的功課，都是教學生將他所學的當做一個器械用，將來他的本身，便可以有益於社會；還有一件，就是要打好基礎，中學裏所讀的物理，化學，及各種數學，都是工程的基礎，懂了透切，以後就沒有困難了。講到讀書的方法，最要緊是要培養腦力的發達，無論什麼東西，都可以一步一步，清清楚楚的吞了下去。從前背誦四書五經的人，是將他的腦筋養成一個裝東西的貨棧，我們現在是要使這腦筋變成一個工廠，生貨放了進去，就可製成熟貨，供給人家使用。這就是工程師同那八股先生的分別，也就是新青年必具的要素。

哥哥：做一個工程師，一月可以賺多少錢？

弟弟：沒有眞的才幹，是一文不値的；有了才幹，別人不能解決的事情，你可以替他解決，那就是幾千幾萬也不稀奇。但是我們做工程師的，不是想自已賺錢，是想對社會服務，將這守舊的中國，變成一個最新式的工業中國，駕了歐美列强之上，豈不是比那有錢的富翁榮耀得多麼？

電傳照相

楊立惠述

電傳照相爲德國物理學家葛恆所發明，他所著的書同發明的東西很多。他在一千九百零三年發明一個很奇怪的電傳照相法。在那個時候所照的相雖然不大清楚，但是他後來又盡力改良照相器；所以到一千九百零六年他重行試驗的時候他所照的相已經是比較前三年大有進步了。

電傳照相所以能成功的理由都是靠着化學原質西利尼

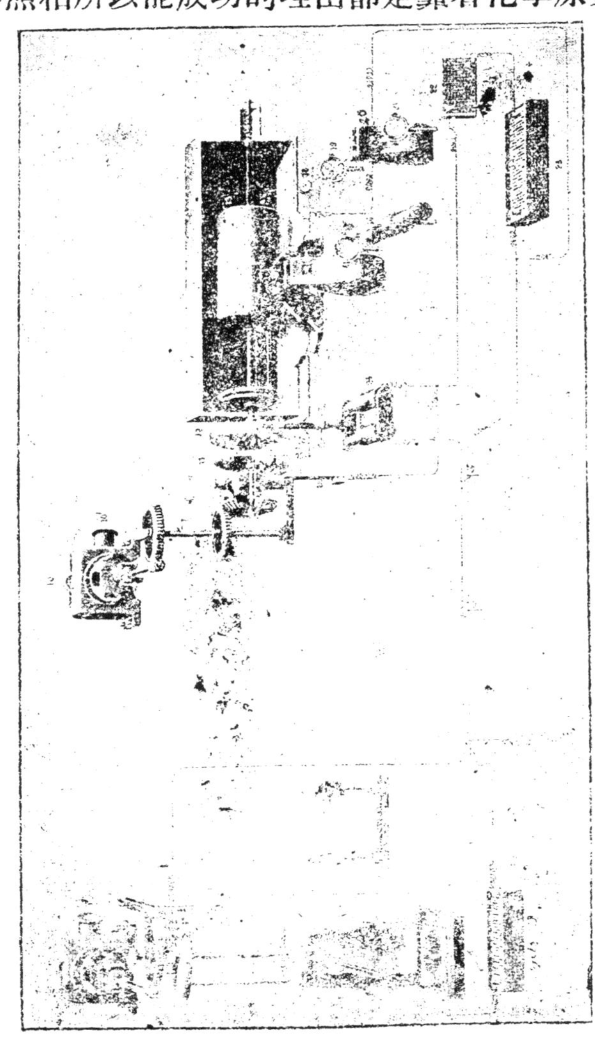

電傳照相器的圖影

母 (Selenium) 的特別性質。西利尼母到二百十七度就溶解了，但是還不能傳電。不過把他放在溶解度以下的時候他變成了灰色透明的質體就有傳電的能力，若遇見極盛的燈光他傳電更快。因爲這個道理所以西利尼母不獨能傳聲並且可以傳圖畫。

電傳照相機分傳相同受相二器。傳相器有兩個圓筒，金質的(metallic cylinder)在外，玻璃質的(glass cylinder)在裏頭。透明的軟照相片 (Film) 就捲在玻璃的圓筒上頭，玻璃筒旋轉的時候經過金質的圓筒上的小孔；同時南斯得電燈光就從小孔穿過照相片射到一個三角鏡上頭。電光遇着三角鏡就斜射到傳相器底下的西利尼母；西利尼母受了照相的影子就藉着電力傳到受相器。照相影子既然傳到受相器我們就可以得着照片。

上圖爲葛恆的電傳照相機，左爲傳相器，右爲受相器。(1,10) 發動機，(1',10') 旋轉數表，(2) 圓玻璃筒，照相器就捲在上面，(3,4,18) 南斯德電燈，(4,15,17,19,21,) 聚光鏡，(5) 三角鏡，(6,22) 西利尼母薄片．(7,23) 電池，(8,9,24,25,)準定運轉器能使兩個發動機轉的一樣，(11,12,) 與 (24,25,) 關連底圓輪，(13) 圓筒，照相紙就捲在上面，(16,20) 電流計，(26) 暗室，(27,28) 與電流計相關之器。

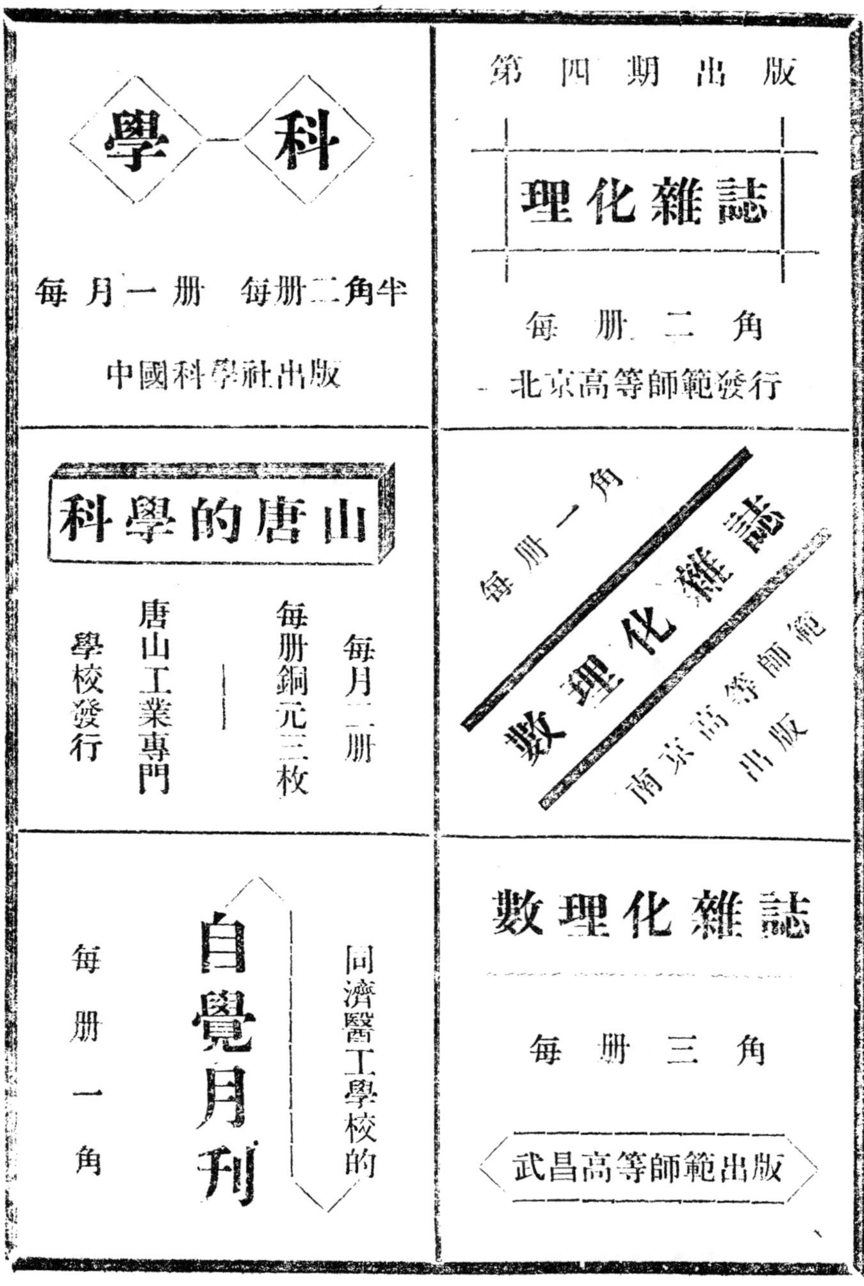

科學
每月一冊 每冊二角半
中國科學社出版
第四期出版
理化雜誌
每冊二角
北京高等師範發行
唐山的科學
每月一冊
每冊銅元三枚
唐山工業專門學校發行
数理化雜誌
每冊一角
南京高等師範出版
同濟醫工學校的
自覺月刊
每冊一角
数理化雜誌
每冊三角
武昌高等師範出版

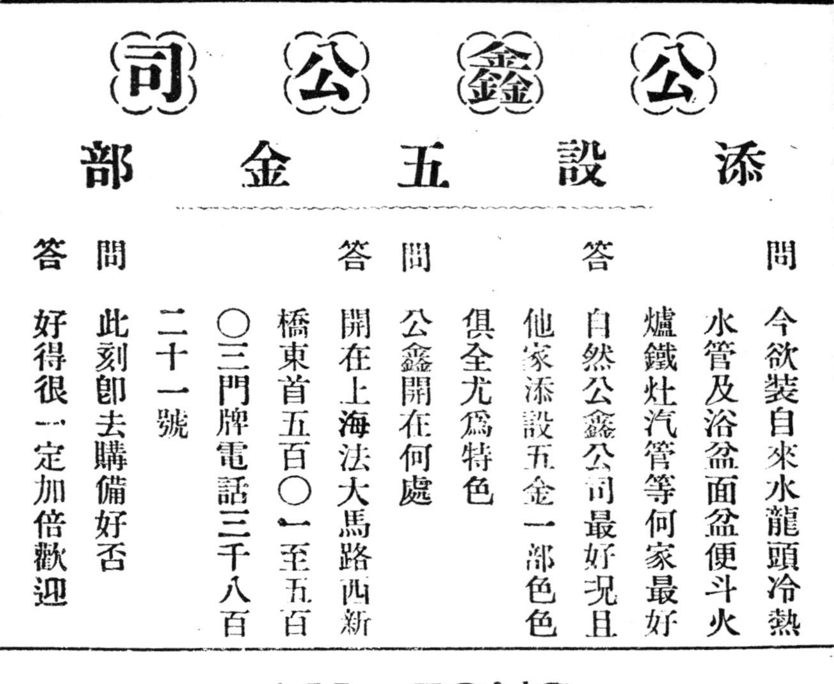

AH FONG

PHOTOGRAPHER

Defence Bridge, Nanking Road, Shanghai

Developing, Printing, Flashlight,

View Work and Enlarging Undertaken

兆芳

照相號

新建三層洋樓房在英大馬路泥城橋堍

大喜香煙

不吸香烟最好既
吸香烟與其買外
國香烟不如買國
貨香烟以挽利權

THE "TASHE" CIGARETTES

50 CIGARETTES

REGISTERED TRADE MARK

五十枝莊

此烟選用佳葉精製氣味香醇烟枝偉大堪誇在舶來品上誠上等社會歡迎之佳品也諸君具挽回利權之心宜認明此牌爲幸

中國南洋兄弟烟草股份有限公司

本社啓事一

本社的雜誌方在創辦時期，內容錯誤的地方自然是不免的；甚望外界對於這雜誌時時指教，那就感激得很。

本社啟事二

本社的雜誌是要對於社會上盡灌輸科學知識和鼓吹科學觀念的責任。外界如有贊成這種事的必要而有關於科學上的投稿，本雜誌自然是很歡迎，定當審定發表，並且把本雜誌送贈，聊作薄酬。

本社啟事三

上期的「說以太」和「乾電池」兩篇均未完。本期未繼續下去。俟以後陸續補登

定報價目

期數		一期	五期	十期	每期購五冊以上的九折十冊以上的八折代派十冊起碼郵票代洋只收一分郵票
報資		八分	三角七分	七角	
郵資	本國	一分	五分	一角	
	外國	三分	一角五分	三角	

廣告價目

等次	特等	普通		
面積	全面	全面	半面	四分之一面
一期	十四元	九元	五元	三元
三期	三十八元	二十四元	十三元	七元
五期	六十元	四十元	廿二元	十二元
十期	一百十七元	七十元	三十八元	二十元

《科学介绍》简介

《科学介绍》是交通大学科学社为《上海晨报》主编的自然科学周刊，从 1934 年起持续近两年，具体停刊时间不详，前后共计 83 期。1935 年 12 月，交通大学科学社出版部将周刊第 1 期至第 50 期合辑为汇订本（第一卷），作为独立书籍出版发行。本卷即收录此汇订本。

交通大学科学学院于 1930 年成立，学院设立的目的之一即为利用本校工科的优越条件研究"应用科学"[①]，"造成一批切合实用的科学人才，为中国科学界的生力军，更在于希望这批人，去推广科学教育到一般民众队里去"[②]。科学学院注重普及自然科学，于 1933 年 3 月组织了以研究、传播、促进科学发展为宗旨的科学社，"使科学研究者，又多一切磋之机会"[③]。凡交大科学学院学生皆为学会会员，其他各院学生自愿参加，凡交大校友及教职员愿参加者为名誉会员。科学社的主要活动是借销路较广的日报发行科学附刊，宣传科学理论，解释自然现象，介绍实用科学知识，普及科学常识；举办公开的科学试验，唤起群众对科学的兴趣；出版小丛书，阐明科学的基本规律，《科学介绍》即为其中刊行较广、较为成功的刊物。

《科学介绍》为科学普及性质的刊物，以"予社会一般人士，以相当之科学常识"为的彀。汇订本保留原刊"悉以阐明科学原理，介绍实用常识为宗旨"、"故取材力求新颖，辞句力求浅明，以适应大众口味为前提"[④]等特质，打破各期界限，将原刊文章按内容性质重新组合，分成：科学论著、数学、物理、化学、杂俎及附录等部分，原刊问答一栏没有收录。

---

① 《交通大学科学学院概况》，《交大季刊》1934 年第 13 期，第 100 页。

② 《科学学院院史》，《交通大学廿四级毕业纪念刊》，1935 年 5 月。

③ 霍有光、顾利民：《南洋公学——交通大学年谱》，陕西人民出版社，2002，第 316 页。

④ 《编辑大意》，《科学介绍（汇订本 第一卷）》，1935，封二。

全书收录文章172篇，附录6篇。

该刊作者众多，多为交通大学在校学生，与其以学生为主导的刊物定位相符。科学学院学生投稿尤其活跃，如该院1936届有超过三分之一的学生在该刊发稿；学生投稿热情极高，有的学生如莫叶、郭淑奁、范棠等发文达八九篇之多，孙衢、张西缘、平义曜等稿件在5篇以上，另有化学系郭钟福在该刊发文5篇的同时在学院教师们主编的刊物《科学通讯》上也连续供稿9篇。学生作者中也不乏其他院系学生的身影，如电机系蔡家鲤、王安，机械系蒋共和等都有文章在该刊发表。参与人数众多、不囿于所学专业、投稿活跃，足见当时学生为传播科学、提升民智、发展国力所投入的极大的热情与努力。

该刊借助销路较广的报刊以周刊的方式发行，襄助科学知识顺利走出校园；刊物文章短小活泼，以简明易懂的文字阐明科学的道理，因而颇受读者欢迎。《科学介绍》在科学普及方式上的尝试无疑是成功的，对推动中国20世纪30年代的科学普及有着积极的意义。

科学介紹

彙訂本 第一卷

上海交通大學科學社出版部編

民國廿四年印行

編輯大意

（一）本書由上海晨報本社出版之『科學介紹』週刊第一期至第五十期，合輯而成。

（一）本書內容，悉以闡明科學原理，介紹實用常識爲宗旨，故取材力求新穎，辭句力求淺明，以適合大衆口味爲前提。

（一）本書視各篇之性質，不依期別，分成：科學論著、數學、物理、化學、雜俎諸部。

（一）『科學介紹』週刊內分期刊登之問答一欄，因篇幅關係，一概未能列入。

（一）本刊編輯同人，學識淺陋，誤謬之處，在所不免；復因課務繁忙，校對倉促，魚魯之誤，亦所不免：尚望海內外科學先進，隨時與以指正。

（一）關於本書內容，如有加以校正、指摘、或疑問者，本社竭誠歡迎；來函請寄上海徐家匯交通大學科學社出版部。

中華民國二十四年十二月　　　　編者識

科 學 介 紹

（第一卷 彙訂本）

目 錄

第一編 科學論著

第二編 數學之部

第三編　物理之部

第一類　關於力學的

第二類　關於熱學的

第三類　關於電磁學的

第四類　關於光學和聲學的

第四編　化學之部

第一類　化學論著

第二類　化學分析及實驗

民衆實驗室

第三類 國防化學

第四類 化學工業

第五類　化學工業製品

第六類　化學小工藝

第七類　日用化學常識

第五編　雜　組

附　錄

第一編

科學論著

科學的方法

唐有祥

事業之所以成功，全恃乎有良好的方法。研究科學，更非有良好的方法不可！試看今日科學界上的種種發明與發見，我們不能認爲這些僅是少數科學家的勞績，而應該是人類研究科學，用了合理的方法以後，所產生的必然的結果。

那末現在我們以什麼方法，來研究科學，才有今日的成功呢？我們有三種方法：

（一）演繹法

（二）歸納法

（三）觀察與實驗

什麼叫做演繹法呢？演繹法是從普遍的原理，推論到特殊的事實的一種方法。這方法的形式，可以分爲三段：第一段，叫做「大前提」，是一條普通的原理；第二段叫做「小前提」，是個特殊的例子；第三段叫做「結論」。現在舉一個例如下：

凡物質，必有三態。……大前提

氧氣是物質。……小前提

所以氧氣在平時雖爲氣體，然而在某種情形下，它也可變成液體或固體……結論不過這種方法，在科學上的應用，並不甚大。因爲大前提裏頭所包含的眞理，一定是已知的事實，所推求的結論，不過是一個特殊的例子。然而科學的天職，本是用已知來推測未知，在演繹法裏頭把已知包含未知，我們無論怎樣推考，總是逃不出這已知的大範圍。比方我們用上面所舉的方法，得到種種的結論，如氧氣可以變成液體、氫氣可以變成液體，氮氣可以變成液體……，然而歸根結底，還是逃不了「物質有三態」這句話。

在科學方法裏頭，比較重要的還是歸納法；歸納法是一種從特殊的事實，推論到普遍的原理的一種方法。

例如牛頓的發明萬有引力，所用的其他科學方法，我們姑且不談，而他推論的起點，却是歸納法的應用。他看見了蘋果落地，想到這不過是宇宙間一個特殊的現象，既然這蘋果與地球兩個特殊的物體之間有互相吸引的力，那麼一切的物體之間，都有吸力了。

用上述的方法推論，牛頓就確立了萬有引力的基本觀念。由此我們可以看到歸納法在科學上的價值。

第三個方法是觀察與實驗：

研究科學的初步手續，就是觀察。因爲自然界一種現象的發生，如果我們要知道它的原因，它的結果和它的規律，那麼我們一定要先對它下一番注意的工夫。沒有觀察，就沒有研究的動機。

然而自然界的現象，有時發見的次數很少。像日蝕的現象，終身沒有幾次可以看見，要等自然發生這種現象來供我們觀察，那麼實在機會太少了。

又有一種現象，發生的時候，常常雜有其他種種的現象，因此使我們的觀察紛亂，使我們觀察不能夠準確；如物體墜地，除地心引力以外，還有空氣的阻力，地球的自轉等種種問題。

要免去觀察上這兩點困難，我們就有實驗。實驗可以使我們所要觀察的現象在某一個固定的時間，在某一個便利的環境之下發生。比方我們要研究日蝕的現象，我們可以用一個太陽系的模型，在這個模型裏頭，我們可以找出太陽，地球，和月亮的相當位置，我們可以不必看眞正的日蝕，而能在實驗室裏研究牠的現象。比方我們要研究物體下墜的現象，而同時希望要免去空氣的阻力的紛擾，我們可以用抽去空氣的玻璃管。

所以實驗可以使自然界就我的範圍，不像觀察那樣的要使我就自然界的範圍，科學之所以有偉大的功成，全靠精密完善的實驗。

在上述的三個方法裏頭，最先用到的是觀察與實驗。有了觀察與實驗，然後有結果和記錄，有了結果和記錄，再由上述的演繹和歸納二法錯綜的應用去推論，得到的結論，再用觀察與實驗來證實，看它是否與事實符合？現在科學上的種種原理，莫不是由於這三種方法的錯綜和循環的運用所得到的。

從原始思想到宗教再到科學　　陸素璽

從原始的信仰和習慣到科學的境域，是很長久的很艱難的。差不多只有幾個民族是達到了從事科學事業的地點。這裏不能說是全體人民達到不過是少數的「理智首領」罷了。從原始的信仰和習慣到科學的境域可叫做「理智的事業」。這種理智的事業的進展，是常爲多數守舊思想的羣衆所反對。所以在許多科學發達的地方，常發生一些衝突。並且，前面的道路不僅是非常艱難而且是非常遙遠。這不但是說一班普通人覺得遙遠：就是一班天才的理智首領也是感覺非常遙遠的。因爲在科學開始後，舊信仰仍然存在，且與新信仰互相影響。

現在我們須論到「宗教」這個名詞。宗教這名詞本來就很含糊，有些歷史家便用來指示原始民族一切信仰和習慣，指示每一文明階級中與原始信仰和習慣相聯的種種信仰和習慣。因爲原始的信仰和習慣不但是較高的宗教的父母；而且是一切科學與藝術的父母，一切文明思想和經驗的父母。所以我不把眞正的原始的信仰與習慣叫做宗教；但把牠當宗教的父母。我們雖可承認原始的信仰和習慣與宗教發達的連續性有一種密切的類同性；但是我們却承認宗教是人類發達史較後的一個階級。這個階級在科學以前，而且與科學繼續同時存在。他半是科學的仇敵；半是對於科學必須的補助物。

在古代文明歷史中，僅僅希臘這一個民族能用自己的毅力發達到超過宗教階級而到科學階級。別的民族如波斯，以色列在宗教上是發達超過地中海一班歷史前的民族的原始信仰和習慣的地位，他們在宗教上是握着很大的權力；然而希臘却在他們之上獨自操着科學的勢力；然而在當時的科學背後總站着宗教這個東西。誠然，一般的世界臆說，在科學的初期，一部份尙是宗教的而非科學的。

在初期的科學發展的程序中，舊的思想與新的思想常時起着很厲害的衝突。這種發生有兩個原因：第一是在人類的思想上，成年人具有守舊的性質；因此與確立的舊信仰舊習慣相衝突的新信仰新習慣是很難成立的。第二是這種新的信仰與習慣不過是少數大天才的產物。

所以一個科學的先導者，當時是被認爲叛逆，認爲是人類與宗教的罪人，因此而被殺害是不足爲奇的。希臘雖說是比較容受新的思想了；然而在希臘還有所謂殉道者。在近代，科學與牠的研究者，曾經有過經過六世紀的大戰爭來撲滅一班守舊者的反抗。在任何科學發達的地域裏，科學是爲人類得到一些自由思想。這種思想能夠存在的最大原因，是因爲同時在別的方面發生大的變化。希臘的科學發生正在他政治上社會上經濟上有大的變更的時候。同樣，近代的科學是從歐洲的大變遷中產生出來的。在一個民族理智事業較發達的時候，他對於科學的進步是變成忍受。這是我認爲人類思想上很幸運的一事。這種忍受的大小，是文明的程度的一個指針。

宗教與科學間的衝突是劇烈的無謂的。然而歷史家看來牠們兩者都具有很充分的理由；牠們自己都自稱代表人類思想永久的興趣。誠然，牠們都是人類完全生活中不可缺的東西，一個只有科學沒有宗教的民族，是沒有存在過。卽使能發達到這樣，那個民族也好像只有科學沒有文學美術一樣的要走入沒有感情的道路。宗教是較古老的，牠還帶着一些原始的信仰和習慣。牠是靠科學來掃除牠其中一些汚濁和誣妄。然而牠的高貴却隱在神話聖經儀式的內面。牠和科學的衝突會幫助人類的「宗教內識」認識這些高貴的重要的地方，並且引導牠們到光明的地方。

純粹科學家與應用科學家的對話　　蔡 駒

小引

研究科學，因其方法與目的的不同，可以分爲純粹科學與應用科學兩種。而科學家之中，也有所謂純粹科學家(卽理論科學家)與應用科學家兩種。前者專在研究自然界的眞理，他們爲了好奇心所驅使，爲了興趣所指示，不爲名利，而埋頭在圖書館中實驗室裏，過他們研究的生活。至於後者則不然，他們的目的在應用已經發明了的原理和定律，使牠們能造福於人羣，俾益於社會；人類進化，全靠着他們的努力。本篇目的，在表明他們對於科學的態度。

○　○　○

甲……純粹科學家。

乙……應用科學家。

乙：科學轉變了世界。用了機器的發明，我們已不用勞動；因了化學方法的進步，我們能從廢物中——如煤膏——或其他原料中製造香料、顏料、藥品、炸藥等；又因了無線電的改良與發明，我們能同遠處的朋友談話，而朋友的像片，也可在很短的時間，從空中送過來。這都是用了科學，而改變了我們的生活。先生以爲怎樣？

甲：（微笑）這種改變，對於科學家本身，似乎沒有多大的影響，反正科學沒有牠們，也絲毫不會減輕他的價值。自從法蘭西斯培根（Francis Bacon）提倡科學新方法以來，學者始得了研究科學之門徑，而從迷信、獨斷、的境地，走上了客觀懷疑之路，這才是科學轉變了人類的心理，轉變了整個的世界啊！

乙：科學方法，固然可貴，假使科學沒有他的應用，那科學方法，也決不能如此被人注意了。

甲：不，這倒不一定。我們在科學史上，可以找到許多的發明，完全是因了科學家的好奇而發生的，而且牠們（發明）的應用，也往往在很久以後，方才有人知道。因此先生可以明白，我們應用科學方法，不一定爲着應用，而我們現在所有的應用科學，也不過研究眞理時所得的副產物罷了。

乙：先生旣然「爲科學而研究科學」，但是科學中的理論，高深精博，只有少數人在那裏研究，這種發明，對於人類的生活，當然是無足輕重的。不知先生研究科學，究竟有什麼目的？

甲：我的研究科學，沒有什麼目的，好比藝術家的繪畫，音樂家的作曲，爲了解除我們日常的慾望，而發展我們創造的天才。至於這種結果，對於人類有沒有影響，我却不去過問；但是也不能像先生那樣肯定的說無足輕重，因爲科學的許多理論——如微積分，力學……——也就是就應用科學的基本啊。

乙：但是我的目的，却同先生不一致了。我希望我們能夠應用科學，利用自然，達到我們理想的世界。

甲：請問怎麼的世界，才合乎我們的理想呢？即使人類能夠達到了這種理想的世界，他們能不能夠滿足呢？

乙：我們的理想世界，當然沒有一個一定的標準，而且也往往因了時代的變遷而不同；所以我們永遠不能達到眞正的理想世界。好比人類的慾望一樣，他們達到了某種慾望以後，就有另一種新的慾望纏繞着他們，而他們也永沒有滿足的時候。

甲：先生的話對極了。那末先生的發明，也一定不能滿足人類的慾望了，不知先生對於人類的慾望，有什麼解决的方法呢？

乙：這却是最困難的問題了。人類間的競爭，國際間的鬥爭，也都是因了這個緣故。有時人類因爲自己的慾望，反利用應用科學，來破壞人類的安全，毀滅人類的文化。這使我們最痛心，而同時他人也因此而攻擊科學。

甲：先生對於科學的前途，抱樂觀的態度呢，還是悲觀的態度？

乙：假使社會科學，不能同自然科學一樣，發達得很快。同時人類心理，社會組織，也還是照舊，那科學前途，一定非常悲觀了。

甲：我覺得科學前途，非常樂觀，也唯有科學研究，才能解决先生所謂最困難的問題啊。

乙：這是什麼意思啊？請先生告訴我。

甲：我不是前面已經說過，我們的研究科學，完全爲了好奇。爲了解除我們日常的慾望，這點恐怕先生不相信。因爲先生沒有經驗過，假使多數人能夠從事研究，那末人類的鬥爭，可以減少，人類的文化，日益前進，結果可以達到我們的目的(眞理)了。

自然科學家的態度

蕭立坤

許多人將自己的一生獻給科學；因為他們可從科學上表現出他們的天才來。對於這種人，研究科學只是一種運動，像體育家練習球藝一樣。又有一些人因想從科學得着有利的報酬而將腦汁獻給科學，這種人之成為科學家完全由於環境的湊巧，若他們選擇職業時是處在另一環境中，他們也許會做政治家，商人，或軍人。我們對於這第二種人是不表示敬意的。雖然，他們對於科學有很大的功勞；因為他們的動機是不高尚的，他們的人格也不得不因此而降低了。

現在我們要談的是那些不藉科學謀利的科學家——即是前面第一種人。他們大都有孤僻，沈默，瀟灑的性格，但是他們之間并不相同，各有各的怪脾氣。不若那些為利是務的假科學家，各個的目的、趣旨、大都相同的。

德國的大哲學家<u>叔本活</u>（Schopenhauer）以為人之所以獻其終生於科學者，因科學能將人引去人世的煩惱，能使人斷絕塵世中的慾望而深深地認識自己的偉大；若不投身科學，只沈浮在社會上，一些的慾望如升官，發財，嬌妻或美夫，將我們纏繞不清，一慾未達，被一慾又起；前後傾軋，老死而止，這真是明達所引為毀身大患的，所以就從事科學了。

除了這消極的原因外，還有個積極的原因使我們醉心科學，就是：人類的天性總想畫一張簡單正確的圖形將自己所處的世界表示出來，所以詩人常用文字贊賞自然；畫家用線條描寫自然；哲學家更好追索自然的奇跡。在這些圖畫上——當然詩歌學說也是圖畫的變形，——他們把自己的靈魂當重心！在這圖畫中他們找到自己的安息所，安慰物，和一些在擾攘的塵世中從來找不到的東西。

不過理論科學家的宇宙圖畫（World Picture）並不是這樣的。

他們的圖畫必須是嚴密，正確，合論理而且唯有數學才能表示的。科學家對於研究對象的去取非常嚴格，他們對於小小的發見表示非常的滿意，他們智力所不夠問津的事實就乾脆地不問，而嚴密正確的態度是絕不放鬆的。

雖然普遍的知識是很可貴，但純粹，清白和精密也是最必需的，當一切複雜巧妙的事實都被除開，祇將自然的一小部分用正確的方法得着了解決時，我們可想到這『了解自然』的工作對於人們的引誘力是如何之大啊！這就是說：小的部分已夠我們玩味了，那日新月異的新智識新發見不是更能引人入勝嗎？恐怕這種虛心自持的收獲才眞是最高尚正確的宇宙圖畫呢！

況且人類的力量實在太小，我們絕不能祇根據少數的事實由抽象的理解力推演出宇宙的眞理來，所以我們對於不完全的圖畫也應當滿意才好；我們的滿意旣不是解嘲也不是懈怠，我們唯一的責任，最高尚的事業是能找出最簡單，普遍而能從他導出宇宙圖形的定律來，但是我們並沒有一個合論理的方法以找出這些基本的定律，所有的祇是直覺（Intuition），和想像力（Feeling）去推測遮在事象背後的規律，這種直覺的推測（Einfiihruug）（是完全靠經驗的，並且雖然沒有論理的方法可以從意識的感覺（Sensory Perception）中推出理論系統所根據的原理來，但是每一個有經驗的學者都知道科學的理論系統完全被意識的感覺所控制了；又，由對現實世界（Empirical World）的概念的組合（Conceptual Synthesis）可以找出幾個最基本的定律，——當然這些定律不一定是永久眞實的，——而將全部的概念建築在這些定律上，所以每一次重要的進步中，因實驗工作的進步亦即運用感覺的方法進步。基本定律是越變越簡單了，看來非常混亂的事物中也會找出嚴密的規則，這自然會使我們又驚又喜了。這種發現並不是空想出來的，而是由於我們感覺中的一種特性，來布麗質（Leibniz）適當地叫這種特性爲先具調和（Pre-established Harmony），先具調和確是人類聰明力中最可寶貴的了。

實驗哲學家（Positivist）也以爲除了從自然現象有限的意識感覺以外，再沒有其他知識的來源了，他們又以爲宇宙儘自存在着；宇宙的存在與我們知與不知毫無關係，所以我們探討宇宙的工作是越做越多的。好像登泰山或阿爾卑斯山一樣，上了一峯又見一峯，所以研究科學祇是向一片永久達不到的宮牆走去。這幷不是說科學既然永久學不完他所期望的學識，則科學就是個無意識的活動了；因爲雖然走不到，却是越走越近於那個終點，而在這大道的兩旁，宇宙的神秘慢慢被我們知道了，豈不就是無上的安慰嗎？

破恩街來（Poincare）也說人類唯一的事業便是了解自然。其他的都是自討煩惱，是的，研究科學再也沒人認爲不是至高無上的了。先進者的脚跡指示我們正確的道路；先進者的遺產——經驗，著述，——節省我們不少的勞力；先進者的遺囑點燃了我們內心的烈焰，激起了靈魂的飢餓。我們努力地幹罷！

怎樣認識科學

蔡 駒

我們要研究科學，先要明白「科學」是什麼？科學的意義，簡單地說，是一種有系統的知識，牠用觀察和實驗，來搜集研究的資料，再用論理的方法，來探求自然界的眞理。所以科學的目的，我們可以說，在用正確，明白，簡單的文字，來敍述普遍的經驗和事實。

一般人對於科學，往往抱着一種錯誤的見解。以爲科學的目的，就在致用。其實科學的研究，和藝術一樣，自有其本身的樂趣，所以爲科學而科學，也正如爲藝術而藝術，都是人類天賦的一種權利。至於科學的應用，那是一種意外的結果了。

還有許多人，以爲研究科學，只要背幾條定律，讀幾個公式，就算了。果眞如此，那末科學書變成了經典，科學本身，也永無進步的希望了。我們從科學史中，也可以見到很多的例子，舊的學說，被新的學說代替了，舊的理論，被新的理論改變了，這樣科學才有進步啊。

我們對於科學，得了一個明白的見解之後，那末我們可以來看怎樣研究科學？

湯姆生(J. A. Thomson)以爲人類有三種情態，就是實踐，情緒，和科學的情態；假如一個人第一種情態特別發達，那末就成了實行家，第二種成爲藝術家，而第三種成爲科學家：所以要研究科學，也必須有科學的情態。科學情態的特徵，就是精密的頭腦，敏捷的觀察力，和懷疑虛心的態度。我們要培養科學的情態，可去體會科學的名著，科學史，以及許多大科學家的傳記（如牛頓，法拉第，馬克斯威爾，赫爾姆爾斯，克爾文，赫胥黎，達爾文，巴斯特……）；當然，科學的情態，也是逐漸練習出來的。

其次，有了科學的情態，還要明白科學的方法。茲略述如下：

(A)科學邏輯——科學的推理方法。

（一）類比的推理——由特殊到特殊。

（二）歸納的推理——由特殊到普遍。

（三）演繹的推理——由普遍到特殊。

歸納演繹常常參互應用。

(B)解决問題之步驟：

（一）問題。

（二）搜集與此問題相關之材料。

（三）假設。

（四）實驗證明。

科學與農業

蔡家鯉

農業爲人類最古之職業；直至今日，亦爲吾人最重要之基礎職業。我國以農立國，已有數千年之歷史；但農人只知本已往經驗，耕之耘之；未曾加以科學的探討，不能改良，是以無甚進步；生產不能增多，遂成今日原料食品亦由外國輸入之現象，蓋皆由於農業不能科學化之故耳。

科學與農業，有密切之關係，自從以科學方法研究農作物及土壤後，應用實驗所得之結論及改良方法，農業上之發展遂有一日千里之勢。

數千年前、農人已知利用排泄物使土壤變肥。由科學研究，始知此等排泄物供給於植物者，仍植物本身不可缺少之數種變化物。於是乃用人工配合此數種化合物，而成人工肥料。通常用者爲硝酸鉀與硫酸錏之混合物。此種人工肥料。効力遠過於天然肥料。十九世紀以來，歐美多改用人工肥料，農業上之產量，幾兩倍於從前。硝酸鉀在地上有大量之出產，硫酸錏普通爲製煤氣及他種工農之副產物，故均爲價廉之氮化物，用作肥料，亦甚經濟。然吾人知空氣中氮氣最多，倘能使空氣中之氮氣變爲化合物而利用之，寧非更善。此事現已成功，一法爲使電解水所得之氫氣與液體空氣中之氮由合成法直接製成硇精氣，再經氧化後製成硝酸，於是人工肥料，又多一來源。

育種法係根據於門德爾 Mendal 之遺傳定律，農人利用此法，可得良好之品種；不特收穫增多，農作物之品質，亦愈改愈善。譬如五十年前，愛爾蘭因洋芋生病，致釀成大飢荒。今由育種法，已得一種健強之洋芋，可以抵抗此種病菌之侵害矣。

果樹之栽培，經科學管理後，蟲害病害，除去不少；且利用接枝法，更可得優良之果實。例如甘蔗及甜蘿蔔所含糖粉，已三倍於從前。又如各種果實，亦較前核少而肉多。

人工曬稻，近亦實驗成功。可使稻麥速乾，使其營養値增大，從今以後，農夫可不必待晴日而後曬稻矣。遇雨亦可收稻，不致有發芽霉爛等損失，生產量之增多，可想而知。

自機械進步後，耕種收穫，亦可利用機械。如馬達，引擎，汽犂，收穫機，抽水機，運貨車等等，不但與農人以事半功倍之利；且可大量耕種；荒蕪之地，可使變爲良田；其影響於民生國計，實非淺鮮。

科學對於農業之貢獻，已如上述。然百利之中，亦有一害：自農業機械化後，一人可營十人之田，於是九人不得不另尋他種職業。社會上人浮於事，因而引起嚴重之失業問題。且生產過剩，穀賤傷農，中等農家，竟有因之破產者。但吾人不能因噎廢食，不用科學方法以減少生產量。須知全世界人類，尚有若干萬萬困處於饑寒窮苦之中，無法養生。吾人當一方面努力科學，以增加生產量；一方面注意於社會經濟諸問題，以科學方法，分配此大量之生產於大衆，務使人人得有暖衣飽食，人人得有豐富之物質享受。無饑無寒，無爭無奪，天下太平，世界大同，可指日而待矣。

記憶

蕭立坤

記憶是一種天才，人們天賦的本能僅僅是體力和腦力，體力與本文無關，姑不加論，腦力就是人類文化的始祖。人類無腦力的情況，是不能設想的，因爲若人都無腦力，諸位便不能做現在正在做的事了。腦力普通指記憶，穎悟，和創造三種本能而言。三者中何屬最要，無法得知。我們將他們當作一樣重要，也未嘗不可。試看：若無創造的天才我們祇有模倣了；假設我們無穎悟力，創造便無從談起了；我們所有的若祇有記憶，人類決無文化可言，與禽獸差不多；假設無記憶力，那更不堪設想了。作者祇說一個比喻吧：人類無記憶力，恐怕比地球上的一切物體都無摩擦力還要不堪設想！

記憶的心理的和生理的研究，這裏且不論及。我們記憶是毫不費力的，好像呼吸一樣，似乎無話可說。不過，除了日常不斷的呼吸外，還有快跑後的喘氣，游泳時的換氣，和悲傷時的嘆氣，這些雖然也是呼吸，却很能引起大家的興趣了。所以這裏要談的，是記憶的種類和方法。這裏無高深的卓見，祇是日常的小經驗而已。作者不敢斷定這文章於聰明的讀者，確有小補，不過作者是誠懇地這樣希望着。

通常一個對化學無多大心得的人讀完一本化學和一本小說，他對小說必定比對化學記得多些。這原因不外：（一）小說易懂，化學難，（二）小說的情節比化學少，（三）小說的文字比化學生動，（四）小說各部分有顯明的關係，化學的關係很深奧，不易看出：由這幾個原因，我們可得到幾個相應的結果：（一）易懂和已懂的易記；難懂和不懂的難記。（二）多的比少的難記。（三）文字生動可以提起讀者的興趣，而讀得有味，讀得專心，使他充分地發揮記憶力。（四）要記的對象各部分必須有密切的關係，才好記。這四種結果除了，（二）是人人知道，無話可說以外，（一），（三）和（四）都值得簡單地談談。

（一）據作者個人的經驗：「對一件事物懂得記得」就是自己腦中有一個那事物的很清晰的印象。沒有清晰的印象，決不會懂得記得。遺忘就是這印象的消失，這印象不必是正確的，但我們的腦神經願意把他當做正確的，試以實例說明：

(1) $(a+b)^2=a^2+2ab+b^2$是一個大家都知道的簡單的公式。要記他似乎不論懂不懂都很容易，他的形式處處顯示着對稱，已使我們很容易記了，即將 (a+b) (a+b) 展開，也是易易之事，不過若諸位這樣記憶，諸位腦中對他所留下的印象（或圖形），是一行文字。最初記得時，這行文字將同着他所在的那頁書的形狀構成腦中所留的印象。這樣一個特殊情形構成的圖形，老實說，是不易久遠存留的。久而言之，那頁書的形狀消逝了，這行字也模糊了。讀者或者不相信吧？不過事實確是如此：許多大中學的文學教師不記得這簡單的公式呢！他們以前何嘗未學過，祇因時間久了，圖形消逝了，自然無從記着了。如何才可永遠記得呢？這也很容易，就是要在腦中構成這公式的最普通的圖形，那保險不會再遺忘了。這普通的圖形可以畫做：

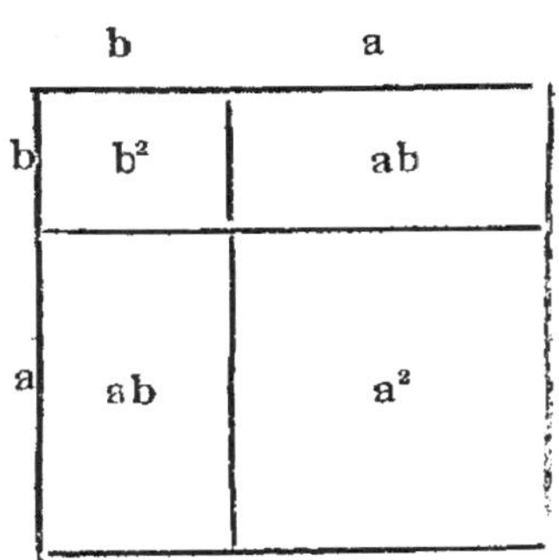

這個方塊就是那行字，他倆的意義全同。但是這方塊的圖形比一行字是簡單得多，而有味得多了。腦中一日有此方塊，這公式也一日不得忘。

(2) 又若 u=F(xy)則，$du=\frac{\partial u}{\partial x}dx+\frac{\partial u}{\partial y}dy.$

這公式若要暫記，非常容易，因爲形狀很整齊，但若要永遠不忘，我們可用一個特例來代表他，幫助非淺。在 $u=xy$ 中（$u=xy$ 是 $u=F(x,y)$ 所包含的一個形式），若 x，y 爲兩相垂直的直線長或爲垂直坐標上一點之位置，則 xy 爲矩形之面積，若我們已知道 $\frac{\partial u}{\partial x}=\frac{\partial(xy)}{\partial x}=y$，

及 $\frac{\partial u}{\partial y}=\frac{\partial(xy)}{\partial y}=x$ 則從圖形

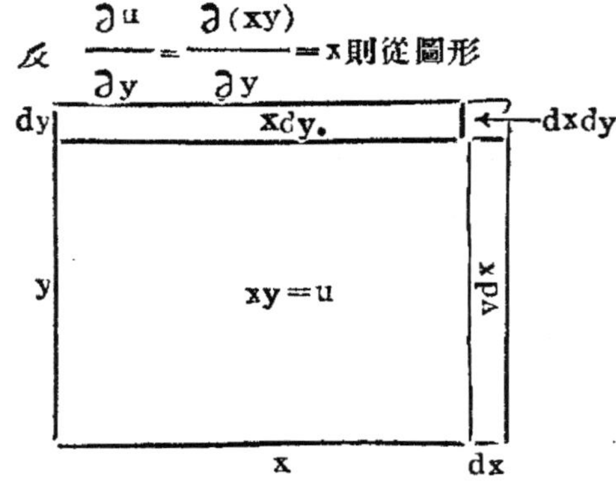

知　$\triangle u=(x+\triangle x)(y+\triangle y)-xy=x\triangle y+y\triangle x+\triangle x\triangle y$，

但　$\triangle x,\triangle y$ 都小得近於 o，所以

$du=xdy+ydx$　（dxdy 一項我們不要了）

上面的圖形將這結果示得明明白白，又由前面已知

$$y=\frac{\partial u}{\partial x},x=\frac{\partial u}{\partial y},$$

所以 $du=\frac{\partial u}{\partial x}dx+\frac{\partial u}{\partial y}dy$ 可非常容易地被我們永遠記得了（請注意，這公式正式證明不是這樣的），所以代數式常常參與幾何觀念，與我們的記憶方便不少。

若是時常與這些公式接觸，當然會記得清懂得透，不必要作者饒舌了，那時這些公式就好像愛人的名字一樣熟，順口叫來非常好聽，不必再

用思索了。

此間所說的印象，不但是記憶的必須條件，且是一切思想活動的因素，文學、科學的發展，都依賴他，是非常有價值的。

又如記一個人名，無論見過面與否，與那名字同生的必有那人的像，那像不必是眞確的。如說曹子建：我們腦中立刻就湧出一個人來，各人腦中的這人不必相同，與眞人更不必相同。但是，各人腦中必定有一個像。

（三）詩比論文好讀，名著比普通人的文章易記，都是因爲文筆不同的原因，蓋好文字容易引起我們的興趣，有興趣自然會聚精會神，不特易懂，而且易記。所以我們要讀好一門功課，或讀好一本書，或記着一件事，都要先設法與之發生興趣，文筆好，不過是一種發生興趣的媒介，其他的方法待自己去找了。

（四）一段或一篇能感動人的科學論文，非特有生動嚴密的敘述和討論，他所討論的重心和涉及的範圍，處處在細心地保存和限定，所以他各部分的關係，非常緊密而自然很容易記憶。無用討論，這裏要講的，是一些無互相關係的字句，有何方法可記着。這惟一的答復是：去找出關係來，不管那關係正確與否，祇要當時記憶者可順便應用就夠了。如遇見「空」「遇」二字，要我們記；我們可記着「飛機空中遇炸」一句話，代替那兩字，或者，「空前豔遇」也可。總之，將兩字加以關係而已，不過以滑稽和幽默一點爲好，在乎記憶者一時之決定。又若有時一串無關係的字句或數字，實在不易找出上述的關係，我們專就他們的音去找出關係也可，這些都祇是強記的方法，不是求學的大道，但有時與我們也有很大的利益。例如推算1弧度＝57°17′44.8″，這常數看來似很討厭，不易記住，不過經一翻精細的觀察後，便發現各字音間，有一難得的關係，試將度、分、秒諸音省略，專念數字爲：5717448，與「我吃一吃試試吧！」（我或可作汝）非常相像；前面爲一行無情的數字，後面却是一句普通的話，記一句普通的話，當然比記一行數字容易得多，况且這種常數若記不得，而要算到秒位也是件煩事。因爲180÷π 或 180÷3.14159 之後，再將他化成度分秒之名數，確是有些討厭呢。同樣，π＝3.1416可記爲「山巔一獅一鹿」；一磅等于四五三·六克，可記爲「使我嘗點肉」。這些不一而足，最好是利用方言土語來記，好歹自己知道吧了。

強記要注意觀察，在瞬息內發現出對象的特點。如「九一八」可記爲二九一十八，自然對數的底 e 爲等於2.7182818285 一望卽知兩個 1828 相連，後面的 5 可不管了。 Log2＝0.30103 他的對稱的形式最能幫助記憶。又有很多常數，祇要多念兩次，便記得了，如 $\sqrt{2}$＝1.4142，$\sqrt{3}$＝1.7321等，均不須苦讀。大概是音的合諧吧？若強記所採取的觀察正確，有趣，一樣能保持永久不忘。

記憶是個動詞，是內心的活動，心理學上的定義爲已往所有知識直接的應用，頴悟是已往知識間接的運用，很有道理，我們因爲把字記得很熟，順口就能講話，記憶力將與人類的活動同時存在。他的價値我們不能去估計，據心理學家的硏究，記憶力不能用人爲的方法增加，所以務必將他好好保護，勿使他消滅；最忌的當然是使腦神經受刺激，如吸烟，喝酒，失眠等，又喜怒的變化，心事的龐雜，都是有損的，無理由的表格，如金屬的用途等，不必過於強記，強記也是有害記力的（用滑稽方法當然除外）。我們應多温習，習慣地記最不吃力，最易永久。無關緊要的事，不必記，徒亂心思，白費力氣，不過也不要太健忘了。這樣我們的心，才能專，才有特殊的成就。佛經是腦經已無用的老太太們念的，他們如何能記得。不必去硏究，因爲那樣事是青年人最厭惡去作的。

『數學』科學之偉大建築者

徐桂芳

——古希臘學者建築「數學」科學之精神——

——埃及人爲何不能建築「數學」科學——

數學的歷史較其他科學早些，因爲人類需要數學的知識比較其他科學來得早；古代結繩記事，已經含有數字的意義了。

數學與其他科學很有不同的地方。因爲數學的基礎是完全建築在眞理上，他的基礎不容假設存在。我們知道有許多科學都依賴假設而存在，假設是完全由於幻想，所以常常發生謬語：那裏比得上眞理的永久存在。所以其他科學裏的假設，他的存在是含有時間性的；也許今天可以適用，明天就不能適用了。譬如 Newton 的光之微塵學說，不是被 Huyghens 的光之波動學說所推翻了嗎？至於數學呢，我已經說過，他所有的定理的存在是永久的。他的新建設是築在舊建設之上，但絕沒有搖搖欲落的危險，因爲他的基礎完全是眞理造成的。

古希臘學者他們有天賦的好奇心，懷疑心，考研心，他們有大無畏求眞理的精神，他們是專心求眞理的。他們的勇敢，他們的熱情造就了「數學」科學。

我們知道幾何學的起源是在埃及。埃及人因爲尼羅河河水年年總要氾濫，於是田地界限都被河水冲去，所以水退之後，界限不能明辨，常常發生糾紛。爲了解决這個困難問題，埃及人遂發明了幾何學，（幾何學 geometria 的本來意義就是量地。）但是埃及人只顧到應用方面，對於原理方面並不需要明瞭，他們對於幾何學沒有好奇心；他們對於幾何學沒有懷疑心；因此他們對於幾何學沒有考研心。譬如他們計算等邊三角形的面積是等於底邊乘任一斜邊之二分之一。並且這種粗糙方法，竟能在埃及相傳應用數百年，由此可見埃及的幾何學根本無發展的餘地了。但是古希臘學者的精神不是這樣，他們研究數學不是專在實用方面着想，他們是重視理論方面的。他們所需要的在於數學的眞理而不在於數學的應用，他們的精神多麼偉大！

Hankel 說：數學之所以成爲科學，是由於希臘學者研究理想方面的結果；但並不由於埃及實用者需要應用方面的結果。……譬如說 Adam 給獸取名字，但是他不能算爲動物學家，猶之埃及測量者不能算是數學家一樣。

伽列略 (Galileo) 1564 – 1642　　蔡 駒

——生活與事蹟——

伽列略生於比薩(Pisa)，與莎氏比亞同年，時佛老稜斯(Florence)爲藝術之中心，羅馬爲天主教之中心，巴頭(Padna)爲科學之中心。事實上當時之意大利爲光明甜蜜之樂土，其父爲輝煌之佛老稜丁家之後裔，而現已生活艱難。彼等於比薩居住頗短，因彼於十二歲時已至佛老稜斯，而入 Valambrosa 地方之學校讀書。直至十七歲時，進當時成立之比薩大學，四年攻讀，未得學位，彼仍回至佛老稜斯，再費四年，專心研究歐几里得 (Euclid) 與阿几米得 (Archimedes)，所發明直接可讀之靜液天平，解決數種重心問題。以後至二十五歲時爲比薩大學之數學講座；彼慷慨博施，其薪水每年六十五美金，其中百分之十用以濟人，其姊之妝奩全由其負擔，此時其同事者，即爲彼以前所問難者，而彼亦曾因此而被授以「爭辯者」(Wrangler) 之名，其卓異之見解，已可表示其以後五十年之成就。彼於執教之初，即發表其著作「論重物體之運動」(On the Motion of Heavy Bodies)，其中吾人今日以爲重要之速度及加速度觀念，已始明白發表，但事實奇甚，彼之著作，直至死後之二百年，始得印行。

當伽列略於二十與三十歲間，已於比薩規定新力學中之基本理論，後人以爲其新動力學概念之價值，高出於彼之一切事業。

彼於比薩斜塔實驗上，證明輕重物體，同時落地。此種見解與同事所公認者相反，而彼亦因全體同事之反對，乃於三年聘期未滿之時，提出辭職書，同時彼之朋友代彼於巴頭謀得一數學講座。巴頭當時爲學術之焦點，常吸引英法及荷蘭諸國學者。此次遷移時(一五九二年)，於彼頗爲適合，因此時彼之同事，均思想高超，爲當時第一流學者。其中有外科醫生 Fabricio，被稱爲「人體之哥倫布」，Fallopius 之繼承者及威廉哈維(William Harvey)之師，其朋友中有一偉尼斯人 Sagredo，即爲彼對話之一聰明談話者。其學生中有 Cavalieri 及 Cartelli 等。後於一六五七年組織佛老稜丁學會(Florentine Academy)。彼之講義，包含幾何學、力學、熱學、天文、及築城學等。

伽列略于巴頭研究之結果，發明空氣溫度計，及許多天文學上重要之發見，其中如金星之盈虧，木星之四衛星，土星之三環，與日之旋轉等。一六一〇年，伽列略受坦司干(Tuscany)大公爵之請，至佛老稜斯爲哲學家及第一數學家，此行自自由之偉尼斯共和國而入教皇之領域，彼知希望頗少。當時邪說等於叛逆，神聖教會竟於一六一五年公布凡哥白尼學說之一切書籍，禁止通行。一六三〇年，伽列略已完成其關於星體觀察結果之大著，彼乃第五次至羅馬，以求印行之證書。當時教會雖然允許，但有二條件：即(一)著者應於序中聲明，此種研究全屬假定。(二)此書結論，當遵守教皇於前六年所告於伽列略者，即上帝萬能，所以上帝能爲一切，因此無論何種自然現象，均不足以證明地球依其軸而自轉，幷繞太陽而公轉。此種條件，使此六十六歲之老人，頗爲憤慨，因其畢生事業，將無人可知矣。

一六三二年二月二十二日，此不朽著作，乃得於佛老稜斯印行，未幾卽全部售罄，其中之三談話者，爲 Sagredo（彼之聰明之偉尼斯老友），Salviati（彼之佛老稜斯至友）及其代表，與 Simplicio。後者爲亞里斯多德學說之最早註釋者，擁護亞氏哲學及托勒密系統（Ptolemaic system）。此書教皇疑惑以爲伽列略借 Simplicio 嘲笑教皇，結果伽列略被審問，幷於冬季中被傳至羅馬。

當此一六三三年之悲劇結束以後，此年老學者得避難於彼之學生，今爲 Siena 之大主教處。其百折不撓之精神，仍繼續彼之研究——力學，彼於 Siena 賦閒之五月中，完成其動力學之研究，其持論仍與衆不同。於一六三八年其著作「論兩種新科學」（Discourses on Two New Sciences）由 Elzevirs 出版，至於伽列略之著作，於意大利印行者，已全部禁止。

「論兩種新科學」可爲近世物理學中之第一部著作，伽列略並自稱其中包含其各種研究之重要結果。一六三六年 Louis Elzevir 與伽列略於 Arcetri 會晤，伽列略暗中將此稿件交與之，二年後乃于來登（Leyden）之 Elzevirs 印刷所發行。

伽列略之「論兩種新科學」，所以被列爲近世物理學之第一部著作，有以下諸事實爲之證明：

(1) 以精密之實驗方法獲得新事實，實始見於此書。此種客觀態度，可用以判斷自然現象，使科學增加一新方法。有人以爲伽列略始與亞里斯多德反對，康散柴學派（Académia Consentina）與亞氏哲學反對，此爲最大之錯誤，實則伽列略爲根據實驗，推翻亞氏結論之第一人。吾人今日之實驗方法，卽爲氏所創造。

古人只有哲學與數學二方法，至伽氏始新創一實驗方法。所謂哲學方法，卽先假定數條普通原則，再由其中推出結果，以解釋宇宙現象，其錯誤自不能避免。而當時之數學方法，亦不過應用幾何學去求面積，體積，角度而已。因此數學方法，祇能解釋已知，而不能發見未知。

伽列略之全部思想，均以實驗爲根據。卽如天文學於彼之手中，亦不爲純粹之觀察科學，因當彼欲發現月球之明亮部分，是否光滑，彼曾用光滑，粗糙兩平面，照以白光試驗之。當彼欲明瞭落體速度如何增加，彼曾設計一量時間之機器，並設法「減小重力」，而測量之，彼之研究，始於實驗，止於實驗。

彼之兩大對話——其一關於天文學，另一關於力學——均多實驗，黎拿多達文西（Leonardo da Vinci）鼓吹實驗，伽列略則應用實驗。

（2）伽列略以動量（Momentum）爲力學中之基本量，幷證明速度爲動量之一因子，此爲其第二種成就。雖然伽列略並非爲研究運動問題之第一人。

巴頭大學之畢業生 Benedetti 承認運動中連續變更之概念，可爲力學及微分學之先進，Benedetti 曾研究過振動，且明示其爲連續運動，事實上彼已引入近代連續變更之觀念。但伽列略之前輩，於研究運動體時，只知其位置變更，不知運動體之惰性爲力學中之重要事實。至伽列略始知運動關係可以惰性量之，當時卽言以重量測之，因此彼名一物體重量及速度之乘積曰動量（Momentum，此拉丁字表運動及分量之意，伽列略有時亦以同義字（Impetus）代之。

但伽列略只知用重量以表惰性，一如今日之工程師——雖然今日少數之電機工程師已是例外。

伽列略於其所著之力學中，（Dialogues on Motion）。先假定子彈水平方向之速度不變，曾計算得子彈離槍口後所行之軌道。彼之繼續應用此原理，實已發現牛頓第一定律，但彼不能擴充至一切物體，——不論受重力者或不受重力者——而牛頓之成功，全在於其物質不變之新概念。

(3) 伽列略之另一種成功，爲其落體運動中一常數之發現。當彼年青時，於比薩大學所作諸實驗中，曾以一銅球自一斜面滑下，結果得一結論，不論球之位置速度如何變更，其某單位時間內所得之動量爲一常數。其所用動量之單位爲一自由落體經某一單位距離所得者。以下數方程式，得自伽列略，爲吾人所熟知：

$$V=V_0+gt,$$

$$S=S_0+V_0t+\frac{1}{2}gt^2,$$

$$V^2=V_0^2+2gs.$$

伽列略以運動量之變更，代替力之觀念。現代物理學家如 Clifford，Poincare，Hertz 等均覺「力」定義之矛盾，而服從伽列略之學說。

伽列略最著名之實驗，爲落體墜落時間與重量無關，重力加速度亦與物質無關。彼曾用等長之繩，繫鉛木球爲兩擺，以證明之。

(4) 伽列略之第四種成就爲其發見「所加於物體於某一方向之動量，不變更此物體垂直方向之動量」。此卽爲牛頓之第二定律，伽列略用以解决實際之力學問題。彼曾結合一水平等速度及一垂直加速度，求出子彈之路徑爲一拋物線。伽列略發現及應用牛頓之第一及第二定律之事實，牛頓曾於其「原理」(Principia) 一書中言及之。

結論——伽列略終身致力於力學，青年時於比薩研究，中年時於巴頓教授；晚年時於 Arcetri 完成。彼以每單位時間內動量之變更，以代力之觀念，由是得牛頓之第一第二定律，此爲永不可忘之事實。

伽列略之成就，亦不僅限於物理學，因彼之精神，實最可爲吾人之模範。彼不信他人之以爲是，不顧他人之輿論，虛心實驗，非得有充分之證據則不止，此最值吾人之敬佩者也。

小統計

郭鍾祁

（一）月的轉動，有時稍離其軌道，然至多不過二十哩，因此月蝕之預算表，有時稍有相差。

（二）太陽表面之溫度有攝氏六〇〇〇度，內部有一〇，〇〇〇，〇〇〇度。

（三）隕石之墮入地球空氣層中者，每日有千萬之多；然因高速度之關係，與空氣摩擦生熱，而氧化成其他物質。

（四）水面之油污，其厚祇及千萬分之一吋，可與光波之長相比擬，因此光波經其反射而生干涉，現出彩色之景。

（五）一磅之麵包，其原料須二噸之雨量，始能長成。

（六）全蝕每三世紀半遇一次。

（七）螞蟻行走之速率可測溫度，熱時快冷時慢。

（八）植物生長之原在葉部。每一部之食物必經葉中澱粉廠之製造。

（九）腦之作用，古未之知，早先希臘名哲學家，以爲冷卻血流之用。

（十）自一八〇〇以來，世界上之人口，已增至一倍。

第　二　編
數　學　之　部

圓周率

張明悟

圓周率爲圓周與直徑之比例，測定此比例之値，爲幾何學有名問題。中國外國均發見頗早，至今日率以3.1416爲定。爲簡便起見，以π代之，故$\pi=3.1416$。惟此數爲約數，並非精確之値，眞値乃不如此，位數無窮，蓋一非循環無限小數也。今述其測定之法如下。

(A) 實測法

1.將圓規取任意開度作大小不同之數圓，（愈多愈妙）。

2.依圓周將該硬紙片剪出。

3.將各圓周之直徑，用精密尺度量定其長度。

4.再將各圓上定一點，以此點與尺之某度相切，順序轉之，至該點又相切於尺，即定一點於該處，然後量取兩點間之長度。如此一一爲之。

5.將各直徑之長度除其圓周之長度(小數至少取四位)，得諸比例値。

6.將各項之比例値相加，以次數除之，即得π之値。

1,　　$C_1\div d_1=\pi_1$,

2,　　$C_2\div d_2=\pi_2$,

3,　　$C_3\div d_3=\pi_3$,

……………………

n， $Cn \div dn = \pi n$.

則， $\pi = (\pi_1 + \pi_2 + \pi_3 + \cdots \pi_n) \div n$.

(B)三角法

(1)公式

AB爲內接n正多邊形之一邊，以a表之，r爲半徑，直徑以d表之，見圖。

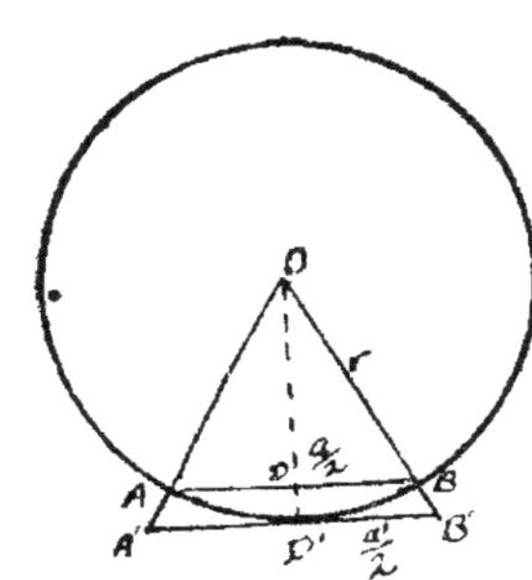

則$\angle DOB = \left(\frac{360°}{2n}\right)$

$\sin DCB = \sin\left(\frac{360°}{2n}\right) = \frac{a}{2} \div r$

$\because 2r = d$，

$\therefore a = \sin\left(\frac{360°}{2n}\right)d$，周$p = n\{\sin\left(\frac{360°}{2n}\right)d\}\cdots$I，

A'B'爲外接n正多邊形之一邊，以a'表之，同樣得，

$a' = \tan\left(\frac{360°}{2u}\right)d$，周$p' = n\{\tan\left(\frac{360°}{2n}\right)d\}\cdots\cdots$II。

(2)計算

用公式I，II計算各多邊形之週，可以比較出π之値。

例如：設$d = 1$，

(n) 邊數	(p) 內接形之周	(p') 外接形之周	(c) 圓周之約値
3	2.5980	5.1936	$2.5 < c < 5.2$
6	3.0000	3.4644	$3.0 < c < 3.5$
18	3.1248	3.1734	$3.1 < c < 3.2$

90	3.1410	3.1421	c≒3.1416
……	………	………	………
8192	3.1415928	3.1415926	c≒3.141592

至此以3.141592爲圓周與直徑之比值，所差祇在百萬分之一以內，故可定爲比率矣。

$$c=3.141592，\frac{c}{d}=\frac{3.141592}{1}=\pi。$$

(C)省略算

普通用π計算問題，作3.1416，在特別情形，可依問題之性質而定。例如算城池等題，可作3.14計，算金屬絲等問題，可作3.141592計。

(D)史略

西人求得圓周率者甚多，而各人所用方法及程式亦微有不同，茲擇數人錄之於下：

1 亞米斯(Ahmes)定$\pi=\left(\frac{16}{9}\right)^2$

2.都利默(Ptolemy)定$\pi=3+\frac{8}{60}+\frac{8}{60^2}=3.14166$。

3.柯靈(Ceulon)測定π之値求至小數36位。臨沒，命其子刻諸墓碑，俾昭來世。

4.華利士(Wallis)定$\pi=2\times\frac{2\times2\times4\times5\times6\times6}{1\times3\times3\times5\times5\times7}$

5.最有聲名者，爲亞奇米德(Archimedes)，氏生於紀元前287年，爲時頗早。首倡圓周與直徑之比例値在$3\frac{10}{70}$與$3\frac{10}{71}$之間。

中國人發明圓周率者亦不少，就中以南北朝祖冲爲最早，祖氏定圓周率爲$\frac{355}{113}$頗爲精密。今日本用者頗多，猶稱之曰祖率，而中國人知之者鮮矣。

幻　圓

莫　葉

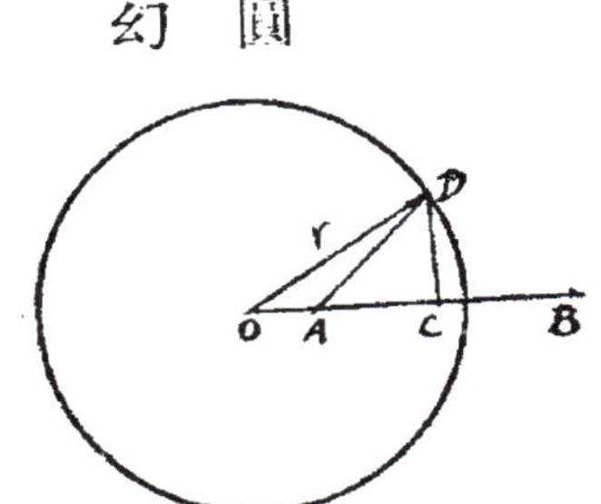

我們用O作圓心，r作半徑，畫一個圓：

再在這圓內，任意取一點A；聯OA，在OA的延長線上面取一點B，使

$$OA \cdot OB = r^2$$

找出AB的中點C，在C上作AB的垂線，交圓於D；聯OD及AD。

所成功的圓，叫作幻圓，因爲牠有一個出人意外的特性，就是除掉圓心外，圓內所有的點，都在圓周上，換句話來說，就是AD＝0。

證明這圓有這種性質，方法很簡單：

在　△ACD 和 △OCD 內，

$$\overline{AD}^2 = \overline{CD}^2 + \overline{AC}^2$$

因爲，$r^2 - \overline{OC}^2 = \overline{CD}^2$

$$\overline{AD}^2 = r^2 - (\overline{OC}^2 - \overline{AC}^2)$$

$$= r^2 - (OC - AC)(OC + AC)$$

$$= r^2 - OA \cdot OB$$

$$= r^2 - r^2$$

$$= 0$$

$\therefore AD=0$。

至於我們要研究的，不是在這種奇怪的性質，而是在這種幻圓，是否眞的存在。從普通的幾何智識，知道這種幻圓 決不會存在的，因爲兩點，一在圓內，一在圓周，他們的距離，決不會沒有的。那麼，我們便要懷疑這種證法的錯誤了。但是仔細研究一下，證法毫無錯誤，這眞有點使我們莫明其妙了。讀者且慢看下文，瞑目的想一想，錯在那裏？

既然不是證法的錯誤，可懷疑的便是假設中的作圖了。很容易地發現一個漏洞：C 點不會在圓內的，因爲：

$$r^2=OA\cdot OB.$$

$$=(OC-AC)(OC+CB)$$

$$=(OC-AC)(OC+AC)$$

$$=(\overline{OC}^2-\overline{AC}^2)$$

$$\overline{OC}^2=r^2+\overline{AC}^2$$

$$\overline{OC}^2>r^2$$

$$\therefore |OC|>|r|。$$

這樣一來，過OAB的垂線，便不會和圓相交了，那麼，D點不存在。就是這種幻圓不存在。

上面所討論的，都限在實數範圍。如果擴充到虛數的範圍裏去，這種幻圓是存在的，而且他的性質 在虛數幾何中，非常有用哩！

我國古算具

蔣共和

我國古算具，是指中西文化未溶合之前，民間常用以計算數目的用具，雖現在還有存留着的，但因其形式簡陋，早爲現代學者所棄，現在不妨提出來談談，也可略知我國古代思想變遷的途徑。

此項算具概可分爲三類。曰字盤，曰珠盤，曰算籌，玆分別敍述於后。

第一類 字盤——在一塊方盤上，隨便地寫着九個數字，在心算時，就用牠以幫助記憶。我們知道起初算學最大的用途，是事物上的計算，簡單的事物，心算尙可應付，可是繁複的情形，心算時，往往會鬧着遺忘和昏亂。如有一問題，求二加二加五，再加上三乘二的積，更加上九被三除的商，復減去二加七的和，一羣牽連的事物，在心算上，却感到有點困難。因此字盤的目的，就在幫助記憶。牠的構造，如圖一。

計算上面的問題時，因二加二加五得九，就可用手指指在盤上九的地方，再算得三乘二得六，用六和九相加，得十五，就可用兩個手指放在一和五的地位，如是次第運算，同時用手指在字盤上指示，而求出答數來。

圖二　　圖一

有時候，在字盤上，不必寫着數字，如畫一個八卦圖，就用乾坤坎離等字，來代表一二三四等等，中央的太極，則代表數九，亦有相當便利之處。又如在盤上畫一個大的「了」字，用這字的各部位，來代表九個數字。我們若認鈎處爲數一，應用時，凡用一的，總將手指放在「了」字彎鈎的部位，「了」字的字盤，現在日本還時常可以看到，牠們雖沒有寫明數字的部位，應用時，却公認如上圖所指明的部位。

第二類 珠盤——這一類算具，有一個方盤和許多圓形的珠，如圖三，方盤內劃有方格，橫的分做九格，每格表示一個數字，縱的可任意分做幾行，每行表示一個數位，如取第一行為個位，第二行就是十位。我們若任意在盤上放一夥圓珠，牠就能表示某數位上的某數字；我們放四夥圓珠如圖三，他們就表示一個數目，等於九千一百八十三。

其次，古人因感覺到上式的珠盤，所佔面積太大，因此就選用兩種顏色的珠，如圖四。用黃色算珠，表示四以下的數字，青色的用以表示五以上的數字，如圖四所示的地位，就是表示九千三百二十五的數目。

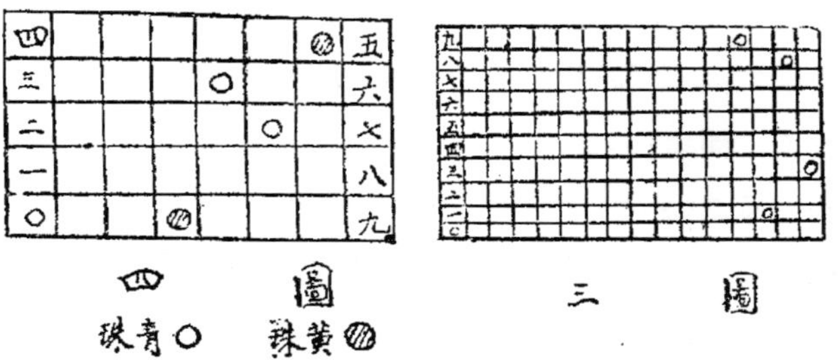

圖四

青珠○　黃珠◎

圖三

到唐初的時候，又增多了一種珠盤。甄鸞（六朝時人）在算經上有下面的敍述：「刻板爲三個橫條，上下二條，以停遊珠，（遊珠就是還未取來的算珠），中間一條，以定算位，每位（或每縱行）祇可放五夥珠，上條中所放的珠，與下條所放的珠，顏色兩樣，上面的珠，每夥代表數五，下面的珠，每夥當一。」要計算的時候，就把上下兩條中的珠，移到中條來；中條所有的珠，就是代表數字，如中條某行有一夥色珠和三夥白珠，這行所表示的數，就是八。這種珠盤，就是現代算盤的原形，因爲若用竹桿把這些珠貫穿起來，就得現今的算盤。

第三類　算籌——利用幾根小竹梗的各種排列，合拼起來，也可表示一個數目。我們如採用

| || ||| |||| ||||| ┬ ╥ ╥╥ ╥╥╥

代表一二三四五六七八九的數字，那麼「|||┬||||」就是三百六十九，「||||┬╥|||」就是四千六百七十四。

將此項算籌依次排列，古人不但可以用來演算加減乘除，同時更可以做開方乘方及現代算學上諸種運算，我國古代歷算上工程上的計算，都是用牠來運算的。學算的人，對於算籌製造，十分講究，有用檀木做的，有用象牙做的，長約六寸，直徑約三分，一握可含百餘支。有時候，將籌染爲二色，赤色用作正數；黑色用作負數；總之，牠在我國古代計算術上，占着極重要的地位。

三次及四次方程式簡捷解法 英 葉

諸位都知道五次以上的方程式尚沒有普通的解法，就是三次和四次方程式，一般的代數書上所述普通解法，也很麻煩；但是費亞梨氏發明一個簡便的法子，茲述如後：

(甲)已知一三次方程式：

$$ax^3+bx^2+cx+a=o\cdots\cdots(1)$$

以a除(1)式，

$$x^3+\frac{b}{a}x^2+\frac{c}{a}x+\frac{d}{a}=o\cdots\cdots(2)$$

以 $x=y-\frac{b}{3a}$ 代入(2)式，

則得 $$y^3+ey+f=o\cdots\cdots(3)$$

(3) 式中，$e=\frac{c}{a}-\frac{b^2}{3a^2}$

$$f=\frac{2b^3}{27a^3}-\frac{bc}{3a^2}+\frac{d}{a},$$

再以 $y=z-\frac{e}{3z}$ 代入(3)式，

則 (3)變為 $z^3-\frac{e^3}{27z^3}+f=o$ ……………………(4)

(4)可用二次方程式解法解之。

(乙)已知四次方程式：

$ax^4+bx^3+cx^2+dx+e=o$ ……………………(1)

以 a除(1 式， $x^4+\frac{b}{a}x^3+\frac{c}{a}x^2+\frac{d}{a}x+\frac{e}{a}=o$ ……………………(2)

以 $x=y-\frac{b}{4a}$ 代入(2)式，

則得 $y^4+fy^2+gy+h=o$ ……………………(3)

(3)式中，

$$f=\frac{c}{a}-\frac{3b^2}{8a^2},$$

$$g=\frac{d}{a}-\frac{bc}{2a^2}+\frac{b^3}{8a^3},$$

$$h=\frac{e}{a}-\frac{bd}{4a^2}+\frac{cb^2}{16a^3}-\frac{3b^4}{256a^4}$$

命 $y^4+fy^2+gy+h=(y^2-Ah+B)(y^2+Ay+D)$ ……………………(4)

則 $f=B+D-A^2$ ……………………(5)

$$g=(B-D)A \cdots\cdots\cdots\cdots(6)$$

$$h=BD \cdots\cdots\cdots\cdots(7)$$

從(5)，(6)，(7)式中求得A，B，D之値如下：

$$B+D=A^2+f$$

$$B-D=\frac{g}{A},$$

$$2B=A^2+f+\frac{g}{A},$$

$$2D=A^2+f-\frac{g}{A},$$

$$4BD=4h=(A^2+f-\frac{g}{A})(A^2+f+\frac{g}{A}),$$

$$(A^2-f)^2-\frac{g^2}{A^2}=4h \cdots\cdots\cdots\cdots(8)$$

(8)式是一個含 A^2的三次式，利用(甲)中的方法求出 A^2，那麼B，D就同時知道了。

乘法準誤檢查法

欒晉亮

小朋友們！當我們做好一個乘法題目，必定再要計算一下，看看牠有沒有錯誤。假使是簡單的乘法，檢查牠的準誤，很是容易；可是較複雜的多位數乘法檢查起來，不但費事，並且靠不住。現在我有一個方法，檢查乘法的準誤，很是便當。請瞧下面的例題：

```
      57896
    ×   694
    -------
     231584
    521064
 + 347376
 ----------
   40179824
```

現在求被乘數57896的數字和，如5+7+8+9+6=35；再求35的數字和，如3+5=8，乘數亦照上面的方法得1。

把8和1寫在斜十字的兩傍，如下：

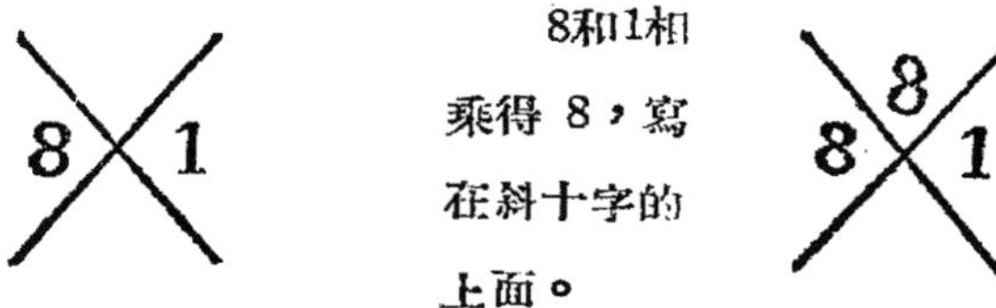

然後再將積數40179824照被乘數的方法，求出 8，寫在斜十字的下面，如下：

假使斜十字上下的數字相同，那麼這乘法就沒有錯誤了。小朋友們！請快試驗這有趣味的方法。

放大尺原理

張選榮

放大尺是放大圖畫用的，市上也有出售；用法也甚簡單，只要把A釘在桌上，插鉛筆於C，插尖針於B，握手於C，使B之尖針循圖而移動，則C處之鉛筆即繪出放大之圖。放大尺雖名爲放大，但是也可用於縮小，只要將尖針與鉛筆互相交換位置即成。放大尺的構造很簡單，使用也甚方便，這裏不必多說，而牠的原理，却值得注意，稍爲解釋如下：

放大尺不過是應用幾何中相似形的原理，今證之如下：

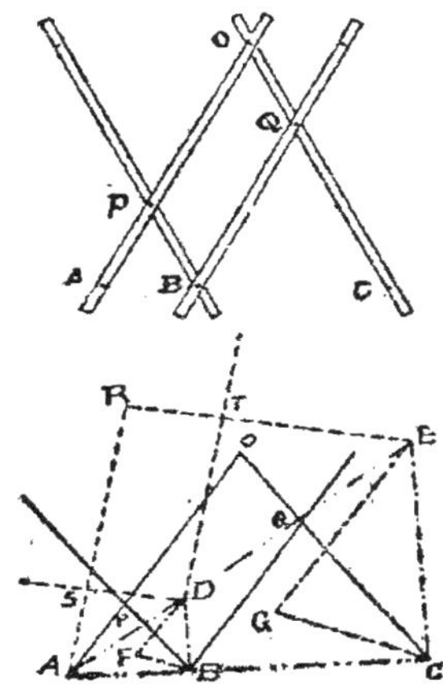

實線與虛線都代表放大尺。當B的針移到D的地位，而C的筆也移到E的地位。

由放大尺的結構上我們可以看見$AO\parallel BQ$與$CO\parallel BP$。

A，B，與C是在同一直線上的。

$\angle AOC=\angle PAB$，與$=\angle OAB=\angle OAC$

$\triangle APB\backsim\triangle AOC$。

$AB:AC=AP:AO$。

同理，　$AD:AE=AS:AR$。

$AP=AS$與$AO=AR$。

$AB:AC=AD:AE$。

$\therefore\angle BAD=\angle CAE$。

$\triangle ABD\backsim\triangle ACE$。

$\therefore BD:CE=AB:AC=:AP:AO$。

同理，　$DF:EG=AP:AO$。

$FB:GC=AP:AO$。

$\therefore BD:CE=DF:EG=FB:GC$。

$\triangle BDF\backsim\triangle CEG$。

由此類推BDF無論爲任何圖形必與CEG處所繪出之圖形相似。

因爲$BD:CE=AP:AO$所以放大的倍率是$AP:AO$。倘若要放大二倍，則P處於AO之中點，而Q在OC之中點；要放大三倍，則$\overline{AP}=$

$\frac{1}{3}\overline{AO}$。而

$\overline{CQ}=\frac{1}{3}\overline{OC}$。若要放大n倍，則$\overline{AP}=\frac{I}{n}\overline{AO}$而$\overline{OQ}=\frac{I}{n}\overline{OC}$。

因其結構簡單，製造容易，諸君不妨一試。

自然數之性質

莫 葉

通常所謂自然數，卽指正整數而言1,2,3,……等，但零不在其間；其性質如次：

（一）有秩序—— 任何二自然數a,b必滿足下列三關係之一：$a>b$，$a=b$，$a<b$。

且服從下列四定律：

(1) $a=a$。

(2)若$a=b$， 則$b=a$。

(3)若$a=b$， $b=c$， 則$a=c$。

(4)若$a\leqq b$， $b<c$；或$a<b$，$b\leqq c$： 則$a<c$。

（二）滿足算術基本定理：

(A)加法

(1)二自然數a，b,其和必為另一自然數c。

(2)$a=a'$，$b=b'$，則$a+b=a'+b'$。

(3)$a+b=b+a$。

(4)$(a+b)+c=a+(b+c)$。

(5)$a<b$ 則$a+c<b+c$。

(6)$a+b>a$或b。

(B)減法

若$a<b$，則必僅有一自然數c使$a+c=b$。

(C)乘法

(1)二自然數a，b相乘，其積必爲另一自然數c，可用ab記之。

(2)$a=a'$，$b=b$，則$ab=a'b'$。

(3)$ab=ba$。

(4)$(ab)c=a(bc)$。

(5)$(a+b)c=ac+bc$。

(6)$a<b$，則$ac<bc$。

(7)$ab>a$，或b

(D)除法

二自然數a，b，若b爲a之倍數，則有一自然數c，滿足$ac=b$。

(E)適合歸納法

(F)二自然數a，b必另有一自然數c能使$cb>a$。

（三）相應——自然數爲無限，故其中任一無限部份可與其全部相應。

如　（甲）1,2,3,4,5………

（乙）2,4,6,8,10………

在甲組中取二數a，b，在乙組必有其相應數A，B，a,b間之秩序與A,B間之秩序同。a,b受加減法所得之結果與AB受加減法所得之結果相應。

（四）連續——任何自然數之後，必跟隨一自然數。

吾人所應注意者，惟（二）(A)(6)，(二)(C)(6)與(7)，及(四)爲自然數之特性，餘則凡屬實數，均具有之；故實數範圍，大於自然數。故僅以具自然數性質者爲數，則實數非數；但以具實數性質者爲數，則自然數亦數矣。

數學的量水法（一）

吳鍾權

（問題） 茲有二只量水用的斗，一只容積是三升，一只容積是五升，可是要想量取四升水，應當怎樣量法？

（答案） 先將容積五升的斗，量滿了五升水；然後向三升斗中倒過去，迨滿卽將此三升水倒脫。是時五升斗中所賸惟倒餘之二升；於是復將此二升水倒往三升斗裏。再將五升斗量滿，向三升斗中加去；三升中原存二升，祇須加一升卽滿，滿後亦卽倒去。至此所賸雖五升中倒餘之四升水矣。

數學的量水法（二）

金壽觀

「問」有容器三隻，名之曰A，B，C；其中A器能容酒十斤，B器能容酒七斤，C器能容酒三斤，現A內裝有酒十斤，B，C內沒有什麼東西，那麼我們用這三隻容器，怎樣去把這十斤酒分成二等份。

「答」把A裏的酒傾在B內，使滿，則A內餘酒三斤；次將B內之酒傾入C內使滿，將C內的酒傾入A中，此時A內存酒六斤了。再將B內所餘之四斤酒傾三斤入C內。再將C內之酒傾入A內，於是A器中有酒九斤，將B內的一斤酒移在C內，把A中的酒傾在B內使滿，後將B內的酒傾入C內，使滿，因爲C存有酒一斤，所以B內祗傾去了二斤，這時B內的存量豈不是五斤麼？A，C所存的總量豈不是五斤麼？

這解法的關鍵，在使C內存酒一斤，然後將B內之七斤倒二斤於C內使滿，而B內恰存五斤。

螞蟻與小孩

朱越生

有一段木頭長十八尺，圓周四尺，一隻螞蟻想從一頭的頂上爬至另一頭的頂上。當牠出發的時候，一個頑皮的小孩看見了，他想使螞蟻不能走到另一端，所以他把這木頭滾動，但是因爲他的氣力太小，不能滾動得十分快，因此當他滾過二十四尺的時候，這隻螞蟻已經達到了牠的目的地，問這螞蟻所走的路比木頭不滾動時多走了多少？

這問題在起先好似無從着手，因爲我們根本猜不出螞蟻所經過的途徑是如何的，但是祇要費一點時間靜靜的想一下，大概也不會求不出牠的答案來。現在把我的答案寫在下面。

我們先假定螞蟻和木頭走路的速度是沒有改變的，因爲這樣算起來比較方便一點。A和B是木頭兩端的頂點，這木頭一共滾過了二十四尺，因爲木頭的圓周是四尺，所以牠一共滾了六轉；木頭A與B之間的距離是十八尺，因此木頭每滾一轉，螞蟻所走橫距離必定要三尺才行，否則螞蟻不會到達B點。

但是木頭是在轉動的，螞蟻必定要使牠自己常在最高線AB上才好，否則一慢，牠會被木頭帶在下面壓死。

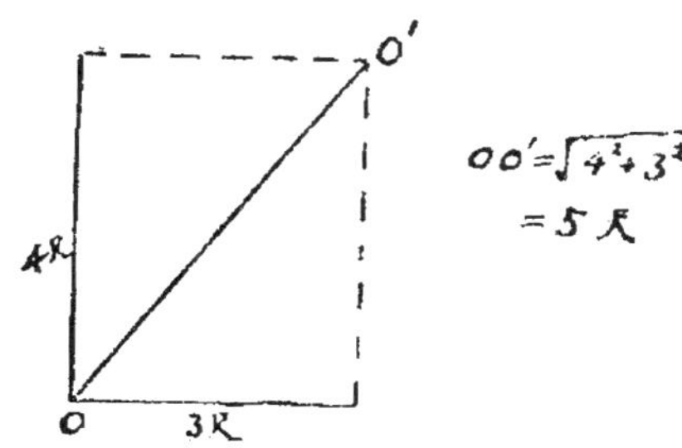

因此我們可以決定這螞蟻在木頭轉一次的時候，牠所走的縱距離必定是等於木頭的圓周，就是四尺，所以結果每滾一轉，螞蟻所走最短路程是五尺（見圖二）；現在共轉六轉，所以螞蟻所走的路共三十尺，那末比木頭不滾

動時要多走十二尺。

現在請諸位自已算一算：螞蟻從C到D或者從E到F所走的距離是多少？是否一樣？

曜日計算法

宋景文

此法係將「年」及「月」用一法數代替，然後以此二法數加於本月已經過之日數，更以七除之，其餘數卽可表明該日爲何曜日：

零——日曜日　　一——月曜日

二——火曜日　　三——水曜日

四——木曜日　　五——金曜日

六——土曜日

至於代替年分之法數，則如下：

一九三四年——○　　一九三五年——一

一九三六年——二　　一九三七年——四

一九三八年——五　　一九三九年——六

餘此類推，一九三七年爲四而不爲三，因一九三六年爲閏年也。

代替月份之法數，如下：

	平年	閏年
一月	○	○
二月	三	三
三月	三	四
四月	六	○
五月	一	二
六月	四	五

七月——六 〇

八月——二 三

九月——五 六

十月——〇 一

十一月——三 四

十二月——五 六

例一：

去年二月十一日爲何曜日？

去年之法數爲零，二月之法數爲三，經過之日數十一。則如下式知爲日曜日：

$$\frac{0+3+11}{7}=\frac{14}{7}=2\text{……餘數爲零}$$

例二：

去年國慶日爲何日？

去年之法數爲零，十月之法數爲〇，本月經過之日數爲十，故得知爲水曜日如下：

$$\frac{0+0+10}{7}=1\frac{3}{7}\text{……餘數爲三}$$

例三：

一九三六年之國慶日爲何日？

一九三六年之法數爲二，因閏年故十月之法數爲一，本月經過之日數爲十。

故得知爲土曜日，其式如下：

$$\frac{2+1+10}{7}=\frac{13}{7}=1\frac{6}{7}\text{……餘數爲六}$$

無窮級數

莫葉

大家都知道收斂和散分兩種級數的定義和性質，用不着我來嘵舌，不過我舉一種社會上的實例來闡明牠，也許能夠博得諸君一笑。

從前有位哲學家，發表一個有名的問題：「巨人日行千里，追逐相距一尺，速度每日一里之龜，永遠莫及。」他的理由是巨人走了這一尺的距離，龜在同時也走相當距離a尺，等到巨人走了距離a尺，龜又在他前面b尺了。如此類推，龜永遠在巨人之前，所以巨人追不到龜。這位哲學家的錯誤，在不知道這種級數是收斂的，何以這種級數是收斂的，諸君都擅長數理，有清晰的頭腦，一想便知道了。

再說一散分級數的例：莊子與惠子，遊於濠梁之上，莊子曰：「儵魚出遊從容，是魚樂也。」惠子曰：「子非魚，安知魚之樂？」莊子曰：「子非我，安知我不知魚之樂？」

談經據典，枯燥得很，再拿廁所文學幾篇妙論，來作個陪襯：「那個撒爛污在馬桶邊上，應當罰吃米田共」。「先生，請你不要撒糞在壁上」。「你自己呢」？或者「打倒××走狗」，「誰寫這話的是走狗」，「你也是走狗」。…… ……

上面三個例子，相當於散分級數中的搖擺級數(Oscillating Series)，這種級數如：

$$1-1+1-1+\cdots\cdots\cdots\cdots$$

他的項數無窮，他的和不定；在莊子出遊那個例子裏，惠子可以說「子非我，安知我不知子不知魚之樂？」莊子又可照樣的反問，不過多用幾個「不知」和「子」「我」等字眼罷了。所以循環不已，項數無窮，其結果不定。

搶三十

莫 棄

髫齡時，與鄰兒作搶卅戲，法二人彼此相互按數之順序，自一數至卅，每次最多數二數，如甲數一、二，乙可數三或三、四，以數得卅者為勝。鄰兒屢勝，余奇而詢之，不答，賄以果餌，始云：『自數得三，六，九，十二，十五，十八，廿一，廿四，廿七；即可操必勝之券矣』。退思其故，覺鄰兒所述各數，皆為卅以內三之倍數；而此游戲中，他人數一數(或連數二數)，我可連數二數(或僅數一數)，以湊成三數，故數得三卽可數得六，因六可以三除盡故也。同理類推，數得念七可數得卅，更因此而得一簡要必勝之法如下：二人決勝，讓人先數；人數一數，我連數二數；人數二數，我數一數，則我必勝。用同法可取勝於搶六十或其他為三之倍數之數。若二人所搶之鵠為n(正整數)之倍數，而一人每次最多可連數n—1數，則亦可用同理同法以取勝；卽讓人先數，而每次已數之數，務使與人數之數，合成n數。

「鋪地錦」

陶家圭

「鋪地錦」是算術中一種舊的乘法，可是方法卻也很巧妙可取，用了牠可以免除一般乘法記數的缺點，並且校對時很易於檢出積數的正誤。

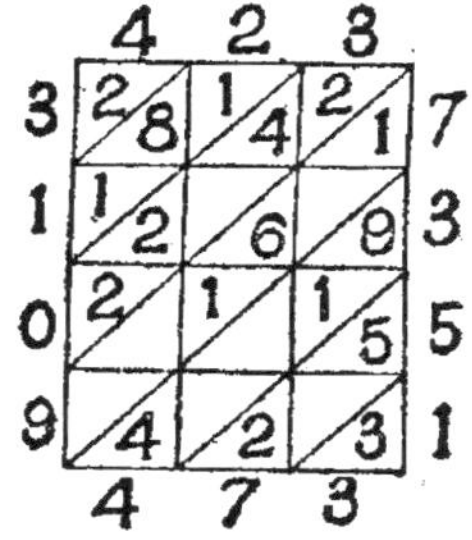

計算的方法非常簡易，祇須先劃些方格，在每格的右上角到左下角各作對角線。寫乘數在格外上方，寫被乘數在格外右方，後將牠們各各相乘，寫各積數在相乘數的交格中，單位數寫在斜線的下面，十位數寫在斜線的上面，隨後將各積

數依着斜線相加，而寫牠們的和數在格外的下方和左方，（先從右下方加起）。從左方至下方讀得之數，就是所求的積數。例如；以四二三乘七三五一得三一〇九四七三。

奇怪的乘法

莫棄

我們讀熟了九九表，作乘法是很容易的；但是在中世紀的時候，他們祇有一個五五表，就是他們僅知道五以內的數目相乘是多少。兩個比五大的數相乘，他們雖有一個奇怪的乘法，但是比我們現在的方法，當然不便利得多了。但也很有趣，故述于後：

這個方法，須靠兩手來幫忙：一隻手指頭全伸便是五，屈一指代表六，屈二指代表七，屈三指代表八，屈四指代表九。乘的時候，用一手表乘數，一手表被乘數，拿兩隻手，伸的指數乘起來，加上十倍兩隻手上所有屈的指數，便是答數。

這答數不錯的理由也很容易明白，假設 x 是一隻手屈的指數，那麼 $5+x$ 便是牠所代表的數，$5-x$ 便是這手上伸的指數；同理假設 y 是另一隻手上屈的指數，我們很容易知道：$5+y$ 和 $5-y$ 的意義了。因爲 $(5+x)(5+y)=(5-x)(5-y)+10(x+y)$。所以這奇怪的乘法，求出的答數是不錯的。

數學叢談

莫棄

（一）畢得哥拉氏，發現下面一個恆等式：

$$(2a+1)^2+(2a^2+2a)^2=(2a^2+2a+1)^2。$$

把 a 用各種正整數代入這恆等式裏，便可成許多正整數，可作直角三角形的三邊，便利非常。

(二) $1=1^2$

$1+3=2^2$

$1+3+5=3^2$

$1+3+5+7=4^2$

....

這種有趣的奇數性質,紀元四百年前已經被畢得哥拉氏發現了。

(三)相傳幾千年用初等數學不能解決的三大問題:

(1)化圓爲方,

(2)三等分任意角,

(3)二倍立方。

(四)部份法(Partial fracton):

我們學代數中部份法的時候,常常有合

$$\frac{I}{X^2-4}=\frac{A}{X-2}+\frac{B}{X+2}$$

再用未定係數法,來求出A,B的值,結果此式爲恆等式,右端叫作左端的部份。

但我們應注意的,可否利用未定係數法,來任意假定一式等于他式,如令

$$\frac{I}{X^2-4}=a\sin X+b\cos X$$

粗忽地一瞧,這種假定也很可能,因爲我們很容易的把a和b的值求出來:

設 $x=0$， $b=-\frac{1}{4}$

$x=\frac{\pi}{2}$， $a=\frac{4}{\pi^2-16}$

那麼 $\frac{1}{x^2-4}=\frac{4}{\pi^2-16}\sin x-\frac{1}{4}\cos x$

仔細研究一下，便知道這是一個很滑稽的錯誤，一個有週期性的式子，怎麽會恆等于一個普通的代數式呢，這樣看來，我們在假設一式等于某式時不可不注意這種假設是否可能，否則便要鬧笑話的。這種隨便假設的毛病，不但初學者很容易犯，就是有名的數學泰斗也很難避免，所以我們極應當注意。至於怎樣證明$\frac{1}{x^2-4}$可假設等于$\frac{A}{x-2}+\frac{B}{x+2}$，這問題比較複雜，這裏不能詳細討論。

空氣的組成

郭澂齋

假使有一百磅的空氣，它裏面有七七·九四磅的氮，二〇·九五磅的氧，〇·九四磅的氬，〇·〇三磅的二氧化炭，〇·一四磅的氮氖等。假使有一百斤的空氣，那裏面有七五·三斤的氮，二三·一五斤的氧，一·三斤的氬，〇·〇五斤的二氧化炭，以及〇·二斤的氦氖等。假使空氣的密度是隨處一樣不論高低遠近的話，那麼我們可以說它包圍地球祇有五哩厚。在這五哩高度的當中，我們又可以假想：靠近地面五吋是水氣凝成的液態水，上面有十三呎厚的二氧化炭，再上面有一層九十碼的氬，再上面有一哩厚的氧，最後有四哩厚的氮。我們照這樣想來，空氣的組成的比例，是很清楚的了。

第三編　物理之部

第一類　關於力學的

水循環中「能」的轉變　　范棠

水循環的路徑，簡單地講來可說是從小溪流入大河，而湖泊而海洋；更因蒸發到達空中，凝結而成雲，下落時卽爲雨；這樣地循環不息，拿一顆水滴來講，在循環一週中或已週遊萬里了，若讀者高興的話，儘可做些「水的自述」或「水滴行動記」一類的文章，描寫牠的經過情形，但這裏僅介紹給諸君關於一些「能」的現象。

在沒有講到正文以前，且把「能」的意義和牠各種形式，先爲解釋一下。例如我們能舉起石塊，就可說，我們的手裏有「能」；如高舉的石塊在下落時，能將地土壓下，那石塊也可同樣的說有「能」；蒸氣能運動引擎，蒸氣也有「能」；所以「能」是一個理想上的名詞，有了牠之後，就能夠做工作，現在且依牠形式上的不同，分做下面數類：

- 能
  - 物質的能
    - 物質行動時——動能
    - 彈性物緊張時 ｝潛能
    - 低抗吸引力後 ｝潛能
    - 聲
  - 電子分子的能
    - 熱
    - 電子能，分子能
    - 化學作用時
  - 以脫的能
    - 光及輻射能
    - 電磁能

我們現在先從海洋說起。

因爲海洋在地球上佔到四分之三，所以大部分空間的水分，可以說都是從海洋中上升的（雖然我們在燒茶煮飯時，也眼見水蒸氣的上升，但這是有限的）。地面上的水，所以有平的水面，所以能刀斬無縫仍能合攏，所以水滴終是圓圓的以及小水滴能凝成大水滴，大水滴能聚成江河等，都是因爲水有分子能的緣故。不但水是如此，宇宙萬物都是賴分子能結合成整個的（因分子是拿電子組成的，故也可說是電子能）。於是我們可以利用加法的觀念，來解釋熱能夠把分子能增加一類的現象；因爲水的分子是常在振盪着的，一旦吸收了外界的熱，當然跳動得更起勁了。那麼在水面上的分子，有時竟可跳出水面，而成蒸氣，橫衝直撞，更可來去得自由了。但在跳出水面的時候，更要抵抗其他分子的牽引，方可准牠離羣獨行，這個能亦是「熱」供給與牠的，所以水分蒸發時必吸收熱，稱做蒸發熱。從這裏，可以得知：水在任何溫度下是一直在蒸發着的，熱供給得愈多，分子愈容易跳出水面，蒸發的速率也就愈快，這種熱在煮茶時就是從薪炭燃燒中得來，在海洋中蒸發時，就是太陽的熱。

太陽晒着的海面，那邊氣溫終要高些，於是此項較熱的空氣就帶着水蒸氣上昇，但越向上去，空氣越稀少，壓力越小，水氣更可跳舞得自由些，所處的容積就要澎漲；但在澎漲時是需要能的，於是分子能就被迫減少，溫度也就降底。所以水氣上升時，溫度漸次降下，及至降到一定溫度，兩分子一旦接觸後，就無能分離，從此逐漸凝集而成雲塊，同時因受地心吸力，不復上升。但因空氣的常在流動，故雲塊也老是在飄流着的。有時雲塊能漸漸下降而致消滅，這是因爲下層氣溫較高，氣水復行蒸發的緣故。——就是這樣，海洋一直地在蒸發着，空中水蒸氣增加，水滴也變大，雲塊漸厚而呈烏黑色，直至水滴至相當大小，因受地心吸力不能停留空中，於是遂下落而成雨滴。雨滴經過時，復能將途中接觸着較小的水滴，引入同盟而同時下落。這樣空中的水分就能囘復到地面。

我們知道，若要將水滴從地面上舉高，必做一點工作，所以在空中的水滴，更有一種「勢能」，牠的大小是和離開地面的高度成正比例的。水滴在下落時，「勢能」漸漸減小；但同時因在運動着，故又生出一種「動能」，俟後水滴下落的速率愈快，動能就愈大（因爲動能是和速率的自乘方成正比例的），同時離開地面亦就愈近，勢能也漸減小，直至水滴觸着地面，以前的勢能就完全變成動能（大小沒有變）。水滴靠了這動能，就能把泥土下壓或使石塊跳動（能從雨滴落在灰層上看出），同時在撞擊的時候，或能發生少細熱量或輕微聲音：總之能的總和終是不變的——功能不滅定律——

落在高山上的水滴，對於平地講來，還是有勢能，於是水滴由上流下，而生動能。流動的水，能夾帶泥沙，能冲毁堤岸，都是因爲水有了動能的緣故。我們人類更能利用這種水的動能，裝設水車或透平，轉動輪軸，而變成機械能，再用機械能運行發電機，而生電能，更可賴電流通過阻力，而生光和熱，通過液體而行電解（即成化學能）。所以「能」可從第一種變成第二種第三種，迴反不息。但在變遷時，他的總量，永是不變——功能轉變定律——

在冬天，天空中溫度，比水的冰點低，水滴就凝成雪花；同樣，地面上的水，受了氣温的降低，也能結成冰塊；其實雪花和冰塊也不過形式上不同罷了。無論變成雪花或冰塊，在凝結時，液體（或氣體）變成固體，分子能驟然減小（固體中，分子運動得較慢），這多剩的分子能，就放出體外，成熱的形式，稱做「潛熱」。反過來講，我們若要把冰溶解，亦得供熱給他。

爲便利明瞭起見，我們可將上面所講水的循環和熱的關係，築成一個圖來解釋：

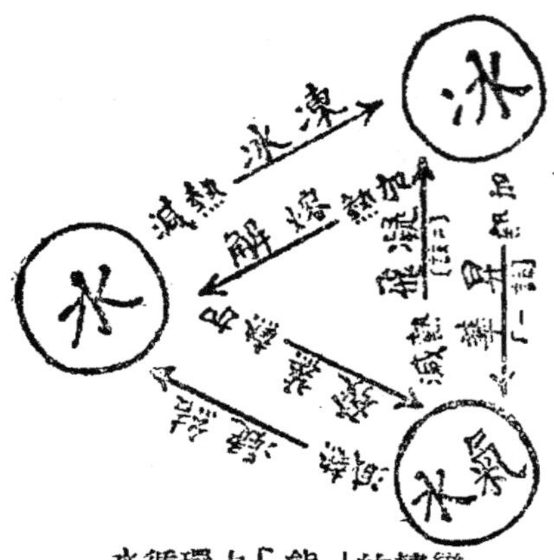

水循環中「能」的轉變

「註一」冰塊或雪花，雖在冰點以下，亦能漸次消滅，變成蒸氣，當然不經過水的一步，這種不經過液體的蒸發，統稱做「昇華」。其他如樟腦丸的消散減小更是普通的例子。

「註二」壓力突然減小，能使水蒸氣直接冷却，凝成冰塊。暑天氣壓變化很大，暴風雨時之落冰雹，即是一例，機器製冰時，所用磁精，亦有同樣情狀。這種跳過液體的凝結，可稱做飛凝。

附錄

地球上能的來源

地球上的能完全是從太陽得來的。我們人類所以有力氣做工作，完全是倚賴食物和氧氣起氧化作用時發出的熱。有了熱，血液才能活動，肌肉才能生長，五臟六腑才能各盡其職。但食物又是從那裏來的呢？那又是從水和碳氧氣靠了太陽光結合而成的。月球和其他行星所以沒有生物的存在，大半也是因爲太陽供給熱量不適的緣故。

從此看來，地球上的能，不是要漸漸增加，功能不滅定律不是就被推反了嗎？但這也未必，因地球也能把熱從輻射中消散。且此定律本來是對宇宙全體說的。 （完）

阿基米得原理的應用

平義曜

阿基米得原理，應用頗廣，現擇四個與日常生活關係較大的，介紹於下：

（一）一個秤重物的方法

有舟長30呎，寬15呎，置象于其上，則下沉4吋，求此象之重。

（解）爲此象所排開之水之體積$=30\times15\times\frac{4}{12}=150$立方呎。

但每立方呎之水重62.4磅。

按阿基米得原理：「凡浮體必排開與其重量相等之液體」，則此象之重＝其所排開之水之重$=150\times62.4=9360$磅。

（二）船中載重之極限

某船之長爲L公分，寬爲B公分，高爲H公分，吃水深爲D公分（以上均指平均數）。問其能載重若干？

（解）當船中不載物時，其在水上之部分之高爲H－D公分。

故船中不載物時，其在水上之部分之體積爲(H－D)LB立方公分，但每立方公分之水重一公分。

故若加重至(H－D)LB公分，則船面將與水平。

卽此船所載之重須在(H－D)LB公分之下。

（三）如何檢出合金中之成分？

有金鐲重68.4公分，在水中重64.4公分。問其中有銀若干？

（解）按阿基米得原理：「凡物在液體中，必失其重之一部分，而此所失之重必等於其所擠開之同體積液體之重」。今此鐲在水中所失之重爲4 公分，故此鐲之體積當爲4立公分。

設此鐲中所含銀之體積爲X立公分，則其中金之體積當爲(4－X)立公分；因金每立公分重19.3公分，銀每立公分重10.5公分，故按題得：

$$19.3(4-X)+10.5X=68.4$$

$$77.2-19.3X+10.5X=68.4$$

$$8.8X=8.8$$

$$\therefore X=1$$

故銀所有之量＝10.5X＝10.5公分重。

（四）雞卵之檢查

雞卵之殼有細孔，其中之水分常徐徐蒸發於殼外，空氣因得侵入；故雞卵置空氣中，經時愈久則其重量愈減。新鮮者之比重，在1.0784至1.0942之間，每經一日則約減0.0017至0.0018。若減至1.015時，則空氣中之黴菌，大抵已侵入卵內而使卵腐敗矣。

由上可知欲檢查雞卵，可測其比重。將欲檢之卵，投入10%之食鹽水（其比重爲1.0733）中，如能下沉，卽爲新鮮之證；浮起之部分愈大則所經歷之時日亦必愈久。

一斤鐵與一斤棉花孰重？

朱有圻

我曾把這個問題，問過幾個未受現代教育的叔伯兄弟及在小學中的弟妹，他們都同樣的回答我說：「鐵重」。其實這也難怪他們忽略了「一斤」兩字，偌大的一袋棉花，一個人就可負於肩上；一個不甚大的鐵輪，就須要二人扛抬了。

在小學中，孟先生曾問過我這個問題，我很快的回答說：「鐵重」。孟先生問我緣故，我說：「鐵比棉重，這是誰都知道的，還要說什麼理由嗎？」孟先生說：「鐵比棉重是對的，不過一斤與一斤，總不能說有輕重吧！」從此我就確定了一斤鐵與一斤棉花一樣重的觀念。

可是我們得知道，物體在空氣中，莫不受一種浮力的作用。浮力的大小，即等於物體所排開同體積空氣的重量；也即是說：物體在空氣中，必因受浮力的作用而減輕重量，其所減輕的重量，即等於其所除去空氣的重量；故體積愈大，其所排開氣體的重量愈大，其所減去的重量也愈大。

現在拿一斤鐵與一斤棉花來講，棉花的體積較大於鐵，這是毫無問題的，故棉花所排去空氣的重量，必較鐵爲大；也就是說，棉花所減輕的重量必較鐵爲大。由此我們可知，若以眞正的重量來講，則一斤棉花必重於一斤鐵了。若是眞的不信，不妨請諸位把牠們在眞空中稱一稱。

力與運動

程伯高

牛頓之運動第二定律，書上每每一勞頂就將牠寫成F＝Ma，式中的M，我們稱牠爲質量。但這公式裏爲何出現了這個M呢？我們要明瞭這個問題，必先從觀察及實驗方面，去求力與運動二者之間的關係。今略述如下：

（一）自由落體的觀察——當一物體從空中自由掉下的時候，作用於這物體上面的力僅有一個；這就是地心施於牠的吸力：換言之，就是牠的重量W。此物體上既僅受有一力，則其運動的方向，永與此力的方向相同，故W必趨向地心而墜落。由觀察知此運動爲等加速運動，且其加速度每等於32.2每秒每秒呎或980每秒每秒公分。爲便利起見，把g來表示這加速度。

由此觀察之結果，可見若僅有等於W之一力（以後力用F代表）作用於一物體，則此物體沿此力之方向作等加速運動，其加速度爲g。

（二）亞托機（Atwood's Machine）上之實驗——所謂亞托機者，其主要部份，不過是一隻滑輪，滑輪上跨着一根細繩，更在繩的兩端，各繫上若干重量。假使兩邊的重量不等，卽有運動發生。現在我們要研究加速度和力的關係，所以使兩邊重量之和不變，在實驗時僅屢次變更兩邊重量的差數；換句話說，就是改換牽動這兩邊重量的力。由實驗結果，知加速度與所施的力成正比。用式子來表明，我們就可以寫成 $\frac{a_1}{a_2}=\frac{F_1}{F_2}$，就是說在同重的物體上，如果所受的力爲$F_1$，牠的加速度爲$a_1$，當所受的力爲$F_2$時，牠的加速度爲$a_2$。它們是成比例的。

由自由落體之觀察，可見若重W之物體上受有一等於W之力，牠的加速度是 g，若所受的力爲 F，而其加速度爲 a 時，我們可得下式：$\frac{a}{g}=\frac{F}{W}$。

至此，我們已獲得力與運動二者之間的關係。但是M的影兒還瞧不見，那我們不妨再進一步研究。

假設在同一地區裏，有重量不等的兩個物體（W_1同W_2）各受有一力F。如前者得加速度爲a_1，後者得a_2，同時該處之地心吸力加速度爲g，則得$\frac{F}{W_1}=\frac{a_1}{g}$，$\frac{F}{W_2}=\frac{a_2}{g}$，故$\frac{a_1}{a_2}=\frac{W_2}{W_1}$。故二物體之加速度，在同一地點，同受一力，各與其重量成反比。但質量與重量W成正比，故質量與加速度亦成反比：$\frac{a_1}{a_2}=\frac{M_2}{M_1}$。又由亞托機實驗結果，知$\frac{a_1}{a_2}=\frac{F_1}{F_2}$，於是得 $a\propto\frac{F}{M}$，亦卽$F=KMa$；式中的K爲一比例常數。

K之決定方法有二，（一）先選擇F，M 及a所用的單位，然後求K的大小。（二）先決定K的大小，及其他二量所用的單位，然後誘導其第三量的單位。$F=Ma$ 一式，就是從第二法得來的。先決定K等於一，卽得此式。

譬如用C.G.S.制，先擇取質量的單位爲公分重，加速度的單位爲每秒每秒公分，則F的單位，就稱之爲一達因(dyne)。

又如用英制，先取F的單位爲磅，a的單位爲每秒每秒呎，則M的單位稱爲一司勒(slug)。

乒乓球給予我們的『力之分析』

蔣共和

常去打乒乓球的人，總看到過這樣一個小玩意：把乒乓球放在檯子的檯面上，三指並伸地撳住乒乓球的上部，趁勢將手指向下一滑，使乒乓球旋轉着而向前滾去；這樣地滾去的乒乓球，滾不到一二尺遠，有時就中止向前滾，有時竟很快地向後退回。

有一次，我和三四個同學打乒乓球，一同學站在我的對面，他拾着球而我向他要球的時候，他就在檯子的對面把球推撳一下，那球起初向我這邊滾來，當我傾身向前去接球時，球却又向那邊回去了：這樣的動作，惹得哄堂大笑。我們既看到這種能縮能伸的運動，此地就來說明其成因，和分析這種運動和力的關係。

先把在這運動中有關係的東西，列舉出來：

關於力的——在運動開始時，用到一點人力，此外與人力毫無關係。在運動中最有關係的力有兩種，一是抵抗摩擦力，一是旋轉時的惰性力。此外還有兩種力，一種是乒乓球的重量或地心吸力，一種是檯子支持乒乓球的支持力。這四種力，在運動中，無時無刻地，總作用在乒乓球上。

關於運動的——速度方面有兩種，一種是球心向前移動的直線速度，一種是球體旋轉的角速度。加速度方面也有二種，就是由抵抗力所引起的，其方向則跟抵抗力所作用的方向相同，一種是直線加速度，一種是角加速度。

再畫出這個圖來說明。

圖(I)是表示開始的情形。用手指去撳乒乓球，在使乒乓球得二種速度，一是球體向前移動，有速度v，一是旋轉速度ω。

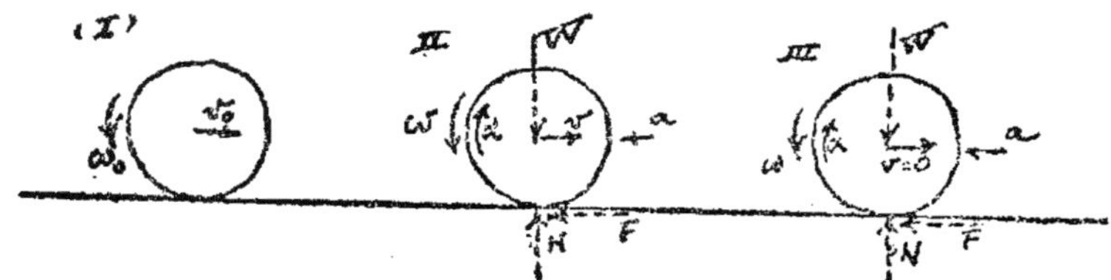

圖(II)表示乒乓球開始運動後某一刹那間的情狀，這時候有三個力作用着，W是重量，N是支持力，F是摩擦抵抗力。三力的關係，列表式如下：

$N=W$ ……………………………………(1)

$F=fN$ ……………………………………(2)

f是摩擦係數，其數值可從物理書上查出來。

其次直線加速度a使乒乓球向後退；角加速α，使球體依着摩擦抵抗力的方向加速旋轉。牠們和力的關係，又可列式表示：

$F=Ma$ ……………………………………(3)

$Fr=I\alpha$ ……………………………………(4)

r是乒乓球的半徑，I是球的惰性力矩；半徑可以量出來，惰性力矩可用公式算出來。M是乒乓球的質量。

用這四個等式，算出四個不知量N，F，a，α，是一定可能的。

圖(III)表示在終點的一個情形。直線速度，受負加速度的反對，牠的數值，逐漸遞減，到了終點時，v的數值爲零，同時球體仍在旋轉着，摩擦抵抗力仍在作用着，於是負加速度特顯靈效，推球向後退了。

圖(Ⅳ)表示在終點的另一個情形。如角速度ω受負角加速度α的反對，先直線速度v，而遞減到零。這時候，v是仍向前進行的，球體於是繼續前進，一直等到a使v減到零時，乒乓球才停止。

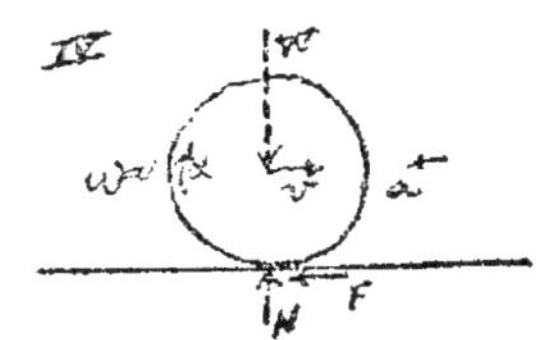

另外還有一種情形，碰巧乒乓球達到終點時，v與ω同時減至為零，這時候，球體就在那地方停止了。

飛機何以能上昇前進

楊自新

飛機，好一個摩登的工具！很明顯的，裏面有機器，牠能夠上昇和前進，都是因為機器的作用。但事實上决沒有這麼簡單，有機器的物件，不一定就能飛，其中必是根據了相當的原理，另加上了特別的構造。

飛機裏面的一部機器，確確實實與普通一般的發動機大同小異，只不過用來供給能力而已，毫沒有什麼希奇。但牠有兩只大得嚇人的翼，裝在牠的兩旁，就是使牠能夠上升的好傢伙。牠有一個旋轉不息的螺線形的推進機，安置在牠的前面，就是使牠能夠前進的老祖宗。

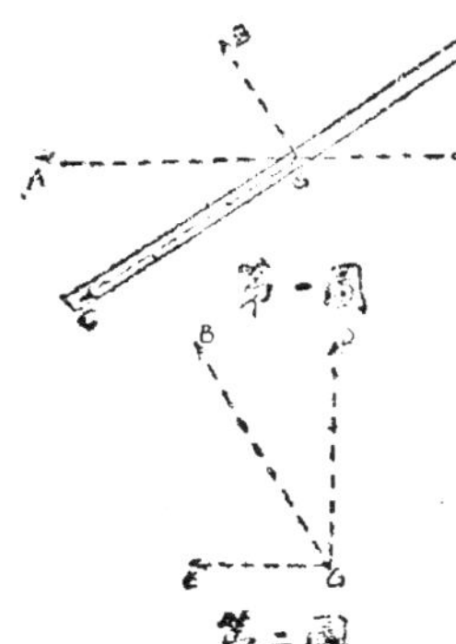

如圖一，CGF代表飛機之翼略帶傾斜之位置；GA代表風力的方向，而可以分解成為二力：其一GC，與機翼平行，對飛機的上升和前進統無關係，不必置論；其二GB，與飛機翼垂直，影響於飛機的上升和前進；GB又可以分解成二力，GE和GD，如圖二所示，GE與風力方向GA相

同，不但不能使飛機上升或前進，並且有強迫機翼向後退的趨勢，故名之曰風抵抗；費盡了心血，想遍了方法也無法能絕對的避免他，只有將機翼傾斜到相當的程度，使牠減少至最小，好在飛機另外還有推進機使牠前進，勝過這一點小小的阻力，誠綽綽有餘。GD的方向和地心吸力卽飛機之重的方向相反。換言之，G D卽反抵抗地心吸力之力，故吾人名之曰舉力。飛機之所以能夠上升是完全賴舉力之大於地心對飛機之吸力。當飛機進行極速之時，風力G A很大，因而GB很大，GD就隨着大而使飛機不下落。

至於飛機的推進，却根據螺旋的原理。當推進機被發動機推動旋轉時（設推進機旋轉的方向與飛機前進的方向成順時針之方向），推進機形成一陽螺旋，而四週的空氣卽形成一陰螺旋，故飛機能前進；而飛機之向前進行，眞如飛機靜止不動而空氣對飛機着力也。

所以飛機上昇前進，都要靠推進器的旋轉不息，要推進器旋轉不息，必定要發動機永遠不停留的供給能力。萬一不然的話，飛機下墜就毫無疑義了。

阻　力

馮　明

諸位，你們曾看見過阻力嗎？

眞的，阻力那裏能夠看得見呢？不過我們能夠看到的，却是它的影響或結果罷了。例如我們把皮球在地上滚，不久牠就停止了，於是我們就料得出地面和球面之間，一定有一種力能使這皮球漸漸地靜止，這種力我們就叫它做阻力，或磨擦力。又如，槍彈在空中飛着，不是有喧喧的聲音嗎？彈子的速率不是漸漸地減小了嗎？於是我們又可知道，空氣與彈子的接觸間，必定有一種力使彈子發聲，同時使其速率減小，這種力也是阻力。

而速率減少，磨擦發聲等就是他的影響。

總之，阻力是一種動力的反對者。牠常常使動力的工作効力減小。所以已被我們認爲最厭惡的東西，而常常地設法去驅除牠，如輪軸間的注以機械油，縫工在線上塗以白臘等，都無非是要減少牠的影響。

那末阻力就被我們這樣的厭棄了嗎？不，我們利用牠的地方亦正多着呢。我們試想，如果世界上沒有阻力，那末什麼東西也不能在地上行走了，因爲我們能走，就是不知不覺地利用着地與足間的阻力啊！同樣，如沒有阻力，梯子是不能靠着牆壁供我們上樓的了，坐起凳子來是不能稍傾斜了。有時，我們還嫌地上太滑，阻力太小呢！再舉一個例吧，如車輪的轉動，也是利用地面與車輪間的阻力的，如圖所示。

車輪被機器或人推動而生動力，這動力是向前的。但車輪與地面間有阻力，這阻力是向後的。這兩個力是在反對方面的，所以就合成了一個偶力而使車輪轉動，設使沒有阻力，那麼，恐怕車輪就祇會在原處轉動，而不能前進了。

所以阻力也是一個不可少的必需品；但同時却又是我們所厭惡的敵人。究竟是友是敵，那麼要看牠對待我們是幫忙還是破壞而定了。

壓　力

馮　明

壓力這兩個字，在科學上的意義，是說單位面積上所作用的力。如以P代表壓力，F代表力，A代表這力所作用的面積，那末他們三者的關係，是

$$P=\frac{F}{A}$$

上面的公式，我們常常用來計算壓力。譬如：有二百斤的重物，放在十平方尺的桌子上，則桌子所受到的壓力，是每平方尺二十斤。同時，我

們在上面的公式裏，可以看得出；如果重力（卽F）不變，面積大則所受到的壓力小：反之，面積小則所受到的壓力大。譬如我們放一擔水在平底的缸裏，假使它的底面積是五平方尺，那麽缸底的壓力是每平方尺二十斤，假使面積換一個大的，十平方尺吧，那麽缸底的壓力，就祇有十斤了。因此我們可知道，壓力同重力成正比例，同面積成反比例。

現在且談談大氣的壓力：因爲空氣有重，所以作用在地球上，就有壓力產生。這大氣壓力，相當於七十六公分水銀柱高的重量。我們可以把一個比七十六公分長的玻璃管，一頭封閉着，滿盛了水銀，於是握住管口倒置於一隻盛水銀的盆裏（見圖）。

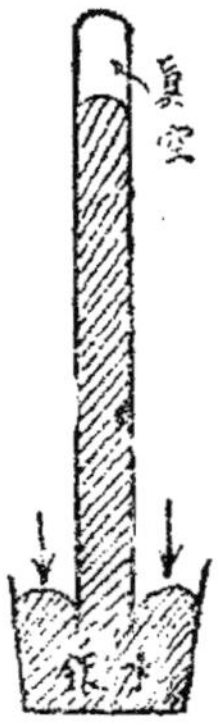

因管內管外壓力的不均，水銀柱就下降至高七十六公分左右爲止。但時常因了大氣壓力的變動，水銀柱會隨着升降，這也就是氣壓表的原理。

復次，再談談壓力同沸點的關係；如我們燒飯，煮茶的時候，要煮得沸騰，與大氣壓力是很有關係的，因爲水分子受大氣的壓力，不能自由奔逃，所以須加了許多時候的熱，給它熱能，使每個分子的活動力增大而超過了這壓力，這時候水就變了氣，向外離去，當時的溫度，我們叫牠做沸點。水的沸騰既是反抗大氣壓力的現象，所以沸點是隨着大氣壓力的變更而有不同的。譬如在一個標準大氣壓力下（卽七十六公分水銀柱高），水的沸點是攝氏一百度。如果我們在高山上煮水，那末不到攝氏一百度，水就沸騰了。原因是在高山上，大氣壓力漸減，故沸點也就降低了。

這個壓力減低，沸點降下的關係，應用是很大的。比如我們要從一種液體中分餾出貴重的東西來，而這東西沸點很高，或者在這高溫時，別的東西會分解而發生不良的影響，那末我們可設法減低壓力，使沸點降低，這樣就能很安然地把它分離開來了。

沒有重量的世界

范 棠

宇宙中有一塊地方，那邊沒有重量，沒有上下，沒有一件東西能夠下跌。假使到了那裏，我們可以在空中任意走動，衹要你的頭向任何方面一頂，你的全身就會浮動起來：這上面的一字一句都合於科學的原理，如果你不信，你可以想法離開地球直向太陽行動十六萬英里，你就可知這不是無稽之談了。

現在假作我們能夠這樣做：

設使我們已造好了一部能離開地球的機器（當然現在還沒有），做好了一間不漏氣的房間，帶足了養氣和食物；我們就可以撥動機器，向太陽進發。

讓我們理想，現在已經到了那個奇眩的境界：

當你想走路的時候，你或許會向天花板飛去，直到你撞着他。假使用力向天花板一推，你又能飛回地板了。（不用驚駭，因為這樣下來比電梯還舒服，不像在地球上下跌時速度漸漸增快）。現在你不能說究竟地板是在天花板的上面還是在它下面，因為你已不能辨別那方是上那方是下了啊！

的確，那邊是沒有上下的。這個可以很迅速地從你在倒水的時候看出。到那時，你不知怎樣放你的杯子和怎樣放你的水瓶。但任你怎樣擺佈，水終是不肯出來，除非你用手去拿。這倒可以的，你能拿住一塊穩定的水，沒有一滴會從手指間流下。水拿到了，你又想同在地球上一樣把水瓶放掉了！——那用不着，你可隨便放手，橫豎瓶子可在半空中停留的。不過你怎樣去喝你的水呢？你不能把很大的一塊水向嘴裏塞啊！但你可把水塊放在嘴旁用力吸吮，再用舌頭捲到喉間，不過牠不能自己從喉頭流到肚裏，那時你就須用力吸引了（但這是很危險的，恐怕水會吸到肺裏去）。

現在你手裏餘下的一塊水，可任意拋去，牠能夠直線的行走，直至緊黏在壁上，牠是不會流動的，酷似一塊淸淨潔白的玻璃。

這裏用不到桌子椅子和牀架，你可以坐在空中，睡在空中。舒服得比在沙發裏要萬倍。吃飯時用不到桌子，你可放有魚的碟子在空中。你若覺得用碟子的麻煩，你可不用碟子，因爲魚汁是不會流掉的。

這裏不是一個顛倒亂倫的世界嗎？

按地球上之物體，所以有重量能下落，均因了受地心的吸力：物體上拋時，能於相當時間後下落：子彈水平發出後，能經拋物線後而着地。故若至地球外十六萬英哩，則該處所受地球、太陽、及其他行星之吸力均恰抵消，故能有上述之現象。

掛像框的新法

莫葉

一般人把像框掛在壁上的方法，是利用釘在壁上的三個釘兒。一個釘繫着框上的繩子，另外兩個釘兒，撐在像框的下方。這撐的兩個釘兒，看起來却有點礙目；但現在已有一個新的方法，可以不用撐的兩個釘兒，祇消把像框上繫繩子地方的鈎子，移下一點就好了。這理由可從下面兩圖裏知道：甲圖是舊法，乙圖是新法。

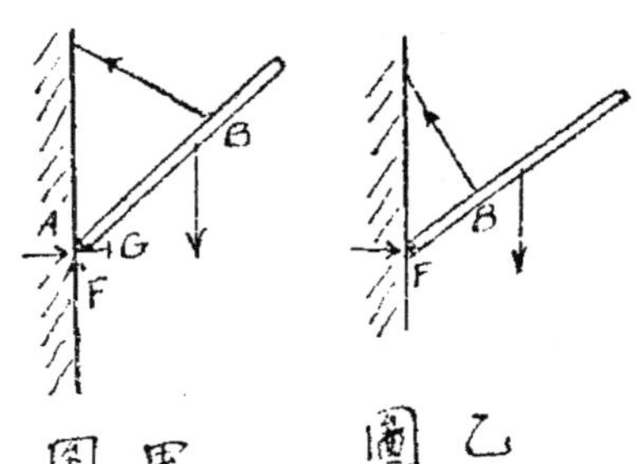

甲圖　重心在鈎子B之下；如果不用釘子G，便沒有一個向上的力，這樣，像框的重量，就發生一個力矩，作用於B點，而使像框繞B點旋轉而下墜了。

乙圖　重心在鈎子B之上；像框重量的力矩，作用到B點，被F作用到B點的力矩剛抵消了，所以不要釘子，這像框也掛得很安定的。

原動機

盧世鈴

原動機又叫做發動機是自己能夠發生動力的機器。許多的交通利器，以至於一日能做幾千人工作的機器，假使沒有了牠，便就等於廢鐵，絲毫沒有用處。所以說二十世紀的文明，是牠造成功的，亦未嘗不可。現在我們可以用來做工的發動機計有六種——

(一)風力發動機。

(二)水力發動機。

(三)外燃機。

(四)內燃機。

(五)熱空氣發動機。

(六)電動機。

茲再依次分述於下——

(一)風力發動機——風車——牠是利用風流的力量來吹動輪葉而生動力的機械。凡是玩過紙風車的朋友，沒有一個不知道牠所以能生動力的理由的，不過我們玩的是很小的，所以發出的動力亦非常的小，簡直經不起我們的手指一捺。大型的風車，所發出的力量非常的大，可以用來舂米，磨粉，抽水，以至於發電。這種風車荷蘭人最善於利用，我國沿海製鹽區，亦有用牠來抽水煎鹽的，近來更有人用牠來拖動發電機以發生電流，其功用就更大了！因爲牠是用風流的力量來做原動力的，所以非常經濟。用風的力量來做工，已有很悠久的歷史，如航船用風帆來推進，就是一個例子，現在且有人造一種風輪以航海，其速度與載重，並不減於普通汽輪，而消費之經濟則遠過之。

(二)水力發動機——水車——水力發動機是用水流的力量來冲動附有

輪葉的車輪而轉動的機械。因爲水流利用的方向和構造上不同的關係，又可分爲四種，卽：（甲）上擊水車，（乙）下擊水車，（丙）拍爾呑水車，和（丁）水渦輪。

上擊水車和下擊水車，在內地多山的地方，往往可以看到。牠是一個木製的車輪，邊緣附有許多水斗，依次排列，當水由上面或在下面冲入水輪的一邊的水斗的時候，車輪便因動力和重力的關係，而循一邊旋轉不已。拍爾呑水車（Pelton Water Wheel）和水渦輪（Water Turbine）——或叫水力透平——，亦是用水力的冲動來生動力的，不過因爲牠構造精密的緣故，所以效率非常大；現在世界上最大的發電廠，就是用這種水力發動機來推動龐大的發電機的。

用水的力量來做工，亦是很早的事了。只因爲發電機還沒有發明，和不知道用水力來發電的緣故，所以只有人用來做舂米或磨粉等簡單的工作，自從拍爾呑水車和水渦機發明以後，遂被人利用來發電。因其既經濟而又便利，故美國及加拿大瑞士等國，現在莫不有大水力發電廠的建設，而稱水力做「白煤」；因爲以前無論那一種發動機，需以煤燃燒方能生動，而煤用完的時候又需加添，既不經濟，又不便利，但若利用水力，則絕對沒有這種麻煩。溪澗山谿的流水可以用之不盡，取之不竭，既無需金錢購買，管理又簡便，且可發生大量的動力，因此水力發電廠的設立，便有如雨後春筍，不絕地增加起來。起初歐美各國先後創辦，最近蘇俄又追蹤繼起，規模的雄偉和發電量的大，我國是不能與之比較的。往往一個發電廠可供給幾省的用電。我國可用水力的地方，亦自不少，據美國地質調查所及世界動力協會的估計：竟有二千萬匹馬力之多，假使都開發起來，不要說工商業能因此而發達，只就通常燃燈一項計，也不知道可節省多少的金錢呢？

（三）外燃機　外燃機就是我們通常所謂的蒸汽機，——熱空氣發動機或其他由外燃燒的發動機亦可算是外燃機，但熱空氣發動機平常不常見，所以另外說明——在密閉的鍋內煮水，使水蒸發，成爲高壓力的蒸汽，而導入如圖一一樣的汽缸內，而推動活塞，先爲直運動，後由丁頭E，與拐臂G的作用遂變爲圓的運動。這種動作，讀者只要體念搖汽車的起動柄時的情形，就可知道了。假使活塞B要是永遠在汽缸內返復往來，那麼虛線所示的飛輪F便如箭頭方向不住的轉動了。至於怎樣使活塞不絕的往來呢？這只須使活塞達於最右端時，將活塞的左面蒸汽入口K塞住，而再給一相當出口，以排除用過的蒸汽，同時啓開右方入口L，而放蒸汽入於活塞右方，活塞便反箭頭向左而行，等到行至最左端時，便塞住右方蒸汽入口，而開左方蒸汽入口，同時給右方用過的蒸汽排出：這樣活塞便能往返不絕了。分配蒸汽或左入，或右入，或左出，或右出的分配器，名叫活瓣（Valve），裝置極爲巧妙，如圖二：K與L卽第一圖的K與L；V爲活瓣，是一個中心凹空的蓋，H爲廢汽出口，A爲高壓蒸汽入口，M爲活瓣桿，他端連於圖一輪軸上之另一拐臂，惟與G相反，故圖一C向右行時，M則向左行，至活塞達於左端盡點時，V已把K孔入汽斷絕，而讓與出汽孔H相通，同時使L孔與H不通而讓蒸汽入內，於是分配蒸汽出入的目的便已達到，而蒸汽機便能不住的轉動了。

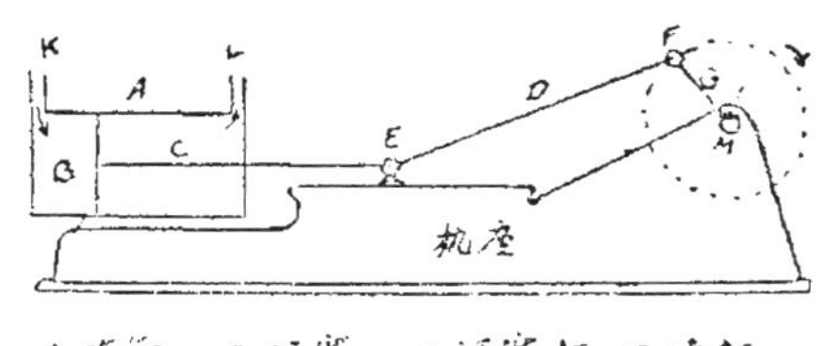

A 汽缸　B 活塞　C 活塞杆　D 連杆
E 丁頭軸針　F 飛輪　G 拐臂　M 拐臂軸

圖　一

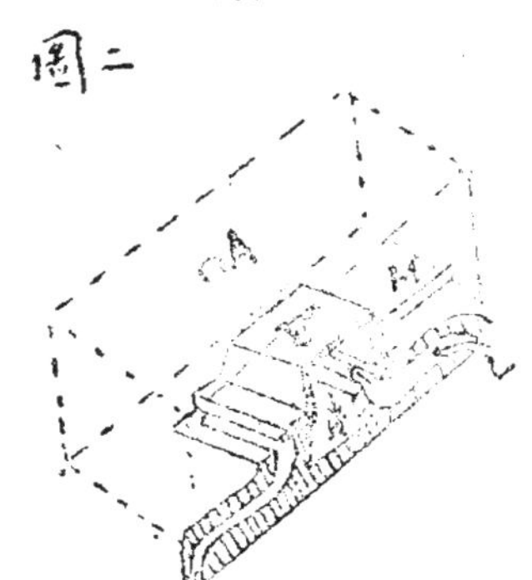

還有一種用蒸汽發動的機械，名叫蒸汽渦

輪(Steam Turdine)——或叫蒸汽透平——牠是一個週圍附有凹形輪葉的車輪，高壓的蒸汽由噴汽口以相當的角度噴射於輪葉的凹處，於是便因反動力或衝動力的作用，而不住的轉動。蒸汽渦輪雖比蒸汽機發明較遲，然其應用，則反過之，因爲牠轉數極高的緣故，所以常和發電機同軸，用以拖動發電機，以發生電流；現在新式或規模宏大的發電廠，都用這種汽機做原動機。

風車或水力發動機，雖然簡便，可是都限於地域，有的地方有水力或風力而有些地方則沒有並且不能移動，所以在瓦特沒有發明蒸汽機以前，雖有風車和水力發動機但是都不能應用於交通或工業上，所以工業商業都不會如現在的發達，交通也沒有如現在的便利。自從有了蒸汽機以後，因爲牠不限於地域，只需有燃料供給，無處不能發動，於是工商業便因此而發達，許多交通利器如舟車之類，便亦用牠來拖動，直至今日，吾人遠渡重洋，橫越大陸，已是很容易的事了。

蒸汽機的命脈完全繫於煤上，因爲假使沒有了他，水便不能化爲蒸汽，亦就沒有蒸汽來推動活塞了。我國煤的儲藏量，據專家的估計：有二四八，二八九兆公噸，惜開採不多，任其貨藏於地，反仰求外貨，豈不矛盾。

(四)內燃機　凡將燃料直接置於氣缸內燃燒，使推動活塞，發生機械能的發動機，都可叫做內燃機。蒸汽機因爲是使燃料燒於汽缸外的鍋爐的緣故，所以稱爲外燃機。

內燃機可分爲二種，即：——

(A)煤氣機關(Gas Engine)，

(B)油機關 Oil Engine)。

這兩種發動機生動力的原理和構造，均大同小異，我們可依第三圖來解釋：設在氣缸C內置一筒狀的活塞，其直徑和氣缸相等，因此可以往來於其內；而與氣缸壁密合，不使漏氣——如蒸汽機一樣——V_1 爲進氣口，V_2爲出氣口（均只能向裏啓），E爲連杆D與活塞P的連合處，S爲火花栓，F爲飛輪，H爲拐臂所成的圓週，又設V_1的開閉可不受機械作用，而V_2則非受機械作用不能啓閉，故如活塞由氣缸的頂端依箭頭方向向右行時，氣缸內便成爲眞空，外面的壓力大，遂壓開V_1而煤氣或油蒸氣——設煤氣或油蒸汽均預貯於入口——遂被吸入於氣缸內；活塞行到最末端的時候，因爲拐臂的作用，於是便反箭頭方向向左行，此時V_1因受汽缸內氣體的排擠，而密合於其開口處，V_2因爲受機械的控制仍舊不動；迨活塞行至最左端時，火花栓S受其他機械的處置，恰於此時發生火花，於是氣缸內的燃料便着火爆發，而增加其體積，發生動力，推活塞依箭頭向右行；迨至末端，活塞又復反箭頭向左行，此時V_2因受其他機械的控制而開啓，廢氣便在這時由廢氣出口逸出，這樣反覆動作，於是飛輪便不住的轉動而生動力。

第三圖

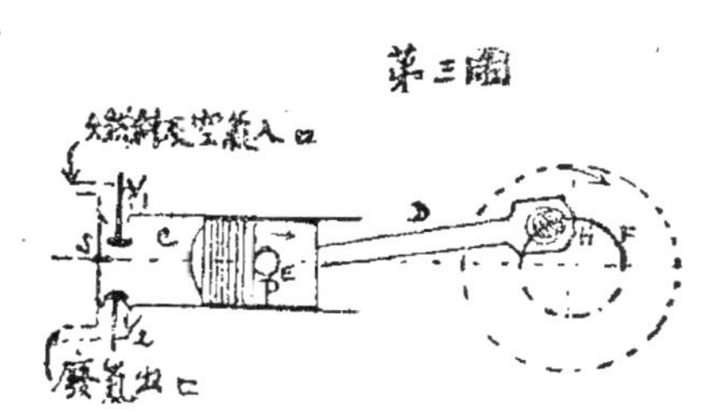

細察上述各項，我們概括來說，內燃機的主動裝置可以分爲四種動作：卽（甲）吸入——卽吸燃料和空氣入氣缸——，（乙）壓迫——活塞第一次反箭頭行時，氣缸內的燃料和空氣，被壓縮於氣缸頂端——；（丙）發生動力——此時燃料起燃燒增加其體積而推動活塞——；（丁）排除——活塞第二次向左行時，V_2啓，活塞乃迫廢氣由出氣口逸出——。

在這裏，我們馬上便會發生一個疑問，『車輪兩轉中間，——卽四項動作中——只有一項發生動力，吸入，壓迫，排除三動作都要消費力量，爲什麼車輪還能夠轉動；而且還能夠生動力呢？』這便要歸功於飛輪了，因爲當燃料爆發的時候，大量的動力儲於飛輪，而使其支配其他三項動作所需的力量；飛輪的所以能儲蓄力量，而使輪軸繼續轉動的緣故，讀者只須拿一柄雨傘張開，平置於掌上，而用手捺之，彼卽能繼續不斷的旋下十幾轉便能明瞭了。

內燃機除了上述的四項動作——四冲擊式—— 的一種外還有二項動作——二冲擊式——的，卽於活塞往來一次之中，同時作四項的工作。

現今應用最廣的是內燃機，因其旣省去如蒸汽機的汽鍋裝置外，復開動迅速，管理簡便，而且效率高於蒸汽機。如飛機，潛水艇，坦克車，汽車，以至小工業，及內河小航輪等，都是用這種發動機做原動力的。

內燃機除固定於一地方的可以用煤氣做燃料外，其他移動的，都要用油做燃料。我國近年應用這種發動機，一天多似一天，所以用油量也就跟着增加，可是我們中國油礦亦不見豐富，所以用油都要向國外購買，據統計：每年油入口達三千餘萬加侖，由此就可知道我國每年爲用油所損失金錢之鉅了。

油要向國外購買，非但金錢損失堪以爲慮， 在國防上設想， 更爲可懼，因爲許多戰爭利器，交通要具要是沒有了牠，便毫沒有用處，所以敵人如果一旦斷絕我們油的來源，我們便毫無戰鬥力，只好束手待斃了。所以我們急待要用油自給。卽使油礦不多，無從開採，也要由旁的方面着想，以求用油自給，况據美國地質調查所，最近的調查，全球油的儲藏量只有五五，○○○，○○○，○○○桶，照現在全球用油量計算，只能維持四十年，油的蘊藏卽將告絕，所以無論在國家經濟上，或國防上，都要找油的代替品。如近來有人用酒精，煤氣發生爐的煤氣，植物油等來代替汽油，就是一個例子，望讀者加以注意！

(五)熱空氣發動機　熱空氣發動機亦可算是外燃機，但是牠的構造和作工的媒介質，都和一般外燃機不同，並且我們還很少聽到牠或用到牠，所以特地提出來討論。

熱空氣發動機作功的媒介，既不是用蒸汽，也不是用煤氣或油，而是用空氣，因爲煤和油或煤氣和木柴在氣缸外面燃燒的時候，氣缸內的空氣因受熱而膨脹，所以把活塞推出，當活塞推至最末端時，——卽活塞欲回時——設此時氣缸內空氣忽受冷，體積便因之縮小，氣缸外的大氣壓力——大氣壓力爲每平方吋十五磅——便壓活塞向裏，而此活塞一出一進中間，便能使飛輪轉動而生動力，這便是熱空氣發動機動作的原理。氣缸裏的空氣除洩漏外，並沒有實際的排出，這與蒸汽機和內燃機，必須於每一循環中換入新蒸汽或燃料者不同，並且因爲毋須入氣或出氣的裝置，構造上也簡單不少。

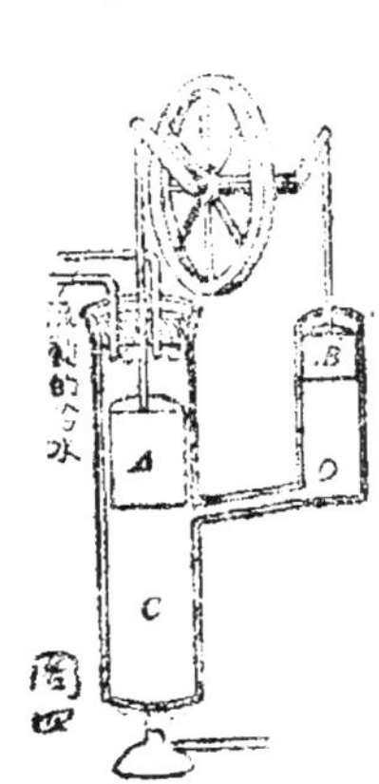

第四圖是熱空氣發動機的剖視圖，有氣缸兩個互相連通，A叫做轉移活塞，B叫做工作活塞，C氣缸頂有冷水流動，今設轉移活塞B下降時，C氣缸下方的被熱空氣便被迫經A側而至頂端，遇冷水所流過部分而冷却，C與D氣缸內的空氣體積因之便同時減少，於是B活塞便因受活塞外的大氣壓力的壓迫而下行，迨至B活塞行至下方時，A活塞又至上方，而迫冷空氣向下，冷空氣至下方遇熱而膨脹，乃推B活塞向上，於是飛輪便因之而轉動。

現今各國所用的熱空氣發動機有兩種：卽(甲)伊立克遜式 Ericsson，是在一個氣缸內同置工作活塞和轉移活塞，其動作情形與上述相同。(乙)拉愛特式 Rieter，卽上述二氣缸的熱空氣發動機。熱空氣發動機的普通用途是汲水。牠們的能力通常都不大，但是牠有牠的好處，在需用動力不大的地方，而使用的人又沒有精密的技術時，最是合用。因爲只需一點火，牠就能夠轉動了，況且牠不拘什麼燃料都行，所以更適用於交通不便，偏僻的地方。

(六)電動機　電動機雖是能夠自己發生動力的機械，但是在實際上說，牠並不能算做原動機，因爲電流的來源，差不多都是由其他原動機拖動發電機而來的，所以只能算做二次原動機。

電動機的種類極多，因其所用電流的性質，可分爲直流電動機和交流電動機兩大類。直流電動機又可分爲分捲，順捲，複捲等數種、交流方面種類更多，有所謂同期交流電動機，三相交流誘導電動機的，單相交流誘導電動機等等。

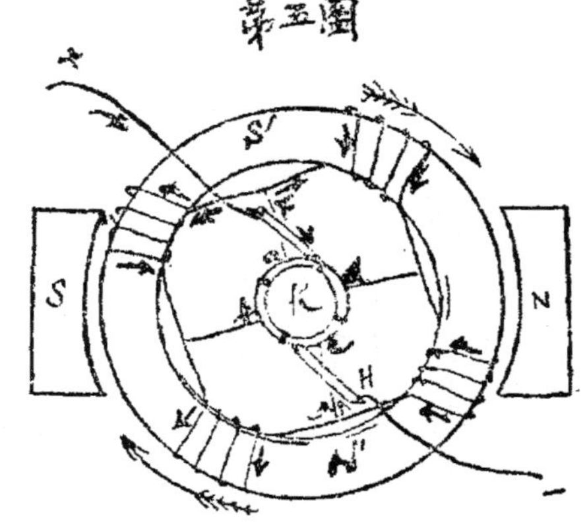

第五圖是一種極簡單的電動機，N與S爲磁場的兩極，中置一鐵環，環上繞有線捲；a、b、c、d、爲反向器，器爲銅製，同置於軸K上，而各片互相絕緣，每片均與環上線捲通。今設電流由F刷導入，H刷導出，於是鐵環便因之而感磁，上方爲S極，下方爲N極。按磁石的特性：同極相拒，異極相引，於是鐵環的S極便被磁場的S極所拒，而爲N極所引，同時下方的N極亦爲磁場的N極所拒，爲S極所引，於是鐵環與軸乃得轉動，迨N至S，S至N時，電刷F接於b上，H接於d上，線圈雖不同而電氣通路則仍猶如未轉前一樣，於是其磁極的方向地位復如初，即上部爲S′下部爲N′因之在上部恆有向N行的力，而下部則恆有向S行的力，於是鐵環與軸K，便得轉動不已。

電動機雖然是要靠着其他發動機才能顯示他的能力，但是牠的功用比任何種的原動機大：潛水艇假如沒有了牠，便不能在水下潛行，許多爬山的火車都非要用牠不可，工業上和家庭中利用牠的，簡直數不清，也不要我來贅述了。

上述六種原動機，是目前我們人類可以用牠來作功的，至於最近科學家正在努力研究的日力機，也可算是外燃機的一種，因爲牠不過是使太陽的熱力集合爲一點，而使汽鍋內的水變爲蒸汽，而作用於蒸汽機而已。最近又有一荷蘭青年科學家發明一種用壓縮空氣爲原動機的發動機，據云極爲經濟，且不用其他燃料，極少數的壓縮空氣，即能供長時使用。似此，則與上述六種原動機當不同。當這油藏將盡，而煤藏亦在起恐慌的時候，移動原動機的燃料發生了問題，假如在這四十年內油的代替品還不能得到完善解決的話，那麼這種新的發明是需極要的，希望有志者注意及之！

蒸氣之應用

莊秉常

以外界之力，供人類之役使，在疇時僅知用風力，水力，獸力等。而以天時，地理，氣候上之關係，不能普遍的通用。洎乎蒸汽機發明以來，人類得役蒸汽之力，大工業乃勃然興起。

蒸汽係水得熱而化成之氣體，無色，無味嗅，非人之感覺能察及；日常目擊其成霧狀者，乃細小之水點而非眞正之蒸汽。蓋水得熱而化汽。汽亦遇冷而凝爲水也。蒸汽之體積，在普通壓力（一氣壓）之下，溫度在攝氏寒暑表一百度或華氏寒暑表二百十二度時，恆一千二百倍於等重量之水之體積。故燒水使化爲汽，因其體積之膨脹，所施壓之力極大，如煎茶時爐蓋之掀動可以證實。蒸汽機之原理即基於是。

工業上之蒸汽，須大量產生，且須保持其高壓力，故需在特鑄之鍋爐中產生之。鍋爐種類甚多，大概爲鐵鑄之圓柱體，中貯純潔之水，而熱之。另以鐵管引出所生之蒸汽，相間由氣筒之前後引入氣筒。氣筒亦爲圓柱形，中置活塞，活塞以蒸汽在前後推動而進退。活塞中心，連一鐵棍伸出氣筒，鐵棍隨活塞而前後牽動飛輪，使旋轉不已。一若縫衣機，及人力軋棉機，以踏板之上下，而使他部之旋轉然。上述機件，謂之蒸汽機，以其效力小而不便多，於是，有蒸汽臥輪之設。

蒸汽臥輪分衝擊與反動二種，譬如以竹管吹動紙張，以及噴水機船隻藉水之向後噴射而前進，二者分屬衝擊與反動二作用。工業上所用之臥輪，二者並用。其構造爲若干並列於一軸之齒輪，諸齒輪得同時旋轉，各齒輪間，復置類似之固定設備。設旋轉之軸爲平置，於上方視之，略如左形：

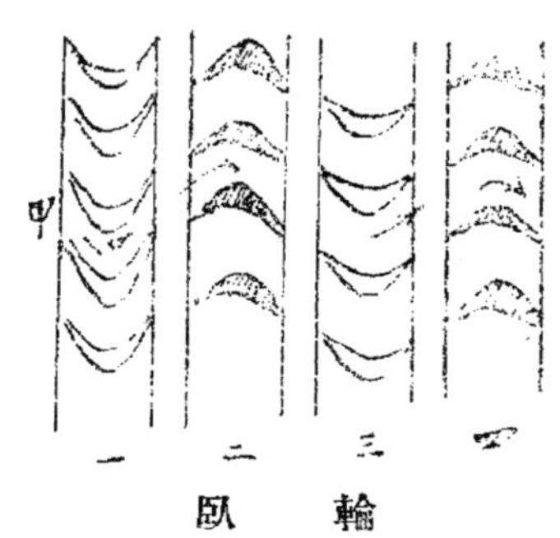

臥　輪

一，三………旋轉輪

二，四………固定輪

蒸汽由甲方引入，衝動齒輪一，是卽衝擊作用。蒸汽爲輪齒激迴，噴射固定輪齒二，同時一更向後轉動；是卽反動作用。於是由二而三，而四，至蒸汽之力量不能再行利用爲止。齒輪之多者，有二三十個，卽圖中數字，可至五六十。蒸汽則如是蜿蜒噴射，齒輪則旋轉不已，帶動工作機器。人類之衣食住行，若紡織，若農作，若電氣，若交通，俱有賴於蒸汽之力焉。

民衆實驗室

（一）蛋在鹽水中

林仁穆

用一個高的茶杯，或一個較大的直式玻璃杯。買半斤食鹽和一個鷄蛋。把食鹽造成很濃的鹽水，盛入杯中，再把蛋放入濃鹽水中，蛋一定是浮在水面上的(假使蛋是沉下去的，那就是鹽水不夠濃，應當再加食鹽)。然後慢慢的加清水，用筷子鼓動鹽水，使牠和清水勻和。清水加到相當的多，蛋就會沉下去。再加濃的鹽水　蛋又會浮起來。讀者們，這是多麼有趣的一個玩意兒。但是這究竟是什麼道理呢？讓我慢慢的來解說吧！

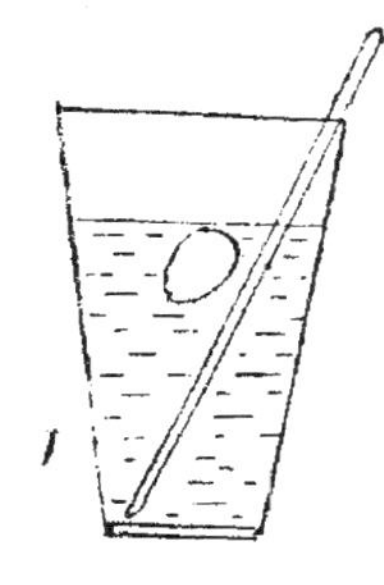

蛋在鹽水中

讀者們，請你答覆我一個問題，「一斤棉花重呢，還是一兩鐵重？」不用說的，一斤是比一兩重的。那麼你們的答案一定是：「一斤棉花比一兩鐵重。」但是何以大家都説棉花是比鐵輕的呢？原來所謂輕重是要用一般大小來比較的，和一塊鐵一樣大小的棉花自然就要比鐵輕了。這種用一樣大小的體積來比較各種物質(即東西)的重量，科學名辭叫做「比重」。「比重」，普通是用水來做比較的；換一句話說，就是無論多少大的一塊東西，其重量有和牠一樣大小的水的重量的幾倍。例如一塊鐵有八斤重，和這塊鐵一樣大的水有一斤重，那麼這塊鐵的比重就是八。讀者得注意，物質的比重和物質的大小是沒有關係的；因爲牠是和一樣大小的水來比較的；例如鐵用一半大，水也用一半多，結果比重還是八。

現在要用比重來說明我們的實驗了。鹽水的比重比清水的大：那就是說一杯鹽水比一杯清水要重一點。蛋的比重比清水的大，比濃鹽水的小。比水輕的東西是浮在水面，比水重的東西是沉在水底，這是大家都知道的，例如棉花是浮在水面的，而鐵是沉在水底的，假如我們知道，蛋比水重，當然牠要沉在水底；濃鹽水比蛋還要重，那麼蛋就要浮在濃鹽水上面了。假如鹽水的濃度配得剛好，使牠的比重和蛋一樣，那麼蛋也可以不上不下的停在鹽水中間了。讀者不妨試一試。

（二）吹不去的紙片　郭濳奮

材料　洋線盤，針，厚紙片。

試驗　以厚紙片剪成圓形，在它的中央，穿一小針；將其放在洋線盤的小孔內。然後直放在你的嘴上面，儘你的力量吹去，我說你力氣無論如何的大，總不會吹掉它，若不信，趕快去試一試。

圖一

解釋　在解釋上面的現象之先，我還要介紹一個試驗，來闡明一條原理，然後應用這原理，來解釋上面的現象。如圖二所示，很均勻的把水流入A端，那末在E端也有等量的水不斷地流出：並且在A到E中間任何一段都有等量的水流過。但是在B和D的斷面比在C的斷面，面積來得大；不過我們曉得經過B，C的斷面的水量是相等的，這樣說來，水流經過C時，比B和D處，一定來得快了。事實上的確如此，我們再看B，C，D上面水管中的水柱比較起來，C處最低，這就是表明水流在C處，速度是最快，可是水流的壓力是最小。好了，我們就可相信這一條原理：

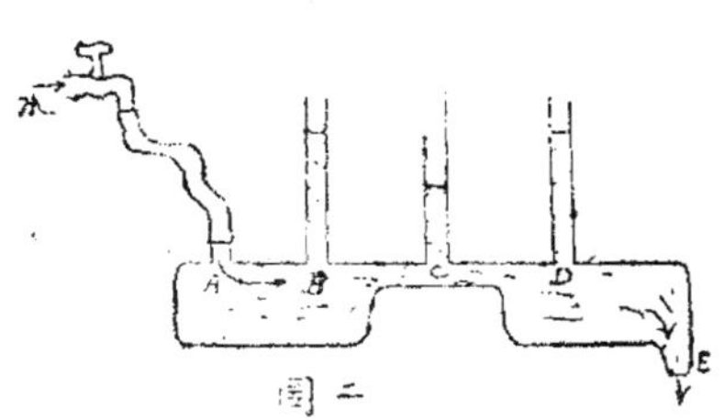

圖二

就是說，流體速度增高時，它的壓力會變小的。現在我們上面做的試驗是把氣用力的吹入線盤孔內，經過盤面和紙片隙間而出去，這樣就是使氣的流動速度增高，但是紙片外的大氣，流動得極慢，那麼紙片兩邊，流動速度有不同；壓力也就有不同：紙片和盤面間的壓力小，紙片外的壓力大，所以紙片自然會靠近盤面，不會吹掉了；你愈是用力吹，兩邊壓力相差愈大，反會使他們緊緊的貼住，永不會脫掉的啊！

第二類 關於熱學的

井水爲什麼冬溫夏涼？ 莫德光

莉：爸爸，爲什麼到了冬天，井水反會比在夏天熱些？

爸：誰告訴你的？

莉：我自己曉得的。

爸：你怎麼曉得的呢？

莉：因爲在夏天裏我把手放在井裏覺得涼，但是冬天裏却覺得有點溫熱。

爸：這是一種錯覺，你只要用溫度計仔細量量。就知道冬天裏的井水實在要比夏天的涼一些。

莉：有很多人這樣說呢，今天早晨王媽洗菜的時還在說哩，你不信，倒去試試看。

爸：不用試了，你要曉得我們的手所感覺到的冷熱是不準確的，你說這是熱的，而別人會說是涼的呢。

莉：不見得吧。

爸：不見得嗎？我們來試試看，你弟弟呢？

莉：在外面頑雪。

爸：你去叫他進來。

爸：這盆水是你媽媽早晨洗過臉的，莉莉，你用手探探看，這水是熱的還是冷的。

莉：已經冰冷了。

爸：耀宋，你再試試看。

耀：那裏冰冷，還是溫熱的呢。

爸：莉莉，你看這不是證明了我的話嗎？

莉：咦！爸爸，這是什麼道理呢？

爸：這理由是很簡單的，你要曉得：假使有兩個溫度不同的物體碰在一起，那溫度較高的物體必會把本身的熱分一部份傳給那溫度較低的，使兩物體的溫度相等。這盆水已經放了很久，你又坐在火爐邊，手烤得很熱，溫度當然比水要高，你把手放進去的時，熱就從你手上傳到水中去，所以你覺得涼；耀宗在外面頑雪，手的溫度比水低，他的手放進去的時候，水中有熱傳到他手上，所以他覺得熱。

莉：這與剛剛講的井水的冷熱有什麼關係呢？

爸：你覺得井水的冬溫夏涼，就是這個道理，井水是在地底下，他受地面上氣候的影響較少，冬天的氣候比夏天裏的冷得多，但是井水溫度冬夏相差不及地面上的空氣那麼多，你的手在空氣中當然是與空氣的溫度一樣。所以你的手的溫度必較井水低，你放進去的時候當然覺得熱了，你明白了嗎？

莉：這個我明白了。但是冬天裏的井水既不比夏天裏的熱，爲什麼牠在冬天反冒着熱氣呢？

爸：這又是另外一個問題了。你知道一杯水放着爲什麼會慢慢地乾掉的嗎？

莉：這不是因爲蒸氣的關係嗎？

爸：是的，因此我們的井水也是一年四季地在蒸發着，就是化成氣體飛跑了，這種氣體在高溫度時是看不見的，但是溫度一降低他就現出原身來了，所以在冬天裏我們就看見他在冒熱氣。這裏有一個很好的例子：你現在坐在火爐旁，看不見你口裏吐出來的氣，但是你走到門外馬上就可以看見了。

氣候冷熱談

覃克昭

春天，現在已經消逝了，那可怕的炎夏，接着也就快光臨了；吾們試一想夏天的氣候，爲甚麼酷熱？冬天的氣候，爲甚麼寒冷呢？恐怕有很多的人，都是要把牠的原因歸到太陽上去的，理由是：凡有太陽照着的地方，的確比沒有太陽的地方比較熱些；而且日間的熱度，也要比夜間熱得多啦！

冷熱的原因，在於太陽，這是一些兒不錯的，但是夏天是有太陽的，冬天又豈沒有太陽？爲甚麼前者的氣候很熱，後者的氣候很冷？在普通一般對於科學一知半解的人，他必定以爲是地球距太陽有遠近，所以氣候也因之而有冷熱，譬如火這樣東西，我們越是靠近牠，越是覺得熱些，反之，越是遠離牠，熱度也越是減低了。這豈不是地球上氣候有冷熱之不同，由於距離太陽有遠近的明證嗎？

上面所說的話，驟然看來，似很合乎邏輯的，可是吾們要知道，依照天文的學說，却是與之相反的呀：據天文家實測的結果，冬天的太陽，反而比夏天的太陽要近些，我想一般不懂科學的人，聞我此語，必定要大大底驚愕失措了，因爲照如此講來，豈不是冬天反而要比夏天熱了嗎？不過諸位要曉得，地球繞日的軌道，雖則是橢圓形，但是相差極微，揆之事實，差不多是近於圓形的；况且我們居住的地球，又遠離太陽在九千三百萬哩之外，區區之差，如何能受到影響，就拿火來作個比喻，我們站着離火很遠，這時稍微近它一些或遠它一些，也是不會覺到熱些或冷些的，所以距離太陽的遠近，影響氣候之冷熱，人們是不能覺到的。如此說來，氣候之冷熱，既與地球和太陽間的距離沒有關係，那末，究竟是什麼原因啊？牠是有二種原因，現在把牠分述於下：

（一）日夜長短之不同　大家曉得，夏天日長夜短，冬天日短夜長，白天長了，地面上吸受太陽熱力的時間亦長，反之，白天漸漸縮短，地球上受熱力之機會，自然也要漸漸減少了，日間所受的熱，到了日落崦嵫暮色重重以後，於是就慢慢地放散到天空裏去。在春分和秋分的時候，日夜相等，日間所受的熱，夜間適夠放散，所以天氣不冷不熱，溫和適中；夏天白晝既長，而夜間又短，日間吸收的熱，夜間不能盡量放散；換句話說，就是，地球每日所吸收之熱力比較放散的多；到了明天，太陽又出來了，如此依次日積月累，地球上的溫度，自然要日日增高了，等到後來，白天慢慢底短下去，夜慢慢地長起來，吸熱少而放熱多，氣候於是又逐漸地寒冷，以致水冰地凍，是卽嚴冬到了。

（二）太陽光的斜射和直射之關係　吾們知道地球的軸，不是垂直於軌道，而常常作二十三度半的傾斜的。因爲地軸有斜度，故太陽光射到地面，有直射斜射的不同。直射者，天氣熱，斜射者，天氣冷，夏天太陽光直射地面，所以很熱，冬天太陽光斜照地面，地球就很冷了，這種影響，雖然沒有像第一種來得大，可是讀者得知道，日夜之所以有長短，也是因爲地軸有斜度的道理啊！

太陽和熱

何汝鑫

今年夏季的氣候是特別的熱，華氏寒暑表中的水銀柱常常昇到百度以外；有錢和有閑的階級，都紛紛作避暑之舉，留着我們無錢和無閑的人來談談熱話吧！

在太陽底下工作的勞工們，汗是不絕的流着，有的竟因支持不下而昏倒了。由經驗知道，太陽是一個極熱的物體，無論我們眼睛中的網膜是如何的強健，我們終不能張開了眼睛，對着太陽看一下。據計算的結果，太陽的熱度在華氏寒暑表一萬度以上，較月亮光，強過六十二萬倍。

太陽的地位，大小，和離開地球的距離，現在不妨同月亮比較一下。太陽是一顆恆星，居太陽系的中心。周圍的許多小天體都是圍繞着牠而旋轉的。牠的直徑爲八十六萬六千四百哩，離開地球九千二百八十九萬七千哩。月亮是一顆衞星，繞着地球而旋轉，牠的直徑是二千多哩，離開地球二十五萬哩。卽使月亮脹膨得和地球相遇，那時牠的直徑尙不及太陽的三分之一；換句話說。太陽的直徑，比較地球和月亮距離的三倍還要來得大，從此，你可知太陽是怎樣大小的一個球體了。

月亮，科學上叫做月球，是地球的衞星。地球和海王星各有一個衞星，火星有二個，天王星有四個，木星和土星各有九個。但太陽是太陽系中唯一的主宰，並且是個發光體。月球是個暗體，自身不能發光，須受日光照射後始發光；於此可見日月的不同了。

太陽中的熱來自何處，歷來早有種種解釋，其中最有力量的，當推收縮說，此說爲德國大哲學家康德所首倡，因其頗合於物理學的理論，故爲學者所共信，我們現在就把這學說來很簡單的說明一下：

組成太陽的各微粒之間，互有一種牽引力，這牽引力牽引的結果，便使太陽體積縮小。當體積縮小時，各微粒互相衝擊，因此發生光和熱。據德國物理學家海爾姆霍次的計算，平均太陽在一年間縮小半徑一百二十呎。從前面我們已知道太陽半徑的巨大，所以每年縮小這一些，眞像牯牛身上拔去根毛，絲毫也不易覺得的。

近來我們時常在報紙上看到太陽中黑點的事，黑點出現在太陽的表面，牠的大小和數目，是時有變動的，最大的黑點比地球還要大呢！據各國天文台報告，今年爲黑點的最少年，又據英國氣象學家克華頓氏預測，中緯地帶必致奇旱與酷熱，證之事實，均完全相符。假使我國的科學很發達，能夠自己測得這樣可信的報告而後，及早預防，設法把大江大湖中的水灌入小河，流入浜汊，那麼，素稱澤國的江南地方的農民，也不致會生有田無水之歎了！

對流作用的利用

張貴芬

物體皆有「熱漲冷縮」的性質，在漲大時，密度便減，故輕而上升；在縮小時，密度便增，故重而下降。空間體積，有一部分因輕而上升，其所佔的地位，在將成眞空時，便有重的趕快補塡其缺，這種遞升遞補，循環不已的作用，便稱做對流。對流作用關於我們日常生活上，很有許多便利處，擇其要者，寫在下面：

（一）風爲空氣對流而成　日光射在地面上的熱度強弱不齊，熱地空氣發漲上升，周圍冷氣　便乘間來補其空缺，如此，我們便感到有風了。然而地面上的冷煖變化無常，故空氣的流動，也不能一致，因此風的種類很多：大約可分爲恆風（如貿易風），時風（如季風及海邊的日夜風），偶成風（如各種旋風暴風）三種。風果然有時可以爲災，然而若缺少了它，雲便不動，陸地上將永久無雨。這種害處，較風災更大，故空氣之對流很能影響我們人生。

（二）利用對流以換屋中空氣　人需要新鮮空氣，假如室內空氣不潔，則能影響呼吸，所以應當調節空氣。其方法便是多開門窗，因爲室內不潔空氣煖而輕，常欲上升，則可開上孔，使它出散。室外新鮮空氣質較重，可開下孔使它進內，這樣，室內的空氣就永遠可以新鮮了。

（三）煤油燈藉空氣對流而燃燒不滅　物體的燃燒，必需有多量的氧氣供給助燃。燈火的附近氧氣缺少，空氣稀薄，所以便有對流的現象來供給氧氣；煤油燈上插玻璃罩的銅座，穿有許多小孔，便是預備調換新鮮空氣的。

（四）壺水因冷熱對流而能沸騰 壺底接近炭火，則近壺底的水，先受熱而發漲，密度變輕，遂向上升騰，四周較冷較重的水，便流到壺底，以補空位，然而不久又因受熱而上升，四周冷的又來補換；如此循環不已，壺水不到一刻便會沸騰起來。假若沒有對流作用，而用傳熱的原理，那麼壺水是很難沸騰的。

以上不過是就日常所見的易明的寫下一些，此外如用爐灶烘熱空氣以煖室，及冰箱可貯菜等……皆利用對流的原理，因篇幅關係不多說。

熱水瓶

朱有炘

熱水瓶能使熱水不冷，可謂名副其實，不過牠也能使冰不化，這不是很奇怪嗎？其實牠的道理是很簡單的。

我們知道。物體傳熱的方法，不外傳導，對流，輻射三種。如金屬的傳熱，是屬於傳導的，水的傳熱是屬於對流的；太陽光的熱能達到地面，是靠輻射的。

熱水瓶的內部，是一圓筒狀的雙壁瓶。兩壁的中間是眞空（空氣完全抽去），因此可以防止傳導和對流的作用；外壁的內面和內壁的外面，塗有銀層，使致面光滑，以防止輻射的作用。此外更附有木塞及瓶蓋，這樣一來，熱旣難於傳入器內，亦難於傳出器外。所以無論冷熱的物體，放入瓶中，數小時內，其溫度變化極慢。

談 冰

林菊君

(一)製冰。

輓近冰廠的製冰，所需的低溫大半得自液狀硇精（Liquid Ammonia）的迅速蒸發。硇精在常溫時爲氣體，然可以單加壓力而使其液化；在80° F

時，每平方吋上若有155磅的壓力(約10 氣壓)，卽可變爲液體。圖 A 所示爲製冰廠的要部。普通用蒸汽機關以運動壓縮器 (Compressor) 。此器於155磅壓力之下送礦精氣入右邊之凝冷器(Condenser) 中使成液體。由凝縮所發生的熱，爲凝冷蛇管 (Condenser coil) 外周流不息的水挾與俱去。液化後的礦精，經由節制舌門(Regulating valve)V緩緩進入蒸發器(Coil of evaporator)，自此器內用唧筒迅速將礦精蒸氣抽去，使器內壓力不逾34磅。試自圖中觀之，可知用此唧筒，自蒸發蛇管內吸出礦精後，卽將其壓入凝冷蛇管內。因唧筒上設有節制瓣，一方面可使其爲吸入唧筒，一方面又可使其爲壓縮唧筒。故蛇管內的礦精因壓力減小，遂迅速蒸發，使蛇管的溫度降至 50°F 左右。管外的鹽水的溫度因此就降至 16°F或18°F。此種低溫的鹽水周流於水罐的周圍，故罐內的水被冷而成冰。在50°F 時礦精的蒸發熱爲314卡。

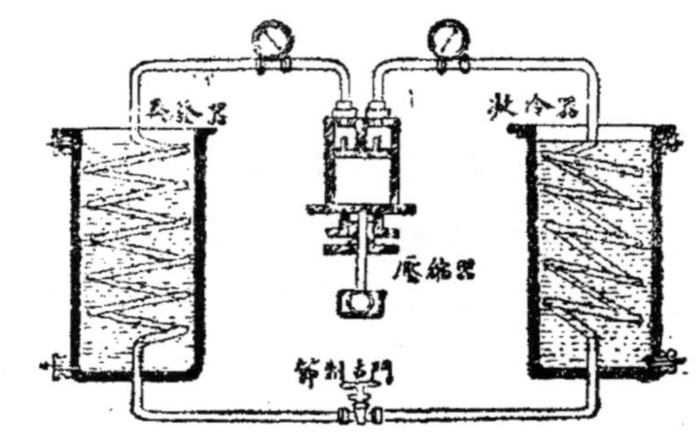

圖 A　製冰的壓縮裝置

(二)冷藏。

人造的冷室及冷藏庫，其方法與製冰完全相似，其鹽水亦如前法使其冷卻然後用唧筒吸入屋內的蛇管，有時用二氧化碳以代礦精，但其原理則無更改，有時不用鹽水，以一風扇直接將空氣吹至礦精或二氧化碳的蒸發管上亦可使室內冷卻，戲場飯店等的冷室裝置概用此法。

(三)冰箱的原理。

圖B所示爲一冰箱 (Refrigerater) 的構造。欲防止外面的熱侵入箱內，故用兩重壁：冰則貯於箱頂，上部空氣受冷，密度增大，卽行下降，成

圖B 冰 箱

爲氣流，其方向如圖中的箭頭所示。每1公分重之冰熔解時，須吸收80卡的熱，此卽取自箱內之食物，如冰不熔，冰箱卽無所爲用。

此外，水凝結時發出的熱，亦常可應用，如將一水桶置於菜倉內卽可防止菜凍。因菜凍時的溫度較攝氏另度略低，倉內有水，溫度降下時，水當最先凝結爲冰，凝結時所發出的熱，卽可使倉內溫度不至如倉外溫度之低。湖濱的溫度下降，不如內地之甚，其一部分的原因，卽由於有多量的水凝結成冰，發出相當的熱量。

民衆實驗室

(三) 異炮

郭潡霞

用具——小瓶及木塞，細針，火柴，凸鏡。

試驗——在小瓶的木塞上，插入一細針，針端再插一火柴，把牠們一同塞入瓶內。然後置於日光中，再取凸鏡，放在瓶前，使日光聚在火柴的頭上。一二分鐘以後，則見火柴能自行燃燒，繼則轟然一聲，瓶塞不翼而飛矣。

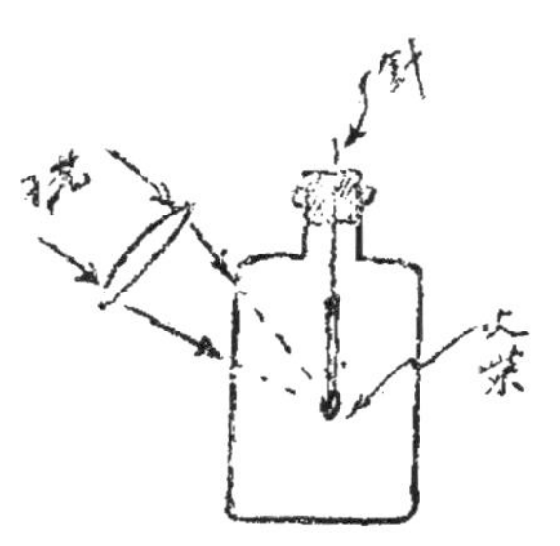

解釋——大凡固體變成氣體，體積要增大許多，這體積的增大，對於週圍的障礙物，就施出極大的壓力。這裏我們曉得火柴端部，含有硝酸鹽，硫磺，油臘，及木梗。換言之：牠有着的是氮、硫、炭、氫，有些是化合物，有些是單體，但都在固體的狀態。現在藉日光的濃集，來加熱燃燒，它們都能夠同空氣中的氧起作用，變成氧化氮，氧化硫，氧化炭，和水蒸氣。這些多是氣體，當然體積得大增，遠非此小瓶所能容納，於是四邊就受着極大的壓力，木塞不得不被壓而衝出矣。

（四）　魔術割冰　　萬葆德

現在天氣正冷，河裏的冰是厚厚的。同胞們！我們來拿幾塊冰，做個玩意兒吧！用條繩子來試試看，能不能割裂它一塊。

時期：冰凍的冷天。

材料：櫈一張，冰一塊，石塊數枚，繩一條。

試驗：將上面幾件東西，裝置如圖。經數小時後觀之，此繩將深入冰塊，最後會割穿到底（石塊須常常吊起，不可靠住櫈上）；可是冰塊却依然如故，雖繩索慢慢的從冰塊身上穿過，而並沒有割斷，仍爲整個的一塊。

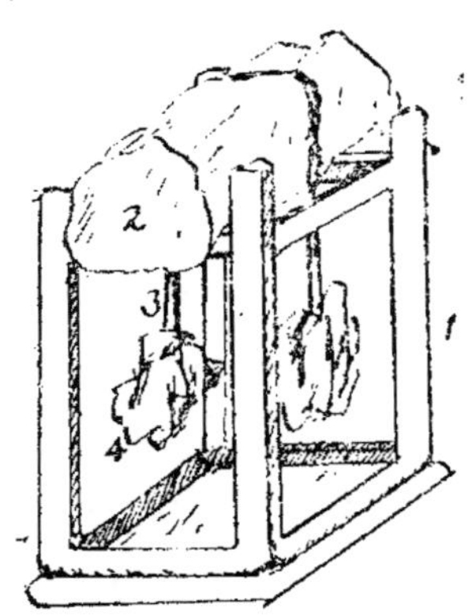

魔術割冰
1 倒放的櫈　2 冰塊
3 繩子　　4 石塊

解說：照理，繩既然經過冰塊，那當然一割兩斷；這割不斷的事，豈不很奇怪嗎？不，科學家在他們的試驗當中，曉得水的冰點隨壓力而異，普通壓力增大一氣壓，那它的冰點就要降低〇·〇〇七二度（攝氏）。故放在二五〇〇大氣壓力下，卽至零下二十二度亦不致結冰。我們有了他們這種報告，就可以曉得我們的試驗，一些也不奇怪，因爲下吊的石塊是很重的，那末繩底下的冰所受的壓力，也就不止大氣壓力了。在這高壓之下，水的冰點，當然還要比零度低，所以四週空氣的溫度，對於壓在繩底下的冰，比它的冰點高，那當然繩底下的冰會漸漸的融化，繩會漸漸的下降了。可是被融化的水，一到繩的上面，沒有了以前的高壓時，又漸漸的結起來，冰把四面攏合起來了，所以繩子會下降，而冰塊確不斷，就是這個道理啊！

（五）冷却的沸騰

林仁穆

下面是一個極有趣味的遊戲，同時還可以介紹些科學的原理，讀者們，你們假使感到有興趣，不妨試一試。

找一個有木塞的玻璃瓶子，大約有一個茶杯那麼大，隨便什麼玻璃瓶子都可以，只要有塞子的。用一根小索子束在瓶口上面，將他掛起來。底下放一個面盆，預備盛水的，預備好了，就把玻璃瓶子脫下，盛入剛剛開過的熱水(不要太滿)，將塞子把瓶口塞緊。趕快把牠再掛起來，用一個茶杯將盆裏的冷水慢慢地澆在玻璃瓶上，你就可以看見玻璃瓶裏面的水滾了。諸君，這豈不奇怪嗎？水要加熱(用火來燒)，才會滾，何以使牠冷也會開呢？容我慢慢的來解釋這個問題。

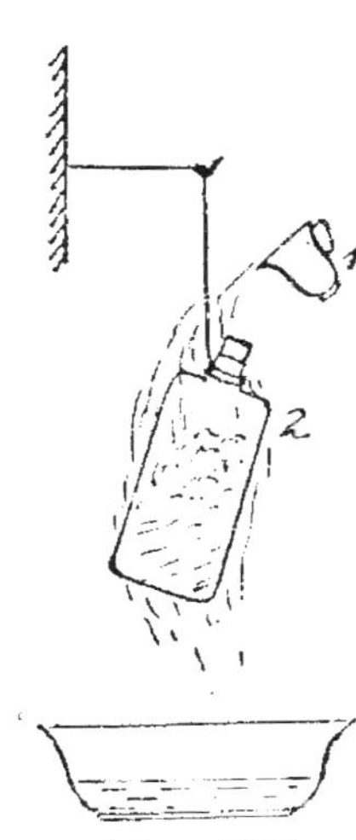

冷却的沸騰
1. 杯內盛冷水
2. 瓶內盛剛開過的熱水

水何以會開？何以燒到一定的熱度才開？第一，我們知道空氣是有壓力的，不過我們在空氣中生活，不容易覺得牠有壓力，當然水面上也有空氣的壓力壓住。第二，從熱水出來的水氣(科學名辭叫作水蒸氣)，也有牠的壓力。水滾時，壺蓋常被水泡頂開，就是一個證明。這種水氣的壓力隨着水的熱度會增加的，水燒得愈熱，出來的水氣的力量也愈大；一直燒到開，牠的壓力就和空氣壓在水面的力量相等。因此這時候的水不再受空氣的壓迫，開始自由行動了：一個一個的汽泡，從水裏面跑出來，這就是沸騰(滾或開)的原理。諸君，不要着急；在我還沒有解釋這個遊戲的理由之前，還有一個原理應該知道的，就是無論什麽東西，熱了就要脹大，冷了就要縮小；特別是氣體更爲顯著。當一個氣體受了冷，牠就想縮小牠的體積，於是牠的壓力（向外膨脹的力量）也就跟着降低。例如一個橡皮球在了熱，就脹得很硬，把牠冷了，又變軟了：這就是熱脹冷縮的定則。

好了，現在我要用上面所說的原理來說明這個實驗了。我們把沸水（即開水）盛入玻璃瓶後，因爲沒有繼續的加熱，牠也就停止了沸騰，把冷水從玻璃瓶子上面倒下去，牠裏面的氣體(水蒸汽和空氣)受了冷，壓力就降低；但液體的熱水冷却較慢，牠的蒸汽壓力還是很高。假使氣體的壓力降到比熱水所發出的蒸汽壓力還要低時，根據上述的沸騰原理，水當然又要開始滾了。

小智囊

王新甫

△全世界金屬鑛產中，產額最豐的要算「鋁」，因爲地殼的組成，百分之八爲鋁質。其他的金屬，比較起來，總沒有像牠這麽的多。

△任何一件東西，入水愈深，所受的壓力也愈大，這是一個淺而易明的原理，所以入水至二百三十呎深時，牠的壓力，每方吋要達九十九磅以上呢！

△普通一隻螞蟻，如果牠的軀幹，擴大到一個人的模樣，牠的氣力，也照着比例增加上去，那末牠能拖移一百二十噸重的東西，而得勝任裕如！

△一個人絕食了不到一個月，（我們可以拿牛蘭夫婦來證明）生命就要奄奄一息，危在旦夕了。但是一隻甲蟲，據說可以絕食至三年而不死！

△據某醫生所說：一人在睡覺的時候，如有新鮮的空氣，舒適的牀褥，低柔的枕頭，足部再蓋得暖暖的，就可免失眠之患云。

第三類 關於電磁學的

指南針之原理及其用法

沈鈞

指南針卽古書上所說的羅盤針，吾國發現最早；在歐洲直至十二世紀方纔發現。牠用途之廣眞是舉世共知！驚濤駭浪的大洋上的航海家，一望無垠的沙漠中的探險家。那一個沒有隨身攜帶牠呢？

然而指南針的大名雖是婦孺皆知，牠何以會永遠指着南北呢？我們使用指南針時，怎樣纔能準確地找到正南正北呢？這些問題似乎還有好多人不曾明瞭，現在讓我在這裏簡略地說明一下。

指南針是磁石做成的：一端是磁的南極，一端是磁的北極。凡同極總是相拒，異極總是相引。

原來我們的地球也是一塊龐大的磁石（英人 William Gilbeit 所發現）。牠的南極相近於地理上的北極，牠的北極相近於地理上的南極。指南針的南極被地磁的北極（卽地理上的南極）所吸引，所以永遠指着地理上的南極：指南針的北極被地磁的南極（卽地理上的北極）所吸引，所以永遠指着地理上的北極。

但問題却不是這麼簡單。上文已經說過，地磁的南極(在北美洲Hudson Bay 西北）相近於地理上的北極，而不是彼此完全相合的；地磁的北極(在澳洲之南)也不是同地理上的南極完全相合。因此指南針所指的方向並不是正南，總要略偏於東或西的。我們如果不懂得這層道理，則利用指南針去找尋南北，結果定要錯誤了。指南針同正南所成的角度，我們稱為方位角(Declination)，所以我們要找求正南方，只需把指南針所指的方向，加上方位角卽得。但各地的方位角大小不同，而且指南針有時偏於東方，有時偏於西方；所以有許多國的政府都製有一地圖，把方位角相等的各地點聯成一條線。這樣，我們只要一查那種地圖，便可以知道某地方位角的大小了。

然而地磁兩極的地點並不固定，有時能稍微移動的，因此各地方位角的大小也就跟着變更，指明方位角大小的地圖也就時常要革新了。

因爲地球是一塊大磁石，我們如果攜帶指南針向地磁的北極（即地理上的南極）出發時，一路上指針逐漸地失却了平衡狀態，南極漸降，北極漸昇。及至到了地磁的北極時，指針卽成垂直的狀態了。這是因爲指針的南極被地磁的北極所引，指針北極被其所拒的緣故。我們如果向地磁的南極出發，則指針北極漸降，南極漸昇。

指針和水平線所成的角度，我們名之爲伏角（Dip，或Inclination），伏角的大小各地亦不相同。完全沒有伏角（卽指針成水平狀態時）的地方，我們稱做磁赤道（Magnetic Equater）。

人造磁石

葉晉亮

磁石俗名吸鐵石，能吸引鐵屑；我們通常所用的，不外乎棒狀和馬蹄形二種，大都是人造磁石（Artificial Magnet）。牠的製造法有三種：單擦法，雜擦法，電流法，現在把牠們寫在下面：

（一）單擦法　拿鋼鐵一塊，用天然磁石（Natural Magnet）的北極（或南極）摩擦鋼鐵的一端；用南極（或北極）摩擦另一端；都從中央摩到鋼鐵的兩端，卽成磁石。

（二）雜擦法　用二塊天然磁石的南北二極，同時向相反方向摩擦鋼鐵卽成。(一)法和(二)法大同小異，閱者一望而知。

（三）電流法　用絕緣的電綫繞於軟鐵棒上，成螺旋綫圈，圈數逾多，磁性愈大。當電流通過的時候，軟鐵棒就有磁性；但電路斷後，磁性立即消失。假使用的是鋼鐵棒，那麼就成永久磁石。市場上所售出的人造磁石都是屬於這一種的。

雷電和避電針

朱有圻

物體的陰電和陽電互相吸引中和時，稱爲放電；中和後，就失去帶電現象。若放電時間過於急促，即生火花，故空中帶電的雲放電時，發出的聲音就是雷，發出的光，就是電閃。若空中的雲和地面接近時，發生感應而起中和，是爲雷擊；如在屋頂上裝一細長金屬棒，再用金屬綫數條和棒接連，通入地下，則可將地下的感應電在棒尖和空中的電起中和，而免雷擊。故高聳樓房及工廠中的烟囪上都設有此項避電針，但爲避免危險起見，普通房屋上亦宜備置。

靜電的發生

任象天

世界上的各種物質，和電的關係很多，可是普通人却忽略了過去；甚至對於電的應用已經有很好的成績，但是對於電的發生還不能完全知道。至於在近世物理學裏，討論到靜電的來源，都歸引到物質分子的組織，驟然改變了常態，因之就有了電荷（Charge）。這種理論，姑且不談，現在只舉出幾種靜電的發生，綜合在一起，給讀者一個概念，引起大家研究科學的興趣。

（一）摩擦（Rubbing）——將任何兩種不同的物質互相摩擦起來，它們便會發生出兩種性質相反數値相等的正負電荷來。有許多物質，雖說是經過摩擦，可是仍舊沒有電荷顯露出來，這並不是眞的不會起電，不過它們所發生電荷的數量太少，不容易使我們檢查出來；或者是傳導體，電荷很快的已經失去了；實際上正負電荷都是存在的。我們用絲絹和玻璃棒相摩擦，能找到絲絹上帶着負電荷，玻璃棒上帶着正電荷；假若用絲絹和金屬棒相摩擦，絲絹上帶着了正電荷，卽金屬棒上帶着了負電荷；假若再用金屬棒和玻璃棒相摩擦，金屬棒上又帶着了負電荷，玻璃棒上仍舊帶着了正電荷。由這個試驗，我們可以得到一條通例：『若甲乙相摩擦，甲正而乙負，又若乙丙相摩擦，乙正而丙負，則甲丙相摩擦必甲正而丙負。』所以我們可以將普通的物質排列成表，位置在前的和位置在後的相擦，在前面的總是帶正電荷，在後面的總是帶有負電荷：

貓皮，玻璃棒，象牙，海絹，岩石，手掌，木片，硫磺，法蘭絨，棉花，橡皮，松香，樹汁膠，金屬物，火藥棉花。

若是兩種種物質，雖說它們的化學成分是一樣，如果溫度不同，那麼比較冷的物質應當放在比較熱的物質之前，這就是說，冷物質帶有正電荷熱物質帶有負電荷。

（二）傳導(conduction)——將帶有電荷的物質向不帶電荷的物質接觸一下，那不帶電荷的物質上便發現了電荷，這種電荷和原來物質上的電荷，性質相同；就是說若是用帶有正電荷之甲物和不帶電荷之乙物相接觸，那麼乙物上也會發現正電荷；如果甲物上是負電荷，那麼乙物上所生出來的也是負電荷。不過有許多物質，雖然受了他種物質的接觸，可是所發現的電荷，非常稀少，這種物質，便叫做非傳導體；反之，容易發現電荷的叫傳導體。我們檢查傳導體上，是否帶有電荷，我們必須要用非傳導體來隔絕一切其他的傳導體，否則，電荷將要被其他的傳道體，傳導過去。至於傳導體和非傳導體的區別，本沒有一定，不過普通人叫它做非傳導體，是因爲它具有一種特性，可以長時期的保持着電荷，而傳導體則在很短的時間內便會失去的。現在略舉幾種傳導體和非傳導體在後面：

傳導體：金屬物，鹽液，酸液，人體，水，火焰，氣體等。

非傳導體：橡皮，樹膠，蠟，絲綢，玻璃棒，空氣等。

（三）感應（Induction）——將不帶電的棒去靠近某一個帶電的物體，但是並不接觸，則棒靠近帶電物體的一端，發現了與它同性的電荷，他端則有異性的電荷。這兩種新電荷，不但是性質相反，而且數量也相等。如果本來帶電荷的物體，拿開了以後，這桿棒上的正負電荷也隨時的中和，與原來不帶電時一樣，這樣所生的電荷，叫做被感應電荷（Induced charge）。被感應電荷的多寡，全在乎感應電荷的強弱，而且它們是同生共滅的。如果在移去感應電荷之前，我們先用傳導體去接觸棒的某一端，然後移開感應電荷，結果，棒上永遠帶有他端的電荷，和原來情形，已經不同。

（四）撞擊（Percussion）——用猛力將兩種不同的物體互擊一下，便可以發現出它們被冲擊的兩個表面上，發生了不同而相等的電荷。這種情形和前面所說的摩擦起電相似，不過現在需要一個猛力和一個短少的時間，兩者對於分子排列的基本觀念上，原是一樣：摩擦起電中所列成的表也適合現在情形的位置，在前面的總會帶有正電荷，在後面的帶有負電荷。

（五）振動（Vibration）——Vo'picelli 找着一種起電的方法：如果我們將硫磺或是別的非傳導體，塗在金屬棒上，然後使它振動，在金屬棒與硫磺的分界面上，可以有電荷的發生，正電荷在硫磺的表面，負電荷在金屬棒的表面。這種現象，和摩擦起電差不多，不過將摩擦，改成振動而已。

（六）裂開（Disruption）及劈磅（Cleavage）——將厚紙片在黑暗中分裂，有時會看見火花，將分裂的兩部分用驗電器（Electroscope）去試驗，可以知道它們是帶了電。拿亞麻布糊了紙很堅牢地做的信封，或是襯領來試驗，便能夠得着上述較好的結果　在黑暗裏，用力嚙着糖塊，能夠現出魚白的光來：驟然的分割雲母片，也能得着火光，所分得的兩片上都有相等而不同的電荷。

（七）結晶（Crystallization）及凝固（Solidification）——許多物質，由液體變固體的時候，總有帶電的現象：硫磺烊在玻璃皿中，等它慢慢的冷下來，如果我們用玻璃棒將結晶的硫磺拿起的時候，便發現了電荷；巧克力糖在凝固的時候亦然。硝酸在鹽酸中結晶，每個結晶成功的時候，總有光亮發生出來，無疑的，這是因為它的放電作用（Discharge）。當硫酸銅和鉀在坩鍋裏溶解後，它們凝固時並沒有受着電的作用，可是再冷一下，結晶體會飛起成為粉末，於是有放電現象。

（八）燃燒（Combustion）——Volto 發見燃燒某種物質的時候，有電的發生，如果將一塊正燒着的木炭放在金葉驗電器的球狀柄上，能夠使金葉片分離開來。

（九）蒸發（Evaporation）——蒸發時常帶有電的作用，溶液和它的蒸汽，是處在不同的情形之下。比如幾滴硫酸銅滴到高熱的鉑坩鍋裏，蒸發時就發出電的現象。

（十）加壓（Pressure）　許多物質當它們互相壓榨時，常常有電荷發生。例如輭木塞和金屬物相壓，便發生正電荷，若是和動物相壓，便發生負電荷。Peclet 告訴我們，這樣所發生的電量，並不在乎壓力的大小和接觸面的廣狹，而在乎兩物質本身的性質和它們相對的速度。

上述的前三項，都可以作為產生靜電的方法，以後的幾種，因為電量很少，不合應用。此外還有自然界帶電的現象，略舉如後：

（一）大氣電（Atmospheric Electricity）——大氣對於地球是常常受

有電化的作用，其原因由於海洋蒸發的影響，還有許多的理論，在此地不能一一表明出來。

（二）焦電（Pyro-electricity）——有許多結晶品當它們受了熱或是受了冷，在它們的極(Pole)上或是別的部位，便有電荷表現出來，像電氣石（Tourmaline）受了熱以後，便能夠吸引輕微的物質。

（三）壓電（Piezo-electricity）——有許多結晶品，受了壓力以後，在某一定的方向，可以發現出電荷來。像石灰晶石(calc-spar)，我們用乾燥的手指夾它的邊緣，就發出了電荷，這種電荷，可以維持幾天之久，不即消滅。

（四）動物電(Animal Electricity)——像電氣鯆(Torpedo)，它頭的背方有一種電的組織，和電池一樣，可以發出電光來，它的背部是正極，腹部是負極。又像南美洲所產的電鰻（Gymnotus），全身都有電的組織。

（五）植物電（Electricity of vegetables)——Buff 用植物來取電，他找到植物的根和有汁部分都是負極，而葉子是正極，不過現在的人對於植物的電還沒有很多研究呢。

電 鈴

張榮寶

電鈴價值低，使用便利，是一種很普遍的用具。現在把牠的構造，用法和其他，簡略的談一下：

電鈴的構造分電磁石，動子，鈴鎚。鈴等幾部，下面把牠他分別的解說。

電磁石——當電流通過導綫的時候，導綫的周圍有磁性發生，把導綫一圈一圈的繞起來，可以把磁力集中。圈數越多，磁性越強；若再放軟鐵心在綫圈裏，磁力就更大。電流沒有的時候，磁性即刻失去。

動子——動子是一個鐵片，放在電磁石磁極的前面，是電鈴中心活動份子。一頭連在彈簧條上，使平時近於磁極但不能接觸，另外一頭連一小鎚，鎚的旁邊有一鈴。通電流的時候，磁石發生磁力，吸鐵片使接觸磁極，鐵片牽動小鎚，小鎚打在鈴上，鈴就響了。電流不通的時候，磁力消失，不能吸住鐵片，鐵片借着彈簧的力量，回到原來的地方。電流再通時，鈴再響；再斷，鐵片又回到原處。如此電流一通一斷，鈴就連續的響起來。

諸位看到這個地方，恐怕要疑惑作者講錯了。因為我們的電鈴，當一按電紐的時候，鈴就連續的響起來，並不是按一下響一下。這眞可以說是神秘，要明瞭這神秘我們不得不欽佩科學靈敏的腦筋。因為他們可用一個螺絲釘頭作成一個自動開關。當我們把電一按的時候，牠就自動的連接或絕斷電流，所以鈴就繼續的響起來了。

這螺絲釘頭就接觸在鐵片上，另一頭接在電綫上；電從釘頭流到鐵片，經過綫圈，再回到電源。電流通的時候，鐵片被電磁石吸引，帶着小鎚鈴，但同時鐵片離開釘頭：電流斷了，磁力消失，鐵片回到原處又和釘頭接觸，接觸後電流又通，鐵片又被吸引離開釘頭。離釘頭後電流又斷，鐵片又回原處：如此電流一通一斷，鈴就像前面解說的一樣，連續的響了。（電鈴的構造如圖一）。

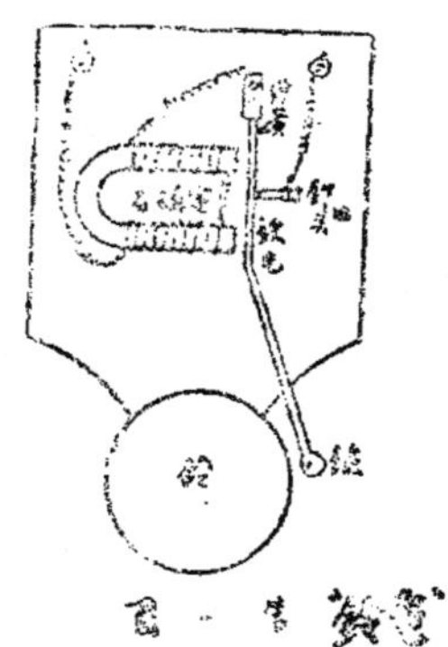

圖一　電鈴

現在電鈴的構造已經講完了，我們再談一談用電的問題。普通是用兩桶乾電，但是在有電燈的地方，我們不妨就用電燈的電，因為用電燈的電比較經濟的多。

通常電燈的電壓是一百弗打到二百多弗打，而電鈴只須四五弗打便夠了，所以我們必須把電壓變低。

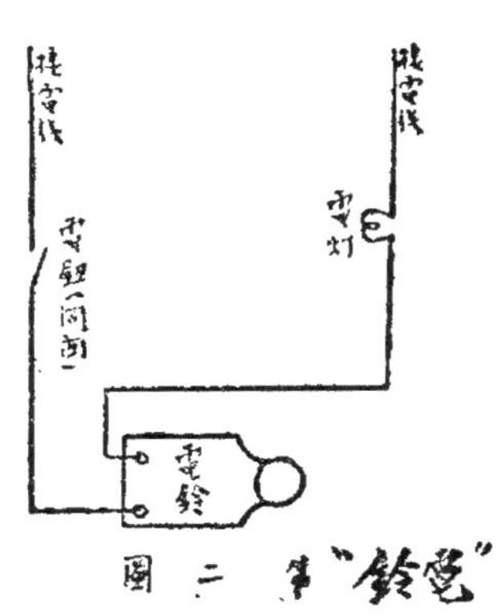

圖二 半"鈴電"

第一個變電壓的方法是用變壓器，這種變壓器在電料行裏都有得賣。但聯結時須注意，高壓綫頭接電燈，低壓綫頭接電鈴及電紐，不可錯結，否則接於電鈴的綫上電壓比電燈更高，那就更危險了。

第二個方法是在導綫的中間接一盞電燈，結法如圖二。這個方法，大部分的電都費在電燈上，似乎很不經濟，但是和用乾電比較，仍舊是便宜得多了。

第一種方法雖然像是很經濟的，但是起初的時候要一筆開辦費來買變壓器，而且在不用電鈴的時候，也要費電。導綫用普通的紗包綫就成了。第二種方法，因爲綫路上的電壓很高，必定要用皮包綫才能免去危險，而且電紐也要良好的絕緣體才行。

電機原理

馮明齋

——法拉第之實驗——

翻讀科學史，可以看到許多偉大的人物。他們求眞理的精神，令人感動敬仰；他們研究學術的方法，啓示後世一新的求知工具。但是，尤其使我們興奮鼓舞的：就是科學家設計的實驗，常足以使人類歷史開展，社會文明前進，以下所述就是一個例證。

通常稱近世爲電氣時代，同溯我們所以能獲得利用大量電力的原因，可以說完全淵基於十九世紀英國科學家法拉第的電磁感應現象的實驗。這位出身寒微的大科學家對於化學，物理學上的供獻，不勝枚舉，這些暫且擱起不提。法氏對於電學發生興趣之初，先將當時已有的電磁知識加以學習研究，同時費許多時光重做別人曾做過的實驗。其時已知將磁針放在通有電流的銅綫附近，磁針必轉動一角度，法氏想磁針與電綫，其間必有力的作用，更進而推論，如果一個很小的磁極能繞着有電流的銅綫轉動；反之，一根電綫也可繞着一大磁極轉動。根據這個預測，他佈置一實驗如圖所示：F是一個固定的磁石，C為一可轉動的電綫。在左邊水銀杯裏，C' 一固定的電綫，F'為一可運動的磁石。B是乾電池。當電門K關後，有電流如箭頭所示。在這時候，C繞F迴旋，同時F'繞C'迴旋。只要電流不斷，這種運動是不停的。從這個實驗，法拉第知道電流可以產生機械運動，也就是說，電能力可以變為機械能力！近代的電動機，就是根據此原理造成的。法拉第對於這個發現尚不以為滿足。他進而思考：是否可以利用磁石所生的磁場（磁場一詞也創自法氏，意思是說磁石影響所及之領域）產生電流？是否一個帶有電流的傳導體，可設法使牠附近的導體生出電流？起先他做過多次實驗，都無美滿的結果。但他並不沮喪而間斷。一八三一年八月終成其願，這也是科學史最值得紀念的日子！

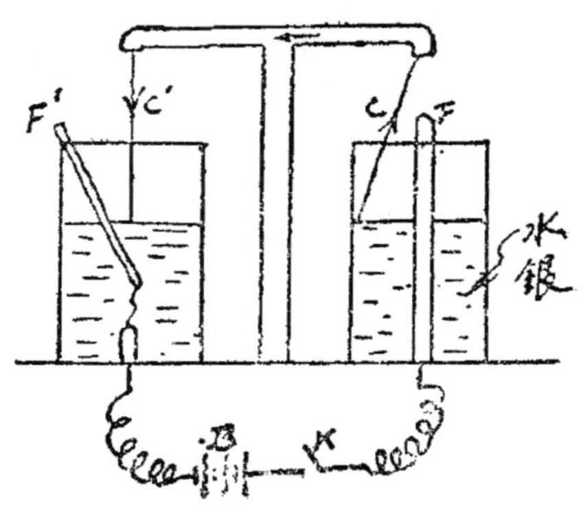

法拉第將電綫纏在一鐵圈的兩邊，成兩個電圈。一電圈接乾電池；另一電圈連以測電表，如圖所示：當電門K剛關時，電流通達，右方電表之指針忽震動一下；當左方電路開斷之際，電表的指針又轉動一下。這就是指明在一開一關的剎那間，有誘導電流存在於右方線圈裏。又有一次，法氏將磁石忽插在一線圈之中，線圈裏也有誘導電流產生；將磁石拔出時，

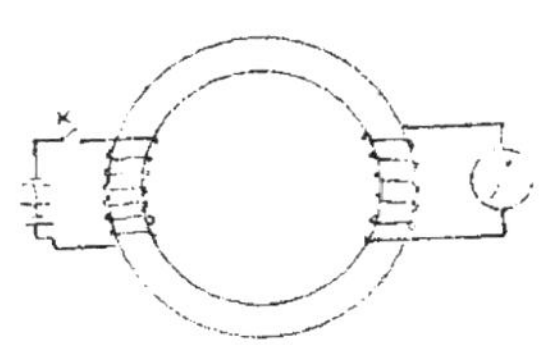

亦然，不過前後的電流方向是相反的。當磁石停住於電圈內，並無電流產生。

法氏曾做過許多類似的實驗，最後得到的結論是：凡磁場情形變動，可以使一個電導體誘導生電。如無磁石，用一線圈，其中電流忽斷忽續，都也可產生變動性的磁場。在前面的實驗裏，我們插拔磁石，開關電門，都是做機械的功夫變動磁場情形，而生電流。換言之，就是將機械能力轉變爲電能力！發電機就是依此理而生電的。

法拉第又建設許多電磁的理論以解釋電磁感應的現象，我們現在不多贅述。從他的實驗和研究，可以指示我們研究科學的方法。他先將當時已知的電磁知識弄得徹底明白，他有這樣豐富的知識，才能測想解釋普通人所認爲的奇跡。他的行爲不是盲目的紊亂的去撞機會，是先立一個假設與目標，循序而進。他的成功，不僅在有偉大的魄力及渴求眞理的熱誠，而在他能忍耐着去利用想像思考力去分析已知的事實，以求解決問題的途徑。他倚重實驗！從實地觀察中，歸納出結果來，修正假設，依理推論，終至於尋出眞理！這是值得我們效法的。實驗中可以得到活的知識！

小智囊　王新甫

△在任何魚類之中，凡是登在水面相近的，牠的眼睛必定很大，反之，深居水下的魚類，牠的眼睛必定很小，目力也很弱的。

△聲音的傳播速率，每因空氣之冷熱而異殊：普通在熱天，每秒鐘爲一二六六呎，在零度時，每秒鐘減至一〇八八而至一一五〇呎之間了。

△普通的一隻馬，眞的祇能用出四分之三匹的「馬力」(Horse Power) 來，一「馬力」的高舉力，等于三萬三千磅每分鐘能夠舉起一呎高。

△一個人血液的流通，平均每年達六二五〇〇〇哩長，如果一位八十歲的壽翁，他血液流通路程，就要達五〇〇〇〇〇〇哩了。

第四類　關於光學和聲學的

談燈光

程伯高

我們現在所用的燈，總是因某物質的發熱或燃燒而後生光；光也是一種能，所以現在所利用的燈光乃熱體發射出來的能。幾年前聽說日本某教授已能藉數種化學品之作用而發生「冷光」：換言之，這種光的光源是冷體。但無論如何，光總是一種輻射的能。光能以波浪之形式，在「以太」內沿直綫運動。假使牠透過小孔，再用三稜鏡擋住牠的波動，那麼牠就經過屈折而在對壁上形成一條彩帶。各種不同的顏色，各代表其獨特的波長：如果所用的光源爲普通的鎢絲電燈，設將縱軸代表輻射能，橫軸代表波長，則可根據實驗而作成如圖中所示的曲線。由這曲綫，可見鎢絲燈所輻射出來的能，百分中有九十多分是不可見的光，所以鎢絲燈實在是一極不經濟的光源。如果增高電壓，則燈絲的溫度隨着昇起，輻射能亦作急速之增加，整個曲綫向左邊遷移。假使燈絲的溫度升到和太陽的溫度（攝氏六千度）一樣，令這代表輻射能的曲綫的頂點，移至可見的光的區域之內，那麼這燈的效率可就大了。然而就實在情形而論，鎢絲的溫度，總不出攝氏二千五百度。人類的眼，經過了若干萬年的訓練，却僅能對於攝氏六千度光源的輻射，發生敏捷之感覺。所以鎢絲燈終不能使我們滿意。由上圖亦可知在可見之光的範圍

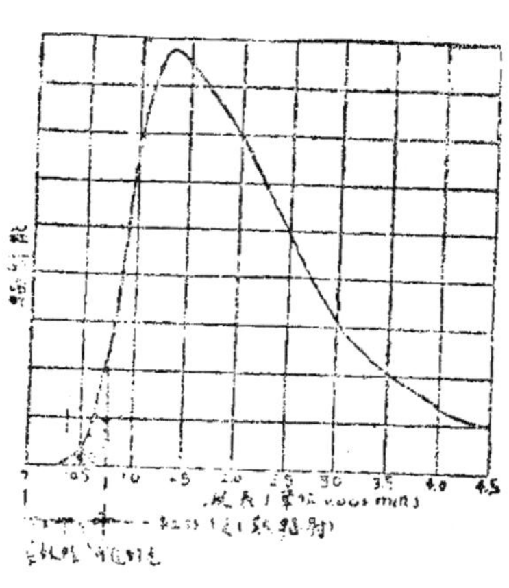

內，鎢絲燈向紅色方面所輻射的能量，較之白紫色方面者爲多，故若將普通之電燈光，拿來直接和日光比較，每覺前者甚紅。我們的眼睛，在人造光下之易於感覺疲勞，這也是一個原因。

我們希望光源所發出的光能，應均在可見的範圍以內。其在此範圍內的景像的連續，須與太陽光的相類。若進一步就身體的健康着想，最好還須要點紫外綫，但是這種光源，還在理想之中。

現在所用的燈，都不能適合我們的理想。譬如水銀燈，牠的綫景中有青黃藍紫各色，但無紅色。此燈雖爲一甚有效率的光源，但因爲光中沒有紅色存在，所以人在水銀燈下的顏色，頗不雅觀。但這一點可請俗所謂「年紅」燈來幫忙，「年紅」燈現正在飛速進展的時期之內，將來究竟要達到什麼地步，現在尙難預料。弧光燈也有與水銀燈相類的「選擇輻射」性能，惟其效率則比不上充氬的鎢絲電燈。又如螢虫所發出來的光能，僅含有一種波長，且這波長適約在可見的光的範圍中央，所以這種光源爲現在已知各種光源中最好的一種。但被螢光照着的物件，每顯着青綠色或黑色。總之，我們如果要想提高燈的效率，頗可以從「選擇輻射」這一條路上去研究。但截至今日，關於此項的成就仍然極少。我們所用的白熱鎢絲燈，恰稍微有一點「選擇輻射」的性質，所以現在不得不都應用着。

年紅燈

張西綠

在商業廣告化的上海，年紅燈已成爲一種很普通的東西，晚上在幾條較爲熱鬧的街上隨處可以看到年紅廣告燈刺目地放着強亮的光輝；不過東西雖然簡單而且普遍，可是製造的手續，發光的原理，不明瞭的人一定還很多，現在在這裏簡單地敘述一下。

（一）年紅燈發光的理由

讀過普通物理的人就應當知道光帶是好幾種顏色造成的，並且在光帶的二邊有紫外線和紅外線，平時因為紫外線和紅外線的波長不適合我們的視力，所以分不出牠的顏色來。假使我們能將牠的波長配合人的目光，那麼便可以分得出牠的顏色。年紅燈就是根據這個原理，拿年紅的氣體裝在細長的玻璃管子裏，二端裝二個電極，通以電流。在沒有通電的時候，年紅是沒有顏色的；當電流通過時，年紅氣體的原子受到電子的作用，便呈帶電現象，依一定的速度運動起來，於是就生出一種光的波浪，這種波浪的長度，恰好適合我們人類的目光，而生出一種鮮紅的顏色。

年紅燈是紅的，不錯的確是紅的，不過諸位一定要驚奇，馬路上的年紅燈不僅紅顏色一種，也有藍的，也有綠的，更有黃的，這些不同的顏色又怎樣生出來的呢？物理學上不是也曾講過，不同的波長能產生不同的顏色：就根據這句話，玻璃管內若不裝年紅氣體而裝別的氣體，仍用電力來活動牠，便能產出一種光波，其波長和年紅氣體產生的波長不同，因此感覺到人的眼光裏而產生的顏色，也就不同起來。利用不同的氣體，便造成了各色不同的年紅燈。所以實察上除了紅色的年紅燈外，年紅燈中所裝的氣體並不是年紅，而是別種氣體；可是一般人只知道年紅燈，因此也都叫做年紅燈了。

（二）年紅燈製造的方法

年紅燈的製造，是拿一至一又二分之一生的米達直徑的細玻璃管，彎曲成字形，一筆筆連在一起。有時候甚至於兩三個字都可用一根玻璃管彎曲而成，需要的部分顯露着，使這筆和那筆連接，而不需要的地方，就用黑漆將牠遮沒，不使裏面的光透到外面來。玻璃管將字形彎好之後，裏面灌滿了年紅氣體，或者氮氦等氣，甚至水銀、鎂、金屬的蒸氣（依照我們所需要的顏色而定），然後將玻璃管的二端封沒；裝上二個電極，這樣就製造成功了。當你通電的時候，就可以發出美麗的帶有色彩的光輝來。在這裏還得再補充一句，就是年紅燈用電雖很省，不過需要很高的電壓，大約要幾千伏打，因此普通電燈所用的電，須經過一隻變壓器，將低電壓變成高壓，方才可以應用。

（三）年紅燈各種顏色的配製

前面已經說過，年紅燈的各種顏色，是由於玻璃管內各種不同的氣體，但是究竟那種氣體可以配成那種顏色，此地再要細細的說明一下。配合年紅燈的顏色，歸合起來可分二大類。

（甲）純氣體配成的

㈠年紅氣(Neon)——鮮紅色

㈡氦氣(Helium)——象牙白色

㈢二養化炭氣(CO_2)——日光色

㈣氮氣(Nitrogen)——深黃色

（乙）金屬液體的蒸氣(Vapour)配成的

㈠水銀蒸氣——藍色（藍色的深淡可用水銀蒸氣壓力差異來定牠）

㈡鉈的蒸氣(Thallium)——綠色

㈢鎂的蒸氣(Magnesinm)——帶綠色

㈣鎘的蒸氣(cadmium)——帶綠光的藍色

上面所說的只有七八種顏色；據說現在已經能夠製造十幾種顏色以上，內中有幾種是純氣體和金屬蒸氣混合而成的，牠們的成分因爲製造上的競爭關係，我們局外人是不得而知的。

球形差與色形差　　陳毓漢

顯微鏡，望遠鏡，分光儀，照相器等都是利用透鏡而成的各種光學儀器，藉此，我們得以發見肉眼所不能見的天體和微物：這便是透鏡偉大的功効。無疑的，他已佔着科學儀器上極重要的位置，而爲人類所必不可少的工具了。

但是，當我們利用透鏡時，有很多的現象會發生，如球形差，色形差，縱橫差(astigmatism)，眎點(Flarespot)，變形(distortion)等：這許多，都是透鏡普通的缺點。其中球形差與色形差的影響最大，所以此地僅就這二種現象發生的原因和各個補救的方法，加以淺顯的說明一下。

日光經過厚薄不勻之透鏡後，光速便起快慢不同之進行，這就是說，凡與主軸平行的許多光線，經過透鏡的屈折面的邊緣者，其成焦點之時間較早，這是因爲透鏡在邊緣的緣故。同樣，光線經過屈折面之中部者，其成焦點之時間要比較慢些，這是因爲中部特厚的緣故。因此，所得焦點不在一平面上，而成一模糊的像(image)，這便是球形差。補救這現象的方法，可以把透鏡的邊緣，稍稍磨平，或者在透鏡前面，加一光罩，以縮小其光孔，免去光線從邊緣經過。

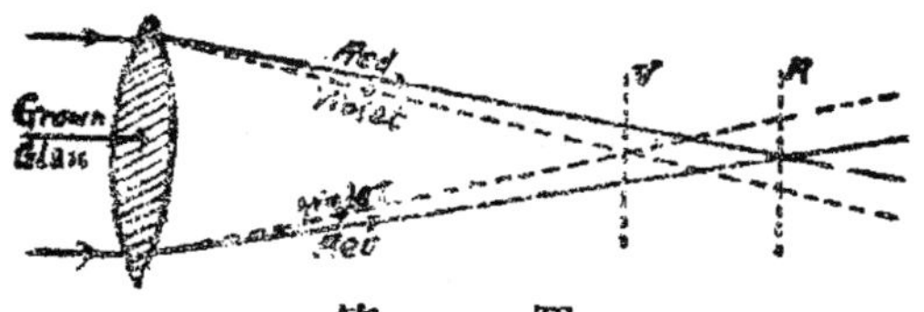

第 一 圖

日光經過透鏡，（太陽光由紅橙黃綠青藍紫七色所成），因光波長短的不同，於是各波便起不同之屈折現象：紅色的光波最長，其屈折率也就最小，而所成焦點與透鏡的距離當較遠；紫色的光波最短，屈折率最大，故其所成焦點，較近於紅色所成之焦點（如第一圖）。這樣的透鏡，便好像三稜鏡(Prism)的把日光七色分成光帶(spectrum)一樣。這現象便叫色形差，對於像的明暗與像的大小，有很大的關係。

補救此色行差的缺點，可以利用各種玻璃對於光的分散度的不同而配合之。如冕號玻璃(crown glass)的分散度比較火石玻璃的(flint glass)

爲小，於是把冕玻璃爲收歛透鏡，火石玻璃爲發散透鏡，使兩透鏡互相配合，成功分散作用相等而又相反的透鏡，那末，經過此兩層透鏡的光線，必不再有分散的弊病了。這種二層透鏡，稱爲無色差透鏡（achromatic lenses），如第二圖。

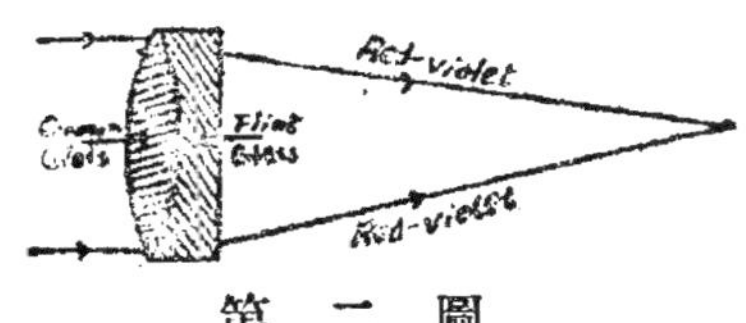

第二圖

光電池

陳毓漢

光電池（Photo-electric cell）和普通所見的乾電池、蓄電池等不同，他不能夠自己產生電流，而只能利用光的作用來調節電流。

光電池的構造和原理都非常簡單，他是一個二極眞空管的式樣，在玻璃的內壁，塗以鉀（Potassium）一薄層，作爲陰極；另外在管的中央部有一個陽極A（如圖）。管內抽成眞空，兩極各有導線連電池B。更在線路中裝一電流表G，像圖上一樣。

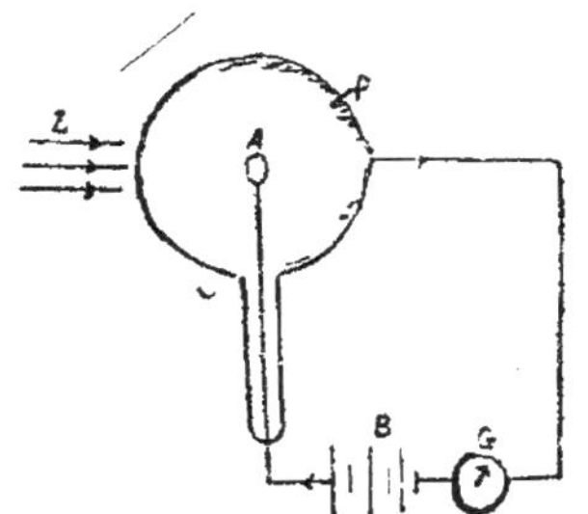

這樣的裝置完備後，就可以導入光線。光線正射在玻璧的金屬鉀上，鉀的電子（eleoctrons）便跳動起來，飛散在眞空管內。於是本來被眞空隔絕的陰陽兩極，得藉電子的連絡而完成電池B的循環。這時候線路上便有少量的電流，可以在電流表上察看得出。電流的量，是和光的強度成正例的，因爲光愈強，電子跳動的亦愈多，於是電流通過的量亦愈多了。

此種電流雖則微弱得很，但是可以用擴大器（amplifier）來把他擴大，以便應用。

光電池的功用很大，現在已是電傳形（telephotography），電影廣播(Radio-movie)，和電視(television)的主要部分了。

日光炊爨

郭鍾福

太陽是萬能之原，但是能直接應用之者甚少。近美國物理家愛博脫博士 Abbot，藉其熱能，以爲炊爨，頗著成效。緣彼居加利夫之維爾遜山中，該處日光劇射，炎熱異常。在一九一六年之時，彼已有好奇心，謀所以利用之以爲炊爨。於是努力設計，時加改良，至於今日，已很可應用。

愛博脫預算之中，須儲熱備一家之用，蒸煮菜素，烘焙麵包；卽當雲雨長夜，亦能隨時供給，不虞缺乏。故收集光線與儲藏熱量之設計，非常重要。彼仿造公寓中浴水鍋鑪造法，用濃集之陽光，以熱水管。然熱度至華氏二百度，壓力已高至一百二十五磅，但此已非普通水管所能支持；故改用重油，則能熱至二百度，壓力不會如是之高，且不會沸騰或蒸發，而能很隱定的儲蓄極大熱量，用以代水，便利較多。

至於陽光之濃集，彼特製一拋物線形之大反射鏡，使日光會集於一焦點。鏡長十二呎半，闊七呎半，其面正對北極星，故其軸與地軸相並行，但因不易得適宜之反射面，頗費斟酌。蓋用錫箔，則易起皺痕；鋁金屬又易在空氣中變質。新近之改進，則用擦光之不銹鋼，比較適宜。鏡之全面，蔽以玻璃，所以防塵垢者。此鏡必須與日正對，隨之東西轉動。彼於是製一轉動計，旣經濟，且效著，大概工作一日，費用祇五元。假使轉動失當，則預連一精巧之鬧鐘，可以警人。

光線濃集後，使直射至受光器。受光器後有上下兩鑪竈，在下者油面先受熱，澎漲而上昇；上面較冷之油，因比重大而下沉，如是卽起對流作用，各部溫度，漸次均勻地增高。四週則包以絕緣體，以防熱之擴散。

一九三三年之夏，愛博脫博士，柬請名人，參觀其炊爨。是日爲七月十五日，適天氣陰霾，然其鑪灶中之熱度竟達華氏三百六十五度。據云，儲量足供一週間日夜烘煮麵包之用。故愛博脫已有相當成功，但設備昂貴，苟能再進而研究，使器械簡單化，爲一般人家多能備置，則其供獻於社會者，當非淺鮮。

幻燈

林菊君

吾人視覺，甚爲遲鈍，雖刺激之光線已經消失，其網膜上所生之物像，亦能暫時間持續而不消滅：例如夜間旋轉着火之線香時，則其火頭成輪形；又日中落下之雨點，望之成爲雨線等是。依實驗結果，光綫消失後之視覺殘存時間，約長$\frac{1}{10}$秒。故在$\frac{1}{10}$秒以內之運動體，如使其像依次映於網膜之上時，則物體起首之運動狀態殘留間，其次之運動狀態復現於視覺，因之物體之運動狀態，連續表現於腦中，使吾人感覺，與物體實際運動之情形相同。

幻燈，即應用上述原理造成者。其方法先將運動物體以每秒攝影十餘次之速度連續的攝取，以製成透明之連續陽畫。將此畫置之幻燈器械中，以相同順序，相同速度，繼續映出之，則眼之網膜上，映受多數之物體瞬間運動之連續像，因而感覺其像之運動，儼與眞實物體之運動相同。

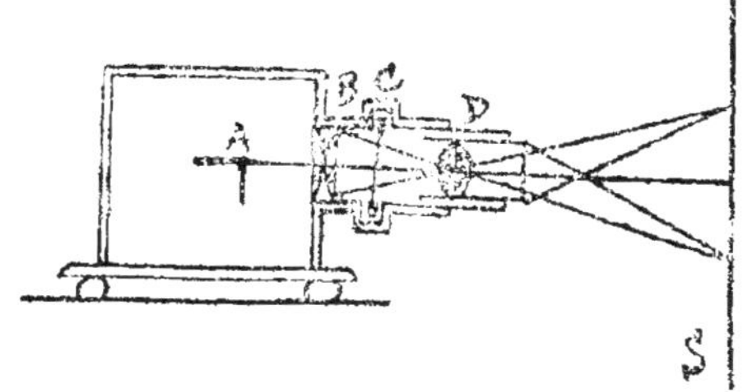

左圖所示者，爲幻燈器械之略圖，其箱之中央A爲強光源，D，B爲凸透鏡，C爲玻璃畫片。由光源發出之光線，被凸透鏡所收歛後，強照於玻璃畫片C上。故畫之實像，即因透鏡D而擴大，倒立於屏風S之上。其透鏡與玻璃畫片之距離，由螺旋之裝置，可以適當變更，故畫片上物體之像，能明晰的狀於屏風之上。

人體發光之一實驗

馮寶頤

晨報廿三年七月間載有世界新聞社羅馬電：「意國脫里斯脫市有婦人摩納魯夫人者，年五十歲，其胸間能發綠光，久爲科學家研究之的，而有『電婦』之稱。最近電學大家馬可尼氏，以意國科學研究院主席之地位，商請摩納魯夫人，至羅馬小住，俾再作嚴密之考查。該婦現居羅馬一醫院中，不願對新聞記者交談。其對語皆甚單調，答問間，似有神秘之力控制之者。據云，其胸間綠光，僅於深入睡眠狀態時射出。科學家現正就此點研究云。」這段新聞，當然給予科學界以絕大的注意。

但人體發光之事，宣騰已久，並且已有種種方面的證明；不過近年來，殊無顯見的進步，遂把這事束諸高閣，無人過問。記者從前在日本，聽見岡田教授講及德國某科學家，發明人體上發出的N光後，那時便很高興的實試起來；因爲距今已有二十年，對於人名地名年代，都已有些兒模糊了。至當時在東京實驗的情形，約略還有些影蹤，茲將所憶，略寫如下。

「在顯影室裏，取照相用感光片(即玻璃乾片)，上面敷白紙一張(愈薄愈好)，白紙上由墨筆繪圖或寫字均可。白紙與乾片之藥面(即有膠感光面)，緊密切合(與普通晒照法大致相同)。然後用一張黑紙(原包乾片黑紙)，將這有字畫之白紙與乾片包起來，有白紙一面，祇隔一層黑紙，無白紙之玻璃面則摺叠多層不妨：這些手續均在顯影室中行之。準備好了，把這黑紙包緊貼在胸前，包內有白紙，一面向胸，另一面向外，衣服都要解開，貼着肉體。如此經過二十分至三十分鐘的感光(假定胸前有光)，然後把乾片拿到顯影室，照普通顯影法顯影，則有墨處不感光，餘均感光，顯然可見。

當時的實驗，如此而已，亦未作更深的探討，除胸部外，都無所見；其光是否只限於胸部，何以其光祇透黑紙而不透墨痕，均不可解。摩納魯夫人胸前的之光，與此光是一，是二，殊不可知；或因濃淡之不同，所以有見有不見，亦未可知；至於語音單調，似有神秘力控制，則這一類的人很多，而胸前未必全能發光，則光之與單調與神秘，似無關係。但夫人在睡眠狀態時射出，吾人試驗則在醒覺時，或尚有不同之處，願當代科學家，進而研究之。

攝影機裏面的理化作用　　楊自新

攝影機裏有兩個很簡單而重要的部份：一個是前面的鏡頭；一個是後面的感光片。我們可以說鏡頭裏面起的是物理作用，而感光片上起的是化學作用：攝影機就是合物理、化學雙方的原理構造而成的。

鏡頭是一個收歛透鏡和隔膜合成的。光線經過所欲照之物體而入透鏡，通過透鏡造成該物體之眞影(real imaze)於感光片上。隔膜置於透鏡之前或後，所以調節光之多少落於感光片上，使示物影的光輝或暗淡者，換句話說，可以變更攝影機的靈敏度；因靈敏度和隔膜祖開之面積成正比例。隔膜的位置很發生問題，要說是放在透鏡之前，則所成之物影，中部略要說是放在透鏡之後，則所成物影，四週略大 。這種現象 ，名之曰歪曲(distortion)，意卽走樣之謂。爲免除此種劣點起見，通常鏡頭裏面都用兩個完全一樣的收歛透鏡，隔膜擺在牠們的正中間，於是中部略大，和四週略大，互相抵消，可以得到一個很可靠的物影。至於物影的大小，是與透鏡之焦點距離成正比例的，但是要拍一個較大的照片，透鏡之焦點距離很大，攝影機的箱子也得要大，那豈不是很不方便嗎？所以要拍大照片的話，除上面所說的兩個收歛透鏡而外，另外要加上一個發散透鏡，裝在收歛透鏡之後，因這發散透鏡產生較大之虛焦點距離，只需不很大的箱子了。

感光片是一塊玻璃或硝酸棉質片，上面塗了一層氯化銀或溴化銀的和膠質或哥路殿的混合液。氯化銀或溴化銀在混液中，對於光綫的感覺非常靈敏。當光線經過透鏡射在感光片上時，氯化銀或溴化銀就立即起一種特殊的變化，即氯或溴與銀分開。於是感光片上，受到光線的部分，失去了氯或溴；而未受到光線的部分還是沒有變動，即仍是氯化銀或溴化銀：結果，物影已映上感光片。不過這時的物影依然不清楚，看不出，需得浸在米多耳（metol），鈉化硫，和炭酸鈉的溶液中，使受到光的部分完全變爲銀；然後將片上未起變化的氯化銀或溴化銀用抱硫硫酸鈉sodium thiosulfate 洗去，即得吾人所謂之底片。片中物象之明暗處與原物之明暗處適相反，此甚易明：因原物之明處，光線很強，射在感光片上起的變化較烈，於是浸入如上述之溶液中，被還原之銀亦多，即其處爲感光片上之極暗部分，同理原物之暗處爲感光片上之極明部分。底片既成，原影就非常的容易好辨了。用的方法和材料是與做底片差不了多少的，不過製底片時是將影攝在底片上，而現在只需從底片上用感光的物質將物影印下來，用米多耳，鈉化硫和炭酸鈉的溶液去洗一下，原影就顯然的露出來了。把牠晒乾，不就是我們的照片了嗎？

有聲電影的原理

程以煜

眼睛內視神經對於一樣物體的影像，一定要到1/8，至1/4秒後，方能完全消滅。若在這一霎那間，第一個物體，未曾消滅前，而第二個物體繼續上來時，我們看上去就能有一個特別的現象了。譬如我們看雨滴下落，好像成一直線，其實牠真的是成直線落下來的嗎？不是，完全是因爲雨下落得太快，並且又是連續不斷的落下，所以神經內存有連接的影像，這樣便好像成一直線了！

活動電影，就是利用眼睛對於物體的感覺，非要保持到1/8至1/4秒後不能消滅的原理。活動電影的像片，用膠片製成長卷，以每秒鐘十餘次的速度，攝成活動體的像片，等到開映時，仍用原來的速度，在強光下擴大而至對方幕上，就能像連續的動作，和原來攝得的動作完全相同。無論有聲和無聲電影，都是根據這個原理。

至於有聲電影爲什麼能夠發音呢？第一，我們得知道有聲電影的影片上，必有深淺的條紋，這種條紋，使能在開映時發出音調來。現今所通用的裝置法，有下列二種：

（一）莫維通(Movitone)—— 此爲應用光波和聲波的原理，使演員所發的聲波，經過電流，使電流起振動，而生電；更由電波，變成光波，而這些光波就在影片的邊上，起粗細深淺的條紋。到了映演的時候，就以相反的原理，在銀幕上映出影像，同時使電流通入器內，發出聲調。

（二）維太風(Vitaphone)——這類有聲電影，是用同速度的電動機，旋轉機器，使在攝影時收得聲音，在開映時仍用同速度的電動機，使像片和蠟片旋轉，而有聲音發出：這種裝法就叫維太風。

小 智 囊

郭淦齋

燈炮中鎢絲的直徑

燈炮中現在大都用鎢絲，它的直徑祇有百分之一糎，不及我們頭髮的五分之一。

元　素

世界上的元素，可分爲九十二種，除了兩三種（原子量很重）元素外，都已發現。其中氫的原子量爲一・〇〇八，可爲最輕的元素，所以一向我們叫它輕氣。鈾的原子量爲二三八・二，可爲最重的元素。放射性元素，換句話說：它是不穩定的，能夠慢慢的體解而發生鐳元素及放射能。

第四編　化學之部

第一類　化學論著

溶解作用概說

范　棠

二種不同物質分子間的調和，不論是氣體，固體或液體，都叫做溶解，所組成的調和物，就叫溶液。因為大都的溶解作用是固體的溶解在液體中，而最普通的溶劑又是水，所以溶液兩字都從水字邊膀。但這裏所討論的，不僅限於水溶液，因其他任何固體或氣體，都可像水同樣地溶解別物。

因為一個分子是小到用放大幾萬倍的顯微鏡還不能得見的，所以這樣組成的溶液，無論在化學上和物理上，都可說是完全一致的。這就是說，若你在這溶液裏拿任何微小的單位，和其他的單位相比較，在性質上都沒有異樣。譬如一滴墨水，溶在無論多大的水中，在竭力攪拌後，各部的顏色可說是極一致的。又如一粒食鹽溶在水中後，任何一小部分，都能一樣的使你味覺有鹹的刺激，若用硝酸銀來試驗氯離子的存在，那麼各小單位都能使你有一樣的結果。像上面的顏色和味覺可說是物理的性質，氯離子和硝酸銀有白色沉澱，可說是化學上的性質。從這裏我們就得問，既然溶液中的兩種物質，這樣地調合到無微不至，不就可稱牠是一化合物了嗎？但諸位要牢記着，化合物是用不同的『原子』組成的，不能輕易把牠的組成物分離，且有一定的性質，一定的成分的，但這裏的墨水和鹽水，可以濃淡隨便，若加熱蒸發，復僅有水分可離開。所以溶液處在混合物和化合物之間。

理想中的溶液在任何方面說來，牠的性質，應當是完全相加的，同時應不起任何化學作用：如一升水加一升酒精，混合後，我們應得二升的淡酒精，且混合時不可發熱或吸熱，此溶液的比重，濃度，黏力，和顏色等更應當是二者的平均數。但事實告訴我們，這樣的理想溶液是很少的，所以下面討論的並不限於此。

現在依照組成溶液的物質的形態來分別，可得下面的九種溶液。

(一)氣體溶在氣體中。

(二)氣體溶在液體中。

(三)氣體溶在固體中。

(四)液體溶在氣體中。

(五)液體溶在液體中。

(六)液體溶在固體中。

(七)固體溶在氣體中。

(八)固體溶在液體中。

(九)固體溶在固體中。

在這裏得聲明，溶劑和溶解物的區別，完全是假設的。普通常拿溶液中佔大部分的叫做溶劑，佔小部分的叫做溶解物，所以液體溶在氣體中，我們亦得說是氣體的溶解在液體中，但為便利起見，我們還是分成九類解釋的。

(一)氣體和氣體的溶液

誰都知道，空氣不是一化合物，而是一含有五分之四的氮和五分之一的氧的混合物，但因氣體內分子間的距離較大，氮和氧很容易精密的調和，所以空氣也是一種氣體和氣體的溶液。不但空氣如此，我們可說任何氣體的混合都能成一溶液。

氣體間調和的均勻，是可不用攪拌的。因爲氣體的分子常在跳躍着，跳躍的速度又不會因別種氣體的存在而減少，所以不多幾時後，兩種不同的氣體放在一起，就能融洽：這種因分子跳躍而分散各方的行動，叫做擴、散作用；如一瓶揮發香水置於室中，不久後卽能全室芬香，這就是揮發氣體和空氣的溶液。

氣體的混合，是比較最合於理想的。第一證明是化學性質的不變，如空氣中的氧氣雖和氮氣溶合，但其性質仍未改變。第二，是比重的取代數平均值，如一升一兩重的氣體和一升二兩重的氣體相混合，這樣所成溶液的比重，必爲一升一兩半。第三是容積的不變，如同在大氣壓力下，一升氧氣和二升氫氣混合，結果可得三升的混合氣體。其他同樣的證明，更不勝枚舉。關於數種氣體混合時壓力和容積的關係，我們就得介紹一條達爾敦的「分壓定律」，意思是這樣的：如有數種氣體混合而不起化學作用時，那麼，此混合物的壓力就等於各個氣體分壓力之和，用算式來說明就是：

總壓力＝(壓力)甲＋(壓力)乙＋(壓力)丙＋……

例如在大氣壓力下的一升氧氣和二升氫氣混合，在三升的體積內，那麼氧氣受到的壓力變成三分之一個大氣壓力，而氫氣受到的是三分之二個大氣壓力(二升氫氣置在三升體積中)，加起來，這混合體的總壓力是一個大氣壓力，亦就是說若這混合物放在一升的體積內，牠的總壓力必是三個大氣壓力。我們現在覺得這樣說法未免太笨，但達氏當時能證明這樣的定律已很可驚人了啊！

(二)氣體在液體中的溶液

從魚類能在水中生存的事實，很容易使我們明白氣體在液體內溶解的可能性：魚類是動物，是動物必賴空氣以呼吸，所以水中含有空氣是無疑的了。從實驗的結果得知，在平常溫度下，每一百升水中約可有三升的氧氣，和二升的氮氣，所以水中的空氣，其成分已變，這是因為氧氣比較氮氣容易溶解的緣故。就從這一點，我們亦可證明空氣是一混合物而非化合物、

就從空氣的溶在水中，我們可知，各種氣體溶在液體中的數量是因氣體和液體的性質而不同的。譬如，不但氧氣和氮氣在水中的溶度不同，並且氧氣在水中和在別種液體裏的液解度亦是不同的：如在常溫下，一百升酒精內，祇能溶二升氧氣。

氣體怎樣會跑到液體裏去呢？這個問題，若用分子觀念來解釋，是非常容易的，最緊要的一點，就是要知道液體是不連續體：就是說，液體的分子間是留有空處的。於是我們不難設想氣體能鑽進這空間啊！但因氣體的分子，是常在很劇烈的跳躍着，有分子進這空隙，亦必有分子離開這空隙，及至最後而達到一平衡的狀態。到那時候，跑進液體的分子恰和離開液體表面的分子相等，同時，定留在液體間的分子數目，因此也不變。這時的溶液，就稱為「飽和溶液」。

我們更可預想，譬如液體上氣體的分子緊密一些，跑進液面的分子必定可增加一點。這個猜想是靠得住的，因為科學界的前輩已確實試驗證明過，現在就把這「亨利定律」照直的抄在下面罷！「任何氣體在液體中的溶解度（指重量），是和這氣體在那液體上的壓力成正比例的。」但我們若拿容積來說，是仍舊不變的，因為壓力加倍時，同容量氣體的重量，其實也已經加倍了啊！就拿氧氣講，譬如在普通空氣下，一百公升的水能溶四公分重氧氣的話，那麼在純粹氧氣同樣情形之下，一百公升的水定可溶解二十公分重的氧氣，因為在空氣中，氧氣僅佔五分之一，現在拿五分之一變做一，四公分當然可增至二十公分了啊！這個利用壓力來增高溶解度的

事實，能在開汽水瓶子時確實得見的：汽水中是含有炭酸氣的，瓶子未開以前，裏面的壓力是極大的；塞子開後，壓力就變爲大氣壓力，裏面的氣體不能更容停留，所以氣泡直冲而出。從此亦可知氣體雖然很輕，但牠的力量，是很足驚人的了。

至於温度對於溶解的影響，是更顯著了：一杯水加熱時，沒有沸滾前不是常有氣泡跑出來嗎？這個現象就可證明温度升高的不利於氣體的溶解了。但這裏温度和溶度的關係，沒有像上面亨利定律那麼簡單，且各種氣體情形又不一致，所以現在無庸贅述。

更有一點得聲明的，就是：一種氣體的溶解度，是不因別種氣體的存在而變小的，譬如水能溶解氧氣，同時又能溶解別種氣體。這現象的解釋亦很明淺，因爲液體分子間距離和氣體分子的大小，有萬與一之比，所以空隙間有了這氣體的分子後，牠的大小，可說仍舊是一樣的。不過液體中若已有別種固體溶解後，氣體的溶度，就得大減。如放食鹽於水中時，常有氣泡上昇，就是一例。這種排斥作用的解釋，直到現在還不能確定，但大概是因食鹽和水作用後，水已失去溶解能力的緣故。

更有許多氣體溶在水中時，常能發生熱量，且溶度很大：如在攝氏十五度，一個氣壓下，一升水能溶解一千二百升的阿摩尼亞，或四百五十升的氯化氫。其實這種現象已不可稱爲溶解了，因爲大都已起化學反應。如乾燥的氯化氫是不能使藍色石蕊紙變紅的，而牠的水溶液則呈強酸性，所以我們可說氯化氫溶在水中後，即起「電離作用」，變成氯離子和氫離子，因此而得鹽酸：

$$HCl \rightleftarrows H^{+}+Cl^{-}。$$

同樣的例子眞多着，現在不妨略說一下：阿摩尼亞溶在水中而得氫氧化錏；

$NH_3+H_2O \longrightarrow NH_4OH$。

二氧化碳在水中而成炭酸：

$CO_2+H_2O \longrightarrow H_2CO_3$。

氧化氮等在水中卽成硝酸和亞硝酸：

$N_2O_5+H_2O \longrightarrow 2HNO_3$，

$N_2O_3+H_2O \longrightarrow 2HNO_2$。

更如氧化硫等在水中而成硫酸和亞硫酸：

$SO_3+H_2O \longrightarrow H_2SO_4$，

$SO_2+H_2O \longrightarrow H_2SO_3$。

（三）氣體在固體中的溶液

氣體能鑽到固體裏去，想是讀者所不信的。誠然，這種現象，以前的大科學家也沒有注意到，及至最近始得發現。在這裏値得我們提出的例子，是氫氣的跑到鈀片裏去。鈀是一種希有金屬，色白如銀，和白金是同屬。如把牠研成粉末，那麽，一容積的鈀能溶解八百容積的氫，怎不驚人呢？更譬如我們電解水的時候（或任何電解質，能在陰極發生氫氣的，如稀硫酸等），若拿鈀片來做陰極，起先我們不能看見有氫氣泡離出水面，因爲所成的氫都溶解在電極中了啊！在這情形下，一容積之鈀，竟能吸收到九百容積的氫。

在鈀中的氫，比平常的氫，要厲害得多：譬如把含氫的鈀放在硫酸銅溶液中，我們得見金屬銅能附着在鈀片上，同鋅片或鉛片放在此溶液中一樣（因爲鉛，鋅或氫都比銅厲害，故能把銅從牠的溶液中替代出來，而成硫酸鉛或硫酸鋅等）；但我們若將普通的氫氣通入硫酸銅內，就沒有這種作用。因此這種比較厲害的氫氣，我們常可用作強力的還原劑，在有機實驗室中用得更多。

我們知道氫的分子最輕，因此跳動得亦最快，所以可預料牠能比別種氣體容易跑入固體。但鈀又不是最輕最稀的金屬，那麼氫氣為什麼祇能跑進鈀片中去而不能到別的金屬片裏去呢？這個問題如同上面已說過，現在是還不能解答的。

其他如活性炭的能吸收毒氣，亦未嘗不是一例，但這種現象，現在還沒有證明它是否可稱為溶解，因為溶解的條件也很苛刻的啊！

(四)液體在氣體中的溶液

液體能混和在氣體中而得稱為溶解是很難得的。有霧的時候，不是可說是水分混在空氣中了嗎？但這種混合體祇是混合體，因為這時水分的細滴子，即使我們拿肉眼已不能看見，但仍舊不能逃過顯微鏡的證實的，就是在顯微鏡下，這些細滴子是能夠得見的；但溶解應是分子的調和，而分子是在顯鏡下看不見的：所以這種細滴已是從幾千萬個分子集合而成的了，那得稱為溶解！

但我們還可這樣地假想，當水蒸氣剛在凝結的時候，不是水的分子調和在空氣中嗎？這時的空氣不是可說是水分的溶液了嗎？但這種設想也未必靠得住，因為我們不能證明水氣在凝結時是沒有結聚的(Association)。

總結一句，我們敢說這種溶解是可能而現在還沒有得知的。

(五)液體和液體的溶液

兩種液體混在一起,可依照他們相互間溶解度的不同而分為三種情形。

(甲)溶解度無限的——如酒精同水，能在任何比例下混和而仍舊調勻的。在這裏我們不可說那一個是溶劑那一個是溶解物了，因為水能溶解酒精，未嘗不可說是酒精溶解水啊！

(乙)溶解度有限的——如醚同水，醚可溶解在水中而有一定的溶解度；水同時也能溶解醚，也有一定的溶解度。若超過這溶解度，我們就得兩層不同的溶液了。若將醚慢慢傾入水中，起先是醚溶解在水中，若醚加到一定程度後，水已成醚的飽和液液，隨後卽形成兩層。當然，輕者在上，重者在下。

（丙）完全不能調勻的——如荳油和水是絕對不能混合的，所以這樣的兩種液體，是不能組成溶液的。

兩種液體，怎樣能混合，怎樣不能混合，當然仍舊是依照牠們的性質而定的。但現在已有一個大概的解釋，不妨一述：就是凡兩種液體的分子式相像或類似的，常能組成溶液，如絕對不同的，則否。如水和酒精的分子式是極相似的：

水……$H-O-H$，

酒精……C_2H_5-O-H。

水中一個氫原子拿乙烷基來替代就得酒精，故牠們能完全融洽。更覘水和乙醚：

水……$H-O-H$，

乙醚……$C_2H_5-O-C_2H_5$。

結構仍相仿，但已無水和酒精的那樣密切，故兩者能相互溶解而有一定的溶解度。由此推論，我們可料想乙烷和酒精是極能融合的，因爲酒精中的一個氫原子祇要變一個乙烷基就能得乙醚。的確，在事實上牠們一對是屬於（甲）類的。更如油類和水大都是不會溶合的，因爲牠們的分子式相差得太遠啦：

水……$H-O-H$，

油類……$C_3H_5(-O-CO-R)_3$。

但上面的解釋，仍是很偏面的，爲什麽溴極能溶於四氯化碳中而極難溶於水，像這一類的問題是仍舊無從解答的。由此可知科學家的工作是絕無止境的。爲了一個「爲什麽」，竟能費去數十年的心血和精神，在科學界是極尋常的。

（六）液體在固體中的溶液

誰都知道，海綿是很能吸收水分的。但這種現象祇能稱之爲吸收；而不得爲溶解，因爲海綿的細孔決不會似分子那麽小：水分跑進去，也決不是分子間的離散，所以祇要用力一擠，水滴就被迫而出；並且一滴水放在海綿上，很難得會任意四佈的。其次我們更可看很多的含水結晶體，如明礬，石膏，膽礬等，可說合於條件了，但復因牠們含水的量是一定而可用公式表明的，且這裏面的水分已成原子間的結合，所以也不得名爲液體在固體間的溶液。上面的兩個例子，海綿和含水物，眞可說是過與不及，所以都不是溶液。

那麽，這一種的溶解是不是可能呢？讀者且慢發急，天下的事物現象眞多着呢，祇要我們肯去研究去探討，當然能把牠們歸門入類，所以這一類的溶解作用，也已經許多耐心的科學家找着了。我們現在拿來引證解釋，已是步他們的後塵了啊！有一種矽酸化物名叫清水石者(Zeolite)，透明而勻稱，常能含任何量的水分或別種液體（如酒精等），而透明與均勻性仍能保持，故此類含水清水石若稱作液體於固體中之溶液，却可當之無愧！

（七）固體在氣體中的溶液

這種溶液，的確是難得的，塵埃飛舞於空中總得沉息，所以不得稱之爲溶解。這也難怪，因爲要固體分子間離散在氣體中是極難的，直至現在還沒有一個例子可引來解釋。

（八）固體在液體中的溶液

這種溶液是九種之內最佔重要的，更以固體的水溶液爲最。通常的所謂溶液就是這一種。

放一撮白糖在水中，漸漸地見牠消滅，究竟這白糖到那裏去了呢？這是無庸疑慮的，牠已變成糖的分子鑽到純水的各處罅隙裏去了。這樣組成的糖水若把牠加熱，使水分完全蒸發掉，我們仍可得到純糖；若把牠冷却，使水分凝結，我們又可見糖塊能和冰塊分離，所以這樣完成的溶液，牠的性質雖是內勻調和，但仍能用簡易的物理方法把牠原來的組成物分開，所以溶液祇是均態的混合物罷了。

白糖，食鹽都很能溶解於水中，但爲什麼水中放入少量泥沙就混濁不堪了呢？這個我們祇好說泥沙在水裏的溶解度較小，所以多下的泥沙就懸混在水中；但爲什麼泥沙的溶解度這麼小呢？那這問題，現在是無從解答的，祇好說是牠的天性使然了。現在這個問題且擱之不論，且再談溶解時之情形。誰都知道，吃糖的時候老是不耐煩的等牠自行溶解，總喜歡使牠在嘴裏轉動，讓甜的唾液咽下，或者更性急的話，把他嚼成數塊，似乎比較可快些。這樣種種情形，就足夠使我們領略溶解時最好的情形了。第一，因爲溶解作用常在固體的表面上發生，所以表面愈大，溶解速度愈快，因此要迅速溶解固體時最好先磨成細粉。第二，因爲固體在液體中的溶解度是有一定的，所以若溶解度已經達到，那麼其餘的固體就不能更溶解了，所以要使多量的固體溶解，需用多量的液體。第三，固體在液體中的溶解速率是和這原來溶液的濃度與飽和時濃度的差成比例的。如把同量的食鹽放入一杯清水和一杯一樣多少而很濃的食鹽溶液中，當然清水裏的食鹽要消滅得快些，所以嘴裏的糖要快一點消滅，必給新鮮的唾液給牠。第四，溶解的速度和攪拌很有關係，因爲假使放固體在靜止的液體裏，起先固體在表面上慢慢溶解，而牠附近溶液的濃度也就漸漸增高，因此速度漸小，雖然較遠處的液體的濃度還很小，照大體講來，當然還可溶解很多；所以一經拌和，使濃度均勻（亦就是減少固體附近的濃度），速率自然加快。

上面四種情形，不過是關於溶解的速度而言，至於關於溶解度的大小是不受任何影響的。

究竟「溶解度」是什麼意思，現在就順便申說一下。照普通講，溶解度是能在一百公分重的液體裏溶解的固體的最高重量。因水的比重是一，若一百立方公分的水內最多能溶解三十六公分重的食鹽，那麼食鹽在水中的溶解度就說是三十六。我們若把四十公分的食鹽放到一百立方公分的水裏去，在調和後，必不能完全溶解，而有四公分的食鹽留下來。在這時的溶液就稱作飽和溶液。在一定溫度下，各固體的溶解度是不變的，當然和溶解時的速率沒有關係。

要改變固體在液體中溶解度惟一的方法，是溫度的變更。大都的物質，在高溫度時總比較在低溫度時容易溶解些。最顯著的例，就拿明礬來講，在攝氏另度時，牠在水中的溶解度是六又十分之五，但在七十度時增至一百十三，在此七十度間，相差竟至十數倍。這種現象對於製礬工人是極有利益的：他們祇要將礬石在高溫度時溶解在水裏，稍加蒸發，及其冷下，就能得到很潔純的結晶體了。這裏我們更應爲製鹽工人嘆惜，因爲食鹽的溶解度在高溫度時是增加無幾的，所以要鹽塊結晶，非得把水分完全趕掉不可！溫度降高時，溶解度反小的物質也是有的，但很少見罷了，如許多鈣的有機鹽類等，就屬於這一類。

很多的固體溶解在水中時，常能使溶液冷却，換言之，這種溶解是吸收熱的。如將硝酸錏及氯化錏的混合物放置在濕板上的小水杯中時，則此水杯下之水能因此混合物溶解時吸熱的緣故，結成薄冰，也不是偶然的一回事。但從另一方面講，有許多物質溶在水中時常能發生熱，就拿簡明的例講 生石灰加水時不是能熱氣蓬蓬嗎，更有人說若把雞蛋放下，能立刻煮熟，這種玩意兒雖作者沒有做過，但想去定是可能的。不過，話又得說回來啦，我們不是在本篇的第一節說過，理想的溶解應沒有熱的變化，苟有變化，就不配稱作溶解作用了嗎？不錯，這些溶液都是出乎理想的，因爲在溶解時，大都已起化學作用，如生石灰在水中就成石灰水：

$$CaO + H_2O \longrightarrow Ca(OH)_2 + \text{熱}。$$

同樣，其他的物質，溶解在水中時，常起離子現象，如：

$$KNO_3 \rightleftharpoons K^+ + NO_3^- - \text{熱}$$

更有許多能成結晶體的無水物，能和水起加水作用而成結晶狀：

$$CuSO_4 + 5H_2O \longrightarrow CuSO_4 \cdot 5H_2O + \text{熱}$$

（無水硫酸銅）　　　　（膽　礬）

照普通常識來講，若是溶解時是吸收熱的話，那麼我們加熱給牠，必能幫助牠溶解，所以這類物質的溶解度在高溫度時必比較高些。同樣，在溶解時發熱的，牠的溶解度在低溫度時必能增加。這兩個預料是都圓滿的，因爲事實證明是這樣。若拿這種說法改變一下，我們就得一條很好的「勒沙特利爾定律」了，可惜我們已讓勒先生佔了先了！他是這樣說的：在物理或化學的平衡系中，若變其平衡之因子（如溫度，壓力，濃度等），則此系向反抗其影響之方面而變化。在此地，拿硝酸鉀來講，飽和溶液就是一平衡系，溶解時吸熱或降低溫度，即是影響，若反抗此影響（即加熱或增高其溫度），這平衡系就能向前進展，就是硝酸鉀溶解得更多些，故高溫度時溶解度可增。

更有一緊要的現象得說明的，就是溶液冰點的降底和沸點的升高。海水的不易結冰，就因海水中含百分之三的食鹽：從複雜的公式算來，可知牠的冰點約在攝氏零度下二度；同時此海水的沸點亦能增高半度。這種現象，都是因水溶液中蒸汽壓力因溶質存在而降底而生的，其原理現在祇可從略。

上面所講的溶液都是拿水作溶劑的，但對於許多有機物講來，那麼，水已失去其權威而不是最好的溶劑了。同時，酒精，醚和酮就應運而生，因爲牠們能溶解有機物正和水的能溶解無機物一樣的重要而有効力。

以上諸溶解作用，都可稱作眞實的，因爲若將溶劑蒸發驅除掉，我們就可得原來的溶解質，牠的性質完全不變。但除此之外，還有很多固體能在液體中消滅，而並非出于溶解，完全是因起化學變化而生的。如鋅片能消滅於硫酸中而生氫氣及硫酸鋅：若將生成的液體蒸發，我們祇能得硫酸鋅而不能得原來的鋅；更如金屬鈉亦能在水中起作用而融消：但若將此液體蒸發，僅可得苛性鈉：故此項溶化一槪不得稱低溶解作用，祇是固體和液體的變化罷了！

（九）固體和固體的溶液

第九種可能的溶解作用就是固體溶在固體中。人們起先拿各種的合金都歸入這一類溶液內，但照現在的實驗結果觀來，這一類合金還不能一槪的稱爲溶液，不過是混合物罷了。最明顯的理由就是合金的性質有的和原來組成物的性質截然不同，如硬度，熔點，延性等。但復因牠們的均勻性狀，可作溶液的鐵證，故現今我們可視作一種特殊的變性溶液。

一個最有趣的例子就是金的自由地跑進鉛裏去。這個實驗是一位著名的美科學家奧斯敦做的，他把鉛和金在平常溫度下用壓力放在一起，四年後取出檢驗，他發現鉛層的裏面竟有金的存在。從這個實驗，得知固體亦能藉擴散力自然地混合：這種由擴散而組成的混合物，當得稱之爲溶液了。

其他的例子也很多，如碘的在固體苯（Benzene），和錫的在銅塊中，現在且從略。

綜觀上面的九種溶液中，以第一種（氣體在氣體中）最合於理想，第八種（固體在液體中）最普遍而切實用 而以第七種（固體在氣體中）最是勉強。這裏，我們雖然很勞叨地把各種溶解作用作一個歸納的考查，但究竟牠對於我們人類有何用處呢?諸位得認清，歷來的科學家，他們起先研究一事一物的當兒，是絕對不因利益所在而興起的，他們祇是爲了探求眞理，辨明是非，而肯終日地埋頭苦幹，及至相當地步，他們所研究的結果，當然有偉大的應用。當牛頓注意蘋果下落的當兒，他又何嘗曉得就此得稱做力學的鼻祖呢？現在，關於溶解上很多的現象，還不能十分圓滿的解釋，還得研究探索，而同時各方面的應用，自能應運而生。恐怕現在當你讀本刊的時候，正有許多科學家在他們實驗室中，注意某種物體溶解時的現象呢！

原子論淺釋及其應用

楊自新

一切物體均由許多極小之份子所組織而成，此種極小之份子，即科學家假設之原子是也。原子小至何種程度，假設時幷未明白規定；不過後來的人，因爲根據原子論，可以解釋許多物理和化學上之現象，研究原子本身之性趣，隨與俱增。及至今日，如氫之原子重量，由試驗結果，爲（1.6618±0.0017）$\times 10^{-24}$公分重，原子小的程度，可想而知。更由此而可知原子論，不僅爲一種便利之假設而已也。然實則原子之重量大小，與其應用時無甚相關，主要的假設還是：

（一）一物體所包含之原子，均具有相當速度，在空間作不息之直綫運動。

（二）原子與原子間之距離頗大，原子在未與其他原子互撞時，尚可自由運動。

（三）原子之彈性極大，當其互撞時，各原子只不過拆轉其運動之方向，並不損失其所有之能。

(四)原子運動之速度與溫度成正比。

(五)原子與原子間互相有引力，此引力之大小，與距離之平方成反比。

有了以上的五個假設，現在提出幾種現象來，很容易的就可以把他們應用來解釋了。

(甲)凡物熱則漲冷則縮　如寒暑表中之水銀，溫度增加則澎漲上升，溫度降低則縮下，蓋原子運動之速度，在溫度高時大，溫度低時小，運動速度大，勝過原子間之吸引力，而擴張其運動範圍，即物體澎漲矣。反之，運動速度小，原子間之吸引力，將各原子漸次吸攏，而縮小其運動範圍，即物體縮小矣。

(乙)物體有固體液體氣體三態　原子與原子間之距離可以大，可以小。溫度很高，原子運動極其激烈，原子間之距離極大，物體之體積大，即氣體。若溫度不甚高，原子運動稍緩，原子間之距離縮小，物體之體積小，即液體。若溫度甚低，原子運動緩，原子間之距離小，物體之體積小，即固體。

(丙)壓力增加，氣體之體積縮小　原子間之距離，因壓力增加而縮小。反之，壓力減小，原子間之距離擴大，體積增漲，此即波義耳氏定律(Boyle's Law)，氣體之體積與壓力成反比是也。

(丁)氣體之壓力及其分散性(Diffusibility)　原子在不息運動，與所盛器之四壁互撞，即產生壓力。又原子富有彈性，故其壓力不因時間長久而減低。氫較空氣輕，倘以氫一瓶，倒置於一瓶空氣之上，經過若干分鐘後，此下層之空氣瓶中，亦有氫氣，此種現象稱爲氣體之分散(d ffusion)。蓋氫之原子，在不息運動，而與空氣之原子互相混合也。

談造鹽素

程以煜

氯(Cl)，溴(Br)，氟(F)，碘(I)，這四種元素，性質非常相似，並且多有劇烈的嗅味；若是這四種物體和金屬化合之後，都可以生中性的鹽，故總稱這四種爲造鹽素。現在我把牠們的性質，及效用等，分開來講講：

（一）氯：是劇毒而帶黃色的液體。有嗅味，很易和其牠物質化合，總稱爲氯化物，如食鹽(NaCl)，氯化銅($CuCl_2$)，氯化氫(HCl)等是。我們若電解食鹽，便可得氯氣的單質。在歐戰的時候，用此氯來殺人，非常利害，所以各國多有禁律限止。氯氣雖然有毒，但有漂白的作用，因爲氯氣很易和水化合，成次亞氯酸，放出新生氧氣，活性很大，如花瓣鮮豔之色，遇之即氧化而退色，故氯有漂白性者緣此。從下面的化學反應式，便可以明白：

$$Cl_2+H_2O \longrightarrow HCl+HOCl,$$

$$HOCl \longrightarrow HCl+(O)。$$

（二）溴：海水所製的食鹽，常含苦味，若受潮後，便有黃色的液體流下，這種苦汁，便可以製出一種單質，名溴（一八二六年法國人把辣爾(A. J. Balord)由海水製鹽，發見溴素的單質）。溴在常溫度時成液體，具紅褐色；因牠有極強的氣味，故名溴。化合力亦甚強，無漂白作用，遇澱粉，立變黃色，故溴可以檢驗澱粉的存在。

（三）氟：爲淡黃色的單質，亦有嗅味，在一八八六年的時候，法人莫森(Henri Moissan)氏，始由液體氟化氫的電解，製出氟的單質。所謂氟化氫者，有侵蝕石英，及玻璃的能力，因爲玻璃，石英等係矽的化合物，遇之即化合成氟化矽而逃散，故氟化氫，可以利用來刻玻璃及瓷器上的字畫。

（四）碘：其化合物，存在於海水中，本身爲固體，有金屬的光澤，遇熱立刻昇華，所謂昇華者：『就是固體遇熱，直接變爲氣，遇冷，又卽變爲固體』。碘亦有嗅味，此種元素大多可在海中水草灰提出。一八一二年法人庫耳特(B. Courtois)由海草的灰，發見碘的元素，碘素遇澱粉的溶液會變藍色的，所以碘亦可檢驗物體內是否有澱粉的存在。碘不容易溶解於水內，然而很容易溶解於酒精內，而成碘酒，此種碘酒可供醫藥方面的外敷用品。

一氧化炭

程以煜

一氧化炭(CO)雖是無色無味無嗅的氣體，但是這種氣體有劇毒。據化學家濮爾特氏(T. S Haldaue)說：「凡空氣中含一氧化炭0.05%，則人就要昏迷，含0.10%卽不能行動，含0.80%則人知覺就此全失，含1%則人頓死矣。」故天寒時人家以火爐取暖，經過一天往往全家多死於牀上，這是在報紙上常有看見的慘事！這就是受一氧化炭的劇毒之鐵證。因此緣故，我們應當要曉得一氧化炭究竟是如何生成的，究竟如何有毒？現在把牠的生成，及有毒，分述如下：

一氧化炭的生成——我們在燃燒煤炭的時候，倘使空氣充足，則先生二氧化炭(CO_2)，二氧化炭再經過灼熱的炭上，起還原作用之後，便成一氧化炭。我們常見火爐內藍色的火焰，這就是一氧化炭的證據。其化學反應爲：$CO_2+C \longrightarrow 2CO$。倘使火爐生了此氣之後，仍是緊閉門窗，不能使一氧化炭出去，又不能使外界空氣進來，則人們將受其毒，而至死亡。

一氧化炭何以有毒——凡是動物吸收氧氣之後，就同血素結合變成氧化血素，因之血液循環把氧化血素輸送全身各部，以備使用。但一氧化炭與血色素的結合力，比氧氣與血素結合力大一百三十倍，所以血色素遇到一氧化炭，牠們就立刻結合變成炭基血素，這血素是很難分解的櫻紅色化合物，因此循環作用失其效力：這就是受一氧化炭的毒，而致命的現象。

次亞硫酸與次亞硝酸

楊黍益

凡是讀過化學的人，誰都知道硫酸與硝酸這兩個名詞吧，的確，它們在普通酸類中是比較重要的，即在化學工業上也佔有相當的地位。

由這兩個名詞而同時聯想起的，當然是亞硫酸H_2SO_3與亞硝酸HNO_2。但是我們知道：如氯酸之類的東西，有所謂次亞氯酸HClO者（用以製漂白粉），我們爲什麼不聽得有次亞硫酸與次亞硝酸呢？

其實，這兩種東西，早已存在，不過，製造不易，在工業上又沒有多大的功用，所以爲人不注意罷了。

次亞硫酸的分子式爲 $H_2S_2O_4$，它是由亞硫酸氫鈉，鋅，同二氧化硫的作用而生成次亞硫酸鈉，方程式如下：

$$2NaHSO_3+Zn+SO_2\longrightarrow Na_2S_2O_4+ZnSO_3+H_2O,$$

次亞硫酸鈉再同硫酸作用，即成次亞硫酸：

$$Na_2S_2O_4+2H_2SO_4\longrightarrow 2NaHSO_4+H_2S_2O_4。$$

至於次亞硝酸的分子式則爲$H_2N_2O_2$，是由亞硝酸鈉同新生氫更加硫酸後而生成的：

$$2NaNO_3\longrightarrow 2NaNO_2+O_2,$$

$$2NaNO_2+4[H]\longrightarrow Na_2N_2O_2+2H_2O,$$

$$Na_2N_2O_2+2H_2SO_4\longrightarrow 2NaHSO_4+H_2N_2O_2。$$

它是一極不固定的物質，容易分解成水同一氧化二氮，所以集製不易，除非用特殊方法的話，但一氧化二氮同水却不能製成次亞硝酸。

$$H_2N_2O_2\longrightarrow H_2O+N_2O。$$

營養素

崔宗實

營業素是供給吾人生命力主要之燃料，牠的主要來源爲動植物界，我們要得充分的營養生長，必選擇適當的食物，就是說要有適當的營養素。依照此類營養素的性質和作用，大概可分爲五種，即炭水化物，蛋白質，脂肪，無機鹽類，及水份，茲就這五種分述如下：

（一）炭水化物——炭水化物，由碳、氫、氧三元素化合而成，其氫、氧之比，爲二與一，故可視作碳與水之化合物。在人體中爲主要燃料，大部迅速燃燒，供給必要之熱與能。一部則化成澱粉，貯於肝臟。餘則變爲油脂，藏於體內，以供異日飢餓時燃燒之用。牠的形成，由於植物之葉綠素，吸收日光中某種色素，卽某種波長之光線，便與水及空氣化合。水是由根內表皮細胞經過滲透作用，而運輸到葉子上去的，空氣是經過葉子表面的氣孔，透入葉中的。這樣，空氣裏的炭酸氣就和水分起第一步的變化，就是一個分子的碳酸氣和一個分子的水在日光下相結合而生蟻醛，多下的氧氣則游離而去。第二步作用就是蟻酸縮合而爲蟻醛，餘剩的氧氣仍然游離到空中。植物能放出氧氣，就是這個緣故。第三步，就是六個分子的蟻醛，更結合而爲葡萄糖。到第四步，若干個葡萄糖失去若干分子的水，再結合起來，就是炭水化物了。如以化學方程式表之，卽：

$2CO_2+2H_2O \longrightarrow 2HCOOH+O_2\uparrow$，

$2HCOOH \longrightarrow 2HCHO+O_2\uparrow$，

$6HCHO \longrightarrow C_6H_{12}O_6$，

$nC_6H_{12}C_6 \longrightarrow (C_6H_{10}C_5)n+nH_2O$。

（二）蛋白質——蛋白質是組織極複雜之含氮化合物，都爲非結晶性之膠朧狀態，詳細分析後，可知牠是由碳，氫，氧，氮，硫五元素合成的。其中氮、硫二元素是蛋白質之特徵，有時更含有磷和鐵。因其構造複雜，加熱卽起變化，故分子量和分子式均不能確立。就一般學者研究的總合結果，其各元素之比例如下：

元素	最多 %	最少 %	平均 %
碳	55.23	50.0	52.0
氧	24.0	19.0	22.0
氫	7.5	6.5	7.0
氮	18.7	15.0	19.0
硫	2.4	0.1	2.0

牠的構造，也是從植物變化而來，簡單的說，是由植物吸收溶解於水之氮化物（如硝酸鹽類等），由根上升，與葉上所製成的碳水化合物相化合而生成的。此中變化詳情，殊深曖昧，我們現在祇知道蛋白質爲二十餘種小單位所組成。此小單位名曰銨基酸（Amino acids），蛋白質之價値，就依所含此項銨基酸多寡而定的。大概一種蛋白質中，若二十餘種銨基酸都有或具有重要者，則稱爲完全蛋白質；反之，卽稱爲非完全蛋白質。如雞卵蛋白，及乾酪質，卽完全蛋白質；玉黍脂卽爲不完全蛋白質。至於蛋白質之構造據Abaerhalden之假說，由碳水化物與硝酸鹽類化合而爲銨基酸，更由銨基酸造成蛋白質，其大體之變化如下：

Glycerose⟶Lactic Acid⟶Alamin⟶

甘油基　乳酸　銨基酸之一種

Sein⟶Cystein⟶Protein。

血清蛋白　膀胱蛋白　蛋白質

生物體內外一切血肉皮毛爪鱗乳卵獸骨，悉由蛋白所構成，更是製造原形質主要之基本物質。在體內起極慢的養化作用，其產生物以尿素，碳酸氣與水爲主。

（三）脂肪——脂肪是由碳，氫，氧，三元素組成的，種類頗多，其成分僅大同小異。以硬脂酸，輭脂酸，油酸等的甘油鹽類爲主。硬脂酸的甘油鹽，是白色蠟狀的固體，油酸的甘油鹽，是液體。牛脂含前者較多，後者較少，故質硬。豚脂反之，故質輭。脂油，爲自植物種子及魚類經壓榨所得，係液態油之總稱，皆由高級脂酸的甘油鹽組成，可分二種，一爲乾脂油，即脂油在空氣中吸收氧氣，徐徐乾涸者；一爲不乾脂油，即脂油在空氣中雖吸氧氣而亦不能乾涸者；後種可供食用。至於脂肪的來源，也是由植物形成之碳水化物，經酵素之媒介，與幾種無機鹽類結合而成的。如何轉變爲脂肪的順序和作用，到現在還沒有十分明瞭。大概最初是由碳水化合物變爲脂肪酸和甘油，再從脂肪酸和甘油結合而爲簡單的脂肪。

人類由食物攝取此類脂肪，以肺內吸入之氧令其氧化分解，成炭酸氣和水分而排出體外，籍此氧化所生之熱，即可維持體温。且脂肪質消耗之結果，可以節省蛋白質之分解，生物於飢餓時，仍能維持其生命者，全是由於體內存留的脂肪之消費，但食脂肪過多，則消化器過於勞頓，易惹起消化之障礙，且有身體肥滿之虞。

（四）無機鹽類——食物除大部分燃燒外，還有一部是不能燃燒的無機鹽類，分貯各部。甲狀腫腺，小兒輭骨病，成人輭骨病，貧血，及其他多種病疾，大概都是因食物內缺少無機鹽類而生的；如鉀，鈉，鎂，鈣，鐵，等之硫酸鹽，氯化鹽，磷酸鹽，及碳酸鹽，皆爲生活所必需。其他，在人體內，尚有碘，砒，錳，銅，鋅，等。玆將成年人，平均每日需要之最少量，列表如下：

鈣	1.5——3.0g（作氧化鈣算）
磷酸鹽	2.75g

鐵　　　　0.015g

至於此項無機鹽類在生理上之關係：鈣，能使齒骨堅硬，在懷孕及授乳期內之婦人，需要更多。磷，對骨髓之構成有刺激之功能，更爲骨髓腦髓內之主要成分，故有補腦及促進生殖之用。更如各種細胞之染色質，皆含有鐵素，及其化合物。患貧血者，投以鐵劑，則營養增進，血腥恢復。碘，在人體中之甲狀腺，需要亦大，於健康有絕大之關係。砒，有刺激新陳代謝之作用，對骨及骨髓亦有特殊作用，毛髮中多貯有之。

（五）水——水對生物之關係，其重要與空氣不相上下。就生理言之，身體的基本構造是細胞，細胞的主要部分是原形質，原形質所含成份，以水爲最多。拿人身組織成份來說，水卽佔百分之七十五以上。牠更是從腸胃中吸收到的營養料運入各部之輸運者。體內遇有不能由肺臟排出之揮發廢物，則更藉水在腎臟排洩之，其重要可知。

人體中的化學物質　　郭漱齋

——祇值大洋七角——

人體中具有十七種不同的元素——氧，炭，氫，氮，硫，磷，氯，氟，矽，鈉，鉀，鋰，鈣，鎂，鐵，錳，碘，——這許多東西，在市上祇值得七角錢。

氧，炭，氫，氮組成人體中大部份的流體和柔軟部份，其餘則在化合狀態之下，最較少，存在於各種組織中。

人體中有機物，主要者是蛋白，脂肪，和炭水化合物，包含炭，氧，氫，氮之主要元素。

人體中無機物之主要者，有水，鹽，炭酸鈣，和磷酸鈣。

倫敦有勞生博士，發表如下之人體化學分析：

平均人們每人重一百四十磅，他具有的水，可滿十加倫的水桶，脂肪可製七塊肥皂，炭足夠做九千枝鉛筆，磷足製二千二百根火柴頭，鎂相當於一匙鹽，鐵可製中等大小的指甲一枚，鈣鹽燒成石灰，可塗白雞棚的頂，硫磺能夠毒死狗身上一個虱。這許多比喻的東西，市上一塊錢就可以買到。

我們人體中的化學物質，大概可以明白了，當然的，一個愚人和發明大家愛迪生是並沒十分兩樣的！

鐵路與化學

郭鍾福

鐵路之重要目的在運輸，則其組織能顧全運輸之便利，雇用管理人才，似已足夠；然其路軌油漆機關車等，皆爲工業品，而爲鐵路之巨量需要，故更宜雇用化學工業人才，檢驗其品質，於全事業之安全與持久上，裨益當更大。在美國最初，祇知鐵路網之連結，有一時鐵路熱之稱，其於器具之質地，未曾注意。及一八七五年本薛爾溫尼亞路局首倡實驗室之關置，檢查商品，請雅爾大學卒業生巴特雷博士 Dr. Charle B. Budley 爲化學總工程師，結果美滿。故在今日任何鐵路，即在我國，亦多雇用化學家，解決種種化學上之重要問題，茲擇要條列於下，以闡明鐵路與化學之關係。

（一） 機關車

現在大的機關車，每個值六萬至七萬元，在製造時需要各種金屬：如特種鋼之合金，青銅，黃銅，及鋼鐵之類。鐵路公司爲顧全乘客安全、機械效力之增大起見，自必須知製造原料之品質，此問題化學家能詳細報告。

（二） 塗料與假漆

鐵路上一切用具及建築等財產，經塗飾始能耐久，然此不僅為經濟問題，同時且足使外觀整齊美麗，與旅客以良好印象。然用卑劣油漆，因其質地不純，雖以賤價購來，亦不合經濟原理。故公司採購時，應先以樣品，送實驗室，在化學上物理上，檢查以後，始可決定捨取。最近化學家用纖維素製人造假漆，試用於汽車上，結果甚佳。如是則將來可增一新來源，於路局方面，當然亦有利益。

（三）　水的問題

僅水一端，已為鐵路上一重大而簡單的化學問題。或以為水是最多最普通的化合物，尙有何問題之有；殊不知量雖多，奈無潔淨者何。蓋自然水常含其他化合物；如矽酐鐵鋁，酸性炭酸鈣或鎂，硫酸鈉，氯化鈉，硝酸鈉，以及少量之鉀鹽，二氧化碳，硫化氫，有機物，與其餘之礦質等。

普通一鐵路，沿線上兩水源，常相距二十至三十哩，則兩處之水，可以有絕不相同的化合物混和在裏面，則在同一鍋爐裏，用不同水源的水，不免引起化學作用，生成其他足以損傷或考堵塞鍋爐的物質，而破壞機件。然化學家能用分析法，來測知各水源之雜質，並且用定量法，知其含量之多寡，藉此種報告，可以利用其他化學物，以除去雜質，使水適於應用而無妨害。

（四）　滑料選擇

旅客總希望車行平穩，此則非藉滑料不為功。故凡車輿輪軸間，在在須要滑料，而化學家不祇能深切認識各種滑料之性質，某者適用於某部，某者能耐高溫而已，且能改良各種品質。在今日新式機關車，汽缸溫度逐漸增加，油脂類要在此溫度不炸裂，不分解，可以當為滑料者，比較上很少，故此問題極重大，須得機械工程師與化學家之共同研究。

（五）　煤料

煤料在鐵路事業上，亦爲一簡單而重要之化學問題。我國各鐵路，每年耗煤須三百至六百萬元，則煤質能精美一成，熱亦能增加一成，其中利害，至足驚人，故化學工程師，時常研究燃燒之效力，空氣供量之適當諸問題。若煤質中含硫甚多，足以損及機械者，當可停止採購，以免意外損失。

（六） 飲水

火車上實爲一社會組織，有旅客，有工人，有員司，有役夫等。任何人須飲水解渴，則衛生上，不能不講究，故公司必設置化學檢查部，時時檢查此類用水之潔淨與否，有毒害之微生物否，有傳染病之細菌否，並設法純潔之，或經沙濾，或通臭氧，或滴入若干液態氯素，故化學工程師之職責，備極重大。

（七） 腐蝕之預防

鍋爐上汽管，普通溫度達華氏三百八十度，且在高壓之下，故易與水中之氧或酸起反應而生鐵銹。現在新式機關車中，換一副汽管，須二千元，用一般的水，平均六個月後，已得另換一次，故用水不當，極不經濟。同時汽管經腐蝕後，在不斷蒸發中，雜物的濃度增加，時會發生泡沫，使蒸氣混雜水霧，減少效能：故機關車之年齡問題及效能問題，亦須化學家去解決。

（八） 鍋爐垢積之除去

水中之雜質，如鈣鎂等鹽類，當高溫時，常沉積於鍋爐蒸氣管表面，成一硬層垢積，與瓦磁相似，因此層係不良導體，則熱能之耗費於無謂者，可以明曉；通常八分之一寸厚之垢積，煤料淨耗百分之十五之多。然有時垢積發生隙縫，水達至過熱之管邊，驟化蒸氣，則更有爆裂之危險，故去垢一事極其重要。化學家可以使硬水軟化：加入適當之化學品，以沉澱有害物質，或者使垢積成疏鬆質地，再壓入空氣以吹出之。

（九）　結論

總觀上面所論列，可知化學與鐵路事業之成敗，有重大關係。則今後我國鐵路事業之擴展，必不可忽略此點；而學化學有志於開發交通者，亦須注意研究此類實際問題。

談燃料

郭溆齋

炭與其化合物，易燃於空氣中而發生熱量。譬如木炭、焦炭，係純炭質；煤則含炭約百分之七十至九十；木材則含纖維素（炭，氫，氧之化合物），水，與少量礦質；以及醇類，炭氫化合物，一氧化炭，氫等等，皆可用爲燃料。

當燃料至適當溫度，卽能在空氣中燃燒。依化學解釋，爲炭，氫，或一氧化炭等與空氣中之氧結合之現象，其生成物爲二氧化炭、水與礦質之灰燼；倘氧之供給不足，則並有一氧化炭與煙炱之發生。

煤爲普通之燃料。當燃燒時，其與空氣之供量，關係極大：如有過量之空氣，則生二氧化炭、水、與二氧化硫（煤中常含有微量硫質）；如空氣不足，則生一氧化炭與硫化氫；同時未作用之炭質，飛騰爲煙炱，故空氣供量不足，不能盡獲其應有之熱量。然使空氣過多，流入過速，亦易使熱量經煙囪而失散。普通空氣之供量能二倍於煤所需之當量，最爲經濟。

煙炱大部係未作用之炭屑，同時含有少量礦質之灰燼，此項灰屑飛散於空間，極不衛生。近世有許多大工廠，有自動消毀煙炱之機械，爲鍋爐裝置之一部，此設備所需之燃料，卽以烟炱充之。如是，則空氣不復爲其所汚矣。

自石油中提煉之火油，汽油，柴油等，亦爲普通之燃料，其成分大概是炭與氫之化合物，燃燒後炭成二氧化炭，氫成爲水。汽油大概用於汽車小輪飛機等，柴油用於汽輪艦艇等，至火油以及醇類用作燃料，不能大量應用，有時用以點燈，以得光亮。

有許多氣體，亦可用爲燃料，如煤氣，水煤氣，沼氣等。沼氣都得自水澤或井坑間，含有百分之九十之甲烷（一炭四氫化合物）；如四川等之鑿鹽井者，有時幸獲巨量沼氣，即改營沼氣廠，供別處蒸煮之用，利益反厚。水煤氣主要爲氫與一氧化炭之混合物，通水蒸氣於灼熱之木炭或無煙煤上即得，普通含有雜質，如硫化氫等，有毒性，可以氧化鐵處理之。通常一噸煤，可得水煤氣四萬四千呎。假使乾餾煤炭於閉甑中，引出其易揮發之氣體而精製之，即爲煤氣，其成分大概氫五成，甲烷四成，餘爲其他炭氫化合物，一氧化炭，二氧化炭，氮等。

又氫與氧經吹管混合，燃燒時溫度可達攝氏二千度，若以乙炔與適量之氧混合，可達三千度，此高溫可用以割劃或煆合金屬，爲用亦大。

從火井談到天然瓦斯利用法

沈學源

近來滬地各報都鬧着『火井』，說得奇奇怪怪，有的說由於地質的變化所致，有的說下面有煤油所致，有的說鬼神作怪，可惜我不能親去一睹，不過據各報的記載，綜合起來，可得一個大概：

一，該井深十餘丈，掘後因淤塞，填入煤屑等物。

二，該井噴出青色烟。

三，火焰爲火光的顏色，紅中帶綠。

四，該井在上海——沖積層的上海——

從上面數點，我們便可以決定火井不過是天然瓦斯的一種——乾性瓦斯。並不因地質的變化，亦不是因下面有煤油的存在，更不是鬼神的作怪。那末這種乾性煤瓦斯怎樣會發生的呢？此外還有別的天然瓦斯嗎？它的利用法如何？

天然瓦斯是什麼？廣義的說起來，火山地方噴出的亞硫酸瓦斯，硫化氫，炭酸氣等等不燃性瓦斯亦可以歸在裏面，不過普通就指煤坑，油田，沼澤，等處發生的可燃性瓦斯而言。

天然瓦斯裏面，如沼澤，淤井，等地發生的，其中以甲烷（methane）CH_4等低沸點的碳水物爲主的天然瓦斯，就稱做乾性瓦斯，含揮發油很少，一名無油天然瓦斯。此外，油田等處噴出的，其中以甲烷及揮發油成分爲主，所以這種天然瓦斯稱做濕性瓦斯，一名含油瓦斯。後者可以供揮發油原料，四川自流井等，就是它的好例。

無油天然瓦斯——乾性瓦斯的成因，大都因埋沒在地下的有機物體腐敗所致，這和歐美家庭利用廢物的甲烷發生裝置有一樣的原理，所以河沼、淤井等處，埋沒的和塡入的有機物質腐敗的時候，就有這樣現象。由此可以曉得有天然瓦斯的地方，並不就有煤油或煤的存在，反之，乾性天然瓦斯的出產地大都與煤，煤油是毫無關係的。

這裏讀者大約可以明白上海火井的原因了，該井因淤塞的充塡物及井底原有的有機物的腐敗，發生一種乾性瓦斯，乾性瓦斯的主成分爲甲烷，碳酸氣，一氧化碳， 所以燃燒的時候紅中帶綠（一氧化碳作青綠色， 甲烷爲淡青色）。同時上海一帶都在冲積層地帶，在十餘丈的深處，决不會有煤質或煤油的存在，反之，冲積層裏面往往含有許多量的有機質，這種有機質腐敗分解的時候，亦可以發生多量的天然瓦斯。由此可知「火井」確是乾性天然瓦斯之一，同時並不因地質的變化所致，更不是鬼神的作祟。此次幸在上海發生，不然，如在鄉間僻地，說不定更要發生流言蜚語，神出鬼沒了。

這不但在中國是如此，就是在日本各地亦時有這種「火井」的發見，以前也曾目爲「七不思議」之一，不過近世紀來，他們早已由不思議的時代轉而爲利用的時代了。

在下，我們且更進一步來談談天然瓦斯的利用法。

上海的『火井』，我們從客觀的條件，已可以決定它是乾性天然瓦斯。然在其他內地各處發見的時候，就該先將這種瓦斯，請化學家加以分析，方才可以曉得它的成分，若不用分析的方法，就只測它的比重，大致亦已可以曉得它的成分如何——尤其是揮發油含量的多少。這在實用價值方面，最宜注意的。

上海火井噴出的瓦斯的成分，因爲沒有機會拿到它的試驗品，無從加以分析，未敢武斷，不過大致如下表乾性天然瓦斯所示。

瓦斯性質	成分百分比				發熱量	比重(空氣爲一)
	甲烷	揮發油	炭酸氣	氮		
濕性	86.7	9 5	1.7	2、1	1,100 B.T.U. 每立方呎	0.63
乾性	96.7	0	1.4	2.1	1,028 B.T.U 每立方呎	0.28

我國四川自流井那樣的油田發生的天然瓦斯：大如致前者，上海火井及其他各地湖沼發生的，大致如後者；兩者成分的異點，就是揮發油成分的不同。因此濕性瓦斯最適宜爲揮發油的原料，乾性瓦斯普通可供燃料，燈用，墨炭，及藥品的原料。

揮發油的採取法有壓榨法，吸收法等等，過於專門，這裏就只將乾性瓦斯及採取揮發油之後剩下的瓦斯的一般利用法，分類略述於下：

一、燃料，燈用——乾性瓦斯的主成分爲甲烷，發熱量很大——比普通自來火（煤氣）大，所以最適於工業燃料及家庭燃料。美國油田的天然瓦斯，揮發油採取之後，往往用鐵管通到遠處都市，供燃料之用。日本新瀉縣亦如此，該縣的煤氣裝置，街燈都仰給於天然瓦斯，不過這種都是濕性瓦斯，採取揮發油之後的剩餘瓦斯的例。利用乾性瓦斯的地方，普通因發生量較少，所以利用範圍較小。

二、製造油墨（Carbon Black）——油烟可以供印刷油墨、塗料，電極，靴油等原料。將天然瓦斯在空氣不充分的地方燃燒時發生的煤煙，和冷却面接觸便得。製造裝置有回轉式，平版式，將耐式等，日本石油會社利用台灣錦水的濕性瓦斯製造油煙多年，收量平均，一，〇〇〇立方呎之瓦斯可得油墨〇·八至一·四磅。

三、製造各種藥品——近世各國都想用天然瓦斯來製造各種化學藥品，其中有二三種在美國已工業化了。

天然瓦斯中，含有多量的甲烷(methane)，已如上述，現在已能將它用氧、或水蒸氣加以氧化，使變為一氧化炭及氫，由此合成而得木精(燃料用火酒)。關於這種合成的研究，已有多數的學者成功了。作用的反應式如下：

$$2CH_4+O_2 \longrightarrow 2CO+4H_2,$$

$$CH_4+H_2O \longrightarrow CO+3H_2,$$

$$CO+2H_2 \longrightarrow CH_3OH.$$

據日本某化學家研究，將甲烷加以氧化可得 formaldehyde：

$$CH_4+O=HCHO+H_2.$$

此外將天然瓦斯和氯作用，可得四氯化甲烷及三氯甲烷(Chloroform)，前者可為人造藍之原料，後者又是醫學上之重要藥品。

從上面看來，「火井」的現象，在各國都是很普遍的，已早從驚奇的時代轉而為設法利用的時代了。我國科學落後，有了這樣的寶庫，既不設法利用，甚至認為神鬼作祟，急急設法埋沒。此次幸得發見在中國科學最進步的上海，方引起了一部識者的注意。因爲問題相當有趣，思之所及，寫了幾行供讀者的參考，並促迷於鬼神怪誕的人們的快醒！

談　炭

孫衞

在這世界裏，我們已知道有二十五萬個不同的炭的化合物。

假使世界上所有的單獨的和化合物中的炭都失去了，這世界也便同時毀滅了。

日常生活中，我們所接觸的一切物品裏都含有炭。肚皮餓了，得吃飯；鮮美的魚肉，滋補的菜蔬，差不多全是炭的很複雜的化合物。燒菜時不小心，變焦了，那便是受熱過度而分解爲炭。豬油和脂肪質多的食物，在夏天很容易腐敗，放出難聞的異味；這是一種油脂在較高溫度中被空氣中的氧養化而得到的一種不飽和醛類 （Acroline）的臭味。

人們所穿的衣服，棉的，蔴的，絲的，綢的，和那些極漂亮的人造絲的：凡是用動植物纖維製成的，都不能離開炭。

女人們用以裝飾的漂亮顏色，芬芳的香味，那一樣不是這黝黑的東西——炭——的化合物。在古代，香料顏色都得費很多人工從植物或動物身體中一點點取出來；現在，科學昌明了，我們可以從又髒又臭的煤膏(Coal tar）裏，提煉出千百種鮮豔奪目的顏色，如蘭如麝的薰香。可是無論煤膏也行，動物植物也行，那一樣不含有炭，那一樣不是炭的化合物。

在這二十世紀的世界，在和平的時候，或是戰爭的時候，一切的爆炸物，藥品，染料，油漆，燃料，以及一切工業上所須要的，什麼都離不了炭和牠的化合物。

動植物身體裏，炭佔着絕對重要的位置，從以下的成分表我們便可看出來：

名稱＼成分%＼原素	炭(C)	氧(O)	氫(H)	氮(N)	其餘
人	63.1	20.2	9.9	2.5	4.3
牡牛	63.0	13.8	9.4	5.0	8.8
犢牛	60.0	14.1	9.0	5.8	11.1
菜蔬	45	42	6.5	1.5	5.0

宇宙間的炭是不停地在變化着，而成一個循環，可用左圖來表明，再依次的解釋在下面：

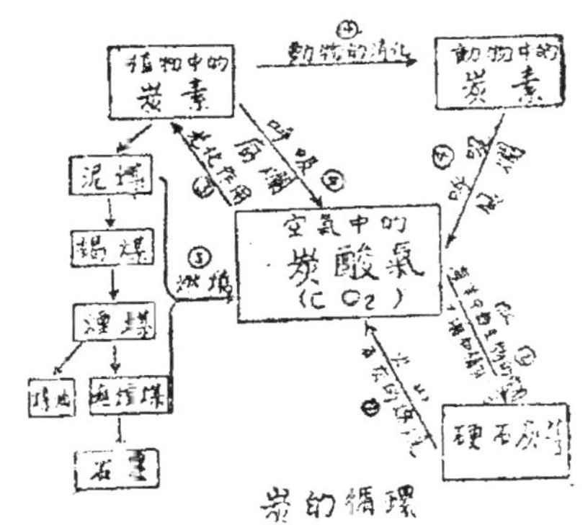

炭的循環

（一）因爲火山的爆發，和許多工業方面的應用，例如燃燒貝殼或方解石以製造生石灰，用鼓風爐的方法鍛鍊生鐵等：許多礦物中的炭酸物，都分解而放出二氧化炭（炭酸氣）；更因植物中所含的有機酸，和土壤中的硬石灰作用，也能放出多量的炭酸氣。

（二）在相反的方面，海洋內許多生物吸收大量的二氧化炭，組成骨骼中的炭酸鈣。例如珊瑚，海綿，貝殼，以及其餘整千萬微小生物的殘餘軀殼，留下來佈滿了大部份的海底，從寒帶以至赤道；現在陸地上的岩石，正都是前代這一類海底動物的沉積。

（三）植物吸收空氣中的炭酸氣，經日光的作用（光化作用）而形成很複雜的有機化合物，其步驟如下：

(1) $CO_2+H_2O \longrightarrow H\ \ HO+O_2\uparrow$，

(2) $6HCHO \longrightarrow C_6H_{12}O_6$(糖類)，

(3) $xC_6H_{12}O_6 \longrightarrow (C_6H_{10}O_5)x+xH_2O$。

植物各部組織的程序，當然不止這樣簡單，這兒所表示的，不過是重要的化學變化。

（四）因動植物的消化，呼吸和腐爛，又產生出二氧化炭。動物的消化程序大概是這樣的：食物中的炭水化合物，因胃酸和腸腺中酵素（Enzyme）的作用，幾度加水分解之後，便得到左旋糖（Glucose）等，而爲血液所吸收。例如澱粉質，因唾液的作用變成麥芽糖(Maltose)：

$$(C_6H_{10}O_5)x+\frac{x}{2}H_2O \longrightarrow \frac{x}{2}C_{12}H_{22}O_{11}\text{(麥芽糖)},$$

麥芽糖又因一種腸液而變爲左旋糖：

$$C_{12}H_{22}O_{11}+H_2O \longrightarrow 2C_{12}H_{12}O_6\text{(左旋糖)},$$

左旋糖被吸收到血液中去後，氧化而放出炭酸氣：

$$C_6H_{12}O_6+6O_2 \longrightarrow 6CO_2\uparrow+6H_2O+\text{熱能}。$$

（五）古代的動植物，因爲地理的變化，被埋到地下，受了壓力和熱的作用，成功煤和石油。這類天然燃料燃燒之後，又放出炭酸氣到空氣裏來。炭燃燒時，所放出的光和熱，正是那植物生長時所儲蓄的能（Energy）。這些能，也許是幾千萬年前由日光中吸取的啊。

石　油

徐雲庚

（一）引言

石油（Petroleum）俗稱煤油，產於地中，爲黑櫻色可燃性之液體。由地下開採而得未經提煉者，名曰原油（Crude oil）。產地甚衆，以美國，俄國為最多，意大利，墨西哥等國次之。我國西北諸省儲量亦豐，惜未開採，致自然財富，埋沒地下，殊為惋惜。

（二）石油之成因

石油生成之原因，尚未明悉，或云由地中之動植物質生成，或云，由金屬碳化物，與水相作用而成。諸說莫衷一是，茲將各說之理由，概述於下：

(一)無機物成因說：主張是說者，以莫愛桑氏 (Moissan) 為最力。氏謂地層內之碳元素及金屬元素（如鋁，鈣等），受地心熱力化合而成碳化物，碳化物遇水即分解成碳氫化合物。此碳氫化合物，更受地心壓力及熱力之關係，合成為高級碳氫化合物，而成石油。三說中以此說較為可靠。

(二)植物成因說：太古時，海產植物或陸產植物，受地殼之變遷，埋沒地中。經地心熱力之作用，許久年後，起種種化學變化，分解而成煤油。

反對此說者，以為產煤油之地層，並無植物之痕跡。

(三)動物成因說：是說之成因與植物成因說者相似，惟易植物為動物耳。安格拉氏 (Englar) 曾將動物之脂肪質蒸餾，所得一部份之成分果與煤油所含成分相似。

反對此說者，謂動物體內含有蛋白質甚多，蛋白質為一種氮之化合物。若煤油為動物所成，則其含有氮亦多，但今知煤油內含氮質量甚少。

（三）石油之成分

石油之組成，因產地而略異，其主要成分為飽和碳氫化合物。美國產者，以烷族為主 (Methane series)，含有由甲烷至廿七碳烷 $C_{27}H_{56}$ 之碳氫化合物。俄國產者於烷族之外，尚有各種環狀碳氫化合物。

（四）　石油之精製

旣知石油爲種種碳氫化合物之混合物，其沸點亦相異，故可將原油流入大鐵甑內，利用分餾法，使各種碳氫化合物，按其沸點之次序，挨次餾出，分別貯藏，以供應用。此種蒸餾液，須再令純淨，法以硫酸洗之，再以鹼及水洗之。玆將在不仝溫度下所得之物質列舉如下：

(一)輕油(Light oil)　在二十度至一百五十度之間蒸餾而出者，名曰輕油，其比重爲0.65—0.73,內尙含有種種不仝之物質，列表如下：

名　稱	主要成分	沸　點	用　途
石油醚(Petrleum Ether)	$C_5H_{12}-C_6H_{14}$	40°—70°	溶　劑
汽油 (Gasoline)	$C_6H_{14}-C_7H_{16}$	10°—90°	燃　料
揮發油(Naphtha)	$C_7H_8-C_8H_{18}$	80°—120°	同　上
石油揄(Benzine)	$C_8H_{18}-C_9H_{20}$	120°—150°	燃料，溶劑
洗油 (Cleaning-oil)	$C_8H_{18}-C_{10}H_{22}$	120°—170°	淸 潔 劑

(二)燈油(Illuminating oil)　由一百五十度至三百度之間所蒸餾出者，名曰燈油，主要分成爲($C_9H_{20}-C_{14}H_{30}$)，用途以點燈爲主。

(三)重油(Heavy oil)　三百度至三百六十度中所蒸餾出者，名爲重油，可製機械油、凡士林($C_{19}H_{40}-C_{21}H_{44}$)、石蠟($C_{21}H_{44}-C_{36}H_{74}$)等。礦脂(凡士林)可供膏藥，防銹之用；石蠟供蠟燭蠟紙等之製造。最後留於鐵甑內者，爲黑色固態之殘渣(pitch)，可舖地，與煤炭蒸餾剩下之殘渣(Coal tar)有相仝之功用。

（五）　結論

石油分餾物中，其初以燈油用途最廣。但近年來，汽車，飛機，等事業異常發達，汽油之需要日增，故工業上分餾之際，用種種方法以求多得汽油。近來更可將重油及燈油等較大分子量之碳氫化合物加高壓及熱，使其分解成較低之碳氫化合物以製汽油，卽所謂石油分裂法是也。

木材

孫衞

我國木材出產甚多，而失陷了的東北三省，沃腴千里，尤多森林。高柯蔽日，粗逾合圍。但因交通不便，輸運維艱，多伐作材薪，棟樑之器，僅充燃料。現在日本人當然是盡量的在大規模採發了。

從前，木材爲重要的建造房屋的材料，可是近世鋼骨水泥之爲用日繁，木材已漸失去一部分的重要性；但在另一方面，却又與稻草同爲造紙之主要原料。

價格較賤，質地較劣的紙張，大半由木材造成。木材所成的紙糊(pulp)有兩種：一爲用旋轉之大石將木塊軋碎，再用水洗成者，但因含有樹脂等物，頗不純潔。另一種則爲曾用化學提淨者：木塊經壓力及不同化學藥品之作用，而成爲純粹之糊；再經過洗濯，簸揚，漂白，加膠，就得到優良之紙張。普通所用化學藥品有三種：苛性鈉稀溶液，硫化鈉及酸性亞硫酸鈣。現在的新聞紙，大概是用百分之八十不純潔糊，和百分之二十提淨的糊製成。書本紙張，則含有三分之一用苛性鈉製成之糊，與三分之一亞硫酸鈣製成之糊。

木材置於鐵甑內蒸餾，可得到可燃之氣體25%，溶解冷水中之液體(Pyroligneous acid) 15%，木焦(Wood tar)5%，及焦炭 25%。氣體含水蒸氣，氧化炭，及炭氫化合物，如甲烷、乙烷、乙烯等；可充燃料。蒸餾液內之主要成份爲丙酮4%，醋酸8%，木精4%；醋酸加石灰水即沈澱爲醋酸鈣，再和硫酸蒸餾而仍得到醋酸；其餘二者則可用部份蒸餾法分開。木精性毒，飲後可使目盲，其沸點和酒精相差無幾，所以近代工業多用爲酒精之變性劑，使不宜於爲飲料，而但能充工業上之用途。醋酸價値頗貴，醋酸鉛和鹼性醋酸鉛爲製造鉛白之原料，醋酸鉛則用爲棉布染色之定料；醋酸之醇基鹽，在製造油漆假革工業中亦有相當之重要。丙酮爲工業上及化學上極有用之溶劑，飛機兩翼所塗不透水漆卽係用醋酸纖維(Cellulose Acetate)溶解於丙酮中製成者。

我國北方人民多將木材燒成焦炭出賣，木材內佔大半的更貴重的物品却全犧牲掉，這每年無形中的損失也就很可觀了。

除蟲菊

張西綠

誰都知道除蟲菊是用來製造滅蚊香的一種植物，牠的殺蟲力不僅對於蚊蟲有特殊的功效，卽對於農作物上的害蟲也有相當的效能。關於這種小小奇特植物的常識，如怎樣長成，怎樣栽植，怎樣收穫，以及因爲含什麼化學成分所以有殺蟲能力等問題，我想讀者諸位一定很願意知道的。

（一） 除蟲菊的種類

除蟲菊屬於宿根草類，莖長約自三十至六十公分，葉爲白綠色羽毛狀，背面多毛茸，每莖上恆有五六瓣；花朵是頭狀花，周圍並列着廿枚左右的舌狀花，中間集合着二百五十枚左右的管狀花，舌狀花只有雌蕊而無雄蕊，花瓣白色；管狀花只爲雌雄蕊都有的二全花，花冠黃色；種子是圓筒形：以上所說是除蟲菊的外表，仔細說來，除蟲菊可分爲二大類：

（甲）白花除蟲菊。

（乙）紅花除蟲菊。

紅花除蟲菊和白花除蟲菊不同的地方如下：紅花除蟲菊之莖的前端稍長大，通常莖長爲七十五公分，頭狀花亦較大，舌狀花之數約在三十枚左右，花色豔紅，效力遠不及白花除蟲菊。

（二）　除蟲菊的栽培與收穫

除蟲菊的播種期可分二種，一種是春播，一種是秋播、春播的開花期約在翌年五六月間，秋播的開花期亦在翌年初夏前後，不過春播的種苗經過盛夏的炎熱時容易枯死，秋播的種苗於嚴冬寒冷時亦易凍殤，所以播種期北方宜於春播，南方宜於秋播。

播種時有好幾點必須注意，就是種子播下去應使其十分均匀；種子散播後上面須覆以經過篩選的薄層細土，以保護之。種子播下後大約經過二星期就能發芽，發芽後更須注意除草及整理；大約二株間的距離不得小於十公分。此時卽當施以適量而稀薄之糞尿，並須時常灌水，但在株莖尙未發達健全的時候，一切速肥均不可加入，卽長成之後，亦不宜多施，否則易使根莖腐爛。

除蟲菊栽植後，須至第二年或第三年方始開花。收穫除蟲菊的花朵必須在乾燥的天氣，花朵將開未開的時候，因爲除蟲菊所含的有効成分都存於花朵內的子房部份，花將開時貯藏得最多，故收穫期不能在花未開以前或盛開以後。

收穫的方法可分爲兩種：

（甲）莖葉刈取——莖葉刈取須在花朵收穫之後，刈取時須用銳鐮，以免有傷株根，致礙次年的發芽。

（乙）花朵採集：　（一）手摘——此法最佳，因不傷花朵。

（二）扳落——用於地形較高不易手摘之處。

（三）除蟲菊的化學成份

除蟲菊之所以被人利用者，因含有 Pyrothrin 而已， Pyrothrin 爲一種殺蟲力極大的化合物。除蟲菊中所含的 Pyrothrin 有二，一爲 Pyroothrin I、一爲 Pyrothrin II，牠們的構造式如下：

Pyrothrin I

```
  CH3
   |
  CH
 /  \
CH2  CH—CH=C=CH—CH3
|    |
CH—CO
|          CH—CH(CH3)2
O—CO—CH<   |
           C(CH3)2
```

Pyrothrin II

```
  CH3
   |
  CH
 /  \
CH2  CH—CH=C=CH—CH3
|    |
CH—CO                  CH3
|          CH—CH=C<
O—CO—CH<   |           COOCH3
           C=(CH3)2
```

現在將除蟲菊中花葉莖三部所含 Pyrothrin 的多少寫在下面：

(一)花中含 Pyrothrin 2.20%

(二)葉中含 Pyrothrin 0.14%

(三)莖中含 Pyrothrin 0.07%

(四)除蟲菊粉的製造

除蟲菊花葉搜集後，即加以乾燥，乾燥時之熱度及時間都有規定，熱度的大約在華氏寒暑表六十度至八十度之間，時間須二三小時以上，至適能以手揑碎爲最好；花烘乾後即運至磨碎機中將其磨成細粉，然後用細篩將其篩別即成。

此外更可以酒精將 Prothrin 從除蟲菊中浸出，而製成淡綠色很美麗的溶液，此種溶液亦可作爲殺蟲劑之用。

談談雪茄煙草

毛　瀞

雪茄烟草，原產於南亞美利加洲，現在已各處都有；牠是茄科一年生的草本，高七八尺，葉卵圓形，其所含成分之百分比如下：

水	七·六二	氧化鎂	○·九六
氮	四·三七	磷酸	○·五○
碳	五·七四	烟鹼	一·九四
氧化鈣	五·四三	其他物質	七三·四四

烟鹼，又名尼古丁(Nicotin)，在烟葉中雖僅含百分之二，但係烟草之主要成分，牠的化學組成可寫作$C_{10}H_{14}O_2$，爲蘋菓酸鹽，是一種鹼性的無色透明油狀體，沸點是攝氏二四六·七度，冷却到零下三十度時，還不能凝成固體，二十度時，比重是一·○一。此項純粹的烟鹹，若露置在空氣中，久後就變爲棕色的膠狀物質，能夠吸收水分，而且可以在酒精或脂肪油中溶解；又有能令金屬化合物沈澱的可能性，如將其投入銅化合物中時，那末就能生綠色的沈澱，而此沈澱，又能在大量的菸鹼中溶解。菸鹼是一種極毒的麻醉藥，自一支雪茄烟內提出之純粹菸鹼，能夠毒死犬一頭，如照普通吮吸的方法，那末必定要繼續吸到四百支，方能毒死。對於人類的影響，當然也是一樣。但俗語說：「飯後吸烟，可助消化」，這話的確不錯：因爲若吸入少量，可以興奮中樞神經而使腸之蠕動和分泌增加，不過用量過多或時期過久，那末，反會因神經的麻痺而妨礙本有的消化力；所以煙草在古代是用作治病的藥物，不是當嗜好品的。由此我們可知，吸烟而至成癮，日非十數枝不可，對於生理上是有損無益的，請吸烟的同志留

意着吧！

茶

孫其昌

茶樹為一種生長在溫帶的灌木，我國便是茶之發源地。兩三千年前，中國人便已有喝茶的習慣。十三世紀時(六百年前)，茶樹才傳到日本，一六五七年始出口運到英國；那時，每磅價值五十元。現在，則日本，錫蘭，爪哇，印度等地都有茶的出產了。

茶有紅茶，綠茶之分：綠茶是將茶葉採下之後，放在火上烘乾揉軟，然後堆積起來渥過一些時後，再在火上慢慢烘焙；這樣，茶的香料及顏色可以經久不褪。紅茶是將茶葉先在太陽下晒枯，然後堆積在冷的地方幾小時，再放到火上去烘。

茶的成分大概如下表：

水	九·四一
含氮物質	二四·五〇
茶精	三·五八
精油	〇·六八
脂肪、葉綠素，臘等	六·三九
樹脂，糊精等	六·四四
單甯酸	一五·六五
Pectin	一六·〇二
纖維質	一一·五八
灰分	五·六五

茶葉中最重要的成份為茶精，單甯酸及精油；茶葉質料之好壞，便是由此三者的多寡而決定。茶精的化學方程式為$C_5H(CH_3)_3N_4O_2$(trimethyl xanthine)，是一種苦味的，可以結晶出來的物質；濃茶味苦，便是因爲這東西的關係。精油是一切香料的組成物；沒有精油，茶也就無香味之可言了。單甯酸則爲一種很複雜的有機酸，嘗起來很有些兒苦澀味，茶中所含此酸之數量頗無一定，大概在百分之五與二十之間。

紅茶與綠茶的成份也略有差異，下面便是一個比較表：

	綠　茶	紅　茶
蛋白質	三七·四三	三八·九〇
纖維素	一〇·〇六	一〇·〇七
灰燼	四·九二	四·九三
茶精	三·二〇	三·三〇
單甯酸	一〇·六四	四·八九
氮	五·九九	六·二二

從上面的表裏，我們可以看出紅茶中含有較少的酸，這是因爲在製造時，有一部單甯酸被氧化而變爲不易溶解的物質。茶葉中含有一種酵素(Enzyme，Oxidase)，茶葉愈嫩，則所含這種質量也就愈多，而製成的茶也就味更甘美；因爲這種 Enzyme 可以做接觸劑，使一部份的單甯酸受化學變化而成葡萄糖（glücose)。

泡茶時，大部分上面講的物質，都溶解在滾水裏；含有少許礦物質(如炭酸鈣之類)的水，可使茶味更濃；因爲這些溶解了的礦物質阻止我們不需要的雜質被溶解到水中去，所以含礦物質的泉水最適合於煎茶。

茶是一種輕微的興奮劑，無論對於用力的，或是用腦的人，茶可解除疲倦，提起精神；尤其對於消化系統漸漸衰弱的老年人，茶可增速血液循環，促進皮膚與小便的分泌機能。但喝得太多了，會妨礙消化，引起失眠和精神衰弱；對於大便閉塞，飲食凝滯，茶是更不適宜的。茶裏加一些乳酪，糖或檸檬汁之類是比較營養些的。

蛋的化學研究

張西綠

蛋是一種滋養料非常豐富的食品，不但所含養料非常的多，就是牠的味道也是很精美適口的，無論何人都很歡喜吃牠；我們中國的鄉村裏，任何人家，不論是有錢的或者是貧苦的，差不多沒有一家不養着幾隻雞幾隻鴨或者幾隻鵝的，這種現象就可以表示誰都知道蛋是十分可口並且吃了很滋補的。不過蛋爲什麽滋補，含了什麽成份所以滋補，我們受過科學洗禮的人是要尋根究底的，現在將蛋各部的成分的分析結果寫在後面，讀者諸君一看，便可以知蛋之所以滋補，以及蛋的價值之所以高貴了。

（一）　蛋殼之部

蛋殼本來是蛋的抛棄部分，和蛋的滋補原也絲毫無關，當然沒有研究的價値，不過這裏要保持完璧起見，所以也將他的成分記在下面。蛋殼的主要成分是炭酸鹽，遇酸卽起化學反應而產生出炭酸氣來，通常以蛋浸於弱酸如醋酸內數日後卽成軟殼現象。

分析的結果是：

炭酸鈣	89—91%
炭酸鎂	0—2%
燐酸鈣鎂	0.5—5%
有機物	2—5%

這裏附帶介紹一個關係蛋殼的民間合理的單方，因爲蛋殼含有大量的炭酸鹽，遇酸就生出炭酸氣來，所以用蛋殼煨灰研末，治胃氣痛是很靈驗的。

（二）　蛋白之部

除了蛋黃內有幾種化合物含有營養價値外，蛋白是最滋補的了，因爲蛋白內含有豐富的蛋白質，蛋白質是對於人身很有益處的 ；蛋白質微呈鹼性，能使石蕊試紙變藍，牠的比重是一丶〇四五。

分析的結果是：

蛋白質	12—18％
水份	82—88％

蛋裏面的蛋白質大約可分四種：

(一) Ovalbumin 一此種蛋白質能於低溫度時結晶，約占蛋中蛋白質全量之百分之八十。

(二) Conalbumin 一此種蛋白質與第一種蛋白質極爲相似，其不同之點惟不能結晶耳。

(三) Ovomucin—此蛋白質形如球狀，故亦名球蛋白質，能溶於食鹽溶液內。

(四) Ovomucoid—此種蛋白質加熱不能凝固 ，能溶於冷水之中，其溶液加氯化汞不生沉澱。

上述的四種蛋白質都能在蛋白內尋到，牠對於人身都十分有益。已凝固的蛋白質比未凝固的蛋白質來得容易消化，故熟蛋比生蛋來得容易消化，消化不良的朋友們，應當特別注意。

(三) 蛋黃之部

蛋殼蛋白蛋黃三者之中，蛋黃的成分最複雜，總共有十幾種之多，有好幾種的營養價値很高，牠的分析結果如下：

水	51.8％
脂肪	20.3％
礦物質	1％

色素（如Lutein）	0.5%
Vitellin	15.8%
Cerelin	0·3%
Lecithin	7.2%
Glycerol phosphoric acid	1.2%
Cholestarin	0.4%
Nuclein	1.5%

在蛋黃內除了脂肪外，Lecithin 的存在最重要，通常卽以其量之多寡而決定蛋的營養價値，其公式如下：

$$\text{Lecithin}\quad \begin{array}{l} CH_2O\cdot OC\cdot C_{17}H_{35} \\ | \\ CHO\cdot OC\cdot C_{17}H_{35} \\ | \\ CH_2O\cdot PO < \begin{array}{l} OH \\ CCH_2CH_2N(CH_3)_3OH. \end{array} \end{array}$$

在上面蛋白蛋黃的分析結果裏面，我們可以看見蛋包含着多少的珍貴成分，何怪蛋要成爲最重要的滋補食品呀！

牛　　奶

任寶國

牛奶是牝牛乳腺的一種天然分泌物，不過要在分娩數日以後所分泌的纔可以吃，分娩後起先幾天所分泌的初乳是不可以吃的。

(一)生成——牛奶的生成，是在授乳時期；乳腺細胞的原形質中充滿着脂肪，然後原形質漸漸液化，和脂肪小球滴一同流出。不過我們要知道，雖然牛奶中含有乳酪素 (Proteose)，乳糖 (Peptone) 和牛酪 (Butter)，但在牛血中却並沒有這些東西，所以這完全是乳腺自己創造出來的。

(二)成分——牛奶的成分是隨着牛的種類，牛的食物，擠乳時期等而定的，其平均值大概如下：

蛋白質（乳酪質）	三·三——三·五%
脂肪（牛酪）	三·〇——四·〇%
糖（乳糖）	四·五——五·二%
灰分(鈣，鎂，鈉，鉀等鹽)	〇·六%
水	八七·%

其餘還有少量的蛋黃素（Lecithin），肉精(Creatine)，尿素(urea)，酵素，和維太命甲，乙，丁，等。

無機鹽中，磷酸鈣是最重要了，牠在牛乳中似和酪素結合的，對於骨之生長很有關係。

(三)性質——

比重——在十五度（攝氏）時爲一·〇〇三。

牛奶在顯微鏡下觀察是一種小脂肪球之懸浮物。這些脂肪有很強的屈光力，他的數目和血中紅血球差不多。

平常牛奶對於石蕊紙呈中性反應，但很容易變成酸性。

在空氣中，時間長了，就要起醱酵作用，結果變成酸性，並且酪素將結成細塊。

遇熱雖不凝結，但在面上能結一層薄膜。

遇酸和乾胃膜（Rennin），就凝結。

分娩後的初乳（Colastrum）呈黃色，遇着熱乳蛋白（Lactalbumin）就凝結，但遇乾胃膜是不凝結的。

營養價值：因爲在牛乳中，炭水化合物、脂肪、蛋白質都有，並且還有維太命和礦物質等；所以確是一種很完全而很有價值的食品。

(四)罐頭牛乳——罐頭牛奶有二種：一種是沒加糖的，一種是加糖而很濃的煉乳。沒有加糖的如牡丹牌（Carnation）金牛牌等大都是比平常牛乳濃一倍；煉乳大都比平常牛乳濃四倍。

（五）煉乳的製法——在牛奶中加糖後，便在低氣壓下蒸餾，其餘如奶粉也是將牛奶在熱的金屬圓筒上蒸發成的。但新的製法可將牛奶漬在一眞空室中，一方通入熱空氣，所以比較快些而且不需高溫度；因爲不用高溫度做成，所以品質也比較好得多了。

（六）飲牛奶應注意的幾件事——

分娩後初乳是不能吃的；小兒吃了就要腹瀉。

病牛的牛乳，千萬不可吃，肺癆是很容易由牛乳傳染的，變酸或醱酵的牛乳也可不吃。

牛乳在人胃中凝結成的塊是很大的（人乳是很細的），所以給初生小兒吃時，最好用水冲淡，並加些糖。

牛乳熱至一〇〇度（攝氏）就要發生變化：酵素和維太命便失去，蛋黃素和磷酸鹽也有些變化的。

有些劣等的煉乳中是加糖精的。還有如平常牛乳，煉乳，乳粉等中全部或一部的乳酪或酪素已除去了的，甚至有人加凡士林來代替一部份除去了的牛酪：以上幾種牛乳的營養價值當然要低得多。

還有一種很普通的是用水冲淡的牛乳。這種牛乳，非但營養價值減少，並且是很危險的：因爲倘若所用的水不潔，就有傳染傷寒，霍亂，痢疾等危險。這種牛乳是可用比重計（Hydrometer）測知，因爲攙了水，比重就減小了。

其餘還有用粥湯，米泔水，豆腐漿等來攙入的，不勝枚舉，只得請讀者隨時注意了。

酵 素

陳丹海

牛乳久置於空氣中而腐敗，澱粉加麥芽而成糖，由糖製酒，酒又可製醋，皆為人常用之方法及習知之事實。考其成因，實由幾種酵素所促成之化學作用也。

推而至於人體飢則食，渴則飲，食物之入口，經食道胃臟腸等，有用之滋養料則吸收，以促身體之健康，亦由酵素總其成也。

酵素乃一種簡單之菌類，或為無生命之微質，溶於水及甘油，而不溶於酒精。化學成份至今尚未明瞭，然已知其屬於蛋白質之均一懸濁質，能使別種複雜之化合物分解為簡單化合物；而作用之前後，酵素之本身並無何等之變化。因此少量之酵素能分解多量之物質，與接觸劑之功用相同。

酵素之種類繁多，其功用亦因其類而別，茲略舉之於下：

（一） 分解蛋白質之酵素

（甲）胃液素——含於動物之胃液中，能使天然蛋白質在酸液中分解為初化蛋白（Proteose）及胃化蛋白（Peptone）。當温度37–40°C，0.1–0.2%之鹽酸中，其活動力最強。

（乙）胰液素——含於胰臟液或幼嫩植物中，分解蛋白質之能力較胃液素為弱，在微鹼性溶液中，起初與蛋白及胃化蛋白作用，大部份變為多胺基體（Polypeptide），小部份分解為胺基酸（Amino acid）。

（丙）腸液素——動物之小腸粘膜中含有之。能分解多胺基體為二個以上之胺基酸。

總上三者，皆為人體中重要之酵素而能消化完全。

（二） 分解脂肪及油類之酵素

（甲）解脂素——存於動植物中，能分解脂肪及油類，使其組合之脂肪酸及甘油分離。適於宜環境之下該酵素又可使脂肪酸與甘油合成油脂。

（乙）解臘素——亦含於胰液中，凡多脂肪之種子及下等動植物菌類等，均含有之。

（三） 分解碳水化合物之酵素

（甲）解粉素——存於將發芽之種子及細菌內。米粒釀酒糟麥芽，即利用此種酵素。動物之唾液肝臟，胰液等亦含有之。吾人食澱粉食物在口腔內，一部份即被其分解爲糖類，使成易消化之狀態而移入胃臟。

（乙）轉化素——植物體內及動物之腸液中含有之，能分解蔗糖爲葡萄糖及菓糖。

（丙）乳化素——存於細菌及動物之腸液胰液中，幼稚動物之腸液含量最多，故小兒飲乳，最易消化；能分解糖乳酸。

（丁）麥芽素——存於細菌，腸粘膜，唾液，胰液及血液中，發芽植物含之亦饒。能分解麥芽糖爲二分之葡萄糖。

（戊）細胞質素——含於發芽之植物體內，爲分解植物纖維質之特殊酵素。

（己）酵母菌——酵母及各種菌類含有之，能分解糖爲酒及二氧化碳。惟其單獨存在尙不能促其反應，須與一種助酵素共同作用。

（四）分解配糖體之酵素

（甲）芥子酵素——十字科植物種子、莖、葉等，皆含有之。有分解配糖體爲糖體之性質。

（乙）杏濁素——苦扁桃仁含有之，他種植物間亦含有之。能分解苦杏仁精爲猜酸，苦杏仁油及葡萄糖。

（五） 有氧化能力之酵素

動植物皆含有之。因能攝取氧於空中以起氧化而藉其發生之能力以資生活。

（六）　使物凝固之酵素

乳可凝固：因含胃積素。膠可凝固，因含膠素。動物血液之凝固，則藉纖維素之作用，使其所含之蛋白質凝固，則血亦凝固矣。

（七）　分解尿素之酵素

解尿素爲有分解尿素性質之酵素，存於荳科植物中。

（八）　反抗他種酵素之酵素

抗酵素於醫學上有重要之供獻。毒菌與酵素相反之關係，亦賴此酵素存在而顯著。如以破傷風之菌注入動物體中，即能防止傷風。以是推之注射某種酵素於動物體中，可制其他酵素使不能起作用，血清之發達由於此也。

總括上述，可知酵素之功用，非惟在生理上居重要位置，其在實業上亦有顯著之效果。近世之文明，方促其日進，正待吾人之探討研究也。

豆　腐

唐　村

豆腐初爲漢淮南王劉安所造，又名黎祁，一作來其，此乃吾中國創製之大衆化食品。考其所含滋養分之豐富，較之魚肉佳飲，迨有過之而無不及，故合乎大衆胃口，亦非無因也。雖然豆腐之製法，簡而且易，鄉村中農家遇喪事時恆有自製者，以其手續不煩，所費亦省。聞前有李某在法國時，曾開一豆腐公司，出品頗爲外人所稱道，所獲利益甚厚。近來科學發達，各種日常生活要素皆有相當研究及改進，今特將豆腐製造時起之化學變化，寫來爲一般愛食豆腐同志之參考，並予以提倡國貨之宣傳焉。

豆腐主要之原料爲大豆，爲我國特產。大豆在對外貿易上，亦佔重要位置，而尤以東北爲大本營，其功用之多，如豆腐，醬油，豆油等，均以

此爲原料 今分析其成分於後：

	日本大豆平均成分	東北大豆平均成分
水分	九·八五	一〇·五五
粗蛋白質	三四·七〇	三八·五六
粗脂肪	一八·〇〇	一八·五五
含水炭素	二七·六九	二三·一〇
粗纖維	七·一二	三·七八
灰分	四·六四	四·〇五

觀上表數字可知大豆中最占重要者爲蛋白質。

製造豆腐，可先將大豆洗滌後，浸漬桶中，大約夏季約七八小時，冬季則須二十四小時，且須換水一二次，使水分深透入豆片之中心爲度。然後用石磨或石臼磨碎（在外國已有省力多效之磨碎機），然後置于釜中煮之，火力不宜失調，若煮時泡沫膨溢，可加菜油數滴卽止，且需時時拌攪，經半時許卽取灌布袋中，而擠出液汁，卽爲豆乳，俗稱豆腐漿。豆乳中所含滋養分極爲豐富，今試與牛乳成分比較之：

	豆 乳	牛 乳
水分	八九·三六	八六·〇八
蛋白質	四·一六	四·〇〇
脂肪	三·一〇	三·〇五
糖分	三·〇三	五·〇〇
灰分	〇·四五	〇·七〇

由上表所列數字，可知豆乳含有蛋白質成分，反較牛乳爲多，故豆乳爲良好之補劑，可無疑矣。因此豆乳亦可用以做「人造牛乳」及豆酪等，

但「人造牛乳」因大豆中含有一種固有臭味，不能設法改良，較爲遜色耳。

自豆乳分離後所剩之豆渣，我國農家咸用以飼餵豬畜。在日本則名曰「雪花菜」，以其色白如雪花也。考其中所含有之成分爲：

水分	八五·六六
脂肪	三·六六
含水炭素	六·三五
纖維	二·九〇
灰分	〇·五九

若豆乳用文火加熱一小時，液面之蛋白質及脂肪經與空氣接觸，即形成粘膜狀之薄片，將其挑出燻乾，即成豆腐皮。其中所含成分有：

纖維	〇·四
灰分	二·八二
水分	二二·八五
蛋白質	五一·六
脂肪	一五·六二
含水炭素	六·六五

將豆乳煮沸稍待冷却，加鹽滷三次，拌攪均勻，使充分凝固，（此時即豆腐化，嫩而多水分），然後酌入框中包布中，加上壓力使去水分，即成豆腐。最好能浸於清水中以便脫却鹽滷苦澀之味。今舉豆腐化學成分如下：

水分	八八·七九
蛋白質	六·五五
脂肪	二·九三

含水炭素	一·〇五
纖維	〇·〇二
灰分	〇·六四

豆腐中所含有主要之蛋白質，為 Glycinin，及 Legumin 兩種，加熱時均不凝結，但加鹽滷後即凝固，因內中含有造鹽素及磷酸鹽等而起凝聚作用也。此外若用石膏 ($CaSO_4·2H_2O$) 得呈同樣之現象。其凝固之形式如次：

設以 (RX) 表豆腐，內中

R為蛋白質分子及其結合之酸根，

X為蛋白質可置換之原子或原子團。

（一）鹽滷之加入：

$RX+MgCl_2=RMg+XCl_2$；

（二）石膏之加入：

$RX+CaSO_4=RCa+XCl_2$.

（一）式內之RMg及（二）式內之RCa即為蛋白質分子與鎂及鈣交換結合而成沉澱之豆腐。

酒精和酒

葛正心

酒精又稱火酒，是無色而透明的液體，很像清水，但是在實際上卻有許多不同的地方。酒精在許多飲料裏都可以找到，但是牠不能解渴，或拿來當水的代替品。純粹的酒精俱有一種很強的氣味，和一種不愉快的味道。雖然酒精和水在表面上無絲毫之差異，但我們仍可以把牠們判別：

（一）我們可以用嗅覺來分別，酒精有辛辣濃甜的氣味，而水是沒有的。

（二）若倒少許酒精在器皿中，用燃着的火柴去點卽能燃燒，但水無此可能性。

（三）放一些鹽在清水中搖了幾搖就能溶解在水中，但放鹽在酒精裏是不能溶解的；假使用糖來代替鹽，我們也可以得到同樣的結果。

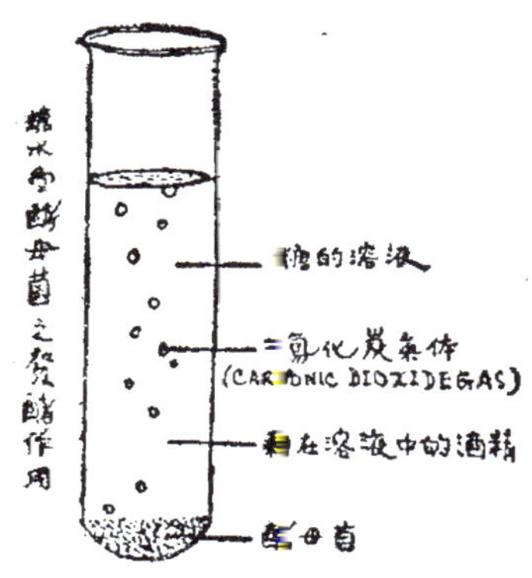

製造酒精，普通是使糖發酵；使糖發酵，我們可以用酵母菌（Yeast）。酵母菌是一種植物，我們要看清牠非用顯微鏡不可，普通的酵母菌俗稱酵母粉，藥房或雜貨店裏都有出售。放少量酵母菌在糖水裏，或糖漿裏，這樣就能立卽發酵，產生許多氣泡；慢慢的糖水會全發酵成功酒精。試驗時的裝置可參攷左圖。

可是這種發酵工作是不必須特別培養的酵母菌來放在裏面的；葡萄汁做成的葡萄酒，蘋菓汁做成的酒（Cider），都不必用酵母菌。在這種情形，空氣就像酵母菌一般的能使果汁發酵；因爲像酵母菌這樣微細的植物，很容易在空中飄揚，空氣中就永遠有酵母菌的存在，如果牠們一遇到含有糖質的東西，立刻就能起發酵作用。

飲料可以從發酵和蒸餾兩種方法得到：許多飲料是從菓汁發酵作用而成的，如蘋菓汁和葡萄汁等；有的是從穀類，或麥類製成澱粉後再由澱粉做成糖，然後吸出糖汁，用酵母粉發酵而得的。普通由上面做法製成的，有啤酒（Beer），麥酒（Ale），酒，和蘋菓酒（Cider）等。牠們一經發酵工作卽含有酒精，就因爲含有酒精的緣故，才使牠們有害於人。牠們所含的酒精在同等量的水中可分爲從五十份之一至五分之一。以蒸溜法製成的酒（Distilled Liquors），仍舊有水混和着，這種酒精用來當飲料的，所包含的水是從四分之三至二分之一，如威士忌酒，白蘭地，糖酒（Rum），杜松子酒（Gin）等。牠們裏面所含酒精的量，可參看右面的比較圖。因爲牠們含有多量的酒精，所以更加有害了：極少量的威士忌酒，比多量的碑酒，和麥酒，來得容易使人酩酊（Intoxicate）。所以無論發酵或蒸溜製成的酒，對我們人類康健體格是有害的，我們是青年人，如果希望要有強壯的體格，成功事業的話，第一須要於酒無緣，這是我極盼望的。

啤酒 酒 威士忌酒 所含酒精的比較

談　　水　　　　　　　　郭鍾福

水在天然間隨處可見：在空中因處境之不同，成雨、雲、霧、露、雹、霜、雪、等；在地球表面及地層中儲量尤多；他如泥土，植物，亦含多量水份；許多普通食品，如果蔬之類，含水量至百分之四十至九十；卽人體中，亦具百分之七十。但自然水無純潔者，如認爲潔淨之雨水，亦含塵埃與若干氣體；至地下水則自礦石土壤間，流之所經，儘帶許多溶性物質；而動植物腐化後之有機質及工廠之殘棄物品，皆可混雜水中；海水中雜質更多：如食鹽及鎂鈣等之化合物，而其所以具特殊之鹹味者亦緣此。

我人應用水時，須除去若干雜質。飲料水宜潔淨，簡便之清潔法：如沙濾可以濾去水中浮懸之濁物；如加礬攪拌而放置之，可使汚物粘結而下沈；或噴射空中，藉氧化作用，以去有機物質。至化學處理：則用臭氧以去有機物及細菌之類，效甚著；近有以液態之氯，通入水源，因有新生氧之發生，其殺菌去腐質之力亦大，故爲用甚廣。至若居戶當疫癘盛行時，預以飲水煮沸至十餘分鐘，更爲穩妥。如欲得純水，則用蒸餾法。用左圖之裝置：煮水於金屬器（A）而凝其蒸氣，經錫管而不斷流出。蒸餾水淡而無味，在實驗室中，常用以製各種之溶液。

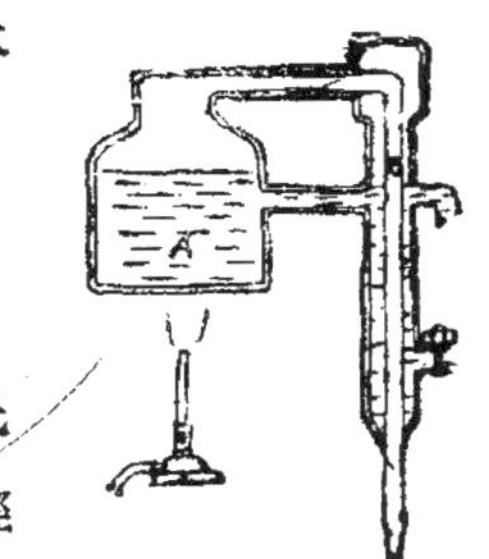

在常温下，純水是無色無味無臭之液體，在攝氏零度凝結爲冰，體積之漲大，可十分之一，故較水輕而浮於水面。在大氣壓下加熱，温度昇至百度卽停止，水卽沸騰，變爲蒸氣，故水具三態。

水在任何温度下，常轉爲蒸氣，所謂蒸發是。自海洋江湖上昇之蒸氣極多，因風力而移動至高遠處，遇冷而成雲雨等。蒸發須吸熱，凝結將放熱，故蒸發不祇有關於氣候温度之調節：於水量之分布，關係亦大。當蒸發時，發生蒸氣壓，至百度時，蒸氣壓等於大氣壓而沸騰，故增減大氣壓力，可上下其沸點。

水如與鈣、鈉、鐵、鉀等金屬作用，有氫發生，同時生成含氧之化合物；若以氫燃於空氣中，有水滴生成。若以水（稍加酸或鹼）電解，卽發生氧與氫，且氫之體積恆爲氧之二倍。觀此可推知水之組成爲氫與氧，化學上以H_2O表示其分子組成云。

滅火器

張西綠

一、引言

火是最可怕而同時也是最有效用的：「星星之火，足以燎原」，牠的破壞力就在這八個字內已能充份的表現出來；不過在現在工業發達的時候，正有幾千萬架的發動機都靠着牠的力來發動，小言之，卽一粥一飯也不是靠着牠煑成的嗎？因此我們應當盡量利用火的能力，一方面還要消滅牠的害處。

二、燃物的分類

滅火器的種類很多，牠們的滅火效用也不同；所以某種滅火機對於某種燃物的火焰很容易息滅，可是對於另一種燃物的火焰却無能為力。現在就舉個例子：藥沫滅火機對於油類的燃燒，很容易撲滅，但對於金屬塵埃如鉛塵埃的燃燒，藥沫滅火機非特不能撲滅牠，反而會助長其火焰，有時竟會引起可怕的爆炸。因此要講滅火機，必須先將燃物分類一下；現在就依照牠的性質分為三類。

（甲）棉，毛，絲，蔴，紙的製造品，以及竹木所製的傢具。

（乙）一切油類，無論動物油，植物油，機械油，以及醇，醚等有機溶劑及各種藥品。

（丙）一切機器，如柴油引擎、蒸氣機、發電機、電動機等。

三、滅火器的種類

滅火器的種類很多，水是最普通的一種，這裏因為篇幅關係，像水這樣盡人皆知的東西無暇贅述，現在擇有價值的滅火器講幾種在下面：

（一）藥沫滅火機

藥沫滅火機是最普遍的一種，上海有二三廠家專門製造這種滅火器，所以工廠學校及居戶購置以備不時之需者甚多。此種滅火器的製法很簡單：用硫酸鋁溶液和酸性炭酸鈉溶液分置在二個套筒內。應用時，只要將滅火器倒置，使這兩種溶液混和，於是即產生大量的二氧化炭，這些二氧化炭氣的外面，都有一層不溶解性的氫氧化鋁膠汁薄膜，因此牠的滅火能力很強。化學反應十分簡單，一個方程式就能表示出來：

$$6NaHCO_3+Al_2(SO_4)_3\cdot18H_2O\longrightarrow3Na_2SO_4+Al(OH)_3+6CO_2+18H_2O.$$

藥沫滅火器也有好幾種，牠們的原理都一樣，不過裝置不同而已；現在將牠的分類再寫在下面：

（甲）泡沫式

（乙）手提式藥沫機

（丙）自動藥沫滅火機

（丁）乾式藥沫滅火機

（二）四氯化炭滅火器

四氯化炭是一種容易氣化的流質，牠的冰點是攝氏23.77度，沸點是76.74度，其氣體比空氣爲重，不助燃，更不能自燃。因爲牠的不助燃性，所以可適用於滅火。若物體燃燒時，將四氯化炭射在燃燒物上面，四氯化炭遇着高溫度立卽變成氣體，把燃物四週的空氣逐去，使燃燒停止。普通的四氯化炭滅火機大多數是四分之一加崙裝在手唧筒內的，不過四氯化炭價格很貴，用時容量宜小，而且當彼氣化時，放出的氣體是一種不愉快而帶有麻醉性的，使用人應特別留意。四氯化炭滅火器僅限用於狹隘不十分通氣之處，通風地點效用極小。

（三）蘇打酸滅火器

自從藥沫滅火器製造成功之後，蘇打酸滅火器已漸失其價值。牠的效用，就是靠牠所射出的二氧化炭的力量，然而事實上牠所產出的泡沫的效果，不若藥沫滅火機來得大，所以漸有淘汰的可能。其變化如下：

$2NaHCO_3+H_2SO_4\longrightarrow 2H_2O+Na_2SO_4+2CO_2$。

（四）液體二氧化炭滅火器

二氧化炭既不自燃也不助燃，所以一般化學家就利用這個特性，將牠壓縮成液體，收藏在鋼質的桶內。在火警的當兒，只要將鋼桶的出口放開，桶內壓力因之減低，液體的二氧化炭就變成氣體而從出口逸出，於是將着火物四週的空氣逐去；着火物沒有空氣供給，火焰自然熄滅。惟此種滅火器僅能應用於室內及空氣不流通之處，且容積較大而又冗重，倘不為人所樂用。

四、結論

上述四種滅火器中最流行的就是藥沫滅火機，因為牠的價格並不十分昂貴，裝置又很便利，可以應用的範圍也很廣闊。蘇打酸滅火器從前也很風行一時，不過自藥沫機發明之後，已將淘汰迨盡了！四氯化炭滅火機及液體二氧化炭滅火器，前者因價格太貴，後者因裝置不便，所以除了幾家工廠及化學實驗室為特殊情形必須裝置者外，很少被人應用。再後更望記着：「星星之火，足以燎原」這一句話，猶其在現在這樣的寒夜，更宜「火燭小心」。

電鑄術

王潤富

近世電鑄術之應用甚廣，尤便於印刷，蓋用木版銅版等物，印刷圖畫，原版極易磨滅，故以電鑄術補救之。

電鑄術之初步為作模型，用石膏或賽羅璐均可，既成，將其表面塗以石墨，蓋石膏等物不易傳電也，然後繫之於電池之陰極。通常電鑄之版，均係銅質，故將模型浸入銅鹽溶液中，如硫酸銅等，另以純銅版，懸於陽極。

當電流通時，硫酸銅即分解為硫酸和銅，銅分子被陰極所吸引，遂附於模型表面，所生之硫酸，又與純銅起作用，化成硫酸銅以補溶液之稀薄，惟盛液器底，須加溫至七十度左右。

至此，電鑄術之手續已畢矣，蓋應用電鑄之方法甚多，余故以最簡單之方法以述之。

第二類　化學分析和實驗

眼藥的分析

郭淑鑫

我國治眼病的藥品很多，就是各種成方，也很流行，本草綱目上載着的，更不下數百種。最普通的，還是各藥舖子裏出賣的眼藥，他們都有方子炮製，考其成分，大都相同。我們試把各著名藥舖的眼藥，搜集起來，給它們分析一下，就可以曉得。我們可以先把它們各個的放在水中，攪拌放置，就可以曉得不十分容易溶解，但有一部份溶解的，可以使溶液成灰黃色或淡綠色，這在用過眼藥的人，大概可以看到的；若更把石蕊試紙，放到此溶液裏，卽變作藍色，這就是有鹼性的表示，不過強弱，稍有不同。

我們若再把它們放到稀鹽酸裏，就有發泡沫的現象，大都全部溶解而成淡黃色的溶液。試以硫化氫氣通入這些溶液的時候，大都沒有沉澱物出來；但有一兩種樣品，有少許黑色物析出，依普通分析的手續做去，曉得它是銅的硫化物。但是銅的存量，一般的講起來，是很少的。

再把上面的溶液加氫氧化錏，使成鹼性，再加硫化錏的時候，都有白色物析出。可是再加過量的氫氧化鈉，又溶解了。再依分析手續做去，曉得是鋅的化合物。所以眼藥裏，大都包含鋅的鹽類。

如上面加過硫化錏的溶液，把白色沉澱濾去，在濾液中加炭酸錏的時候，就有很多的白色物會沉澱下來。加醋酸，又溶解，再加草酸，又有白

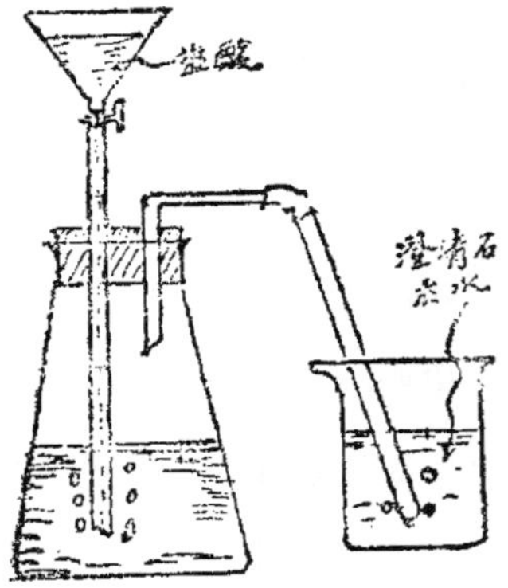

色沉澱，再按照分析的手續，我們可以證明它是鈣的化合物。

再用新的許多樣品，各個的和水裝入瓶內，自上加入鹽酸，如左圖的裝置，引出所發生的氣體至澄清石灰水裏面，都有白色沉澱出來：這樣，我們又可以曉得眼藥裏，有許多炭酸鹽類了。

現在把上面的經過，用簡單的步驟來表明如下：

$$\text{樣品}\xrightarrow[\text{HCl}]{\text{加}}\begin{cases}\text{氣體}(CO_2)\xrightarrow[Ca(OH)_2]{\text{通　入}}CaCO_3\downarrow\\ \text{溶液}\xrightarrow[H_2S]{\text{通入}}CuS\downarrow+\text{溶液(甲)}\end{cases}$$

$$\text{溶液(甲)}\xrightarrow[NH_4OH\ \text{及}\ (NH_4)_2S]{\text{加}}\begin{cases}\text{沉澱物}:ZnS\downarrow\\ \text{溶液(乙)}\end{cases}$$

$$\text{溶液(乙)}\xrightarrow[(NH_4)_2CO_3]{\text{加}}CaCO_3\downarrow\xrightarrow[HC_2H_3O_2]{\text{加}}Ca(C_2H_3O_2)_2\xrightarrow[K_2C_2O_4]{\text{加}}CaC_2O_4\downarrow$$

從上面的簡單分析，我們可以曉得眼藥的成分是炭酸鋅，炭酸鈣，而其溶解部分是氯化鈣。但據中醫言：石灰(氧化鈣)是毒藥。眼藥裏的氧化鈣，或者是從煅燒貝殼後得來的。據業藥舖者言，樟腦，冰片等，亦常和入。

至於說眼藥的功效如何，藥有君佐，其主要治病之藥，究係何物；我國眼藥，沿用已久，怎樣用科學的方法來解釋，來改良，來精製：這些問題，很值得去做進一步探討的工作。

鉛白和鋅白辨別法

蒙日高

鉛白的用途很廣，像婦人用之面粉，畫家用之白色顏料，及瓷器工業上所應用之釉面等。但因鉛白有毒，塗之於面上，對於皮膚殊爲有害。凡久置空氣中，因受空氣中所含的硫化物或硫化氫等作用，而變爲黑色的硫化鉛PbS，所以我們常見一張很美麗的油畫，歷時較久便變得不像樣子；白色變黑這也不外是油畫中的白色顏料是鉛白的緣故。

就因這種種的弊病，所以近來婦人所用的面粉及畫家所用的白色顏料，都用鋅白來代替：因爲鋅白沒有上述的種種弊病。

爲辨別鉛白和鋅白起見，下面的檢査法可以一試。

鉛白的成分是鹽基性炭酸鉛$PbCO_3 \cdot Pb(OH)_2$，而鋅白的成分是氧化鋅。故若取少量的鉛白及鋅白，各置於一小試管中，各注入少許硫酸，則見在盛有鉛白的試管中有沸騰而發泡之現象，至於盛有鋅白的試管，則否。由此我們便可以認識：凡是一種面粉或白色顏料，如果買的是鋅白，而不混有鉛粉的話，若加以硫酸，則斷沒有沸騰而發泡之現象，反之，就有鉛白的嫌疑。茲將二者受硫酸作用的方程式列之如左：

$$ZnO + H_2SO_4 \longrightarrow ZnSO_4 + H_2O$$

鋅白　硫酸　硫酸鋅　水

$$PbCO_3 \cdot Pb(OH)_2 + 2H_2SO_4 \longrightarrow 2PbSO_4 + 3H_2O + CO_2$$。

鉛白　硫酸　硫酸鉛　炭酸氣

牙科醫生提煉碎金的方法

孫衡

廢棄無用之金齒及金齒冠等，經過提煉以後，又可作第二次之用。牙科醫生提煉碎金之工作，非常簡單，幾隻大燒杯，幾個漏斗和幾張濾紙，便很夠了。倘能小心翼翼地依照下述步驟做去，這方法是很成功的。

先將碎金之重量稱過，再加上三倍純銀和多量的硼砂，放在坩堝內一同溶化；這溶化的物質，必須攪勻，使碎金可以和銀混合，於是倒入一溫暖的長條模型內，等其慢慢冷却，凝固成含有三份純銀和一份不純粹雜金（含有，銅，錫，鋅及其他重金屬）的合金條。

提煉之第二部爲溶解銀、銅及其他之重金屬。將銀條置於大燒杯內，和以三倍或四倍重量的濃硝酸，加熱，硝酸即和銀、銅等起強烈的作用，而變成硝酸鹽，同時並放出深紅色二氧化氮的濃煙；金則仍留於杯底，成一種棕黑色的沉澱。作用停止後，溶液變爲藍色，但仍非常澄清。此溶液可保藏於另一燒杯內，蓋其中盡含所有之銀也。

再用稍許硝酸加熱，以溶解殘留之其他金屬，將溶液仍倒於另一燒杯內，然後用蒸餾水洗滌三四次，傾入漏斗中，過濾後，再用水將沉澱洗淨；其最末一部份濾下之液體，須加氯化鈉試驗，倘有白色沉澱發生，表示金內猶有少許之硝酸銀；另取一部份濾下之液體，加氫氧化錏，倘顏色變藍，表示此沉澱尙含有硝酸銅；繼續洗滌，直至銅與銀皆洗淨爲止。於是將濾紙上的沉澱和以硼砂，置於坩堝內，加熱傾入溫暖之長條模型內即可得99.5%之純金；若和以其他金屬，照一定比例混和，便又可用作鑲牙。

遺留下的溶液，含有多量之銀，可加入氯化鈉溶液，混勻，銀乃盡沉澱爲氯化銀；俟沉澱沉下，將溶液傾去，用蒸餾水洗淨沉澱中包含之硝酸，硝酸銅及其他的硝酸鹽，仍用氫氧化錏試驗硝酸銅之存在。

加大鐵釘八九枚於沉澱中，二天以後，鐵即能將氯化銀還原爲純銀，過濾以取去遺留之鐵釘，置濾紙及沉澱於坩堝內，與硝酸鉀及硼砂一同溶化，製模型後，此銀便又可用以製造合金或提煉碎金。

附鑲牙成份表：

品名	百分比				
	金	銀	銅	鐵	鋅
22K Dark Inlay	九一・六	三・四	五・〇		
Soft Inlay	九〇・〇	三・〇	六・五	〇・五	
Medium Inlay	八〇	八	十	二	
Hard Crown and Inlay	七五・〇	七	十二	四	二
White Hard Crown and Inlay	六五	十	八	十五	二

煤的熱量測驗法

張貴芬

煤鐵是造成近世科學文明的二大功臣，在工業界，對於煤的需要，尤其重大。某一項工作，應需要若干量，量是很重要的問題，因爲假如計算的不精確，對於經濟的損失很大啊！

煤的種類很多，因此他們所發生的熱量又各各不同，要想計算出來，實是件困難的事，但是有科學的方法來幫助我們：應用化學方法，將煤的原質分析，再藉物理學的定理來推求，倒是件容易的事。

量熱的單位，用加羅里（Calorie），即是一定熱度（普通在攝氏十五度至十八度）的一公分水，昇高一度所需要的熱。換句活說，就是一公分的水昇高一度所需要的熱。

煤燃燒時所發生的熱，大約等於其中氫、氧、硫，氧化所發出的熱的總和。因爲各原質燃燒時，所發生的熱，已經由化學家考驗得來，所以只要能把煤的元質分析，便可以計算出他發生的熱量了。

測驗的方法很多，現在將最適實用的杜郎士公式(Dulong's Formula)寫在下面，以備應用。

每公分的發熱量(加羅里)$=8080\times C+34460\times(H-\frac{1}{8}O)+2250\times S$。

這裏的， C＝炭的含量， H＝氫的含量，

O＝氧的含量， S＝硫的含量。

酸土改良及試驗法

王天白

泥土有時因植物的分解而變成酸性，若米麥五穀等類，植於酸土，則生長較慢，故欲含酸之土，能植五穀，必須先舖氫氧化鈣，卽熟石灰，以調劑之，亦卽中和其酸性也。

土之是否含酸性，可以下法試之：

用藍石蕊紙，鋪於潔淨之磁杯中，上覆以潔淨之濾紙，再上卽平鋪以濕土，越半時後，取出觀之，若紙變爲紅色，卽知其有酸，否則仍呈藍色，卽可知其爲非酸土，不必加熟石灰也。

民衆實驗室

(六)混合物和化合物

范 棠

原料——硫黃，鐵屑，各少許。

用具——吸鐵石，試管(玻璃瓶，洋鐵罐均可)，酒精燈。

手續——

(甲)試將玻璃棒或鉛絲，一端蘸硫黃少許，然後在燈上燒之，注意火燄之顏色及嗅味。

(乙)將吸鐵石移近鐵屑，看有何特殊現象。

(丙)將等量的硫黃和鐵屑，很均勻地調和。拿此混合物分成二部：將第一部緩和地研細，注意其顏色的變化，並試將此混合物用手指或細棒分離；第二部留下作(戊)之用。

(丁)將以上混合物平敷於白紙上，然後拿吸鐵石於紙下移動，最後將此混合物傾入盛以清水之碗中，並攪拌之察看上浮下沉二種物體的形態。

（戊）將第二部混合物，放入試管內，稍加熱，注意其變化。離開酒精燈後，常以手指試察其熱度。及至察覺作用已沉息，即將此物塊取出磨細（若緊黏不易取下，可將試管擊碎然後揀取）。於是拿此粉粒，重作自（甲）至（丁）四試驗，並比較所得之結果。

結果並說明——

（甲）硫黃燃燒時有青色火燄，具特殊的味道（與燃放爆竹後的煙味相彷），這是因為硫黃和空氣中的氧氣化合成二氧化硫的緣故：這是試驗硫黃最簡單的方法。

（乙）鐵屑被吸鐵石吸引，是試驗鐵的好法子。（但除去鐵之外還有鎳和鈷亦有此特性）。

（丙）硫黃呈黃色，鐵屑帶黑色，兩樣磨細混合後成灰白色，已不能細察那是硫黃，那是鐵屑。

（丁）敷於白紙上的一部分能隨吸鐵石移動的是黑色，故可證明有鐵的存在。在水中浮在上面的是黃色，拿火燒它，有青燄，那當然是硫黃；沈在下面的，能被吸鐵石吸引，當然是鐵屑。這樣，我們可以將此混合物很簡單地分離開來，性質仍舊不變：鐵是鐵，硫黃是硫黃。所以這種灰白色的物體叫做『混合物』。

（戊）硫黃和鐵屑加了熱，就生『化學變化』；起這作用時，能發生熱，故燈移去後，溫度仍不降。數分鐘後，作用停止，硫黃與鐵化合成一新物體，化學上叫做硫化鐵。因為硫化鐵有一定的成分，所以若用硫黃太多，則試管中除硫化鐵外還能有餘下的硫黃；若鐵屑太多，則還有鐵屑，但兩樣不會同時餘下。這樣得到的化合物，性質又不像鐵，又不像硫黃：放在水裏，完全沈下；放在火上，亦不能燃燒；移近吸鐵石，更不會被它吸引：總之，它的性質，已同原來的兩種組成物，完全不同了。

餘論——兩種或數種物體，僅賴機械力混在一起，卽使調和得肉眼不能檢察，總有方法能把它分離，且同時各個的性質，仍舊未改。這樣結合的物體，叫做『混合物』：像空氣是氧氣、氮氣和少許氬氣等的混合物（氣體）；花崗石是長石、雲母、和石英的混合體（固體）；酒精裏和了水，也是混合物（液體）。

兩種或數種物質，用化學力結合在一起的，性質和原來物質的完全不同，我們叫牠做『化合物』。如阿摩尼亞是氮和氫的化合物；鐵銹是鐵和氧的化合物；食鹽是鈉和氯的化合物等。

（七）物理變化及化學變化　范棠

（一）原料——白糖少許。

（二）用具——玻璃試管四枚，酒精燈一。

（三）手續——取蠶豈大糖塊四顆，置入四試管中，可命之曰甲，乙，丙，丁。甲管內置水10cc，注意其變化，嘗其味。取乙管於酒精燈上加熱約半分鐘，常搖動之，視其狀態，加水10cc後，嘗之。復取丙管依法加熱，約二分鐘後，加水10cc，注意其溶解度，並嘗之。最後將丁管加熱至五分鐘以上，聞發出之煙味，及注意管中殘留物之情狀及顏色等，然後加水0cc，嘗其味，並試洗滌之。

（四）結果——甲管內糖塊，片刻卽完全溶解，味甜。乙管加熱後，糖塊呈乾燥細粒狀，管旁微有水滴，加水後溶解亦易，味甜。丙管加熱後，漸變灰褐色，管旁水滴漸增，加水時，一部分已不能溶解，味苦而略甜。丁管至最後時，發濃煙，煙味帶枯焦香，糖塊已焦，緊黏管上，加水後味苦；膠狀物不能洗除，已完全非糖質。

（五）說明——糖爲有機物，中含氧、碳、及氫。氧、氫之比適似水之一比二，故亦稱碳水化物。由蔗汁製成之糖其簡單式爲 $C_{12}H_{22}O_{11}$ ，能溶於水，溶化後糖粒雖消失，然甜味仍在；且將水分蒸發後，復能恢復至原物，故此類變化——溶解——是暫時的，稱做物理變化。乙管略加熱後，糖質內的結晶水漸次蒸發而凝於管旁，但糖質仍未變，故結晶水之消散仍爲物理變化。及至加熱略久後，糖質漸起變化，水分減少，而賸碳質，故丙管內大部分已經化成碳素，故味帶苦，不溶於水，糖質之性質已變，故稱爲化學變化。至於丁管內之碳質已成焦枯，故有煙味，性質全變，至此變化始告完成，雖更加水煑之，亦不能回復至潔白之糖塊矣。

(六)餘論——物質暫時的變化，本性仍未改變，而能用簡易方法，恢復原狀的，稱做「物理變化」：如溶解，熔解，蒸發，冰凍，以及地土的燥裂，米麥的磨碎，陶瓷土的煑炙等。物質永遠的變化，本性全改，不能用簡單方法變回的，稱做化學變化：如燃燒，生銹，醱酵，呼吸，以及爆竹的爆裂，熱雪人皮膚的變黑，石灰石的燒成石灰等。

(八) 燭火試驗

郭鍾福

材料——洋燭，硬紙，澄清石灰水，鉛筆，銅絲(約六寸長)，乾潔廣口瓶。

試驗——(一)燭燃着後，用廣口瓶倒豎在火頭的上面，等一會兒我們檢察瓶的裏面，有些什麼東西？瓶拿下後，放些兒澄清石灰水，加塞而振蕩之，我們再檢察裏面的液體，有沒有變化？

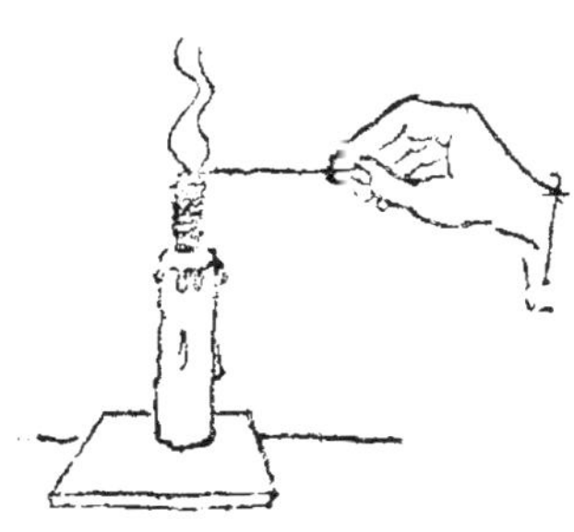

(二)用硬紙的面，很快的壓到燭火上，到靠近燭心爲度，同樣在紙的別部分，連試數次，我們看紙上，留着些什麼？

(三)用銅絲繞在鉛筆桿上成螺旋形，長約一寸，以此銅絲圈慢慢的套在火燄上面，等會兒取出使冷，再連續的做幾次，看當時火燄的情形怎樣？

解釋——(一)瓶的裏面有水滴積着，這是因爲燭的油脂裏，包含有氫的元素，在空氣中與氧結合，化成了水氣，遇冷就凝集起來。至於石灰水的變出白色浮懸物，就是因爲油脂裏還有炭，氧化後成二氧化炭，遇石灰水，就變成白色的炭酸鈣了。所以水同二氧化炭，是燃燒後主要的產物。

(二)那張紙上不是有焦了的圓圈嗎？這是因爲火燄的四週，溫度很高，所以被燒焦了。可是圈裏還好好的沒動，又是什麼緣故呢？因爲：這裏層是充滿着熔化油蠟所分解出來的氣體，尙沒遇到氧氣起作用，所以溫度比較的低，不致使硬紙變焦。

(三)我們不是看到火燄的黃色漸漸的淡去，最後熄掉而滿充着黑煙嗎？這是因爲火燄的光亮是隨着溫度而變的。銅絲套上的時候可以減低它的溫度；同時在低溫度，燃燒不完全而生出許多煙炱的炭屑；甚至最後會熄滅。我們普通用氣來吹滅燭火，也就是使它的溫度，減低至發火點以下，使其不能繼續燃燒啊！

(九) 滲透作用

何展如

儀器——大玻璃杯一隻，無底小瓶一隻，長玻璃管一根，軟木塞一個(直徑與小瓶上口相等，中穿一小孔，適足插入玻璃管爲度)，細線少許，小鐵鈎二三隻。

材料——羊皮紙或青蛙皮一張，糖汁及清水。

實驗法——以羊皮紙張於瓶底，用線縛住，盛糖汁於瓶中，以軟木塞塞住瓶口，並將玻璃管插下，至與糖汁相遇。然後置小瓶與玻璃管於盛水

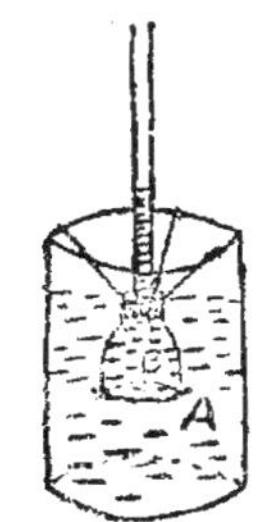

之杯中，以小鈎鈎住(如圖)。

觀察——玻璃管中糖質漸漸上昇，愈久愈慢，至一定高度而止。

解釋——因糖汁與水，中隔薄膜，故起滲透現象，糖汁裏僅有水分能透膜而出，而糖分停留膜中，但外面是清水，故能完全透膜而入。因此兩方的流動力不等，流入快而流出慢，故見管中液汁上昇。植物根毛能吸收滋養液，即是利用這種作用。

(十)　杯底之謎　　朱有圻

預備——木板一，杯一(燒杯最佳)，棒一，水、食鹽、及氯化錏各少許。

試驗——板上先濕以水，置燒杯於其上，杯中盛水過半。然後把氯化錏及食鹽放入水中，復以棒拌之使溶。有頃，以手提杯，則見木板隨杯而起，這不是很奇怪嗎？諸位不信，不妨一試。

原理——我們知道，氯化錏及食鹽皆爲寒劑，溶解於水後，可使溶液的溫度降至冰點下十餘度。因此木板上之水，結而成冰，使燒杯與木板凝而爲一。

(十一)　汽水內含有炭酸氣

李曜庚

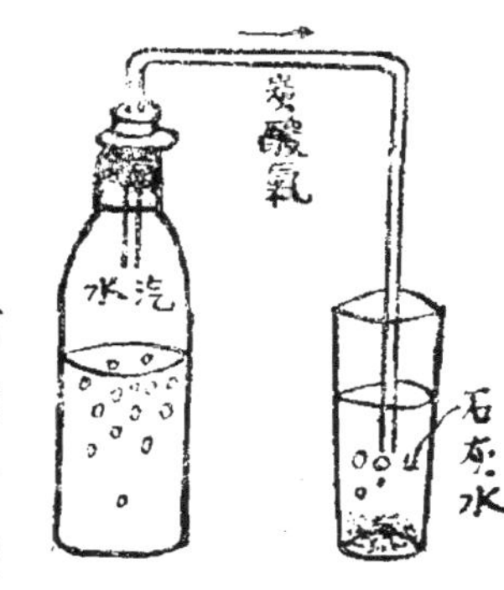

取汽水一瓶(俗名荷蘭水)，將瓶塞拔開，即見氣體上湧。先使氣體溢出少許，即用帶有導管的木塞，緊塞瓶口，將導管插入盛有石灰水的玻杯中。然後把汽水瓶放入有熱水之盤內，即有氣體自瓶內噴入石灰水中，可令石灰水變乳白色，並生沉澱，此乃炭酸氣存在之證也。由此實驗，可知汽水含有多量之炭酸氣。

（十二）　製造黨國旗　　　潘樂君

原料——長方白布二塊（長闊成三比二），一硫精酸鉀（Potassium thiocyanate），黃白鹽（Yellow prussiate of potash），三氧化鐵(Ferri chloride，水。

用具——噴水器一只，試管三個，鉛筆一枝，劣等毛筆一枝。

預備——以鉛筆畫一黨徽於一布之中央（如圖一），再畫一黨徽於另一布左上角四分之一之中央（如圖二）。

再將一硫精酸鉀，黃血鹽，三氯化鐵分別作成溶液，分貯於三試管中。以毛筆蘸黃血鹽之無色水溶液塗於二黨徽之外及其中之一圈（如圖中矢之所示）。將毛筆洗潔後，再蘸一硫精酸鉀之無色水溶液塗於一布之四分之三之上（如圖二中矢之所示）。並將三氯化鐵之水溶液注於噴水器內。

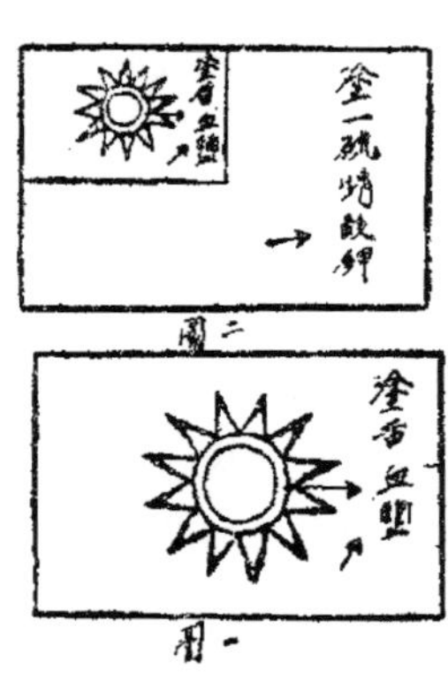

圖二
圖一

表演——將此塗有藥品之白布反復以示觀衆，並謂余只須以此水（指噴水器內之三氯化鐵）往布上一噴射，此二布即可變成黨國旗各一面。言畢，將二布平鋪於檯上，以三氯化鐵之水溶液噴射其上，則二布立刻變成青天白日滿地紅之國旗一面及青天白日之黨旗一面，取之以示觀衆。

理由——因三氯化鐵水溶液遇黃血鹽成普魯士藍，及三氯化鐵水溶液遇一硫精酸鉀而生紅色沉澱之故也。

(十三)　奇異之紙

平義曜

(一)多種金屬之鹽類溶液中，設通以硫化二氫，則生該金屬之硫化物，此等硫化物之顏色隨各金屬而異，例如硫化鉛呈黑色，硫化鋅呈白色，硫化錳呈肉紅色，硫化銻呈橙色，硫化砷呈黃色。本此原理，以硝酸鉛，硫酸鋅，二氯化錳，三氯化銻及三氯化砷等溶液，畫圖於紙上，乾後用潮濕之硫化二氫吹之，則紙上頓現彩圖：

$Pb(NO_3)_2+H_2S \longrightarrow PbS$(黑色)$\downarrow+2HNO_3$,

$ZnSO_4+H_2S \longrightarrow ZnS$(白色)$\downarrow+H_2SO_4$,

$MnCl_2+H_2S \longrightarrow MnS$(肉色)$\downarrow+2HCl$,

$2SbCl_3+3H_2S \longrightarrow Sb_2S_3$(橙色)$\downarrow+6HCl$,

$2AsCl_3+3H_2S \longrightarrow As_2S_3$(黃色$\downarrow+6HCl$。

(註)此種反應可用之以鑑別金屬。

(二)以三氯化鐵寫字於紙，然後塗以亞鐵錆化鉀之溶液，則變青色；如塗以硫錆酸鉀，則變紅色。

$3K_4Fe(CN)_6+4FeCl_3 \longrightarrow Fe_4[Fe(CN)_6]_3\downarrow+12KCl$,

$FeCl_3+3KCNS \longrightarrow Fe(CNS)_3+3KCl$。

(註)此二反應可作鑑別鐵離子之用。

(三)以氯化鈷溶液塗於紙上，懸於空氣中，當天氣潮濕時此紙爲微紅色；特別燥時，則變成青色：

$CoCl_2\cdot 6H_2O$(桃紅)$\rightleftarrows CoCl_2$(青)$+6H_2O$。

(四)以飽和之硝酸鉀溶液寫字於紙，乾後以火觸之，卽起燃燒，直至此字燒盡：

$4KNO_3+5C \longrightarrow 2K_2CO_3+3CO_2\uparrow+2N_2\uparrow$。

（五）以黃磷之二硫化碳溶液作書畫於紙上，置諸暗處，卽發美麗之磷光；又浸紙於黃磷之二硫化碳溶液中，取出後稍停卽行着火：此因黃磷之着火溫度僅爲35°故也。

$$4P+5O_2\longrightarrow 2P_2O_5$$。

（十四） 幾個適於家庭中做的化學實驗 平義曜

（1）將報紙捲成筒狀，一端燃燒時，其他一端卽有煙氣發生，此種氣體係一氧化碳，遇火亦會燃燒。

$$2C+O_2\longrightarrow 2CO,$$

$$2CO+O_2\longrightarrow 2CO_2$$。

（2）綠色植物，在日光裏，如下方程式發出養氣：

$$6CO_2+6H_2O\longrightarrow C_6H_{12}O_6+6O_2\uparrow$$。

這種養氣，可以水草做工具來製出，用排水取氣法收集之，以燒紅之木炭投入其中，卽發光輝而燃。

（3）取膠一小塊（指甲或肉類），混和以石灰而徐熱之，卽生硇精，通入明礬溶液中卽生鋁鹽。

（4）加水於生石灰，則生高溫而成熟石灰：

$$CaO+H_2O\longrightarrow Ca(OH)_2+\text{熱}$$。

（5）加氫氧化鈣溶液於碳酸鉀（可從陸生植物之灰中浸出）之水溶液中，卽生苛性鉀及碳酸鈣之白色沉澱：

$$K_2CO_3+Ca(OH)_2\longrightarrow CaCO_3\downarrow+2KOH$$。

同樣，以碳酸鈉（卽尋常之鹼）代碳酸鉀，可製得苛性鈉。

（6）加綠礬溶液於苛性鈉溶液中，卽得二氫氧化鐵之白色沉澱：

$$FeSO_4+2NaOH\longrightarrow Fe(OH)_2\downarrow+Na_2SO_4$$。

但二氫氧化鐵，在空氣中，不久卽變青色，繼則變成褐色：

$$4Fe(OH)_2+2H_2O+O_2\longrightarrow 4Fe(OH)_3\downarrow。$$

（7）浸磨淨之小銅條於食醋，使其一端露於空氣中，少時則見銅條上液面處生有青銹：

$$2Cu+O_2+4HC_2H_3O_2\longrightarrow 2Cu(C_2H_3O_2)_2+2H_2O。$$

（8）置包香煙用之金屬紙（即鋁）及濃鹼液於瓶中，瓶口塞以用開玻管穿過之橡皮塞，然後將瓶加熱。當有氣體發生時，即以火近管口，則發爆聲而使瓶塞射出：

$$2Al+6NaOH\longrightarrow 2Na_3AlO_3+3H_2，$$
$$2H_2+O_2\longrightarrow 2H_2O。$$

第三類 國防化學

談爆炸物

郭漱韾

爆炸物在平常狀態下，係穩定之物。使稍變其環境：如升高溫度，或加以機械力的激蕩，足使其驟時分解崩裂爆炸。此時之威力甚大，我人卽利用之以破壞或建設。戰事上用來殺敵之槍礮，爆炸物與有力焉，而巴拿馬運河之建築，亦曾應用七千三百萬磅之無煙火藥，否則全倚人工，恐不易遽成。故爆炸物之研究，固不限於戰事也。

（一） 火藥

我國引用火藥於戰事上甚早，英國在十四世紀，始用以發砲，初時爲粉末狀，裝置不能緊密，炸力不甚可稱。至十六世紀終，始有圓柱、稜柱、立方形等之粒藥。然此項粒藥一經燃着，其面積卽漸次減小，所發生之氣體體積，遽脹後亦卽縮小，對於子彈射出之速度，於是有限。後有美國勞植曼，發明一種連續性爆炸火藥，層層疊置，使燃燒面愈燒愈多，以增軍人加其威力，於是進步甚多。

火藥之成分，大概是硝酸鈉，硫黄，木炭。硝酸鈉性易潮解，故軍事上常用硝酸鉀代之。火藥之炸力不可稱，普通火藥僅其體積之一半能變爲氣體，故體積漲大之比例不甚高，且有許多煙臭發生，有傷機械之內部。

（二） 火棉

棉類之纖維經濃硝酸與硫酸之混合處理後，卽得火棉。因洗滌不淨，致時常發生爆炸危險。初人以其不穩定如是，將不敢復用，後得英人阿倍爾設法改良洗滌方法，去淨餘酸，始得如意使用。故洗滌之細事，至此始知其重要。後再經雷酸鉢之處理，威力更大，爲軍事上所常應用者。及三硝基甲苯，三硝基二甲苯等發現後，其地位乃頓降。

火棉含氮有百分之十三，在醚與醇之混合液裏，不甚溶解。若纖維素經稀薄之硝酸與硫酸處理後，成溶性硝化纖維，含氮僅百分之十二，常用作彈藥。

（三） 無煙火藥

初條爾茲用硝化纖維與硝酸鋇硝酸鉀混合後，炸裂時不生煙臭。後伏爾克曼用醚與酒精之混合物處理硝化纖維，亦得無烟之炸藥，是爲今日無烟火藥之雛形。及一八八八年諾貝爾（設諾貝爾獎金者）用兩種膠質狀態之硝化纖維與硝化甘油混合後，展壓成條，割切成各種形狀，是爲今日軍事上用之無烟火藥，故諾貝爾亦一研究炸藥者也。

無烟火藥使處置不慎，易闖災禍，故各製造處，研究穩定藥劑，使易於搬運或久藏。現通常應用有效者有戊醇與二苯胺。硝化甘油之組成如$C_3H_5(NO_3)_3$，其中氧之儲量甚多，足夠炭之完全氧化。故無烟火藥之優點在於藥物之全部能轉變成氣體，主要者如一氧化炭，二氧化炭，與氮，其炸力故極強也。

關於爆發物

張貴芬

現代是科學時代，在科學的戰爭上，一切砲彈的製造，差不多完全要利用各種爆發物。爆發物既如此的重要，我們在今日，當然切望要知道關於它的大概情形。

爆發物是一種不穩固的固體、或液體化合物。它所以能夠爆發的原因，是因爲稍受震動或得熱能，即發生很快的化學變化，而生出多量的氣體，因此體積驟然澎脹，遂有爆發的現象。

我們怎樣能使爆發猛烈呢？這問題要根據下列四種條件：

（一）爆發物裝在密閉器內。

（二）爆發物起變化後發生的氣體多。

（三）爆發時發生高熱。

（四）爆發的時間愈短，則炸力愈大。

爆發的原因既知道，以下便講它的種類：

（一）黑火藥　此藥是用硝石、硫、木炭三物混成，比例略有不同，最普通的是硝石七十五，硫十，木炭十五的百分比例組成。硝石的作用，在供給多量的氧；木炭能因氧而燃燒，硫則容易着火，並能將各物黏住，使化學作用格外迅速。但此藥爆炸力不強，且生出煙燄，近來別種火藥進步甚速，故有被淘汰的趨勢。

（二）硝化纖維素　在任何口徑的槍炮內，所用的基本炸藥，大都由硝酸和棉作用而成。棉的主要成分爲纖維素，和硝酸作用變成硝化纖維素，將硝化纖維素溶解在酒精與醚之溶劑內，再壓成棒或小片狀，乾後，便成爲無煙火藥。槍彈的構成，是先將無煙火藥，裝在槍炮的彈殼內，引發藥燃點時，便燃燒生出多量的氣體，藉這種壓力，子彈便得猛力射出。

（三）三硝基甲苯和苦味酸　濃硝酸和甲苯相作用便成白色固體的三硝基甲苯。濃硝酸和石碳酸相作用，便成黃色固體的苦味酸。這兩種藥品，都用在高級爆炸彈的製造及鑿山開鑛的爆炸上，應用時，必先用很靈敏的引發藥，在內首先爆發，然後才能燃放。爆發時，迅速猛烈，并且具有極大的破毁力。

（四）雷銖　雷銖是用銖，硝酸，及酒精作用而成的，爲灰白色的結晶體，它的爆炸力特強，常用爲他種火藥的導火線，稱爲引發藥。

（五）硝化甘油　由硝酸和甘油作用而成。是一種過於靈敏的爆發物，所以不宜單獨應用，多以木屑或其他多孔性的物質浸入，再以硝酸鈉相和，而成爲可用的炸藥。因爲此藥太靈敏而猛烈，不適用在鎗砲內，故常用以轟炸巖石，開鑿洞穴。無論戰爭時，或和平時的一切重大破壞工作，以及近代農業上，如轟毀樹根，炸裂石塊，開通溝渠，和掘潭種樹等，都需要這種火藥。

關於爆發物的常識，我們可從以上面所寫的，知道其大概。但是我們要記着：爆發物不專是用在製造鎗砲子彈來殘殺人類的，我們應當想出方法，利用它做些有益人類的事情才好呢！

毒瓦斯

劉耀宸

（一）引言

世界各列強不斷的擴充軍備，未來世界大戰一定要爆發，這已成爲不可否認的事實，目前祇不過時間問題而已。一般學者和軍事家都衆口一詞的說：『空軍是第二次大戰的主力。』歐洲有一個學者，叫威爾士（H. D Wells）的預言：『第二次大戰是爆發了！當大戰進行之間，中日的空戰非常激烈，並且彼此用毒瓦斯攻擊。』於此可見毒瓦斯之重要，實不亞於飛機。第二次大戰的時間，或比第一次短，可是死亡率未知比第一次要增加若干倍？在此大戰的前夕，我們何不把毒瓦斯來探究一番呢？

（二）分類

施放毒瓦斯之目的，在於使敵人之機能發生化學作用，而失其抵抗力或戰鬥力，以促其退出一定的地域。其侵襲之點不外乎眼、鼻、喉之黏膜，肺部或皮膚等處。在軍隊中對於裝貯各種毒質之子彈，均漆以一有色彩之十字以爲標識，並分綠黃青三種。計綠十字係肺部毒質，黄十字係皮膚毒質，青十字係鼻喉刺激物。茲將諸重要毒瓦斯，按生理上之影響，別類如下：

（甲）眼部刺激物

（A）腈溴化甲烚（Bromobenzylcyanide） 此項純粹化合物係無色結晶體，熔點爲攝氏29度，工業製成品則係一油狀之棕色液體，蒸餾時卽起分解，實爲最劇烈之眼部刺激物。若一立方公尺中有萬分之三公分重之腈溴化甲烚存在時，卽能刺激流淚，惟須於每分鐘吸入量達百分之六公分重時方能致死。且因其揮發性極弱，及具有強大之抵抗他種物質侵蝕性，故實具極強頑之侵襲作用；更以其遇水不生分解，故往往能漫佈地面後，雖經一月之久，猶未致完全消滅。

（B）一氯烚乙酮（Chloroacetothenone） 此物亦係無色結晶體，沸點爲245度，其蒸氣能生劇烈之刺激流淚作用，不易溶於水，且能透過普通防毒面罩。

（乙）肺部毒質

（A）光生氣（Phosgene） 光生氣係在尋常溫度下唯一呈氣體狀之毒氣，具刺激性，沸點爲8.2度。此物最足注意者，爲含有極微量光生氣之空氣，對於呼吸並不發生任何感覺，但久吸之卽能致死，實係一毒害肺部之物質。每一立方公尺空氣中若含有千分之四十五公分之光生氣，已能致生命危險，如於一分鐘內吸入萬分之三十五公分重之光生氣卽能致死。此項毒氣，在第一次大戰中，已獲得極大之效果。

（B）過氯化蟻酸甲醯（Perchloro-Formic-acid-methylester） 此物係無色液體，沸點在125—126度間，毒性與光生氣相等，然較難發揮，故其牢固性較光生氣爲強，能保存於地面數小時之久，不生變化。其分子量較光生氣大一倍，故亦有名之曰二光生氣。

（丙）皮膚毒質

（A）芥嗅毒氣（Senfgas） 純粹之化合物係無色液體，沸點216度，具弱芥子嗅，極難溶於水，漫佈於地面，能保持多日並不分解，又能滲透一切物料所製之衣服，即如普通皮革亦能透過，對於有機物質則具極易溶解性，故實係一劇烈細胞毒質。當其與有機體接觸時，並不發生任何可注意之痛苦或感覺，故難於防範；更爲陰惡者，往往於發覺後施以救治，已嫌太遲。再則對於肺部，亦能發生毒害作用，每分鐘吸入12公絲重之芥嗅毒氣即能致死。

（丁）鼻喉部刺激物

(A) 二煸基氯化砷(Diphenylarsinchloride)　此物係一高沸性固體，沸點333度，然受開花彈之爆發，能散佈爲極精細之霧。是項細霧，具有極強烈之刺激鼻喉之作用。每一立方公尺若僅含有一公絲重，即能生不可耐受之刺激。

(B) 二煸基猜化砷(Diphenylarsincyanide)　此物亦係固體，沸點在300度以上，受爆炸後能分散爲極精細之霧，極難溶於水，故耐牢度極高，且爲迄今所發明最劇烈之喉鼻刺激物。每一立方公尺之空氣僅含0.005公絲時即能生感應，如含量達0.25公絲，即不復能耐受矣。

（三）　中毒現象

（甲）催淚性氣體（眼部刺激物）

催淚性氣體：如上述之猜溴化甲煸，一氯化乙酮，均係無色物體，故不能由視官察覺之，且爲極易發霧而散佈之物質，在空氣中極稀淡時，即能刺激目部黏膜，而引起流淚，噴嚏，及嘔吐等作用。對於衣服之沾着性，非常強大，雖僅有微量之黏附，俟後當其蒸發時，亦能致長時間之噴嚏及流淚。

（乙）毀壞性氣體（肺部毒質）

毀壞性氣體，如上述之光生氣，過氯化蟻酸甲醯，均係無色而具腐爛乾草嗅相類似之氣體，極難發覺，故即達能致死之濃度，尙無刺激之感覺。按自初吸入是項毒氣，以至發生生命危險之間，歷有相當之潛伏時期，在此時期內，受毒人並不感覺任何影響，且每每有反呈呼吸增善之現象者。迨潛伏期一過，乃生極迅速之黏膜出血，隨之以鉅大之肺水腫及肺胞壁之毀壞，即因受毒人之肺部滿灌以自己之血漿也。受光生氣毒者，肺能展張至較平常約大四倍至六倍。肺之全部均能聽得一種類似沸水泡嘈雜之聲音，而喉頭則咯噴鉅量之沫泡。中光生氣毒重者，恆急迫要求空氣，身體轉側不安，呈一種極慘之窒息現象，於數小時內即能死亡。

(丙)毒質性氣體(皮膚毒質)

毒質性氣體，如上述芥臭毒氣等，對於皮膚之作用，開始極難得以檢別。中毒之初期，亦有一潛伏時期之存在，直須至一二小時後始發生紅斑，繼則生猩紅色發炎，最後即生水泡，且有轉生膿腫者。更有一種特殊現象，即其侵襲並不限於被沾着處，而能自行向四週及深處擴大，因此又生第二級傳染。在咽喉，或氣管受芥臭毒氣後，則發生類似白喉之白色積層及膺膜，以及與氣管化膿性發炎，肺組織化膿性等，融合呈崩解狀之氣管枝肺炎，及急性肺間質性氣腫。在目部受芥嗅毒氣，大多須於一小時後方生刺激，癢感，流淚及結核發炎，繼又生角膜曇暈及毀損，終生穿孔，化膿，永遠失明，眼瞼腫張，眼瞼痙攣，瞳孔變小及羞明等結果。

(丁)刺激性氣體(鼻喉部刺激物)

刺激性氣體，如上述二倫基氯化砷，二倫基猜化砷，是類氣體亦具強烈刺激性，然係專事侵犯鼻喉及肺部者。亦能引起嘔吐，其中毒現象與催淚性氣體相類似。

(四) 防除方法

(甲)眼部刺激物

(A) 猜溴化甲烚，係眼部刺激物，雖其性質異常耐久及強烈，然若利用防氣面罩或護目眼鏡，即能得完全之防禦，且遇鹼性水溶液或鹼性酒精溶液之噴注，則能使分解毀滅。

(B) 一氯烚乙酮亦係眼部刺激物，受刺激之眼，僅須經數分鐘新鮮空氣之吹過，即能完全恢復原狀。雖能透過普通防毒面罩，若加一濾氣套，或帶一密貼之護目眼鏡，亦能完全抵禦其侵襲。

(乙)肺部毒質

(A) 光生氣對於肺部雖有劇毒，然吾人苟帶一普通防氣面罩，即能完全抵禦光生氣之侵襲。光生氣與水接觸則分解極速成鹽酸及碳酸，而消除其毒性。再則如能以含硇精之水濆激，則能根本消滅。

(B) 過氯化蟻酸甲醯，對於肺部亦有劇毒，但帶一尋常防氣面罩即不能滲透。受硇精水注澆能完全毀滅。

(丙)皮膚毒質

(A) 芥嗅毒氣對於身體各部均有劇毒作用。呼吸器官能賴防氣面罩完全阻止芥嗅毒氣之侵襲。而其餘各部裸露之皮膚，則必須密蔽以橡皮衣套，然經久芥嗅毒氣亦能徐徐透入橡皮，故又須時常洗滌或調換。凡有芥嗅毒氣存在之地，可洒以漂白粉，得起氧化作用使轉變為無毒性之化合物。

(丁)鼻喉部刺激物

(A) 二烚基氯化砷，本項毒霧，對於普通呼吸濾氣套，亦具滲透性。如備有特製濾霧套之防氣面罩，始能防止其侵襲。是項氣體如遇水則生加水分解作用，使其毒性消失。

(B) 二烚基硝化砷，此項毒霧能透過普通防毒面罩，然不能透過濾霧套。

(五)救護方法

（甲）救護人自己保護規則

（A）缺乏相當防毒器械者，絕對不許闖入有毒瓦斯之區域。

（B）不可一人行入危險境內，最少亦需二人同行，且須預先約定告急信號，以防萬一危險時得以趨救。

（C）須先向隣居詢問危險發生之原因，及判別該項毒瓦斯的性質。

（D）萬一不測，遇到毒瓦斯侵襲，切忌深呼吸及逆風奔走。

（乙）中毒人首要保護規則。

（A）迅速將中毒人移離有毒之處，送至安全地點，不可使其行動。

（B）受傳染之衣服迅速脫除，然須注意勿使中毒人動作，幷使仰面靜臥於新鮮空氣中。

（C）如尙能吞嚥，則宜飮以溫熱之咖啡或茶。

（D）立卽找尋附近之醫生，施行氧氣輸送，增強心臟，放血處理，袪痰築精注射等。

（六）結論

按上述各種毒瓦斯，可以總括之，其具最強效力及最危險者，計有光生氣（肺部毒質），芥嗅毒氣（皮膚毒質），及二蜦基錆化砷（鼻喉部刺激物）三種。一般人民如缺乏防毒面罩及濾氣套，如遇飛機轟炸，毒氣彈爆發，毒氣四散，際此危險之時，卽宜避入室內，用濕布密塞房間之一切縫隙，並用濕布包裹頭部，或以曾用鹼液（石灰水，蘇打水）浸濕之紗布覆於口鼻部，然後輕勻呼吸。室內如再洒以漂白粉，則更爲妥善。

可怕的芥子氣

毛　瀞

芥子，是十字花科二年生草芥的種子，形細小而圓，具辛辣味，牠的主要成分是 Dichlorodiethyl Sulphide，俗名就叫芥子氣。一八五四年，

Riehie 氏曾用氯和硫化乙烯作用而得一種不純粹的人造芥子氣；到了一八八六年，Victor Meyer 又由乙烯，氫氧化氯和硫化鈉來造芥子氣，結果很好。德人利用了這個方法，就作大規模的製造。直至一九一七年，歐戰正烈的當兒，德國軍隊竟在 Ypres 地方把這種氣體來當作兵器，殺害了許多聯軍。這種氣體，毒力甚大，不但五官和肺臟受不起牠的毒性，就是四肢的皮膚接觸着，也會感覺疼痛而糜爛，而且可以由皮膚的糜爛，而釀成全身中毒而死。所以這種氣是一種毒力很強的氣體，而且是不容易禦防的。現在我將牠的形性和簡易的製造法，分別的寫出來，和諸君談談：

形性　芥子氣雖稱為氣，可是在常溫度時，却是一種沈重油狀的液體，純粹的芥子氣是無色無味的，不過不純粹的，不但顏色黝暗，而且更有芥子或大蒜似的臭氣，其沸點為攝氏二百十九度半。

製法　製造芥子氣的方法，現有二種，給牠分別寫出來：

（一）Pope 氏法　先將乙烯和一氯化硫混和，然後加熱，就有芥子氣發生了，這方法雖然敏捷，可是含有多量的膠狀硫，為其缺點。

$$S_2Cl_2+2C_2H_4 \longrightarrow (C_2H_4Cl)_2S+S。$$

（二）Meyer 氏法　先在攝氏五度左右之室內，通入乙烯和二氧化碳到漂白粉的水溶液裏，就生氯化乙醇，化學變化的方程式為：

$$CH_2=CH_2+HOCl \longrightarrow ClCH_2 \cdot CH_2OH。$$

更在攝氏九十到一百度之間，用硫化鈉和此物之水溶液起作用，就成硫化二乙醇和氯化鈉，

$$2ClCH_2CH_2OH+Na_2S \longrightarrow (HO \cdot CH_2 \cdot CH_2)_2S+2NaCl，$$

再將硫化二乙醇在低壓下蒸餾之後，通以氯化氫氣，便得芥子氣了，此化學反應為：

$$2HCl+(HO \cdot CH_2 \cdot CH_2)_2S \longrightarrow (ClCH_2 \cdot CH_2)_2S+H_2O。$$

化學性質　芥子氣在乾燥的常温度下，是很穩固的；可是在高温時就分解爲氯化氫和有劇毒性的氣體；倘和水接觸，又起加水分解的作用，變爲氯化氫和硫化二乙醇，後者爲無毒的物質，而氯化氫又含量很少，所以給芥子氣放在濕潤的空氣中，毒性就大大的減弱：因爲芥子氣已和空氣中的水分起變化了。亞氯酸鹽，亦能同樣地和芥子氣起作用，成無毒性的產物，因此我們可拿亞氯酸鹽來解芥子氣的毒性。其他如二氯化硫亦可作解芥子氣毒的藥品。

生理作用　芥子氣對於人體生理上的作用，可分皮膚，呼吸器，消化器，循環器，排泄器和神經六部：

（一）對於皮膚的作用　皮膚接觸芥子氣，在十二小時後，方發現紅紫色皰，尤其是潮濕部份，壓癢疼痛，非常不適；輕的二三日後漸次消退，重的竟傳染病菌而生潰爛。

（二）對於呼吸器的作用　吸入芥子氣時，鼻腔，鼻咽腔和喉頭的粘膜發腫，常常咳嗽流涕，肺部紅腫，發生氣管炎，重的竟由肺炎而死。

（三）對於消化器的作用　中毒輕的，腹部略感疼痛，不久即止，重的，胃部疼痛，反胃嘔吐，甚至胃部和食道炎腫潰爛，横膈膜亦發炎。

（四）對於循環器的作用　中毒輕的，無任何影響，重的心臟右部發生紅腫，呼吸短促，脈搏急速，筋肉收縮，甚至神經錯亂。

（五）對於排泄器的作用　腎臟受毒輕的，發現一時性糖尿病，不久即愈，重的竟生腎臟炎而致水腫，小便時，亦感刺痛。

（六）對於神經系的作用　初受刺激，就目痛頭暈，涕淚交流，漸次失去知覺而成痲痺。

幾種製造煙幕的原料及其作用

范一心

烟幕之施放，已成爲近代戰術上不可少的手段，雖牠的效力祇限於掩蔽，遠不及毒瓦斯的能殺人不見血；但唯其如是，現今國際上尙無禁止。故各國競相採用，一二八時日人能數次偸渡蘊藻浜，亦未嘗非烟幕的作祟。當此第二次世界大戰之前夕，我國人亦得注意之。

凡能發生濃烟密霧的物品，無論其爲固體爲液體，均得爲製造烟幕的原料，但理想中的烟幕，必具有下列數特點：

（一）烟霧最好由細粒固體或液體組成，若爲氣體則易凝固而消滅。

（二）烟霧不能有任何毒性或侵蝕性。

（三）安定度必大，即於微風中亦能沉著，不致輕易四散。

現在且把最普通的幾種原料，申述一下：

（一）燐——無論黃燐或赤燐，均能於空氣中燃燒，得五氧化燐：

$$4P+5O_2 \longrightarrow 2P_2O_5$$。

此氧化物若遇水分，卽成細滴之水溶液，游離空中，如烟霧狀，卽係燐酸：

$$P_2O_5+2H_2O \longrightarrow 2H_3PO_4$$。

此項烟霧比重較大，故安定度最強，軍艦上均運用之；施放時，利用發烟箱飄流艦身週圍，以蔽其行動。但因其價昂，大多已放棄之。

（二）氯化硫基酸（Chloro-Sulphonic Acid）——此酸爲無色之液體（b.p.152°C；Sp.gr.1.7），若與生石灰混合，卽生烟霧，並發生強熱：

$$Cl\text{-}SO_2OH+CaO \longrightarrow CaSO_4+HCl$$。

若用食鹽加入濃硫酸中，亦能得同樣之烟霧。

（三）發烟硫酸（Fuming Sulphuric Acid）——此酸爲濃硫酸與三氧化硫之化合物，分解時卽生濃霧，然猶不若純粹之氧化硫有效。

$$H_2SO_4\cdot SO_3 \rightleftarrows H_2S_2O_7$$。

（四）北格爾劑（Berger Mixsture）——此劑爲金屬亞鉛及氯化碳素、亞鉛華、硅藻土之混合物，燃燒時，發生淺灰色之烟霧，係由碳素細粒構成，其作用如下：

$$CCl_4+2Pb\longrightarrow 2PbCl_2+C$$

四氯化碳　鉛末　　氯化鉛　游離碳素

此中硅藻土及亞鉛華僅用以吸收氯化碳，並無任何作用。

（五）其他

（甲）三氧化硫——若將二氧化硫與氧氣同時通過極熱的管中，卽得三氧化硫，管中則置以石綿及白金粉末，用作接觸劑。此氧化物爲白色固體（b.p.46°C；m.p.15°C），大都裝入炮彈中發放。

（乙）四氯化錫——將乾燥的氯，導入錫的熔液中，卽得此無色液體（b.p.114°C；Sp.gr.2,2）。若與空氣中水分結合，卽成濃霧如下式：

$$SnCl_4+4H_2O\longrightarrow Sn(OH)_4+4HCl$$ 。

氫氧化錫成白色粉末狀，浮縣空中，鹽酸細滴，亦雜其中，故密度特厚，若和以阿摩尼亞，則效力更大。

（丙）四氯化矽——將碳化物及矽素置電氣爐中，加熱，復導入乾燥氯氣，歷久卽成，此氯化物（b.P.58°C）遇水卽分解成氫氧化矽及鹽酸，二者均成烟狀，但無四氯化錫之有效，其作用如下：

$$SiCl_4+4H_2O\longrightarrow Si(OH)_4+4HCl$$ 。

若和以阿摩尼亞，則效力倍之，如下式：

$$SiCl_4+4H_2O+4NH_3\longrightarrow Si(OH)_4+4NH_4Cl$$ 。

（丁）四氯化鍺——用二氧化鍺及百分之三十之碳素粉末混合，置於電氣爐中加熱，卽成四精化鍺，然後復加熱至攝氏六百度，並通入乾燥之氯氣卽成。四氯化鍺爲無色液體（b.p.136°C），遇水分卽起如上述之同樣作用：

$$TiCl_4+4H_2O \longrightarrow Ti(OH)_4+4H_2O$$。

但因鐠價昂貴，現尚無用之者。

總觀上述，任何種烟幕，其製造之原理，均甚簡單；但於應用時，則阻礙叢生，如風向風速氣壓濕度等影響，則必恃經驗以左右之，由是軍隊中亦必具是項專門人才，可知「近代之戰爭係科學之戰爭」一語，實非過言，望國人留意及之！

第四類 化學工業

棉與棉之產物

郭鍾福

（一） 引言

在世界大戰再度發生時，試問誰能戰勝，恐無有能完美地答復者。依余之見，則無疑的：『棉工業』發達的是最後勝利者，蓋戰士在戰場上所須食物、衣服、帳帷、以及軍火諸端，無不與棉業工廠有關也。

軍士之食物，除蛋白，炭水化合物外，亦需脂肪，在歐美軍隊中之奶油，即自棉子油用人工造成者。至豢養家畜，通常以棉子肉或其殼飼之，則宰家畜以得肉類，亦間接自棉子而得者矣。

戰士之衣着，泰半自棉製成，餘如氈帽，則自棉絨，賽璐珞之紐扣以及箱革，亦自棉絨，卽眞皮革自家畜取得者，亦俟棉子飼養之始可得也。

遮蔽戰士之篷帳，棉製者也，其坐臥所須之被褥舖蓋，又何一非棉所製，卽羊毛作氈，亦簡接與棉有關係者也。

火藥、爆炸物之基礎，爲纖維素與甘油酯，一則存在棉絨中，一則來自棉油。在大戰時，美國軍部統轄全國棉子油廠，而受其節制，於此更可知其重要矣。

鑑此可知棉工業與軍士有切身關係，其他無與之京者，故棉工業爲戰勝者必要之條件；要無之，吾可決其必不能勝也。

此篇除討論化學與棉工業之重要關係外，於紡織化學方面，將不論及。

棉子爲橢圓形之小粒，其組成有三部：一爲絨毛，經軋棉機去棉後留下者；二爲木質薄殼；三爲黄色肉狀的仁。此仁組自二片，試細檢之，可見許多斑點，於顯微鏡下檢之，則可見儲油豐富之細胞。大概有粒含油量，達仁重三分之一，蓋仁中主要者爲油與含氮豐富之渣也。

（二）　棉子產物

棉子主要產物有四：曰棉絨、渣、殼、與油，歷考最近半世紀中，化學家努力於棉工業之發展，用此棉子之組物，曾製成十六種商業要品，與數百種之次要者。

六十年前，軋棉處對於留下之棉子，不會應用，如我國以及美國東南數省祇以之爲肥料，或以飼畜類，至多止於榨油而已，更如美國西南部，則以之堆置，聽其受風雨浸蝕，腐潰後臭氣四溢；同時有數省且規定法律，禁止拋入河流，防其腐敗而害及居民或魚類者，故當時棉子處置，成一大問題。然時至今日則大不然，許多投資者正集資搜羅，以爲原料，且已成爲美國南部一重要工業製造焉。而其功則不可不歸於化學家之盡力研究，作種種之試驗也。

茲附一表，以示棉子之主要產物，倘有許多與其他原料之合製品，不在內：

（甲）棉絨
- （一）被絮
- （二）填料
- （三）鞍褥、椅墊、暖被、枱單之充料
- （四）吸抹棉
- （五）納履物
- （六）與毛混和製帽及內衣等
- （七）織氈
- （八）人造革
- （九）次級紗線，以爲燈燭引心、絞繩、索纜、地毯等
- （十）纖維，以製人造絲、寫字紙、爆炸物、纓璐珞等

（乙）殼
- （一）飼料
- （二）肥料
- （三）製紙材料
- （四）纖維，以爲馬項領之充料或製爆炸物

（丙） 渣
- （一）肥料
- （二）染料
- （三）飼養家禽家畜
- （四）食物，如糖漬品、麵包、餅乾、乾餅之類

（丁） 油
- （一）食品，如油脂類、代脂物、硬脂類、加氫脂肪、牛油，烹飪油、人造奶油、假牛油等
- （二）肥皂原料，如製肥皂、洗滌粉、甘油、塗料、染料等
- （三）其他，如藏置橄欖、保藏沙定魚、香皂、燭、乳藥、礦工點燈、假鋼、油灰、塗料等

（三） 棉子化學

關於棉子之化學方面，分四大部分：即油廠中化學管理方法，化學分析以品定棉子質地，動物飼養化學，亦即家畜之豢養學，以及我人之食物化學，茲分條述之。

（甲） 製油廠之化學管理

油廠購置棉子原料時，必先經實驗室中試驗後，始可採購。試驗時應注意四點：性質、水份、油份、與含氮量。檢性質後可評定棉子之等級，有經驗者單從其顏色，即可決其爲上品或次貨。水份測定後，可估計其値價若干，且可預計其能存置之日期，使其含水量，過百分之十，則不可貯藏。油之檢定，可知廠中每噸棉子能產油量若干。當然油爲棉子中最重要之部份，故含油豐富者，値亦昂。氮之定量，可以知棉餅之蛋白質含量，而知其營養價值。

棉子購備後，即藉螺旋輸送機，慢慢的傾入篩具，分去細砂、細屑及其他雜物，然後送入清滌器，轉入軋棉機，以輾去上面所附短絨，即前表中所謂棉絨者是；經此再入碎殼機，假刀片剁割，於是傾入振蕩機，使仁與碎殼儘量分開，此碎殼上，或附有仁之粉屑，可入擊打機而篩出。至此可以棉子仁經輾壓機，目的在破毀油細胞，而成棉子粉；以此棉子粉，收

入蒸煑器，用水蒸氣在高壓下蒸煑，至適當程度後，捲入毛布，放至水壓機下，用三千至四千磅每平方吋之壓力，榨出粗油，同時所留餘之棉餅，磨碎後成餅屑。

上述諸手續中之產物，常常作化學分析試驗：蓋知餅屑中餘留之油量，以確定機械之效力如何；餅屑中含氮量如何，可知其蛋白質分量之多寡（種子中含氮量，常相差極大，故棉渣中蛋白質之多寡每有不同），而可分別等級，標定其售價。設廠中無良好試驗室之設備，則望其事業之發達，當甚難也。

（乙）化學分析區別質地

棉子產物，視其品質而定價出售，必經化學分析而後判明。凡棉絨、殼、渣與油皆須驗定，棉絨與皮殼，可自其物理性以判別其上下，渣則檢其脂肪與蛋白之含質，蓋此為其組成之主要物也。油則檢其游離之脂酸，以及自粗製至精製，所減少量之多寡。精製者，更自其色與香而定別等級，在實驗之精製時，以苛性鈉溶液與粗製棉油相攪拌，同時稍加熱量，待黃色油液與沉積分開為止，此沉積物下沉時，能帶下雜質，成商業上肥皂之原料，其用亦見前表；精製黃色油則傾出濾過，此油之品級，依其精製時之損失，及色、香味等而區別之。

棉子渣因為含氮甚多，多處用作肥料、及飼養禽畜，然飼養時，因其蛋白質極多，須得有經驗者之指導，始得更大之效力。

（丙）棉子與食物

供人類飲食之品，在精製時，常受各種化學處理。棉子油現在之主要用處，在製造人造豬脂，此種工業，經化學家之研究，已至實現時期，而獲極大之成功，得極精美之食物。

製造時，先以粗製棉子油與苛性鈉處理，取出黃色精製油，和以少量之漂油土（Fuller's earth）共煑，使其色轉白。如此漂白後，經細布，濾去土粒，再置入除味器，加高熱，用過熱蒸氣洗滌，如此可除去餘留之雜氣，而得無味、中性、極純粹之產物。有時此黃色油不經漂白，直接除味，則多用於烹調食品。

以此白色純油和以少量之硬化油，即得人造豬脂，先經熔融，然後在鐵鍋中冷却，再切塊裝箱，即成市上之商品。

凡人造豬脂、奶油、以及牛酪之人造代替物，皆為化學試探之結果；而最近之加氫作用使油硬化，實為食物化學上最重要之發現。

（四） 結論

油脂工業之偉大發展，其成功祇在此最近半世紀中，當然有待於以後者仍多多也。我人可以努力，使現在之方法更經濟，更有效。觀植物脂肪中，以棉子一種，已大可研究，則此脂肪工業，其範圍正廣大，與我人之機會，亦正不在少也。

食鹽工業

范一心

食鹽在化學上之名詞為氯化鈉：色白，味鹹，為正立方形之結晶體，在攝氏八〇三度時熔解（非成水溶液），並能於極高溫度下化成氣體。牠在全世界上之產量及消費量，頗為驚人：僅在調味品一項，每人年須已三十磅左右；幸全球蘊藏豐富，否則食鹽恐慌，亦必成生活上一極大的問題。現在且把牠的製法，產地，及用途，先介紹一下，然後再談正文。

（一） 製法及地產地

食鹽係一最普遍的物質，散佈全球；今因其來源之不同，分四類述之：

（甲）海鹽——海水中含鹽量佔百分之三，故我國沿海諸省均年有巨量之出產，而尤以河北之長蘆為最著名。

（乙）石鹽——凡從礦中採得者，即稱石鹽或岩鹽，我國蒙古新疆以及甘肅的樟縣等處均有之，開掘後即可供用。

（丙）池鹽——池之近於鹽岩者，均帶鹽質，山西陝西甘肅等省均有之，而尤以山西之解縣，甘肅鹽池縣之花馬池為最著名，水中所含鹽質，大都均在百分之二十以上。

（丁）井鹽——井水帶有鹹味，諒為讀者所共知。但在雲南四川等處，所含鹽質，更盛於他處，產量亦大。

上述四項 除（乙）項外，均賴陽光以助蒸發，稱為曝晒法，然亦有設鍋蒸取者。若將此項產物更溶解於水而再行蒸發，則雜質盡去，而得潔白之精鹽。

（二）　食鹽之功用

（一）飲食方面——食鹽能幫助消化，故為飲食上不可少的調味品。

（二）貯藏方面——食鹽能吸收水分，具殺菌作用，故肉類蔬菜蛋類之久藏，常用之。

（三）工業方面——食鹽為供給氯氣及鈉化物最經濟之原料，茲將其各項產品以圖表之。

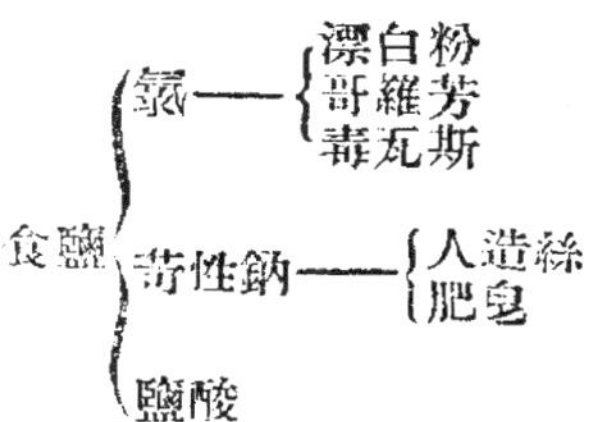

由上圖可知食鹽工業之範圍廣大，今試細述之。

若將兩木炭電極，插入食鹽溶液中，然後通過電流，則在陽極上，有氣泡浮起，具刺激性，是即氯氣；在陰極上亦有氣泡，具爆炸性，是為氫氯，而陰極附近的液體則呈強鹼性，是即氫氧化鈉或稱苛性鈉。利用電流，分解溶液稱爲電解法。

按食鹽溶液中含有兩種帶電體：其一爲帶陰電之氯離子，其二爲帶陽電之鈉離子；在溶液中均不息地行運着。但因兩項電氣，適相抵消，故對外仍呈中和狀態，但若一旦通過電流，則附陽電之離子聚至陰極而成中和之金屬鈉，附陰電之離子則聚至陽極而成中和之氯原子，離出水面，但因金屬鈉之不能存在於水中，故即排斥氫氣而成氫氧化鈉。如此，即爲電解之原理。

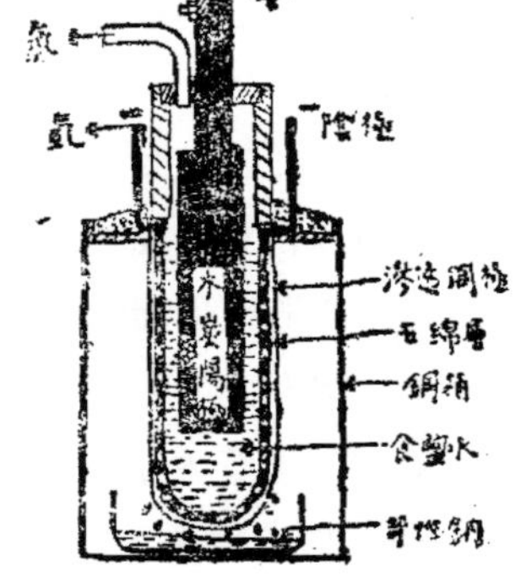

由是觀之，電解之原理，甚爲簡單，然於事實上則阻礙叢生，如氯氣之必與氫氧化鈉分離，兩極之必需轉動以增加電化速率，鹽水之攪拌，以及電流，電壓之節制等，均非一時所能解決者。現今電化廠所用者，大都爲納爾遜式，可於附圖得知其大概：

（一） 氯氣工業

電解後所得氯氣，其需要甚廣，今且先將氯氣介紹一下：

氯爲一種具有刺激性之氣體，若吸入過多，必至窒息而死。氯氣呈黄綠色，約二倍半重於空氣，故施放軍用氯氣時，能大部沉着地面，不易散開，玆將其用途條述於下：

(一)漂白作用 ——大都製成漂白粉，用於棉布者爲多（見下節）。

(二)殺菌作用 ——大都市中自來水廠均利用之，因其價廉而效大也。其殺菌力甚強，僅微量已能殺滅傷寒、虎利拉等細菌。

(三)製造哥羅芳（或名迷蒙藥）。

(四)製造毒瓦斯。

實驗室中製造氯氣之法甚衆，玆不贅述。但工業上所用者大都採自此類電解法，故以下諸工業，亦爲製氯廠中之副產業：

（甲）漂白粉——通常將氯氣通過約三吋厚之熟石灰層，常加攪拌，使之飽和卽成。現今需要，日益擴大。至於漂白時之化學作用，可參閱本刊孫衞君之「漂白粉」一篇，玆從略。

（乙）哥羅芳——化學上之名詞爲三氯甲烷($CHCl_3$)，沸點甚低，故易於蒸發，如瓶塞未蓋，則可於數小時間，一瓶蒸發迨盡。具迷人之蜜味，故外科醫生施用手術時常用之，以失病人之知覺。此外更係溶解橡皮及脂油之主要溶煤，工業上用之殊廣。製法甚易，將漂白粉與丙酮(Acetone)混合後，加熱蒸餾之卽成。

（丙）毒瓦新——毒瓦斯種類繁多，不克詳載，然泰半均爲氯之化合物：一方利用其窒息性，一方以其價廉故也。今將數種最強烈最著名者略述於下：

（一）芥子氣——芥子氣能侵蝕皮膚，吸收水分而生鹽酸，細胞乃因此被毀，至於死亡。德國於歐戰中曾用之，爲害甚烈。製法殊爲複雜，各國不同，然其中原理則復甚易，卽使氯化硫與乙烯結合也。

（二）光生氣（卽福斯基）——具窒塞性，爲毒氣中最強之一種。法將一氧化碳與氯氣之混合物曝日光中，或通過熱炭管卽成。於常溫時爲氣體；加壓力後卽能成液體，施放時常用之。

（三）Chloropicrin ——將苦味酸及漂白粉加熱蒸溜之卽得，有劇毒，催淚作用甚強。

縱觀氯氣工業，無論於染織上，國防軍用上，均佔極重要之地位。而我國製造此項氣體之工廠，僅滬上一所，返顧歐美各國，則實有天壤之別矣。

（二） 苛性鈉工業

電解法中自滲透器中滴下之液體，爲苛性鈉司食鹽溶液之混合體。內中前者約佔百分之十至十二，後者約佔百分之十四至十六。因食鹽在水中之溶度較苛性納之溶度小至四倍以上，故可用蒸餾法使食鹽下沉而分離之。如欲精製，可溶解此賸餘殘液於酒精中，而得極純之結晶體。

苛性鈉之爲用日廣，如脂肪之胰化，石油之精煉，纖維素之溶解，橡皮之提煉，紙粕之製造等，今將其主要工業略述之：

（甲）造胰工業——普通洗滌所用之硬肥皂，均爲高級有機酸之鈉化物，如油酸鈉、硬脂酸鈉、軟脂酸鈉等。按動植物中之脂肪及油質均係此項酸類與甘油之結合物，故若以內中甘油根代以鈉根，即成肥皂。通常可將脂肪與苛性鈉溶液混和加熱，待作用停止後，即可加入多量食鹽，使肥皂質浮出而與甘油分離，因肥皂不溶於濃鹽液中也。此浮於上層之肥皂，待冷却後即凝成固體，而所得甘油亦爲副產品之一。製胰作用，可以下式表之：

脂肪＋苛性鈉⟶鈉肥皂＋甘油。

（乙）人造絲——人造絲之製法，種類繁多，或自硝化纖維，或自醋酸化纖維，然百分之八十以上則利用苛性鈉分解法。

人造絲一般之製法，即將纖維素之溶液，利用壓力，經過精細之漏孔或毛細管，而使聚於能凝結此液體之洗滌器中。由此所得之纖維即呈絲澤光彩，雖無天然絲之耐用，然價則相差懸殊矣。

利用苛性鈉以溶解纖維之法，先將木材纖維浸於百分之十八之苛性鈉溶液中，壓榨後加二硫化碳處理之，復加水，即成纖維素完全溶解而成橙黃色之液體。於是即壓過細孔成細絲狀，遇酸後凝結，即爲人造絲。

（三）　副產物

由陰極上發出之氫，可使之與氯氣結合而成氯化氫，將其溶解於水卽爲鹽酸。由此所得之鹽酸較爲純粹且濃度亦大，約百分之四十，故一部分鹽酸可賴此法供給（按由別法所得之鹽酸其濃度僅百分之二十八至二十二）。

法將氯氣通過高溫度之鐵管，使之於氫氣中燃燒。所得之氣令其經過噴水之塔，大半氣體則爲水滴所收收，而成鹽酸。

縱觀上述，食鹽工業之原料幾有用之不竭，取之不盡之概，若更利用賤價之電力，則成本小而利益大，實爲新興工業中之獲利最大者。若更多方深究，則他日常更有新穎之產物，國人可期待之。

煤氣工業　　范棠

上海有自來火廠，各大都會也大都有自來火廠，究竟自來火是什麼呢？爲什麼火會自己來呢？現在就不妨解釋一下：自來火實爲煤氣，是煤當乾餾時的產出物。在十九世紀電燈沒有發明以前，曾用作爲唯一的燃燈原料。因此項煤氣自廠方用鐵管通出時壓力極高，故若將開關一開，一燃卽着，故普通就叫牠作自來火。今更將煤乾餾時的情形，詳述一下：

（一）　煤之乾餾

將任何物質，置在密閉的液中加熱，使不與空氣接觸，一方將蒸提物由管通出，都叫做乾餾。如木材可乾餾，含氮有機物亦可乾餾，且乾餾產成，物均有極大的功用。今將煤乾餾時各種設備，略述如下：

（甲）乾餾鍋爐——乾餾鍋的構造，每因各產物相對的需要和價格而不同。如某地焦煤的需要較煤氣爲巨，則常採用蜂窠式鍋，以得多量的焦煤，而煤氣的熱量寧可全行犧牲；更或某地煤氣以及其他副產物之需要較大，則可採用扁圓或長方形式煤爐。但就大概言之，此項煉煤爐，可分縱式及橫式二種，但後者因效力較小費時較多，故現今均改用縱式。現大都市中最通行者爲 Semet Solvay 式，因其工作時間及費用最爲經濟，且各項副產物均能分別獲得。

該式鍋爐係由無數扁狹直立腔所組成，每腔長約三十呎，高爲十四呎，厚僅一呎半，係由砂磚所砌成；腔的數目，則可視該廠的範圍而定，通常總在六十具以上。腔內溫度約華氏一千八百度，腔外約二千二百度左右，通常卽將一部分煤氣在腔外燃燒，以供給熱量，但如煤氣價高時，可另用發生爐氣。腔頂有數孔，其一則爲煤氣及其他揮發物的出口，其餘則爲加生煤的入口；腔底亦有孔，以將焦煤取出。每腔平均燃燒時期需十五小時以上。

（乙）生煤的供給——用作乾餾的生煤，品質必較普通所用者爲優，以減省其他可避免的麻煩。此項生煤通常均係含有不同揮發量的混合烟煤。事先必經軋磨機，磨成細塊，然後由小車自動運至鍋頂。

（丙）焦煤的冷却——焦煤取出時，其溫度極高，以前此項熱量大都犧牲棄掉，因將冷水澆上時，不能得任何功作也。最近則有將冷空氣將其冷却而運動原動機的設備，百分之七八十的熱量，可從此節省，實一至爲經濟的辦法。

（丁）煤氣及其他揮發體的分離——離鍋的氣體，其溫度並不十分高，因一部分熱量已在初步時耗去，但亦必經相當冷却以分離各種雜質。此種冷却器係一鋼塔，敷以木板，煤氣卽通過斯塔令與凝冷液接觸，此凝冷液常爲過冷的亞摩尼亞水。煤氣由此卽用風扇打入煤膠提煉箱，箱內貯以清水，當煤氣通過時，大部分煤膠卽凝結而沉下，一部分亞摩尼亞亦溶解其間，因此所得之煤膠，卽可更自行蒸餾，近代最美麗的顏料卽係由此原料所製成者。

煤氣既經此箱，即通入亞摩尼亞提煉設備。通常有數塔並列，煤氣由下而上，液體由上而下，塔中滿置細礫，以增加接觸面，煤氣中的亞摩尼亞即為水所吸收而成溶液。如是煤氣由第一塔而入第二塔，順次而過，溶液則由最後一塔倒逆而流至第一塔，以期吸收之能完全。所得以第一塔內之溶液為最濃。

最近有不用此項設備，而僅使煤氣通過硫酸者，使亞摩尼亞成硫酸錏沉下，因硫酸錏之用作肥料的需要日見增加也。

煤氣經此數步手續，最經純濾即可出售。但晚近因內中尚有其他副產物，為用亦鉅，更可提出，故常設有鋼塔，內鋪砂礫，利用重油自上滴下，以將此最後的副產物溶解。俟後可將此重油溶液，加以蒸溜，而得萻及甲萻。

至此，煤氣中猶有微量的硫化氫及鯖酸，燃點時頗不衞生，故亦必須除去。此項煤氣的過純可在滿盛木屑、氧化鐵及石灰的巨箱中完成。大概的作用如下式：

$$Fe_2O_3+3H_2S \longrightarrow Fe_2S_3+3H_2O\text{。}$$

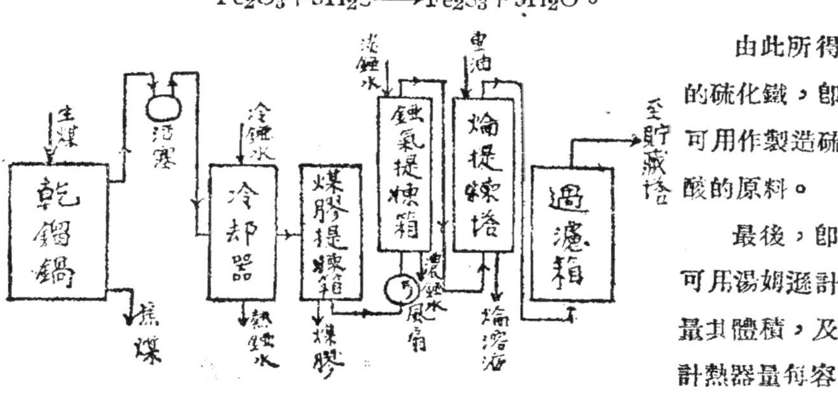

由此所得的硫化鐵，即可用作製造硫酸的原料。

最後，即可用湯姆遜計量其體積，及計熱器量每容積所含的熱能，然後通入貯藏箱，以一定壓力，設管通至各用戶。

今將各步順序，以簡圖表明之如上(211頁)。

（二） 乾餾產物

此工業中唯一的原料，祇是煤，但由此所得的產物，就不可勝數了。即自煤膠一項中，現已能製成數百種不同的有機物，且爲用頗廣；故以賤價之煤，加以乾餾，實爲一利息最厚的工業，雖然最初的開辦費，亦需數十萬之鉅。至於諸乾餾產物的多寡，當因煤的優劣而異，但大都可以下表代表之：

每一噸煤所生諸產物：

(一)煤氣——一萬立方尺，佔全重百分之二十二。

(二)焦煤——一千五百磅，佔全重百分之七十二。

(三)煤膠——十加侖，佔全重百分之五。

(四)輕油——三加侖，佔全重百分之一。

(五)硫酸錏——二十餘磅。

茲卽將此五項產物及其用途，概括述之如下：

（甲）煤氣——煤氣之主要成分爲氫，約占過半，其次卽爲飽和碳氫化物（甲烷及乙烷），約占四分之一，一氧化碳約十分之一，其餘卽爲少量之氮、二氧化碳、及不飽和碳氫化物等。燃燒時，因有多量氫的存在，故最高溫度可達攝氏一千五百餘度，而同時因有碳的析出，故生火焰，作供燃燈之用。自電燈盛行以來，現煤氣的主要用途卽在供燃燒，僅係副產品性質。

煤氣中因含有一氧化碳，故有劇毒。煤氣之儲熱量並不高，故若需要高溫度時，常和以自油類蒸發而得的氣體。

（乙）焦煤——焦煤卽熟煤，燃燒時不發烟臭，自較普通煤淸潔多多，但因全部可燃氣體悉已提出，故火力稍弱。但其主要功用則在溶鐵及鍊鋼，因其爲較純粹的碳，甚適宜於鑄鐵時用作還原劑，如下式：

$$2Fe_2O_3+3C\longrightarrow 4Fe+3CO_2。$$

其他金屬之自鑛苗中煉出，其反應亦相仿。

視乾餾時所用溫度及爐式的不同，焦煤能有不同之硬度。高溫度乾餾所成者常較硬，足供冶金之用，低溫度時所生成者較多孔而軟，足供家用。

（丙）煤膠——將煤膠續步作部分蒸餾，卽可將其各色成份分別提出。在攝氏二百度前所得者屬輕油，將在下節更提出詳述。輕油取出後，卽將渣滓冷却，駢苯卽自行結晶而出，可利用離心分離器取出；而所賸油狀物卽加鹼類將石炭酸中和成石炭酸鈉而提出。隨卽加稀硫酸，以溶解Pyridine，而所餘殘渣，卽更行蒸餾，蒸餾物卽係萘醇，可用作爲溶煤。而賸餘物則在冷却時凝固，內中包含藹綸(Anthracene)，可經數步淸純法而得極純粹之結晶，爲製造人造顏料之主要原料。

石炭酸鈉加硫酸卽可得石炭酸，可用蒸氣蒸餾法分離之，現用作防腐劑或製成苦味酸以爲製造爆炸物之原料，或製成水楊酸，而成製阿司匹靈等西藥之原料。

Pyridine在硫酸的溶液，可加鹼中和之，經蒸餾後提出，亦爲合成染料之主要原料。

駢苯旣結晶析出，可經數次熔解、冷却、分離及蒸餾而得極純粹商業上的產品，諸西藥之原料卽採自此（請參閱『煤膠產物』）。

（丁）輕油——此輕油卽自煤膠中在二百度以前所蒸餾出及在苯提煉箱中溶解在重油中者。此項輕油中包含苯、萘醇、甲苯、乙苯諸芳香屬化合物，而可用部份蒸餾法分離之。

萘爲芳香屬有機物之母體，爲霍夫門氏在一八四五年時在此煤膠中發現者。若純粹時，爲無色而較水爲輕之液體，燃燒時生黑烟，味極難聞，現用爲樹脂、橡皮、及油脂等的主要溶劑。現距彼發現時雖僅九十載，但迄今其中所製成之有機化物何至九千種：蓋化學猶一近百年中之科學也。

甲萘加硝化後即成T.N.T.（三硝化甲萘），爲具爆炸力極大之炸藥。其他一部分，即可用作製造染料。

（戊）硫酸錏——煤既爲古代植物經地殼變動壓榨而成，則植物中之氮氣即經變成阿摩尼亞，乾餾時隨煤氣而出，經硫酸而成硫酸錏，即可用作爲肥料。

玆將各項自煤中所得之產成物列表明之：

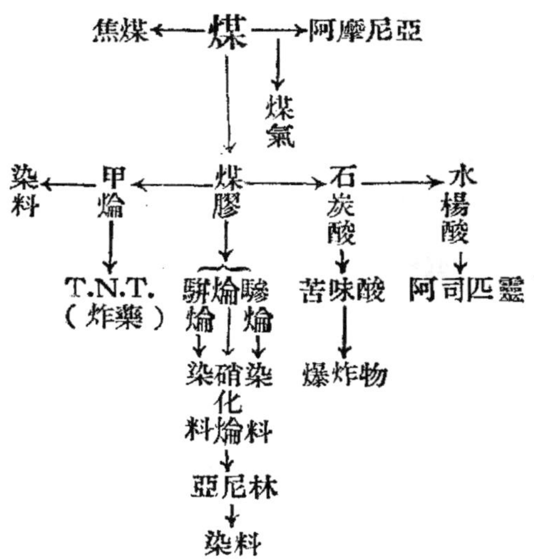

關於水泥的常識

朱滋昌

水泥（Cement）或稱水門汀，爲建築上一種重要的材料；尤其是近幾十年來，自鋼筋混凝土發明使用後，用途更見增加，故昔年美國水泥用戶聯合會開會，有人云：『人類由石器時代進至鐵器時時代，今則由鐵器時代進至三和土時代矣！』其種要當可想見了。實在、我們張開眼睛一看，無論是房屋、馬路、橋樑、以及大小一切建築，差不多都離不了三和土。據說其最大優點，卽建造簡便，強度大，耐火性強也。

從前我國水泥，都採自外國，現在國內亦有廠家製造，惜日貨以價廉充斥市場，國貨未得暢銷，殊爲可恨。

水泥與沙及石子混合加水凝結，卽稱三和土，亦稱混凝土，惟沙及石子換用其他粗細粒料亦可。後來有人在三和土裏面加入鋼骨，於是強度大增，卽稱爲鋼筋混凝土，用途亦大增。有許多建築物竟可單用混凝土造成，其防火力之偉大，實無與倫比。

茲將水泥的製法，寫在下面，以供一般人士之參考。

水泥的主要原料爲灰石及黏土，亦有加入少量礦砂者，各廠家稍有不同，製畢後還加入少量之生石膏。水泥之化學成分，大抵爲 SiO_2, Al_2O_3, CaO, MgO 等，成分多少，各廠互異。

水泥的製造，可分乾濕兩法，茲因篇幅關係，只述其大概。

乾法——先將原料黏土及灰石分別軋碎，復送入轉筒烘乾機中烘乾，再送入球磨機中行粗磨，復次送入管磨機中細磨；同時將兩種原料依適當比例混和，再將磨細混和之細粉送入旋轉窰加熱。該窰爲大圓筒形，緩緩旋轉，末端以鼓風機吹入煤粉燃料。窰中溫度約華氏二七〇〇度，原料經過其間卽熔融，出窰時卽凝結爲一個一個好像煤球似的硬球。再將硬球式的爐塊送入降冷機中降冷，更將已冷爐塊送入粗磨機中磨成粗粒，復加入適量之石膏、以防其將來凝結過速，再將其送入管磨機中磨成極細之粉末，卽爲水泥，可將其裝袋或裝桶而運送出賣矣。

濕法——原料係灰石及黏土，爲含水量極多者。先將灰石及黏土依適當比率混和，成爲泥漿，送入攪拌機中混得極勻，再移入濕管磨機中磨細，再移入儲藏櫃中。由此用唧筒機送入旋轉窰，水份卽在窰中蒸發，以後卽與乾法相同。

簡而言之，將原料磨細混合，加熱使熔，冷却再磨細，卽爲水泥。

後面再附製造程序圖一張，使讀者更可明瞭，該圖係我國上海水泥公司龍華水泥廠製造系統圖，望讀者注意！（該廠爲濕法）。

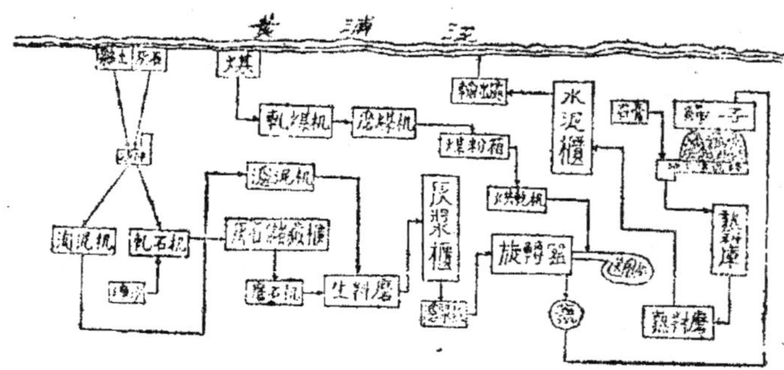

影片工業

范　棠

攝影術之進步，實有一日千里之勢，而其應用，亦隨之而日見廣大，最初則僅限於靜物之攝取，顯光之時間亦宜長久；迨後經鏡頭及底片之多方改良，活動影片始得告成，可在一秒中攝取數十幀。及至最近，則感光時間竟可減至九萬分之一秒，由是則世上任何高速度之動作，均得攝下，非惟砲彈之出口，可不難攝入鏡頭，卽高至數哩具有每小時百餘里速率之飛機，亦能拍攝地面上之河流森林，且其明晰亦不減於通常之照片。雖然，諸科學家猶不以此爲滿足，現更從事於彩色之攝影，以及印影之藉無線

電遠播等 苟他日成功，當於攝影術上放一異彩也。

攝影之爲用，今不妨略述之，以窺攝影術於學術、於文化上之重要：

（一）天文上之應用——天文台上常攝取各星座之相互位置，以作有系統之研究，或由望遠鏡中攝取諸行星衛星上之形態，蓋此項現象決非腦力之能藉記憶而繪製者。此項攝影所需之儀器當較普通者精巧多多，所用底片亦係特製者。

（二）醫學上之應用——顯微鏡下之觀察病菌及微生物也，悉賴手繪，當未能逼眞而得見底蘊，由是亦惟賴攝影術始得通盤留下其眞象。更自愛克司光發明後，對於內臟骨骼之組成，疾病之癥結等，亦悉賴影機攝下，以資過後充分之研究。

（三）軍事上之應用——敵情之窺探，戰區地形之勘察，亦可藉航空攝影在片刻內告成，當較前哨間諜之偵察爲速，蓋時間爲現代戰術上最寶貴之要素。

（四）其他之應用——航空測量，亦非攝影機不可；合金分子間之組合，亦可自愛克司光之照片上分析之。但現今於影片消費數量最巨者，當推電影，或有聲，或無聲，每日之產量，全球上何至數千萬尺。其他如風景人物之拍攝，其消費量亦足驚人，且攝影現已成爲最高尚之正當娛樂，其前途之進展更無限量也。

攝影機上之主要部分爲鏡頭，但常在消耗者當爲底片，今且捨鏡頭不談，僅自底片之製造，以及俟後顯影定影時之步驟述之。

雖然，於解說底片製造法前，攝影之原理，亦需約略闡明，蓋諸種藥品之參和與成分，悉基於光化學上之原理，且苟欲於底片上有以改良，更非具充分之理論上之知識不爲功也。

攝影之可能，蓋基於光波之能促駛化學反應。按光係一種輻射能，故可使某種化學藥品起自然之變化；此項原理，可自諸西藥必儲於深褐色瓶，或須置於晦暗處諸事實上知其一二，蓋此項藥品，能因感光而起藥性之中變化也。攝影上所用之感光物，通常爲銀之造鹽素鹽類，如溴化銀、碘化銀，因彼等能因受光而起還原作用，成金屬銀與造鹽素，前者卽沉積於底片上而成負像；而此項沉積之多寡，更因受光之強弱久暫而不同，故深淺不同，而得有影像。旣感光之底片，卽可於暗室中取出，投入顯影藥中，使沉積之銀塊擴大之，而使還原作用完成，蓋感光時所受之光能僅足使感光部分銀化物之數萬分之一起變化也。顯影之後，卽宜將餘下未受光部分之銀化物除去，命曰定影，蓋經此所得之底片，雖更置於日光下亦不能起任何變化也。底片之定影，可利用一硫硫酸鈉完成之，卽坊肆間名爲Hypo者。

由此所得之底片，其明暗適與原物相反，故名曰負像：因原物光亮處，感光作用較強，銀之沉積亦厚，故反現晦暗；原物之陰暗處，供給之光能較弱，故沉積較薄，迨餘下之銀化物洗去後，反呈顯明。若更將此負像作原物，將前述步驟重作一次，卽所得影像方能與先前之原物相符，而此第二步所用之底片常爲紙類。

鏡頭口徑之大小，以及感光時間之久暫，卽所以調節光能供給之多寡也：口徑小，卽光之強度減小，故常須較長之時間，此項原理當不難明瞭。

攝影之原理旣如前述，今則歸入正文，將底片之製造，加以探究之。

通常所用之底片，概可分爲軟硬兩種，硬者卽將感光藥塗於製片上所製成者，因玻璃具完全透明性，故攝取可較清晰，但因製片攜帶之笨滯，故現僅照相店中以及固定場所應用之。此項硬片更可分乾濕二種，濕者卽於應用前始加上感光藥品者，故手續較複雜，現將悉爲前者所淘汰。軟者卽將感光藥塗於具韌軟性之膠質片上所成者，因其質量輕，且可成捲形，故攜帶便利，更爲電影上之必用者，蓋前項之玻片何能摺捲成圓柱形而便於攝取耶。故現今製片之趨勢，悉偏於軟片方面，亦非無因。但因膠質之透明度不及玻璃，影像較難清晰，爲其缺點耳。

膠質之用作軟片製造者，概爲硝化纖維，卽將純粹之棉纖維加以適當之硝化處理後所得者。纖維之硝化，則爲現今最感困難者，因偶一不愼，卽可成具爆炸性極強之火棉；而欲求製造時適當之手續，則更非親加試驗不可，蓋此種手續，苟得成就，卽均祕而不宣，取專賣權，惟恐他人之模仿，有損其營業之前途；由是各公司爭奇爭勝，競加改良，以爭市場。返顧我國，悉心研究硝化纖維者，能有幾人，毋怪硝化纖維工業之不振也。滬上雖亦有賽璐珞（卽硝化纖維）廠之設立，但其原料則悉取自舊影片之改製，品質之難如人意，當在意料之中，且因原料價格之高貴，來源之缺乏，欲求其價廉物美得製成軟片者實難。

攝影術上之消耗旣以軟片爲大宗，茲不妨將軟片之製法略述之：

（一）　纖維之硝化

軟片之主要原料，當爲硝化纖維，故纖維硝化之得法與否，卽可定軟片品質之高下，而影片之製造，懸採專賣者，概基於硝化法之神秘也。至於大概之情形，今可概述於下。

棉爲含纖維素之最多者，故悉取之爲原料，爲經濟計，則棉子上之短毛亦可替代之。硝化之先，當將原料於鹼液中煮沸以去油質，然後取出洗滌，而漂白之。

按纖維素因含有氫氧基，故能與酸類結合：硝化纖維卽爲與硝酸結合者。兩者中和時，當有水之產生，故自此所析出之水分，常利用濃硫酸吸除之，使作用能向前完成。

$$[C_6H_8O_3(OH)_2]_4+8HNO_3 \longrightarrow [C_6H_8O_3(NO_3)_2]_4+8H_2O$$

纖維素 硝 酸 硝化纖維

雖然，實際上硝化之進行，無如右式之簡單者。而產品中含氮量，更隨所用酸類濃度不同而異。爲製造軟片用者，其含氮量應在百分之十一·五至百分之十二·四之間，蓋此類之硝化纖維，方能溶解於酒精等諸溶煤中。此時所需酸類濃度之比例如下：

硫酸 百分之四十

硝酸 百分之四十三

水分 百分之十七

大概每三十二磅纖維，需此項混合酸一千五百磅。將淨潔之棉花置於酸中十五分鐘後，即可取出，利用離心器除去酸分，然後置入打漿機中約八小時，更以弱鹼液洗去附着之酸質。由此所得之硝化纖維，內中所含有之水分，更宜利用高壓力以酒精替代之，因於製片時，此項水分將使軟片不易乾燥也。循此法所得之產物，設溶於酒精中，其黏性極高，故必用多量之溶煤，以使其易於流動，經濟上當不合算，故現今更有將此項硝化纖維施行更複雜之處理，以減低其黏性，而期節省溶媒，茲且從略。

（二） 薄片之鑄成

含氮量在百分之十一與十二間之硝化纖維，英名曰 Pyroxylin，而其於酒精及醚之混合液中之溶液則稱曰 Collodion； 而假象牙或名賽璐珞 Celluloid 者，實爲加過樟腦後可鑄捪之硝化纖維。

若將硝化纖維之酒精及醚之溶液，敷於毛玻璃上，則片刻後，溶劑卽能蒸發，而成一硝化纖維之薄片。但現今因此類溶劑蒸發之過快（因其沸點過低），尙易生不勻及捲曲之現象，故均採用他種溶劑，如戊基醋酸酯(Amyl acetate)卽爲一例，因有沸點略高，且不易吸收水分也。玻璃上之薄片，待其乾後剝下，切成諸形，即可作感光藥物之底座。

更有將玻璃片投入硝化纖維之溶液中，然後慢慢提起；亦可結成薄片。雖然，欲求底片厚薄之均勻，質料之調和，當利用極精密之自動機械，更非有大規模之設備不可。

至於平直不彎之底片即可利用膠質作支持物，兩面塗以硝化纖維，如是則兩面之緊張力適可抵消。

電影片之製造常應用特殊器械，蓋此項底片必連續不斷至數千呎，且寬度均有一定。國際間規定，闊爲一有八分之三吋，中間印影者闊一吋，高四分之三吋，故每邊有十六分之三吋之空隙，於該空處則每幅鑽有細圓孔四，以便拍攝時之轉動；通常每本約一千呎左右，若每秒以十六幅之速度旋轉，則可開映二十餘分鐘。至於此項影片之厚薄，則無一定，大概約千分之六吋，內中千分之五吋爲硝化纖維，千分之一吋爲感光藥。

（三）　感光藥之塗附

軟片之製造，既如上述，茲更將感光藥之塗附手續詳述之，蓋底片之感光靈敏與否，均賴感光藥調和之適當也。

無論硬片或軟片，其感光藥之配合黏附均同。感光藥實爲溴化銀與少量碘化銀（三十四比二）於精製膠(gelatin)中之混合液。膠質之用，則僅藉以使感光藥能黏附於底片上也，此軟膠質常係製自牛皮者。

最初，溴化鉀與碘化鉀之溶液中，加以百分之三之膠質，於是即於暗室中將微溫之硝酸銀徐徐加入，生成之溴化銀則因有膠質之存在不致沉澱，而成一懸浮液。至此膠質可續加至百分之七，此類濃膠質懸浮體，有特名曰「乳藥」(Emulsion)，待其冷却即凝塊。

$$KBr+AgNO_3 \longrightarrow AgBr\downarrow+KNO_3。$$

如欲將此類乳藥之感光度增強，則應將其置於攝氏三十二度之溫度下，迨一星期後取出；後然將生成之硝酸鉀與餘賸之碘化鉀及溴化鉀，以稀薄硫酸鈣溶液洗除之，因若用水洗滌，則膠質將膨脹而降低感光度也。

洗過之膠質物，則更須重形熔漏，加入少許立麝香油以作保存藥，而穩定銀化物之感光度，更可加入微量之溴化鉀以作緩靈藥，加入酒精使其易於流動，然後用鉻礬以凝固之。由此所得之乳藥即可敷於玻片或軟片上，待其冷却後即凝成薄層，緊黏於底片上。

底片既塗以感光藥，則宜置於微暖純潔之空氣中，使乾。紙製底片亦可同樣塗以乳藥，但爲更求靈感計，常用蛋白製成之乳藥以代膠質。放大照片則需更靈敏之感光藥。

以上所述諸手續，自配製乳藥起，以及塗附、蒸發等均宜於暗室中行之。

乳藥之主要成分雖爲溴化銀，但因其僅對於紫藍色光線具有感光性，對於其他波長之光線如紅、黄、橙等色則無影響。由是則攝成之照片，其最明顯處，反相當於原物呈紫藍色之部分，原物之紅黄部分却反呈黑暗，此與吾人用肉眼所感覺之明暗，適成反比，因吾人觀黄色最覺明亮也。故爲矯正此項變態起見，乳藥中常加少許染料以變移溴化銀感光之範圍。此外，更有利用橙色玻璃置於鏡頭前以阻止一部分紫藍色光線之透入者，因紫藍色與橙黄色能大部中和成黑色，致陰片上銀之沉澱減少，而陽片上得呈陰黯也，此項玻璃卽名濾色鏡 Filter。

（四） 顯影藥與定影藥

顯影與定影諸藥品之製造，亦爲製片廠之副業。顯影者，卽將感光後之底片，其受光部分之溴化銀令其起完全之變化也，蓋溴化銀之還原，需要相當之「能」，但感光時所受之能，其量極微，僅能使極小部分起還原作用，故過後更需利用還原劑，以完成此部工作。通常所用之顯影藥，應用時宜溶於炭酸鈉中，故稱鹼性顯影藥，如焓二醇(hydroquinone)、焦性沒量子酸、metol (methyl para aminophenol) 等。焓二醇爲無色針狀之結晶體，能自硫化石炭酸或直接自焓二醇製成之。焦性沒食子酸亦係無色針狀之結晶體，在空氣中即能養化而變爲黑褐色，故爲極強之還原劑，可將沒食子酸加熱後製成之。

溴化銀所起之還原作用如下：

$$\text{光能} + 2AgBr \longrightarrow 2Ag + Br_2\text{。}$$

顯影後之底片，即宜行定影，以除去未起變化之溴化銀。通常用者，爲一硫硫酸鈉($Na_2S_2O_3 \cdot 5H_2O$)，可加硫磺於亞硫酸中，加熱後得之。因其溶液能溶解賸餘之溴化銀，故爲惟一之定影藥，其反應如次：

$$AgBr + Na_2S_2O_3 \longrightarrow NaBr + NaAgS_2O_3\text{。}$$

至此，則不妨更將輓近彩色攝影進步之趨向略爲介紹。

彩色攝影之可能，端賴諸色之具有個別吸收性，如紅色玻片僅能使紅色透過，其餘諸色則將全爲其所吸收，由是若將紅色玻片遮於一彩色物件上，則鏡頭僅能攝得自原物上紅色部分發出之光線。待製成陰片，雖僅有黑白，但更自此製陽色，而以紅色光透視之，即能得見與原物上相當之紅色部分。此紅色光之來源，即可取諸日光，因日光若經過能吸收紫綠二色之玻片後，即能現紅色也。循此理，則綠色部分可經過綠色玻片攝取之，若用綠色光透視之，即能現原物上之綠色部分。紫色部分可經紫色玻片攝取之，若用紫色光透視之，即能現原物上之紫色部分，若最後以三片疊起，則能將原來之各色，悉呈眼前矣。

由此可知，此類攝影，每次必攝三次，但今可利用光線之屈折，同時攝取之。所用之底片與平常者無異，但重影陽片時，當用加過不同染料後之膠片：即攝紅色者應塗以能吸收紅色之染料，即青綠色；攝取綠色者應塗以能吸收綠色之染料，卽紫紅色；攝紫色者，同樣應塗以黃色之染料。今以最簡單之情形作例，以解釋各項步驟：設有花一盆，花爲紅色，葉與梗爲綠色，盆爲紫色，背景爲黑色，置於白色之地上，如甲圖，三張陰片如乙圖，丙圖則爲其相當之陽片。攝自紅色之陰片，因僅自花部及白色處，得透過光線，故僅有該兩處之溴化銀生銀之沉積。俟後自此攝得之陽片，則僅有該兩處無靑綠色之染料，卽僅有該兩處無吸收紅色之可能性。若三片相疊後，若以日光透視之，則日光經過其他兩片後，僅餘紅色得顯露，故吾人視之，當知其爲紅花矣。

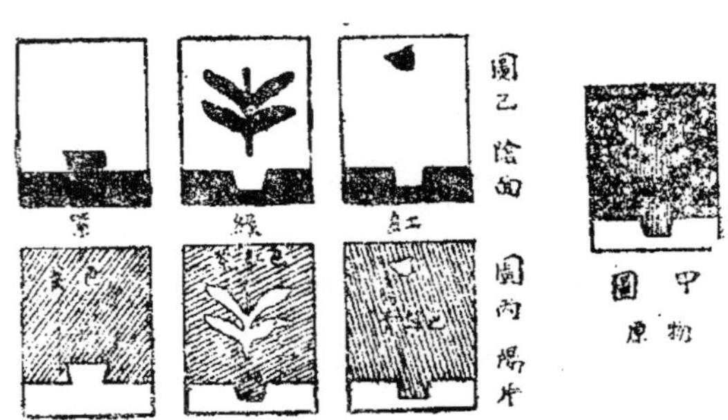

同樣，自攝綠色之陰片上所得之陽片，其空白處相當於葉梗之部分，故光線經過該片，僅該處之綠色未爲吸收，故吾人得綠色之葉與梗。

依此理推論，花盆當呈紫色。

其他如黑色之背景，則因日光經過三片，可見之七色，幾完全爲之吸收，故成黑暗。桌面之白色，因無任何遮蔽，卽光線悉能透過，當然現爲白色矣。

除此吸收法攝製彩色照片外，其他更有利用光之干涉作用以及其反射作用攝取諸法，現因限於篇幅，且從略。但卽自此吾人卽可得見其大概，而堪嘆科學之萬能矣。

至此，本篇卽告結束，今更將重要諸點，簡約歸納之，以窺大概：

（一）攝影術利用光能之促起化學反應，攝取景物。

（二）底片上塗有感光藥，大都爲溴化銀。底片本身可分軟硬兩種，硬者爲玻片，軟者爲膠片。

（三）膠片係製自硝化纖維者，電影上用者悉爲膠片，有長至數千尺者。

（四）感光藥之感光迅速，及受光範圍，可加特種藥品或染料變更之。

（五）受光後之底片，經顯影與定影後，製成陰片，更自陰片同樣製成陽片；陽片大都爲銀光紙或其他有光澤明滑之紙類。

（六）彩色攝影，進步甚速，現今已有利用攝製電影者。

我國每年於攝影及電影上消耗之巨，日甚一日，但悉係外貨，國人猶無自製者，望有志工業者加以注意，以杜塞漏卮，則幸甚焉。

怎樣鍍鎳

范一心

在沒有談到怎樣鍍鎳以前，我們先得問，爲什麼要鍍鎳？讀者請試看很多的金屬器皿，爲何能光亮耀目：是金屬自身的光澤呢？還是工人費了細工磨成的呢？都不是的吧！有光澤的金屬是很多的，不過其彩色能經久不變的却很少了；物以希爲貴，當然各種器皿不能都拿少有的金屬來製造啊。至於人工的細磨，卽對於平直的器具，自不成問題，對於灣曲凸凹的，就很不容易了！更試看鋼鐵的器械上會生銹嗎？的確，鋼鐵的本身是很易生銹的。像上面這些問題的答案，都可表明鍍鎳有兩種作用：第一是生光澤，第二是防生銹。

鍍鎳比鍍銅或鍍金銀要難得多！第一個困難是銅、金或銀置在酸中不能發生氫氣，但鎳則能與酸起作用而生氫氣：所以鍍鎳時，若不留意鍍液的酸性，就難免有氫氣跑出，一方耗費電力，一方能使鍍層起針孔而易剝蝕；第二個困難是作陽極的鎳條的難製，若鎳條中有鐵或銅的雜質，則能使鍍層現黃色或黑色。不過因為鍍鎳的應用日漸增加，這些困難也大都能設法解除，僅在手續上比較麻煩罷了。

現在且將陽極，陰極，鍍液及其中作用，約略述之於下：

（一） 陽極之鑄造及其作用

電鍍時，陽極上易起氧化作用。若有金屬存在，則金屬能溶於鍍液內；若無金屬存在，（如用石墨作陽極）則每易生氧氣或別項氣體。鍍鎳時，則此項陽極應用金屬鎳鑄成，以便氧化而生鎳離子。

鎳條的純粹與否，對於鍍層的美觀和手續的繁簡很有關係。若此陽極中含有萬分之七的鐵，就能使鍍層生黃色，若有萬分之三的銅，就能使牠呈黑色，若有硫黃存在，則為害更大；但碳的存在，則反為有益，因侵蝕能較快而均勻，不過也不得超過千分之二。所以大規模的電鍍廠裏，這些鎳條都經過數次的精鑄。

陽極侵蝕的均勻，也極重要。若某處品質較差，侵蝕較快，那麼附近疏鬆的鎳塊，常易剝脫；這樣，不但耗費鎳條，且能使鍍液攪動而生粗糙的鍍層。侵蝕的速度雖直接和電流的強弱成比例，但鹼性指數（註一）的降低和氯離子的存在，也能幫牠增快。

（二） 陰極上鍍附的情形

所鍍物是應作陰極的。在陰極上起的是還原作用，就是金屬離子（或氫離子）的變成金屬（或氫氣）。在陰極上最易還原的離子當然先離溶液，故鍍液中若有銅或銀離子，必較鎳離子較早還原，更若酸性過高時，則氫氣亦能遊離而出。

鍍層的美觀與否，和附着的速度頗有關係，大概附着愈慢，則鎳層愈均勻而有光澤，但因經濟電力和時間起見，也不宜過慢；並且過於慢了，也會使鍍層起粗糙的現象。通常所用電流的強弱，即可代表附着的遲速，但此外與陰極的面積亦有關係。所以表示附着速度時，常應用「電流密度」，如陰極面積爲二方呎，電流爲四安培時，則電流密度就等於每方呎二安培。

（三） 酸性度的檢定

酸性的強弱，一方與陽極侵蝕速度有密切關係，一方與鍍層的美觀更有影響。若酸性過強，（鹼性指數小於四）則陰極上氫氣常源源而出；若酸性過弱（鹼性指數大於六．六）則鹼性鎳化物如 $Ni_2(OH)_2 \cdot SO_4$ 或 $Ni(OH) \cdot Cl$ 等必沉澱而出。尋常鍍液中的鹼性指數常保持在五．五與六之間。再簡便的方法可在鍍液中加少量的硼酸以作緩衝之用 (Buffer Salt)。

雖然這樣，但鍍液中的酸性度，仍應常加檢定。以前所用的方法，有氫氣電極法 (Hydrogen Electrode Method)，醌二酮法 (Quinhydron Electrode Method) 及氧氣電極法等，但手續均極麻煩，僅有大工廠中應用。最簡便的方法，則可用適宜的指示劑，普通所用的有 Bromcresol Green 或 Bromcresol Purple 二種。

（四） 鍍液的配合

鍍液中最主要的，當然是適宜的鎳鹽。普通所用的有硫酸鎳和氯化鎳二種，今將配合比例錄之於下：

硫酸鎳 $NiSO_4 \cdot 7H_2O$　二四〇（公分重每公升）

氯化鎳 $NiCl_2 \cdot 6H_2O$　十五

硼酸 H_3BO_3　三〇

溫度應在攝氏五十至六十度間，電流密度應在每平方公寸二至五安培間。

如須在鋅上鍍鎳，則可用下面的配合比例：

硫酸鎳	二四〇（公分重每公升）
氯化鎳	一五
硼酸	三〇
檸檬酸鈉二水結晶體	六十

溫度應在攝氏二十至三十度間，電流密度不可高於五安培每平方公寸。

這裏所用各種物質，必經精製，除去雜質。設有有機物，可通過氧氣或氯氣除去；若有鋅或銅，則應先加氫氧化鋇，使其沉析，然後濾清而中和之。

（五） 結論

普通的金屬器皿，都可鍍鎳。若要特別求鎳層經久調勻的話，那麼可在器具上先鍍薄層的銅，因爲鎳和銅格外要好一點。大概器皿上鍍有千分之一厘（0·001mm）厚的鎳，就能生明亮的彩色和永免生銹了。所用電流應爲直流電，小規模的講，有幾只乾電池已很夠了。

（註一）鹼性指數，實爲英文中之 pH-value，係表示氫離子濃度之符號，氫離子的濃度與酸性的強弱成正比例，酸性愈強，則此值愈小；在中性液體中，此值爲七；大於七卽呈鹼性；小於七，卽呈酸性。故爲便利起見，譯作「鹼性指數」，因此值愈大，鹼性愈強也。

橡皮

孫 衞

橡皮是從許多灌木及蔓藤中流出的乳液裏提取出來的，這些植物大半生長在熱帶，最主要的一種名叫巴拉橡樹，這是屬於大戟科的植物，差不多全世界百分之六十的橡皮都產自這種橡樹。普通所說的乳液（Latex），就儲藏於樹皮與形成層之間的乳管組織中。乳液之中，含有三分之二的水，其餘三分之一則爲許多固體物質的混合體，這三分之一裏面，大約有百分之八十五的純淨橡皮質。

新取出的乳汁和酸類（如醋酸、蟻酸等）作用，便漸凝結爲牛酪似的白色半固體。將這種半固體裏大部的水份榨去以後，放在兩輪軸間軋過，復一面用水洗濯，便成爲非常強韌而呈灰白色的橡皮板。若將乳液置於温室中讓水份慢慢地蒸發，便變成勻和的粗橡皮；粗橡皮亦可用硬膠、肥皂或陶土等物，復分解爲人造的乳液。

新鮮的乳液經過不久之後，便能自動的凝結，這是因爲乳液中所含有的非橡皮物質裏微生物作用而變爲酸類之故；乳液裏若加以少許阿摩尼亞或福爾林（即蟻酸醛）之後，便可長久保存。但加過阿摩亞尼的乳液，會像牛乳樣的慢慢在表面上結成一種乳膜，最濃厚的乳膜可以含有百分之七十五以上的純淨橡皮質，及很少的非橡皮物質。動物膠等也同樣的可使乳液結成乳膜。

乳汁中含有百分之十五的非橡皮質，這些物質雖經數度凝結、洗濯等手續以後，十分之九仍會存留於粗橡皮中。這些物質大概爲樹脂、蛋白質、糖類、樹膠、無機物等。它們和橡皮質同樣地對於橡皮物品的性質和製造上，都佔有極重要的地位：如蛋白質及其分解物可促成橡皮的硫化作用，並使橡皮變成非常強韌；脂肪酸和鋅，鉛，鎂的氧化物也有類似的作用，缺少脂肪酸的橡皮，往往不能硫化；其餘一種高級醇類則又可爲一種強有力的反氧化劑，可使橡皮保存長久而不壞。

橡皮之提淨——提淨橡皮質的最舊的法子是用乙酮提取：水與乙酮不能混合，而橡皮質則完全溶解於乙酮中，然後再加入煸（C_6H_6）；等不溶解的雜質分出以後，倒入酒精中，使橡皮質沉澱出來。但這樣雖經過幾次提取之後，仍含有蛋白質及其他物質。另一法是將粗橡皮溶解在汽油中，，再用部分蒸溜法而得到較好的產物。最好的方法是用乳液與鹼類加熱到五十度，屏絕空氣，讓它結成乳膜；然後將鹹性溶液分開，加乙酮或醋酸使之凝結；復再以乙酮提取而除去最後賸留的樹脂，再在眞空中烘乾：這樣得到的橡皮，便是一種無色、透明、有彈性、毫不黏滯的物質，

橡皮質的成份可用 $(C_5H_8)x$ 來表明，是一種不飽和的碳氫化合物。橡皮質本來是無色的，黃色粗橡皮乃是因爲一種碳氫化合物叫 Carotene $C_{40}H_{56}$ 的存在；而其餘深暗顏色的橡皮，也是因爲含有別種碳氫化合物經過微生物作用而成功許多顏料的原故。

硬化或硫化——橡皮和硫磺混合之後，加熱到攝氏一四〇度時，這凝滯黏軟的混合物，便漸漸變爲有彈性而強韌的物質，這種物質便稱爲硫化橡皮。頂好的硫化橡皮可以用力拉過之後，仍舊恢復到原來的狀況，對於原形沒有一絲變化。

普通硫化的時間大約需三小時，加一些催促劑可以使得快些。硫化橡皮中頂多可含有百分之三十二的硫磺而成功一種加成物 $(C_5H_8S)x$；沒有和橡皮質化合而溶解在粗橡皮和硫化橡皮中的硫磺，過久之後，就會慢慢結晶出來；散佈在橡皮表面的灰白色粉末，便是這樣析出來的硫磺。

催促劑（accelerators）——許多金屬的氧化物：如氧化鋅、一氧化鉛（即密陀僧）、氧化鎂等，若加到硫磺和橡皮的混合物中，不但可以使硫化的時間縮短，還可使得到的硫化橡皮更好、更耐久。這些氧化物，我們稱它們爲催促劑，普通只要用百分之〇·〇一到〇·一的氧化物，便很夠了。有機物用做催促劑始於一九〇六年，Olenslage 第一個用安尼林爲催促劑，而拜耳公司也同時採用了 Piperidine。因爲催促劑的發明，現在在攝氏一四〇度時，硫化作用便可以在一二秒鐘以內完成，若再放在普通溫度之下過二三星期，便是很好的硫化橡皮了。

許多橡皮的物品，經久以後，往往會變硬而易碎，但老式的紅橡皮帶

却沒有這種現象；因此一般人一直到現在還以爲橡皮是紅的，其實這不過是因爲橡皮裏加了少許紅色的過硫化銻吧了。過硫化銻可以使橡皮持久不變，但現在我們已很少用這種東西來做持久劑（Aging agent），而改用許多有機物品了。但爲了習慣的原故，橡皮中仍加有少許紅色顏料。

經過相當時期的研究，我們知道橡皮經久變壞是因了空氣和日光的作用，橡皮慢慢氧化的原故，同時我們也發現很多化學物品可以拿來用作持久劑，最有效力的是脂肪醛類和芬芳硝類的凝縮物。

橡皮之用途，因爲近代新的催促劑和新的持久劑之發明，又因爲橡皮的強韌、可以受震動、和不易腐蝕的性質，它在工業上及化學方面之爲用也便日廣，主要的，如：製造橡皮薄膜、橡皮線、車輪、內輪（Inner tubes）、橡皮管、皮帶、緩衝器、活門、防水布等。汽車中馬達及其餘各部用到橡皮的也很多；現在飛機兩翼的前面，也用到橡皮，以防止冰塊的凝聚，從前冬季航空的困難，現在是免除掉了。

橡皮的應用，更因乳汁保存方法之改良而增加：乳汁可用以浸潤紙張及織物而拿來製造氈毯，濃厚的乳汁可以製防火物品，又可用以膠黏物品；乳汁更可利用電鍍的方法，鍍在金屬的表面上。

小智囊　郭鍾郝

白金的用處

白金是很貴的，所以它的用處也不很廣泛，大概是用在：牙醫業方面，電工業中的電極，裝飾品，製造硝酸、礦精、硫酸等時的接觸劑，以及實驗室裏的器具等而已。

第五類　化學工業製品

人造寶石

壉廷益

人類之愛好美麗，喜於裝飾，實由於天性使然。試翻閱歷史，卽可知上古之時，無論男女，均已知戴用各種有顏色之寶石，以爲裝飾之用。但當時人民智識未開，各種寶石，僅能於天然間（沙中、河中、或岩石中）覓得而已；且發見甚少，無足重視者。

寶石之所以名貴者，實因天然界產量過少，難於尋覓所致。故古時人類對於各種寶石，已有人工製造之夢想，以冀立成鉅富；其動機則與煉金術家相彷。關於當時人民夢想致富之熱烈情形，吾人可於埃及，巴比倫，希臘，以及羅馬等之古文化中，尋得多量之證據。

但人造寶石之製造，困難殊多，如顏色、光澤等，均不能得滿意之結果。直至近數年來，經多人之研究，始略有成績，得製造多量之寶石，用以替代天然產品。茲略述數端於后，以資識別：

化學狀態	寶石類別	種類	成份
氧化物	金剛石	——	碳
	剛玉石	紅寶石 藍寶石 東方紫水晶	氧化鋁
	石英	水晶 紫水晶 角晶	氧化矽
	蛋白石	——	含水氧化矽
	綠柱石	綠柱玉 翡翠	鈹鋁矽酸鹽

矽酸物	黄玉石	——	鹼性氟矽酸鋁
	電氣石	——	鈉鈣矽酸鋁
	榍鑛	——	鈣鈦矽酸鹽
	柘榴石	紅晶	鈣鋁矽酸鹽
		紅榴石	鎂鋁矽酸鹽
		聚晶	鈣鐵矽酸鹽
	綠輝石	——	鋰鋁矽酸鹽
	橄欖石	綠色石	鎂鐵矽酸鹽
	瑰瑋石	——	矽酸鋯
磷酸物	土耳其玉	——	含水磷酸鋁
碳酸物	珍珠	——	碳酸鈣
鋁酸物	尖晶玉	——	鋁酸鎂
	金綠石	波光玉	鋁酸鈹

（1）　金剛石

前人曾擬有許多方法，欲以人工製造金剛石，然均屬無效，蓋其所製成者，非金剛石，而爲石墨。至一八九三年，法化學家 Moissan 氏，於始其研究高温度之變化時，得製成金剛石數小粒：於是人造金剛石之方法。得發明。法以鐵與碳用電弧在極高之温度下使其調和，乃以此熔解之物質，傾入冷水內，使其凝固。碳經此種情形，則在鐵中結晶，形似金剛石；加酸溶去鐵質後，金剛石可於渣滓內揀出，惟粒子微小，非賴顯微鏡，實難以觀得。如是所製成之金剛石，最大者幾亦不能爲人目所觀察，故以商業之立場而言，實非一經濟之辦法，惟將來將進步至如何程度，則無人敢逆料矣。

（2）　剛玉石

剛玉石之重要類別，爲紅寶石，藍寶石，及東方紫水晶三種。紅寶石及藍寶石之價値殊昂，故人工製造之方法，實有注意之價值也。

以學術之立場而言，人造剛玉石，實非一十分困難之問題；蓋以氧化鋁在適當之狀況下融化，卽可成普通之剛玉石。

人盡知氧化鋁之性質十分穩定，在平常大氣壓力之下，其融點約爲攝氏一千八百度，雖在空氣中，融解時亦不起任何變化，故製造上尤稱便利。融解氧化鋁，平時均採用氫氧吹管，因其最高溫度，可達攝氏二千度以上。

製造上最感困難者，莫如出品之結晶形狀，蓋用是法所製成之寶石，往往爲無定形，不能得良好之結晶形，可以代替天然寶石，雖經多年之研究，仍遲遲不能解決。直至一九〇四年，始由 Vernuil 氏發明一特種之氫氧吹管，人造剛玉石之方法，乃得完全成功。

此氫氧吹管之構造，似較複雜，限于篇幅，不能詳述。是種吹管，能於半小時之內，製成寶石三十開（寶石之重量，普通以開"Carat"計，一開約等於十分之二克），其製造之精良，亦可見一斑矣。且管理十分簡單，每一工人，可同時照顧此項機械十二架。

降至近日，則大部之紅寶石，均以人工法製之矣，原料大概均用錏明礬。先以明礬磨成細粉，在極高之溫度下融解之，如是卽分解而生成氧化鋁。表之如下式：

$$(NH_4)_2SO_4 \cdot Al_2(SO_4)_3 \cdot 24H_2O \longrightarrow Al_2O_3 + 2NH_3 + 4SO_3 + 26H_2O。$$

但亦有用錏明礬之水溶液者，法於其溶液內，通碳精，使氧化鋁完全沉澱，濾過，烘燥，置於吹管內燒之，卽成。

紅寶石之紅色，則可加含有錏明礬 2.5% 之鉻明礬，混和後，共同灼燒，卽得。鉻明礬經高溫後，卽分解成氧化鉻 Cr_2O_3，能使寶石呈極美麗之紅色。其他各種顏色，亦可加相當之金屬鹽以製成之。

如不加其他金屬，卽成白寶石。白寶石之用途甚廣，如鐘錶內齒輪上之寶石，留聲機唱針上之寶石等均是。

惟製造藍寶石之試驗時，曾發生重大之困難：起初所用之顏色，爲鈷鹽，因鈷鹽能與鋁化矽生成極美麗之藍色，且化合亦易；但其與氧化鋁則不然，結合甚慢，故不能得藍色之鋁酸鈷，雖經多次之試驗，久久未能得滿意之結果。後經人發現，採用少量之氧化鈦TiO_2後，結果殊佳，其色澤與天然寶石無異——此事誠出人意表，因鈦礦普通均不能使其他氧化物生極深之顏色也。

今日則科學昌明，各種顏色之寶石，均可由人工製造，如白寶石之純白色，紅寶石之血紅色，藍寶石之深藍色等。其價值則每開自一先令至十先令不等。

（3） 石英

此類寶石，不能僅用融解法以製造，如製造剛玉石然，蓋氧化矽經融解後，皆爲無定形，無良好之結晶體，故平時均用結晶法以製之。但以商業之立場而言，實無人工製造之價値，因此類寶石天然間產量甚多，價亦頗廉，人工製造者，僅爲學術上研究之興趣而已。

（4） 矽酸鹽

矽酸之用於寶石者，類別殊多，閱上表卽知，大部份均可以人工製造，但天然間產量過多，實無商業上之意義可言。

翡翠爲一寶貴之寶石，惟迄今仍無相當之方法能以人工製造，因製成者均係無定形，雖用 Vernuil 氏之吹管，仍無良好之結果能使人滿意者。

（5） 土耳其玉

土耳其玉與上述之各種寶石，性質稍異，一方以其爲一種磷酸物，一方以其爲不透明體，因其餘寶石，均係透明體而有光亮之色澤者。土耳其玉之人造方法，發現甚早，普通常用沉澱法製之。所用之原料爲鋁片及磷酸銅，其配合之比例，當由分析天然產品而定。沉澱所得之磷酸鋁，濾過後，經當時間以強有力之水壓力壓之，卽成土耳其玉。人工所製成者，與天然產品，幾完全相同，設非富有經驗者，實不易區別也。

（6） 珠子

珠子之爲寶石也，亦另成一類，其化學成份爲碳酸鈣，與粉筆、大理石、石灰石之化學組成完全相同。其美麗光亮之白色，實由於其特殊之結構所致。天然間常發見於蚌內，因碳酸鈣之層層積聚，卽成珍珠。

珠子表面之白色，據一般學者之見解，以爲由於投射之光線，一部份被反射，一部份被通過所致。

現在人工尚無適當之方法，用以製成如此特殊之結構，因人工製成之珠子，其光澤終不及天然產品之美麗也。惟近年來，日本有人發明一人造珠子之方法，結果甚佳，玆述之於下：

法先以碳酸鈣製成狀似珠子之小粒，以其塞於蚌之殼及外膜之間，任蚌生長，久後，碳酸鈣小粒之表面，均有光亮之珠子色澤，頗似眞珠子，但其色終不及眞珠子之美麗耳。

奇異的玻璃

陳繩祖

玻璃之發明，到現在已有幾千年了，可是牠的用處一直到了現在才顯著起來。各種玻璃都有它們特殊的性質，比如：有的有鋼一半的堅強而牠的彈性可以比鋼多數倍；有的可以抽成極細的絲，要二千根並列起來才有一吋寬；有的與鉛一樣的可以不使愛克斯光線通過；有的可以燒紅了放入冷水中而不至碎裂；有的可以做成與金鋼鑽一樣的光亮。從前說一樣東西脆的時候，往往用玻璃來比喻，現在則不能了。玻璃有的可以受極大之壓力而不碎，還有用八輛汽車共重三百五十噸才壓碎二寸立方的硬玻璃，在這樣大的壓力下就是生鐵也不行了。用冷空氣吹到將熔的玻璃片上，可使那玻璃堅強而有彈力，卽使同時有三個人站在那玻璃片上，也不致碎裂：

載重的時候往下彎一點，去重的時候，仍舊可以回復到本來的形狀。

玻璃大概可分三大類：鈉玻璃、鉛玻璃、和硼玻璃。鈉玻璃是造普通玻璃窗玻璃瓶用的。鉛玻璃可以擦的很光亮，玻璃中可以含鉛很多而使與鐵一樣的重；這種玻璃是用於遮蔽愛克斯光用的。

大凡光線經過透明體的時候是要曲折的。曲折之大小隨物體而不同，要看此物體之曲折率之大小而定的。光線愈曲折得大，這物體愈有光彩，金鋼鑽之曲折率很大，是二·四二，頂好的鉛玻璃，可以有曲折率二·〇〇（空氣的曲折率常是一·〇〇）。

各種物體大多是熱脹冷縮的，玻璃也是一樣，當玻璃從熱的地方放到冷的地方去，牠就要收縮。因爲收縮得太快了，各部分之收縮度不一樣，於是就要碎裂了。可是現在有了第三種的玻璃，就是硼玻璃，牠可以燒到白熱放入水中而不會碎裂。

硼砂與硼酸加入玻璃中後，使能玻璃熱的時候，漲得很少；反之，冷的時候，牠收縮得也很少。這樣一來，不論是從熱的驟然到冷，或者從冷驟然到熱，都不會碎了。用這種玻璃做的碟子可用火燒之而不碎，你就可以用來烘包子，烘蛋糕了；而且用玻璃做的鍋子比金屬做的來得經濟，因爲玻璃對於熱波的反射力很小，大部分的熱都會通過玻璃的，你假使不信，可以放一片玻璃於鋁製的小鍋下試一試，看牠是不是能因此而養得快一點。

現在有各色各樣的玻璃：有的只能通光波而不得通過熱波；也有只能通過熱波而不能通過光波的；有的只能通過看不見的紫外線，可以在暗室中拍照；有的可以抵抗鎗彈；也有一口氣一吹就會破的：眞是無奇不有。現在世界最大的玻璃工廠所製玻璃之種類很多，有一定的成分可出賣者，已有三百種云。

肥皂的代替物

甘懷新

我們大家都知道，衣服汚穢了要用肥皂來洗，臉上油膩了，也要用肥皂來洗，富人要用肥皂，窮人也要用，都市裏要用肥皂，鄉下也一樣的要用。牠的用途是這樣的廣闊，我們簡直不能用數量來代表，牠和人類的關係是這樣的密切，我們也幾乎不能或時缺少。那麼，且問假如全世界肥皂的來源斷絕之後，我們將用什麼東西來代替？

不久以前，在德國，就有一個科學家出來切實的回答了我們這個問題，他所創用的代替品是一種磺基高級醇（Sulfonated higher alcohols）。這東西的性質和肥皂非常相似，牠的製法先從高級醇着手。高級醇的市價很貴，目下工業的製造都是利用酒精發酵的副產品，如果要這種代替品能夠像肥皂一樣的便宜，必要使高級醇有低賤的來源才可以。詳細製造方法，因爲事關專利祕密，外人無從探息。至於製造的原理，却很簡單：用脂肪酸（就是硬脂酸一類的東西）加熱和壓力，在酸液裏面攙進鎳的紛末來做接觸劑，然後通入氫氣使脂肪酸氫化（hydrogenation）。這樣做出來的高級醇就再用硫酸來硫化(Sulfonate)，最後加進苛性鈉，去中和硫化剩下來的硫酸，磺基高級醇也就變成了一種鈉鹽。

經發明者試驗的結果，我們知道這種東西有肥皂的種種長處，而沒有肥皂的短處：牠比肥皂容易起泡沫，用起來少費工夫，物料也省，汚漬也比較容易洗脫；這種磺基高級醇的鈉鹽在酸性、鹹性或者中性的水裏都可以溶解，也不會分解成不能溶解的物質。在硬水裏面有鈣質和鎂質，如果用肥皂來洗東西，肥皂和鈣質或鎂質化合成一種不可溶解的鹽類，在肥皂起泡沫之先須要費掉很多的物料來除去這種金屬質，你想這是多麼費財費力的事情！可是這種代替品就不同了，牠和鈣或鎂生成的鹽類同樣的能夠溶解在水中，因此在硬水裏面的洗淨力（detergent-power）並不會受到怎大的影響。還有一樣，洗衣服時，布上面的肥皂泡沫往往不易洗脫，這是因為肥皂的溶解度不甚大的原故；至於這種新式肥皂的泡沫是很容易洗去的。

磺基高級醇可以溶解在肥皂裏面，所以如果我們喜歡，將這兩樣東西混起來用也可以的。

上面說了一大篇，究竟磺基高級醇是怎麼樣的東西，也許會有人問我討來看。但是且慢，須知這種工業在發明人那方面還是試驗時期，將來成敗如何，尚要看他努力的結果。如要普遍的利用這種新式肥皂，還得忍耐些時哩。

中性及酸性皂之創製

潘德孚譯

在肥皂尚未盛行以前，植物灰、硼砂及碱等常被用為洗淨劑，因彼等皆含有鈉鉀之無機弱酸鹽，在水溶液中水析，游離強鹼，故有去垢作用；然因氫離子指數太大，不適於普通之織物。現今商業上大部分肥皂，皆由脂肪酸及鹼類化合而成，在水溶液中水析，游離少量之鹼，然仍有甚大之氫離子指數，故有害於優等之色澤或織物，人造絲其一例也。近今人造絲工業發達，以故中性及酸性皂之需求，乃日增月盛。

肥皂之有洗淨作用，舊說以為由其所含鹼之化學作用，然易見其謬，蓋肥皂亦能去不能鹼化之油類及非脂肪之濁質也。今人所信之說，謂其作用厥有二端：一為洗料表面情形之改變而減弱其附着力，此性質鹼類亦有之；一為乳化而阻其結合，此性質鹼類無之。肥皂之作用，既不僅恃鹼類，於是化學家乃羣思以他種鹽基以代鹼類。在美國已經成功而售諸市上者為胺皂（Ethanolamine Soaps），所用之鹽基為乙醇胺質。Ethanolamine

有三種，卽一個，二個，或三個乙醇胺質是也。其化學程式列舉如后：

一個乙醇胺質　$\begin{matrix}H\\H\end{matrix}\!>\!N.CH_2.CH_2OH$

二個乙醇胺質　$H\text{-}N\!<\!\begin{matrix}CH_2.CH_2OH\\CH_2.CH_2OH\end{matrix}$

三個乙醇胺質　$N\begin{cases}CH_2CH_2OH\\CH_2CH_2OH\\CH_2CH_2OH\end{cases}$

商業上則用三物之混合品，以價廉故也。此種胺皂之特點：一則除少數高級石油外，任何有機溶劑均能溶解之；一則有極強之乳化能力，故應用廣泛（讀者欲知其詳，可閱化學工業六卷二期，恕不多贅）。其氫離子指數雖較低，例如5%之油酸化三個乙醇胺質溶液，氫離子指數為7.76，然終屬鹼性。

由價廉之中性及酸性皂之需要，乃引起另一種皂之發達，卽甘醇及脂肪酸之鹽類是；蓋乙烯之價格日廉，而甘醇Glycol則由氧化乙烯而得故也。甘醇為一種如甘油之濃稠無色液體，略具甘味，與酒精、水等可任意混和，其化學程式為$\begin{matrix}CH_2.OH,\\|\\CH_2.OH,\end{matrix}$分子量為62，沸點在大氣壓力下為197.5°C，與脂肪酸化合，乃鹽化而非鹼化，因兩者之化合乃於無水狀況下行之者。

$$\begin{matrix}CH_2OH\\|\\CH_2OH\end{matrix}+2C_{17}H_{35}COOH\longrightarrow\begin{matrix}CH_2C_{17}H_{35}COO\\|\\CH_2C_{17}H_{35}COO\end{matrix}+2H_2O,$$

甘醇　　硬脂酸　　二甘醇化硬脂酸

$$\begin{matrix}CH_2OH\\|\\CH_2OH\end{matrix}+2C_{17}H_{33}COOH\longrightarrow\begin{matrix}CH\ \ C_{17}H_{33}COO\\|\\CH_2C_{17}H_{33}COO\end{matrix}+H_2O。$$

甘醇　　油　酸　　二甘醇化油酸

美國市場上已有油酸及硬脂酸之甘醇鹽，其商品名爲「二甘醇化油酸」及「二甘醇化硬脂酸」。製此皂時，可使成中性或弱酸性，故頗能滿足各種專門工業上之亟需。上述二皂，其氫離子指數一爲5.0，一爲6.3。因欲得最易洗淨及分散之性質，知用單鹽及雙鹽之混合物爲最佳，所謂「二甘醇化硬脂酸」者卽此種混合物也。

二甘醇化油酸係一棕色油狀液體，不溶於水，但能溶於醇類及碳氫化合物中；能使橡皮，樹脂，蠟類軟化；且因其爲一種液態皂，能永久保持其非鹼性，故無害於大部精美之色澤或織物，如優等之絲、人造絲及其餘人工纖維質，類皆應用之，蓋此種纖維質，將爲鹼性皂所侵蝕也。若溶于石腦油或其他碳氫質中，卽成「乾洗」肥皂。彼亦可用爲乳化劑，成「水混於油」之乳液，此種乳液，甚有利於家具及汽車之光澤。

「二甘醇化硬脂酸」爲色白如蠟之固體，其溶點在58及60°C之間，稍溶於冷酒精及碳氫化合物中，熱時尤甚。彼亦常用爲不含鹼及胺之乳化劑。其最有趣味之性質，乃攪拌時彼能分散於熱水中，例如，此物10分與水100分加熱至60°C時，設不停攪拌，則可得一種美麗之膏；假設水增至300分，則生成一不透明似黏液之分散液。二者皆極安定，卽使放置十二個月，亦毫無敗壞之徵象可見。另一有趣之性質，卽久置亦不變黃，胺皂則不然。

此種黏液似之分散液，能用以懸浮磨擦料，如矽砂、碳化矽等物；同理，彼亦可懸浮如石墨等之滑潤劑。彼亦可用作顏料、礦石粉及其餘不溶性物質之懸浮媒介物。

此類鹽類與我人以極佳之乳液，可以用於棉、羊毛、人造絲、紙、皮革等物；彼亦被用作爲滑潤劑、柔軟劑、加光劑。

據工業洗濯上之經驗，已知增加4—6%之硬脂酸鹽於普通肥皂，可以延長皂泡之壽命，且產生較小而有持久性乳酪狀之泡沫，故能增加其洗淨作用，在化粧皂亦然，使肌膚滋潤及柔軟，與用化粧膏類無異。

製皂時常加各種「過脂」劑("Superfatting" agents)，但不幸皆足以增黑皂色。二甘醇化硬脂酸則無此弊，反可減淡其色。

在油鞣羊毛時，常需用大量油乳，此舉蓋所以增其光滑、柔軟及張力，俾適於各種製造也。其中許多乳劑，以配合不宜，祇沉澱一層油膩於纖維上而未曾深入，因之阻止纖維各面適宜之潤滑；隨後在洗滌時，此種油膩未能悉除，纖維上所遺之少量，即氧化而敗壞，於是產生難聞之氣味，而纖維質亦漸變脆弱，因此以後在染缸中，得到不完全之色澤。若加少量之二甘醇鹽於油劑中，此種困難，即可盡除，且易使毛類濕透，更可增進乳劑之安定。洗濯之時，則祇須加少量弱鹼類，所有之油膩，即可盡除矣。

當洗滌羊毛製品時，如欲於洗滌之前，將所有之油膩鬆浮，則亦可用二甘醇鹽加百分之一之鹼類及溫水以處理之。

織人造絲、加重絲及各種纖維時，頗易將線絲折斷，若將二甘醇化油酸加適量之鉀皂以處理之，即可免除，且適足以增其張力及柔軟度。生絲之已用此類中性皂處理者，於完成 Finishing 時毫無濁跡，加重絲，亦可用相似之法處理，使其更能耐溫度及濕度之變化。

將顏料懸浮於油類而成之油漆及墨水，靜置時甚易沉澱，若加2%之二甘醇化硬脂酸，可使顏料之懸浮，較爲穩定。

加各種不同量之二甘醇化油酸於蟲膠片、樹脂及樹膠等之溶液，可產生較堅韌之皮膜；同理，彼亦可與蠟共用於印刷帶、複印紙等物。

油與蠟之乳液，藉彼甚易製成，其法先將二甘醇化硬脂酸融熔，與油或蠟混和，再緩緩將熱水加入，並須不停攪拌，待其均勻。下列諸方，皆可應用：

（一）二甘醇化硬脂酸10分，松葉油40分，水40分；

（二）二甘醇化硬脂酸10分，礦物油50分，水500分；

（三）二甘醇化硬脂酸10分，石蠟40分，水250分。

第三方甚有趣味，因當水蒸發時，可得一薄層之蠟，故可用爲特種之滑潤劑。

因羊毛脂甚易爲皮膚吸收，製造藥劑及化粧品者，常用以製各種軟膏，成滑膩之「水於油中」(water in oil) 之乳劑。若熔融羊毛脂時，加入不同量之二甘醇化硬脂質，則可得一種基本質，能吸收大量之水（須謹愼從事），而成有光輝之白色軟膏，此膏可用水洗去，且彼分布均勻，皮膚吸收更易，因表面張力較低故也。

甚多新化粧品，悉用二甘醇化硬脂酸製成，蓋肥皂本廣用於化粧品工業，而此中性及酸性皂則更有特別趣味；因商業上肥皂之能絕對無害而無刺激性者，允推彼爲第一，蓋彼旣不含鹼又不含胺也。

下列化粧品之處方，已由極謹愼之方法，配合適宜，且早已使用；然製造者則可因情形之不同，而稍加改進也。

涼膏 Cold Cream

二甘醇化硬脂酸	22分
石油脂（即凡士林）	16分
石蠟	10分
礦物油	20分
水	100分

置上述諸成分於壺中熱至65.6°C，停止加熱，攪拌待冷（攪拌爲甚重

要之手續，須繼續不斷）；香料可於 40.6°C 加入。若欲此膏有高度光輝，必須將膏臨冷時裝入瓶內，若冷時更加入五分或較多之氧化鐠（TiO_2），則可得一極佳之膏粉。蜂蜜之用於涼膏，已極普遍，但此處則無之，結果遂使價格大廉。

修面霜 Shaving Cream（無泡沫，且不須刷）

二甘醇化硬脂酸	20分
甘油	20分
水	580分

將上列成分，加熱至71.1°C，緩緩攪拌，待溫度降至40.6°C，則可將少許香料及薄荷腦(任意)漸漸攪入卽成。

[譯自 Industrial Chemist Vol. 8, June 1932。]

硫 酸

王 安

一、槪論

硫酸爲三大強酸之一（卽硝酸，硫酸，鹽酸），工業上用途甚廣，遇金屬則放出氫氣而成硫酸鹽。

硫酸是一種三素酸，含有氫、氧、硫三元素，爲二價酸，其分子式爲 H_2SO_4。

二、製法

硫酸之工業製法有二，茲分述之於後：

(一) 鉛室法 Lead Chamber Process 用二氧化硫、空氣、水蒸氣、三氧化二氮，一起通入鉛室中，卽成硫酸。其中化學變化很爲複雜，主要的反應如下式：

$$2SO_2+H_2O+N_2O_3 \longrightarrow 2SO_2<^{OH}_{ONO},$$

$$2SO_2<{OH \atop ONO}+H_2O\longrightarrow 2SO_2<{OH \atop OH}+N_2O_3,$$

$$2SO_2<{OH \atop OH}\longrightarrow 2H_2SO_4。$$

(二)接觸法 Contact Process　將潔淨之二氧化硫和空氣加熱至四百度，通入白金接觸劑中，二氧化硫卽和空氣中之氧氣化合成三氧化硫：

$$2SO_2+O_2\longrightarrow 2SO_3,$$

三氧化硫溶於水中卽得硫酸：

$$SO_3+H_2O\longrightarrow H_2SO_4。$$

(三)製法之優劣　二法互有優劣之點：

接觸法中以鉑爲接觸劑，然鉑爲貴金屬，故成本較貴。同時接觸法中因有三氧化二砷之雜質，能使鉑的功用失去，要去除牠，則手續麻煩。

接觸法所製成之硫酸成分較純，同時可以造成濃硫酸，甚至濃度可以達到百分之百。

鉛室法，成本輕，手續簡。然造成之硫酸有不純物，如三氧化二氮、硫酸鉛、硒酸等：其濃度至多祇可至百分之七十。

(四)性質　硫酸爲油狀液體，純者無色，普通都含有有機物質而呈棕色。在標準狀況時，密度爲1.84，沸點爲338°C，能與水混合成任何濃度；混合時，放出大量的熱。變藍色石蕊試紙爲紅色，能和金屬、鹼、鹽類等化合。濃硫酸並爲一氧化劑及脫水劑。

(五)用途　硫酸爲化學工業上重要的原料，用以製造各種酸類；石油工業上需要大量的硫酸，幾佔產量百分之二十；而製造肥料、明礬、火藥棉、顏料及各種基本工業如：染色、漂白、冶金等亦須要大量之硫酸。

酒精

徐雲庚

(一) 概論

酒精(Spirit of Wine)，亦單稱爲醇(Alcohol)，學名爲乙醇(Ethyl Alcohol)。此物發見甚早，爲酒類之主要成分，凡發酵性液中，多含有之。又與有機酸化合成醚 (Esters)，而存在於天然間。

醇之分子式，可視爲乙烷基之氫氧化合物，或水之乙烷基置換體，故其分子式爲C_2H_5OH。

(二) 製法

酒精之製法甚夥，今將其重要者，分條述之：

(甲)使乙烷基之造鹽素化合物，與稀薄之鹼性液共熱之，即可得酒精：

$$C_2H_5Cl+KOH=C_2H_5OH+KCl。$$

(乙)導乙烯之氣體於發煙硫酸，將其所生之硫酸鹽與水共煮沸，亦可得之：

$$C_2H_4+H_2SO_4=C_2H_5HSO_4，$$

$$C_2H_5HSO_4+H_2O=C_2H_5OH+H_2SO_4。$$

(丙)使乙醛還原，亦可製取之：

$$CH_3CHO+2H=C_2H_5OH。$$

(丁)由糖製取——約于30°C時，加含有原酵素(Zymase)之酵母(Yeast)於葡萄糖溶液，則其中少量之原酵素，漸將糖分解而放二氧化碳，同時酒精乃存留於液中：

$$C_6H_{12}O_6=2C_2H_5OH+2CO_2\uparrow。$$

所用之葡萄糖液，亦可代以蔗糖($C_{12}H_{22}O_{11}$)，惟須先使蔗糖加稀酸煮沸，使其轉化爲葡萄糖，然後再加原酵素製取之。

(戊)由澱粉製取——以含有澱粉之果類，如馬鈴薯、高粱等，將其皮殼除去，搗散之，與水煮沸，然後加入麥芽，使其發酵成糖類，再照(丁)法製取之：

$$(C_6H_{10}O_5)n + nH_2O = nC_6H_{12}O_6。$$

最後二種爲工業上大量製取之法。

(三)　酒精之精製

由發酵所得之溶液，含有酒精在10%左右，惟內中尚含有其他雜質，如甘油、琥珀酸、雜醇油(Fusel Oil)等，故欲得純粹之酒精，不得不精製之。

昔以發酵後之溶液，反複蒸餾，利用酒精與其他雜質沸點之不同，可逐步分離。但此項精製法，費時太長，頗不經濟。今可將發酵後之溶液，加熱使其氣化(甘油與琥珀酸不易揮發)，導蒸氣入精溜塔(如圖)，歷層而上，其沸點較高之雜質，即被液化，由管內流出。最後剩餘之蒸氣，即爲酒精，導此入冷却器，即液化成液體。由此法所得之酒精，可至95%以上，其內雖不免尚有水份存在，但可加石灰吸收之。

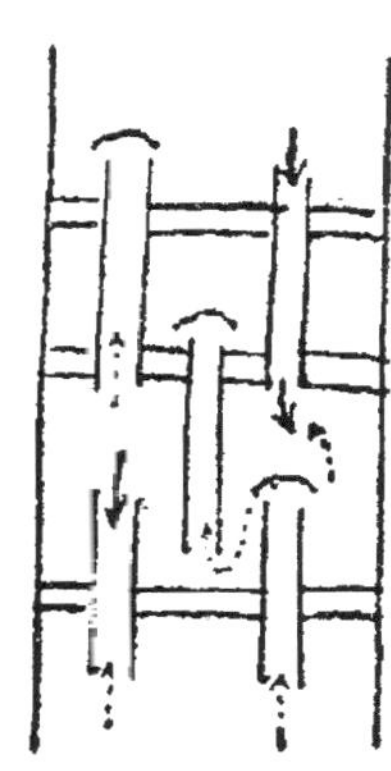

(四)　性質及用途

酒精爲無色液體，有愉快之香味，飲之則醉。零度時，比重爲0.806，沸點爲78.3°，冷至−13°亦不凝結，故可用以製溫度計。易與水及許多有機物相混合，爲極重要之溶劑。燃燒時生藍色火焰，實驗室中可用爲燃料。其化學性有酸，鹼二性，並與水相似，投鈉其內則放氫氣，如下式：

(一)似鹼：　$C_2H_5OH + HCl = C_2H_5Cl + H_2O$，

（二）似酸： $C_2H_5OH+NaOH=C_2H_5ONa+H_2O$，

（三）似水： $C_2H_5OH+Na=C_2H_5ONa+H_2\uparrow$。

漂白粉

孫 衡

漂白粉是一種白色的粗粉末，頗與石灰相似。其製法很簡單，用氯和熟石灰拌勻，便能得到了，我國的天原電化廠便有製造。他們利用電解普通食鹽所得到的氯，經過大而粗的柱形鐵管令與石灰相混合，出來的便可裝箱運赴市場。

漂白粉的主要用場是漂白質地優良的紙及棉蔴等織物。初製成的棉布，黝黃而不能直接染色，故先需烘去積聚在表面上的雜質，再經過沸滾的石灰水或炭酸鈉溶液，將黏附的樹膏脂肪洗去經稀鹽酸中和後，乃又依次經過漂白粉溶液和稀鹽酸，兩者互相作用，發生氯和水而得到次亞氯酸（HOCl）。次亞氯酸爲一有效力之養化劑，養化掉不純潔的色素，而使成爲淨白無瑕的素帛。再經幾度洗濯，然後用少許一硫硫酸鈉溶液以濯去最後殘留之氯。幾度染色，便成爲美麗奪目的布疋。但最近趨勢，漂白粉漸將爲次亞氯酸鈉及液體氯所代替。

絲綢毛絨等含有氮的物質，倘用漂白粉，輒易爲所生的鹼質所損壞，故宜用二氧化硫爲漂白劑。二氧化硫往往含有被空氣所養化的硫酸，能和纖維質起化學變化而改變其性質，所以不能用作漂白蔴棉和紙張之用。

漂白粉另一用處便是利用其不穩固而易於放出氯的性質，作爲殺蟲劑：厠所和污溝四近，常見有遺置的白粉末；自來水裏有時也可嗅到輕微刺鼻的漂白粉味，便是這個道理。

空氣裏含有的二氧化炭和水氣，也可和漂白粉發生作用而產生次亞氯酸。次亞氯酸分解而得到一氧化氯，後者的味道和氯很相似，所以新鮮的漂白粉常有一種強烈刺激的氣味。

煤膠產物

范棠

古人說：「天下無廢物」，這是不錯的；我們就來舉個例：

從前，當歐洲各國盛行煤氣燈的時候，各煤氣廠通同的感到一種困難，就是氣管的窒塞。這是因爲有一種煤渣沉澱下來的緣故。所以不但要費了許多無謂的勞工常常地去清理和疏通牠，人們還感到處置牠們的麻煩：把牠們放在田野裏吧，農人們就起來反對，因爲這樣能傷害他們的農產物的。把牠們傾棄於河裏吧，則不但有妨飲料的清潔，且能毒死魚蝦。但是，可厭的煤膠還是不斷地產生着，這是多麼重大的一個問題啊！困難的事實，進了科學家的腦子，於是他們就不息地想設法把牠們消除了。雖然，他們是想不到反而能利用牠們來幫助我們人類的啊！但是，不料在一八六五年，英人波金(Perkin)無意中在煤膠試管中得到了一種「莫雀」(Mauve)紫色：這樣，數千種奇異的產物就開始發現了。現在且把牠的產生、成分、和產物，約略的分述一下：

（一）煤膠的產成——若把煤塊放在密封的爐鍋內，使與空氣隔絕，然後加火燒之，使之極熱，數小時後，我們就能得到三種不同的主要產物，牠們的百分比和主要用途如下：

產物名稱	百分比	主要用途
焦煤	七二·〇	鍊鋼，熔鐵，燃料
可燃氣體	二二·〇	點燈，燃料
煤膠	六·〇	製造煤膠產物

雖然我們從此能看到，每千磅的煤，祇產六十磅的煤膠，但是這在當

時已覺十二分的困難了。

（二）煤膠的成分和性質——煤膠是一種黑色而有臭味的黏性半流動體。牠的主要成分是氫氣和炭質，但間或亦有少許氮氣混雜在內；牠們在裏面化合的情形是極複雜的：同時能拿不同的比例組成數千百種不同的物質。經過化學家玄妙的配合和分離，現在已足足有二千餘種新奇的產物。

（三）煤膠產物——從煤膠中取出來的物質，統稱為煤膠產物，現在且分述之：

（甲）顏料和染料——我國從前唯一的染料，是從植物中提起來的靛青，顏料方面亦祇有騰黃、花青、赭石、硃砂諸鑛。但自從歐美輸入新式顏染料後，我們就有數百種不同的顏色了。牠們既鮮明，又純潔，同臭而黑的煤膠比較起來，不勝有天壤之別，化學家的奇妙，就此也可知一二了吧！

（乙）藥品——在醫藥方面，煤膠產物的發現也成功了不少的貢獻：如專治頭痛的「阿司匹靈」，治防「睡病」（註一）的「拜耳二百另五」（註二）；其他於藥品原料方面，有石炭酸、苦味酸等，都是防腐殺菌的良藥。

（丙）炸藥——把苦味酸稍加變化，即可得爆炸力極大之炸藥；再加一變，即可成具有腐蝕和窒息性的毒瓦斯。同樣，從石炭酸中，也可得到這樣的危險產物。這雖然對於和平有極大的阻礙，但於開山掘窟，亦是非牠不可的。

綜上所述，煤膠產物，對於日常的生活，已不可一日或離了：譬如衣料的染色，房屋器皿的塗漆，藝術品的着色，疾病的治療和預防等是。但此種工業，我國尚付闕如，所以一年漏卮，常以數百萬元計。望國人注意及之。

（註一）睡病是熱帶地方盛行的一種可怕的腦病，如患之，能使人類無知覺的熟睡致數日或數十日，甚者恐有一去不返之虞。

（註二）此藥爲德人拜耳（Baeyer）經過了二百另五次之試驗而成功的，所以通稱做「拜耳二百另五。」

火柴

何展如

人類取得火的法方，可以分做三種，依時代的進展和文明的進步而愈趨於便利。第一種是摩擦法，我們歷史上所稱燧人氏發明的鑽木取火，就是屬於這一類的。第二種是擂擊法，就是用火刀火石來取火的方法，距今三十年前，我們中國還採用着這方法。第三種是化學法，就是利用摩擦生熱，使容易燃燒的物質起劇烈的氧化作用，這最後一種，就是製造火柴的原理了。

因鑒於摩擦法和擂擊法取火的不便利，具有進取心的人類，見到黃燐（即白燐）的容易燃燒，就想到利用牠來取火了。製造黃燐火柴的首先成功者，是奧國維也納地方的普累斯乞爾（J. Preschel），他在一八三三年設開始設廠製造火柴。但是這種火柴尚有許多缺點，因爲用來做火柴頭的黃燐是一種極毒的物質，製造火柴的工人，因吸入了黃燐的蒸氣，以致都生面骨的劇病。且黃燐極易燃燒，即將其暴露於空氣中，自緩慢氧化作用所生的熱，亦能使之着火。所以後來在一八五五年，瑞典人倫特司脫拉姆（J. E. Lundstrom），就用無定形燐（即紅燐）來製造火柴。紅燐無毒，並且這紅燐並不放在火柴頭上，卻塗在匣旁，用時須將火柴頭在匣旁摩擦，方能發火，不像黃燐火柴是隨處摩擦都能着火的：所以這種火柴，稱爲安全火柴。

安全火柴雖然無危險，但是其所用的紅燐，價格較黃燐來得貴，所以在那時候還有許多人情願用黃燐火柴。直到一八九六年，法國賽凡納（H. Sevene）和開亨（E. D. Chaen）利用三硫化四燐來製造火柴，這火種柴是無毒的，但也能隨處摩擦生火，這便是我們現在所見的無毒紅頭火柴了。至於黃燐火柴，各國均嚴禁其製造和使用，現在已漸將絕跡。

別看輕了小小的一匣火柴，也不知經過了多少人的努力，多少次的改良，才得成功。計自人類知道取火到現在，至少有四千年了，而火柴的發明，爲時僅一百載，以四千與一百相比，我們不能不佩服科學能力的偉大了。

茲將普通常用的二種火柴，製造時所用的藥品，分別列下：

(一)安全火柴的頭上含有：

（一）硫化銻以爲還原劑，

（二）氯酸鉀或重鉻酸鉀以爲氧化劑，

（三）玻璃粉末少許以助摩擦，

（四）阿拉伯樹膠以資黏合。

擦邊以紅燐、硫化銻及糊精等製之。

(二)摩擦火柴的製法：先以木梗蘸容易引火之物（如融化的石臘等），再蘸於糊內卽成，糊內含有：

（一）三硫化四燐以爲還原劑，

（二）二氧化錳或氯酸鉀以爲氧化劑，

（三）樹膠及水等。

鉛　筆

葉晉亮

我們日常所用的鉛筆，其實並沒有含鉛質，而是石墨。因爲以前曾用鉛做過鉛心，所以直到現在，牠的名稱仍舊存在着。

在古羅馬時代，已用鉛來作記畫圖；到了十六世紀，英國纔用石墨研末，再壓成塊狀，切成細條，封入木桿中。因爲純粹的石墨太軟，在一千七百九十五年，有人把陶土混入石墨中，製成各種硬度，以備各種用處。總之，陶土愈多，鉛心愈硬。現在的鉛筆上有H，B等字樣：H卽代表硬度，B代表軟度；H愈多，則愈硬；B愈多，則愈軟；HB卽軟硬適中。要增加黑色，可混和一些煤烟（一種黑顏色）。

鉛心製法　將石墨，陶土等混和，入水壓機經過機械下部的細孔，壓成細長條，再切成適當的長度，乾燥後卽成。

木匠和工匠們所用的鉛筆須要很軟的，那只要在石墨裏加少些蜜蠟和獸脂。

彩色鉛心是以白堊、陶土（或蜜蠟）和以色料混合製成的。

以下三種彩色鉛筆原料的配合，抄自日本東京市製造化學通信學校的講義錄：

（一）	亞仁林色素	百份
	石墨	七十五份
	陶土	二十五份
（二）	亞仁林色素	三十份
	石墨	三十份
	陶土	四十份
（三）	亞仁林色素	二十五份
	石墨	二十四份
	陶土	五十份

第（一）法軟，第（二）法軟硬適中，第（三）法硬。

筆桿的材料　鉛筆桿的木料，以乾酪狀的紅西洋杉最爲適用，因牠的性質很軟。但是現在這種木料非常缺乏，所以現在有些鉛筆用紙條繞成螺旋形來代替木料，祇要鉛筆尖的時候，將紙條展開，到相當的地方撕去便可。賤價的鉛筆，牠的筆桿是用劣等西洋杉或別的木料做的。

裝桿　把木料割成七英吋長，二英吋闊，四分之一英吋厚的小木塊；再在木塊的一面割六條平行細凹槽，足以放鉛心的一半，然後將鉛心放入，再以同樣的木塊膠合。等十分乾燥後，入製造機（Shaping Machine）把牠磨成六支白坯的鉛筆；再染色，塗凡立水，加商標名號，一端或裝橡皮頭，即可裝箱，出售市場上了。

電石與電石氣

朱有圻

電石在今日，可說是很普通的了，自由車上用得更多。但電石的所以名為電石，並不是因其帶電，而是因牠是石灰和焦煤的混合物在電爐中加熱製得而形似石塊的緣故。

由電石加水而成的氣體，即是電石氣（化學上名詞為乙炔），燃之可得極亮的白光，沒有電燈的地方，常有用電石氣發光的。但牠的主要用途，為斷金屬板及燒去氣油機關汽缸中所淤積的碳。

以公式表之如下：

（一）電石之製成：

$$CaO+3C \longrightarrow CaC_2(\text{電石})+CO。$$

（二）電石之加水分解：

$$CaC_2+2H_2O \longrightarrow C_2H_2(\text{電石氣})+Ca(OH)_2。$$

（三）電石氣之燃燒：

$$2C_2H_2+5O_2 \longrightarrow 4CO_2+2H_2O+\text{熱和光}。$$

電木是用樹木做的嗎

樂秀純

充斥於市場的一種電木器皿，不單表面光滑可愛，並且很合實用，尤其適合作小孩們飲食的器具——不容易破碎。

這光滑而明亮像琥珀般的東西，究竟是怎樣造成的呢？一般人說：「牠是用一種樹木，雕刻而成的」，更妙的回答，說是電和木的化合物。試想：『木是絕緣體（Insulator），電是一種能（Energy），根本是不能化合的。』

讀者！我來告訴你們吧！電木，既不是另一種樹木，又不是樹木和電的化合物，牠是用二種普通藥品：蟻醛和石炭酸製成的，西名叫做Bakelite。經過化合和造型的手續，便形成這種極可愛的電木用具了。

電木不單能做器皿什物，並且是絕好的絕緣體，電氣事業上的用途也是很廣的。

小智囊

郭鍾祁

空氣中的稀有氣體

甲　氦(He)

用分光鏡我們知道太陽的周圍是氦氣，有如地球上的空氣一樣，因爲氦是很輕而且無可燃性，可以代替氫以充氣球之用。

乙　氖(Ne)

用電流通過氖，能發生美麗橙紅色的光燄，現在所謂年紅燈，就是這個道理。

丙　氬(A)

氬同氮的性質相仿，在空氣中含量祇及百分之一，現在祇以充白熱電燈泡之用。

丁　氪(Kr)及氙(Xe)

這兩種在空氣中，量很微，假使我們把空氣的分子排成長列，在我們眼前每秒走過一個分子的話，那末每隔兩分鐘可以看見一個氬分子，八個月可以看見一個氪分子，五年或者六年可以看見一個氙分子。

戊　氡(Rn)

鐳放射了一個氦元素後，就是氡，因爲它性不安定，能繼續的放射氦，所以在暗處能發光亮。

第六類 化學小工藝

家庭化學風雨表

葛正心

假使我們人類能夠預知天氣變化的話，那麼不但不少氣候症可以避免，許多天災預先可以防備，不致臨渴而掘井，就是在小的地方講起來，也可省下幾筆意外的車資和醫金，以及其他的煩腦：這是多麼的快事啊！現在作者所說的風雨表，因爲牠不但能夠測陰、晴、風、雨、還能表明冷、暖、雲、雪，眞的使我們能預知天事，所以才敢介紹給諸位來試一下。

原料——鹽化安母尼亞 五克

樟腦 十克

純濃酒精 一百零五克

火硝 五克

蒸溜水 四十五克

器具——玻璃管一（長約五十公分，寬約二公分），木板一（須比玻管長而闊），樹膠少許，濾紙，玻璃缸一，鉛皮少許。

製法——先將上面五種原料，合置於玻璃缸內，使其溶化，後用濾紙濾清，灌入玻璃管內（玻璃管一端預先用樹膠封好），然後用樹膠封住上口，用鉛皮釘置在木板上，卽成。

並附推測表於後，以資參考。

季 名	水管內所表示的形狀	主測事端
春夏秋冬	水澄淸	天氣晴明
仝 上	水色泥濁	天氣陰晴
仝 上	水色濁中而有星形小塊	將有暴風暴雨

仝	上	水底結有晶塊	天氣陰霾
仝	上	水中晶塊愈高	天氣將愈冷
仝	上	水中飄浮細絲或塊片飛昇	將有風起
仝	上	水底起有多數小泡	非雲即雨
夏		水底成片	天氣陰
冬		水底起有多數小泡	將有小雪
冬		水底成片	將下大雪

化學隱顯墨水

葛正心

間諜、奸細們，利用化學上的作用，別出心裁，發明此種墨水，做他們報告祕密的工具，即使外人得到，不知其顯字之法，亦不能得知絲毫的消息，眞是萬無一失的妙策。現今更有利用此套戲法來算命、拆字、欺騙無智識的人們的騙客，眞令人可笑，又可憐。現在來介紹幾種此等墨水的製法，以資讀者之試驗。

普通的隱顯墨水，常爲兩種不同的液體，最初用隱色墨水寫字在紙上，以後拿顯色水洗露其字跡，玆將現黑色者之製法述於後：

原料——硫酸鐵一分，淸水三分，沒食子酸少許。

用具——大小磁缸各一。

製法——將硫酸鐵化開於小缸內，即爲隱色水。

將沒食子酸溶解於大缸內，即爲顯色水。

其他顏色的隱顯水製法附後：

(一)如欲顯出紅色字跡，可用氯化第二銅溶液作隱色水寫字，後以所寫之紙在火上烘之即露。

(二)欲得黃色字跡，可用硫酸鉛稀溶液寫字，後以紅礬水洗之即顯。

(三)藍色字跡，可用小粉水寫字，後以碘液洗之即顯。

(四)青色字跡，可用硫酸鐵稀溶液寫字，後用黃血鹽水洗之即顯。

(五)白色字跡，可用明礬(或鹼亦可)，寫字後投入水中即顯，此最後一法，街頭糖販已多用之，以誘無知兒童之打彩。

科學製像法

葛正心

名勝古蹟的風景照片，自己或友朋的肖像，一切有紀念價値的攝影：苟能把牠們印在日用品上，非但能增加美觀，同時還可以留作紀念，眞是一舉兩得。現在作者來介紹幾種方法於后，希讀者諸君一試：

(一)印像於信箋、信封、書面、及各種紙張上法：

材料——各色紙張或書面（但須紙質光滑者，否則影像糢糊），照相模片一張，赤血鹽溶液，檸檬酸鐵，稀鹽酸，清水。

用具——厚紙一張，毛筆一枝，玻璃器一只。

方法——先用赤血鹽溶液和以同等量之檸檬酸鐵。然後在暗室內用毛筆蘸之塗於紙上或書面，待其乾燥，取模片放於其上，置弱光中晒之，直至像隱約可睹，即取去模片，速用清水漂洗（書面下宜襯厚紙以防水流下）。待其像逐漸顯出青色之影，乃塗稀酸少許，即得光澤之像矣。

(二)印像於絲質品，或手帕上等法：

材料——絲質品或手帕一件(或紗質亦可)，照相模片一張，硼砂水，氯化金水，硝酸銀液，清水。

用具——毛筆一枝，黑色紙一張，晒印夾一具，磁盆一只，肥皂一塊，剪刀一把。

方法——先將絲紗織品(或手帕)用肥皂洗淨，乾後，用筆蘸硝酸銀液塗於其上，各式隨意(或方或圓)，塗後放於暗處(不可見光)陰乾，乃用黑紙剪孔隔於模片與手帕之間，置入晒印夾晒之，待顯像已深，即用水洗盡，后以硼砂水和氯化金水潤過即得。

（三）印像於瓷器（如瓷屏平面之器）上法：

材料——瓷屏一塊，模片一張，醋酸，赤血鹽，硝酸銀液，清水。

用具——毛筆一枝，晒印夾一具。

方法——先用毛筆蘸硝酸銀液塗於瓷屏上，在暗室中裝入晒印夾中之模片下，乃斜置於離電燈五六寸處，使受光一分鐘取出後，即顯黑色透明之像。欲其色澤美麗，可用醋酸和赤血鹽及清水塗瓷屏像上像，即自能轉呈醬色，然後用清水洗去他色，使僅存醬色；惟洗時不可過久，以免損其色澤。

自製藥沫滅火機　　施咸通

原理——藥沫滅火機的原理，就是用兩種不同的藥品在當時化合，而發生一種氣體。這氣體密集在火燒的週圍，防止燃燒物與空氣的接觸，那火自會熄滅。

藥品——硫酸（普通），小蘇打（即炭酸氫鈉），二種藥房均有出售。

器具——玻璃瓶一，小玻璃瓶或試驗管，軟木塞，玻管，橡皮管。

試驗——先將小蘇打溶在水中，裝入大瓶，硫酸置入小瓶，如圖一放妥。用時將瓶倒置，令兩藥劑化合，即生二氧化碳氣（炭酸氣）。噴在火之周圍，火即自熄。

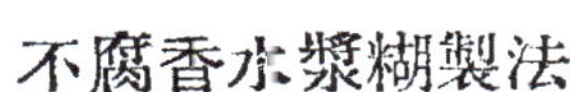

不腐香水漿糊製法　　吳公量

漿糊一物，應用甚廣，但是普通所製，隔不上幾天，就要發生腐化污臭。現在有一種不腐香水漿糊，非特不會腐化，而且還有芬芳的香味，製法如下：

（一）原料　麵粉十份，水楊酸一份，蜜一份，百花香精一份，水十份。

（二）製法　先將麵粉包於有孔之稀布內，置於淸水中，用手攪動，待麵粉漸溶入水內，成爲白色液體，十分濃厚後，卽將稀布取出。然後將此液體置於磁器內（如面盆等），以微火加熱，用棒攪動，待此液體漸漸成熟，於是將蜜加入。至此可試驗其是否已有極厚之黏性，如已成功，卽可離火。至稍冷時，再將水楊酸百花香精加入，拌和卽成。

退色靈的製法

莊思敏

退色靈是能退各色墨水的一種藥水，普通書局裏都有得出賣。這種藥水的製法是很簡單的，而且代價很低，只要一角錢就足夠了。

製法——買五分錢高錳酸鉀和五分錢草酸，以上兩種結晶體，普通藥房都有出賣。買回後，用十五分的高錳酸鉀冲以一百分的沸水，再用十五分的草酸冲以一百分的沸水，切切注意不要將這兩種溶液混合，不然，那麼你全功盡棄了，所以要用兩個瓶分開盛這兩種溶液。

用法——先用一枝筆醮少許草酸，塗在那個要洗去的字上，那個字的顏色就漸漸淡下去；那麼再用另一枝筆醮少許高錳酸鉀溶液，再塗在那個字上，那麼，那個字就隱滅了。倘使仍留下一個黃斑點的話，那只要再醮少許草酸溶液洗去就是了。倘使不信，不妨試試看。

化裝品的一種

張炘樵

化裝品的種類很多，其中最平民化的，可以說是雪花膏。市售雪花膏，價值不一，最昂的竟至每瓶元餘，然推其原料，亦不過甘油、斯的零一類而已，現在我們就略談一回雪花膏吧！

雪花膏有保護皮膚與美容之能力，故用者甚多，尤其是在冬令。

常用雪花膏之成分：

甘油	二十分	芝蘭精	一分
阿摩尼亞水	四分	杏仁油	二分
水仙花精	一分	純酒精	十分
炭酸鈉	十分	硬脂(Stearine)	三十分
蒸溜水	一五〇分		

製法——先熔硬脂於一磁鍋內(溫度不可過攝氏九十度)，及其全熔，乃將七十度至八十度熱之蒸溜水八十分加入。此時可注入阿摩尼亞水（一滴一滴注入），並隨時攪之，務求均勻。再把其餘的水(溶以炭酸鈉)徐徐加入，並攪之。末以甘油加入，此時用力攪拌之。一刻餘鐘後，此混合物即漸冷固，同時可將溶以各香料之酒精加入，隨時搗槌之，使其均勻後，即得白色之雪花膏矣。

家庭自製化妝香品

漢仲力

據國際貿易局發表，今年(民國二十三年)六個月內脂粉香水進口達八十五萬，花邊進口近六十萬，其他首飾化妝品等進口數亦驚人，以婦女國貨年的今年而論，婦女所採用的外貨化妝品仍有這樣巨額的消耗，足證國貨年的不見效。爲今治標之法，只有盡量採用國貨。現在且來介紹幾種家庭可自製的香精、香粉，等化妝品，因所費極省，成績亦不在舶來品之下，免得完全去買極貴的外國貨。

(一)　香精

(A)麝香香精(Tincture of Musk)——向西藥房購麝香二盎司(Ounce)，浸入酒精一加侖內，瓶塞須用玻璃者。塞緊後約二星期卽可取用。

(B) 玫瑰香精 (Essence of Rose) ——購玫瑰油約二盎司，浸入酒精一加侖內，緊塞約一星期卽可取用。

(二) 香水

(A) 麝香香水——購龍涎香香精三品脫 (pint)，麝香香精三夸脫 (Quart)，玫瑰香精一品脫，酒精三品脫，四者溶合，約一星期卽成。

(B) 玫瑰香水——將上製玫瑰香精和以酒精二夸脫卽成。

(三) 法國香粉

購氧化鋅四十克，玉蜀黍粉五十克，法蘭西滑石粉五十克（後者不用亦用），三者充分混和，復加玫瑰油（或玫瑰花乾末）十克，研和卽成。

(四) 玫瑰香脂 (Rose Pomade)

原料爲玫瑰油八十分，素馨油二十份，香豆精十四份，牛脂百份：先將脂肪油微溫熔融，半冷後加入香料卽成，亦可作滑潤頭髮之用。

象牙模造品

王潤富

(甲)原料——馬鈴薯數塊，硫酸八分，水百分，濾紙數張。

(乙)製法——將馬鈴薯外皮削去，置大口玻璃瓶中。先將水傾入，後加以硫酸，浸三十六小時，取出，置濾紙上，待乾。用力強壓數小時，就成一種潔白堅韌的東西，象牙模造品卽成。

(丙)用途——將其施以雕工，可製成各種美觀之器具：如梳篦、洋傘柄之類，本輕物美，諸君工餘，何不試試。

關於象牙

挹 巖

（一）象牙之染色

紅色：將欲染之象牙，浸入特備之水溶液，此水液約含十分之一之稀醋酸，千分之五之靛青紅（aniline Red），經一晝夜後，傾去浸液卽可。

黄色：浸象牙於醋酸鉛液內數小時，用水洗後，乾之，置於鉻酸鉀液中，則呈黄色。

黑色：浸以輕氧化鈉，改置入硝酸銀溶液內數時，然後乾之，曝於日光中。

（二）假象牙之製法

假象牙之用具，市上甚夥，其原料之製法，如下所述：溶乾酪素（casein）於含有四分之一之氫氧鈉水溶液中，此時有不溶解之物，可過濾除去。將此清液與他一溶液混合，此溶液乃特備之乾酪素化合物，其中所含金屬。依製法之不同而異。此混合液須極力攪動之，使沈澱成細勻之漿糊狀。濾去氫氧化鈉溶液而以水洗之，再使乾燥，先用酒精，次用硼砂溶液洗滌，卽沈澱愈形黏合，然後乾之。最後用酒精樟腦溶液潤濕，再用壓機壓之，卽成假象牙。

（三）眞象牙之檢定

眞實骨質象牙，與假象牙，可用硫酸判別之：加濃酸於假象牙上，不需一刻鐘，則呈紅色，以水洗之，其色則去；以眞象牙作此試驗，則不呈紅色。

肉鬆製造法

許　行

我國外受帝國主義之侵略，內受軍閥官僚土豪劣紳層層之剝削，人類生存最重要之經濟生活，早已危急萬分，農村經濟，尤爲乾涸；有識之士，莫不奔走呼號，思欲以救濟農村崩潰於萬一，而提倡副業，亦爲一般人士所注目。若果農民能利用餘暇。操以副業，則於經濟恐慌，亦不無小補也。茲就製造肉鬆一項，供諸各地關心農村事業者共同提倡焉。

(一)製造原理——細菌之生存，須有適當之溫度與濕度始可，缺此則無生存之可能。製造肉鬆，卽去其水分，俾細菌無以傳入養殖，並加熱以昇高溫度，使原存於骨中之細菌，無由繼續生存也。

(二)原料——製造肉鬆之原料，爲水、精肉、酒、醬油、鹽、糖等，茲以精肉二斤爲標準，述其配量如下：

一、精肉二斤，最好須豬腿上俗稱腿花者爲佳。

二、醬油一飯碗（卽平常盛飯所用者）

三、鹽　　少許

四、酒　　半飯碗

五、糖　　四匙

六、水　　約十飯碗

(三)製造方法——可分粗切煮爛，細切煮燒，撕鬆焙乾三手續：

(1)粗切煮爛——先將買來之精肉，除去皮骨及脂肪物，洗淨後切成粗塊，加水七碗，酒半碗，入鍋燒煮至爛

(2)細切燒煮——取粗塊切成細方塊，入鍋加水三碗四匙鹽少許醬油一飯碗，以文火燒煮至乾。

(3)撕鬆焙乾——將煮乾之肉鬆，取出撕鬆，置鍋中用文火焙炒。待充分乾燥後，卽成黃色細絲之肉鬆矣。

如此，二斤精肉可得肉鬆十兩左右，惟有一點須特加注意，卽附著於精肉上之脂肪物，務須去除淨盡，否則於品質有損也。

膠　精

葉晉亮

膠精是一種接合劑，牠能膠粘玉石、木料、玻璃和金屬等，被粘的物品均很堅固。牠唯一的缺點，便是遇水後漸漸融解；假使水不侵入膠面上，那亦沒有妨礙。最好拿牠來膠粘精緻而不遇水的物品，像玉石圖章等等。若用以膠木料，却勝過魚膠(已試驗過)。可是膠大件物品，不合實用，因為牠的價值很貴。膠精的乾燥性很強，放置二三日後就成固體，故宜隨製隨用。

製法——以哥羅弟恩 (Collodion) 與等量膠水混和，振盪使勻，然後將這混合物傾入適量的鋅白(即養化鋅)中，調成稀薄的白色糊狀，就可應用。

用法——取膠精塗於欲膠的斷面上，緊緊合併，再用濕手巾或濕布揩淨，乾後，堅固異常。

汽水

萬葆德

汽水為夏季最適宜最時髦之飲料，蓋當酷陽施虐揮汗如雨之時，吾人身體之水量，失其平衡，故覺渴不可耐。欲解決此問題，求之汽水可也。汽水用已經殺菌之水加以糖及香料壓入多量之二氧化碳，飲之則有清涼之感，且能助消化機能，及載刺食慾，故有益於衛生，用為夏季飲料，實為最宜。今特將汽水之製造法及成分略言之：

原料：

水——用為原料及洗滌瓶類之用，須經過殺菌

糖汁——砂糖溶於水

酸味劑——檸檬酸，乳酸

香料——檸檬油，蘋果香精，檸檬香料，生薑，橙油，橙香油等。

二氧化碳——或用液體二氧化碳，或製自鹽酸及炭酸氫鈉，經過洗滌

而貯於氷箱中，以備用。

色劑——焦糖，胭脂，紅花等

防腐劑——常用者爲水楊酸，捨防腐劑而外，欲使汽水永不腐敗，實不可能，因液中含有多量糖分，而瓶中亦不能使無一點空氣，故致腐敗之黴菌，養殖甚易，平常無防腐劑之汽水恐一二月後即會變味。

方法：

先溶砂糖於水中，使成糖汁，再後加酸味劑，色劑及香料，攪之使均勻而成調味糖汁，然後盛此糖汁少許於瓶中，加冷水使滿，壓入二氧化碳，即成汽水焉。

肥皂之製造

平義曜

肥皂的種類很多，但總不外乎是一種脂肪酸的鹼金屬鹽類。這裏所介紹的，乃是一個用最廉價最易得的原料來製造肥皂的方法。

(一)原料：水，灰二十三分(以重量計)，生石灰一分，羊油十分，濃食鹽溶液一分。

(二)用具：盛水器，秤，玻璃棒，鍋，風爐。

(三)預備：取陸生植物之灰二十三分，傾入水中；再加入生石灰一分，然後用棒攪拌而靜置之，即得氫氧化鉀溶液。

(四)製法：取羊油十分，置小鍋中加熱，熔融後，分數次加入氫氧化鉀之澄清溶液，用玻棒竭力攪拌，待粘性大增而成水飴狀物時，即停止加熱。徐徐加入食鹽溶液，則肥皂質浮於液面。傾出後，冷置數日，俟凝固後切開，裝入模型中壓成種種形狀的肥皂。

(註)將平日用剩之肥皂細粒收集而焚之，冷後凝固，可以再用。

注：原刊缺267页。

，傾入模型，即成。

（丙）用途：瓶中新鮮食物，防空氣侵入，或緊要私信。防人私拆，都可用火漆封固。

洗髮水

蔡公藝

（甲）原料及成份——硼砂一份，化粧皂粉三份，玫瑰水四份，香水六份。

（乙）製法——先將化粧皂粉及硼砂加清水溶合，然後，再加香水及玫瑰水可也。

（丙）用法——倒此水入洗頭之清水內，約普通匙一匙，便可。

科學珍聞

編者

——重水的價格——

挪威有一科學家曾冒險飲『重水』一杯，據云，飲後並無特殊影響，惟麻醫甚覺發燒，全身略感顫動耳。按重水係一九三一年爲美人所發現者，普通水中亦含有微量，可利用電力製成之，其所費則每四分之一加倫達美金一千五百元云。「重水」較普通水約重十分之一，攝氏九度時卽結冰，而沸點則爲百另三度。

第七類　日用化學常識

食物之貯藏法

錢樹聲

食物大都由於微生物之襲擊，每易腐敗，雖抵抗力最強之食品，亦難能經久不變。欲救此種弊病，則唯有用適當之貯藏法以保護之。考食品之變敗雖不同，其主因則在乎受微生物之作用；在暑天溫度較高，適於微生物之生存；是故微生物之繁殖亦格外容易，食物亦因此而更易腐敗。貯藏者，卽用種種方法以避免或殺滅微生物也。茲就市上所通用之貯藏法，略述如次：

一，冷藏法

溫度降低，能阻止微生物之活動與繁殖，冷藏法者，卽用凝冷機使氣溫下降，而藏食物於其間也，如普通家庭中所用之冰箱是。此法效果雖著，然物品一經取出後必立時食之；蓋物品既受冷氣襲擊，細胞每易破裂，此時最易助微生物之生長也。

二，乾燥法

此法卽用乾燥劑（如氯化鈣，石灰等）或藉日光之力，以取出食品中所含水份。考微生物之生存處，必有適當之水分，故於乾燥食品中，微生物勢難存在。此法雖頗簡單，惟不能持久。

三，醃藏法

置食物於食鹽溶液中，或塗以食鹽，則鹽份可透入食物中。食鹽具有殺菌效能，故食物一經浸入鹽水後，卽不易爲微生物所託庇。普通如醃肉、醃蛋等，卽利用此法以貯藏者。

四，燻乾法

此法用木屑燃燒，使所燃出之煙通過食品，煙中含有酸類及芳香化合物，前者有消毒殺菌能力，後者則兼有增加物品香味之功效。

五，除氣法

此法係貯藏法中最有效而最完善者，法先以物品置入罐內，然後抽去罐內之空氣，再以錫鑞固封之，最後更加熱以殺滅存留其間之細菌，應用此法，可保存食品至數十年之久。惜近今罐頭，仍沿用洋鐵製造，但洋鐵易起化學作用，每能損害食品固有原味，今後如能改用玻璃器，則此法將益爲完善矣。

以上所述，不過貯藏法中之最重要者，餘如包封法，防腐劑法等，茲不多贅。

淨水法概說　　　　徐名模

吾人日常所見之水，雖恆純清無色，然其中尚含有不少非肉眼所能見之雜物。普通之水常溶有鈉、鉀、鎂、鈣及各種金屬之鹽類，及有機物體，並常有不潔之浮懸雜質雜處其中，如沙、泥、敗壞物之碎屑等；其蘊藏不少黴菌，足以致人之疾病者。即工業上，家用上，水中之化學物質亦能影響工作之效能，是故淨水之法亦頗重要。

淨水法之主要者，約有以下數種：

（一）蒸餾——由此法所得之水，最爲純淨。其法甚易，可以小規模行之。先將水置封閉器內，用一導管引入冷凝器中，再將其加熱，水即沸騰而蒸發成蒸汽，蒸汽則受周圍之低溫度之影響而凝結成純淨之水。此種蒸餾水，因原來水中之金屬鹽及雜物等不能在此種溫度揮發，故能不含此種雜質。

蒸餾水多用之於實驗室中，然其純淨程度尚未臻其極，使欲得極淨之水，則蒸餾所用之器具，必須由石英或白金製成，因沸騰之水能溶解微量之玻璃及陶器也。

（二）過濾——使水通過層層迭置之疏鬆物質，如砂礫碎石木炭等，亦能使水潔淨。然普通之濾水器僅能將水中之浮懸雜物除去，水內眞正溶解之物質及微細之病菌均不能除去。

講究之濾水器，常加入若干明礬，或硫酸亞鐵或石灰，使能除去微菌或有機物質。有時加漂白粉或臭氧及紫外光線，亦有同樣效力。

家庭中適用者以巴斯德濾水器爲最有效能，法以水通過一未上釉之磁筒而滴出，因磁中有甚多微孔，水中雜質得以被其阻留。

（三）煮沸——將水加熱煮沸，亦能使之淨潔，因在高溫度下，有機物之病菌于十分或十五分鐘間卽能完全死去。故爲家庭飲用之需，煮沸爲便利之消毒法。煮沸且能將硬水中之金屬鹽沉澱，但於飲用上實無足輕重。

（四）消毒——化學上的消毒法，常加少量之漂白粉（大概每一百萬加侖的水加粉二十磅），其力足以殺除桿狀之傳染病菌及腸熱病菌。或通氯入水中，使之殺除害菌，再將其移去，以得純淨之水。

以上四法。除蒸餾法外，其餘諸法均頗合於家庭飲食之用。至含有鈣鹽等之硬水，常浪費洗衣時之肥皂，故吾人常加蘇打或氫氧化鈉，以使一部金屬鹽沉澱焉。

如何去除污蹟

鳥鳳仙

當我們的新衣新物偶一不愼染上了一二點污蹟的時候，是多麼可惜，多麼不快的事！但是不忙，我們可用化學藥品來去除牠，使牠毫無痕蹟。

但因污蹟的性質不一，則去除之法亦不同，現在就常遇各種污蹟的去除方法，分述于後：

（一）油蹟——可用棉花浸以汽油（Gasoline）、醚（Ether）、苯（Benzene）或四氯化炭（Carbon Tetrachloride）擦之卽去，其原理由於溶解作用，因此等溶劑能溶解大部數油類(有機物)也。

（二）油漆蹟——新蹟可以松節油（Turpentine）、哥羅方(Chloroform)、丙酮（Aceotne）或苯擦之；舊蹟須浸于上述任何一溶劑內數日，復使乾，然後揉搓之，蹟始可去。

（三）墨水蹟——各色墨水蹟去除之法亦不同：

一、藍墨水蹟——切不可以肥皂洗之，因皂中之鹼將欲與墨水中之鞣酸鹽化合成深色之不溶解物，反使汚蹟更深，不能去除。新墨水蹟可速用草酸或其他弱酸去之，舊蹟須先用高錳酸鉀擦之，然後再用弱酸。

二、黑墨水蹟——中國墨之成分爲木炭與樹脂混合物，因木炭不溶於任何溶劑，故不能利用溶解作用去除之，惟可用力用飯粒或猪油揉搓之（但用猪油的結果，有油蹟的存留，須復以去油劑去除之）。

三、紅墨水蹟——可以清水洗去，因紅墨水爲紅色顏料之水溶液也。

（四）草蹟——從花草樹葉上染來之綠蹟，可以火酒擦去之。

（五）泥蹟——爛泥蹟須待其乾後用力刷去之。

（六）水果汁蹟——水果常含有鞣酸化合物，故亦不可以肥皂洗之。新蹟可以沸水去之，舊蹟須用高錳酸鉀及弱酸去之。

（七）巧克力、可可、咖啡、及茶蹟——新蹟皆可用沸水去之，舊蹟須用雙養水，或高錳酸鉀及弱酸去除之。

（八）鐵銹蹟——可用稀鹽酸去除之，蓋鐵銹爲三氧化二鐵，與鹽酸化合成能溶解之氯化鐵也。

除上述種種去汚蹟的方法外，還有最重要的一點是漂白。在白色衣服上染有難去之蹟，或欲使已變黃之白色物漂白，可用漂白粉或 Javelle water （通氯氣於氫氧化鈉即得）漂洗。至於上等織物，則不宜用漂白粉他，因其作用猛烈，易損纖維，惟可用雙養水或亞硫酸或高錳酸鉀及弱酸等處理之。至於漂白的作用，是由於漂白劑先發生氧，此新生氧極活潑，能氧化有色物為無色物也。

從上述看來，去除各種污漬要用各種不同的藥劑，污漬的來源既不一定，需要的藥劑亦似乎備不勝備了。可是我們若仔細觀察上述各條，然後綜合起來，可知尋常家庭中只要備有火酒、四氯化炭、醚、雙養水、高錳酸鉀。草酸、漂白粉等七種，已足夠應用了。

最後，在使用藥劑去除污漬時，還有幾條重要的原則須注意的：

（一）凡染了污漬，須從速去除之，因久置空氣中將氧化爲難去之漬，雖然舊漬亦有方法去除，但其效驗比新漬低得多。

（二）發現污漬後，須先尋思污漬的由來，方可對症下藥。

（三）在可能範圍內，最好先用一樣品（Sample）試之，因此等藥劑常能損傷織物；又當污漬來源不甚明瞭時亦可以各種藥劑在樣品上試驗之。

（四）無論用任何藥劑去除污漬後，須用清水滌淨，亦因藥劑欲損纖維質也。

人造絲和天然絲的判別

吳贊廷

在織物中，人造絲最容易錯認做天然絲，商人們也就往往這樣混過買客的眼睛，拿人造絲依了天然絲的價目賣出；讀者中一定也有許多人是上過當的了。現在我把判別的方法詳細地寫出來，這雖是小小的一種常識，但究竟也很有益的。

人造絲和天然絲最大的分別是：前者是植物性質，後者是動物性質。就利用了這一點，我們便能用種種的科學方法來判別他們。判別的方法可分二種：一種是物理的，一種是化學的。

現在先講物理的的辨別方法，大約有四點：

（一）人造絲的光澤比天然絲的好，並且愈細愈亮。

（二）在空氣中取二方等重的織物，再放到水裏去稱，人造絲要比較重些。

（三）人造絲的強力遠遜于天然絲；濕潤的時候更甚。

（四）人造絲的彈力只及天然絲的一半。

物理的判別的方法，只是比較的，相對的，而化學的判別的方法，却是正確的，絕對的，單獨試驗也能判別。現在也寫在下面：

天然絲的含氮量約爲一七％，而人造絲則只有〇.一％，所以人造絲燃燒的時候會發焰，而沒有臭味，只剩一些灰燼；天然絲則沒有焰，而發煙，有一種惡臭——像燒羽角樣的味兒——灰會捲縮成功一個小球形。

還有判別的方法，就是天然絲對酸類幾不起作用，而對鹼則幾完全被溶解；人造絲却恰恰相反。

銀器翻新法

甘懷新

銀質器具在空氣中擺放得久了，銀面的光澤就會給一層灰暗的東西遮蔽了，甚至於發黑。這是因爲空氣裏面常雜有一些兒硫質的化合物，最顯著的就是硫化氫。銀子和這種氣體起化學作用，便生成黑色的硫化物。因爲空氣裏硫化氫的存量，到底很少，所以發黑的現象很慢，一時是不易察覺的。銀器店裏的東西，像銀瓶銀盾之類，都放在玻璃橱內，也無非是要隔絕空氣的流動，免得容易發黑罷了。

普通我們的銀器發黑了，常用粉或灰在上面摩擦一下，以去垢層，可是精緻的東西，就有損傷樣子的危險；同時銀的質量，也要因之減輕，是很不經濟的。現在介紹一種簡便的法子在下面，讀者諸君，不妨一試。

用一只鋁的或者鋅的鍋子，裏面裝了水，再放一些食鹽和蘇打，把要洗滌的銀器就放在裏面，加熱煮沸，經兩三分鐘後即可取出。要是鍋子不是鋁或鋅做的，那我們可以另外放些鋁片或者鋅粒進去。在裏面，蘇打在水中分解，使溶液成鹼性：

$$2NaHCO_3 \rightleftharpoons Na_2CO_3 + H_2O + CO_2,$$

$$Na_2CO_3 + H_2O \rightleftharpoons NaOH + NaHCO_3。$$

這樣，便可以把銀面上的油污，先行去掉了。至於上面的硫化物(Ag_2S)在水中能有一部轉變爲銀離子(Ag^+)，因爲鋁或者鋅的活性大，就與銀離子交換電子：

$$Al + 3Ag^+ \longrightarrow Al^{+++} + 3Ag\downarrow。$$

所以純粹的銀，仍舊在銀器上積聚起來，成爲光亮如新的表面。但有時上面也許有一層硫磺黏附在上面，那只要一擦就可以去掉的了。

利用上面的方法，銀質不會損失，所消耗的也不過是一些便宜的鋅或鋁質而已。學理上講起來，有二十七分的鋁，就可以置換三百二十三分的銀子，所以這是很經濟的。

怎樣避免鐵銹

郁醒霞

誰都知道，銹是金屬的勁敵，是人類的仇人。第一，牠能腐蝕金屬的本身；第二，能使金屬失掉原來的光澤而生極暗濁的顏色。但是銹雖是可惡，而能助成其勢力的，却是人們一刻不可少的空氣。因爲空氣中含有水蒸氣和氧氣，牠們倆若一經同金屬接觸，即能使牠層層的生銹，雖然起銹的速度是因金屬的本質和水分的多少而變化的。更可惡的事，就是凡金屬一經生銹，即牠生銹的速率便與日俱進；這就是說，銹能幫助生銹。

鐵是金屬中最普遍而効用最大的，同時，他生銹的作用亦是最快的。按鐵銹的成分，大都是三氧化二鐵，水分的存在祇是幫忙，並無變化。

$$2Fe+3O \longrightarrow Fe_2O_3$$。

預防鐵的生銹，惟一的要點，就是要使鐵的本身與空氣隔絕。普通的方法是在鐵器上塗以油漆或樹膠，但有些鐵器，不宜塗這種油漆，如剪刀等類；那倒有個極簡單的方面，諸君不妨一試：

用苛性鈉——向南貨店購洗衣鹼，也可代用——一份，溶化於十五份或二十份的清水裏，盛入小鍋內，鐵器可同時放下。將此溶液煮沸，然後把牠取出，用清水洗清附着的鹼質，那就可以永遠不致生銹了。化學上名這種方法，叫做「鐵的雌化」，因為牠此時，已成馴服的鐵了。末了，附帶聲明，鄙人已用一柄很會生銹的裁紙刀試驗過了，結果甚為圓滿，所以才敢介紹與諸君。

電鍍法

李曜庚

電鍍之原理甚簡單，因電流通過某金屬之鹽溶液後，陽極上之金屬卽溶解，同時陰極上卽得是項淅出之金屬。故凡欲電鍍之器皿，可繫於陰極，而所欲鍍之某種金屬，則可以之作陽極。所用電流均係直流電，電壓不可過高，以防鍍層之易於脫落。通常用二筒乾電池卽可。今將其裝置用圖表之如左：

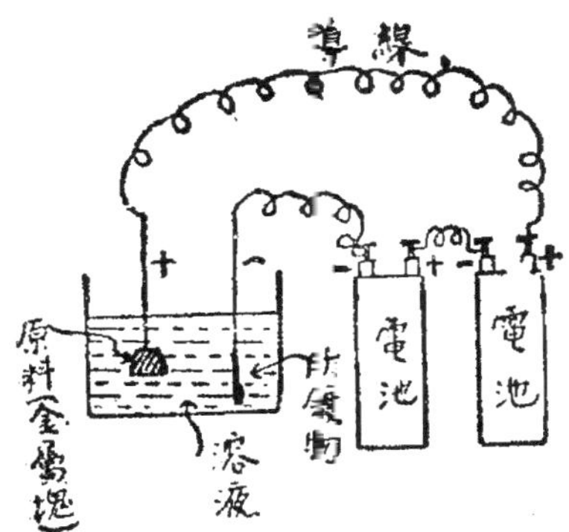

電鍍中所用溶液，隨所鍍之金屬而易。鍍金時，用氯化金及黃血鹽之混合液；鍍銀時，用錆化銀；鍍銅時，用硫酸銅。今試分述之如次：

（甲）鍍金用溶液

取金葉十分之六克，溶於王水10cc中，於蒸發皿中加熱至乾，如是則可逐去餘多之酸類。然後用蒸溜水100cc 溶解之，得氯化金溶液。更取黃血鹽一克，溶解於100cc 之蒸溜水中。至此卽將二液體混和，於是卽可依上圖連接。經十餘分鐘後，所鍍物之表面卽有赤黃的金層，如用粉筆末擦之，則更可光彩奪目。

（乙）鍍銀用溶液

試取硝酸銀溶液100cc ，內含硝酸銀五克，慢慢滴入錆化鉀溶液中，最初發生白色沉澱，可更繼續滴下，待此沉澱物適完全溶解卽成。

（丙）鍍銅用溶液

溶解硫酸銅20cc於200cc蒸溜水中卽成。

如上述三種外，其他更有鍍鎳，鍍鉻等法，因手續較煩，玆不贅述。

化學雜談

孫衛

化學對於人類的供獻，是我們一般人都該知道的。到現在，因了科學家不斷的研究和努力，從前所非常珍貴的，需仰求於大自然的，要費盡了許多精力而才能得到的物品；現在都可用之不盡取之不竭了。昔時所珍奇的，現在却認爲稀鬆平常，而現在所有的，又那是古代人所能夢想得到的。毛竹木屑可以製成比絲綢更美麗的衣服，齷齪的煤膏裏，可以提出幾百種不同的顏色。美輪美奐的華屋，已無須眞的金庭玉柱。山珍海肴，竟不敵人工造成的美味素。咸陽一炬，祇三刻鐘便可熄滅。不壞金身，也無需十年面壁或是刻苦修行。諸如此類，一時也說不盡；現在且談一些中國人日常生活中合乎化學原理的事件。

我們先來說一些關於炭的罷：——中國人最是迷信的了，不論什麼病痛，都要求助於神佛或方士：一包香灰，一張符籙，不知送掉了幾多人的性命。可是很怪的，有時竟也能很靈驗的治好一些傷風咳嗽之類的小毛病，這我們都知道：香灰或符灰都含有未燃燒完全的炭，因炭有吸收性，胃子裏不良和不消化的食品就都附着上面而排泄出來，於是病便霍然而愈了。幼年時候年糕或餅子吃得太多了，母親便會用燒焦的糕拿開水冲了給我們吃。奶兒痰太多了，母親便會用乾淨的銅錢放在火焰上，燒熱後再浸到剛擠出的乳汁裏，火焰中凝結在錢上的炭便和乳成功一種懸游液(suspension)，嬰兒吃了，其效力正也是同樣的靈驗。其餘如吐血吃古墨，正也是利用炭的吸收性。

我們再來談一些鹽：——用鹽醃菜或肉，過不幾天，菜便乾軟而浸在鹵汁裏。這是應用滲透作用（osmosis）的原理：鹽吸取了菜裏的水分，而溶解在裏面。且鹵汁又可吸收空氣裏的水汽，這樣，水分減少了，菜遂得以經久而不壞。

其餘——做醬，利用發酵的原理：上黃（就是放在陰濕處上霉），是使牠發生酵母菌；蠶豆和麵粉含有澱粉質，發酵後就變成一種糖質（dextrose），所以醬是甜的。夏日的急雨，淋到醬裏，會使醬發酸，是因爲糖更發酵而成爲醋酸。

做醬用的鹽水，頗不易測定其濃度，普通是用一枚鷄蛋，放到水裏，視其沉浮而決定鹽之多寡；濃度不一，密度亦因之而異，鹽水的浮力也遂不同了。

飲用之水，混濁了可以用些明礬去打清它。明礬是一種鋁的硫酸鹽，加水作用後所得之氫氧化鋁，便能凝聚（coagulate）水裏的微生物和細粒一起地沉到水底去。

長江下游的居民，當雨水告竭時，常喜用江水而不用河水爲飲料，這是因爲河水裏含有多量的動植物腐爛而產生的有機物和微生物，飲之每易致病；但江流經過很久的時間，這些雜質就易於養化掉而成爲適宜的飲料了。並且，江水裏含有多量的礦物質。

天氣熱的時候，食物很容易腐壞，隔過夜的菜肴，往往冷食而不再煮熟，因爲溫度增高 養化變易，物品便更易壞了。但經過長久沸滾的凍蹄，却又很能經久，因爲這裏已不復再有微生物的在了。

保存茶食的罐底，常有一兩個石灰的紙包：石灰吸收了水分，便能妨止食品的腐壞。棺木裏的石灰包，其用意正也一樣。

煮粥時有時要用一些鹼，這和油條、饅頭裏的酵粉相同，燒熱了放出二氧化炭，使粥變成稀鬆而可口。

這裏所提到的僅就耳目之所及，其餘的例子正多，他日有暇，當更一一列出。這樣看來，誰說我們中國人的日常生活，一點也不科學化呢？

實用化學常識

平義曜

（一）吃含鐵質的藥水的人，不宜吃茶：因茶中有鞣酸，能與鐵質成不溶解物。

（二）四氧化三鐵之質極密緻，使之生於鐵路上（把鐵燒紅置於水中卽得），可以防銹。

（三）碳在常溫下不起化學變化；故將木樁、電桿之下部灼焦，可保不朽。

（四）煤炭燃燒則生二氧化炭，此氣經過灼熱之炭時，就被還原成一氧化炭。據哈爾頓（T. S. Haldaen）說，空氣中含有百分之一之一氧化炭時，人卽不能生存，由此可見我們燒火爐取暖，切勿緊閉窗戶。

（五）凡可燃物與空氣接觸，至適當溫度時，便起氧化作用。若因作用有熱發生，而無放散之機會，則必至引起自然發火的慘事。

（六）用硬水洗濯（水之含有鈣鎂等鹽者），要枉費多量的肥皂（因鈣鎂等先與肥皂作用生沉澱，不即起泡沫），可加入鹼（炭酸鈉），析出鈣鎂等鹽類，使之軟化：

$$CaSO_4+Na_2CO_3 \longrightarrow CaCO_3\downarrow+Na_2SO_4,$$

$$Na_2CO_3+2H_2O \longrightarrow 2NaOH+H_2CO_3,$$

$$Ca(HCO_3)_2+2NaOH \longrightarrow CaCO_3\downarrow+Na_2CO_3+2H_2O,$$

$$MgCl_2+2NaOH \longrightarrow Mg(OH)_2\downarrow+2NaCl。$$

（七）要檢查毛織物中有無棉質，可將該織物一片投入鹼性溶液中，而加熱之：毛能溶解，棉則不能。

（八）銀器遇硫化物則生黑色之硫化銀，此反應可用以檢查食物中有無硫化物之存在。

（九）銅器盛醋，有生毒性銅鹽之虞：

$$2Cu+O_2+4HC_2H_3O_2 \longrightarrow 2Cu(C_2H_3O_2)_2+2H_2O。$$

（一〇）鋁器易爲鹼水所浸蝕，故不宜用鹼洗滌。

$$Na_2CO_3+2H_2O \longrightarrow 2NaOH+H_2CO_3,$$

$$6NaOH+2Al \longrightarrow 2Na_3AlO_3+3H_2\uparrow。$$

家庭園藝常識

張西緣

空暇的時候，國人大都喜歡種些應時的花草。現在又是菊花的全盛時期了。乘此機會，不妨和諸位談談關於家庭間園藝方面的常識。最應注意的，有下面兩項：

（一） 肥料

家庭裏種些花草，大半是種在盆內的，因爲花盆裏的泥土有限，所以泥土裏的肥料更有限。往往種一盆花起初的幾年，花和葉是都很茂盛的，到後來會變成花少葉多，漸漸地會只存枯葉幾張，更不要說開花了。所以一棵美麗的花草，要茂盛地保養牠，非加上些人造肥料不可，那麼怎樣製造料　呢？

先來介紹一個有成效的土法：取甕一個，置黃豆半升，加水到齊口，任其腐爛，時時以棒攪之，使成漿狀，大約半月後卽可取用。以此漿汁澆花根旁土中，亦可使花草發揚滋榮，惟成效不及科學化的肥料顯著。

科學化的肥料，其配合方法，亦不外乎氮、燐、鉀三種化合物的混和，其配合份量如下：

藥品名稱	百分比
硫酸錏	三十四
過燐酸石灰	五十六
氯化鉀	十

以上三物的混和，用牠們重量的百分比做標準，這就是說；假使要做一百斤肥料，那末就用三十四斤硫酸錏，五十六斤過燐酸石灰，和十斤氯化鉀，總共是一百斤。不過在家庭裏種些花草，是用不到這樣大量的。

（二）　殺蟲劑

花草是很容易被害蟲侵略的，諸位！大約一定已經看見過。就講持螯賞菊的菊花吧！菊花的葉上時常有許多像蝨子似的灰白色小蟲緊在上面，這種小蟲的破壞力量十分強大，眞不亞於佔據在中國內部專行破壞的那些共產黨徒。花草受到了這樣的害蟲侵佔之後，便不易長大，有的甚至枯死，故欲使花朵肥美，不得不將此種敗類肅淸。怎樣肅淸牠呢？用手捉吧！那不太髒了嗎，並且也捉不勝捉，因此我們就得利用殺蟲劑。

對於殺蟲劑，我國亦有一個土法，就是用普通的石灰水。不過這不是一個很好的方法，因爲：一、石灰水的殺蟲力量不大；二、石灰水灑在花草的葉莖上，水份蒸發之後，留着許多白色的痕漬，這種漬子假使要用水來洗去，却也大費手術。

科學化的殺劑蟲，現在將最普通而很有功效的介紹一種在下面。牠的配合也很簡單，是用三種很賤的東西：

硫酸銅	六磅
石灰	四磅
水	四百磅

以上三物的混和，是先以硫酸銅溶於水中，然後將石灰傾入，攪之即成，如欲擴散力強大，則可酌加肥皂二三磅。苟僅需製造小量，亦可以上列比例類推。

廚房裏的化學

張亚緣

(一)壞酒的利用　發酸的酒不能再喝，不過棄之却也很可惜，現在可以把牠製成美味可口的醋。製法很簡單，將壞酒用布濾過以澄清之，加全量十份之一以上的好醋使之醱酵，盛以淺皿，置煖室中，數日後即可取食！注意：器皿不可用金屬製成者，蓋防醋酸與金屬化合成有毒之鹽類。

(二)雞蛋之貯藏　家庭中貯藏雞蛋，大多用水玻璃及石灰水二法：以雞蛋放置缸內，使尖端向下，加石灰水及水玻璃溶液，使蛋浸入液面下數寸；此法可使新鮮雞蛋歷半年之久而不壞。或以水玻璃液塗於雞蛋面，亦可維持數月之久。

(三)肉類之防腐　家庭中肉類之防腐，除冷藏外，有鹽藏及乾製二法：乾製者即製肉鬆乾牛肉等是也；鹽藏者，即以獸肉浸醃後，加少許防腐劑，如硼砂、硝酸鉀、及硫酸鹽等，亦可經久不壞。

（四）蔬菜之防腐　鹽侵為蔬菜之最好防腐法，蓋鹽之溶液有滲透壓力，將蔬菜所含之糖份逐出。糖份為乳酸菌醱酵成乳酸，乳酸至一定量後，可使他種微生物亦不能繁殖，故可久藏不腐

（五）葡萄酒之釀製　取新鮮葡萄榨汁，移置槽中，用沉澱法去所含之塵土雜物，或用布過濾均可。乃加酵母少許，此種酵母可用吾國茶葉店中出售之酒藥，置暖處，溫度宜在攝氏二十五度左右。醱酵大約三五日間即可完畢，最慢者須一二星期。待醱酵完畢後，再以布濾清，如此已成美味甜香之葡萄酒矣！惟如欲久藏，須先加熱殺死其中所含之微生物，始可不變美味。

日常化學問答

平義曜

問：澆水於燒紅之炭上，則生氣體，由此推想，此種處置是否適當？

答：以水澆於燒紅之炭上，則生一氧化炭與氫之混合氣體：

$$C+H_2O \longrightarrow CO+H_2,$$

但一氧化炭有劇毒，故此種處置頗不當。

問：燒紅之火鉗，遇水則生氣體，何故？

答：因赤熱之鐵能分解水而生氫氣故也：

$$3Fe+4H_2O \longrightarrow Fe_3O_4+4H_2\uparrow。$$

問：灰汁何以能供洗濯？能作肥料？

答：因陸生植物之灰中約含有百分之十之碳酸鉀；而碳酸鉀能作肥料，而其溶液可供洗濯者也。

問：為何普通之食鹽有苦味，且置空氣中往往潮解；而燒鹽則否？

答：因普通之食鹽，其中含有氯化鎂，此物有苦味及潮解性，迨強熱後，氯化鎂與鹽中之結晶水化合，生氯化氫之氣體而飛散：

$$MgCl_2 + H_2O \longrightarrow MgO + 2HCl\uparrow,$$

遂失其苦味與潮解性。

問：何種鹽類有毒？

答：重金屬（比重在四以上者）鹽類有毒（通常水中所混有之鹽類爲鈣、鎂、鉀、鈉等輕金屬鹽類，故與衛生無礙）。

科學珍聞　編者

——彩色電影之攝製——

美國某影片公司，現正在攝製一彩色之影片，拍攝時，利用金質返光鏡，可令一具開麥拉同時攝取三種不同之底片，即紅藍紫三色也，蓋任何顏色均可由此三色合成。

——利用電力燃燒鍋爐——

世上僅聞利用煤燒鍋爐，而自鍋爐發出蒸氣，推動發電機以生電力，未有聞利用電力以燒蒸氣者，苟有之，即自今起。最近加拿大某冰淇淋廠，爲求出品之優美清潔計，現所用鍋爐已不復用煤，而用電力燒取蒸氣，且已設有特殊裝置。據云電力之所費反較用煤爲簡省。電極係鑄自生鐵者，電流通過時，四週之水即能煮沸成蒸氣，至於蒸氣之壓力則可藉電極浸入之深淺以調節云。如是則該廠中將不復有煤灰之飛舞，影響出品之質地云。

第　五　編
雜　　組

頑皮科家學　　　　范　棠

引言

小敏是一個頑皮而又聰明的小孩子，他的父親在一爿很小的榨油廠裏當司賬，他的哥哥是一個每月有二十八元收入的小學教員。這樣，我們可以知道他的家境是不十分寬裕的了，但是無論如何，他總是一個又頑皮又聰明的小孩子——一個富有創造力的小科學家。

（一）輕氣球

新年裏，小敏買了一個氣球，不料把手微微一鬆，氣球就上昇了。這時候，看的人都很興高采烈，但是小敏自己倒也不着急，反而很鎮靜地看着。最後氣球竟破裂了，看的人散了，小敏仍舊很鎮靜地跑回家去。

小敏這時的思想並不是怎樣向母親要錢，怎樣再買一個更大的氣球；倒是氣球怎樣做的，怎樣會上昇的，怎樣會爆裂的這一類問題：這時小敏的心理，眞像科學家碰到了疑難問題力求解答的樣子。

他碰到了哥哥，就拉着問他上面的問題，他的哥哥眞好，完全應允了，並願意盡力地幫他製造輕氣球。

不久，小敏已同他的哥哥從藥房裏買了一瓶鹽酸回來，且順便向打鐵舖裏要了些鐵屑，他們就開始工作了。他的哥哥從書上找到了下面一張裝置的圖樣：

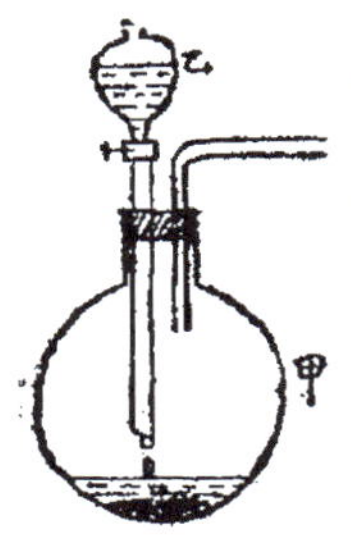

圓形瓶甲內置鐵屑，鹽酸由分離漏斗乙漸漸滴下。

哥哥到此，不禁蹙着眉，露着困難的顏色，就因爲沒有相當的器皿。但小敏眞聰明，一眼看見了一把錫茶壺，就想利用牠，但他的哥哥說明錫也會被鹽酸浸蝕的。於是小敏就找來了一把瓷的，哥哥倒也滿意。但鹽酸必一滴一滴也注入，以便節制氣體的跑出啊，小敏於是又想起了下面的方法（圖如右）：

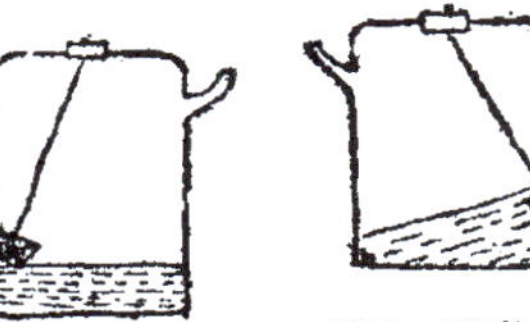

鹽酸先置於壺中，鐵屑置於吊在壺蓋上之鐵絲網中。

用時，將壺傾側，鹽酸卽與鐵屑相遇，氣體便可源源而出。

這樣預備好了，小敏取了個洋卵泡來，緊裝在茶壺的嘴上，把茶壺傾側時，洋卵泡就漸漸地漲大，不料「拍」的一聲，忽因達到緊張極點而爆裂了。他們做第二個的時候就留意了，成績很好，繫了線也能上昇。他的哥哥就想乘此機會，使他知道些輕氣的性質：這就叫他在壺嘴上燃一火柴，茶壺傾倒時，也有爆炸的聲音。並且說，這樣做起來的氣體叫做輕氣，因爲它比空氣輕，所以能上昇，好像木塊浮到水面上一樣。昇到很高的空中，空氣壓力變小，裏面氣體膨脹，便要破裂，就和剛才第一個一樣。

他們這樣地做了五六個，氣體出來的速率漸漸遲緩，哥哥就叫他拿燈在茶壺下面微微地燒着，果然速率能增加，小敏眞樂極啦！

小敏今天得到的結果是：

（一）輕氣可從鹽酸和鐵屑中取出。

（二）輕氣比空氣輕，所以輕氣球會上昇。

（三）壓力變小，氣體就膨脹，氣球就破裂。

（四）輕氣着火，有爆炸的巨聲。

(五)加熱可以增加化學作用的速率。

(二)理髮店中

星期日，小敏同他的哥哥，一同到理髮店裏去。

今天小敏注意的，是鏡子裏的小敏。他笑了，鏡子裏的小敏也同時的跟了笑，不但一個小敏這樣，裏面竟有數十個，都是這樣。到這裏，他想到西遊記上孫行者能變到三萬六千個小孫行者，恐怕也就是這個玩意兒。

小敏自己的眼睛很好，能清楚地看到四十多個。但他的哥哥，放掉了眼鏡，就衹能看見十多個。所以小敏這樣說：『我們眼睛的好壞，可以從看到自己影子的數目來決定。』

小敏回家後，就問他哥哥，鏡子的原理，下面就是他哥哥的回答：

「光線經過鏡子，不能過去，於是就回轉去，這樣就叫反射。我們看到回過來的光線，好像是從鏡中發出來的，所以這種影子，叫做虛影。在平面鏡中，影子的大小和離開鏡子的距離，和原物完全一樣，如圖一：

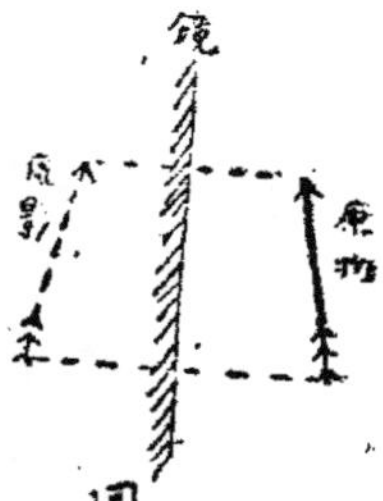

圖一

「但我們量影子在鏡子上的大小，就不和原物一樣，這是因為距離的關係，如圖二。如看自己的影子，則剛巧鏡子上量到的大小，是影子的一半，如圖三：

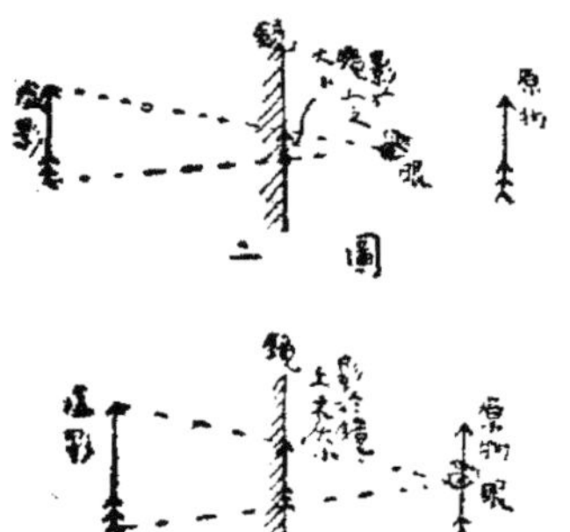

圖二

圖三

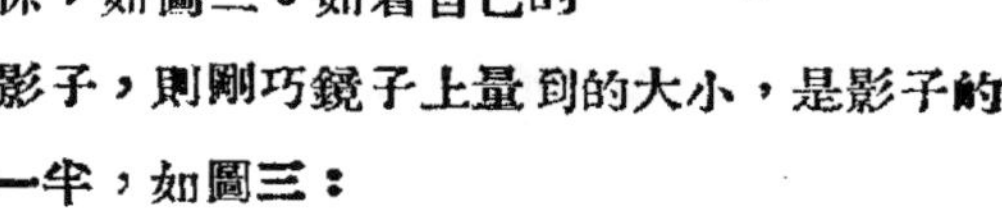

「譬如兩面鏡子中有一物件，那影子的數目就無窮了。因為影甲可以做鏡乙的原物而得影甲乙，影甲乙可以做鏡甲的原物而得影甲乙甲，依此而下，當然有無數了，如圖四：

如原物到鏡甲的距離是a，到鏡乙的距離是b，則牠們相互間的距離亦可求得如圖五：

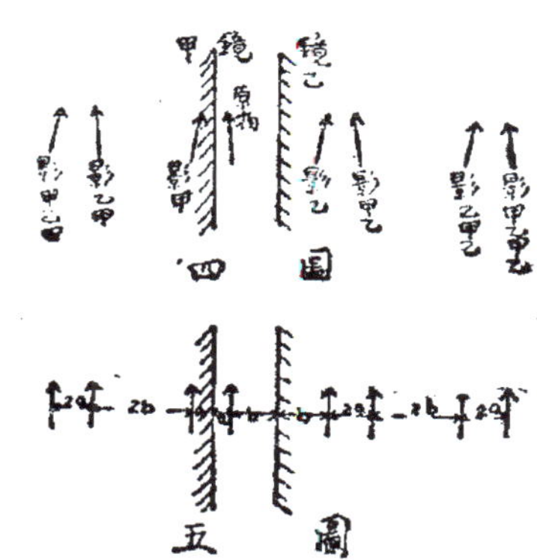

「但因爲我們的目光，不能看到很遠的地方，所以能看到的自己的影子，總屬有限。』

小敏聽到這裏，已十分明瞭。最後就問到鏡子是拿什麼做的，哥哥就說，無論什麼光滑而不透明的平面都好，最普通的是玻璃面上塗層水銀；但是平滑廣漆的地板，亦未嘗不是照人的鏡子啊！

自從那天以後，小敏常想用玻璃鏡造一房屋，那麼小敏的影子可四散在六方了。現在百樂門舞廳，聽說倒有這種風趣。我們的小敏，不知已經成功否，成功的話，我們當然亦能允許免費入內參觀的啊！

小敏從理髮店中，得到的經驗是：

(一)兩個平行的平面鏡，可產生無窮的影子。

(二)影子的產生，由於光線的反射。

(三 鏡子的要素是：平滑和不透明。

(四)平面鏡可產生等大、等距離的虛影。

(五)以平面鏡照自身，鏡上影子的大小，必爲原物的一半：如欲照得全身，則鏡之大小，至少須過全身之一半；如身高六尺，必用三尺之鏡，方能上見頭髮，下見雙足。

(三)速率測量

五月九日那天，哥哥的小學裏開全校運動會，因小敏已有科學家的諢傳，故被邀爲計時員。事前他曾將計秒表(stop watch)加以研究，使不致臨時出什麽岔子。

百公尺的成績很好，十二秒八；五十公尺亦不差，六秒五。

那天囘家後，小敏感到興趣的，就是要計算快跑的速率，他的算式如下：

$$速率=\frac{距離}{時間}=\frac{100公尺}{12.8秒}=7.81公尺每秒。$$

因為一小時等於三千六百秒，一公里等於一千公尺，他求到每小時的速率是二十八公里餘，式如下：

速率$=7.81\times3600=28116$公尺每小時$=28.116$公里每小時。

到此，小敏已想入非非了，他想上海到杭州的距離算牠是二百十公里吧，那麽不是七小時半就可到達了麽？但是天下那有這樣有短跑本領的長跑家呢？

自從這一次以後，他對於速率的測量法，很有相當的研究，所用的器具，祇計秒表（普通秒表亦可，但結果不甚可靠）和米達尺（英尺和市尺均可）二樣。

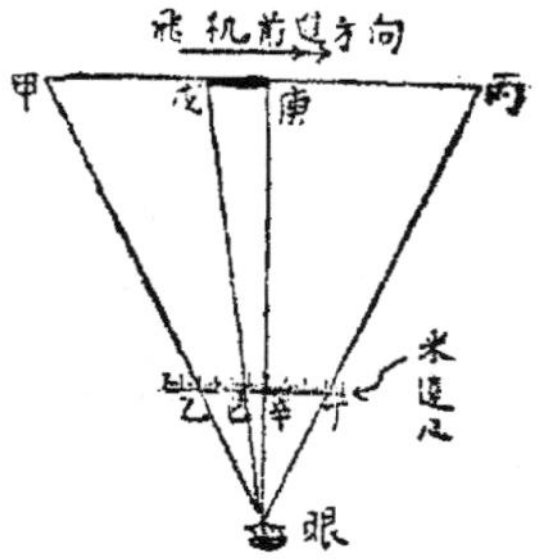

測量飛機的速率，他的方法如下：

米達尺橫放眼前，離眼之距離隨便，但須與飛機進行方向平行。當飛機經過甲時，即撳計秒表（如用普通表時即必記下秒針所指數字）；同時讀密達尺上之數字乙。

移時，飛機經過丙，則再撳計秒表（或讀普通表上秒針所指之數字），同時讀米達尺上之數字丁。如是則甲丙比乙丁就等於飛機離眼之距離比眼與米達尺間之距離。如飛機之高度可知，則速率可一算而得；但如高度不知時，則可用下法測定之。

當飛機於任何一時在庚戊地位時（庚爲飛機之首，戊爲飛機之尾），則同時須讀已、辛兩數字。庚戊之距離即是飛機之長度（普通約八，五公尺）如是即飛機離眼之距離可知。

（注意）讀數字時，必將另一眼遮蔽。甲和丙兩點必同爲機首或同爲機尾。觀察時眼不能移動。

小敏第一次試驗的記錄如下：

計秒表數目＝5.2秒

乙（尺上數字）＝1.8公分　　丁＝33.2公分

己＝16.4公分　　辛＝17.6公分

則　乙丁＝33.2－1.8＝31.4公分，

辛己＝17.6－16.4＝1.2公分。

設飛機長度爲8公尺，

則　甲丙：乙丁＝戊庚：辛己，

故　甲丙$=8$公尺$\times\frac{31.4}{1.2}=209.3$公尺，

故　飛機之速率$=\frac{209.3}{5.2}=40.25$ 公尺每秒，或145公里每小時。

現既知飛機速率每小時爲一百四十五公里，則上海到杭州僅須一小時二十七分。小敏從此相信機械之力量，高出於人力者必千百倍。

火車之速率，小敏亦有一法測定。一日，即與他哥哥同到車站，試驗他的方法。當火車疾駛前來時，小敏即將計秒表預備就緒；火車首次經過身旁時，即撳之，及至列車完全駛過時復撳之，於是知火車滑過與其自身長度相等距離之時間。同時他的哥哥注意火車之節數（機關車列車均在內）。最後他們想量火車每節之長度，於是小敏卽到站上客車旁用他平均的步伐計數之，計每節約相當於四十二步。回家後，復測定每步約十分之六公尺，於是他又有算術可做了：

計秒表數字＝17.4秒，全車節數＝12。

$$每節長度=42\times\frac{6}{10}=25.2公尺，$$

$$故\quad 速率=\frac{距離}{時間}=\frac{12\times25.2}{17.4}=13.37公尺每秒，或48公里每小時。$$

如是則上海至杭州，若照此速率行駛，可於四小時二十分中到達：較百公尺速率，約快一倍。

這一類測量速率的方法，都是小敏創造的。適當與否，還望讀者隨時指導，以培養他使成爲一民衆的科學家。

下面是小敏自己得到的結果：

（一）飛機的速率約是火車的三倍；火車的速率約是短跑的二倍。

（二）飛機的速率，可從相似三角形中測得。

（三）每人每秒的距離，必練成不變，如是才能簡易地測量平地上的距離。

（四）氣温測量

天氣熱啦，小敏不斷地注視着寒暑表的水銀柱子。這樣他能夠把每日內各時的温度，畫成一條曲線，表示一日間温度的變化。昨天的記錄，今抄得如下，由是可知小敏生活的富於科學意味；而這位小科學家，也就名不虛傳了！

星期四氣温記錄：

時間	溫度（華氏度數）	時間	溫度（華氏度數）
五	八十四	十四	一百零二
六	八十六	十五	一百零二
七	八十九	十六	一百零一
八	九十二	十七	一百
九	九十四	十八	九十九
十	九十五	十九	九十七
十一	九十七	二十	九十五
十二	九十九	二十一	九十二
十三	一百零一	二十二	八十八

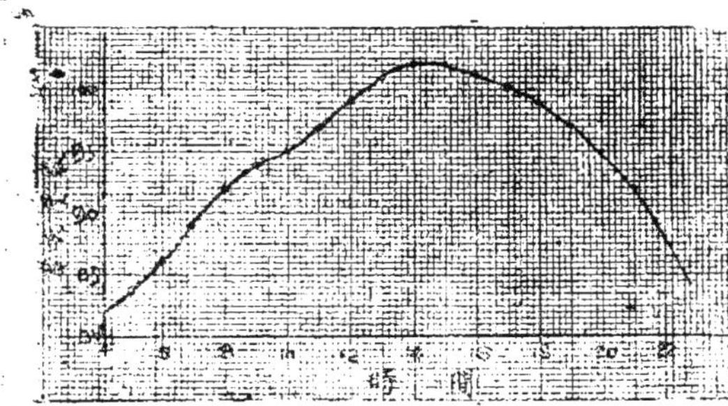

橫的表時間：每五小格代表一小時。
豎的表溫度：每二小格代表華氏一度。

從這曲線上，可以看到，下午二時到三時，溫度最高：竟達到一百另二度；上午十點鐘的時候，線上似有一曲折！這個小敏也能解釋，就因那時，太陽適被浮雲遮住了一會兒，以致溫度不能照常地昇高。

寒暑表能指示溫度，小敏已知道是利用水銀受外界溫度變化的膨脹和緊縮；現在他所要急於明瞭的是：除去水銀之外能否用別種東西、寒暑表怎樣製法、度數怎樣刻法，這一類的問題。於是他又要找他的家庭導師——他的哥哥了。

下面是他哥哥的解釋：

(一)寒暑表裏的物質——除去水銀之外，其他可做寒暑表的真多：氣體如空氣、淡氣，液體如水和酒精，醚等。但他們的原理，是完全一樣的。

但因水銀沸點的較高、純製的較易、比熱的較低、和膨脹的迅速等利益，故普通都是用水銀來做的。

(二)寒暑表的製法——先以細孔平勻的細玻璃管，一端於火上吹成圓形，於是乃盛以水銀，並增高其溫度至溢出爲度，同時密封其他一端，待其冷却下縮，管中卽得眞空；管內水銀卽能隨溫度而漲縮。

(三)刻度法——將此密封之細管插入冰中，水銀柱隨卽下降，待達常態後，卽於管上作一記號，叫做冰點(攝氏爲零度，華氏爲三十二度)。俟後復插入沸水中，同樣地刻一記號，叫做沸點（攝氏爲一百度，華氏爲二百十二度)。於是於此二記號間平分成一定之相等格數卽成(攝氏分一百格，華氏分一百八十格)。

(四)溫度換算法——從上面的刻度法中，可知華氏九格，相當於攝氏五格，且華氏三十二度時，攝氏爲零度，因得下列二算式：

$$C=\frac{5}{9}(F-32)\quad，或\quad F=\frac{9}{5}C+32\ 。$$

C表攝氏度數，F表華氏度數。

如華氏六十八度卽等於攝氏二十度，攝氏五度等於華氏四十一度，華氏零下四度(或負四度)等於攝氏零下二十度(或負二十度)；又如常人體溫爲攝氏三十七度，卽華氏九十八又十分之六度。

從今以後，小敏又知道了一個新的測量單位，就是溫度：合併以前的二個——長度和時間——總算都能領會一二了。

關於寒暑表，小敏已有下面的知識：

(一)萬物受熱則漲，遇冷則縮。

(二)利用物質熱漲冷縮的性質，可測量溫度。

(三)水銀寒暑表的裏面是眞空。

(四)空氣，淡氣，輕氣，火酒，醚等都能放在寒暑表裏。

(五)吾人雙手雖能察覺物之冷熱，然常易受欺，如吾人謂夏日的井水必冷於冬日的井水，但若拿寒暑表測量，則可知夏日的井水，實在比冬日井水的溫度要高一點。

(五)空氣的壓力

小時候，小敏已能玩水槍，現在偶然想到了，又感着無窮的興趣，於是立刻又做了一個。他對於水的能從細孔中吸上而射出，頗加注意；同時在他小小的心中，又有了一個抽水機的影像；下午飲汽水的時候，他又多了一個經驗。最後，他宣佈說：「這三個玩意兒，一定有一樣的道理。」

因為要澈底了解這一類的現象，他又去請教他的哥哥了，下面又是他哥哥的解釋：

水的有壓力，想是很容易明瞭的，但空氣也有重量，我們又何嘗不是生存在空氣的海洋中呢？因為空氣的高度很高，所以牠的壓力亦很驚人。但因我們四面都有空氣，這種壓力，剛巧相消，所以不甚覺得。但若將空氣抽去，影響就很大。玩水槍時，竹管內即無空氣，成為眞空，水就因之吸上。吸汽水時，麥管內空氣吸入體內，管中亦成眞空，汽水也就即刻上昇。抽水機的原理，也是這樣。復因，空氣的壓力有限，普通抽水機，不能將三十三尺以下的水抽上地面——這個也可表示，空氣的壓力，約相當於三十三尺的水。

從前托力賽力氏，曾作測量空氣壓力的試驗。法將三尺長的玻璃管，盛以水銀，溢出後，即將其顛倒插入盛水銀的小瓶中，管中水銀能保持一定高度，不致全部流下。管中上部已成眞空；而管內與管外水銀面的高低，就可表明壓力的大小，通常約七十六公分。

像這樣的裝置，就是氣壓計。從氣壓的高低和昇降，我們就可知氣候的變化。大雨之前，空氣中充滿水蒸氣，因水蒸氣較空氣爲輕，故氣壓必突然降低。若氣壓昇高，卽能知晴天將至。這樣，所以氣壓計能預測風雨(或稱風雨表)。

因爲空氣的深淺關係，氣壓亦因地面的高低而不同。因此，高山上的氣壓，必較平地上爲低，而山的高低，也可簡單地從氣壓的不同而求出。

空氣壓力的換算如下：

設平地上晴天的氣壓是七十六公分高的水銀柱的壓力，

則　氣壓（用壓力表）＝每平方公分76立方公分水銀之重＝(76×13.6)＝1034公分重每平方公分。

或　氣壓(用氣壓計上高度表)＝ $(\frac{76}{2.54})$＝30吋水銀＝$(\frac{30\times 13.6}{12})$＝34呎水

從此可知每一平方公分上約有一公斤重的壓力，怎不驚人啊！

小敏聽到此地，不禁伸着舌頭，邊說道：『假使我們體內是了眞空，不是眞要給牠壓死了麽？』

小敏把今天聽到的，做了下面的結論：

(一)空氣完全抽去，就成眞空；空體內若是眞空，必受空氣的壓力而緊縮。

(二)利用空氣壓力的不同，可作抽水機或打水機。

(三)氣壓計可預測風雨，是研究氣象學所必備的。

(四)各地的氣壓因離水平面的高低而不同。

(五)空氣的壓力，約是每平方公分一公斤或每平方英寸十四磅餘。

月　球

何展如

月球是地球唯一的衞星，大家以爲是一個山明水秀的世界，但到了科學家的眼光中，就變成了一片荒涼寂寞的區域了。據天文學家用望遠鏡觀察的結果，說月球表面的黑暗部分是低的平原，光亮的部分是高的山嶽。那裏沒有空氣，因爲月球質量小，中心吸力薄弱的緣故，所以吸不住週圍的任何氣體，只好任其逸散。

因爲月球表面沒有人氣，所以有下面的情形：

(一)那裏沒有生物，沒有花草樹木，魚蟲鳥獸。

(二)那裏沒有聲音，因爲沒有傳佈音波的媒介物——空氣。

(三)那裏沒有風，因爲風就是空氣的流動。

(四)那裏沒有雨水，即使有水，亦必蒸發而消失。

由此看來，月球是一個死的、靜寂的地方，怎麼會是山明水秀的世界呢？

並且一般人對於月球的大小，也不能有準確的認識。第一我們須先知月球離開我們有二十五萬多哩(三十九萬公里)的遠，我們若說牠有碗口大小，那麼牠的直徑已很可驚人了。簡單地說，月球的直徑約是地球直徑的四分之一(約二千多英里)。

月球的轉動，正和地球一樣的有公轉和自轉兩種。月球每二十七日七時四十三分十一秒半繞地球公轉一次，自轉週期與公轉週期相等。因爲這個緣故，我們最多祇能看見月球表面的百分之五十九，其餘的部分，除非人類能夠離開地球，站在宇宙的另一個地方，是無法瞧見的了。

北極光之特性

蔣共和

窮海之北，古代視爲神秘的所在，現在却常有人類的蹤跡，這一帶地方，固沒有從前傳說那樣的神奇，却也有使人驚異的景緻：在一片白洋洋的雪地上，常常浮現着鮮豔彩麗的北極光。北極光是大自然界中奇異現象之一，其高數十英里，其廣蔽天；其狀，或如長練、如懸弧，或如針球、如皇冠、如華纛；其光或作白銀色，或作黃金爍，如璧玉、如流虹、如明炬、如彩霞；其往如蛑，其行如飛，鮮豔奪目，信稱偉觀。牠的形色，雜誌的插圖上，常有刊印着，在此地，祗談談牠的特性和成因。

北極光的特性，就一般觀察的結果，有下面幾種：

(一)北極光不限於北極地帶才有，不過在北極圈地帶所浮現的次數要比北極圈以南的地帶爲多。據記載上的數值而平均之，在赤道地帶附近，每三十年僅見一次，在北極圈地帶，每年有二百次以上。

(二)北極光在夜間發現爲多，晝間較少，正午時則更希有。

(三)在北極圈地帶，夏季自六月至八月間，北極光的發現，完全沒有。

(四)有雲霧的時候，北極光也很少發現。

(五)北極光發現的時候，羅盤上的磁針，總是向左右顫動不已；有人試驗，當一個纛狀的北極光，在該人所站的地位的右斜邊(即西南方面)發現時，則磁針略向西偏斜。

(六)北極光浮現的次數，和太陽上黑點的數目，有直接關係，黑點最多的那一年，即北極光浮現次數最多的時候；同時，跟着地面上的磁力線，方向亦有更動。我們讀到物理學上磁力線的部分，曉得地面上的磁力線(就是羅盤所指出的方向)，每年都有點更動；一八七〇年，北極光浮現次數很多，即在歐洲北部諸國，也常常看到，在這一年間，磁力線的更移方向也更爲顯著。

(七)北極光的下端，徵現着陽電勢，在光的高層部分，爲陰電勢，如與地面用銅絲聯絡起來，其電勢差則在幾百弗打以上。

科學界對於北極光的解釋，有很多意見，綜合起來：北極光是一種電流現象。地面的空氣，雖是絕緣體，可是當每個空氣分子電化之後，就是帶着電離子時，這層空氣就也能傳導電流。空氣經某種光能或電能而電化起來，在高電勢之間，電流於是流動着；這高電勢之下的電流，就顯現着鮮麗的北極光。設陽電子在光靄上向上流，其所發生的磁場，設應用右手定律，當使在牠東北方向的磁針，略向西偏斜。假若這個電流很大，所發生的磁場，也就跟着很大，由此北極光的電流所發生的磁場，常常和地球內大磁石相作用、相對抗，結果大磁石就有所應響，而地面上的磁力線便要改動方向了。

歐人 Kr. Birkeland 曾有過許多計算：假設每個北極光的電流都是陽電子，由地面向上升，他能夠從地磁線的改換方向，來測定北極光發現最多的地方；又就北極光發現的地方，而推定全地球地磁線之方向改換：推算的結果都與事實相符合。

空氣的電化，其原因很多，在大風雨之夕，雷電交閃，就是空氣電化的一個顯著現象。電化的原因，有的由於上層空氣急速的流動和衝擊，有的由於X光的刺激，有的由於陰極光（Cathode ray）的刺激。陰極光能由太陽上傳播過來，牠的光速僅及通常光速的三分之一，牠的電化能力，却是很強，北極光的發生，藉牠激動的力量當屬最多。空氣雖能夠電化，但是不容易立刻電化，在北極光中，大量體積的空氣，要電化起來，其所需時間和陰極光的光能，當然為數很大。故從北極光之發現，我們可知自然之偉大。

北極光的光亮強度，和月光星光差不多，遠不能和太陽相比。除非我們在太陽光之下，能夠識別北極光，那它才可在白晝時看見。北極光不是在白晝沒有，祇因為我們不能在白晝辨別的緣故。同樣，在夏季六七八月之間，北極圈地帶，亢日懸空，不分晝夜，在觀察和記載上，當然沒有北極光之發現了。

至於北極光不在有雲霧的時候發現，乃由於空氣在這種狀況下，不能大量電化起來的緣故。

地球兩極移動說

周可澄

從前一般科學家，大都認地球的兩極是永久固定的，絕沒有移動的可能性。這種牢不可破的學說，恐怕在二十世紀以前是沒有異義的，但是到了科學昌明的現在，根據各種科學上的攷察，它已經不能夠成立了。

（一）經緯測量的考察兩極移動

根據天文家的考察，知道兩極時時在移動着，不過它移動的速率極遲極遲。十九世紀的末葉，各種測量經緯的天文儀器都日新月異精益求精的進步，那時地球上的經緯度，已可測量到十分之一秒了。

一八八九年，歐洲的巴黎、柏林、巴萊格三天文臺都同時測出緯度略有些變更，並且變更的值僅是十分之幾秒。各天文臺所測量得到的結果，大都相同，沒有多大分別。這種南北極移動的奇怪新聞，當時便引起了科學界學者們的研究動機。

在一八九〇年，德國柏林天文臺，就派人到美國檀香山的附近去測量（按檀香山和柏林是地球上二個相對的地方），測得該地的緯度向北移動，而同時測得柏林的緯度亦略微向南移動。

在一八九一年，許多天文學家再到地球上六個相對的地方，施行更精密的測量，而仍舊都得到同樣的結果。於是乃知地球兩極確在移動，不過它移動不循着一定方向，時南時北，循環往復，就是最大的移動，相距亦不過四十幾尺罷了。

（二）地質學史的考察兩極移動

考察地質史上，寒武紀（cambrian period）的初期，我國湖北的宜昌，北美的坎拿大，歐洲的挪威以及印度南澳洲等地，都有冰積層和冰川磨擦的痕跡。可知當時該地的氣候，極其酷冷，並且同時北冰洋不若現在的嚴寒，而反和暖。二疊紀(permian Period)的初期，南美澳洲非洲以及印度等地，復有冰川的沉積；而在兩極的地方，則有產生在溫熱帶的珊瑚遺骸，和生物的化石，足證當時地球上的溫度和現在截然不同，而兩極和赤道位置的不同，有極明顯的證舉。

又考察志留紀(Silurian Periad)的時期，北極在現在墨西哥的西部，而南極在非洲的東部。再至石炭紀(Carbon ferous Period)時期，北極移到美國加利福尼洲的西面，南極即移到南非洲好望角的東面。並且當時我國和歐洲等地，都居住在赤道上面，所以可知兩極的位置，並非永久不變。

由以上各種科學的考察，則我們知道地球兩極並不是絕對固定的，而是隨時移動着的。而現在氣候和暖的溫帶，將來難免不變做寒冷的兩極，現在冰天雪地杳無人跡的冰區，將來亦難免不變做人煙稠密文化薈萃的地方。然我們不必悲觀，因爲它的移動極遲，不是短時間能夠會有大變動的。況且倘使它是可能的事實，將來的人們也總會適應這種環境而變遷的。

「飛鳥之影未嘗動也」

吳贊廷

『飛鳥之影，未嘗動也。』這是莊子上惠施說的一句話。既說是飛着的鳥，那末他的影兒怎會不動呢？

第一次看到這句話，覺得十分奇怪；再也想不出方法去解釋他。後來記得幾何學上有二點定一直線的話，現在假定一點是日光，一點是鳥影，聯結起來成一直線，那末鳥兒只要在這直線上飛行，影兒一定就不動了。

但是再一想，總覺得有些不對，惠施先生幷沒說明鳥兒是在這光和影兒聯結的一直線上飛行呢！

後來又想起電影的構造原理，電影是接連許多張影片成爲一條，每張都是略有不同的靜止的像；映演時把他一張一張很快的置換，銀幕上的像就像動的了。這時才明白，倘使把飛鳥也攝成影片，那末每張影片一定也都是靜止的，這樣看起來，飛鳥留影兒的每一刹那，總是佔據着某一個有定的地位；所謂佔據着一個有定地位，那當然就是未嘗動了；不過一個一個的靜止的影兒連續着，我們看着便好像影兒在飛動着罷了！

我們看一輛機器，覺得今日的和昨天的一些也沒有變動；其實這是錯的。倘使機器眞正仍舊這樣，昨天到今天沒有變動，今天到明天又沒變動，隔了十年百年千年仍沒變動，那末機器都不會毁滅了，那裏能夠呢？因爲一切東西，都是向幻滅的路上動，在向幻滅的路程上進行的每一刹那，都是靜止的，因此當我們眼裏看到機器後，再用手去摸的時候，已經不是那見得時的機器了！倘使有一位『山中方七日，世上已千年』的神仙，他看這機器的時候，一定能夠見到這機器一小時一小時的幻滅；因爲他的一小時，能抵過我們六年呢！所以倘使再被他見到了飛鳥之影，他一定只覺得是一條黑影，或者連黑影也沒見到！

我們癡立在鐘面前，有時好像覺得長短針是不動的，其實短針每天要轉二週，長針要轉二十四週呢。倘使假定有一樣生物，他的壽命是十分之一秒，那末他所見到的秒針，也是不動的了，他所見到的飛鳥之影，當然也是一定不動的了；這就是因爲他祇見到了鳥影飛行時的一刹那吧了！

本來，飛鳥之影的所以動，是許多不動的影兒連綴成的，不過在我們眼的網膜上，前一個靜止的影兒的像未去，後一個靜止的影兒的像卻又來了，遂不覺其間斷，融成一個飛影吧了！

循　環

蔡家鯉

自然界的一切現象，都隨時在變動着。但是吾人若仔細觀察，便可以發現許許多多的現象，是在周而復始的循環着。換句話說，就是經過若干變化後，又回復到從前舊有的情況：最明顯的例子是月亮之圓了又缺，缺了又圓，因而有晦、上弦、望、下弦等定週期的循環。又如太陽每天早晨從東方出來，下午落到西方去，明天早晨又依然從東方出來，因而有晝夜的循環。其他如春夏秋冬四時的循環，一年過了又是一年，時間之輪是永遠的在循環旋轉着。

還有許多現象，看起來似乎不是循環；其實仔細分析起來，仍舊是在循環的。譬如山上的泉水，經過溪澗，瀑布，江河，然後流到海洋；總是由高處流到低處，要想水由低處流到高處，只有用抽水機或壓水機纔可以辦到。但我們並沒有用抽水機把海裏的水送到高山上去啊，何以山上的水，流了幾千年幾萬年還沒有流完？這是因為太陽把他的熱力用來蒸發海裏的水，水蒸氣上升，遇冷凝集為雲，再因風力又送到高山上去；雲降為雨，又成了泉水；然後又流入海洋：所以還是在不斷循環着。

人類使碳燃燒成二氧化碳以取熱，空氣中的二氧化碳氣似乎一天應比一天多；碳素應該一天比一天少；而且以後世界上所有的碳素，好像要完全變成二氧化碳了。但是也因為循環，空氣中的二氧化碳，又會藉了自然界的力量，重新分解變成氧和碳素。所以碳素在自然界中兜着循環的圈子，生而又滅，滅而又生，世界上永遠都有碳存在。

除開碳素外，其餘許多原素像氮、氧、氫、磷等，在自然界也有和碳素相做的循環。

上面所述的，都是自然界的循環現象。機械的循環動作，更是無計其數。最簡單的例子如汽車中的汽缸：活塞第一動是把氣體和燃料抽進汽缸，第二動是把這些氣體壓縮，用電花點火，第三動是由於氣體的爆炸，第四動是把爆炸後的氣體，趕到汽缸外面去：這四步動作循環不已，活塞繼續不斷一往一復的動着，車輪纔可以繼續的旋轉，把車子推動。

社會上的事，也有許多是循環的，譬如物價由賤而貴，貴後又賤；事實的由盛而衰，由衰而盛。總之，循環的例子是不勝枚舉的。

談談我國的風俗

郭潋菴

在沒事的時候，想到我國舊有的習俗，覺得怪有意味的，現在把幾種寫在下面：

小時候對於迎神賽會，恐怕大家都有興味的罷，逢到疫癘盛行的時候，都有這麼一套。記得一次菩薩後面來了一個爐子，鍋子裏煮着酸醋，那味兒怪難聞的，同時一路上高放着爆竹，那餘留下來的硫磺氣味，也不大爽人，可是當時誰也不注意在這上面，祇顧着菩薩袍套的鮮明，座位裝飾的華麗。現在回想起來那硫磺氣味和醋酸蒸氣，可有些意思在裏面。讀者想也不難明白這是有力的消毒劑啊！

我們江陰鄉裏，常常幾家合居一處，四面圍以大牆，他們的關係是很密切的。假使有人患肺癆而死亡的話，那病人的房間裏，即刻要燒一頂破傘，那味兒，也要使人退避三舍，否則不燒的話，是對不住鄰居的——這也值得研究研究。

端午節的時候，牆隅屋角間要噴射雄酒黄，室裏面還薰着蒼朮等植物，晚上還要用所謂百草煮的熱水沐浴，倒彷彿實行礦泉浴似的。

每逢陰歷正月十八日，說是潮水的生日，大家都打起潮水，洗滌用具，甚至門檻上，也弄得一塵不染，以為弄得愈清潔，財水是會進你大門的。

從上面的習俗看來，固不免迷信，但是不能說它完全沒有道理。我常聽見人說，國人是最不講究清潔，最不講究衛生的，但我有些懷疑，說這是沒有自信心的話。在我的意思，是不要因爲它們的壞處而忽略了好處，中了因噎而廢食的譏諷。

1000個『假使』

編 者

(一)假使空氣中完全是氧氣，那麼地球上可以燃燒的物件，將完全爲灰燼，一些無餘了——燃着而無火焰的木片能在純氧中重呈燃燒現象。

(二)假使空氣是沒有重量的，那麼地球上就沒有風；火車行駛速率可增加；一張紙和一個銅元可同時從某處落下到達地上——因空氣有重量，故物件在其間運動，皆受阻力。

(三)假使海水內不含鹽質，那麼航海的大輪，至少要比較造得大一點，同時學習海水游泳的人，亦至少得多溺死幾個——因海水內含有百分之三之鹽類，比重較水爲大，浮力亦略大。

(四)假使地軸和地球環繞太陽旋轉的平面適垂直的話，那麼地球上就沒有春夏秋冬，一地的氣溫將無甚變化，依季候而開的花卉樹木，祇可到緯度不同的地段去找尋了——現在地軸離垂直方向傾斜二十三度餘，故地球某處受日光的角度常有改變，氣候的不同，一年內常循環一次。

(五)假使光線在不同的媒介質（如空氣，水，玻璃等）中，它的速度是一樣的話，那麼我們的顯微鏡，望遠鏡，甚至近視遠視的眼鏡，多要不可能了——因爲光速一樣，就不會屈折；不生屈折，影的距離也就不變；距離不變，影的大小，也就和原物相同。所以遠的仍不能藉鏡來看清楚，小的也不能藉鏡來擴大了。

(六)假使物體沒有熱脹冷縮的現象，那麼空氣就不會流動；路軌接筍處也用不到空隙了——空氣受熱變輕而上昇，附近的空氣就得過來補充，因此有風；鐵軌間的距離是預防鐵在夏天或經磨擦後的膨脹，以免高起的。

(七)假使水結冰時不膨脹的話，那麼江河海洋裏的沙泥是不會這麼多的，山上的岩石亦必較堅固結實——岩石的碎裂，其最大的力量是由於水在冬天結冰時的膨脹，循此，岩石分裂而成碎石塊，碎石塊分裂而成砂石等。

(八)假使地球上沒有植物，那麼動物就不能生存，同樣若沒有動物，植物也不能生存——動物吸呼，將氧氣變成碳酸氣；植物同化，將碳酸氣變成氧氣，成一循環，兩者缺一，就都不能存在。

(九)假使水跡墨汁，沾污着書籍，那麼可用粗鬆的紙去吸掉它——因為粗鬆的紙多空隙，具有微細管作用，可使水份吸上去。

(十)假使水在結冰時的密度比在未結冰前大，那麼河水結冰必自河底結起，滿盛冷水的花瓶，在水結冰時亦不會破裂——因為水的密度在攝氏四度以上時，是隨溫度昇高而減小的，但在四度以下，則反之，故四度時水的密度最大。將結冰時（攝氏零度）的水，故較輕而常浮在水面，冰塊亦常從水面結起。

(十一)假使地球上的磁石（包括天然磁石、電磁石、人造磁石等）一旦都失其效用，那麼全世界將呈黑暗現象，消息亦必遲鈍——因為發電機都利用磁石的作用，若無磁石，則電燈電話電報等均將停止；雖然乾電池是仍能應用的。

(十二)假使地球上的物質都是良導電體(包括氣體液體等)，那麼發電機反不可能了——因為所發的電無從儲藏，隨發隨散；且發電機是本身需要絕緣體的。

（十三）假使地球上有巨礮，能發每秒中有四．九二英里速率的砲彈，那麼，那砲彈若在高處水平發出後，可永不着地，而成一隨地球自轉之衛星——因爲那砲彈既有此相當速率，其離心力，剛與地心吸力相抵消，故不能落下，亦不能離開地球。

（十四）假使水的冰點提高到攝氏四十度，那麼世界將另換樣式了：航海大輪可不用，海洋變成堅固的冰地，雨雪是沒有了，失火的損失亦必大有可觀——因爲地球上最高的溫度僅四十度左右，故那時永全成冰，當然不能自高流下，更沒有海洋了，水分蒸發得慢極，卽有雪花亦極難得。

（十五）假使糖和鹽都絕對不能溶解於水，那麼，我們不會覺得糖是甜而鹽是鹹的了——味覺的能感五味，全恃物質在涎液裏的溶解。砂石我們覺得有味兒嗎？

（十六）假使有上帝的話，那麼上帝一定是太陽，因一旦太陽毀滅，地球上溫度漸降，生物無從生長，人類卽將滅跡。所以沒有太陽，我們是不能生存的，但太陽是一個無靈性的無機體，我們爲什麼要崇拜牠呢？

（十七）假使水銀體積因熱的膨脹係數適等於玻璃面積的膨脹係數時，那麼水銀寒暑表是不可能的了：雖溫度有變化，水銀柱老是這麼高——水銀和玻璃都適合熱漲冷縮的定律，不過膨漲率不同而已，假使兩者適相等的話，那麼玻璃口徑能變大，水銀雖體積增大，但高度仍不會變，反之，若玻璃變大得反厲害，那麼溫度增高時，水銀柱將反降低。

（十八）假使光不是一種能，不能幫助化學作用的發生，那麼植物是不能生長了，照相、電影將完全不可能——光是輻射能，故能助某種物質起化學作用：葉綠素受日光的影響，故能將炭氣、養氣、及水分製造成澱粉；攝影術裏用的溴化銀或氯化銀，亦因感光而起還原作用，而生深淺不同的沉積物。

(十九)假使火星上有人類的話，那麼他們的智識技術，必比地球上的人們高出一等——據天文學家推測，火星上溫度較地球上平均冷些，適合於人類的生存，且智慧高於我們。讀者試想，地球上熱帶地方土人的智慧怎樣？

(二十)假使我們稍一注意用煤生火爐的時候，那我們便可以看得出有一層藍色火燄，在煤層裏浮動——因爲炭與氧的化合物，普通有兩種：使炭多而氧的供給少，就成一氧化炭；使炭少而氧多，就成二氧化炭。從炭、氧化成一氧化炭，發生的火燄是綠色的，所以在煤層裏，炭質很多，而空氣有限，故生成一氧化炭而發藍色火燄。

(二十一)假使銀的器物，常在手中播弄，那表面，久後便要變灰黑——因爲銀的硫化物是黑褐色，而人體汗液裏有少許硫化物，能與銀起變化，生成硫化銀而變色。

(二十二)假使地球驟然的停止自轉，那我們地球上的一切東西，都要很快的沿地球的切線向東飛去——因爲惰性關係：動者恆動，靜者恆靜，我們現在很安穩的在地球上，都有同地球自轉一樣的同向同量的速率。要是地球停止轉動，我們就要依原有的速率飛出；這同坐車到站，車停時，乘客必前傾是一樣的道理。

(二十三)假使把膽礬（硫酸銅）在鐵棒上塗擦(加一點兒酸或水)，那我們的鐵棒，可以變得很光鮮明亮的銅棒——因爲各種金屬的化學能力，是互相不同的，比如鈉、鉀等，就很活潑，鉑、金等，就極遲鈍。現在我們的鐵，它的活性比銅來得大，它能夠代替銅，同硫酸根結合，把銅分開來，塗積在棒上，所以能得到很光亮的銅面啊！

(二十四)假使用兩條不同的金屬，圈成一環，環上接一個很精密的安培計，使兩個連接處的溫度不同，那安培計上就可以指出數目來——因為兩個接頭處有位勢的相差，所以有電子跑過去，這也是起電的一種法子。

（二十五）假使浸入水後的手，在空氣中搖蕩着，那末會特別覺得冷起來——因為水的存在，有三種不同的狀態，從液體變成氣體時，要吸收熱量，從液體變成固體時要放出熱量，現在我們在空氣中振蕩，是使他快些變成氣體，所以要從手上吸去些熱，因此便覺得有些寒意。

（二十六）假使在笛封口的地方鑽一洞，或截去這一端，那麼，那開口的笛仍能照樣的吹出各音來，不過比原來的音高一階段（ Octave ）罷了——普通的笛一端封住，故係閉管振蕩器，若在封口處截開，那麼就成開管，所發音浪的波長却是以前的一半，故各音均高一階段。

（二十七）假使各物體間沒有阻力，那麼人類以及各項機器都不能行動了，梯子不能靠着牆壁斜置，釘子螺旋都將失去效用了——人的能行走，是藉兩足和地面間的阻力，皮帶的能拖動輪軸，以及一切運動，都是非阻力不可的。

（二十八）假使樟腦丸在平常溫度下不會漸行變小，那麼牠就要失去防腐效能，鼻子更不能嗅到牠的氣味了——人類能用鼻分辨各種嗅味，是全因發生味的物體是在氣體狀態下，而與嗅神經起刺激作用，樟腦丸能直接從固體變成氣體，故能刺激鼻腔而覺其有嗅味，而同時各蟲蠹亦能嗅得是項味兒而遠避之。根據物質不滅定律，因一方發放氣體，故牠固體的體積同時就得減小了，這種現象稱為昇華。

（二十九）若空氣中絕對沒有塵埃的話，那麼雨是不能成就了，我們的四週得完全是濕氣，不但美麗的晚霞不得見，就是太陽初升或落山時亦不能使紅光偏地——冷空氣內飽和的蒸氣必有一中心核後，方得凝成雨點，因而成雲，晚霞等，而此類中心核則大都是塵埃（電離的氣體分子亦有同樣效能）。日出日落時，太陽呈紅色，亦因日光經過地面上厚層之塵埃，而僅有紅色光能到達我們的眼簾。

(三十)若空氣的密度，不因高低而生變化的話，那麽大概在離地面外八公里的地方就沒有細微空氣了。飛行機雖利用壓縮器亦不能於八公里外行駛——空氣的密度隨壓力而變化，而同時空氣的壓力亦隨牠的密度而變化，故其間存在一極復雜的關係。簡單地說，空氣越靠近地面密度愈大，但遠至數萬公里外，亦決不等於零的。八公里的數目是從照空氣在地平面上之密度和地面上之大氣壓力算來的。因離地任何遠的地方，均有空氣存在，故飛行家能用壓縮器而得充分的養氣。

（三十一）假使空氣是沒有質量的話，那麽巨砲在你耳旁開出，你亦將不覺有聲，人類的文化當然更談不到了——聲音是縱波，故必賴物質以傳佈，而空氣雖肉眼不能見其存在，但牠是有質量的，故能傳佈聲音，否則，即有音發出亦不能振動耳膜。將鬧鐘放在眞空罩下，雖見擊搥動彈，但亦不能得聞鈴聲，即因眞空不能傳導音波。

(三十二)假使在冰屑或雪裏，放一把鹽，好好的拌和，你探手去試它的溫度，那定要比平常的冰冷的多多——因爲鹽能使水的冰點降低，使加量適當，能得攝氏零下二十二度。

(三十三)假使把燒紅的鐵，驟插入酒裏，那末酒會變酸，酒醇的味變作酸澀了——因爲很熱的鐵，放到裏面，促起氧化作用，酒便成醋了。換句話說，酒裏主成份是乙醇，經氧化後，成爲醋酸，醋酸就是醋的主成份啦！

(三十四)假使把酸醋滴到洗衣用的石碱上，那末就有很多的氣泡發生——因爲石碱是炭酸鈉，酸醋包含醋酸，醋酸同炭酸鈉是有作用的，能夠生成二氧化炭氣和醋酸鈉，那發生的氣體，就是二氧化炭啊！

(三十五)假使把金剛鑽來燒的時候，我們可以把它一起燒盡；而得到一種氣體，通入澄清石灰水裏，起白色浮懸物——因爲金剛鑽是炭的一種結晶體，燒後得二氧化炭之故。

科學珍聞

編者

——元素祇兩種——

美加利福尼亞之化學教授給爾白脫 Dr. Gilbert 與勞威斯 N. Lenis 近發表一文，討論世界上之元素，頗有趣味，依彼等之假設，以爲宇宙間之物質，皆祖自鐵與鎳二種元素，一如金屬性之隕星然。而其餘在地球上所見之元素，多自鎳與鐵經數十萬年 Cosmic rays 之衝擊所成者。

勞威斯係與萊克曼 Dr. Langmiur 一同主張元子學說者，同一名科學家。上面的結論，蓋彼研究金屬隕星（百分之九十九爲鎳與鐵）與礦石性隕星（如地球上之礦石）而得者也。

依勞威斯之計算，地殼與金屬性隕石，其各個元子間之整列格式，有相同之證明。故可以說地殼（尤以礦石性隕石）爲金屬性隕石之轉成物，彼且發現金屬性隕石中有百分之九十九爲鎳與鐵。其中有兩種鐵的同位素，兩種鎳的同位素，Cosmic ray 有極強之力，足使鐵與鎳之元子分裂爲四個矽元子，因爲鐵的原子位爲二六，鎳爲二八，矽爲十四。觀此地球上所以很多矽元子，可以明矣。

勞威斯又言矽元子更可分裂爲氦與鎂元子，蓋氦之元子位爲二，鎂爲十二。其和適爲矽之元子位，而鎂又爲地球上存量甚多之物質，又可以證明。同樣矽又可分爲鈉（元子位十一）與鋰（三）元子，又可裂爲鋁(十三)與氫（一）。依此推想，再研究礦石性隕石中矽與鎂之三種同位素，以及鋁與鈉等，不難有線索可尋云。

附　錄　一

自然科學分類表

I 自然科學總論：

1. 自然科學原理
2. 自然科學槪論
3. 自然科學方法論
4. 自然科學史

II 數學：

1. 數學總論
2. 算術（命位法與積數法，素數，分數，順列及組合，比例，級數，乘方及開方）
3. 代數（方程式，分數，連數，極大極小問題，二項式定理，比例及級數）
4. 高等代數（數論，方程式論，行列式論，動徑解析，羣論，對稱函數，機運數學，最小二乘法，誤差法）
5. 幾何學（平面幾何學，立體幾何學，近世幾何學，非歐幾何學）
6. 三角學（三角函數，平面三角學，球面三角學，解析三角學）
7. 畫法幾何學
8. 解析幾何學（平面解析幾何學，立體解析幾何學，微分解析幾何學，四元法）
9. 微積分（微分學，積分學，變分法，微分方程式，積分方程式，函數論，有限差數論）

III 天文學：

1. 天文學通論
2. 理論天文學（天體力學）
3. 球體天文學
4. 說明天文學
5. 星學
6. 實用天文學
7. 氣象學
8. 測地學

IV 物理學：

1. 物理學通論
2. 力學
3. 分子物理學
4. 音學
5. 熱學
6. 光學
7. 電磁學
8. 近世物理學

V. 化學：

1. 理論化學（原子論，溶液論，熱化學，光化學，電化學，磁化學，放射化學，膠質化學，動力化學）
2. 實驗化學
3. 分析化學（定性分析，定量分析，微量分析）
4. 合成化學
5. 無機化學
6. 有機化學
7. 結晶學

VI 地質學：

1. 地學總論
2. 地動學（地震學，地土變形學，）
3. 地文學
4. 地層學
5. 經濟地質學
6. 巖石學
7. 鑛物學
8. 古生物學

VII 生物學：

1. 系統生物學（形態學，組織學，畸形學，細胞學，發生學，胚胎學，生態學，生物化學，進化論，遺傳論，生命論，生物地理學）
2. 博物學
3. 植物學
4. 動物學
5. 微生物學
6. 解剖學
7. 生理學

附　錄　二

應用科學分類表

I　衛生醫學：

1. 個人衛生
2. 公衆衛生
3. 運動學
4. 醫學總論
5. 病理學（內科，外科，婦兒科）
6. 藥物及療治學
7. 看護學
8. 法醫學
9. 獸醫學

II　工程學：

1. 工程力學（應用力學，應用熱力學，材料力學，工程設計，工程圖學）
2. 土木工程（橋梁，房屋，溝渠，道路，鐵路，泥水等工程）
3. 機械工程（機械原理，機械學，滑料學，內燃，水力，蒸汽，空氣，抽氣諸引擎，汽車工程，航空工程）
4. 電氣工程（電力學，電信學，電機學）
5. 交通工程
6. 水利工程（水力工程，河港工程）
7. 衛生工程（熱氣，通風，自來水，市政，排水等工程）
8. 採礦工程
9. 冶金學
10. 化學工程（酸，鹼，燃料，釀酵，漂染，油漆，皮革，紙，人造絲，化學藥品，陶磁，香品，橡膠，煤油等製造）

III　農學：

1. 農業總論
2. 農藝學（農具，土壤，栽培，灌溉，墾地，肥料）
3. 作物
4. 園藝
5. 造林
6. 畜牧
7. 水產學

IV　人事經營學：

1. 工業組織
2. 商業組織
3. 會計學
4. 審計學
5. 廣告學
6. 簿計學
7. 交通管理
8. 實業管理
9. 運輸學（空運，水運，陸運）
10. 進貨學，售貨學
11. 家政學

V　軍事學：

1. 軍事學總論（軍事學史，軍隊組織，戰略，戰術）
2. 軍事工程學
3. 陸軍（步兵，騎兵，礮兵，工兵，輜重兵）
4. 海軍
5. 空軍

附錄三 全國各理學院分系表

校名	所在地	系別
國立交通大學	上海	數學、物理、化學
國立暨南大學	上海	數學、物理、化學、生物
國立中央大學	南京	算學、物理、化學、地質、地理、動物、植物、心理
國立北平大學	北平	數學、物理、化學、體育
國立北京大學	北平	數學、物理、化學、生物、地質、心理
國立清華大學	北平	算學、物理、化學、生物、地理、心理
國立山東大學	青島	數學、物理、化學、生物
國立中山大學	廣州	數學、物理、化學、生物、天文、鑛物、地質、地理
國立四川大學	成都	數學、物理、化學、生物
國立武漢大學	武昌	數學、物理、化學、生物
國立浙江大學	杭州	數學、物理、化學、生物
省立安徽大學	安慶	算學、物理、化學、生物
省立河南大學	開封	算學、物理、化學、生物
省立湖南大學	長沙	數學、物理、化學、地質
省立廣西大學	梧州	數學、物理、化學、生物
私立大同大學	上海	數學、物理、化學
私立大夏大學	上海	數學、物理、化學、生物、心理
私立光華大學	上海	數學、物理、化學、生物
私立復旦大學	上海	化學、生物、土木工程
私立震旦大學	上海	數學、物理、化學工程
私立滬江大學	上海	數學、物理、化學、生物、醫學
私立金陵大學	南京	數學、物理、化學、動物
私立金陵女子文理學院	南京	數學、物理、化學、生物、體育、地理
私立中法大學	北平	物理、化學、生物
私立輔仁大學	北平	數學、物理、化學、生物、藥物
私立燕京大學	北平	數學、物理、化學、生物、地質、地理、心理
私立南開大學	天津	算學、物理、化學、生物、電工
私立廣州大學	廣州	數學
私立嶺南大學	廣州	數學、物理、化學、生物
私立武昌中華大學	武昌	數學、物理、化學
私立武昌華中大學	武昌	物理、化學、生物
私立廈門大學	廈門	算學、物理、化學、動物、植物
私立齊魯大學	濟南	算學、天文、物理、化學、生物
私立東吳大學	蘇州	數學、物理、化學、生物
私立之江文理學院	杭州	物理、化學、生物

附　錄　四

最新原子表

（1933）

原子序	中名	英名	符號	原子量	原子序	中名	英名	符號	原子量
1	氫	Hydrogen	H	1.0078	47	銀	Silver	Ag	107.880
2	氦	Helium	He	4.002	48	鎘	Cadmium	Cd	112.4[1]
3	鋰	Lithium	Li	6.940	49	銦	Indium	In	114.8
4	鈹	Beryllium	Be	9.02	50	錫	Tin	Sn	118.70
5	硼	Boron	B	10.82	51	銻	Antimony	Sb	121.76
6	碳	Carbon	C	12.00	52	碲	Tellurium	Te	127.5
7	氮	Nitrogen	N	14.008	53	碘	Iodine	I	126.92
8	氧	Oxygen	O	16.0000	54	氙	Xenon	Xe	131.3
9	氟	Fluori^{n}	F	19.00	55	鏭	Cesium	Cs	132.81
10	氖	Neon	Ne	20.183	56	鋇	Barium	Ba	137.36
11	鈉	Sodium	Na	22.997	57	鑭	Lanthanum	La	138.92
12	鎂	Magnesium	Mg	24.32	58	鈰	Cerium	Ce	140.13
13	鋁	Aluminium	Al	26.97	59	鐠	Praseodymium	Pr	140.92
14	矽	Silicon	Si	28.06	60	釹	Neodyminm	Nd	144.27
15	磷	Phosphorus	P	31.02	61	鉝	Illinium	Il	?
16	硫	Sulfur	S	32.06	62	釤	Samarium	Sm	150.43
17	氯	Chlorine	Cl	35.457	63	銪	Europium	Eu	152.0
18	氬	Argon	A	39.944	64	釓	Gadolinium	Gd	157.3
19	鉀	Potassium	K	39.10	65	鋱	Terbium	Tb	159.2
20	鈣	Calcium	Ca	40.08	66	鏑	Dysprosium	Dy	162.46
21	鈧	Scandium	Sc	45.10	67	鈥	Holmium	Ho	163.5
22	鐠	Titanium	Ti	47.90	68	鉺	Erbium	Er	167.64
23	釩	Vanadium	V	50.95	69	銩	Thulium	Tm	169.4
24	鉻	Chromium	Cr	52.01	70	鐿	Ytterbium	Yb	173.5
25	錳	Manganese	Mn	54.93	71	鎦	Lutecium	Lu	175.0
26	鐵	Iron	Fe	55.84	72	鉿	Hafnium	Hf	178.6
27	鈷	Cobalt	Co	58.94	73	鐽	Tantalum	Ta	181.4
28	鎳	Nickel	Ni	58.69	74	鎢	Tungsten	W	184.0
29	銅	Copper	Cu	63.57	75	錸	Rhenium	Re	186.31
30	鋅	Zinc	Zn	65.38	76	鋨	Osmium	Os	190.8
31	鎵	Gallium	Ga	69.72	77	銥	Iridium	Ir	193.1
32	鍺	Germanium	Ge	72.60	78	鉑	Platinum	Pt	195.23
33	砷	Arsenic	As	74.93	79	金	Gold	Au	197.2
34	硒	Selenium	Se	79.2	80	汞	Mercury	Hg	200.61
35	溴	Bromium	Br	79.916	81	鉈	Thallium	Tl	204.39
36	氪	Krypton	Kr	83.7	82	鉛	Lead	Pb	207.22
37	銣	Rubidium	Rb	85.44	83	鉍	Bismuth	Bi	209.00
38	鍶	Strontium	Sr	87.63	84	?	?	?	?
39	釔	Yttrium	Y	88.92	85	鋄	Albanium	?	219±
40	鋯	Zirconium	Zr	91.22	86	氭	Radon	Rn	222
41	鈮	Columbium	Cb	93.3	87	鋝	Virginium	?	225±
42	鉬	Molybdenum	Mo	96.0	88	鐳	Radium	Ra	225.97
43	鎷	Masurium	Ma	?	89	?	?	?	?
44	釕	Ruthenium	Ru	101.7	90	釷	Thorium	Th	232.19
45	銠	Rhodium	Rh	102.91	91	?	?	?	?
46	鈀	Palladium	Pd	106.7	92	鈾	Uranium		238.14

附　錄　五

度量衡制度表

標準制	市用制

(I)　長度比較

標準制	市用制
1公尺 ＝ 10公寸 ＝ 100公分 ＝ 1000公釐	1市尺 ＝ 10市寸 ＝ 100市分 ＝ 1000市釐
1公里 ＝ 10公引 ＝1000公丈 ＝ 1000公尺	1市里 ＝ 15市引 ＝ 150市丈 ＝ 1500市尺
1公里(Kilometer)＝ 2市里 ＝ 0.6214哩	1公尺(meter) ＝ 3市尺 ＝ 3.2808呎

(II)　重量比較

標準制	市用制
1公鐓 ＝ 10公擔 ＝ 100公衡 ＝ 1000公斤	1市擔 ＝100市斤 ＝1600市兩 ＝ 16000市錢
1公斤 ＝ 10公兩 ＝ 100公錢 ＝ 1000公分	1市錢 ＝ 10市分 ＝ 100市釐 ＝ 1000市毫
1公分 ＝ 10公釐 ＝ 100公毫 ＝ 1000公絲	
1公鐓 ＝ 20市擔 ＝ 0.9842噸	1公斤 ＝ 2市斤 ＝ 2.2046磅

(III)　容量比較

標準制	市用制
1公秉 ＝ 10公石 ＝ 100公斗 ＝ 1000公升	1公秉 ＝ 1市秉
1公升 ＝ 10公合 ＝ 100公勺 ＝ 1000公撮	1公升 ＝ 1市升
1公升＝1立方公寸(liter)＝61.02立方吋	1公秉＝1立方公尺(Kiloliter)＝35.31立方呎

(IV)　地積比較

標準制	市用制
1公頃 ＝ 100公畝 ＝ 10000公釐	1市頃 ＝ 100市畝 ＝ 1000市分
	1市分 ＝ 10市釐 ＝ 100市毫
1公畝 ＝0.15市畝 ＝0.02471噈(acre)	1市畝 ＝ 0.1644噈(acre)

附　錄　六

交通大學科學學院概況

本校科學學院，成立於民國十九年，現設數學、物理，化學三系。茲分述概況如下：

（甲）數學系

設備方面，有模型數十種，圖書二千餘冊，尚在繼續增購，以期完備。現行課程，理論與實用並重：一二年級注重基本原理及應用方法，三四年級方逐漸注重較深理論。現設學程十八門，共九十二學分，本系學生須全部修習，不得選擇；此外尚須兼讀理論物理學、電磁學、近世物理、及經濟學、統計學等課。主任爲胡敦復先生。

（乙）物理系

儀器設備，約值十二萬元；其較貴者，有分度機，比長器，球面測光儀，交流電位計，陰極射線示波器，振子示波器，各種高溫計，各種高頻振動器，各種標準儀器等。本系課程，在使學生有鞏固之基本物理智識，並有相當之各種重要實用學識。現有學程二十四門，學分九十一，均係必修科目；此外兼須修習對於物理有關之數學、化學、及電機、機械等課。主任由本院院長裘維裕先生兼任。

（丙）化學系

本系現有設備，約值十二萬元。專用儀器，有物理化學試驗及工業分析應用之各項標準器具。工業化學試驗室內，備有眞空烘乾器，複效蒸發器，煤膠蒸餾鍋，冷熱壓濾器，各種化工器械，以及油漆電鍍製革等項設備，正在繼續佈置中。課程方面，注重基本原理及實際應用。三年級起，分甲乙二組，俾有志研究學術及從事工業者，得各就個性所近，分別修習。現設學程二十五，學分一百十四，主任徐名材先生。

中華民國二十四年十二月初版

科學介紹

每冊定價大洋捌角

編輯者　交通大學科學社出版部

上海徐家匯

發行兼出版者　國立交通大學科學社

函購請直寄本社

每册大洋三角　全年壹元

交大季刊

本校出版處發行　各地書局代售

第十六期要目

前漢時代陸路交通攷(續)
中國公路運輸概況
流體動力學上之相似性
On a Theorem of Lebesgue's.
煤粉用爲燃料之檢討
道路材料試驗撮要
國有各路車輛過軌問題
Book Review on Technical Mechanics by Mauer and Roark.
粵漢鐵路株韶段鐵道測量總報告
上海市中心區道路工程管理處實習報告
蘇次河先生榕樹廳詩集序
仁義釋
法關梯電器製造廠記略
What Prevents Social Progress?

第十七期要目

前漢時代陸路交通考(續)
陶藝淺說
鼠籠式交流感應電動機之現勢
無空氣注射狄思爾引擎之燃燒方法
道路材料試驗撮要(續)
擬議鍋爐場電銲規章草案
研究所化學組試驗報告
待焚文稿自敘
漫遊記自序
墨子間詁補正跋
中國要早日實行工業化
Recent Advances in Industrial Electro-Chemistry

每册大洋二角　全年八册一元四角

科學通訊

本校科學學院編輯　各地書局代售

第一期要目

無理數論究竟要不要	顧　澄
二正項級數之比較之幾個法則	范會國
食物化學常識	徐名材
磁器	湯明奇
製革叢談	陳同素
爆炸物	郭鍾福
近代幾何之導引	顧　澄

第二期要目

無理數論究竟要不要(續)	顧　澄
光之頻率與波長	許國保
製革叢談(續)	陳同素
近代幾何之導引(續)	顧　澄

第三期要目

公式不可瞎用	顧　澄
不等式	武崇林
切環一題之討論	陳懷書
厚透鏡公式之新證法	沈德滋
近代幾何之導引(續)	顧　澄

第四期要目

譯名難	顧　澄
展開三角函數爲無窮乘積之一法	范會國
不等式(續)	武崇林
切環一題之討論(續)	陳懷書
化學實驗補充材料	陳同素
水滴下墜速度之測量	蔡其清
近代幾何學之導引	顧　澄

第五期要目

公式不可瞎用	顧　澄
切環一題之討論(續)	陳懷書
電磁學上之單位	許國保
食品中之飲料	楊耀文
製革叢談(續)	陳同素
近代幾何之導引(續)	顧　澄

龍門書局 文華印書館 聯合啓事

查海上翻印同業，不下十數家，惟能自備機器印刷者，則僅敝局等兩家。比年國內各大學以及學術機關，委由敝局等翻印各種書籍，爲數不少。間有向其他同業印購者，而實則敝局等亦有間接之處。玆爲力求服務周到，出書迅速起見，爰通力合作，以貢獻社會。如蒙 惠顧，定能源源供給，藉酬雅意。敬祈

公鑒

《震光数理》简介

该刊系数理专业刊物，由震光数理专科学校发行，震光数理社编辑。1941年8月25日在上海创刊，每月出版2期，1942年停刊。1945年11月20日复刊，改为月刊，后停刊日期不详。本卷收录《震光数理》1941年第1卷第1—7期，1942年第1卷第8、9合期，1945年第2卷第1期。

震光数理专科学校创办于1941年春，主要由交通大学校友主办，"以灌输青年学生数理基本学识为宗旨"①，1943年夏因租界局势恶化被迫停办，此前共招生6届，学生1,000余人。教师大多是交通大学的校友同学及上海各基督教大学同学②。除高初中数理化各科外，附设各级英文班，校址在福煦路384号，时属公共租界。《震光数理》即由专科学校的震光数理社编辑发行，主编人员主要是在震光数理专科任职的交通大学校友，1945年6月在抗日战场柳州前线遇敌牺牲的交通大学学生杨大雄(1940级机械系)就曾经担任过该刊编辑。1945年复刊后，该刊由宋孝芳任总编辑，沈顺长任总干事，章肇基任编辑组长，李兆君任发行组长，谢祥麟任总务组长。成立编辑委员会，吴耀华、黄庆余、苏兆麟、韦文南等任编辑委员。

该刊在《创刊词》中提出："科学乃建国之根本，而数理实为科学之基础。根基不稳固，安能支持高楼大厦？"基于当时缺乏数理的正确认识和指导，青年们很少对数理感兴趣，"本刊同人"特创办本刊，"希望由此能够启发青年研求科学之兴趣，培养科学之基础，从而加强建国的力量"。③1945年专校复校、该刊复刊，编者重申办刊宗旨，并将刊物定位为："第一，成为大中学生的课外数理读物。""第二，成为中等学校数理化教师的参考读

---

① 《简讯》,《震光数理》1945年第2卷第1期，第14页。

② 李雲:《在"震光"》,《震光数理》1941年第1卷第1期，第7页。

③ 《创刊词》,《震光数理》1941年第1卷第1期，第1页。

物”。①

该刊设有专论、各校招考试题解答、震光园地、科学小品、悬赏、读者信箱等栏目。“专论”主要刊载数理化方面的文章。“各校招考试题解答”专门登载沪上各大学入学试题的解答。“震光园地”为各校动态及数理化各类疑题，由震光同学主编，但投稿者不限于震光同学，其他学校同学的稿件同样受到欢迎。“科学小品”专载趣味化且发人深思的篇幅短小的科学文章。“悬赏”是为启发读者研究的数理兴趣而设置的有奖问答题，“读者信箱”则是解答读者发来的数理疑题，这两个栏目的设置旨在促进与读者的交流，激发广大读者求知的兴趣。1945 年复刊后，栏目有调整。刊物的主要撰稿人有王韦、友石、珏晟、灿纹、秦裕琼、唐忠贤、锡铜、绪之、云飞、沈振年等，第 1 卷第 4 期以后还聘请了金品等特约撰稿员。

依托交通大学，《震光数理》有深厚的学术背景，刊物内容与当时的教科书吻合，栏目设置互动性强，“是爱好数理同学的进修学府，是有志数理青年的联络枢纽”②，为当时的青年学习数理知识提供了切实的帮助，受到喜爱数理的学生和青年们的喜爱③。

---

① 《复刊词》，《震光数理》1945 年第 2 卷第 1 期，第 14 页。

② 编者：《编者的话》，《震光数理》1941 年第 1 卷第 7 期，第 1 页。

③ 大维：《读者来函》，《震光数理》1941 年第 1 卷第 4 期，第 24 页。

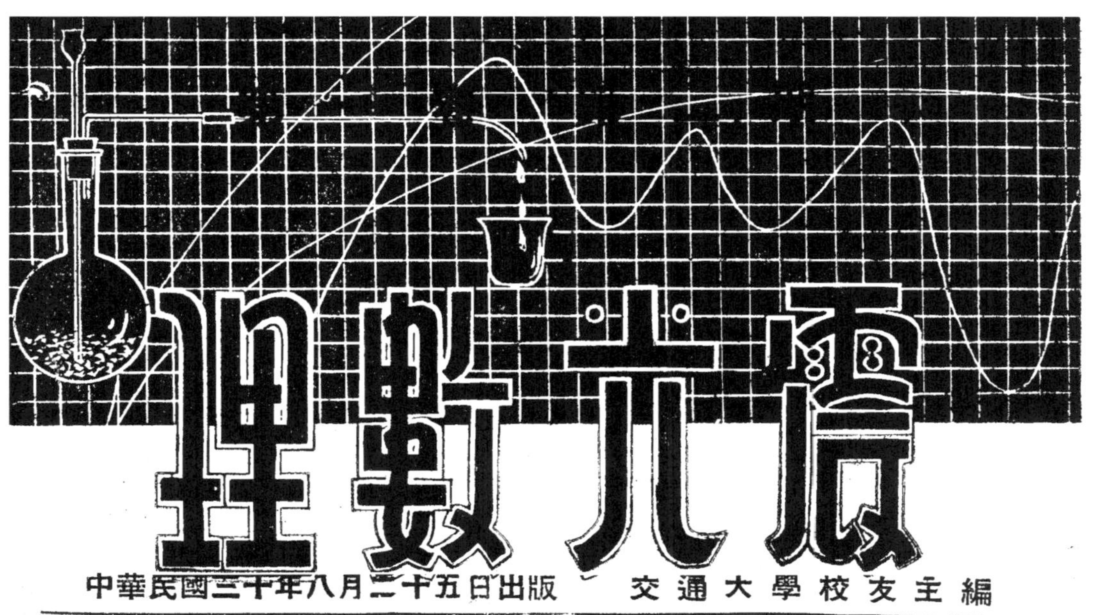

中華民國三十年八月二十五日出版　交通大學校友主編

本期目錄

創　刊　詞

本刊同人

由於幾千年來人類不斷地創造[illegible]奮鬥，產生出現代燦爛的文化。更由於近百年來人類與自然界不斷地競爭，造成了今日以科學爲中心的世界文明。一個民族文化程度的高下，國力的强弱，可說全視科學之昌盛發達而定。今日，中華民族爲了爭取祖國的獨立生存，正從事於艱難困苦，生死存亡的鐵血鬥爭，他日民族復興這項艱巨工作的澈底完成，有待於全國建設工作的廣大開展。科學乃建國之根本，而數理實爲科學之基礎。根基不穩固，安能支持高樓大廈？然而一般智識青年，對於數理各科，很少感到興趣，一方面固由於缺乏對數理之正確認識，另一方面却由於缺少適當之數理指導所致。本刊同人有鑒於此，不揣鄙陋，特集中全力，創辦本刊。希望由此能够啟發青年研求科學之興趣，培養科學之基礎，從而加强建國的力量。創刊之初，本刊同人除努力自勉，力謀本刊進步外，並希海內數理專家時加賜教，各校同學多多批評，使本刊一天天繁榮滋長，成爲全國青年界的數理園地，更希望，在不久的將來，成爲新中國偉大建設激流中的一枝生力軍！

專　論

數學的重要

連喬

在一般學校裏，數學（Mathematics）眞是一門十人之中九人要搖頭的功課，一般人以爲數學是毫無用途而且繁複難解的學問，將來旣不想做數學家，那末能夠敷衍過去，不是就得了嗎？這是極重大的錯誤觀念！在這裏，我們必須明白地指出數學的重要性。數學是一種表現人類最高的理解力，化繁爲簡的語言。偉大事業的計劃，高深學問的研究，必須基於數學的理論和計算。科學家稱「數學爲一切科學之母」，這眞是一句千古不移的至理名言，試觀這二十世紀的科學文明，複雜的機械構造，高深的物理化學，那一樣不是以數學爲基礎呢？看上去似乎與數學無關的社會科學，不是有許多地方仍舊應用到數學的原理嗎？那末，站在這科學時代尖端的靑年，對於數學的重要性應有深刻的認識，是必需的了。

數學的應用非常廣泛，日常生活中，收支的計算，就要用到最簡單的數學。航海家，測量師就得利用三角幾何；而現代工程上的奇蹟，則須利用微分方程，複函數原理等高深數學。深奧的物理理論，實際上就是高等數學的應用，愛因斯坦的相對論不是非歐幾何與張力分析的結合體嗎？假使你要明瞭無綫電原理，那末你必須具有充分的數學智識，其他生物學，地質學，經濟學，無一不是根據數學的原理而發展的。它們進展的速度就與應用數學原理的多寡成正比例。商業上統計材料的分析，就要應用或然率（Probability）的定理；未來市場的變動則可用高等方程式來計算。假使你想計劃某項事業，那麼你就得精密地計算財力和人力；物質的支配，工程的設計，皆根據數學而推算。當第一次長距離海底電線試驗失敗後，經過開爾文（Lord Kelvin）的再三精密的計算始產生了這長距離通訊的利器。數學應用範圍旣是那末之廣，你想發展你的事業，研究高深的學問，就得從研究數學入手！幾十年以前，大學數學課程的最高點爲微積分，祗有幾個特殊的學生敢於嘗試去學習，然而，現在大學內微積分已成理工學生的必修科了，已作爲研究科學與工程最基本的課程了。數學的應用是隨着世界的進化而加速度發展的。

數學也是表現人類思索的一種工具。假使我們沒有數學而要表現出一種思索時，往往化費很多的字語。例如我們用X表示未知數，=表示等號，就成了一部代數學。一個數學的符號可以表示出一連串變化的過程，把一堆符號數字放在一起，就造成難以捉摸的數學變化。然而如果要用我們現有的文字和語言去表現它，夠多麼麻煩！3%，只要學過數學的人都能明瞭它的意義，但是要用文字去表達時，就得說：「一百份當中的三份，稱做3%」。試想每一數學符號都用這樣文字語言去代替它，那麼一本代數書或算術書將多末的厚！愛因斯坦出版相對論時，僅薄薄的一冊，但是科學家們想解釋並明白其意義時，却著成了數冊巨書還不能述說淸楚。人類之所以異於禽獸者，就是具有複雜的思想。而表明思索最簡單過程的方法就是數學。數學的原理是簡單的，人人明瞭的，但是數學演變的過程是奧妙曲折的，變化的範圍是沒有限制的！所以數學是最簡單的眞理，你懂得數學，就明白了眞理的一部。幾何學不是由十多條簡單而人人明瞭的公理蛻變出來的嗎？但是幾何在軍事上，科學上，測量上，工程上的應用是多末的廣泛而令人不可思議啊！

數學對於訓練人類的思考亦有很大的貢獻，數學是唯一的邏輯法，使我們養成一種不偏不倚合理思考的習慣。利用數學的原理可以正確推出的結論。一切的事物，假如你用數學的眼光觀察一下，將發現多少的錯誤和矛盾！

二十世紀的文明是數學造成的。它能用最簡單的符號表明最複雜的思想，它能使我們養成合理思考的習慣。今日，我們的祖國正遭遇着空前絕後的危機，我們要復興民族，建設國家，就得充實科學智識，培植科學基礎，認淸數學的重要性，去學習，去研究！

緊要啓事： 本刊創刊號出版問世，即銷售一空，再版亦已售罄，現徇大部份讀者之要求，再行發售三版，唯適値印刷所罷工後，印工排工及紙張原料無不激增，若照原價格出售，虧蝕實屬過鉅，但本社素抱服務精神，爲顧全一般讀者負担起見，特忍痛犧牲，仍照原價出售，諸希垂鑒。

含有氧化及還原之化學方程式平衡法

——唐忠賢——

初學化學者對於化學方程式之平衡方法，頗感困難。而尤以複雜之「氧化還原」反應（Oxidation-reduction Reaction），其化學方程式中各分子式之係數，更無從決定。且化學變化無窮，欲將各方程式中分子式之係數一一强記，勢所難能。故遇到一未平衡之化學方程式時，每將該方程式中各分子式之原子數目，自前後兩端，反覆計算，使兩端各該原子數總和彼此相等，然後決定各分子式之係數，而使該方程式兩端平衡。若此毫無學理之呆笨方法，用之於簡單之化學方程式，容或有濟。苟遇繁複之化學方程式，勢必束手無策。得於此或失之於彼，合於前或不適於後，由是假裹生眞無中幻有，則代表化學反應時精密關係之方程式，勢必成爲離奇莫測五花八門之幻術舞台矣。不知化學方程式之平衡，實有一定之方法可以遵循。固無須無理强記，更不必反覆凑合也。代數法（Algebraical method）爲常用之化學方程式平衡法，但此法極機械，毫無化學之意義。且遇繁複之化學方程式，即不能壹案即解。所幸者，此類繁複之方程式多屬『氧化還原』反應，各物質經過化學反應後，其中元素因而氧化者有之，因而還原者有之。故其分子中該元素之原子價，遂因之而有增減，所荷電子，亦因之而有得失，應用此原子價之增減，或電子之得失，以平衡化學方程式，其法甚便，且有化學之意義。讀者苟能運用純熟，融會貫通，則縱遇繁複之化學方程式，亦不難迎刃而解矣。今將各法略述於下：

（一）原子價法（Valence Method）

原子價法係根據化學反應時，各原子間因氧化或還原而增減其原子價之相互關係，應用原子價定則（Rule of Valence）而成立者，其所應用之理論有四：——

（1）決定各元素之原子價時，氫之原子價恆視爲+1，氧之原子價恆視爲—2，未與他元素化合者，其原子價恆視爲0。

如在HCl中H之原子價爲+1，然在H_2中H之原子價則視爲0.

（2）原子價定則（Rule of Valence）——在任何化合物中，其各元素原子價之總和必等於0.。

如——在CO中，O之原子價爲—2，則C之原子價必爲+2，因（+2）+（—2）=0故也。

又如——在$Al_2(SO_4)_3$中Al之原子價爲+3，則SO_4之原子價必爲—2，因2（+3）+3（—2）=0也。

此法亦可應用於含於根中之元素，如在$KMnO_4$中，K之原子價爲+1，O之原子價爲—2，則Mn之原子價必爲+7，因（+1）+（+7）+4（—2）=0之故。

（3）化學反應時，反應物各元素原子價之總和恆爲不變，不因反應而增加，亦不因之而減少。若甲元素因反應而增加若干原子價，則乙元素必因反應而減少相等之原子價。決定各分子式之係數，即根據此理。

（4）經化學反應後，增加其原子價之元素，謂之被氧化，反是，即謂之被還原。

如——在$Fe_2O_3+3CO\rightarrow 2Fe+3CO_2$中，Fe之原子價由+3而減至0，故Fe稱爲被還原。同時C之原子價由+2而增至+4，故C稱爲被氧化，又若HNO_3與還原劑作用時，其中N被還原之程序，可表之如下：——

——————還——————原——————→

N之原子價：	+5	+4	+3	+2	+1	0	—1	—3
	HNO_3	NO_2	N_2O_3	NO	N_2O	N_2	NH_2OH	NH_3

←——————氧——————化——————

應用以上所述理論以求化學方程式之平衡，其法甚爲簡便，實用時之步驟如下：——

（A）先將反應物之分子式列於『→』或『=』之左，再將生成物之分子式列於右邊，然後考察其中各元素，何者被氧化，何者被還原，被氧化者增加原子價，被還原者則反之。將各該元素之原子價，分別記於該元素之旁。並以矢線連絡，以數表示其所增加或減少之原子價數目。

（B）氧化即爲還原之反，且必同時舉行。反應物中，甲元素因氧化而增加若干原子價，則乙元素必因還原而減少相等之原子價；根據此理，若將其增加數與減少數之最小公倍數求出，以增加數除之，其商即爲甲反應物之係數，以減少數除之，其商即爲乙反應物之係數。

（C）含甲乙二元素之分子式之係數決定後，其餘各分子式之係數，即可由此推出，茲舉例如下：——

〔例壹〕：以重鉻酸鉀氧化二氯化鐵。

（A）先將反應物及生成物列成未平衡之方程式：——

$K_2Cr_2O_7+FeCl_2+HCl \rightarrow KCl+CrCl_3+FeCl_3+H_2O$

在左邊$K_2Cr_2O_7$中含有兩個Cr，而右邊$CrCl_3$中則僅含壹個Cr，故後者應爲2$CrCl_3$

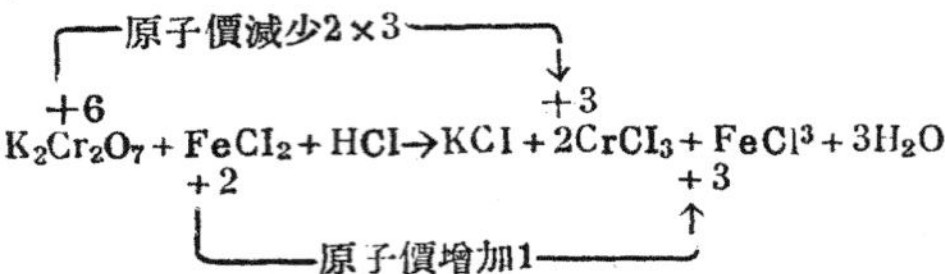

觀上式可知$FeCl_2$中之Fe被氧化，其原子價由＋2，而增至＋3，故其原子價增加數目爲1.但同時$K_2Cr_2O_7$中之Cr被還原，其原子價由＋6而減至＋3，但因其自兩原子變爲兩原子，故其原子價減少總數爲6.

（B）欲使所增與所減之原子價數相等，應以6乘$FeCl_2$及$FeCl_3$，以1乘$K_2Cr_2O_7$及2乘$CrCl_3$.

$K_2Cr_2O_7+6FeCl_2+HCl \rightarrow KCl+2CrCl_3+6FeCl_3+H_2O$（未完成）

（C）上式之左邊有7原子之O，需要14原子之H化合而成H_2O，故HCl之係數必爲14，今左端各分子式之係數已完全決定，則KCl，H_2O之係數亦可由左端各分式中K，O之原子數目推知其必爲2與7。

故平衡後之方程式應爲

$K_2Cr_2O_7+6FeCl_2+14HCl \rightarrow 2KCl+2CrCl_3+6FeCl_3+7H_2O$。

〔例二〕：——以硫化氫還原高錳酸鉀。

（A）未平衡之方程式爲：——

原子價減少5

+7 +2

$H_2S+KMnO_4+HCl \rightarrow KCl+MnCl_2+S+H_2O$

−2 0

原子價增加2

觀察上式，可知H_2S中之S被氧化，其原子價由−2而增至0，$KMnO_4$中之Mn被還原，其原子價由＋7而減少至＋2。

（B）欲使所增與所減之原子價數相等，應以5乘H_2S及S，以2乘$KMnO_4$及$MnCl_2$，故得

$5H_2S+2KMnO_4+HCl \rightarrow KCl+2MnCl_2+5S+H_2O$（未完成）

（C）上式之左邊有8原子之0，必須與16原子之H與之化合而成H_2O，除$5H_2S$中有10原子之H外，尚不足6原子，故知HCl之係數必爲6.如前例所述，KCl及H_2O之係數，可由左邊K及O之原子數而推知其爲8與2。

故平衡後之方程式應爲

$5H_2S+2KMnO_4+6HCl \rightarrow 2KCl+2MnCl_2+5S+8H_2O$.

〔例三〕平衡方程式

$KMnO_4+FeSO_4+H_2SO_4 \rightarrow KHSO_4+MnSO_4+Fe_2(SO_4)_3+H_2O$

〔例四〕平衡方程式

$KMnO_4+H_2C_2O_4+H_2SO_4 \rightarrow K_2SO_4+MnSO_4+CO_2+H_2O$

例三；例四讀者試以上法平衡之，其答案如下：——

$2KMnO_4+10FeSO_4+9H_2SO_4 \rightarrow 2KHSO_4+5Fe_2(SO_4)_3+8H_2O+MnSO_4+2KMnO_4$

$2KMnO_4+5H_2C_2O_4+3H_2SO_4 \rightarrow K_2SO_4+2MnSO_4+10CO_2+8H_2O$.

（本篇未完）

各校數理入學試題解答

(一)交通大學　A.解析幾何

〔1.〕三點之極座標爲(r_1,θ_1)，(r_2,θ_2)，(r_3,θ_3)。試示此三點在一直綫上之必要條件爲

$$\frac{\sin(\theta_2-\theta_3)}{r_1}+\frac{\sin(\theta_3-\theta_1)}{r_2}+\frac{\sin(\theta_1-\theta_2)}{r_3}=0。$$

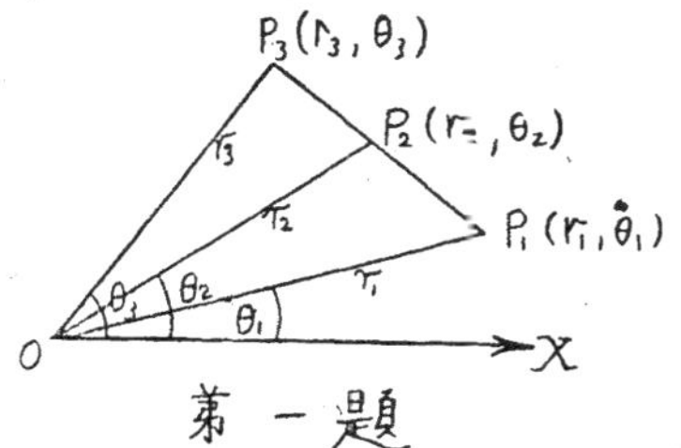

第一題

(證) 如$P_1P_2P_3$在一直綫上，

則$OP_1P_2P_3$爲一三角形，其

面積$=\frac{1}{2}r_1r_3\sin(\theta_3-\theta_1)$，

因$\triangle OP_1P_3=\triangle OP_1P_2+\triangle OP_2P_3$，

而$\triangle OP_1P_2=\frac{1}{2}r_1r_2\sin(\theta_2-\theta_1)$，

$\triangle OP_2P_3=\frac{1}{2}r_2r_3\sin(\theta_3-\theta_2)$，

故$\frac{1}{2}r_1r_3\sin(\theta_3-\theta_1)=\frac{1}{2}r_1r_2\sin(\theta_2-\theta_1)+\frac{1}{2}r_2r_3\sin(\theta_3-\theta_2)$，

即$r_2r_3\sin(\theta_2-\theta_3)+r_3r_1\sin(\theta_3-\theta_1)+r_1r_2\sin(\theta_1-\theta_2)=0$，

兩邊同除以$r_1r_2r_3$，則

$$\frac{\sin(\theta_2-\theta_3)}{r_1}+\frac{\sin(\theta_3-\theta_1)}{r_2}+\frac{\sin(\theta_1-\theta_2)}{r_3}=0。$$

〔2.〕若$a\equiv2x-y+3$，$b\equiv5x+3y-29$，$c\equiv x-3y+14$，$d\equiv x+4y+1$.求證$ab=cd$爲圓之方程式，此圓外接於一四邊形，其四邊順序爲$a=0$，$c=0$，$b=0$，$d=0$。

(證)今$ab\equiv(2x-y+3)(5x+3y-29)$

$=10x^2+xy-3y^2-43x+38y-87$，

$cd\equiv(x-3y+14)(x+4y+1)$

$=x^2+xy-12y^2+15x+53y+14$。

故方程式$ab=cd$爲

$10x^2+xy-3y^2-43x+38y-87$

$=x^2+xy-12y^2+15x+53y+14$，

即$9x^2+9y^2-58x-15y-101=0$

此爲一圓之方程式，蓋x^2與y^2之系數相等，xy之係數爲0，且$\text{㊂}=D^2+E^2-4F=(-58)^2+(-15)^2-4(-101)>0$也。

又設$P(x_1,y_1)$爲$a=0$，$c=0$二直線之交點，則以P點之座標x_1,y_1代入a與c中，二式必等於0。

故在$ab=ccd$中若以x_1,y_1代入，則式之兩端同等於0。

即x_1,y_1能適合圓之方程式。

故P點在圓上。

同理，四邊形其他三頂點Q,R,S亦在此圓上。

即此圓爲PQRS之外接圓。

〔3.〕橢圓$\frac{x^2}{a^2}+\frac{y^2}{b^2}=1$之兩共軛直徑之長爲$2a'$,$2b'$。若以此共軛直徑爲坐標軸，則橢圓方程式爲$\frac{x^2}{a'^2}+\frac{y^2}{b'^2}=1$,試證之。

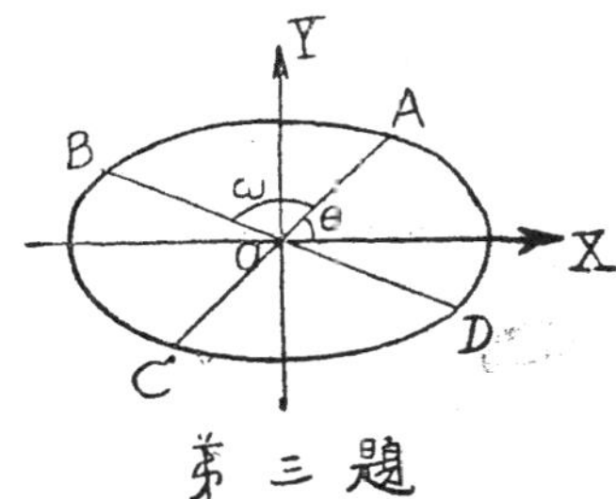

第三題

(證)按轉軸之公式爲(從直軸變成斜軸)

$$\begin{cases}x=x'\cos\theta+y'\cos(\omega+\theta)\\y=x'\sin\theta+y'\sin(\omega+\theta)\end{cases}$$

將上二式代入$\frac{x^2}{a^2}+\frac{y^2}{b^2}=1$中，則原方程式之次數既不增高，亦不減低，且無x,y之一次項。

故轉軸後之方程式必呈

$Ax^2+Bxy+Cy^2=1$………(1)

之形式。

今$A(a',0)$在(1)上，故$Aa'^2=1$

又因$B(0,b')$在(1)上，故$Cb'^2=1$

$\therefore A=\frac{1}{a'^2},C=\frac{1}{b'^2}$

又因OA平分平行於OB之諸弦，故每一x之值必有二數值相等而符號相反之y值與之相當，但此惟在$B=0$時，方能成立。

故橢圓之方程式變爲

$$\frac{x^2}{a'^2}+\frac{y^2}{b'^2}=1.$$

〔4.〕在拋物線 $y^2=4ax$ 上P點之法線交拋物線之軸於G，向外延長GP至Q，令PQ=GP。試示Q點之軌跡爲一拋物線。又自兩拋物線上P點及Q點，各作切線，試示兩切線之交點之軌跡爲

$$y^2(x+4a)+16a^3=0。$$

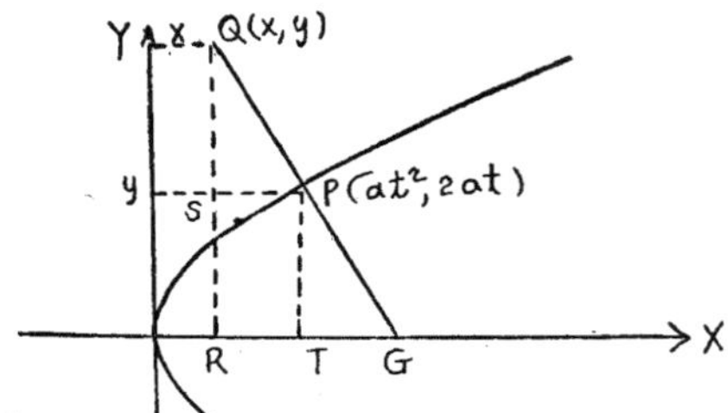

第四題

(證)設 $P(at^2, 2at)$ 爲拋物線 $y^2=4ax$ 上之任意一點，t爲參變數(Parameter)。

因PQ=GP，∴QR=2PT

即 $y=2(2at)=4at$ ……………………(1)

過P點之切線爲 $ty=x+at^2$，

其斜率爲 $\frac{1}{t}$，故PG之斜率爲 $-t$

即 $\tan XGP=t$。

故 $TG=\frac{TP}{\tan(180^0-XGP)}=\frac{2at}{t}=2a$

但RT=TG，∴RT=2a

∴ $x=at^2-2a$ …………………… (2)

從(1)，(2)消去t，得Q點之軌跡爲

$y^2=16a(x+2a)$，即一拋物線。

已知過P點之切線爲

$x-ty+at^2=0$ ……………………(3)

過Q之切線爲

$4aty=8a(x+at^2-2a+4a)$

即 $2x-ty+2at^2+4a=0$ ……………………(4)

在(2)，(3)中消去t：

$2\cdot(3)-(4)\quad -ty-4a=0$，$\therefore t=-\frac{4a}{y}$

代入(3)，$x+\frac{4a}{y}\cdot y+\frac{16a^2}{y^2}\cdot a=0$

化簡得二切線交點之軌跡爲

$y^2(x+4a)+16a^3=0$。

〔5.〕試判定方程式

$$5x^2-5xy-7y^2-165x+1320=0$$

之軌跡爲雙曲線，並求其(a)中心，(b)漸近線，(c)兩軸之長，及(d)平分線坡爲 -5 之諸弦之直徑。但運算時不得變換所與方程式爲標準形。

(解)、

$$因⊟=\frac{1}{2}\begin{vmatrix}10 & -5 & -195\\ -5 & -14 & 0\\ -165 & 0 & 2640\end{vmatrix}\neq 0,$$

$\triangle=(-5)^2-4\cdot5\cdot(-7)>0$

故此方程式之軌跡爲雙曲線。

(a) 解 $\begin{cases}10x_1-5y_1-165=0,\\ -5x_1-14y_1=0,\end{cases}$

得 $x_1=14$，$y_1=-5$

故雙曲線之中心爲(14，−5)。

(b) 因漸近線之方程式與雙曲綫之方程式僅差一常數項，故必呈

$5x^2-5xy-7y^2-165x+k=0$

若此方程式代表二直線，則必

$$⊟=\begin{vmatrix}10 & -5 & -165\\ -5 & -14 & 0\\ -165 & 0 & 2k\end{vmatrix}=0$$

即 $330k=14\times165^2$

$\therefore k=1155$

故其漸近線之方程式爲

$$5x^2-5xy-7y^2-165x+1155=0$$

(c)設2a，2b爲雙曲線之兩軸，則 a^2，$-b^2$，爲下列方式之根。 $\triangle^3x^2+4\triangle H⊟x-⊟^2=0$

今 $\triangle=(-5)^2-4\cdot5\cdot(-7)=165$，$H=5-7=-2$

$⊟=4\cdot5(-7)\cdot1320-(-7)(-165)^2-1320\cdot(-5)^2=165^2$

$\therefore 165^3x^2+4\cdot165(-2)\cdot165^2x-4\,165^4=0$

即 $x^2-8x-660=0$

解之，$x=30$ 或 -22

即 $a=\sqrt{30}$，$b=\sqrt{22}$

故兩軸之長爲 $2\sqrt{30}$，及 $2\sqrt{22}$

(d)平分線坡爲 -5 之諸弦之直徑爲

$2\cdot5x-5y-165-5(-5x-2\cdot7y)=0$

即 $7x+13y-33=0$。

震光園地

在「震光」

李雲

講到『特色』，在這裏實在太多了，要是一一說出，則不勝枚舉，現在，我拿本校幾個特別動態，拉雜的寫些出來吧！

這兒的教師，大多是國立交通大學的同學及剛畢業的校友，就因爲這樣，學生的種種痛苦和心理，教師都能深刻地了解，學校當局爲聯絡師生間之情感起見，有師生聯誼會的舉行，在師生聯誼會中，使我更進一步地認識了各位先生認眞辦事的精神。那天，我吃過午飯，跑到學校裏，只見高個子帶眼鏡的馮先生同了三角臉的唐先生，正在搬排櫈凳，忙得不亦樂乎！汗流滿面，頭上冒着水氣，我說：「息一會兒吧！」「沒有關係，今天天氣又不熱！」這末誠懇的回答，眞使我深深地感到交大同學辦事認眞的精神之可佩，整理妥當後，全體師生魚貫而入聯誼會教室，大家笑容可掬，滿面春風，由主席報告聯誼會的意義後，餘興開始了，節目繁多，什麼平劇，粵曲，唱歌，音樂，說笑話，眞是五花八門，無奇不有，在各人自我介紹時，有國語，廣東話，北平土話，蘇州話，寧波話，好像開全國言語博覽會一樣。在這次聯誼會中，師生間的隔膜完全泯除了，同學教師情緒之熱烈，充分地表現出震光師生間精誠團結合作互助的精神，正像主席宋先生在致開會詞中所說：「我們要拿震光當作一個大家庭，在這個大家庭中，大家都是兄弟姊妹。我們在這兒共同研究，共同學習，充實知識武裝的力量，準備爲建設新中國而努力！」是的，今後建國的重任正在我們青年的肩上呢！

研究物理之要點

張若蘭

物理是研究精深科學的基礎，建設落後的國家，要發展一切事業，先得培植科學人材。物理乃是科學之基礎，欲發展科學，先得研究物理，在這裏，憑着自已過去學習物理的一點幼稚經驗，而來提出研究物理的幾個要點，作爲初學物理之同學們的參考。

（一）恆心：物理是一門艱難細微的科學，長期的忍耐和巨大的精力是研究的必需條件，不懂的要弄懂，已懂的更要求澈底的了解。只有堅强的意志和堅決的恆心，才能不斷地克服困難，到達成功的地步。

（二）實驗：物理是一切事物理論的綜合。這些理論的創立完全由不斷的觀察和實驗得來，實驗可以使你提高和增加研究物理的興趣，使書上的理論和自然界的現象連繫起來。

（三）活讀：物理是活的科學，死記定律公式，這是機械式的學習方法，它會使你的腦子終日在公式中兜圈子，我們學習物理，必須瞭解各種定律公式的意義和來源。並且能應用這些定律去解釋其他現象和事物，公式固然要記牢，還要能 Derive 和 Apply，才算澈底的了解了這公式的意義。

（四）練習：研究物理，欲求更大的進步，必須多作練習，練習一方面可以增加你的理解能力，另一方面可以將數學與物理連繫起來，只知物理，而不知數學，好像盲人騎瞎馬，是永遠達不到澈底了解物理之目的！

上面四點，誠屬老生長談，不足爲奇。然而學習物理而能做到這四點，我想，雖不能有驚人的成就，其進步也一定很快的了。

我要說的話

嫻晟

這並不是我爲本校鼓吹宣傳，也不是替它驕傲，我祇以受教者的地位，來談談本校的情形，並介紹給尚未認識本校之讀者。因爲我覺得選擇一個補習學校，事先也應該加以相當愼重的考慮的。

閒話少說，震光是具有什麼特質的學校呢？

（一）教導的嚴格：這兒我來舉個例吧，幾何教師，書上每門難題都要叫我們做到，改卷子的精細眞是驚人，360度右上角缺少。就得加上去，「大角對大邊」之後，還得加上一句「小角對小邊」。拿測驗說吧，雖然上課時間祇有一個半月，除了大小考外，平時測驗少則二次，多則四次。學期結束後，除發給成績單外，還有一張證明書，每次考試，當你考好後，跑到佈告欄，就可看到試題的答案已高高地貼在那裏。你考試題目做得對不對，馬上可以知道。這不是教學嚴格的表現嗎？

（二）服務的精神：本校創立之目的，純爲提倡科學，灌輸青年以數理知識，故收費以力求減輕同學負担爲原則。同時，成績優良之同學於學期結束時，可得申請免費。他如師生聯誼會啦，學校就要墳補出一筆相當大的費用，每位教師都是爲教育而服務，不取絲毫報酬。這種服務的精神，纔眞正符合了國家提倡教育的宗旨。

（三）師生感情的融洽：這兒的教師們，上課時雖是板起了面孔，喊破了嗓子，全副精神致力於教授。可是下課時對待同學，就像對待自己的弟妹一樣和氣，和同學下棋談天都來。即使課後我們有疑問時，教師們仍舊盡心竭力誨人不倦地教導我們。師生聯誼會的舉行，格外增强了師生間的友誼。在這裏，師生的界限是沒有的，一切的一切，充分表現出師生合作精誠團結的精神！嚴緇，誠懇和融和三者把震光全體師生打成了一片！

（四）課外活動的活躍：在此地，讀書的風氣固很濃厚，課外娛樂和智識的活動也很活躍；例如同學聯歡會啦，辦理智識講座啦，舉行數學比賽啦，這一切，不用說是一般的補習學校所沒有的，即使正式的學校恐怕也很少這樣吧！

不過，話得說回來，美中亦有不足之處。一小部份同學對所讀功課之不夠認眞，實辜負了教師們一番的期望。我希望本校同學俱能認識到在孤島讀書之不易，努力奮發，充實自身學識，以備服務社會之用！

以上各點，若能發揚而廣大之，我相信震光的前途是光明燦爛的，正如相信我們祖國的前途光明燦爛一樣。我更深信，在這個大時代，震光一定能負起它對國家民族所負之使命！

——震光數理專校近訊——

震光暑期學校爲提高學生對數學之興趣起見，於本月十六日上午十時至十一時舉行全校數學競賽，時間一小時，題目廿五問，內有算術代數幾何各類，成績優良者，將給予有意義之獎品云。

該校暑期班將於二十日左右結束，秋季班定於九月十五日開學，報名即日開始，除高初中數理化各科外，並附設各級英文班，教師均由交大校友同學及本埠著名各基督教大學同學担任，校址在福煦路三八四號（九星大戲院對過），簡章函索即寄云。

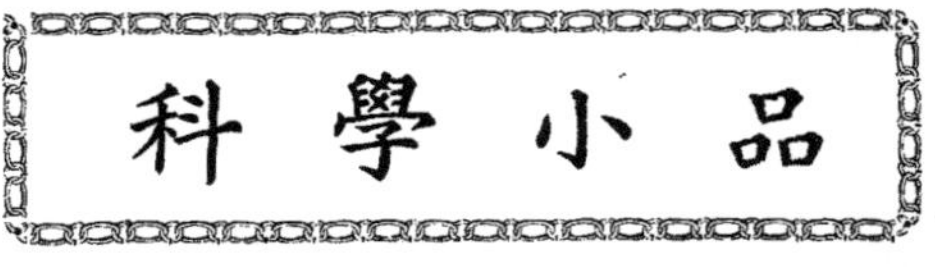

數 學 的 矛 盾

——逸 菴——

在數學中，我們知道1是1，2是2，兩者是不等的。但是在代數中，我們却能夠證明$1=2$，$1=-1$，$0=1$，這些式子證的方法對不對，究竟錯在什麼地方，那只有讓讀者費些腦筋去研究了。

（a）設$a=b$

則$a^2=ab$ 又 $b^2=b^2$

$\therefore a^2-b^2=ab-b^2$ 或 $(a+b)(a-b)=b(a-b)$

$\therefore a+b=b$ 或 $b+b=b$ 或 $2b=b$

故$2=1$

（b）有一無窮級數 $1-1+1-1+1-1+\cdots\cdots$。設S代表這級數之總和，則

$S=1-1+1-1+\cdots\cdots=(1-1)+(1-1)+\cdots\cdots$

$=0+0+\cdots\cdots=0$。

又 $S=1-1+1-1+\cdots\cdots=1-(1-1)-(1-)\cdots\cdots$

$=1-0-0-\cdots\cdots=1$

$\therefore 1=0$

(c) $(\sqrt{-a})\cdot(\sqrt{-b})=\sqrt{(-a)(-b)}=\sqrt{ab}$

又 $(\sqrt{-a})\cdot(\sqrt{b})=(\sqrt{a}i)(\sqrt{b}i)=\sqrt{ab}i^2=-\sqrt{ab}$

$\therefore \sqrt{ab}=-\sqrt{ab}$

故 $1=-1$

奇怪的幾何問題

K. E.

這裏有兩個奇怪的幾何問題，在論理上是講不通的，但是，事實上却能夠證明，錯在什麼地方，讀者們可以仔細地觀察一下。

（A）求證任意三角形ABC爲等邊三角形。

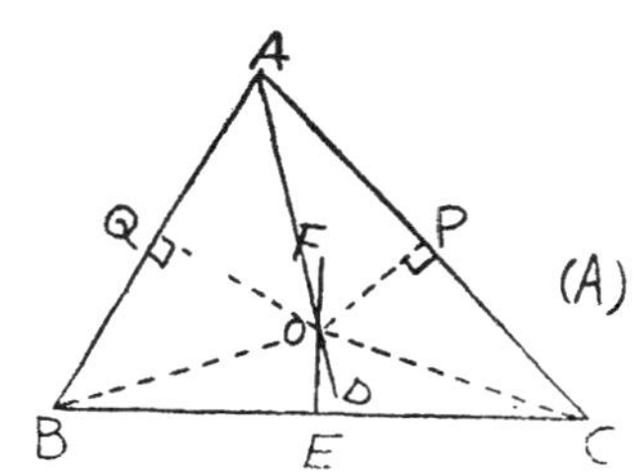

證：作∠A之平分線AB，BC之垂直二等分線EF，兩線相交於O點，又作OP⊥AC，OQ⊥AB，

則在Rt△AOP和Rt△AOQ中，∠OAP=∠OAQ（作圖）

AO=AO（公共邊）

Rt△AOP≡Rt△AOQ（兩個直角三角形，有一銳角和斜邊各各相等，則彼此全同）

故AP≡AQ　OP≡OQ　（全同△相當邊相等）

又在Rt△POC和Rt△QOB中，BO=CO

（在一綫的垂直平分線上任意一點，離此綫兩端的距離必等）

∴Rt△POC≡Rt△QOB（兩個直角三角形，各有一直角邊和斜邊彼此相等，則此兩形全同）

故PC=QB（全同三角形相當邊相等）

∴AP+PC=AQ+QB（等量加等量，其和相等）

即AC=AB

同理可證AB=BC

∴AB=BC=CA

故任意三角形ABC爲等邊三角形

（B）求證直角等於鈍角。

證：設有長方形ABCD，在BC外取BE=BC（如圖）連DE，則成四邊形ABED。

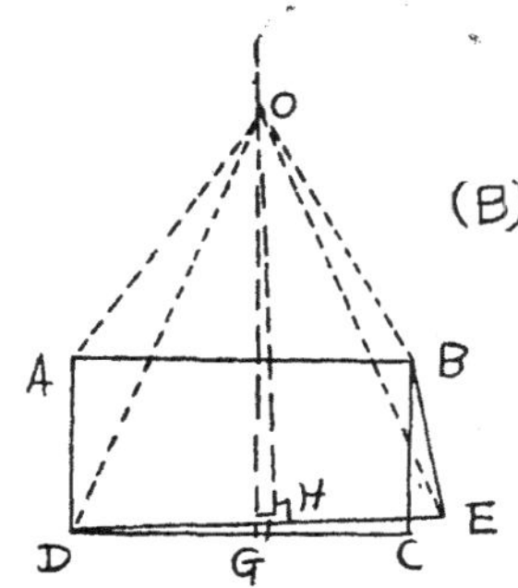

作DC，DE之垂直二等分線GO和HO，兩線相交於O點。連OA，OB，OC，OD，OE，則

OA=OB，OD=OC（在一直線之垂平分線上任意一點，與此綫兩端的距離必等）

又OD=OE（理由同上），BE=AD，（作圖）

故△AOD≡△BOE（S.S.S.=S.S.S.）

故∠OAD=∠OBE（全同三角形相當角相等）

但因OA=OB，∴∠OAB=∠OBA（等腰三角形底角相等）

∴∠OAD−∠OAB=∠OBE−∠OBA（等量減等量，其差相等）

即∠BAD=∠ABE

但∠ABD=90°（因ABCD爲長方形）=直角

∠ABE>90°（=鈍角）

故　直角=鈍角

懸賞

鐵的問題

（1）紅熱的鐵何以不能磁化？

（2）爲何鋼經過磁化後能久保其磁性而鍜鐵則不能？

（3）以一鐵棒之一部插入水中時，那一部份最易生銹？並試舉其理由。

（4）最易溶解鐵的溶液有那幾種？

（5）吞鐵是否會致死？述其理由，說明何以人們自殺時吞金不吞鐵。

（6）最有效的鍍鐵材料是什麽？並舉其成分。

（7）如果你是鐵塊內的一粒分子，當你想衝出母體呼吸一下自由空氣時，你將用什麽方法達到你的目的？

（8）人類的進化自石器而銅器，至今日鐵器時代，那末將來鐵器時代之後該是什麽時代？

應徵必須繕寫清楚（橫寫，不必抄題目），連同本期印花，一併寄至本刊懸賞欄。優秀者除酌予獎品外，並將姓名答案於下期刊出，應徵期限以九月十日爲截止期。

編後

本刊終於在非常短促忽忙的時期中出版了，由於時間和人力的限制，錯誤和缺點是在所不免的，在這兒，我們第一希望讀者多多批評賜教，第二希望讀者多多投稿。

本期專論「數學的重要」是由連喬君從一份外國數學誌雜上摘取大意譯來的，內容雖屬平常，然而這些平常的東西正是一般人所容易忽略的。我們所以把它刊載，希望各位讀者不要忽視了數學的重要性，在化學計算中，方程式之平衡是夠麻煩費時的，「含有氧化及還原之化學方程式平衡法」一文，告訴你利用原子價和電子之增減平衡化學方程式的簡便方法，該文較長，下期可刊登完畢。

「各校招考試題解答」一欄，專門登載本埠各大學入學試題之解答。範圍現因篇幅關係，祇限於本埠各國立大學，將來擴充篇幅時，各私立大學之試題解答亦將次第刊載。

「震光園地」係震光數理專校同學主編，但投稿者不限於震光同學，各校同學如願賜稿，亦所歡迎，內容暫限於各校動態及有關科學之文字爲限，本期所載各篇，皆係震光同學所作，寫作技巧雖然較差，但敍述論理，見地亦頗正確，可以一讀。

「科學小品」一欄，專載偏於趣味化而能啟人深思的科學文字，以短小精悍爲主。本欄希各校同學踴躍賜稿，本期因時間匆忙關係，不少佳稿，未能刊載，謹向投稿諸君致歉。

本刊每期均有懸賞題目，以啟發讀者研究數理之興趣，應徵者須繕寫清楚，並附該期懸賞徵文印花一枚，投寄本社，錄取者酌予獎品；應徵解答以簡明爲主。

本刊自下期起增闢「信箱」一欄，專爲讀者解答有關數理之疑題，詢問者須書寫整齊清楚（有圖者須以黑墨水繪圖），投寄本刊信箱欄，問題以清楚簡明爲原則。

創刊初期，因人力財力關係，篇幅有限，以後當儘力設法擴充篇幅，並希讀者諸君與本刊通力合作，大家一同來灌溉這新生的園地！

定價

期數冊數價目	全年	半年	三月
	二十四期	十二期	六期
預定	三元	一元七角	九角

每月出版二期 本期售價一角五分

震光數理 創刊號

民國三十年八月廿五日出版

民國三十年九月五日三版

編輯者 震光數理社 福煦路三八四號

發行者 震光數理專校 上海福煦路

總經售 震光數理專校 三百八十四號

本埠各報攤均有出售

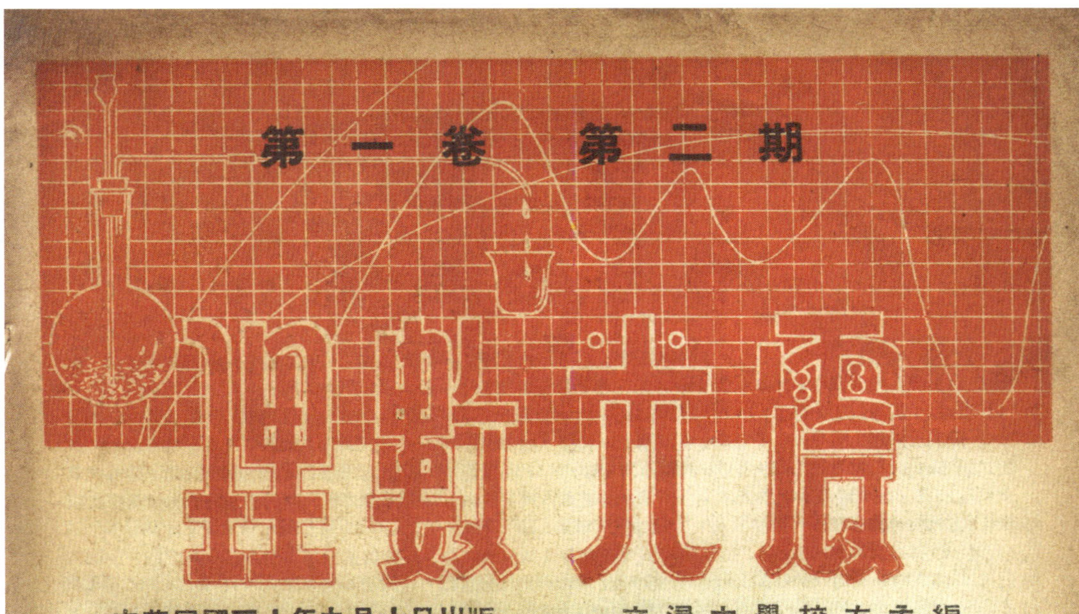

中華民國三十年九月十日出版　　交通大學校友主編

本期目錄

編者的話

編者

本刊第二期同各位讀者見面了。篇幅比上期增加了五分之三，內容也比上期充實得多。但我們決不敢自滿。這裏所謂「充實」只是和第一期的比較，離開真正充實的地步尚有相當的距離。本刊同人除共同努力，致力於加强充實本刊的陣容外，並希全體讀者對本刊多加嚴格的批評指教和時賜佳作。

本期專論中「奇妙的螢光」係一篇特稿。螢光燈在上海已成了時髦的設備，它的用途之廣，簡直令人不可思議，那末螢光究竟是些什麼東西，爲什麼這末「奇妙」，這裏告訴你所要知道的一切。牛頓運動三定律是物理力學的基礎，振千君所作之「牛頓運動三定律」一文，將牛頓三定律加以一番充分的討論和推廣，本期因限於篇幅，祇登載該文全文之五分之二，餘則於二期中刊完。

各校招考試題解答欄，本期登載本年度交大入學試題中高等代數和三角之部，下期刊載物理之部，再下期化學之部，特此預告。

「震光園地」欄原純爲讀者而設，凡屬有關數理短小精悍之文字，本刊力求儘量刊載。但來稿中頗有不合本刊性質者，則雖佳不錄。本欄以後擬多載數理化之各類疑題，以作讀者研究參考之用。

「科學小品」欄內，本期收到不少類似「數學的矛盾」之文字，但審視內容，頗多雷同。此類數學上錯誤之問題，祇可提出一二個以增高讀者研求數學原理之興趣，多則毫無意義，本期選擇王章及友石二君來稿之一部份刊登。又本欄從下期起擬增加科學新聞，科學通訊及小工藝文字，以充實讀者之科學智識。

應徵懸賞和詢問疑難之讀者，希依照懸賞欄和讀者信箱之規約辦理。

總之，本刊是全體讀者的園地，我們不是科學家，更不是數理專家，我們祇想盡我們的力量替科學落後的中國埋下一顆科學的種子，我們懇摯地希望讀者諸君和我們攜手合作，共同來保護，灌溉，使得這一顆微小的種子在不遠的將來生長成一枚鮮豔甜美的果實！

專論

奇妙的螢光

——漪　文——

在上海人的腦海中中，「螢光」不再是件生疏稀奇的東西了。各大影戲院，大百貨公司，及許多商店中都已改裝起「螢光燈」，這柔和、冷潔而明亮的亮光，就是螢光的一種。

螢光怎樣產生出來的呢？這是誰都要問的一個問題。螢光是由目不能見的短波紫外線，刺激着螢光質而變成的一種最適人視力的光線，螢光燈的製造，就利用了這個原理。一個長玻璃管內塗着一層很薄的螢光粉，管的二端裝有金屬絲的電極，管內密封着少量的水銀和氬，通以電流，電極最先熾熱，水銀隨着汽化，變成水銀蒸汽而成爲一個導電體，電路既通，水銀蒸汽起電離作用，放出一種短波紫外線，射到螢光粉上，就產生出這種使人舒適的螢光。

螢光粉的化學成分是什麼？這也是一個大家急於要知道的問題。外國製造家對這個是祕而不宣的，不過我們可以知道這是一種天然的礦石，或是一種人造的化合物，據說硫酸奎寧鹽（Sulfate of quinine），鎢化鈣（Calcium tungstate），和靖化鉑鋇（Barium Platino cynitle）等化合物，都有發出螢光的性質。總之，到目前爲止，我們還不能十分曉得清楚，螢光粉的正確成份有待於外國農學家的詳細報告和中國化學家的潛心研究，目前有許多中國青年化學家，正在埋頭探索，我們在這裏敬祝他們早日成功。

「日光燈」僅是螢光的一種用途，其他重要的用處正多呢！像研究病狀，保護食品，偵察偷竊事件，以及發出一種軍事上用以避免敵人視覺的光線，這都是螢光的妙用。

在暗室中，當X光透過人體，射到螢光板上的時候，板上即現出明暗不同的圖形，如果常人的肺部放在X碰和螢光板之間，X光透過皮肉和肺（不能透過骨頭），在螢光板上就現出明亮的肺葉，假使有肺結核病的話，X光在這個部份透過較少，或許不能透過，在螢光板上將有暗淡的黑點產生，這就是螢光驗肺的原理。

在美國各種零售店鋪中，螢光燈的裝置，其傳播速度正如傳染病那樣地迅速，因爲螢光燈含有很少的熱線，有着冷潔的特性，辦公室和酒菜館中裝置了螢光燈，即省却許多調節室內空氣的設備，新鮮的食物和花草的壽命都可賴以維持得長久。醫院裏日夜開着的燈光，假使換上螢光燈，電費就可節省百分之三十。所以螢光燈在美國頗受一般人的歡迎。

普通電燈的光綫是黃而發紅，螢光燈另含有藍和綠的光線，所以有顏色的東西放在這二種光線之下，效果將絕然不同。例如深藍色和黑色在電燈光下幾無區別，但在螢光燈下可以區別得很清楚。在另一方面，黃色的白脫油在螢光燈下將會現出淡綠色。

美國工程師現在已造出一種約六寸長，像指頭粗細的小型螢光燈，作檯燈和壁燈之用。同時也裝在最新式的戰鬥機上，夜戰時可以清晰地照明各種指針。因爲螢光的閃光（Glaring）很弱，可以增强駕駛員的視線，同時又可隱蔽自己的位置，不被敵機尋到。

螢光燈不僅可以發出那種皎潔柔和的白光，我們也可希望她發出各種顏色的光線。這完全依靠着許多化學成份不同的螢光粉。過去我們得到的紅色、藍色光線，完全靠了燈泡上的顏色，經過吸收作用而成，所以光線要暗淡些，効率也減低得很多。現在的螢光本身就有顏色，所以光既鮮豔，効率也大大地增高。

最近更有許多新的發現，也靠了上面同一個原理，不過螢光粉不必塗在玻璃管內而紫外光線也可在很遠的地方射來。因爲螢光粉同顏料，油漆混和以後，仍不失她對紫外線的敏感度。現在英國的地道車站和防空洞中都粉刷着這種特製的油漆，萬一光源斷絕，那末靠了紫外線燈的幫助，仍可重見光明，軍用地圖上也可塗螢光粉，在烏黑的戰場上，利用一隻發出紫外綫的「無光燈」，兵士就可很方便地察看地圖。

美國的洗衣店，已有利用螢光的原理，在客人送　乾洗的衣服上塗上一種螢光墨水，用紫外線一照，就可顯出所記的號碼，那令人討厭的有色墨水記號就可以避免了。又在支加哥（Chicago）的一家育兒院中，恐怕嬰孩會被誤認，所以也用一種無害的螢光顏料塗在嬰孩身上，這樣可不致將阿貓當作阿狗，眞是想入非非！

不同顏色的墨水和不同種類的膠質，在紫外線的照射下，可以發出不同顏色的螢光。這個事實可以用來檢別文書契約是否被人僞造或塗改，私人信件是否被人偷啟過，一切的祕密的罪行，在紫外線照射下，都會現出原形來。商店中用螢光粉來塗在櫃台上的貨品上面，如果有小偷光臨，那末他手上的螢光粉，决不能完全擦去，在紫外線下，他的罪狀就不容抵賴了。

白脫油和麥其林(一種植物性的牛油)在光天化日之下，看上去沒有多大差別，但在紫外線下，麥其林現出藍色，白脫油現出淡綠色。新鮮的雞蛋可以給我們一種紅色的螢光，但過了十多天，將會變成櫻紅色，最後會變成藍色。

美國西部農場上的馬鈴薯，往往受到有害細菌的侵蝕，以致收穫凋零。這是因爲有一種目不能見的細菌在作祟，再經過農夫刀割的人力傳播，使細菌漫延，其害無窮，後來經過科學家的研究，發現藏有這種病菌的馬鈴薯在紫外線下可以會現出鮮綠色，所以割馬鈴薯的工作，此後就在紫外線下進行。一經發覺禍源，即刻除去，再把鐮刀在消毒劑中消毒，細菌的剷除終於漸漸達到目的。

螢光的用處，眞是太多了，太妙了，在科學家的潛心研究下，此後的新奇發現，將更層出不窮，現在螢光的用處正在中國漸漸發展，不過我們不希望祗用舶來品的螢光粉，希望將來用自己發現出來的東西，來造福國家社會！

牛頓運動三定律

振千

導言

凡讀過物理書的每個同學，可說都能知道牛頓三定律的內容和這三個定律在力學（Mechanics）上的重要性。但是，我總覺得有很多同學對這個重要的定律，還是一知半解，認識得不夠淸楚，理解得不夠深刻！爲了這點，所以作者就不自量力，想借這個數理園地來同大家研究研究。

我們知道牛頓定律的發表是在1687年的「自然哲學原理」（"Principia"）上面，這書的作者就是力學鼻祖牛頓氏（Sir Isaac Newton）。他在這書的序言上曾說：「第一定律和第二定律是被伽利略（Galileo）所發現，約在公元後1590年；第三定律的創覺者很多，像虎克（Hooke），及惠更司（Huyghens）等，他們都在這書之前就發表了第三定律。」所以我們可以知道運動定律的發現，是在牛頓之先，不過從前沒被人家注意而已，到了牛頓時代，他用他特出的理解力，融會貫通，集其大成，來一個具體的說明，成立了這三個定律，替力學建立起一個穩固的基礎。後世科學家因爲這個運動定律在牛頓手中方始成立，所以冠其名曰「牛頓運動三定律」。

牛頓的第一定律是「隨性定律」，第二定律是「加速度定律」，第三定律是「反作用定律」。第一，第二定律其實是一而二，二而一的。現將三定律的原文寫出如下：

（1）第一定律　一切物體，非受外在不平衡力之壓迫，必常保持其靜止或沿一直線作等速運動之狀態而不變更。

（2）第二定律　動量之變化率與作用之力爲成正比例，其變化即發生於作用力之方向上。

（3）第三定律　一切作用均有大小相等，方向相反的反作用。

到目前爲止，我們還不能用科學的實驗方法，直接地來證明這個運動定律的正確性，不過，我們應知道，若用這三個定律作基點，來預測天體的現象或是計算力學上的問題，所得的結果總不會錯，例如在天文學上，我們就靠了這個運動定律來預測月蝕、日蝕的地點和時間，所得的事實是和預測的毫無二樣，所以像幾何學上的倒證法一樣，我們可以實拿際的經驗來證明這三個定律的正確無誤。

第一定律

第一定律的敍述：——一切物體，非受外在不平衡力的壓迫，必保持其靜止或沿一直線作等速運動之狀態而不變更。

在這個定律的敍述中，對外在（external）和不平衡（unbalanced）二個形容詞須加以注意，我們應知道，要變更一個物體的靜止或運動的狀態，所加的力，同時須是外在的和不平衡的，若是內力的話，這變成物體內部的分子引力，對於物體的動量（momentum）變化，是毫無關係。若是平衡的外力，這也不生什麼運動的效果，例如一本書放在桌上，這書雖受到桌面對它的反作用力（卽外力），但因爲這個外力被書本身的重力抵消，成爲平衡的外力，所以這書結果並不行動。

事實上，在這個現實的地球上，一個動體很難得到等速運動，因爲在這物體週遭的外力（像磨擦力，空氣阻力等），是很難除去。一塊鐵在地面上被曳着行動，鐵和地面間的磨擦力在改變它的速度，空氣的阻力也在改變它的速度，要完全除去磨擦力和空氣的阻力是不可能，所以在我們現在的地面上，還沒有一樣東西可以繼續不斷的運動而不會停止。

這個定律，有時稱做惰性定律，所謂惰性，就是一切物體不論或動或靜均有保持其現狀的性質，惰性的大小跟着物體質量的大小而定，質量愈大，惰性亦愈大，要改變物體的惰性，就得加以不平衡的外力，換句話說，若要動的靜，靜的動，非加適當大小的外力不可，蒸汽引擎和柴油引擎上常有很大的飛輪，也就在利用它的惰性，使活塞繼續行動。

現在讓我來舉些常人皆知的實例，來說明這個惰性定律。

當我們踏上一輛電車後，在電車剛開的時候，往往覺到身體向後倒去，這是因爲人的上身繼續着靜止狀態，但他的二脚却被車子帶着前進，所以上身就在二脚的位置後面，而有向後倒去的現象，這是說明一個靜止的物體，有保持它靜止的傾向。這可說是靜止的惰性。

同時我們也有這個經驗，就是當電車突然停止的時候，我們的身體往往向前傾跌，這是因爲我們的上身繼續向前運動，可是我們的二脚跟着車子同時停止，所以上身和二脚有了二種不同的運動狀態，而有傾跌的危險。這個現象說明了一個運動物體有繼續運動的傾向，這可說是動的惰性。

開車停車時對立着的乘客所起前後傾倒的現象，在公共汽車中更是顯著，因爲公共汽車的行動和靜止，它的速率的變化要比電車來得快，所以乘客身部和脚部相對位置的變更也要相差得多。

當我們在電車將停未停的時候跳下車來，我們都知道須將身體稍向後退，可是有幾個人更想到或問到這是爲的什麼緣故？現在大家都可知道，這是要抵消向前的行動，假使我們要想在開得很快的火車上跳下來，若是要自殺，且不在話下，否則那是很危險的，人體往往跌在地下或塞進軌道之內，這是什麼原因？因爲在脚踏到地上的時候，脚部的運動是被地面的抵抗力消去而變得靜止，可是人體的上部仍繼續着行動，沒有外力抑制他，結果上身繼續着行動，使人體倒向地去。

又像人在騎馬的時候，如果這馬因故突然停止牠的飛速前進，無疑的，這位騎士必將不幸地從馬頭上拋向前去。火車在開進車站之前，在適當的距離，預先必得放汽，停止蒸汽引擎的動作，漸漸消滅它的運動惰性。

這些實例，都是說明惰性作用的存在，有些現象，若沒有讀過物理書，是很難解釋得淸楚。

這次拿牛頓第一定律作一個約略的說明，下次我們得討論牛頓第二，第三定律，後面二個定律，比較要難懂些，但也是更重要些，我們應該好好地研究一下，現在同諸位再會！

含有氧化及還原之化學方程式平衡法（續完）

唐　忠　賢

（二）離子電子法（Ion-Electron Method）

離子電子法卽根據化學反應時，各元素所荷之電子，因氧化或還原而有得失之相互關係，應用電子不滅定律（Lawof Constancy Of Electron）以確立，其所應用之理論有三：——

（1）根據電子學說（Electronic Theory），凡一切中性元素（Neutral elements）其所帶之正電荷，必等於其所帶之負電荷，兩者互相中和，所以不呈帶電現象。故在此法中亦視此元素所帶電荷爲 0，與前法中未參與化合之元素，其原子價假視爲 0 相同。某元素帶若干正電荷，必因其失落若干電子之故，某元素帶若干負電荷，必因其增加若干電子之故，是以食鹽之溶於水也，每一原子之中性 Na 因而失一電子，每一原子之中性 Cl，因而得一電子，故 Na 一變而爲帶正電荷之 Na^{+}，Cl 變而爲帶負電荷之 Cl^{-}。

（2）依照電子不滅定律，可知電子之總和不因化學反應而增減，質言之，卽反應前之正負電荷總和必等於反應後正負電荷之總和。若甲元素反應而得一電子，則乙元素必因之而失一電子。如（1）中所述，當NaCl溶解於水時，每原子之 Na 失一電子，則每原子之 Cl 必同時得一電子是也。此理又與前法中之（3）相同，即亦本法唯一之根據也。

（3）每一原子 H^{+}，常帶1正電荷，每一原子 O^{--}，常帶2負電荷，且反應二原子之 H^{+} 恆與一原子之 O^{--} 中和而成一分子之 H_2O，實用時亦因此而博得不少便宜。

應用以上理論而平衡化學方程式，其方法之步驟如下：——

（A）將該未完成之方程式列出後，即考察其中之各元素或根，何者因反應而增加電子，何者因之而消失，然後將各該元素或根分別記下，用離子方程式（Ionic Equation）以表示其電子變化，若某一端有多出之氧元素，則在該端加入相當數之 H^{+}，以與其與多出之氧元素化合而成 H_2O。（若多出之氧元素在生成物之一端，雖不欲與 H^{+} 化合而成 H_2O，但 H^{+} 亦可同樣加入，在第（3）步中可以消去。）

（B）若兩端電荷之總和不等，可以在正電荷較多之一端加入相當數目之 e，以表示其所需之電子數目，而使兩端之電荷總和相等。

（C）將所有因反應而生電子變化之各元素（或根），一一照上法成行列出，若兩端所加入之電子數目不等時（其所加入之電子必左右兩端均有，其理如（1），則求其最小公倍數，以甲式中之電子數除之，以所得商乘乙式，復以乙式中之電子數除之，以其商乘甲式，如是又得一組之離子方程式。

（D）將所得各式，前後分別加之，則所加入之電子自可消去而成一式，若各元素中含有公約數則可約去，在必要時亦可以相當數倍之，則此式中各元素（或根）之係數，即為所須各該元素（或根）之數目，再將相當數之不因反應而生電子變化之元素，填入左右兩端，則各分子式之係數，自可由此決定矣。

茲舉數實例如下：

〔例一〕應用電子離子法平衡下式：

$$Na_2C_2O_4+KMnO_4+H_2SO_4 \rightarrow K_2SO_4+Na_2SO_4+MnSO_4+H_2O+CO_2$$

解：（A）觀察上式，其因反應而發生電子變化之部份，厥惟 C_2O_4 及 MnO_4，故可將其變化記之如下：

$C_2O_4^{--} \rightarrow 2CO_2$ （a）

$MnO_4^{-} \rightarrow Mn^{++}$ （b）

（b）式之左端較右端多4原子O，故必須 $8H^{+}$ 加入左端而得 $4H_2O$，於是得

$C_2O_4^{--} \rightarrow 2CO_2$ （a'）

$MnO_4^{-}+8H^{+} \rightarrow Mn^{++}+4H_2O$ （b'）

（B）加入相當數之電子（以e表之），於各式之左右兩端，而使其兩端總和各相等，故

$C_2O_4^{--} \rightarrow 2CO_2+2e$ （a''）

$MnO_4^{-}+8H^{+}+5e \rightarrow Mn^{++}+4H_2O$ （b''）

（C）欲使二式中所加之電子數相等，應以5乘（a''）式，以2乘（b''）式：

（a''）×5 $5C_2O_4^{--} \rightarrow 10CO_2+10e$

（b''）×2 $2MnO_4^{-}+16H^{+}+10e \rightarrow 2Mn^{++}+8H_2O$

（D）將兩式合併，並消去兩端之 e，則得

$5C_2O_4^{--}+2MnO_4^{-}+16H^{+} \rightarrow 2Mn^{++}+8H_2O+10CO_2$

由是可知 $Na_2C_2O_4$ 之係數為5，$KMnO_4$ 之係數為2，H_2SO_4 之係數為8，此三者之係數決定之後，則其各生成物之係數，自可由此推得。

平衡後之方程式為

$$5Na_2C_2O_4+2KMnO_4+8H_2SO_4 \rightarrow K_2SO_4+5Na_2SO_4+2MnSO_4+8H_2O+10CO_2$$

〔例二〕用離子電子法平衡

$$KIC_3+KI+HC_2H_3O_2 \rightarrow KC_2H_3O_2+H_2O+I_2$$

解：（A）此方程式中因反應而生電子之變化者厥惟 IO_3 及 I；如前例可記之如下：

$IO_3^{-} \rightarrow I$ （a）

$I^{-} \rightarrow I$ （b）

同前例，加 $6H^{+}$ 於（a）之左端，俾與3原子氧化合而成 $3H_2O$。

$IO_3^{-}+6H^{+} \longrightarrow I+3H_2O$ （a'）

$I^- \longrightarrow +I$　　　　(b')

(B) 加入相當數之電子於各式左右兩端，使其電子總和相等。

$IO_3^- + 6H^+ + 5e \longrightarrow I + 3H_2O$　　(a'')

$I^- \rightarrow I + e$　　　　(b'')

(C) 欲使二式中所加之電子數相等，應以 5 乘 (b'') 式。

(a'')　$IO_3^- + 6H^+ + 5e \rightarrow I + 3H_2O$

(b'') ×5　$5I^- \rightarrow 5I + 5e$

(D) 將兩式合併並消去兩端之 e，則得

$IO_3^- + 6H^+ + 5I^- \rightarrow 6I + 3H_2O$

由此式可知 KIO_3 之係數爲 1，KI 之係數爲 5，$HC_2H_3O_2$ 之係數爲 6，此三者之係數決定之後，則其各生成物之係數卽可由此推知矣。

故平衡後之方程式爲

$KIO_3 + 5KI + 6HC_2H_3O_2 \longrightarrow 6KC_2H_3O_2 + 3H_2O + 3I_2$

前法中之各例，讀者亦可試用離子電子法以平衡之。

在上述二法中，其所應用之理論完全相符，惟前法以原子價而資解釋。後法則以電子解釋耳，應用原子價法，似乎簡而易明，應用電子法似乎不如前法之便利易行，且易流於混淆，此因初學者對於原子價較電子更爲熟悉。

其實，此法表面雖似煩繁，但在實際應用時，祇須將離子方程式書就，則平衡之方程式卽可直接列出矣。

〔附註〕倘遇某反應物中之某元素，一部份因反應而氧化（增加原子價，失落電子），同時，另一部份又因反應而還原（減少原子價，獲得電子），在平衡方程式時，可將該物質之分子式，重寫一次，將二者看作兩種不同之特質，而依上法行之。

〔例一〕平衡　$KClO_3 \rightarrow KCl + KClO_4$

解：此式中之 Cl，一部份被氧化，一部份被還原，故可書作下式：

原子價減少 6（$KClO_3$ 中 Cl +5 → KCl 中 Cl −1）

$$\overset{+5}{KClO_3} + \overset{+5}{KClO_3} \longrightarrow \overset{-1}{KCl} + \overset{+7}{KClO_4}$$

原子價增加 2（$KClO_3$ 中 Cl +5 → $KClO_4$ 中 Cl +7）

再照前法平衡之，得

$3KClO_3 + KClO_3 \longrightarrow KCl + 3KClO_4$

卽　$4KClO_3 \longrightarrow KCl + 3KClO_4$

〔例二〕平衡　$Cu + HNO_3 \longrightarrow Cu(NO_3)_2 + NO + H_2O$

解：此例中，一部份 N 被還原，另一部份則既不被氧化亦不被還原，故可書作

原子價增加 2（Cu 0 → $Cu(NO_3)_2$ 中 Cu +2）

$$\overset{0}{Cu} + \overset{+5}{HNO_3} + HNO_3 \longrightarrow \overset{+2}{Cu}(NO_3)_2 + \overset{+2}{NO} + H_2O$$

原子價減少 3（HNO_3 中 N +5 → NO 中 N +2）

依前法平衡之，得

$3Cu + 2HNO_3 + 6HNO_3 \longrightarrow 3Cu(NO_3)_2 + 2NO + 4H_2O$

上二例亦可用離子電子法平衡，讀者試自解之。　（完）

各大學數理入學試題解答

(一)交通大學 B.高代三角

〔1〕解下之聯立方程式

$x+y+z=0$

$ax+by+cz=0$

$a^3x^3+b^3y^3+c^3z^3=3(b-c)(c-a)(a-b)$

(解)令三式依次爲(1)，(2)，(3)。

(2)−b·(1) $(a-b)x-(b-c)z=0$

$\therefore x=\dfrac{b-c}{a-b}z\cdots\cdots(4)$

a·(1)−(2) $(a-b)y-(c-b)z=0$

$\therefore y=\dfrac{c-a}{a-b}z\cdots\cdots(5)$

以(4)，(5)代入(3)中，再以$(a-b)^3$乘兩邊，則得

$[a^3(b-c)^3+b^3(c-a)^3+c^3(a-b)^3]z^3$

$=3(b-c)(c-a)(a-b)^4\cdots\cdots(6)$

但a=0時；$a^3(b-c)^3+b^3(c-a)^3+c^3(a-b)^3\cdot(7)$ 等於0，故a爲(7)式之因子。同理b，c亦爲(7)式之因子。

又b=c時，(7)式亦等於0，故b−c爲其另一因子。同理(a−b)，(c−a)亦爲其因子。

故$abc(b-c)(c-a)(a-b)$爲(7)式之因子。

但二式同爲a，b，c之六次齊次式，故(7)式之其他因子必爲一常數，即

$a^3(b-c)^3+b^3(c-a)^3+c^3(a-b)^3$

$=k\,abc(b-c)(c-a)(a-b)$

左邊a^3b^2c之係數爲−3，右邊a^3b^2c之係數爲−k。

$\therefore -3=-k$，即$k=3$

故(6)式變爲$abcz^3=(a-b)^3$

移項分解因子，則得

$[(abc)^{1/3}z-(a-b)][(abc)^{2/3}z^2+(abc)^{1/3}(a-b)z+(a-b)^2]=0$

解之得 $z_1=\dfrac{a-b}{(abc)^{1/3}}$

$z_2, z_3=\dfrac{b-a}{(abc)^{1/3}}\left(\dfrac{1\pm\sqrt{3}i}{2}\right)$

從對稱知聯立方程式之三組根爲

$$\begin{cases}x_1=\dfrac{b-c}{(abc)^{1/3}},\\ y_1=\dfrac{c-a}{(abc)^{1/3}},\\ z_1=\dfrac{a-b}{(abc)^{1/3}}。\end{cases}\quad\begin{cases}x_2, x_3=\dfrac{c-b}{(abc)^{1/3}}\left(\dfrac{1\pm\sqrt{3}i}{2}\right)\\ y_2, y_3=\dfrac{a-c}{(abc)^{1/3}}\left(\dfrac{1\pm\sqrt{3}i}{2}\right)\\ z_2, z_3=\dfrac{b-a}{(abc)^{1/3}}\left(\dfrac{1\pm\sqrt{3}i}{2}\right)\end{cases}$$

〔2〕試示

$a^3+b^3+c^3-3abc$ 與 $x^3+y^3+z^3-3xyz$

之乘積可書作

$P^3+Q^3+R^3-3PQR$

之形式。

(證)

$$兩式之乘積=\begin{vmatrix}a&b&c\\c&a&b\\b&c&a\end{vmatrix}\begin{vmatrix}x&y&z\\z&x&y\\y&z&x\end{vmatrix}$$

$$=\begin{vmatrix}ax+by+cz&az+bx+cy&ay+bz+cx\\cx+ay+bz&cz+ax+by&cy+az+bx\\bx+cy+az&bz+cx+ay&by+cz+ax\end{vmatrix}$$

$=(ax+by+cz)^3+(bx+cy+az)^3+(cx+ay+bz)^3-3(ax+by+cz)(bx+cy+az)(cx+ay+bz)$

此式呈$P^3+Q^3+R^3-3PQR$之形式，其中P，Q，R爲有理整式。

〔3〕甲乙棋賽，能力均等，比賽時甲勝n次即爲全勝，而乙則須勝n+1次始爲全勝。試示甲乙全勝或然率之比爲

$$1+\frac{1\cdot3\cdot5\cdots(2n-1)}{2\cdot4\cdot6\cdots(2n)} \text{ 比 } 1-\frac{1\cdot3\cdot5\cdots(2n-1)}{2\cdot4\cdot6\cdots(2n)}$$

(證)乙得勝n+1次前甲得勝n次之機會，與開首2n次中甲至少得勝n次之機會相同。蓋甲在開首2n次中，甲若僅勝n−1次，則乙必得勝n+1次而爲乙全勝矣。

又甲得勝一次，失敗一次之或然率各爲½。

故甲全勝之或然率等於$(\frac12+\frac12)^{2n}\cdots\cdots(1)$式之展開式中開首$2n-n+1$，即n+1，項之和。

今(1)式之展開式共有2n+1項，第n+1項(中項)左邊各項之和等於其右邊各項之和，故其開首第n+1項之和

$=\frac12$〔(展開式各項之和)+(第n+1項)〕

$=\frac12[(\frac12+\frac12)^{2n}+(第n+1項)]$

$=\frac12[1+{}_{2n}C_n(\frac12)^{2n}]$

$=\frac12\left[1+\dfrac{2n(2n-1)(2n-2)\cdots(n+1)}{1\cdot2\cdot3\cdots n}(\frac12)^{2n}\right]$

今將證明$\dfrac{2n(2n-1)(2n-2)\cdots(n+1)}{2^n}$

$=1\cdot3\cdot5\cdots(2n-1)(1)$；

設n=k時上式爲正確，亦即

$$\frac{2k(2k-1)(2k-2)\cdots(k+1)}{2^k}=1\cdot3\cdot5\cdots(2k-1)\qquad(2)$$

已知其爲正確，於(2)式之兩端各乘以$(k+1)$，再以2乘左端分子中之$(k+1)$及分母，則得

$$\frac{(2k+2)(2k+1)2k(2k-1)\cdots(k+2)}{2^{k+1}}=1\cdot3\cdot5\cdots(2k-1)(2k+1)\qquad(3)$$

但在(1)式中若以$k+1$代n，亦可得(3)式，故知若$n=k$(1)式爲正確，則$n=k+1$時，(1)式亦必正確，又吾人以觀察之所及，知$n=1$時(1)式爲正確，故知$n=1+1$，即2，是式亦正確；而$n=2+1$，即3，時亦然；以至n爲一切正整數値時莫不皆然，此即此處所欲證明者。

故甲全勝之或然率

$$=\tfrac12\left[1+\frac{2n(2n-1)(2n-2)\cdots(n+1)}{2\cdot4\cdot6\cdots(2n)}\left(\tfrac12\right)^n\right]$$

$$=\tfrac12\left[1+\frac{1\cdot3\cdot5\cdots(2n-1)}{2\cdot4\cdot6\cdots(2n)}\right]$$

乙全勝之或然率=1−(甲全勝之或然率)

$$=\tfrac12\left[1-\frac{1\cdot3\cdot5\cdots(2n-1)}{2\cdot4\cdot6\cdots(2n)}\right]$$

故二者之比爲

$$1+\frac{1\cdot3\cdot5\cdots(2n-1)}{2\cdot4\cdot6\cdots(2n)}\text{ 比 }1-\frac{1\cdot3\cdot5\cdots(2n-1)}{2\cdot4\cdot6\cdots(2n)}$$

〔4〕若三角形ABC之三邊a，b，c爲方程式

$$x^3-px^2+q^2x-r^3=0$$

之根，試求以p，q，r表三角形ABC面積及$\cos A+\cos B+\cos C$之算式

(解)：從根與係數之關係得

$$\begin{cases}a+b+c=p\\ ab+bc+ca=q^2\\ abc=r^3\end{cases}$$

$$\triangle=\sqrt{s(s-a)(s-b)(s-c)}$$

今$S=\tfrac12(a+b+c)=\tfrac12p$，$s-a=\tfrac12p-a$，$s-b=\tfrac12p-b$，$s-c=\tfrac12p-c$。

$$\text{故}\triangle=\sqrt{\tfrac12p(\tfrac12p-a)(\tfrac12p-b)(\tfrac12p-c)}$$

$$=\sqrt{\tfrac12p\left[\tfrac18p^3-\tfrac14p^2(a+b+c)+\tfrac12p(ab+bc+ca)-abc\right]}$$

$$=\sqrt{\tfrac12p\left[\tfrac18p^3-\tfrac14p^3+\tfrac12pq^2-r^3\right]}$$

$$=\tfrac14\sqrt{-p^4+4pq^2-8pr^3}$$

從餘弦定律，

$$\cos A=\frac{b^2+c^2-a^2}{2bc}=\frac{[(b+c)^2-a^2]-2bc}{2bc}$$

$$=\frac{(a+b+c)(b+c-a)-2bc}{2bc}$$

$$=\frac{p\cdot[(a+b+c)-2a]-2bc}{2bc}$$

$$=\frac{p(p-2a)-2bc}{2bc}=\frac{p^2a-2pa^2-2abc}{2abc}$$

$$=\frac{p^2a-2pa^2-2r^3}{2r^3}$$

同理$\cos B=\dfrac{p^2b-2pb^2-2r^3}{2r^3}$，

$$\cos C=\frac{p^2c-2pc^2-2r^3}{2r^3}$$

$$\therefore\cos A+\cos B+\cos C=\frac{p^2(a+b+c)-2p(a^2+b^2+c^2)-6r^3}{2r^3}$$

$$=\frac{p^3-p[(a+b+c)^2-2(ab+bc+ca)]-6r^3}{2r^3}$$

$$=\frac{-p^3+4pq^2-6r^3}{2r^3}$$

〔5〕自銳角三角形ABC之頂點A，B，C。向其對邊所作垂線之垂足順次爲D，E，F。試示△DEF三邊之長度爲

$R\sin2A$，$R\sin2B$，$R\sin2C$

又其外切圓半徑及內接圓半徑順次爲

$\tfrac12R$ 及 $2R\cos A\cos B\cos C$

但R爲△ABC之外切圓半徑。

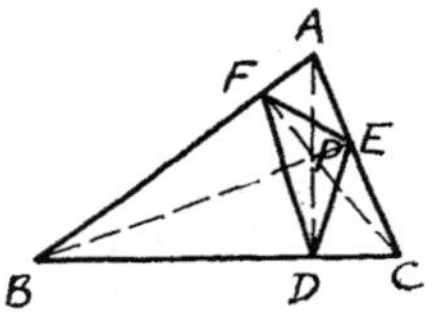

(解)：從幾何學知此三垂線相交於一點(P)。

$\because\angle PDC=\angle PEC=1\text{rt.}\angle.$

故P，E，C，D共圓。

$\therefore\angle PDE=\angle PCE=90^\circ-A$。

同理，P，D，B，F共圓。

$\therefore\angle PDF=\angle PBF=90^\circ-A$。

故$\angle FDE=180^\circ-2A$

同理，$\angle DEF=180^\circ-2B$

$\angle EFD=180^\circ-2C$

又在△AEF中，

$$\frac{EF}{\sin A}=\frac{AE}{\sin AFE}=\frac{AB\cos A}{\cos PFE}=\frac{C\cos A}{\cos PAE}=\frac{C\cos A}{\sin C}$$

$$\therefore EF=\frac{C}{\sin C}\sin A\cos A=R\sin2A$$

同理 $FD=R\sin2B$，$DE=R\sin2C$。

又△DEF之外接圓半徑爲

$$R'=\frac{EF}{2\sin FDE}=\frac{R\sin2A}{\sin(180^\circ-2A)}=\frac{R\sin2A}{2\sin2A}=\frac{R}{2}$$

又△DEF之面積

$$\triangle=\tfrac12\cdot FD\cdot DE\sin FDE=\tfrac12\cdot R\sin2B\sin(180^\circ-2A)=\tfrac12R^2\sin2A\sin2B\sin2C$$

$$s=\tfrac12(EF+FD+DE)=\tfrac12R(\sin2A+\sin2B+\sin2C)=\tfrac12R[\sin(A+B)\cos(A-B)+\sin C\cos C]=2R\sin A\sin B\sin C$$

∴△DEF之內切圓半徑爲

$$r'=\frac{\triangle}{S}=\frac{\tfrac12R^2\sin2A\sin2B\sin2C}{2R\sin A\sin B\sin C}$$

$$=2R\cos A\cos B\cos C$$

震光園地

站在自已的崗位上

——讀者通訊——

朋友；

還眞是値得自傲，我們這一羣生長在這末一個偉大的時代，過着這末不平凡的生活。假使我們回憶一下過去的生活，該多麼地有趣！朋友，你可記得三年前的一個淸風月白的晚上，因爲防禦飛機的空襲，我們躲在防空山洞裏面高誦古文，低吟唐詩，二年前在窮鄉僻壤的埋首攻讀，以及今春的弦歌古刹，這一切，不是大時代的賜予嗎？

這次的戰爭，使得從前同窗數載的同學知已，鶵雀分飛，各奔前程，或爲保衛民族而流血疆場，或爲建設祖國而埋首苦幹！是的，偉大的時代把中華的青年訓練成像鋼鐵一樣的堅强起來了。

可是，我終於跑到了孤島上！朋友，你或者要笑我沒有勇氣缺少毅力罷，你或者要笑我苟安罷，在你心目中，也許想像着這充滿着驕奢淫佚燈紅酒綠的孤島，會麻醉青年們一顆活躍熱烈的心，墮落青年們的意志，澆冷青年們沸騰的熱血罷，是的，在我剛踏上孤島以時候，耳聞目見的一切，正和你的想像差不多，我禁不住感到了失望，悲哀。但是，幾月來仔細的觀察，以及漫長的二月暑假的生活，使我深深地感到這荒淫無恥的孤島上到還有着不少令人歡欣鼓舞的現象，更有着不少青年站在自已崗位上，埋首苦幹着！

我因爲將近高中畢業，到孤島後，就預備好好地利用這一個漫長的暑期。但孤島上商業化官僚化的教育實在給我的印象太恐怖了，所以，暑期學校雖如雨後春筍，眞使我感到難以抉擇之苦，但經過親友誠懇的介紹，自已詳細的探詢後，終於給我找到了這麼一個學校——震光數理補習專校在這裏，充滿了青年各種的心，——熱烈，懇摯，負責，互助，因爲這兒的教師都具有服務的精神，而同學們則都有着高度求智的熱忱！

這裏寄上一本刊物「震光數理」，是震光全校教師生的心血結晶，正如創刊詞中所說，它担負着培養青年科學基礎，建設祖國的重大使命，我希望你好好地讀一下，你不是對科學很感興趣嗎？那末，請你看過後加以嚴格的批評，並多多投稿，我想信這兒的編輯先生一定很歡迎的。

朋友，希望你，站在自已崗位上，多多地努力，爲祖國的前途而努力！敬祝

康健

大時代的伙伴錫銅上　1941.8.28

平　方　趣　味

鳳　吟

1/

$1=1^2$

$1+3=2^2$

$1+3+5=3^2$

$1+3+5+7=4^2$

$1+3+5+7+9=5^2$

$1+3+5+7+9+11=6^2$

$1+3+5+7+9+11+13=7^2$

…………………………

故得公式：$1+3+5+\cdots\cdots+n=\left(\frac{n+1}{2}\right)^2$

$1=1^2$

$121=11^2$

$12321=111^2$

$1234321=1111^2$

$123454321=11111^2$

…………………………

此法祇能用至第9位，第10位便成：

12345678900987654321

3/

$81=9^2$

$9801=99^2$

$998001=999^2$

$99980001=9999^2$

$9999800001=99999^2$

$999998000001=999999^2$

…………………………

9和0的位數比原來位要少一位，9後面跟一個8，0後面跟一個1，如果能記住這一點，那末不論遇着幾位「9」的平方，答數馬上知道。

4/　$918+128+77+813=44^2$

請讀者們仔細揣摩意其，可得無窮意味。

物理趣題之一

緒之

A projectile whose radius of gyration about its axis is 5 inches is fired from a rifled gun, and on leaving the gnn iis total kinetic energy is 50 times as great as its kinetic energy of rotation. How far does the projectile cantravel on leaving the gun before making onecomplete turn?

一顆繞自身軸迴轉半徑五吋的子彈從來福槍中射出，離槍時它的全部動能五十倍於旋轉動能，間子彈離槍後作一完全迴轉前行多少遠？

〔解〕設彈子質量$=m$　角速度$=\omega$　速度$=V$

轉動慣性$=I$　迴轉半徑$=K$　單位時間內所轉次數$=N$　轉一次所需要的時間$=T$　所走的路程$=X$

子彈射出時含有旋轉和直線二種動能：

旋轉動能$=\frac{1}{2}I\omega^2$　　（$\because I=mk^2$）

$=\frac{1}{2}mk^2\omega^2$

直綫動能$=\frac{1}{2}mv^2$

$\therefore\ \frac{1}{2}mk^2\omega^2+\frac{1}{2}mv^2=50\times\frac{1}{2}mk^2\omega^2$

或　$\frac{1}{2}mv^2=49\times\frac{1}{2}mk^2\omega^2$

$V^2=49k^3\omega^3$

$\therefore\ V=7k\omega$

但　$\omega=2\pi N$　　而$N=\frac{1}{T}$

故　$\omega=\frac{2\pi}{T}$

即　$T=\frac{2\pi}{\omega}$

$\therefore\ X=vT=7k\omega\times\frac{2\pi}{\omega}=7\times\frac{5}{12}\times\frac{44}{7}$

$=\frac{55}{3}=18\ 33$ 呎

答：子彈走了18.33呎

科學小品

續數學之矛盾

(A) 2=1　　王 章

〔證〕因 $\log(1+x)=x-\frac{x^2}{2}+\frac{x^3}{3}-\frac{x^4}{4}+\cdots\cdots+(-1)^{n-1}\frac{x^n}{n}+\cdots\cdots$

如 $x=1$，則 $\log 2=1-\frac{1}{2}+\frac{1}{3}-\frac{1}{4}+\frac{1}{5}-\frac{1}{6}+\cdots\cdots$

$$=\left(1+\frac{1}{3}+\frac{1}{5}+\cdots\cdots\right)-\left(\frac{1}{2}+\frac{1}{4}+\frac{1}{6}+\cdots\cdots\right)$$

$$=\left(1+\frac{1}{3}+\frac{1}{5}+\cdots\right)-\left(\frac{1}{2}+\frac{1}{4}+\frac{1}{6}+\cdots\right)-\left(\frac{1}{2}+\frac{1}{4}+\frac{1}{6}+\cdots\right)+\left(\frac{1}{2}+\frac{1}{4}+\frac{1}{6}+\cdots\right)$$

$$\log 2=\left(1+\frac{1}{2}+\frac{1}{3}+\frac{1}{4}+\frac{1}{5}+\frac{1}{6}+\cdots\cdots\right)-2\left(\frac{1}{2}+\frac{1}{3}+\frac{1}{6}+\cdots\cdots\right)$$

$$=\left(1+\frac{1}{2}+\frac{3}{3}+\frac{1}{4}+\frac{1}{5}+\frac{1}{6}+\cdots\cdots\right)-\left(1+\frac{1}{2}+\frac{1}{3}+\frac{1}{4}+\cdots\cdots\right)=0=\log 1$$

故　$2=1$

(B) $\pi=1$　　王 章

有一圓，其直徑爲 d，今以其半徑爲直徑作兩圓，則此兩圓之圓周，各等於 $\frac{1}{2}\pi d$，故此兩圓之圓周之和，等於大圓之圓周。以同法分此小圓之直徑，卽以大圓半徑之半作直徑，可得四圓，此四小圓圓周之和仍等於大圓之圓周，連續用此法作小圓，所得之小圓，其圓周之和皆等於大圓之圓周。但愈分愈小，最後所分各圓至不可名言之小，卽各小圓變成一點，則其圓周之和卽等於大圓之直徑，故 $\pi d=d$，故 $\pi=1$。

(C) 一部份等於全部份　　王 章

設有一銳角三角形 ABC，其中 ∠A 大於 ∠B。作 AM 線使 ∠CAM=∠B，再作高 AD。則 △ABC 及 △CAM 中各角相等，故爲相似三角形，其面積之比爲相當邊平方之比。

故 $\dfrac{\triangle ABC之面積}{\triangle CAM之面積}=\dfrac{\overline{AB}^2}{\overline{AM}^2}=\dfrac{\overline{AC}^2+\overline{BC}^2-2\overline{CB}\cdot\overline{CD}}{\overline{AC}^2+\overline{CM}^2-2\overline{CM}\cdot\overline{CD}}$

又 △ABC 及 △CAM 之高皆爲 AD，故

$$\frac{\triangle ABC之面積}{\triangle CAM之面積}=\frac{\overline{BC}}{\overline{MC}}，卽\ \frac{\overline{AC}^2+\overline{BC}^2-2\overline{CB}\cdot\overline{CD}}{\overline{AC}^2+\overline{CM}^2-2\overline{CM}\cdot\overline{CD}}=\frac{\overline{BC}}{\overline{MC}}$$

卽 $\dfrac{\overline{AC}^2+\overline{BC}^2-2\overline{BC}\cdot\overline{CD}}{\overline{BC}}=\dfrac{\overline{AC}^2+\overline{CM}^2-2\overline{CM}\cdot\overline{CD}}{\overline{CM}}$

卽 $\dfrac{\overline{AC}^2}{\overline{BC}}+\overline{BC}-2\overline{CD}=\dfrac{\overline{AC}^2}{\overline{CM}}+\overline{CM}-2\overline{CD}$

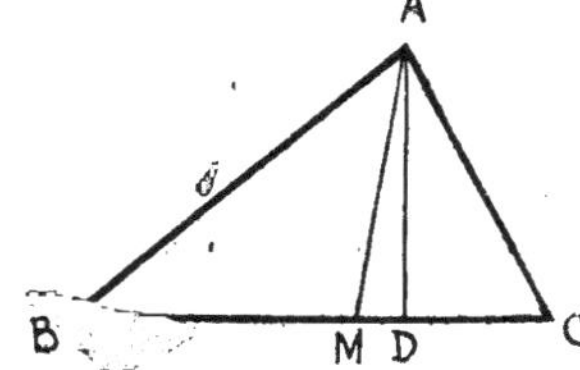

卽 $\dfrac{\overline{AC}^2}{\overline{BC}}+\overline{BC}=\dfrac{\overline{AC}^2}{\overline{CM}}+\overline{CM}$

即 $\frac{\overline{AC}^2}{\overline{BC}}-\overline{CM}=\frac{\overline{AC}^2}{\overline{CM}}-\overline{BC}$

通分 $\frac{\overline{AC}^2-\overline{BC}\cdot\overline{CM}}{BC}=\frac{\overline{AC}^2-\overline{CM}\cdot\overline{BC}}{CM}$

在上一等式中，分子既互等，分母亦必須互等，故 $\overline{CM}=\overline{BG}$

即一部份之線段等於全體。

上面幾個問題，都是錯誤的，然而這些錯誤正是一般人所最容易忽略的，那末究竟錯在那兒呢？

(D) 2=3

友石

證法：$\because 4-10=9-15$

$\therefore 4-10+\left(\frac{5}{2}\right)^2=9-15+\left(\frac{5}{2}\right)^2$

即 $2^2-2\times2\times\frac{5}{2}+\left(\frac{5}{2}\right)^2=3^2-2\times3\times\frac{5}{2}+\left(\frac{5}{2}\right)^2$

即 $\left(2-\frac{5}{2}\right)^2=\left(3-\frac{5}{2}\right)^2$

亦即 $2-\frac{5}{2}=3-\frac{5}{2}$

$\therefore 2=3$

科學小聞

珏晟

世界上最值錢的東西是鐳（Radium）。全世界鐳的數量一共只有二十多克，每一克鐳所產生的能可以Drive一隻普通輪船Across太平洋。

太陽表面上的溫度約在六千度左右，但內部的溫度就高到一萬二千度。

本月廿一日，有日蝕的現象。在中國皋蘭一帶地方，可以看見全蝕，上海祇能看見一部份日蝕，據聞中國科學家正擬組織考察團屆時前往蘭州考察云。

普通一立方哩海水中，平均含有金三噸，銀94噸，銅500噸，鐵6000噸 。現在地球上共有海水三萬二千萬立方哩，那末海水所含金銀銅鐵的數量也着實可觀了。

光波每秒186,324英里，地球公轉每秒12.5英里，地球自轉每秒1174英尺，音波每秒330公尺，

世界上最毒的毒氣是芥末子氣（Mustard Gas）這是一種糜爛性的毒氣，能夠透過衣服皮革，腐蝕皮膚，直至糜爛而死，每公升空氣中含有0.15公厘，即可致人死命。

假使乘坐每小時二百公里的飛機從地球上起飛，要經過170年才能飛到太陽的表面。

最低的音波波長為16米突，最高的音波波長為17米耗。

第一次懸賞解答

燦紋

（一）鐵爲順磁性的性質，由極小的鐵原子磁石組成，加熱後因各小磁石動能增加，故振動異常劇烈。磁場加入後，雖可使其掉頭順向，但亦使其有對偶極有方向相反的傾向，此種相反的傾向相互抵消，故紅熱的鐵不易磁化。

（二）鋼的磁分子有一定的結晶形的構造，磁化以後，其磁分子的排列，穩定不變，鐵則沒有這種性質，所以不易保持磁性。

（三）鐵條一部份插入水中時， 在水面下鄰近水面之部份，因接近水面之故，故水中有較多之氧與之化合而成氧化鐵（Fe_2O_3），保護鐵條，故不易侵蝕， 而其下部份之鐵條則以水中含氧較少致產生之氧化鐵不足作保護之用，較易侵蝕。因此在水面下最鄰近水面之部份對其更下部份造成一局部電池之陰極。電流作用之發生便在水面更下部份之鐵條更易被侵蝕矣。

（四）最易溶解鐵的溶液有王水（3HCl＋HNO_3），硝酸（HNO_3）及鹽酸(HCl)

（五）吞鐵者通常不易致死，因鐵比重較小（7.8）且鐵能被胃腸發液所侵蝕 ， 但金比重甚大（19.32）一旦吞入，每易墜入腸壁，漸促成發炎或洞穿肚腸而致人死命。

（六）最有效之塗鐵材料有非金屬（1）恩格斯密司溶液，成份爲煤焦油，獸脂，松香，消石灰。（2）琺瑯，成份爲硼砂，炭酸鈉，砂石，長石等金屬。（1）鍍鋁（Al），（2）鍍錫。

（七）通常鐵爲固體，其分子之動能很小，而受極大之內聚力之約束，故彼此相依密接，僅略有相對之震動，如外界有突變發生，或加高熱或加壓力粉碎之，故余設爲鐵棒內一分子，欲衝出母體，祇能求外界之援助。

（八）繼銅鐵時代之後將代之以「合金時代」。唯依照十九世紀工業革命以來工業發展之趨勢，則金屬中之鋁（Aulminum）或將取鐵而代之，因鋁在地球上之產量爲7.35%（而鐵則爲4.18%），具有質輕耐用不易生銹等優點，且爲一切合金之主要成份故也。

編者按：從讀者應徵懸賞稿件中，第八題之解答可分三種：（1）合金時代，（2）鋁器時代 ，（3）電器時代。依照過去人類進化歷史來看，似以合金時代可能性最大。又第一懸賞於下期揭曉。

讀者信箱

信箱規約

（一）讀者信箱之開設，專為讀者解答疑難之科學及數理問答。

（二）問題內容，不得超越科學範圍，簡單者由編者直接奉答外，較高深者，可徇讀者要求，或編者之決定，登載本欄內，供讀者之研究討論。

（三）問題以簡明為主，每題不得超過一百五十字，有圖者須以黑墨水繪圖。

（四）來信須繕寫清楚，並須詳細註明姓名地址，如欲直接答覆者，須附有貼足郵資之信封。

（五）來信須註明本刊「讀者信箱」欄。

李存孝問：

（1）地球圍繞太陽旋轉的軌道，是不是一個Circle？

（2）鋁為什麽不易生銹？

（3）地球和太陽間既有吸引力，那末太陽為什麽不把地球吸過去？

答：

（一）不是一個Circle，地球繞太陽旋轉的軌道，是一根向外盤旋的曲綫，好像一根錶裏的發條一樣，每過一年，地球總是向外面冷的暗的世界稍稍有一點移動，大概每一世紀祇移動一米。

（二）鋁和空氣中的氧生成一種氧化物的薄膜，這層薄膜具有保護鋁的作用，故鋁不易生銹。

（三）太陽不能把地球吸過去，因為地球在圍繞太陽旋轉，有離心力的作用，離心力剛好和吸引力平衡，所以地球不會被太陽吸過去。

秦裕瓊問：

1. Baker's的Principle Of Geometry內容講些什麽？是不是專講平面幾何學？是書先生可能代為設法在

先生指定條件下借余一閱否？

2. 三角形是不是多邊形的特例？若是，則「三角形之角度應為 π+nπ（n為任意正整數）不過量得到最小角為π罷了」這句話能成立否？

3.「完全四邊形三對角線中點共線」是 Newton 氏所發明還是 Guass氏？

4. 近世幾何學之極點，極線，倒轉證法，調和列點，調和線束等以何書解述最詳？震光補校可曾設有近世幾何一科否？

5 類似重心之題目？（就是含有類似重心的名詞之題目）能否屬於直線或圓之範圍內？

6. 今日世界上可有一書包括直至最近所有之著名平面幾何學之定理，可介紹否？

7. 今日世界上數學雜誌（英文版或中文版）而偏重平面幾何學者可有否？若有，請示價格？

8. 圓內接四邊形以一頂點作他三頂點所成之三角形之西摩松線凡四根西摩松線，共點且交點必在四三角形之一之九點圓周上」這題先生可見過否？若見過可告書名否？若先生未見過，可代詢交通大學之數學教授否？

答：

（一）Bakers Principle Of Geometry 共有六本，第二冊專門討論平面幾何，本社可代為設法，秦君如欲借閱，可於每星期日下午五時至六時來本社面洽。

（二）三角形是多邊形的特例，秦君所云，不知 n 係代表什麼，且該句字義似有含糊之處，希秦君詳細說明。

（三）係 Newton 氏發明。

（四）以Lachlan's Modern Pure Geometry 和 Durell's Modern Geometry 解述較詳，震光補校無近世幾何學一科。

（五）屬於直線或圓之範圍內。

（六）尚未見過。

（七）今日數學雜誌而偏重平面幾何學者可說沒有，至少在上海未曾見過。

（八）此題已見過，登載在科學世界第四卷第十一期上，唯該雜誌現已停刊，如欲借閱，可來本社面洽。

編輯室

紀念定戶

讀者諸君，你不是覺得一份刊物每期都要零買的討厭嗎？何況有時遲了還買不到呢！為減輕讀者負担，優待長期讀者起見，本刊特徵求紀念定戶二千份，凡在九月底以前向本社或本社經理人直接訂閱者，概照定價九折計算，以後不論漲價與否，紀念定戶不受絲毫影響。我們以本社全體社員担保，本刊決不會中途定刊，即使萬一停刊，亦必負責退款的。

原諒漲價

本期付印之時，適值一切印工排工紙張油墨等飛漲，本刊一方面在開支上力求緊縮，一方面在絕對不妨礙本刊內容（相反地，我們以後每期都將設法增加篇幅）及顧全讀者負担下，將本刊每冊零售價目改為三角，但篇幅較上期差不多增了一倍，故實際等於沒有漲價。讀者諸君都知道，本刊並沒有登載怎麼多的廣告，所以主要的收入就是零售的收入。本刊以後擬儘量擴充篇幅，並稍微多收些廣告，以減輕讀者購買之負担。

提議讀者座談會

有一位讀者來函提議由本社設立一個本刊讀者座談會，大家共同研討數理各科問題。本刊對這意見表示接受，但覺困難頗多，雖然，我們現在尚期待着讀者的反響，假使大多數讀者認為需要的話，本刊同人總是儘力幫助的。

通訊網

本刊寫作會諸君鑒：　諸君中尚有不少未將稿件交來。即希將寫畢之稿件交至黃家楹君或呂延中二君處，或直接寄至本社編輯部，發表筆名，各人隨便，唯須於稿末註明眞姓名，以備查考。

C.S.J.君：尊作下期刊載。

儒　嘉君：尊稿內容與本刊不符，業已寄回。

濟　國君：大札收到。

胡述善君：來函收到，最後一題尚在查考中。過數日作覆。

第一期核正

又創刊號內略有數字錯誤，今核正於后：

第二頁第三十項第二句內「推出的結論」中的字除去。第四頁第五項2×3改為3.第五頁第五項$P_1P_2P_3$後面的Comma不要。第二十五項內48X改為43X。第七頁「研究物理之要」後面缺少一「點」字。第九頁（B）圖內應將OC以虛線連接，同頁倒數第7,8二頁內△FOE應改正為△BOE，∠OFE應改為∠OBE。

定價

預定	三月	半年	全年
期數	六期	十二期	二十四期
冊數價目	一元七角	三元二角	六元

每月出版二期　本期售價三角

震光數理　第一卷第二期

民國三十年九月十日出版

編輯者　震光數理社　福煦路三八四號

發行者　震光數理專校　上海福煦路

總經售　震光數理專校　三百八十四號

本埠各報攤均有出售

長期登載，另有優待

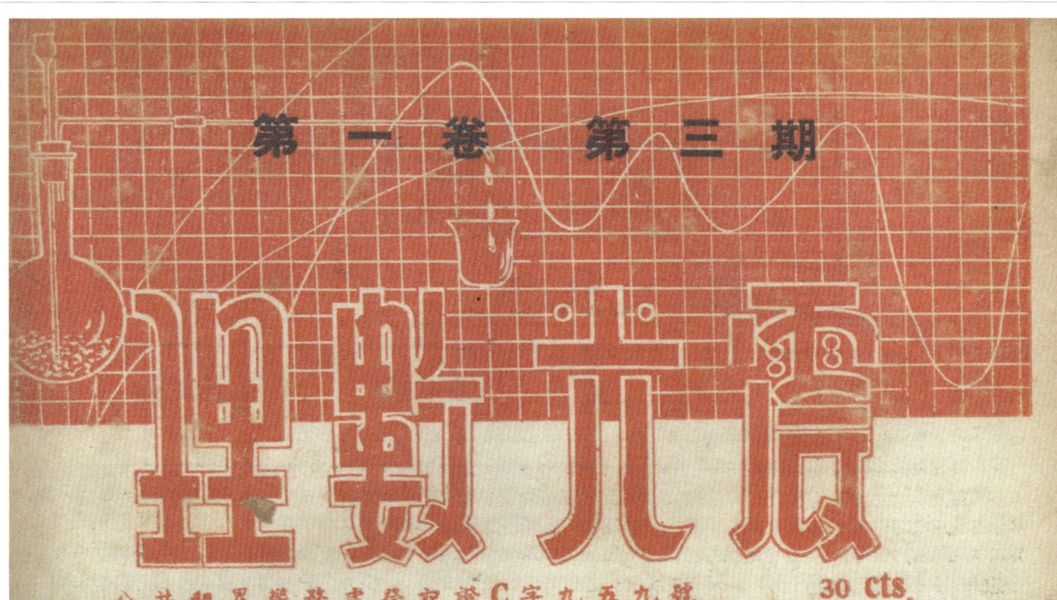

中華民國三十年九月二十五日出版　　交通大學校友主編

本期目錄

編者的話

編　者

自本期起本刊將以不同的姿態呈現於讀者之前，本刊雖名「震光數理」，但科學與數理之文字，以後將並頁刊載，務使讀者諸君打下一良好之數理基礎，同時能獲得日常之科學智識。

本期太陽的末日係一篇關於天文科學之文字。作者效飛君對於天文物理頗具研究興趣，本文係摘取美國Popular Astronomy雜誌中Our Sun is bound to Explode一文之精華及參閱其他科學雜誌而作，它告訴你龐大的太陽的內部究竟是些什麼？它的光能那兒來的？它的末日怎樣？王章君物質的構造，以物理學上不同的理論解釋物質內部的結構，敘述詳細而有條理。牛頓運動三定律一文，本期登載第二定律，第二定律爲牛頓三定律之基幹，故作者將第二定律儘量發揮討論，使讀者得一深刻而透澈的瞭解。

科學小品欄相對論淺說將相對論作一輪廓的介紹。三等分一任意角爲平面幾何三大難題之一，三等分一角的近似作法，雖不能說絕對正確，但其錯誤之百分率（Percentage of error）却非常微小。可說別開生面之一法，細讀自覺其中妙處。

第四期出版期適逢雙十節，本社爲紀念三十年國慶起見，特徵求國慶紀念定戶二百份，凡於十月十日直接來本社定閱者，概予八折優待。第四期並改爲特刊，內容將較本期精彩，由編輯部特聘專家撰稿，讀者如願惠賜佳作，更所歡迎。

專論

太陽的末日

效飛

太陽內部的化學變化總有一天迫使太陽走上毀滅的途徑，不是向外爆裂，就是向內崩潰！

人類對於太陽可說是愛護得非常深切的；現代的大科學家天天在望遠鏡中留心着它，就是鄉間的農民見到了本年九月二十一日的日蝕也免不了要鳴金擊鼓，說是要嚇退空間的天狗。那麼今天我同各位讀者談談太陽的末日，可說是不吉利，同時也太駭人聽聞了。但假設一旦沒有太陽，地球不知要飛到宇宙的那一角；說不定在半途上與其他的星宿相撞，那時地球上的動物，遭受空前劇烈的震動與顛撲，必致死亡殆盡，然而由太陽的內部所起的化學變化，終久要使太陽有爆炸或傾坍而趨毀滅的一天。你聽了一定急於要問：「這一天在什麼時候呢？」要回答這一個問題，我們必須對於太陽燃燒發熱的過程以及它供給輻射熱能量的來源加以一番的探討。

記得在初中，物理先生講到瓦特發明蒸汽機時，問我：「火車的能是如何來的？」那時我剛念過自然，記得地球上的能都是由太陽裏來的，所以毫不思索地回答：「是由太陽裏來的。」物理先生聽了，既不點頭也不搖頭，卻呆了半晌，又問：「那末太陽的能是什麼地方來的呢？」這問題突如其來，使我搔頭摸耳，瞠目結舌，不知無措。一副窮相，反而弄得哄堂大笑，這創痕至今還深深地印在我腦海裏。現在對這「能」字，略知了一二，所以自己不怕慚愧，倒要反問各位讀者，太陽的能那兒來的？它是不是一個永不熄滅的明燈，使93,000,000哩外的地球，永遠地被它照耀得光明皎潔？是不是一個不用燃料的火爐，每日所發出的熱足以使太平洋和大西洋的海水蒸化殆盡？

原來地球上的能並不是完全從太陽裏來的。你要是讀過化學中放射性（Radioactivity）一章，總還記得某種密度大的元素如鐳（Radium）及鈾（Uranium）等，是不穩定的，雖在通常狀態下，也有放出與電子X線相同之物，及帶有陽電之微小物體的性質，它們本身漸漸變成別種元素，在變化過程中，發出大量的能來，這種能我們叫他Subatomic energy。中古時代的煉金者，想把別種金屬煉成金子，結果徒費心機，沒有成功；然而到了今天科學昌明的時代，這種變化可以實現了。現代大科學家竟能用人工方法使一種元素變到他種元素，大名鼎鼎得到諾貝爾獎金的居利夫人（Mme. Curie）就是從事於這類工作者中的一個，更可驚奇的，在1919年，英國大科學家 Lord Ruther Ford 利用一具機器叫Atom-smasher，把普通穩定的元素如氮及鋁之類的原子使受某種微小體的猛烈撞擊分裂成為別種元素的原子。你或者要問「既然一種元素可由他種元素直接變化而得，為什麼還要用到複雜的化學工業來製造它們呢？」問題可就不這麼簡單。因為無論自然變化及人工變化所產生的元素的量是很少的。譬如今日的物理學家只能使水銀的原子變成金的原子，不過產量是小得可憐，在變化以後你簡直看不出金的存在；至於可否使產量增加，當然猶待後人的研究。所以若以元素變化的而得之量(Quantity)來說，則現代的科學家，和中古時代煉金者一樣，並沒有多大的成功。然而現代科學家究竟與前人有了大大不同的地方。不同在那裏呢?由自然或人工的元素之變化過程中，現代科學家發現了一件驚人的事實，就是在變化過程中所發出的能是非常的龐大，它的價值足以超過由變化所產生金子價值之數千倍。假使這樣繼續研究下去，科學家將來或者可以發明一隻專為提取該類能量的機器，這機器不是用來製造金子，而是去駕駛一架飛機，一艘潛艇！靠了一塊小小的燃料，飛機可以飛越大西洋；輪船可以橫渡太平洋，那時由變化所產生的金子，說不定倒變為無用之物，不見得會比蒸氣機出氣管放出的烟更有價值些。

閒話少說，回到我們的本題上。我剛才所問太陽的能從何而來，這裏就是給你的回答，太陽的能是由內部元素的放射性變化而來的。上面說過，在這種變化的過程中，發出大量的能，這能量足以供給太陽所發射出的光能與熱能；不過太陽內部這類變化，不若我上面所說的那樣困難，而一如我們實驗室中試管內所起變化的那末容易。此類變化過程，十二年前，科學家Atkinson和Houtermans曾加以充分的說明。那末你又要問：「參與這類變化的元素是什麼？」這充告訴你，這類變化的元素正是我們日常所熟悉的「氫」。（氫變到氦）。1939年Betne更澈底探尋，他發覺少量的炭與氮的存在，能使這變化加速進行。但太陽內部所含氫的量是有限的，假使它繼續不斷地變化成不活潑的氦，氫在太陽內部的量當然一天少似一天。照理氫的量既一天天減少下去，變化必定要慢起來。所產生的能也要逐漸減少。而太陽也要慢慢地冷却。然而科學證明了這種推論是不對的。最近美國天文學家Gamow氏研究的結果，他說太陽的輻射能是在漸漸地增加，因爲太陽內部氫的量雖漸漸減少，但它的溫度倒因此而漸漸增加；溫度既然增加，內部氫元素的變化也就加速了。變化愈快，發生的能也就愈多。所以太陽內部氫愈少，它的輻射能愈大。現在太陽內部所含氫的量佔百分之三十五，若減少到百分之一，太陽的光將要比現在強一百倍！那時地球上的一切眞不堪想像了。

要是太陽光比現在強一百倍，地球當然不會再是人類安適的居處。岩石將如你家中廚房內的爐灶一樣熱，海洋裏的水也要由沸騰而產生蒸氣，地球的表面將被濃密的雲層所籠罩。當夜晚降臨的時候，雖比較涼快些，不過受了密雲的掩蔽，月和星不會再被人們看見了。在這種情況下，人類眞如「熱鍋上的螞蟻，」那能生活下去？或者人類會想到居住在有空氣調劑而很深的地下室裏去，好像古代黃河流域的穴居人民一樣，不過在白天總是不能出來的。這一切也許會使你目瞪口呆，驚憂惶恐了。但是你可不必耽憂，太陽中的氫，每一百年，只消耗它全量的百分之0.000,000,001（一百萬萬分之一了）所以要使海水沸騰，至少要在數千萬年以後。那時你自己早已化成灰塵，還管它什麼呢？說到你的千萬代子孫，你更用不着去顧慮，他們那時或須會穿了防火的飛行背甲到別的星球如海王星及冥王星之類上去，去開發新世界，發揚新文化。退一步說，即使他們沒有方法脫離地球，你可以當他們都是你的不肖的子孫的，不是嗎？現在，人心狹詐異常，數千萬年後的人心一定比較現在更奸詐，更狡滑，你能保證他們都是你孝順的子孫嗎？這且不去管它，下面我要告訴你更可怕的事呢。

上面說過太陽內部的氫正在逐漸減，它的內部當然一年熱似一年，熱到相當程度，內部足以產生一股力量使得它的外殼爆炸，這就是「太陽的末日」到了！那時太陽系中的行星恐怕像囘力球一樣，東衝西撞。這種想像，眞太令人恐怖了！不過最近Gamow氏及Schoenberg氏發現在天體中有許多星球，它們，內部的燃料（確切的元素不知，故用燃料二字代之）己將用盡，然而這類星球的末日不是向外的爆炸（Cracking），而是向內的崩潰（Collapse）：因爲在燃燒最後數萬年的過程中，這些星球的內部開始產生一種微小的物體，在物理學上叫做"Neutrinos"。說到Neutrinos，委實不容易譯成中文。「放射性世界中的微生菌」比較是合理的譯名。(原文是「The bacteria of Subatomic world.」)這種Neutrinos要比x-ray中的電子還要厲害，它能穿過任何厚度的物質。可是到現在爲止，人類還不能確切知道它的構造，還沒有把它研究得像電子（Electron）那麼透徹。此類Neutrinos大量地產生在星球的中心，它們能帶了大量的熱穿出外殼跑到空間去。Neutrinos不斷的溜出去，星球內部就慢慢地冷下來；冷到某種程度，內心不能再支持外殼的重量，因而向內崩潰。這種崩潰（Collapse），當然不會像普通房屋那樣傾倒，還是像向外爆炸一樣要發出火花來的，不過並不劇烈罷了。我們的太陽就是這羣星球中之一個，當然不能例外，所以太陽末日的降臨可能是一種向內的Collapse.

這些科學家天文學家研究所得的理論（Theory），當然還待後人去證明。不過由這些理論，我們可以推出一個結論：太陽內部的化學變化總有一天迫使太陽走上毀滅的途徑；不是向外爆裂，就是向內崩潰！但是這末日的降臨，至少要在數千萬年之後。現在我們需要的是更深刻的研究，更縝密的觀察！

——完——

參閱 Popalar Astronomy 一九四一年八月號

牛頓運動三定律（續）

振千

第二定律

在未討論牛頓運動第二定律以前，我們應該做些預備工作，就是對動量（momentum）和力時積（Impulse）這二個物理名詞，須有相當的認識。

（A）動量

（1）動量之定義——質量與速度之乘積稱爲動量。若以代數式表出之：$\vec{Mm}=m\vec{V}$

此處m表物體之質量，V表物體之速度，Mm即表動量。因爲質量是無向量，速度是有向量，所以他們的乘積—動量—是一個有向量。動量的方向和速度的方向一致。

（2）動量之變化——要變化動量，我們可有許多方法，現在列表如下：

動量之變化
- 1. 祇變速度
  - i 方向變更
  - ii 大小變更
  - iii 方向，大小同時變更
- 2. 祇變質量
- 3. 速度與質量同時變更

依照質量常住定律來講，質量是不生不滅，不會變化的。但是根據了愛因斯坦的相對論原理，知道質量跟着速度而變更。愛因斯坦告訴我們說：

$$m=\frac{m_0}{\sqrt{1-\frac{V^2}{C^2}}}$$

在這個公式中，m 爲運動物體質量，m_0 爲該物體靜止時的質量，V 是物體的速度，C是光的速度。所以當$V\rightarrow C$的時候，$m\rightarrow\infty$，就是質量將變成無窮大。粗看似乎不近情理，但是假使我們想像到物體運動的時候，空中的塵埃將附着在物體的表面而愈積愈多，則當速度增加到光速（10^{10}糎米每秒）那樣快時，質量可能會變成無窮大，也是意中之事。祇可惜地面上沒有一種物體的速度和光速一樣，所以質量不會變成無窮大。除了這個原因和其他由物理變化使質量有增減的情形以外，我們普通都以爲物體的質量是固定不變的。

所以，動量的變化$=mv-mv_0$，此處 v_0 是初速，v 是末速。

（B）力時積——作用之力與其作用時間之乘積稱爲力時積。其值愈大，效果亦愈大。因爲時間是無向量，力是向量，所以其乘積—力時積—也是一個向量，力時積的方向在力的作用線上。若命 I 表力時積，F 表作用力，t 表作用的時間，則 $\vec{I}=\vec{F}\cdot t$

現在開始討論牛頓第二定律。

（A）第二定律的敍述：

（1）動量之變化與物體所受到之力時積成正比，其變化之方向與衝力（Impulse of force）之方向相同。以數式表之，$m(\vec{V_2}-\vec{V_1})\propto\vec{F}t$ 或是 $md\vec{V}\propto Fdt$

（2）動量之變化率與作用之力成正比，其變化卽發生於作用力之方向上。

以數式表之，$\frac{mv-mv_0}{t}\propto F$； 卽 $m\vec{a}\propto\vec{F}$， 或是 $\vec{F}=kma$

式中之 k 爲比例常數（Proportional Constant），其值由力，質量和加速度三者之單位而定。若 m 以克計，a 以每秒每秒糎計，F 以達因計，則 $k=1$。

（B）第二定律之討論。

（1）在這個定律的敍述中，並沒有指出動量變化的開始是在靜止狀態或是在運動狀態，所以當某一外力加到物體上時，其所生的效果，也和物體的運動狀態毫無關係。總之，不管物體是動是靜，加上一個外力後，動量的變化就發生在作用力上，其大小與外力成正比例。

（2）定律中祇告訴我們說外力加上一個物體後，將會改變物體的運動狀態，但沒有說到是否同時有幾個外力成在。所以我們知道雖有數力同時作用在一物體上，其力祇產生牠自己的效應（加速度），而不會影響到其他的力作用，這是力之獨立作用定律。譬如有 F_1，F_2 二力用生在質量爲 m 的物體上面，則每力各有一相應之加速度 a_1，a_2 發生。各總作用將產作一合加速度 a。

$\vec{F_1}=m\vec{a_1}$， $F_2=m\vec{a_2}$， $\vec{F_1}+\vec{F_2}=m\vec{a_1}+m\vec{a_2}=m\vec{a}$。

推而廣之，若有 F_1，F_2；……F_n 等力同時加在一物體上，則其合作用將成：

$$\vec{F_1}+\vec{F_2}+\vec{F_3}+\cdots\cdots+\vec{F_n}=m\vec{a_1}+m\vec{a_2}+m\vec{a_3}+\cdots\cdots m\vec{a_n}=m\vec{a}$$

（3）物體所得的加速度與作用力成正比。若外力移去，則物體繼續作直線等速運動。若外力 F 等於零，則因 $F=kma$， $\because F=0$， $\therefore a=0$

換句話說，該物體處在靜止或作等速運動的狀態中。這個情形正和第一定律相同，所以第一定律實是第二定律的特殊情形，導言中說他們是一而二，二而一的，其原因卽在於此。

牛頓第二定律的公式是很簡單，但對這個公式中的各個因子的單位往往容易弄錯，對質量和重量的區別也不能分別得清楚，所以在計算習題的時候，答數總不會對。爲了要補救這個通病，作者對這二個問題特別提出討論，還希讀者對此稍加注意。

（C）力的絕對單位。

力是改變物體運動狀態的作用，它有方向，有大小。力的絕對單位有二種，在C.G.S.系中是達因（dyne），在F.P.S.系中是磅突而（Poundal）

I. C.G.S.系
- 基本量——
  - 長度〔L〕糎米（Centimeter）
  - 質量〔M〕克（Gram）
  - 時間〔T〕秒（Second）
- 誘導量——力〔F〕=〔MLT^{-2}〕，達因(dyne)

II. F.P.S.系
- 基本量——
  - 長度〔L〕呎（foot）
  - 質量〔M〕磅（Pound）
  - 時間〔T〕秒（Second）
- 誘導量——力〔F〕=〔MLT^{-2}〕，磅突而（Poundal）

凡作用於質量1克之物體上，發生1每秒每秒糎之加速度的力，稱爲1達因。作用於質量1磅，產生1每秒每秒英尺之加速的力，稱爲1磅突而。故當質量的單位是克或磅，加速的單位是每秒每秒糎或是每秒每秒呎，則力的絕對單位總是達因或磅突而。

在 $\vec{F}=km\vec{a}$ 中，若 F=1達因，m=1克，a=1每秒每秒糎，則 $1=k\times1\times1$，$\therefore k=1$，故若F，m，a都用同一C.G.S.系中或是同一F.P.S.系中的單位，則K=1，故第二定律也可寫成 $F=ma$。如果所用的單位不屬同一系中，或不依照上面的標準，那末K將變成不等於1的另一常數。故在利用 $F=ma$ 這式子的時候，我們應檢查所用的單位是否符合規定。

〔例題一〕 一個定量外力作用在一質量爲20磅的物體上，在五秒鐘中，使這物體得到一每秒15呎的速度。若此物體本處靜止狀態，試問所加外力之大小？

〔解〕：由 $v=u+at$ 方程式中，u=0，t=5秒，v=每秒15呎，$\therefore 15=0+a\times5$，

或，$a=\frac{15}{5}=3$ 尺每秒每秒。

若F爲外力，則 $F=ma=20\times3=60$ 磅突而。

〔例題二〕 一個質量爲10磅的物體放在光滑的平面上，有一等於3磅重的力作用在它上面，試求該物體在10秒中內所行之距離。

〔解〕：此處外力 $F=mg=3g$ Poundals=3×32.2poundals 又在運動的質量是10磅。

$\because F=ma$，　$\therefore a=\frac{F}{m}=\frac{3\times32.2}{10}=9.66$ 每秒每秒糎

故其在10秒中所行之路程 $=\frac{1}{2}at^2=\frac{1}{2}\times9.66\times10^2=483$ 呎。

（D）質量和重量的區別

質量是用來表一個物體輕重多寡之量的，其值永久不變。無論放到高山頂上，或是移至深谷之中，10磅的東西仍是10磅。重量則不然，它是地心對它的引力，有時稱爲重力，故其單位是力的單位，或爲達因，或爲磅突而。因爲每個物體都受有地心的引力，所以就生出加速度來，若無地面，凳椅的支持，就變成自由落體，以g的加速度向下行動。所以物體的重量 $W=mg$。地心引力隨物體的高度而異，故g的數值也是各地不同，在巴黎測定的g是980.9427每秒每秒糎米，但在香港測得的g會變成978.7711每秒每秒糎。由此可知質量是不變而重量是隨地而異；質量的單位是克或磅，重量的單位是絕對單位的達因和磅突而或是重力單位的幾克重，幾磅重。

下面我們可以看到幾個有趣的實例，對質量與重量的區別，至少可以有些幫助。

（1）因爲地心引力 $F\propto\frac{m\cdot M}{r^2}$，此地m爲物體之質量，M爲地球的質量，r爲地心與物體間之距離，若r之值改變，則地心引力或是物體的重量也隨着改變，所以g的數值在地球二極爲最大，在赤道地帶爲最小。如有一商人在赤道地帶買進茶葉，然後銷到倫敦市場，則因赤道地帶的g是32.09，倫敦的g是32.2，赤道地

帶一磅重的茶葉在倫敦將變成$\frac{32.2}{32.09}$磅重，茶葉的質量雖不變，但它的重量增高了，所以這個商人將不自覺地得到一筆額外收入。

（2）又在電梯中秤一物體的重量，其值將隨電梯上下行動的情形而大變。若 W 是某物體在地面上靜止時重量，W'是在電梯中的重量，a 爲電梯上下運動的加速度，g 爲重力加速度，則有 $W'=W\frac{g-a}{g}$ 的關係（這個關係請讀者自已研究一下，理由不再詳述）

故在電梯以 a=g 的加速向上運動的時候，則 $W'=W\frac{g-(-g)}{g}=2W$，即此時物體重量等於原重量的二倍。

若在電梯以 a=g 的加速向下運動的時候，則 $W=W\frac{g-g}{g}=W\frac{0}{g}=0$，卽此時物體重量等於零。

（3）用彈簧秤和天平來測重量的時候，結果將會絕然不同。用彈簧秤在電梯或飛機上測重量，其結果和上面所說的相同，但用天平測重的時候，因爲天平兩邊受到同樣的加速度 g+a，或g—a，故 $M(g+a)=m'(g+a)$。M 爲物體的重量，m' 爲法碼的質量，當然 M=m'，物體的重量不會變大變小。

所以物體的重量隨地位狀況而變，不像質量是固定不變，從這些實例中，我們可明瞭質量與重量的區別了。

（E）力的重力單位。——最後我們要講到力的重力單位，使大家對第二定律更有深切的瞭解。

有時我們稱一個力爲「m 克重'」，或是「W 磅重'」，這是說此力相當於質量爲 m 克或 W 磅的重力。由 W=mg之公式，可知m克重的力等於mg達因；m磅重的力等於mg磅突而。在C.G.S.系中，g之值約等於 981。故 1 克重=981達因，卽1 達因=$\frac{1}{981}$克重。在 F.P.S.系中，g 之值約等於 32.2 故 1 磅重=32.2 磅突而，1 磅突而 =$\frac{1}{32.2}$磅重。 $\because W=mg$， $F=ma$， $\therefore \frac{F}{W}=\frac{a}{g}$， 或 $F=\frac{W}{g}\cdot a$

以例明之，有一物體重 100 磅，若須此物體得－0.5呎/每秒每秒之加速度，試問所加之外力大小如何？

因 W=100 磅=100g 磅突而，故 $M=\frac{W}{g}=\frac{100g}{g}=100$磅

$\therefore F=Ma=100\times0.5=50$ 磅突而$=\frac{50}{32.2}=1.55$ 磅重 #

結論——第二定律的本身易懂，但公式中各個因子的單位往往不易弄淸楚，所以讀者苦對質量和重量能知區別，力和重量的單位能夠運用得當，那末第二定律就可運用自如了。

物質的構造　　王韋

（甲）分子說

我們日常所見的物質，是如何構成的？這個問題，已爲科學家孜孜不息地研究了數千年。在古時希臘時代，約在紀元前五世紀的時候，哲學家德謨克列德司（Democritus）已有了一個思考：他說物質不能無限制地分割下去，分到某相當程度以後，便不能再分，達到最後不能再分的粒子，是非常微小，不但肉眼不能看見，就卽使把物質搗碎，外體雖發生了變化，而牠的粒子，依然如故。

德氏的假設，祇不過使其哲學上的論說，有所根據。後來才發現這個學說非常合用，因爲有了這樣一個假定，就可以解釋許多當時已經發現的疑難問題，舉例來說：

（一）水和别種液體能流動，金屬可以彎曲，這一類事實便可認爲「微小粒子」在運動，而使物質變形。

（二）鹽能溶於水，就因爲鹽的「微小粒子」可以鑽進水的「微小粒子」之間的空地裏去，就形成溶解的現象。

（三）物質遇熱膨脹，就因爲熱使「微小粒子」間的空地增大，因而體積就漲大了。

這些「微小粒子」，是造成任何物質的基本顆粒，便稱之爲「分子」。科學家把分子定了一個假說，就是所謂分子說，歸納起來，可分下列各點：

（一）物質爲分子所組成，

（二）物質的性質與其組成的分子的性質相同，

（三）分子爲不能分割的顆粒。

有了這三條假說，那末日常習見的變化現象，便可很容易的說明了。然而這學說祇爲便利解釋事物而假定，牠的眞實性，到什麼地步，還是一個疑問，並且是一般學者所論爭的。但因爲近年來科學的發達，用以證明

其實在的事實，也漸次加多。到現在，任何人對於分子的存在，不再會發生疑問了。

證明分子存在的事實很多，其中最易明白的就是勃郎運動。勃郎是英國的植物學家，他用顯微鏡研究植物時，發現了在水中像塵埃那樣微小的物體，不絕地作不規則運動，起先還以爲是棲息於水中微生物的運動或是水的振動或對流的緣故。但是即使用完全殺菌過的水或別種液體來觀察，也有這種現象。這種運動便是勃郎運動，它證明了分子的實質和其運動的一種方法。

（乙）原子說

前面所提到的希臘古哲學家德氏的理想，不過是憑空的虛構而已，是毫無科學根據的。直到十九世紀道爾頓（Dalton），首先對德氏的理想，加以科學的說明，由於他的說明，才打下了近世化學的基礎，展開了人類文化最燦爛的一頁，他的說明，就是所謂道爾頓原子說，其要點有二：

（一）化學元素是爲微細不可分的粒子名「原子」者所構成，

（二）同元素的原子其性質和重量相同，異元素則相異。

但是後來陸續發現了不附合和不能滿意解釋的事實，像同素體（Isotope）和異構物（Isomer）都不適合第二條，所以正確的原子說應該是：

（一）同上，

（二）元素的原子有一定不變的質量，

（三）原子結合時，以整數計。其意即不能以半個原子與其他原子結合，

（四）物質的分子爲整數原子所組成。

然而，有一個問題發生了，就是：分子是不可分的微粒，原子也是不可分的微粒，那末這兩個「不可分性」如何去解釋呢？因以分子和原子無論如何微小，終是佔有一部份空間的，那末這顆微粒，還可平分爲二，再分爲四，那豈不是要和「不能再分」的話互相矛盾嗎？要把這層困難打破，一定先要知道科學上所說的不可分，另外有個意義，科學上的「不可分」專指實際的科學方面而言。譬如分子的「不可分」，就是說某種已知的物理方法（像分割，研碎等）都不能再分割牠。原子的「不可分」，就是用各種化學方法（像腐爛，燃燒等），皆不能剖分牠。換一句話說，分子是參加物理變化時物質的最小顆粒，而原子則是參加化學變化時的最小顆粒，這樣一想，分子和原子的觀念就清楚了。

（丙）電子核說和原子核說

物質是由一顆顆雜異的小粒所構成，這個假說非常合用，很令我們滿意。但是我們在平常物質之外，講到光，熱，電等「不可稱量之物」（Imponderable）情形就大不相同。尤其是電，怎麼樣兩物摩擦，會使物體帶電，是否電是原來存在於物質的內部？以前有人注意到溶液裏發生導電的現象，就疑惑電在原子內存在的可能性，不過一直到陰極線明白以後，纔能用實驗來證明電子的真確。陰極線是因高度真空管的兩端受高電壓時所生之射線，這射線若是放在電場中，就起偏折，可見射線含有運動的帶電顆粒，這就是所謂電子（electron）。

關於電子，我們一定要知道一個新奇的觀念：我們一向以爲祇有物質才有質量，「電」向來是歸於「不可稱量」的一類，以爲是沒有質量的東西，這個概念現在是錯了。譬如說，一條電線上的電流，是由電動力的作用而生，可是電動力剛才使用的時候，電流並不立刻充足，同樣電動力隔絕之後，電流也不立即消失，足見電流有一種堅持的傾向，具有隋性，而這隋性乃是質量所獨具的性質。又，使一個荷電的球體運動，要比一個不荷電的球體，需要更大的力，因爲電荷的作用，使球體多增了些質量，這樣就得到了一個結論：電子是有質量的顆粒，

我們現在要想像原子有怎樣的構造了。電子和放射現象引起一種概念，以爲原子的一部份是由電子構成的。又因原子是中性，所以知道電子之外一定還有等量的正電荷（因爲電子是帶陰電的），但是電子和正電荷怎樣分佈呢？從實驗上推出的結果，原子的內容，可以拿一個行星系來表示。正電荷佔據中心，猶如太陽，外面是像行星一般環繞着的電子，正好和中心的正電荷平衡。這個中心帶正電荷的，便叫做原子核（nucleus），這一種學說，便叫做「原子核說」。依據這個學說，氫原子的構造，在中心是一個核，含有一單位的正電，外有一個電子環繞中心旋轉，電子與原子核間的距離，就是氫原子的半徑。別的元素的原子，構造也正相仿，祇不過原子核中心的正電荷和外繞的電子的數量各異而已。

（丁）幾個難於想像的數字

分子，原子和電子都是極輕微的顆粒，但是它們倒底輕微到甚麼程度，且看下面幾個數字：

氫分子的直徑$=2.32\times10^{-8}$糎（即0.0000000232糎）

即 氫分子之體積：網球的體積＝網球的體積：地球的體積

氫分子的質量$=3.32\times10^{-24}$克

即 氫分子的質量：二寸直徑鉛球之重＝此鉛球之重：地球之重

氫原子之直徑$=2\times10^{-8}$糎

氫原子之質量$=1.66\times10^{-24}$克

電子之直徑$=4\times10^{-18}$糎

電子之質量$=0.903\times10^{-27}$克

（戊）量子說（Quantum Theory）

原子核說對於許多現象，都能解釋得很滿人意，種種離奇的現象，如同位素的能夠存在，放射現象的種種變化，就都可以解釋得頭頭是道。照理，原子核說當然是無可疵議的了。就是所幻想中的原子模型，也和原子的性質很吻合。但是這個理論有一個大缺點，使得這樣設想的原子，不能繼續存在。

我們所想像的原子模型，外繞的電子是在周行不息地旋轉，自然時刻在放散能（Energy），結果電子的軌道就要縮小，而繞行速度却要增大。到末了，電子跌進核裏去了。如此說來，原子簡直是不穩固的，我們的物質世界，也早該消滅了。

是故原子模型的是否可靠，還是一個疑問，這疑問的主要關鍵，還在「能」（energy）方面，這個驚奇怪異的疑問，非得柏郎克（Plank）氏之量子說，不能解決。他是學說大意是這樣的：能並不是連續放出，乃是一陣陣放射出來的，原子之振數愈高，放出之能愈大。這個學說，極其古怪，因爲它和物理學的基本理論，完全矛盾。但是怪異雖然怪異，它所能解釋的幾種結果，確能成立。並且安因斯坦用他的新理論來計算放射能的問題，算出的結果，恰和實驗的結果完全吻合，於說這理論纔變成近世研究物理的一件新武器。

現在，我們要利用量子說來解釋原子，先要假設二點：第一，電子旋轉時並不散失能，這個假說，和動電完全相反，可是和量子說相合。第二，電子祗能沿着一定的幾種軌道運行，這個軌道離開中心核有一定的距離學舊說，電力受了外力，才跳到另一軌道上去。當改變軌道的時候，纔放射能，稱爲量子。所以量子是「能」的原子。

（己）結論

經過了上面的討論，我們對於物質的構造，就有了一個結論：物質是由無數的分子所構成，分子則爲數個原子結合而成，原子則爲旋轉的電子和陽性的原子核組成，這些電子永遠在一定的軌道上旋轉，受到了外力，電子就會改變軌道，同當就有能的吸收或放出。討論到此地，我們或許要覺得很驚奇，這樣簡單的基本組織，竟會構成天地間萬物，豈非自然界絕大奇跡；不知英文字數雖多，而字母不過二十有六，自然之理，亦復如此。

第一次懸賞揭曉

第一名 武達仁　第二名 唐芝英　第三名 J.C.Lirg

懸賞錄取諸君希於十月十日前每日下午五時至七時攜帶圖章或簽名（無圖章簽名者，請書明姓名地址）降臨本社領取獎品。

各大學數理入學試題解答

(一)交通大學　C.物理之部

1.(a)有一汽車以等速度在平地上駛行，汽車需用力使之前進否？何故？

(b)A與B爲兩物體，繫於繩之兩端，置A於一光滑平面桌上，繩則經滑輪(Pulley)C而使B下垂，若A之質量(Mass)較B爲大，問A與B之運動爲何種運動？何故？若於運動開始後數秒鐘時，將繩割斷，問A與B之運動爲何種運動？何故？

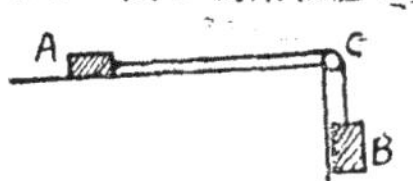

解答：(a)若一汽車欲以等速度在平地上駛行，汽車必需用力使之前進，蓋依牛頓第一律，若車輪與地面之間以及車內之機件與機件之間無摩擦阻力，且空氣阻力若亦可不計，汽車得一速度後，本可不再使力而能等速前進；今此類阻力既不能免，故必需使力以對消此類阻力。

(b)A與B之運動爲等加速運動(uniformly accelerated motion)，A與B既以繩相連如圖，故移動時必有同一速率，二物體實可視爲一，其質量適爲A與B二質量之和，A與桌面間既無摩擦阻力(桌面光滑)，

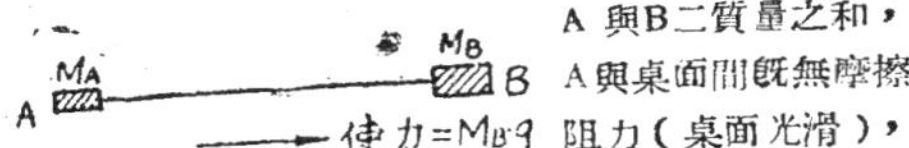

且A之地心引力適爲其在桌面上之反作用力(Reaction)對消，故作用於此併合物體之力唯有地心對B之引力，今質量一定，所使力一定，依牛頓第二定律，故知此二物體之運動爲等加速運動，以式表如下：

$$M_B g=(M_A+M_B)a$$

M_A=A之質量，M_B=B之質量，a=二物體加速度之大小。

若於運動開始後數秒鐘時，將繩割斷，則A得相當大之速度後，因有外力作用於其上，依牛頓第一定律，當可在桌面上等速進行，B當割斷時，亦得有相當大之速度，惟因地心引力仍作用於其上，故可以自由落體(freely falling body)之加速度g落下，割斷時之速度，爲其初速，而普通靜止落下之物體無初速。

2.試述差動滑輪(Differential Pulley)及蝸齒桿輪(Worm and Gear)之構造及其運用，其機械利益(Mechanical Advantage)爲何？試證明之。

解答：差動滑輪爲一種複式之滑輪如圖，跨在定滑輪

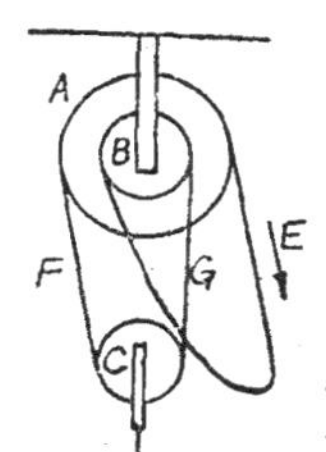

A上之鏈，由A而下，穿過動滑輪C，再引上跨過定滑輪B。A，B兩輪，固接爲一體，惟A之半徑較B爲大。A與B兩輪邊上均有輪齒，得與鏈齒合，如是在不用時，重物W不致由輪上滑下，運用時，於E處將鏈曳下，重物即能上昇。今若拉鏈於E使上面定滑輪轉動一週，則鏈在F處當被拉上一長度等於A之圓周。同時因A轉一週，B亦轉一週。B轉動一週，使在G處之鏈下降一長度等於B之圓周，定滑輪與下面動滑輪間之鏈之縮短，等於A，B兩圓周之差，而W昇上之高適等於A，B兩圓周差之半。若用力F於E處，則加於此機械之功爲$E\times2\pi R$(R爲滑輪A之半徑)，機械所出之功爲

$\frac{1}{2}(2\pi R-2\pi r)\cdot W$(r爲B之半徑)。依功之原理：

$$F\times2\pi R=W\cdot\frac{1}{2}(2\pi R-2\pi r)。$$

$$機械利益=\frac{W}{F}=\frac{2R}{R-r}$$

蝸齒桿輪由一軸(Shaft)上之螺線(Screw thread)與一齒輪相切而成。如圖。運用時，轉動螺線軸，即能使齒輪在軸轉動之垂直方向轉動。軸轉動一周，即使齒輪移動一兩齒間之距離。所以若該齒輪有n齒，則軸轉動當比齒輪快n倍即其機械利益爲n。

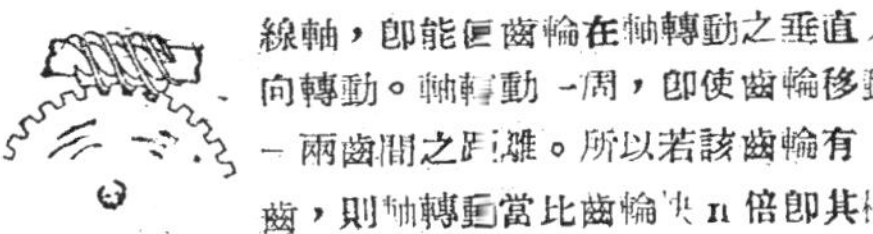

3.有一物體，其比重爲0.8以每小時17.61千米(Kilometer)之初速度(Initial Velocity)由河面下擲，適達河底即行上升，復現河面。問物體自下擲復升至河面，共需時若干秒？(g之值作爲980)。

解答：設此物體之質量爲M克，又物體在水中下降時及上升時之加速度爲|a|。

$$則物體之體積=\frac{M}{0.8}\text{c.c}(立方厘米)$$

$$依阿基米得原理知水對所物體之浮力=\frac{M}{0.8}克重$$

$$=\frac{M}{0.8}\times980達因(dynes)。$$

使物體上浮之力=(水之浮力)−(物重)

$$=\left(\frac{M}{0.8}-M\right)\times980達因。$$依牛頓第二定律；

（Force=Mass×Acceleration）

$$\therefore \left(\frac{M}{0.8}-M\right)\times 980=M\times|a|$$

$$\therefore |a|=\left(\frac{1}{0.8}-1\right)\times 980\text{厘米/秒/秒，}$$

以垂直向下之方向爲正方向，若物體自下擲復升至河面，共需t秒鐘。根據運動學公式

$$S=ut+\frac{1}{2}at^2\text{。}$$

在上式S=O（物體由河面下降，直至速度=O，再上昇至河面，所經距離，在物理學意義言，則等於O）

$$u=\text{擲下之初速}=\frac{17.64\times1000\times100}{3600}\text{厘米/秒。}$$

$$a=-\left(\frac{1}{0.8}-1\right)\times 980\text{厘米/秒/秒}$$（因方向爲垂直向上，故取一號）

此s，u，a代入上式，得

$$O=\frac{17.64\times1000}{36}\text{。}t-\frac{1}{2}\left(\frac{1}{0.8}-1\right)\times 980\cdot t^2\text{。}$$

$$\therefore t=\frac{\frac{17.64\times1000}{36}}{\frac{1}{2}\left(\frac{1}{0.8}-1\right)\times 980}=4\text{。}$$

故共需時4秒。

4. A與B爲兩玻璃管，以橡膠管(Rubber Tube)

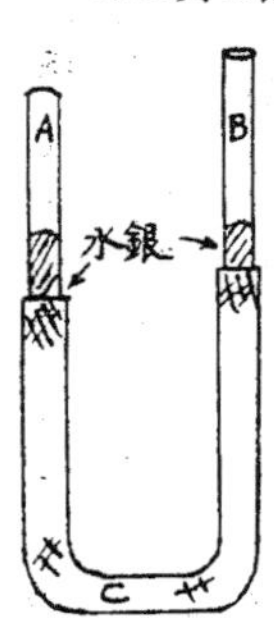

C聯之，中實水銀，A管之上端封閉，下端開啟；B管則上下兩端均開啟，X管內裝有空氣。若將X管置於溫度O°C之水池內，使X，B，兩管內之水銀面在同一水平，則A管內之空氣柱（Xir Column）長9厘米（Cm）。若將X管置於一熱水池內，使A，B兩管內之水銀面仍在同一水平，則X管內之空氣柱長12厘米。問熱水之溫度爲若干？若將B管移動，使X管內之空氣柱長仍爲9厘米，問A，B兩管內之水銀面差爲若干？（大氣壓力等於75厘米水銀柱）

解答：設熱水之溫度爲X°C，又A管之直截面爲a平方厘米。

則在O°C時X管內空氣之體積爲9a立方厘米(c.c.)。

又在熱水內A管內空氣之體積爲12a立方厘米(c.c.)。

今在熱水近X管時，使X，B兩管內之水銀仍在同一水平，即使X管內空氣之壓力不變，仍與O°C時同即一大氣壓力。

依查理定律：（Charles Law）當氣體壓力一定時，其體積與絕對溫度成正比。

O°C時絕對溫度（Absolute temperature）$=273^{\circ}$

熱水之絕對溫度$=(273+x)^{\circ}$

$$(9a):(12a)=(273):(273+x)$$

$$\therefore (273+x)=\frac{12\times273}{9}=\frac{4}{3}(273)$$

$$x=\frac{1}{3}\cdot273=91\text{。}$$

故熱水之溫度爲91°C。

若將B管移動，使A管內之空氣仍爲9厘米，即使氣體體積不變，則此時A管內空氣之壓力必增加，設此時之壓力爲y厘米水銀柱。

由波以耳定律（Boyle's Law）及查理定律，知當氣體體積一定時，壓力與絕對溫度成正比。O°C時之空氣(A管內)壓力爲75厘米水銀柱，此時之絕對溫度爲273°。於熱水中，A管內空氣壓力爲y厘米，此時之絕對溫度由上算得爲273+91=364°。

$$75:y=273:364\text{。}\quad\therefore y=\frac{364\times75}{273}$$

A管內之空氣壓力今既大於一大氣壓，單靠B管上端開啟處之空氣壓力（等於一大氣壓力）不足保持水銀在平衡狀態，故B管之水銀面必須高出A管，使高出水銀面之高足以補一大氣壓之不足。

設B管水銀面高出於A管z厘米，則

$$y=z+75\text{。}$$

$$\therefore \frac{364}{273}\times75=z+75\text{。}\quad\therefore z=\frac{364}{273}\times75-75$$

$$=\frac{4}{3}\cdot75-75=25\text{。}$$

故A，B二管之水銀面差爲25厘米。

5.（a）試述三極眞空管（Three-Electrode Vacuum Tube）之構造及原理。三極眞空管何以可用作檢波器（Detector）？試說明之。

（b）（i）以一有正電荷之物體移近金箔驗電器（Gold Leave Electroscope）之上端，金箔能否展開？何故？（ii）若以手指觸驗電器之上端，金箔之展度有否變更？何故？（iii）觸後將有電荷物體遠移，展度有變更否？何故？（iv）若再以手指觸之，金箔之展度有變更否？何故？試繪圖說明之。

解答：（a）三極眞空管爲高度之眞空管（空氣排至其氣壓達於百分之一公釐以下）。其構造在圖中表出。通常管之內層鍍銀，管中插有鎢及釷之合金製成之

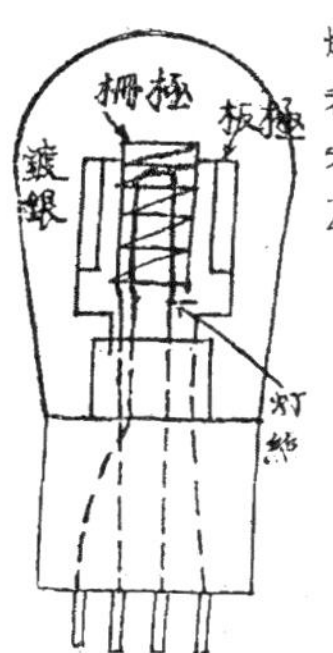

燈絲（filament），圍於燈絲之外者爲柵極（grid），圍於柵極之外者爲板極（Plate），惟燈絲，柵極及板均互相絕緣，不相連接。眞空

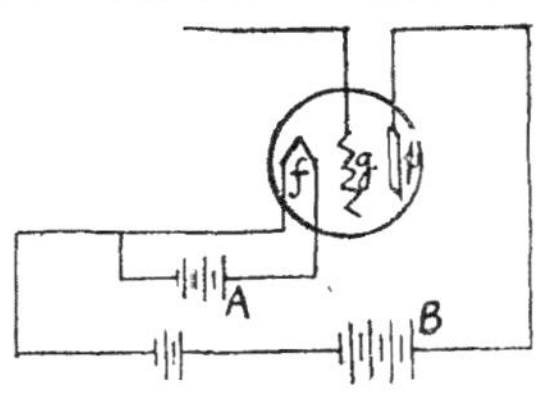

管之原理及何以可用作檢波器，則可由下圖助爲說明在圖中 p 爲板極。g 爲柵極。f 爲燈絲：A 及 B 爲兩組電池組。將 B 電組之陰極連於 f，陽極連於 p，成一電路，叫做板極電路或輸Ⅰ電路，此時電流不通，別以 A電組之兩極連於 f 之兩端而熱之，則有電子從射出，移往 g，產生一種所謂電子電流或名熱游子電流，於是板極電路中之電流通。又以導線連 f 經容電器（Condenser）而接 g（圖中無），成一電路名柵極電路，或輸入電路。當容器之極或陽或陰時，因之 g 亦或陽或陰，爲陽則 f 射出電子多，爲陰則射出少。（爲柵極所斥），電子射出多時，板極電路之電流通，少時不通。故在柵極電路爲反覆變向之交流，在板極電路則爲一向之直流在此卽用作檢波器之理。

（b）（i）金箔能展開，因在金箔處之電子受負有正電荷物體之感應作用（Induction），被吸至驗電器之頂，致兩瓣金箔均帶正電荷，由是相斥而展開。

（ii）金箔將閉合如初，因此時手內之電子源源被吸至驗電器之頂，其量足與物體上之正電荷相當，原來由金箔處被吸至頂之電子反被斥退回原處，而使金箔仍爲中和，故閉合如初。

（iii）金箔復展開，因此時驗電器內電子之電量較正電荷多，物體遠移，此多餘之電子自動散播於驗電器處（redistributed），使驗電器之頂及金箔均帶有電子，故金箔復相斥展開。

（iv）金箔復閉合如初，該多餘之電子此時復自動散播於驗電器之內外（一部份由手中流出），致驗電器金箔處之電子稀少，幾可謂中和，故金箔復閉合如初。（圖略）

6. 有一電池，其電動勢（Electromotive Force）爲 2.5 伏特，其內電阻（Internal Resistance）爲 0.5 歐姆。（a）若欲此電池兩極間之電位差（Potential Difference）等於電動勢，外電阻應爲若干？何故？（b）若欲此電池線路（Circuit）內之電流爲最大，外電阻應爲若干？電流若干？（c）若欲此電池輸出之電功率（Power）爲最大，外電阻應爲若干？電功率若干？效率若干？（Efficiency）（d）效率最大時，外電阻應爲若干？何故？

解答：設電路之外電阻爲 R，內電阻爲 r（=0.5ohm），電池之電動勢爲 E，所生電流爲 I，如圖。

（圖：E，I，R）

（a）由圖知此時之電池兩極電位差適爲電阻兩端之電位差。

∴電阻端之電位差＝兩電池極之電位差 $=IR=\left(\frac{E}{R+r}\right)\cdot R$

依題意此電位差相等於電動勢，故

$$\frac{E}{R+r}\cdot R=E,\qquad R=R+r\qquad R=\infty\text{。}$$

所謂外電阻爲無窮大，亦並不是一定要無窮大，如此時之外電阻已相當大，若以內電阻與之相較，微乎其微，因可不計，則兩極電位差卽亦可等於（＝）電動勢。

（b）電流 $=I=\frac{E}{R+r}$。E，及 r 數值已一定，不能改變，故欲使 I 爲最大，（R+r）應最小，欲使（R+r）爲最小，惟有令 R=O。卽兩電池極接成短路（short Circuited）。

（c）電池輸出之電功率 $=I^2R=\left(\frac{E}{R+r}\right)^2R=P$

$$\therefore P=\left(\frac{2.5}{R+0.5}\right)^2\cdot R=\frac{(2.5)^2}{R+1+\frac{(0.5)^2}{R}}$$

$$=\frac{(2.5)^2}{1+\left[\left(\sqrt{R}-\frac{0.5}{\sqrt{R}}\right)^2-1\right]}$$

欲使 P 最大，惟有令 $\left(\sqrt{R}-\frac{0.5}{\sqrt{R}}\right)=0$。

若 $\sqrt{R}-\frac{0.5}{\sqrt{R}}=0$，$R=0.5$ 歐姆

故電池輸出之電功率最大時，外電阻應爲 0.5 歐姆（等於內電阻）　電功率 $=\frac{(0.5)^2}{(0.5+0.5)^2}\cdot 0.5$ $=6.25\times 0.5=3.125$ 瓦特（Watts）

效率 $=\frac{I^2R}{EI}=\frac{IR}{E}=\left(\frac{2.5}{0.5+0.5}\right)\cdot\frac{0.5}{2.5}=\frac{1}{2}=50\%$

（d）效率 $=\frac{I^2R}{EI}=\frac{IR}{E}=\left(\frac{E}{R+r}\right)\cdot\frac{R}{E}=\frac{R}{R+r}$

$$=\frac{1}{\frac{R+r}{R}}=\frac{1}{1+\frac{r}{R}}\text{。}$$

欲使效率最大，$\left(1+\frac{r}{R}\right)$ 應爲最小，然 r 一定，欲

使$\left(1+\frac{r}{R}\right)$爲最小，R應爲無窮大，條件適與（a）中間。

7.（a）日光通過稜鏡（Prism），何以有各種顏色？日光照在薄油層上，何以亦有各種顏色？其成顏色之理由相同否？試說明之。

（b）一人在湖面游泳，向下直視，見湖底有一物體，復前游1.2米時，物體忽不見。假定水之折射率（Index of refraction）爲⅝，問湖深若干米？

解答：（a）題述兩種成色現象，理由不相同，現分述於下：

日光本由各種不同顏色之光組合而成，（七色），而此七種不同顏色之光，波長各各不同，而稜鏡對於各種顏色光之折射率亦不同，即各顏色光通過稜鏡時之速度均各各不同，故雖在未過稜鏡時各顏色光之光波進行，方向一致，雜於一起，而成白色日光，但通過稜鏡後則方向各異，各現其原有顏色，此種現像在物理上謂之色散（Dispersion）。

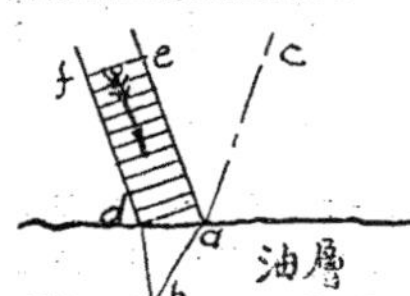

日光照在薄油層上則亦能成色，惟此成色之理由，由光之干涉作用（interference）而來。設一流光波，由近乎垂直方向（爲簡單起見）射入一透明之薄油層，如圖。每一波過油面時，一部份反射，一部分折射，如一波遇油面於a而反射則沿ac方向，同一波之又一部分在d點進入油層，遇油層之第二面於b。遇於b後，而其又一部份適反射至a處，由a再以ac方向折射而出。此部份之波（在圖中爲fd）穿過油層兩次，故其波之位相（Phase）當在直接由a處反射波之後。若油層之厚度適爲該光波長之¼，則由b處所反射之光波至a處比直接反射於a之光波後½波長，故生干涉作用。如一人由ca方向觀之適呈暗色，若油層之厚爲光波之½波長，則上述兩波適增强（reerforce），觀之呈光明。

在上面已述過日光是由不同波長不同顏色之光組合而成。而薄油層之厚度亦處處不一。如紅光在某一點上生干涉作用，而黃光則在另外一點。在紅光干涉一點，紅光缺，而其互補色（Complementary Color）存在；在黃光干涉一點，黃光缺，而其互補色存在。由是得各種光之互補色，而得一組各種不同顏色之光譜（Spectrum）。

（b）物體不見時，此時由物物處至人眼處之光適成全反射（totally reflected）如圖。圖中河深爲d。人向前游之距離爲s。

由折射定律 $\frac{\sin i}{\sin r}=$折射率$=\frac{5}{4}$

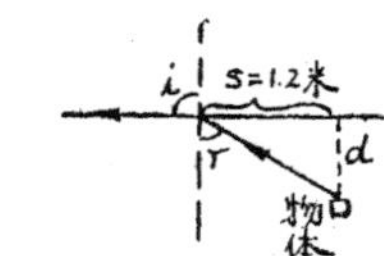

$$\therefore\ \frac{\sin 90^\circ}{\frac{s}{\sqrt{d^2+s^2}}}=\frac{5}{4}$$

$$\frac{\sqrt{1.2^2+d^2}}{1.2}=\frac{5}{4}。$$

$$\therefore\ \sqrt{1.2^2+d^2}=1.5。\quad d=0.3。（米）$$

故湖深0.3米。

8.試述以聲波測定炮位之方法及其理由。

解答：設G點爲炮位。吾人可用A，B兩個微音器（Microphone）定出一方向，若再用第三個微音器，又可由B，C兩個微音器定出一砲位之方向，此兩個方向相交點必爲G，即大砲之位置也。於數學上，

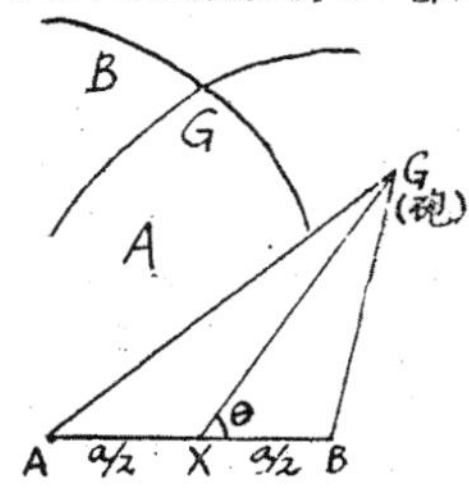

知如果有一動點離開兩定點之距離之差爲一定，則此動點之軌跡是一雙曲線，上述所謂方向，實皆爲雙曲線。設炮聲襲A，B兩微音器之時間差爲t_1，聲音之速度爲V，則兩微音器離炮位距離之差應爲Vt_1。

即 $GA-GB=Vt_1$ ………………（1）

同樣，砲聲至兩微音器，亦有時間差爲t_2。

則 $GC-GB=Vt_2$ ………………（2）

由t_1，t_2可算出兩雙曲線之交點（理論複雜，此處只述大概），如欲準確，可多用微音器個數，如六個，即有五條雙曲綫相交，交點亦即砲位，惟雙曲線究太麻煩，事實上微音器與大炮相離頗遠，而如此之大雙曲線實與直線無別，用直線省事不少。如上圖下角A，B爲兩至毗連微音器之位置，a爲AB之距離，G爲炮位，X爲AB之中點，$GX=r$，$\angle BXG=\theta$，如是

由餘弦定律 $GA=\left(r^2+ar\cdot\cos\theta+\frac{a^2}{4}\right)^{\frac{1}{2}}$

$GB=\sqrt{r^2-ar\cdot\cos\theta+\frac{a^2}{4}}$

$C=GA-GB=\left(r^2+ar\cdot\cos\theta+\frac{a^2}{4}\right)^{\frac{1}{2}}$
$-\left(r^2-ar\cos\theta+\frac{a^2}{4}\right)^{\frac{1}{2}}$

兩邊平方，上式可以化簡：$a\cos\theta=c\sqrt{1+\frac{a^2-c^2}{4r^2}}$

通常之r值均較a及c之值大數十倍，故上式可寫作

$a\cos\theta=c=Vt_1$。

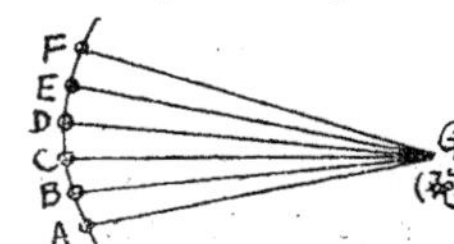

上式中a是常數，若求得t_1，角度θ（即炮線GX在X之方向）可以測定。同理，如左圖BC，CD，DE，EF等微音器中之點所成角度均能求出，砲位可由此定出。通常以c（即Vt之值）與θ之相當值算就。t既測定，即可由表中查得角度，然後畫出炮之所在地。

——完——

震光園地

Horner氏綜合除法及其應用

J.C. Ling

前一期連喬君在他的「數學之重要」中，曾說到一般同學對於數學都視爲難題，不敢向其問津。其實數學並不如理想中那樣的難，也不像一般人想像中的那樣刻板，那樣乏味；反過來，數學是活潑的，是有趣的，不過它不像我們到娛樂場所去享樂，只要買一張門票那樣的容易，它的樂趣是要我們動腦子去尋找的！數學好比埋存於地下的寶物，我們要想得到它，必須化一番腦力！下面我所要寫的，便是我從數學礦中發掘出來的一部份。

因爲要使讀者便於明瞭起見，我以舉例作說明。先將每例用普通的分離係數除法（Detached Coefficients Division）做一遍，再用Horner氏綜合除法做一次，讀者可互相比較，求其異同，那麼在下文的具體說明中就可一目了然！

Ex 1.　$(3x^5-8x^4-5x^3+26x^2-33x+26)\div(x^3-2x^2-4x+8)=?$

A. 用普通分離係數除法：

```
1−2−4+8)3−8−5+26−33+26(3−2+3
        3−6−12+24………………(1)
        −2+7+2−33
        −2+4+8−16…………(2)
            3−6−17+26
            3−6−12+24………(3)
                −5+2
```

∴商數＝$3x^2-2x+3$　餘數＝$-5x+2$。

B. 將除式中各項的係數，除了首項，完全變號。再如上除之；但在A中做到(1)時，本應上式減去下式，此時則爲上下兩式相加。（因除數已變號）但首項仍爲兩項相減。（因爲沒有變號）——過渡方法

```
1+2+4−8)3−8−5+26−33+26(3−2+3
        3+6+12−24………………(1)
        −2+7+2−33……此與原式同
        −2+4−8+16…………(2)
            3−6−17+26
            3+6+12−24………(3)
                −5+2
```

∴商數＝$3x^2-2x+3$　餘數＝$-5x+2$　結果與前同。

C. 用Horner氏綜合除法。（請與B比較）

1	3−8−5	+26−33+26
2	6+12	−24
4	−4	−8+16
8		16+12−24
	3−2+3	0−5+2

商數＝$3x^2-2x+3$　餘數＝$-5x+2$　結果仍同。

Ex 2.　$(6x^5+5x^4-8x^3-6x^2-6x)\div(2x^3+3x^2-1)=?$

A. 用分離係數法：

```
2+3+0−1)6+5−8−6−6+0(3−2−1
        6+9+0−3
        −4−8−3−6
        −4−6+0+2
            −2−3−8
            −2−3+0+1
                −8−1
```

∴商數＝$3x^2-2x-1$　餘數＝$-8x-1$

B. 用Horner氏綜合除法：

2	6+5−8	−6−6+0
−3	−9+0	+3
0	+6	+0−2
1		+3+0−1
	$\frac{6}{2}-\frac{4}{2}-\frac{2}{2}$	+0−8−0

分母2係除數首項係數

∴商數＝$3x^2-2x-1$　餘數＝$-8x-1$

諸君研究過上兩個例題，大約對於這Horner氏綜合除法已有一點明白了，他不過是將分離係數法改換個面目，並沒有什麼高深的原理！

現在再以具體的方式將他運用的方法敍述一下：

Horner氏法運用法則

1. 先在演算紙上畫一大L，再在其右上方將被除式的係數抄下。

2. 在被除式的同一橫行寫除式的第一個係數。然後沿着垂線順次將除式其餘的係數變號寫下。

3. 在橫線下面，被除式首項之直下，寫除式首項除被除式首項之商，（在Ex2中因除式首項爲1，故此部手續可免）。

4. 將所得之商分別乘以除式的第二，第三……項係數，順次寫於被除式的第二第三……項係數之下。

5. 將被除式第二項係數，加以在他下面的各數，再除以除式首項之係數，書於橫線之下。（在被除式第二項係數之下）

6. 向法將此得數分別來以除式之第二，第三……項係數，再求被除式第三項係數直下各數之和，除以除式首項係數，再寫於橫線之下，如此繼續類推下去。

7. 若被除式爲m次，除式爲n次，則在橫線下已有m－n＋1個數字時可停上法的進行，這時畫一縱線將已相加過的各係數和未加過的分開；然後未加過的也照上法分別加起來，寫於橫線的下面，但不要除以除數的首項，則在最後畫的縱線左面的數字爲商式，右面的數字爲餘式。（待續）

上海交通大学百年报刊集成·第一辑（1896—1949）·学术学科

科學小品

相對論淺說

馬二

「相對論」的創立，無疑地是二十世紀中科學上的偉大成就。因爲「相對論」不僅在理論上完全吻合了數學的原理，而且在實驗上獲得了天文學的證明。然而「相對論」的本身理論太高深了，如果沒有高深數理的幫助，我們是沒有方法明瞭它的。但這兒所談的相對論，完全避免高等數理的應用，僅就它的立論基礎和包涵的基本原理，加以討論。

在Einstein的「相對論」問世前，科學家一致認爲空間是充滿着一種奇特的物質——以太（Ether）。他們假定這是一種極其稀薄的靜止的而具有固體彈性的氣體，但你想，一種物質要同時具備這三種性質，事實上當然是完全不可能的。那時美國有一位科學家Michelson拿光來作一個實驗，假定以太是絕對不動的，那末，沿着地球運動方向發出的光，比了沿着和地球運動成垂直方向發出的光，來回所需的時間，應該要稍微長些。然而Michelson實驗結果，發現兩者完全相等。這一個矛盾的問題，當時沒有人能夠解決，及至E ns-ien氏，他就拿這矛盾做基礎，重新確定空間和時間的觀念，成立了舉世聞名的「相對論」。它的要點是：（一）不承認空間有以太這東西的存在。因爲以太的存在，和光速度定律（光的速度對於任何觀察者都是恆常不變的）發生矛盾衝突，而矛盾在科學內是絕對不能存在的。（二）不承認有絕對空間的存在。前面既然否認了空間有以太的存在，而以太是絕對靜止的東西。這樣說來，不是空間沒有一樣東西在動的了嗎？那末究竟什麼東西是絕對靜止的呢？什麼東西是絕對運動的呢？這好似我們在行駛絕速的火車裏觀察車外的樹木，覺得火車好像是靜止的，而樹木正在很快地向後倒退；然而在車外觀察者看來，分明覺得車在前進，而樹木是絲毫沒有動，擴充言之，我們站在地球上面，好像地球是靜止的，而太陽正在繞着地球旋轉。然而天文學明白地告訴我們：太陽是固定不動的，地球是繞着太陽旋轉的。這樣看來，不是沒有絕對空間存在了嗎！進一步說，時間是利用空間的運動來測定的，既沒有絕對空間的存在，那末，絕對時間亦不能存在。一句話，「相對論」的基本原理就是相對原理（Principle of Relativity）——空間是相對的，時間是相對的，運動也是相對的。

之後，Einstein在他的基本觀念內加入了一種新的思想，發明了另一原理——等價原理。這原理說明，任何物理現象發生的時候，無論在重力場內——靜止或直線的等速運動的坐標系內進行，或是在沒有重力作用的空間內——加速的坐標系中進行，我們不能夠就牠現象的本身即可加以區別，舉例來說就可明白。如果在一座昇降機內用一只彈簧秤（Spring B lance）來秤我們的體重，當昇降機開始運動時，秤上的指數（指體重的指數）漸漸增加，好像我們的體重增加一樣，一直到昇降機以等速進行時才恢復到正常的指數；當昇降機將停時，秤上的指數漸漸減少，好像我們的體重減輕一樣，一直到完全停止，指針才又指示準確的體重。這說明在加速運動中，慣性和重力作用是完全相同的，這是愛氏在「相對論」外別闢的又一原理。

上面這些膚淺的說明，只是「相對論」的立論基礎和包涵的基本原理的大概，當然談不到什麼論證和研究，不過，假使讀者對「相對論」感到興趣而高興研究的話，那末我這篇文字或可作「登堂入室」的一扇小門兒罷！

三等分一角的近似作法

效飛

初等平面幾何裏有三大難題，等遍天下的大數學家，迄今猶不能把它們解決，三等分一角是其中的一個，那麼不言而知的這裏三等分一角的作法，當然是相似的方法，而不是絕對正確的。在說明作法以前，先把原理說明一下。假若A是我們所需三等分的一個角，則

$$\frac{1}{3}A=\frac{1}{4}A+\frac{1}{3}\cdot\left(\frac{1}{4}A\right)$$

$$=\frac{1}{4}A+\frac{1}{4}\left(\frac{1}{4}A\right)+\frac{1}{3}\left(\frac{1}{4}\cdot\frac{1}{4}A\right)$$

$$=\frac{1}{4}A+\frac{1}{16}A+\frac{1}{4}\left(\frac{1}{4}\cdot\frac{1}{4}A\right)+\frac{1}{3}\left(\frac{1}{4}\cdot\frac{1}{4}\cdot\frac{1}{4}A\right)$$

(1)

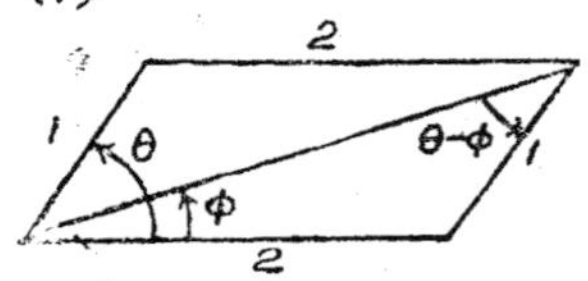

$$=\frac{1}{4}A+\frac{1}{16}A+\frac{1}{64}A+\cdots\cdots+\left(\frac{1}{4}\right)^nA+\frac{1}{3}\left(\frac{1}{4}\right)^nA\ 。$$

在上面的式中，$\frac{1}{4}A$，$\frac{1}{16}A$，$\frac{1}{64}A$，……$\left(\frac{1}{4}\right)^nA$ 我們可用普通平面幾何的方法作出的，不過最後 $\frac{1}{3}\left(\frac{1}{4}\right)^nA$ 仍是原來的大問題。但是通常平面幾何學中的角，都是小於360°，若連續以四去分，分不到數次，等分部份已是很小了：要把一個相當小的角三等分，這裏有一個比較正確的作法。

假設 θ 是一個相當小的角，把它的一邊自頂點取一單位長，再把它的又一邊自頂點取二單位長，然後以此兩邊爲一平行四邊形的相鄰兩邊作平形四邊形。聯自頂點的對角線如圖(1)；則此對角線與二單位長邊所成的角中就差不多等於 $\frac{1}{3}\theta$。

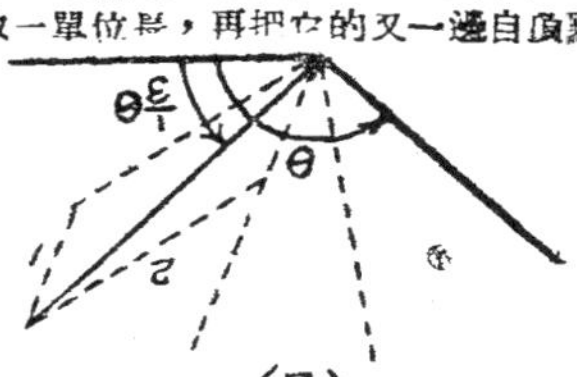

照上面的作法，我們可得 θ 與 ϕ 的關係如下：

由正弦定律，$\dfrac{\sin\phi}{\sin(\theta-\phi)}=\frac{1}{2}$

把 $\sin(\theta-\phi)$ 展開，化簡即得

$\cot\phi=2\csc\theta+\cot\theta$。

由算就的結果，知 θ 愈小，ϕ 接近 $\frac{1}{3}\theta$。

θ	ϕ	$\frac{1}{3}\theta$
0°	0°	0°
10°	0 1'	3°20'
20°	6°38'	6°40'
30°	9°54'	10°
40°	13°5'	13°20'

故欲三等分一個不甚大的角，先把它四等分，再在第二個等分邊作一平行四邊形如前所說，聯對角線如圖(2)，則此對角線與原來一邊所成角，就差不多等於它的三分之一了。以此法三等分160°，所得結果僅差¼°。如欲更正確些，可將第二等分再四等分，然後如法泡製。其實四等分一次，在普通練習簿上繪畫，已可認爲正確的了，因爲鉛筆線的粗細相差就可一度，何況在160°中僅差¼°呢！

矛盾在那裏

爾蘭

——參閱創刊號「數學的矛盾」及第二期「續數學的矛盾」——

創刊號第八頁：

(a) 從第三行 $(a+b)(a-b)=b(a-b)$ 化做 $a+b=b$ 時，是應用「等式兩邊同除一數，其值仍等。」的公理，但是這公理有一例外，即是不能以 0 來乘除兩邊，例如 $3\times0=2\times0$，不能說 $3=2$。但是上面的化法，就違反了這禁例，因爲 $a=b$，即 $a-b=0$。故兩邊不能以 $a-b$ 來除之。

(b) 這一個級數可以作爲一等比級數，即

$S=1+1\cdot(-1)+1\cdot(-1)^2+1\cdot(-1)^3+\cdots\cdots$，首項爲 1，公比爲 -1，$n=\infty$。

依照級數公式，$S=\dfrac{1\left[1-(-1)^{\infty}\right]}{1-(-1)}=\dfrac{1-(-1)^{\infty}}{2}$

如 ∞ 爲奇數，$S=1$；如 ∞ 爲偶數，$S=0$。但無窮大(∞)並不是一個普通的數值(Number)，不能確定它是偶數還是奇數，奇數或偶數既不能確定，S 之值就不能求出來了。

(c) 代數上，應用 $\sqrt{m}\cdot\sqrt{n}=\sqrt{mn}$ 公式時，祇有 m，n 爲正數時方可，故 $(\sqrt{-a})\cdot(\sqrt{-b})=\sqrt{(-a)(-b)}$ 爲錯誤，因 $-a$，$-b$ 皆爲負數；另一式正確。

第二期第11頁：

(A) 從第二行 $1-\frac{1}{2}+\frac{1}{3}-\frac{1}{4}+\cdots\cdots$ 化做第三行 $\left(1+\frac{1}{3}+\frac{1}{5}+\cdots\cdots\right)-\left(\frac{1}{2}+\frac{1}{4}+\cdots\cdots\right)$ 這一步是錯的。因爲前者爲收斂級數(Convergent Series)，其結果爲 $\log 2$；而後者變爲二發散級數(Divergent Series)，每一括弧內之和爲 ∞，則後式變爲 $\infty-\infty$。∞ 這數字，到底多大還不能確定，它們的差，當然也就不定了。

(B) 此題的關鍵，在 0 和 ∞ 上，因爲當分至無窮小時，每圓之圓周接近於 0，而小圓的數目接近於 ∞。故諸小圓周之和原成 $0\times\infty$，這個乘積，是代數中的不定式(indeterminate Form)，不能決定的。

(C) 這一題也是 0 在作怪。在相似三角形 $\triangle ABC$ 及 $\triangle CAM$ 中，相當邊應成比例：故 $\dfrac{\overline{AC}}{\overline{BC}}=\dfrac{\overline{CM}}{\overline{AC}}$，即 $\overline{AC}^2=\overline{BC}\cdot\overline{CM}$，或 $\overline{AC}^2-\overline{BC}\cdot\overline{CM}=0$。故在第12頁第二行中，左右二式之分子皆爲0，故分子雖相等，分母則不一定相等，例如 $\frac{0}{3}=\frac{0}{4}$，但不能說，$3=4$。

(D) 在代數中開平方，結果有正負兩值，所以從第四行開方而成第五行時，一邊取正根，另一邊應取負根，即 $2-\frac{5}{2}=-\left(3-\frac{5}{2}\right)$，故 $-\frac{1}{2}=-\frac{1}{2}$。

讀者信箱

信箱規約

（一）讀者信箱之闢設，專爲讀者解答疑難之科學及數理問答。

（二）問題內容，不得超越科學範圍，簡單者由編者直接奉答外，較高深者，可徇讀者要求，或編者之決定，登載本欄內，供讀者之研究討論。

（三）問題以簡明爲主，每題不得超過一百五十字，有圖者須以黑墨水繪圖。

（四）來信須繕寫清楚，並須詳細註明姓名地址，如欲直接答覆者，須附有貼足郵資之信封。

（五）來信須註明本刊「讀者信箱」欄。

承憲君問。

1.依照發熱原理，離發熱地點愈近則愈熱，離遠則愈冷。而何以地球面溫度較高山頂溫度爲高（太陽至山頂距離近至地面遠。）

2.聲可振動物體，試問將來有否可能將聲大量收集而產生一「聲動機」？如能，其構造大概如何（理想的）？

3.光可轉變爲聲（如有聲電影），聲是能的一種，試問光是否是能的一種？如是，可否產生一「光能機」？構造又大概如何？

答：

1.離發熱地點愈近則愈熱，愈遠則熱度漸減，此發熱原理當然正確。太陽至山頂距離固比至地球距離遠些，但普通一個山雖有幾千幾萬公尺高，如和太陽至地球的距離比起來，實小至不可名言之小，等於滄海之一粟。相反地，高山頂之空氣較地面易於流通，故地面反不如高山頂之涼快。但地面溫度較高山頂溫度爲高之主要原因實在於此：地球一面吸收太陽之輻射熱，一面把從太陽吸收得來之熱再輻射出去。地表面上，輻射熱多，故溫度較高，高山頂上，因離地面愈遠，故輻射熱愈少，溫度也愈低，山愈高，則山頂之溫度愈底。

2.聲能振動物體，爲能（Fnergy）的一種，收集聲當然可以，但大量收集則似乎不可能，不論聲音怎末高大，其所包含的能却非常少。況聲波是向四周擴散的，不能用任何方法把它集中起來。即使大量收集是可能的活，一定先要把它變成別種能，才可應用。但方才說過，聲波中所含的能很少，「聲動機」即使可造的話，無疑地，定是得不償失的。理想的「聲動機」構造，事實上很困難。在聲波是不是可以大量收集應用還不知道的時候，是不能預測的。

3.光也是能的一種，「光能機」的構造正和「聲動機」一樣，在光是不是能夠大量收集應用這個問題尚不能解決之前，無從想像起。有人曾試驗過大量吸收從太陽投射到地球上的輻射熱，但結果所產生的功率，連一匹馬力（IH.P.）也够不到。所以太陽的熱是否可以收集起來尚是一個疑問呢！

錢大志問：

1.貴刊第二期載有王章君之數學矛盾三則。鄙人明知有誤，但百思而不得其解。可否請先生於下期發表，以釋疑慮。

2.請先生指定一較完善之物理書和化學書各壹本（高中或大一程度），如蒙於貴刊答覆，則不勝感激。

答：

1.參閱本期科學小品欄內矛盾在那裏一文

2.物理書：Duff的College Physics，化學書：Deming的General Chemistry或吳瑞年著基本化學。前者較深。適合高三大一程度，後者高一高二閱讀較宜。

定價					
每月出版二期 本期售價三角	預定	期數	全年	半年	三月
		冊數	二十四期	十二期	六期
		價目	六元	三元二角	一元七角

震光數理 第一卷 第三期

民國三十年九月廿五日出版

編輯者 震光數理社 福煦路三八四號

發行者 震光數理專校 上海福煦路三百八十四號

總經售 震光數理專校

本埠各報攤均有出售

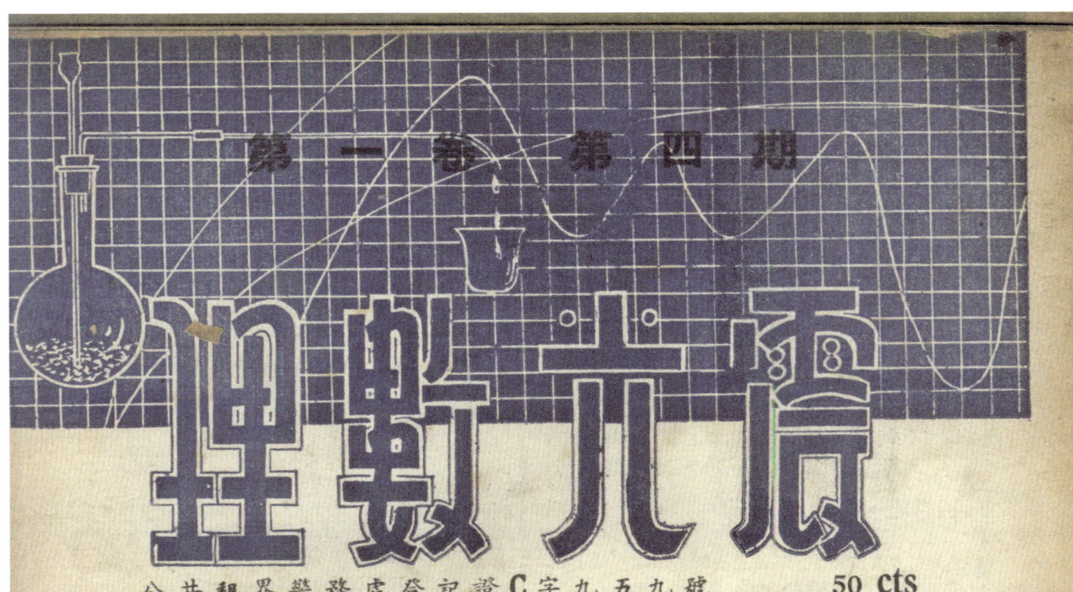

公共租界警務處登記證C字九五九號 50 cts.

中華民國三十年十月十日出版 交通大學校友主編

特大號

本期目錄

迎頭趕上

逸 菴

歷史的發展，將人類推進入以科學為中心的時代，無疑地，科學的權力已支配了一切。人類生活之進化與倒退，自由與束縛，建設與破壞，將由科學來決定。值此科學鬥爭日益猛烈之際，古老的中華民族自然不可避免地被捲進了科學競爭的浪潮中。

一國科學之提倡發展，建設事業之促進推行，有待於全國上下之共同努力。四年來，祖國在艱苦的環境下掙扎奮鬥。在槍林彈雨的前線，忠勇將士衝鋒肉搏。爲保衛國家而犧牲；在自由中國的大後方，物質條件極度貧乏，生活環境困苦異常。然而在這末艱難的狀況下，却展開了當前祖國的偉大建設工作。一條比一條長的公路建築起來了，在工程師和工人們的努力合作下，蜿延曲折的鐵路穿過雄偉深邃的山洞，橫亙荒蕪遍野的鄉村，很快地完成了，地底下無窮盡的富源充分地開發利用了。大小工廠如雨後春筍般地建立起來，大規模工業合作運動傳播到窮鄉僻壤。戰備的生產，達到了戰前未有的速度。不少的工程師和科學家更在孜孜不息地埋首研究改良。這一切，指示着科學落後的中國已開始踏上科學建設的大道。

但是，這些離開眞正的科學建設的理想尚遠。與歐美先進工業國家相形比較，我們眞是望塵莫及。不錯，物質條件的限制和科學人才的缺乏是當前最大的困難，但是，只要我們有決心，有毅力，一切困難都可迎刃而解。當前最迫切的需要是訓練大量科學建設的人才，利用一切天然的富源，以兩者的充分配合，才能完成科學建設中國的偉業。

我們要迎頭趕上！

專　論

平面幾何三大不能問題

王　韋

（一）前　言

幾何學中作圖問題，其解法大多靠直尺和圓規完成，但有不少問題，其性質頗似屬於初等幾何範圍內，但研究其解法，則困難叢生，決不是直尺圓規所能解決的。此種問題，可分三類：

（一）三等分任意角問題。

（二）改圓爲方問題。即求作一正方形，使其面積等於一圓。

（三）立方倍積問題。即求作一立方形之一邊，使其體積等於另一立方體之二倍。

其實所謂「作圖不能問題」，決不止上列三題，譬如三等分一角不可能，五等分，六等分……，同樣不可能，而不過這類問題可以「三等分」一題作爲代表。

這幾問題，是數千年來數學家絞盡腦汁所研究而不能解決的。而直至近代方始證明其爲不可能。在敍述此等問題之先，先得說明作圖時所許可之方法。自歐幾里得(Euclid)以來，所許可用爲作圖方法者，有下列兩項：

a.過二點可引一直線。

b.以任意一點作中心，任意之長爲半徑，可畫一圓。

如此規定，實予數學家以一種束縛。所謂不能作圖之問題，即由於此種限制。如果沒有這種限制，「不能問題」都成爲可能了。

所以，現在討論能否作圖，是根據此項限制而說。否則，一不留心就鬧笑話。例如，以前曾有人「發明」用直尺和圓規解決三等分任意角問題，其解法如後：

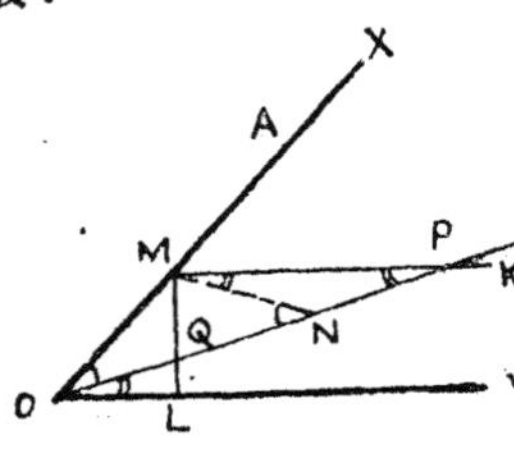

XOY爲一任意角，在OX上取任意長OA，M爲OA之中點，作MK//OY，ML⊥OY在直尺上記P，Q兩點，其間之距離等於OA。沿O點旋轉此尺，使P在MK上，Q在ML上，則OQP線三等分∠XOY。其證如下：

取PQ之中點N，聯MN。則因N爲直角形斜邊中點，故MN＝NP＝NQ，∴∠NMP＝∠NPM。

又PQ＝OA；M，N各爲兩線中點，故OM＝NQ＝MN。

故∠MON＝∠MNO。

又∠MNO＝∠NMP＋∠NPM＝2∠NPM

∴∠MON＝2∠NPM

由作圖知MK//OY，故∠NPM＝∠POY，

故∠MON＝2∠POY

今∠MON＋∠POY＝∠XOY

即2∠POY＋∠POY＝∠XOY

故∠POY＝$\frac{1}{3}$∠XOY

這種方法，表面上似乎毫無破綻，實際上「沿O點旋轉此尺，使P在MK上，使Q在ML上」這一步作法，就犯了大忌；因爲這裏的直尺，並不作畫直線之用，那就是說，不合幾何作圖的規定。

通常解作圖題時最後所要之圖形，往往不直接決定之，而是以已知之線及點爲基礎，用代數方法求出與最後圖形有關之線份或點。這類「代數方法」，最常用的是解一方程式，以一線份或一角度作爲未知數X，從已知條件設立一X之方程式，這方程式的根再用作圖法畫到圖上，而達到作圖的目的。

但是方程式所解出的根，不能每一個都能作出，因爲限於作圖的限制，祇有「有理數」，及「無理數其中之平方根（用畢大哥拉斯定理作圖）能夠作出，」餘如三方根，五方根及虛數等，都是不能作出的。由此可證下面

（二）三等分任意角之不可能

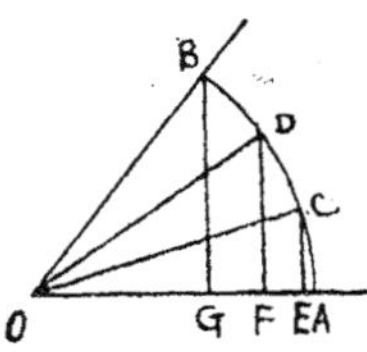

設AOB爲任意角，以θ表之。以O爲中心，一單位長爲半徑，畫一圓弧AB，則OB＝1

設AB弧之三等分點爲C，D兩點。又自B，D，及C各向OA作垂線BG，DF及CE。

若作圖能定E點，即能定C點，故C點之能否決定，視E之能定與否而定。

因　OG＝OBcosθ＝cosθ　（∵OB＝1）

$OE=OC\cos\frac{\theta}{3}=\cos\frac{\theta}{3}$　（∵OC=OB）

由三角公式：　$\cos\theta=4\cos^3\frac{\theta}{3}-3\cos\frac{\theta}{3}$

即　$OG=4(OE)^3-3(OE)$

令OG=a，OE=X，則　$a=4X^3-3X$

或　$X^3-\frac{3}{4}X-\frac{a}{4}=0$

根據三次方程式解法之公式（參看范氏大代數P.483第871節），得

$X_1=\sqrt[3]{A}+\sqrt[3]{B}$，$X_2=\omega\sqrt[3]{A}+\omega^2\sqrt[3]{B}$，$X_3=\omega^2\sqrt[3]{A}+\omega\sqrt[3]{B}$

而 $A=\frac{a}{8}+\frac{1}{8}\sqrt{1+a^2}$，$B=\frac{a}{8}-\frac{1}{8}\sqrt{1+a^2}$

今代數方法解出之根，內有開三次方者，故X之長不能以作圖表示之。即E點不能定，故C點亦不能定，故三等分任意角爲不可能也。

（三）改圓爲方之不可能

設已知圓之半徑爲r，其圓周爲C，則

$C=2\pi r$

再設其面積爲A，則$A=\pi r^2=\frac{1}{2}r(2\pi r)=\frac{1}{2}rC$

故圓之面積等於以r爲高，C爲底之三角形之面積，故若能求出C，則此難題解決。然$C=2\pi r=\pi d$，而π，非整數，非分數，亦非有限小數，不能由作圖求得。故改圓爲方爲不可能。

（四）立方倍積之不可能

以a表立方體一邊之長，所求立方體一邊之長設爲X，則

$X^3=2a^3$，即$\frac{X^3}{a^3}=2$

設 $Z=\frac{X}{a}$，則 $Z^3=2$，$Z=\sqrt[3]{2}$，$\omega\sqrt[3]{2}$，$\omega^2\sqrt[3]{2}$

因Z中有三方根，故Z不能作出，即X不能作出，亦即此題作圖爲不可能。

（五）三等分任意角之近似作法

(1)AOB爲一將三等分之角，以θ代表之，以O爲中心，任意長爲半徑，畫一圓ABDE，圓中AOD，COE爲二直徑。平分∠DOE，其分角線交圓於H，S爲OB之中點，聯SH。

過O點，作SH之平行線OC，則OC三等分（近似）∠AOB。

用此法所用之差誤很小，假如θ是小於120°的角，則差誤不到一度。（此法與第三期效飛君之作法原理同）

(2)設∠OAB爲已知角，以θ表之，今欲三等分之。

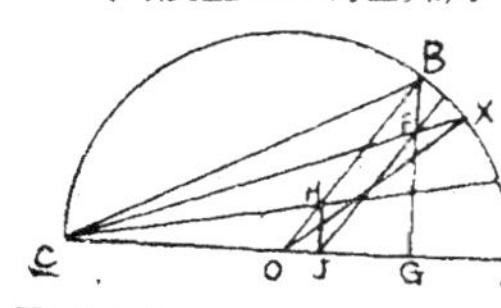

以O爲中心，任意長爲半徑畫一半圓ABC。作CH線使∠HCA=⅓∠BOA。自H，B作CA之垂線HJ及BG。

過J作OB之平行線，交BG於F。

聯CF並延長之，設交圓於X，則OX三等分θ，即∠LOX=⅓∠ACB（近似）。

(3)∠AOB爲已知角，今以O爲中心，任意長爲半徑，畫一圓弧，聯弦AB。

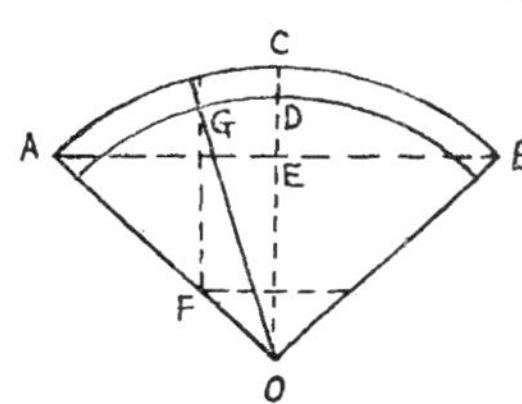

作∠AOB之角二等分線，交弧及AE於C及E。三等分CE及OA。設D，F爲其等分點。

以OD爲半徑，作一同心弧。

自F作OC之平行線，交內弧於G。

連OG，則CG三等分∠AOB。即∠AOG=⅓∠AOB。

（六）改圓爲方之近似作法

圓之面積$=\pi r^2=\frac{1}{2}\cdot r\cdot(2\pi r)=\frac{1}{2}\times$半徑$\times$圓周

故一圓之面積，可等於一底爲圓周之長，高爲半徑之三角形的面積。若以此三角形變成正方形，固極爲簡易。然欲作此三角形，必須求出其底邊之長，亦即已知圓之圓周之長。故本題可變爲：求作一等於圓周之長之線段。其近似之作法有下列三種：

(1)延長已知圓之直徑至其三倍之長。

七等分直徑之長，以其中一份加於延長線。

則全長爲直徑之$3+\frac{1}{7}=3\frac{1}{7}$倍，

或等於$3\frac{1}{7}$D（D爲直徑）

則此長等於圓周，因π之近似值爲$3\frac{1}{7}$也。

(2)設圓O爲已知圓，A爲其半徑OA之一端。

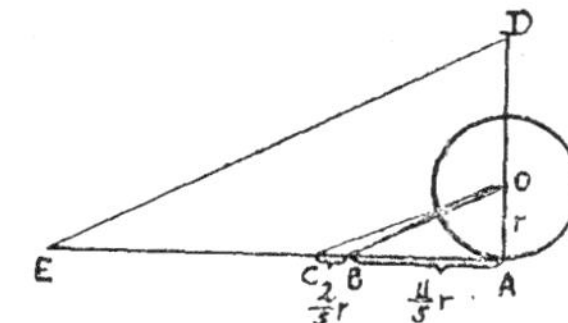

自A點引切線，在此線上定二點B及C，使$AB=\frac{11}{5}r$，$BC=\frac{2}{5}r$

連OB和OC。

延長AO至D點，使AD＝OB。

過D點，作OC之平行綫DE。則AE爲圓周之近似值。

證明：$\because AB=\frac{11}{5}r$，$OA=r$，

$\therefore OB=\frac{r}{5}\sqrt{146}=AD$

$AC=\frac{11}{5}r+\frac{2}{5}r=\frac{13}{5}r$

∴△AED∽△AOC，故根據相當邊成比例之關係，得$\frac{AE}{AC}=\frac{AD}{AO}$ 代入，$AE=\frac{13r}{25}\sqrt{146}$

$=6.283184r$

$=2(3.141592)r$

$=2\pi r=$圓周。

(3)AOB爲已知圓之直徑，過A點作切線。自O點作一線OC使與OA成30°角。

在切線上，求一點D，使CD＝3r則二倍之BD，約等於此圓之圓周。

證明：

$\because \angle COA=30°$，　$\therefore CA=OA\cdot \tan 30°=\frac{\sqrt{3}}{3}r$

故　$AD=3r-\frac{\sqrt{3}}{3}r$

$$\therefore 2BD=2\sqrt{\overline{AB}^2+\overline{AD}^2}=2\sqrt{(2r)^2+\left(3r-\frac{\sqrt{3}}{3}r\right)^2}$$

$$=\frac{2r}{3}\sqrt{120-18\sqrt{3}}=2(3.1415)r=2\pi r$$

故$2\overline{BD}$之長近似於圓周之值。

上列三法，以第二法較爲精確，差誤最少。

圓周既已作出，以圓周爲底，半徑爲高之三角形即可作出，再將此三角形變成正方形卽成。

（七）立方倍積問題

此題之解法，至目前爲止，已多至十餘種，但是都是用圓柱，拋物線，蚌線（Conchoid），蔓葉線（Cissoid）等方法解的。這些都不是初等幾何學所能討論，所以此題之解法，不在這裏討論了。

牛頓運動定律(續)

振千

第三定律

A.第三定律的敍述：——一切作用，均有大小相等，方向相反的反作用。

B.作用和反作用的特性：所謂「作用」者，卽指加在一個物體上的外力而言，「反作用」就是對這外力所生的抵抗力。他們的特性是：

（1）作用和反作用常在一起，是一對不可分離的伴侶，有了作用，同時卽有反作用發生，例如砲彈開出砲銃後，砲身卽向後退；人的拳頭敲在桌子上時，立刻覺得腫痛，這是說明作用和反作用的同時存在。

（2）作用和反作用是相對的名詞，任何一個都可當做作用或反作用。例如一本書放在桌上，書卽有一作用力F加在桌上，桌面抵住書本不入桌內的抵抗力F就是反作用。但是我們若說F是加在書上的作用力，F是書本抵抗桌面的反作用，那也未嘗不可。再拿個例來說，地球的引力是對地面上一切物體的作用力，但同時各物體對地球也有一個反作用，不過因爲地球的質量太大，由牛頓第二定律$F=ma$中可見所生的加速度a是微乎其微，所以物體對地球的引力就不顯明。反之，我們也可說爲了物體對地球的作用（卽引力），結果就生出地球對物體的引力（卽反作用）。所以作用和反作用是不分彼此，作用可以看成反作用，反作用也可變成作用。

（3）作用和反作用常爲二個大小相等，方向相反的力，他們的作用線（Line of action）總在一直線上。例如人手托一重物，使其固定不墮。物體本有一重量W（$=mg$），使它有下墮的傾向，但被手的反作用抵住，所以未曾跌下。又如一個人想用手打人，打上他人身體某部的時候，他的手同時也覺得很痛，打得愈重，他的手也愈覺得痛，由此可知作用和反作用同時存在着，他們的大小是必然相等的。

（4）一對作用和反作用，決不會同時存在於同一個物體上面。換句話說，若是作用加在甲物上時那末反作用必加乙物上面。至於加在甲乙二物，就是作用和反作用的境界面，作用和反作用祇能在這二個物體之間存在。例如一人用繩拉物，由〔圖一〕，人與繩子之間，人手有一拉力T加在繩上，但人手同時也可覺到有一反作用T'，因作用與反作用相等，故T＝T'。又在人與地面之間，人脚在拉物時必斜向地面用力抵住，這是加在地面上的作用，所以地面也有一個反作用加在人的脚上，這個反作用可分成垂直於地面的力R和平行於地面

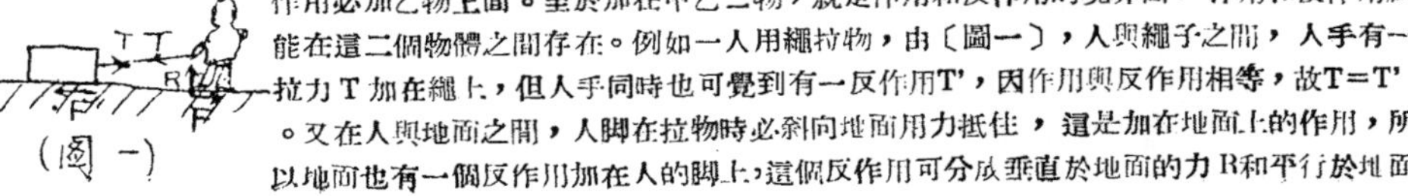

(圖一)

的力F。結果人身上的脚部受到R和F二力，手上受到繩子的拉力T，這些都是外力，若是F＞T，卽意外力並未平衡，則由（F－T）＝ma，可知人體可在外力F的方向上向前運動。在繩與重物之間，重物受到繩的拉力T，同時繩子也受到重重的反作用T。又在重物與地面之間，在與地面平行的方向上，重物受到地面對它的摩擦力F（卽作用），地面也受到與F'方向相反，大小相等的反作用F。現在單以重物而言，在水平方向它同時受到二外力，一是繩子對它的拉力T，另一是地面對它的磨擦力F'，若T＞F'，則重物卽可開始行動。總結以上所言，人的行動是因F＞T，拉物的行動是因F＞T；人與重物同時運動就因F＞T＞T'。在上面的分析中，可見作用與反作用有聯串的關係，他們總是在相關二物體的中間存在着。

（C）自由體和自由體圖（Free body and Free body diagram）

作用反作用的特性既已弄清，現在再來談談自由體和自由體圖的運用。因爲科學上的一切複雜問題，都靠着詳細的分析而後能得到解決，力學當也不能例外，自由體的利用，就爲了分析上的便利；有了這個原理，我們可很清楚，很合理地來分析每個難題。

若在一組相關的物體中，我們祗抽出其中的一小部分，來研究加在這小部分物體上的外力時，那末這個與全體隔絕的物體，卽稱爲自由體。用來表示外力！加在這個自由體上的情況的圖形，我們就稱它爲自由體圖。

〔例一〕若有一塊重物放在桌上（圖二），我們來研究物體和桌面受到力的情況。

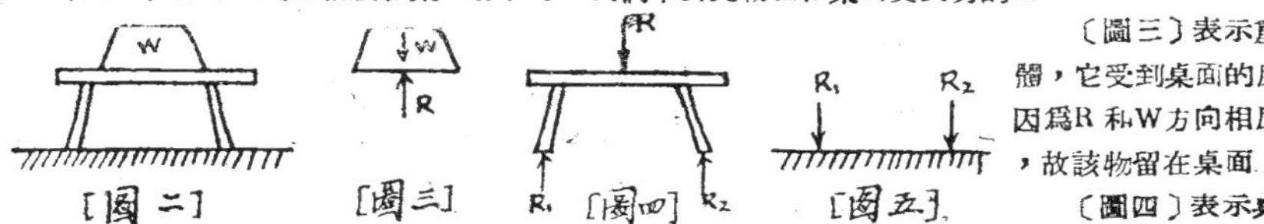

〔圖三〕表示重物是一自由體，它受到桌面的反作用力R。因爲R和W方向相反，大小相等，故該物留在桌面上靜止不動。〔圖四〕表示桌子是一自由體，它受到重物對它的作用R，地心引力W'，和地面給它的反作用R_1及R_2。因爲桌子固定不動，故知$W+R=R_1+R_2$。

〔圖五〕表示地面是一自由體，她受到桌子給她的作用力R_1及R_2。

〔例二〕研究一個光滑圓球靠在壁上的作用力如（圖六。）

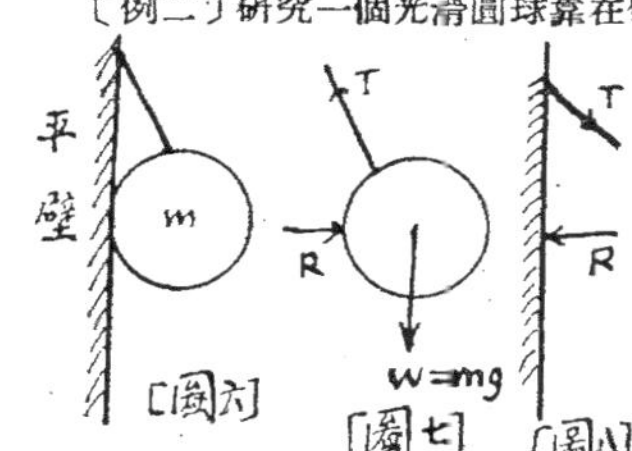

〔圖七〕表示圓球當作一個自由體，它擬到三個外力，一是地球的引力W，二是牆壁給它的反作力R，三是繩子的拉力T。

〔圖八〕表示牆壁是一自由體，它受到球面對它的作用R和繩子的拉力T。

（D）牛頓運動三定律的應用：——

上面已把牛頓運動三定律的內容討論過，現在我們要知道如何去用它來解決力學上的問題。後面舉幾個比較有意義的例來分析，讀者若能融會貫通，則可說粗具力學的基礎了。

〔例題一〕 在一光滑而重量很輕的定滑輪上用一沒有彈性的繩子（Inelastic String）在二邊掛上質量M_1克和M_2克的物體。試證，二物的加速度爲$a=\frac{M_1-M_2}{M_1+M_2}g$，繩中的張力爲$T=\frac{2M_1M_2}{M_1+M_2}$

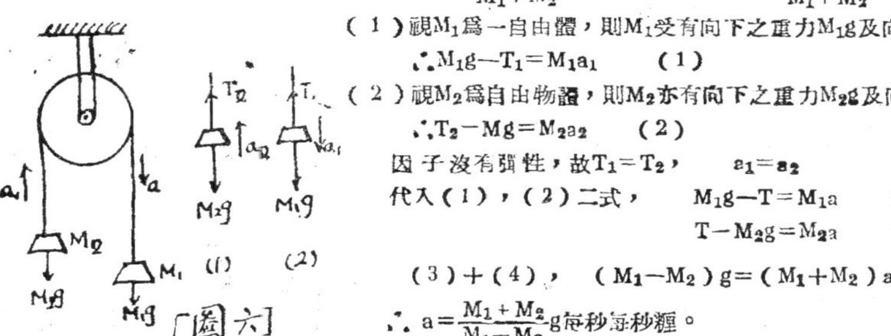

（1）視M_1爲一自由體，則M_1受有向下之重力M_1g及向上的拉力T_1

$\therefore M_1g-T_1=M_1a_1$ （1）

（2）視M_2爲自由物體，則M_2亦有向下之重力M_2g及向上之拉力T_2

$\therefore T_2-Mg=M_2a_2$ （2）

因子沒有彈性，故$T_1=T_2$， $a_1=a_2$

代入（1），（2）二式， $M_1g-T=M_1a$ （3）

$T-M_2g=M_2a$ （4）

（3）+（4）， $(M_1-M_2)g=(M_1+M_2)a$，

$\therefore a=\frac{M_1+M_2}{M_1-M_2}g$每秒每秒糎。

以a之值代入（4） $T=M_2a+M_2g=M_2\frac{M_1-M_2}{M_1+M_2}g+M_2g=\frac{2M_1M_2}{M_1+M_2}g$達因

〔例題二〕　如圖所示，P_1爲定滑輪，P_2爲動滑輪（質量爲m克）繩的二端掛有物體各爲m克。若桌面並不光滑而有磨擦力存在，試問當摩擦係數爲何數時，二物體即開始運動，又問右端物體C行動時的加速度。

〔解〕（1）視B爲一自由體，則

$$T-f=ma_1 \quad (1)$$

此地　$F=$磨擦力$=mgu$（2），u爲摩擦係數

（2）視C爲一自由體，則

$$mg-T=ma_3 \quad (3)$$

（3）視P_2爲一自由物體，則因P_2受有向上向下加速度a_3及a_1之作用，其合加速度爲a_3-a_1。又因動滑車升高的距離祇及C物體向下距離之半，故P_2所得之加速度，祇有$\frac{a_3-a_1}{2}$。

$$\therefore \quad 2T-mg=m\left(\frac{a_3-a_2}{2}\right) \quad (4)$$

$$2(4)-(3),\quad 5T-3mg=-ma_1,\quad \therefore T=\frac{3mg-ma_1}{5}$$

以T之值代入(1)，$\frac{3m-ma_1}{5}-mg\mu=ma_1$

$$\therefore \quad a_1=\frac{3mg-5mg\mu}{6m}=\frac{(3-5\mu)g}{6} \quad (5)$$

由（5）式可知當$\mu=3/5$時，　$a_1=o$，即此組物體都是靜止不動

當$\mu>3/5$時，　$a_1=$負數，B，P_2及P_1亦均不動

當$\mu<3/5$時，$a_1=$正數，即意B_1P_2，及P_1皆開始運動。

故$\mu<3/5$是該組物體運動的條件。

又以T之值代入（3）式，可得

$$mg-\frac{3mg-ma_1}{5}=ma_3$$

或 $\dfrac{mg-3mg-m\frac{(3-5\mu)g}{6}}{5}=ma_3$　　$\therefore a_3=\frac{(15g-5\mu g)}{30}=\frac{(3-\mu)g}{6}$ 每秒每秒糎

〔例題三〕　有一球重W克，放在兩光板之間，一板垂直，另一板與垂直線成θ之角度。求兩板對此球之反作用力。

〔解〕　視此球爲自由體，則加在球上之外力，可由自由體圖上清晰見之

$\Sigma Fy=o$，　$R_A \sin\theta-w=O$　(1)

$\Sigma FX=O$，　$R_B-R_A\cos\theta=O$　(2)

由(1)式，$R_A=\frac{W}{\sin\theta}$ Woscθ

由(2)式，R_B Racs$\theta=W\cdot\frac{1}{\sin\theta}\cdot\cos\theta=W\cot\theta$

故知反作用　$R_A=W\csc\theta$克，$R_B=W\cot\theta$克

〔例題四〕　一球重W克半徑爲a厘米被一長l厘米之繩連結在一斜面上。斜面之斜度爲X試求在此繩內之張力。

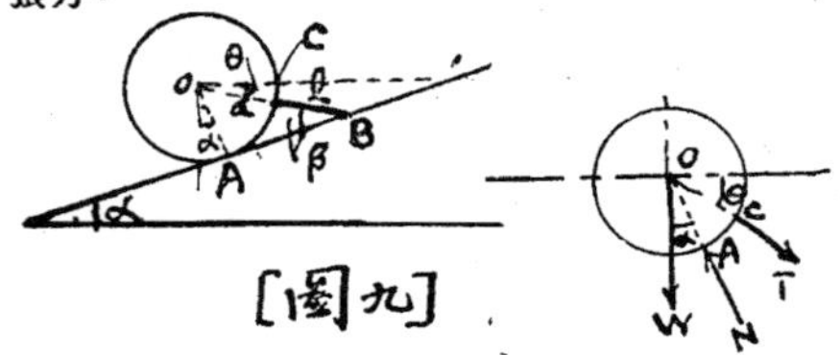

〔圖九〕

〔解〕　視此球爲自由體，則加在球上之外力可由自由體圖上見之。令繩與斜面間之角度爲β

$\Sigma Fx=o$，　$N\sin\alpha-T\cos(\alpha-\beta)=o$ (1)

$\Sigma Fy=o$，　$N\cos\alpha-W-T\sin(\alpha-\beta)=O$ (2)

由(1)(2)二式中消去N，得

$$W\sin\alpha+T\sin(\alpha-\beta)\sin\alpha-T\cos(\alpha-\beta)\cos\alpha=o$$

或 $W\sin\alpha = T[\cos(\alpha-\beta)\cos\alpha - \sin(\alpha-\beta)] = T\cos[(\alpha-\beta)+\beta] = T\cos\alpha$

$$\therefore T = \frac{\sin\alpha}{\cos(\alpha+\beta)} = \frac{\sin\alpha}{\cos\beta}$$

但在△ABO中， $\cos\beta = \frac{AB}{OB} = \frac{\sqrt{(a+l)^2-a^2}}{a+l}$

$$\therefore T = \frac{\sin\alpha\sqrt{(a+l)^2-a^2}}{a+l} \text{克。}$$

因a，l，α均爲已知數，故T之值可由上式計算之。

——完——

自由中國四年來的工業建設

翁文灝著　　劉　俊譯

The Central Bank of China Bulletin, Antumn, 1941, Vol. 7 No. 3

重慶大公報對湘北大捷之評論有謂；日本命運註定終必失敗，但中國若無力支撑，則當日本澈底失敗時，是否將索中國於枯魚之市，國人應警惕云云。其老成持重之言，與蔣委員長毋驕毋喜之誡，皆爲吾人所應深切體認者。

茲屆總反攻之期已迫，吾人日常耳目所及，則上海投機之風依然極盛，可見游資雖內移不少，而所存猶多。風雲日亟，自非速謀良策不可。最近出版英文中央銀行秋季號載有翁部長撰著四年來工業建設一文，所述狀況既多詳明，而出自負責者之筆，又與一般採集資料衍[illegible]論文者可比。用特亟爲譯出，以供挾資內移者作參考

過去四年來，中國政府及民衆曾致力於建立根據地，以發展國防經濟。戰前，廣大的內地在經濟生活及組織上都很落後。而目前則已成爲中國工業化的新中心。礦產及工業生產均突飛猛晉。政府和工業的關係亦已予以調整及合理化。過去四年來工業化的努力，雖因戰時交通的限制以致不能盡量發揮，但顯然已具重大成果。

一　戰區工廠內遷

一九三七年八月初，成立一委員會，襄助上海工廠內遷。同年十一月，工業礦業調整委員會亦告成立；協助工廠內遷的責任改由此新組織負担。

戰時龐大工廠設備的內遷確是繁重的工作。任何交通工具，即使最簡陋的，亦須同時并用。例如：工廠的機器和原料大部由帆船運往長江上流，因爲多數汽船業已被徵軍用，這樣運輸的方式自然難免發生意外而致損失。即在此困難條件下，工廠內遷的工作仍順利進行，成績卓著。

工廠內遷的時候，政府當局所特別注意者厥爲：機器，電力供給的設備，煤礦的設備，化學工廠，紗績廠，麵粉廠及其他對於軍事上佔重要地位的工業，試舉一二以資例證：第一是全中國最大規模的鋼鐵廠。漢冶萍公司在湖北漢陽及大治的重要治金設備，其重量共四萬餘噸，均被卸除，遷入內地。政府復購置漢口劉河溝公司的鎔爐，運入川省。於是，以此設備在大後方建立了鋼鐵工業。

一九四〇年底，在戰區受政府津貼而內遷的工廠礦業單位計四百五十家：機器設備及材料的重量約有120.000噸，熟練工人共15.000名有奇。其中機械廠181家，電氣器械製造廠29家，化學工廠56家。食物廠22家，玻璃反瓷器廠十五家，鋼鐵廠兩家，以及紡織廠和其他工廠若干家，它們並不聚集於一處，而是散佈於西南及西北各省。

二　建立大後方

我們的大後方資源豐富，人力充沛。認識了集中工廠於沿海都市的錯誤之後，我們遂改絃易轍，採取分散政策，指定十五個區域以爲發展工業的根據地。在每一區域內，政府首先要完成的工作是：建立新電力廠，俾各工業得容易獲得電力的供給。如果本來已設有舊電力廠的，政府即予以經濟及技術的援助以擴充改進之，西南各省最適宜於發展水力，故當局正在進行縝密的調查，以期有所成就。西南各省電力廠目前具有的發電量較一九三七年已增加百分之廿五，最近將增加 20,000 基羅瓦特的電力

爲減少空襲的損失，有些電力廠及許多工廠特別設置了防空壕，全部機器即裝置在裏面。最大的防空壕足

以容納整個紡織廠者竟有 10,343 立方尺的大小。此種方防空壕築於地下深處，炸彈所不能達，即空襲時工作並繼續進行，不受障礙。

政府當局同時致力於開採新煤礦並設法使舊礦充分近代化。因爲這，內地的產煤量遂由 3,638,000噸（一九三七年）至 5,716,000噸（一九四〇年）。

製造機器既然是一切工業的基礎，政府當局自予以特殊重視。機器製造廠業已增加，以推進重工業的發展。我們已經提及。內遷的工廠中以機器製造廠爲最多，政府復設立中央機器製造廠，在自由中國規模最大者。該廠所製造者爲蒸氣發動機，汽鍋，紡織機及煤氣發生爐，還有接受軍需處及其政府機關的定單。製造汽車另件的工廠亦將迅速設立並予以運用。

爲了供給原料於機器製造廠及軍工廠，鋼鐵廠是必需設立的。在川省設置了十五座新式的小汽鍋：因此，最近鋼鉄的出產大見增加。其他規模比較宏大的亦在建造中。踏鐵廠一所亦在設立中，其中將設置一爐床的汽鍋及 Bessemer式的轉爐。一個二十噸重的汽鍋業已完成工程。另有一個一百噸的還在定造中，年內可以完成使用。裝置數隻馬丁式汽鍋的鋼廠亦在設立中。現在川省業已運用的電鍋共有四隻，每日產鋼三噸至五噸。在滇省亦正在設置一隻五十噸的汽鍋及數所製鋼廠。

關於重工業，我們可以略爲談及電氣設備製造廠。政府設立的電氣設備製造廠已有數所。規模最大的是中央電氣設備製造廠。那個製造廠共有分廠四所，每所專製電氣特殊部門的設備。它們的出品包括：銅線，鐵線，眞空燈泡，無線電收發管，軍用及普通電話機，交換機，馬達，發電機，變壓器，發動器，齒輪以及電池

輕工業對於民衆日常需用品的供給亦殊重要。爲了反攻日人的經濟封鎖，當局盡力使內地的日常需用品能夠自給自足。茲舉一例以證明之。戰前內地並沒近代化的紗織廠。過去數年間，由戰區運入內地的紗錠共二〇〇·〇〇〇隻有奇，已經運用者約一二〇·〇〇〇隻，年產棉紗七〇·〇〇〇包。其餘於年底之前裝置完竣。據估計，與一九三八年的三〇·〇〇〇包比較，增加了三倍之多。因爲我們在自由中國擁有廣大的產棉區，所以原料方面並不成爲嚴重問題。最近計劃動員川省婦女五萬人從事紡織，以增加布匹的供給。

上列種種略述內地工業化的成績。經我們的努力及由外輸入各種應用設備，新式生產工具將漸次增加；則進步更其猛晉。我們須特別指出：除了由戰區內移的機器和設備之外，至少還有二萬噸的新式機器和機械已由國外運抵內地。假如我們能夠利用鉅量近代設備及技術經驗，則我國的廣大資源必能盡量發展。爲達到此目的，我們歡迎各友邦的合作和參加。

三　工業建設政策

工業化顯然是中國建設工作的最重要部份。國內的廣大農業礦產資源得以工業化方法予以發展。我們固然承認在作戰時期內得進行工業化工作；但還有許多大規模的有組織的建設必須保留到將來，蓋須俟不致受軍事行動影響時，才能開始。在如此情形下，中國政府的政策乃企圖建立工業化工作的基礎及所有需要機關以施實戰時的工作，俾能促進將來的發展。

根據目前所施行的政策，政府當局乃從事於領導重工業的開設及發展主要工業區。同時，盡力鼓勵私人企業並且多方設法推進政府企業和私人商行的合作，以免不必要的重複及不正當的競爭。

自戰事發生以來，爲了促進國內建設工作，我們曾經設立若干新組織或把舊組織加以擴充强化。國家資源委員會便是由經濟部授權經營及管理國營或官民合辦的基本工業的組織。現在隸屬於該委員會的工業共三十二單位，礦業共四十二位，電力企業共十九單位。該委員會每年都有工業建設新計劃付諸實施。

國家資源委員會負責發展國營工商業，而其平行的組織，工商業調整委員會，則負責推進私人企業。該委員會之從事於搬運戰區工業機器及設備經過已如前述。我們須知，該委員會亦負責勘擇新地區以容納內移的機件及計劃設立的新工廠；以低利率貸款給它們，助其重行設立及技術上的改進；以低價供給它們以機械及重要原料；隨時予以技術上的指導，加强其組織並推進新投資。

戰時設立的特殊公司多不勝數。其中最著者爲：滇北銅礦公司，資本額二·〇〇〇·〇〇〇元，目的在於改進滇省銅礦的開採及提鍊；萍桂（譯音）礦產公司，資本額五百萬元，目的在發展桂省東部的礦業，並且對於改進錫的質地已具相當成績；雲南錫產公司，資本額五千萬元，目的在於改進該省的錫產；華中水泥製造公司，資本額五·五〇〇·〇〇〇元，在湖南西部專門供給水泥於建設工程，包括桂省的鐵路；中國毛織公司，資本額五百萬元，將來成立時必爲內地之規模最大者。

雖在艱苦作戰時期中，國民政府仍然致力於實施工業建設計劃並且籌劃將來工業化的方案。爲了實施工業建設計劃，經濟部，其他政府機關及特別組織的公司對於工業化的實施和改進予極大貢獻。自然，在戰時不免遭遇許多困難；但當局繼續努力，以冀克服各種困難，我們深信自由中國的工業出產於數年必能進一步擴展並蒸蒸日上也。（完）　　（本文係自正言報轉載）

各大學數理入學試題解答

(一)交通大學　D.化學之部

I.a.(1)透析——透析爲一藉半透膜之作用，而分離溶液中之晶質及膠質之方法。例如水中若溶有澱粉及食鹽，可以之盛入半透膜封口之瓶狀器中，而置於清水內。因半透膜能容水及晶質之通過，而阻止膠質粒子之通過，故膠質留於器內。其根據之原理爲：(1)膠質粒子較分子或游子爲重，故其擴散速度慢。(2)膠質粒子較分子或游子爲大，故不能穿過半透膜之空隙。

(2)原子序數——某元素之原子序數爲該元素在週期表中所占之地位。原子序數等於原子核中之自由質子數，又等於原子核外之游行電子數。一元素之原子序數可以X線光譜測定之，莫斯雷氏將元素依X線光譜之波長遞減排列，所得之週期表，並無若舊週期表顛倒之情形發見，是爲其優點。

(3)化學平衡——當可逆反應之兩方之速度，恰恰相等，反應雙方參與作用之物質之量，無所增減，謂之化學平衡。如有化學反應甲＋乙⇄丙＋丁依質量作用定律：前進速度＝K_1〔甲〕〔乙〕 逆向速度＝K_2〔丙〕〔丁〕 反應開始後，丙丁之量漸增，至適當時候，前進速度＝逆向速度，雙方反應物質之量，將保持一定之比例，此之謂化學平衡。

(4)放射性——放射性元素，能發射一種目不可見，而有透過性之放射線，此種性質謂之放射性。該項放射性，具有下列之特性：(1)能透過黑紙，令照像乾片感光。(2)能消失驗電器之電荷。(3)能使某種礦石生螢光。

(5)異構物——一名同分異性體，或稱同分異構物。凡化合物之分子式及化學成份相同，而結構各異，因而性質亦異者稱之。異構物之存在，多由於各分子中，碳原子之組合及排列不同而起。如CH_4，C_2H_6，C_3H_8等之分子式，祇有一化合物存在，因排列方法祇有一種。而在C_4H_{10}，則有二化合物：(1)$CH_3-CH_2-CH_2-CH_3$ (2)$(CH_3)_2-CH-CH_3$。「有機化合物之異構物，可分四種：(1)鏈異性體。如丁烷$CH_3-CH_2-CH_2-CH_3$，及甲基丙烷$CH_3-CHCH_3-CH_3$。(2)位置異性體。如丙醇$CH_3-CH=CH_2OH$，及甲乙醚$CH_3CH_2O-CH_3$。(3)幾何異性體。如丁烯有兩種：一名正型，一名轉型。(4)光學異性體。如$C_6H_{12}O_6$有兩種，葡萄糖有右旋光性，果糖有左旋光性。」

(6)極性化合物——或稱游離化合物，由兩不同之游離物組成。該兩游離物，具相異之電荷。極性化合物之組成，多由於電子之位移。如鈉與氯結合成鹽：Na＋Cl 鈉失電子，故帶正電，氯得電子，故帶負電。正負相引，而成該化合物。以式示之

$Na^0+Cl^0 \longrightarrow Na^++Cl^-$。

b.(1)電解與電離——凡一種物質分成兩種或兩種以上物質之變化謂之分解。其藉電流使化合物分解者，謂之電解。如 $HCl \longrightarrow H_2\uparrow+Cl_2\uparrow$。凡一分子分解爲數部分的變化，謂之解離。其電解質解離爲游子之變化，謂之電離。如$NaCl \longrightarrow Na^++Cl^-$

(2)吸收與吸着——物質受附着力或微管作用之影響，而被涵於一個體之孔內者，謂之吸收。如海綿之能吸收液體是。吸着與吸收之主要異點，爲吸着具有選擇性，而吸收則否。如毒氣能吸着於活性炭而空氣則否。

(3)擴散與滲透——氣體由於分子運動而生抵抗地心引力之現象，謂之擴散。如以氫瓶倒置於二氧化碳瓶上，雖二氧化碳遠較氫氣爲重，二者仍能均勻混和。溶液中之溶液分子能穿過半透膜，而溶質分子不能之現象，謂之滲透。如以漏斗封以羊皮紙之口，內充糖溶液，置於清水中，因水分子能穿過半透膜，而糖分子不能。故水分子將自外入內，此現象即是滲透。

(4)膠溶體與膠凝體——膠體溶液之在液動狀態者，謂之膠溶體。如肥皂水。膠體溶液之在凝固狀態者，謂之膠凝體。如牛皮膠。通常乳濁質所成之膠體溶液，失卻溶劑時，即成膠凝體。因乳濁質具高度滯性，及高度之吸水性故也。

(5)同位素與同素體——凡元素之有相同之原子序數，而不同之原子量者謂之同位素。氯有二種，原子序數均爲17，而原子量各爲35及37。凡元素之有不相同之化學性質，而不同之物理性質者，謂之同素體。如氧與臭氧。

II.a.(1)水與甘油之分離——水與甘油，互不可溶和，故二者混合時，其二者之蒸氣壓，俱改變。該溶液之蒸氣壓，爲二成分蒸氣壓之和。若二部分蒸氣壓之和，等於大氣壓時，溶液即告沸騰，蒸氣凝結，即成可分離之二液體。分餾時所出之二液體之比率，常與分餾時之蒸氣壓之比率相等，而無變更。其沸點亦維持一定，直至有一液體已蒸完爲止。

(2)糖與食鹽之分離——糖於食鹽之分離，

可利用滲透現象行之，其詳見第一題a節，所用之半透膜，係特製，可溶水及食鹽游離所成之游子通過，而阻糖分子之通過。如是即可將糖與食鹽分離。

（3）碘與碘化鉀——碘與碘化鉀之分離，因碘加熱，並不液化，而直接昇華，成碘蒸氣出，如遇冷物之表面，則又凝固而成碘矣，如是得與碘化鉀分離。

（4）銀與鉛之分離——銀與鉛之分離，可根據派克分離法，（因方鉛鑛中，常含有銀，故自方鉛鑛中所得之鉛，常含有銀。）此法乃以鉛熔融，加入少量之鋅，則銀即溶於鋅中，（銀在鋅中，較在鉛中爲易熔。）而浮於鉛上，甚易分離。於是將此含銀之鋅，置甑中强熱，則鋅即氣化而出。留下者爲銀及少量之鉛，更煆燒於空氣中，則鉛氧化成氧化物，而熔化流去，而得銀矣。

（5）氯化銨與氯化鉀——氯化銨之分子式爲 NH_4Cl，加熱後則起分解，成氨及氯化氫。

$NH_4Cl \longrightarrow NH_3 + HCl$。而氨與氯化氫，均屬揮發性之氣體，易於逸出，至冷處則又結合而成 NH_4Cl。

在氯化鉀則無此反應，故得分離。

（6）一氧化碳與二氧化碳——二者之分離，可利用其溶解度之不同而爲之，法以混合氣體，加以高壓，使溶於水，則因二氧化碳易溶，而一氧化碳難溶，遂得分離。此溶有二氧化碳之溶液，再加以熱，則二氧化碳，即行逸出矣。

b.由食鹽製（1）氫氧化鈉，（2）碳酸鈉，（3）氯酸鈉。

（1）當電解食鹽溶液時，氯游子在陽極放出電子而成氯原子。原子結合而成分子。鈉游子在陰極取出電子而成金屬鈉，即與水作用而成氫氧化鈉及氫氣。其作用如下：（1）$NaCl \longrightarrow Na^+ + Cl^-$

陽極 $2Cl^- - 2\ominus \longrightarrow Cl_2\uparrow$ 陰極 $Na^+ + \ominus \longrightarrow Na$

$2Na + 2H_2O \longrightarrow 2NaOH + H_2\uparrow$ 通常有三方法：（1）隔膜法，如納爾遜電池及服斯電池是。（2）鐘罩法，（3）水銀法，如卡凱二氏電池是。

（2）由食鹽以製碳酸鈉，共有三法，分述如下：

（A）路布蘭法：（i）食鹽中加硫酸，並熱之以製硫酸鈉。此時所生之氯化氫，用水吸收，製成鹽酸，此爲本法主要之副產品。

（ii）將硫酸鈉，混以焦煤及石灰，共置鼓狀爐中熔和之，即成黑灰。（$Na_2CO_3 + CaS$）

（iii）用滬淋法提出碳酸鈉，得一稀薄溶液。

（Iv）通二氧化碳入稀薄溶液，以去其中之氫氧化鈉，再經蒸濃，烘乾即得。

（B）索爾未法：（i）轉氨入飽和食鹽水，令其飽和。

（ii）壓入二氧化碳，即成碳酸氫鈉之粉狀沉澱物。

（iii）用過濾法提取碳酸氫鈉，煆燒成碳酸鈉。

（C）電解法：（i）電解食鹽，得氫氧化鈉溶液

（ii）吸收適量之二氧化碳，即得碳酸氫鈉。

（iii）煆燒碳酸氫鈉，得碳酸鈉。

（3）由食鹽製氯酸鈉——食鹽電解，所得產物，爲氫氣、氯氣及氫氧化鈉溶液。在通常槽內，並無隔膜，氫氧基游子，向陽極移動，放棄電子，而生氧氣 $4OH^- - 4\ominus \longrightarrow 2H_2O + O_2$ 同時陰極方面，氯溶於水，與OH作用，而生 ClO^-，溫度稍高，ClO^- 即變成 ClO_3^- 矣。

由硫以製（1）硫酸，（2）酸性亞硫酸鈣、（3）硫代硫酸鈉。

（1）由硫製硫酸共分數步驟：

（i）燃燒硫磺，而成二氧化硫。$S + O_2 \rightarrow SO$

（ii）二氧化硫，施以除塵，可有三法

a.重力除塵 b.離心除塵 c.電力除塵

（iii）氧化二氧化硫，成三氧化硫，亦有二法

a.鉛室法——以氮化物爲觸媒，溫度四五十度，作用於鉛室中。

b.接觸法——以銷釩或氧化鐵作觸媒，溫度四五百度。

（ii）由硫製酸性亞硫酸鈣：——此法可分數步驟，先以硫燃成二氧化硫，再以過量之二氧化硫，通入石灰水之溶液中，即得酸性亞硫酸鈣，其分子式相當於 $(CaHSO_3)_2$。$2SO_2 + Ca(OH)_2 \longrightarrow Ca(HSO_3)_2$ 此種溶液，多大規模用於製紙工業中，因能溶去木材中之非纖維物質故也。

（iii）由硫製硫代硫酸鈉——硫代硫酸鈉，暗示亞硫酸鈉。其製備步驟，分述於下。先以硫燃所得之二氧化硫，與適量之氫氧化鈉起作用，即得酸性亞硫酸鈉。$SO_2 + NaOH \longrightarrow NaHSO_3$ 再以酸性亞硫酸鈉，與氫氧化鈉起作用，即得亞硫酸鈉。

$NaHSO_3 + NaOH \longrightarrow Na_2SO_3 + H_2O$。

再以亞硫酸鈉與硫磺粉末共熱，即得硫代硫酸鈉。

$Na_2SO_3 + S \longrightarrow Na_2S_2O_3$

其用途(1)漂白工業中之除氯劑，其反應爲

$Na_2S_2O_3 + Cl_2 + 2H_2O \longrightarrow 2HCl + Na_2SO_4 + H_2SO_4$

(2)照相中之定影液，以除去未起作用之溴化

銀，反應爲

$2AgBr+3Na_2S_2O_3 \longrightarrow Na_4Ag_2(S_2O_3)_3+2NaBr$ 。

(3)用於滴定法中，以測所含碘之成分。

III.a.(1)煤之乾餾——乾餾一名破壞蒸餾，將煤，木料，骨等有機物，隔絕空氣，而於密閉器內熱之，即各分解而得數種物質，此法即乾餾。煤之乾餾，法以煙煤，於麥土製之瓶中，加熱而乾餾，即得揮發性之煤氣，煤焦油，及氨等，甲苯焦炭等。所用之爐，共有兩種：(1)蜂巢形爐，呈半圓形，有一門在頂，以便煤之加入及煤氣之逸出，另有一門，供焦炭之運出。此法中揮發性之物質，多半逸去，或被燒去，殊爲可惜。(2)副產品爐，此法近多採用，極有價值之揮發物質得以利用，其揮發物質，導入管中，以水冷却之，則煤焦油凝集，而流入焦油受器中，其不凝結部分，則通入洗滌器，上部滴以冷水，以溶去氨等可溶性物質，再通入充有氧化鐵及石灰之提純器，除去硫化氫，即得純粹之煤氣，可貯於庫內，以備應用。由煤之乾餾所得產物計(1)煤氣，含有氫50%，甲烷30%，一氧化碳10%，以及少量之不飽和碳氫化物，足以增加燃點時之亮度。(2)煤焦油，可更施以分餾，得輕性油，中性油，及重油，以供爆炸物，染料，香料及殺菌劑之製備。(3)苯，可用於汽油之代替物，及作溶劑。(4)甲苯，可製三硝基甲苯(T.N.T.)，爲一高度之爆炸物。(5)酚，可供製備殺菌劑，染料，及電木之用。此外尚有數種有機物，可作製阿司匹靈，來沙爾之原料。(6)焦炭，可供燃料，還元劑，及冶金術上之用。

(2)氮之固定——共有三重要方法，分述於下

i.哈柏氏製氨及氨鹽法——此法以氮與氫，依氮1與氫3之比率混和：$N_2+3H_2 \longrightarrow 2NH_3$，此反應中，體積由四體積縮至二體積，故高壓較爲有利。又此反應爲一放熱反應，故以低溫較爲有利，但溫度過低，則作用遲緩，故用相當觸媒，以增反應速度。哈柏所用之法，爲在200大氣壓下，500°C之溫度，用鐵，鉑，鈾作觸媒，結果合成之氨，約有8%，可以之冷却液化或溶於水以分離之，而未結合之氣體，重行通入接觸爐。他法所據之原理，均與此同，僅所用之溫度，壓力，以及除去氨之方法，略有不同耳。據克勞德法，用900大氣壓600°C溫度。卡賽爾法用750大氣壓475°C溫度。佛烏賽法用300大氣壓，500C°。美國法用300大氣壓，450°C，日本法用30大氣壓，550°C。但在如此高壓下，氫能與鐵中之碳起作用，而成碳氫化合物，故接觸爐，多以鎳鉻鎢釩等特種鋼製之。其原料之來源，氮來自液態空氣，氫來自電解水，或水煤氣，或製焦炭所得之副產物。所得之氨，可供下列用途：(1)以製人造冰，及冷藏食物。(2)索爾末法製鹼。(3)接觸法製硝酸。(4)作金屬，無機鹽，及有機鹽之溶劑。(5)製氨鹽：(a)硫酸銨可作肥料。(b)氯化銨可用於乾電池，及銲接金屬。(c)硝酸銨製火藥。

ii.氰氨基鈣製氨法——共分三步驟：(1)以石灰石與焦碳混和，至電爐中熱至2800°C即得碳化鈣。

$CaCO_3 \longrightarrow CaO+CO_2+4C \longrightarrow CaC_2+3CO$

(2)碳化鈣於電爐中熱至1100°C，通以由液態空氣所得之氮，則成氰氨基鈣$CaC_2+N_2 \longrightarrow CaNCN+C$。$CaNCN+C$稱做氮石灰，可作肥料。

(3)將氰氨基鈣，於180°C之高壓鍋中，通以水氣，進行水解，即得氨$CaNCN+3H_2O \longrightarrow CaCO_3+2NH_3\uparrow$

iii.電弧製硝酸法——當空氣通過3000°C—3500°C之電弧時，氧氮即吸熱而成氧化氮

$N_2+O_2 \rightleftarrows 2NO-43,200Cal$。因化合時吸收多量熱能，故在弧光爐內行之。若2000°C，則有2%生成，若在5000°C則有5%生成。但在實際情形，因溫度一低，逆向反應發生。故僅得1-2%，且反應氣體，須迅速冷至400°C以下，以阻NO之分解。NO再與空氣中之氧化合成NO_2　$2NO+O_2 \longrightarrow 2NO_2$。二氧化氮再溶於熱水，以成硝酸。

$NO_2+H_2O \xrightarrow{40°C} 2HNO_3+NO$

此法所用之弧光爐，共有三種：(a)勃艾二氏電爐，焰成圓形，以增反應面積。(b)瓊罕電爐，生迴旋光焰。(c)保凌電爐，焰呈V形。此法多用於挪威等水力價廉之處。所得之硝素，可用(1)製備火藥，如硝化甘油，火藥棉，無煙火藥，及三硝基甲苯等。(2)製染料，香料，醫藥等。(3)製噴漆，人造絲等。

(3)油之氫化——凡物質與氫起化合作用，而成含氫較多之化合物，謂之氫化。油之氫化，可以植物性或動物性之液態油，通以純氫，藉鎳作觸媒，而氫化成固態之脂肪，以用於食物及肥皂之製備。

(4)石油之破裂——石油之破裂，爲於高壓下，强熱複雜碳氫化合物，使之分解成簡單碳氫化合物之作用。如$C_{12}H_{26} \longrightarrow C_5H_{12}+C_6H_4+C$

$C_{12}H_{26} \longrightarrow C_7H_{16}+C_5H_{10}$ 簡單之碳氫化合物，再加以凝縮，即成汽油。此種破裂，共有三法：(1)破裂成液態法。(2)破裂成氣態法。此法所得之汽油，含不飽和之碳氫化合物較多。(3)接觸劑破裂法，觸媒多用氯化鋁。由破裂法所得之汽油，因含有不飽和碳氫化合物之故，燃時不生震爆，爲其優點，用於汽車。由此法所製之汽油，現占二分之一之產量。

(5)澱粉之發酵——發酵一詞，通指由微生物若霉菌，細菌，酵母菌等之作用，而起之化學變化

而言。澱粉發酵，可用以製酒精，其步驟如下：原料通常爲含澱粉極豐之米，麥芽，玉蜀黍，高粱等穀類，以及馬鈴薯，甘薯等之塊根。先加水熱之，成麵粉溶液，加入綠麥芽，其中之糖化酵素，即使澱粉水解而成麥芽糖與糊精。

$3C_6H_{10}O_5 + H_2O \longrightarrow C_{12}H_{22}O_{11} + C_6H_{10}O_5$。糖化完成後，於15—20小時，加入酒精酵母，麥芽糖經酵母中麥芽酵素之作用，而變爲葡萄糖。再由酵母中酒精酵素之作用，而變成酒精。

$C_{12}H_{22}O_{11} + H_2O \longrightarrow 2C_6H_{12}O_4 \longrightarrow 4C_2H_5OH + 4CO_2$

再經部分分餾，即得酒精。可用於：(1)汽車燃料，與汽油混和或單獨用之。(2)溶劑用於噴漆，香料，染料之製備。(3)以製以脫及哥羅仿。

b.(1)肥皂——肥皂種類甚多，通常原料，多爲適量之油類及脂肪，以及鹼類。(鹼金屬之肥皂，多屬可溶。鹼土金屬之肥皂，多不可溶，用於潤滑油。)某製法有二：(1)煮沸法——以適量混合之油脂，加以12—14%之NaOH，而熱之。八至十二小時後，則脂肪爲鹼所鹼化，而成肥皂與甘油。反應完成，再加食鹽溶液，以析出肥皂，而與甘油分離。通常之洗衣肥皂，多加入松脂酸鈉，以廉其價，而增其清潔力。(2)冷成法——以熔融之油脂，混入適量鹼類，加以攪拌，數日後反應完成，即得肥皂。

(2)水泥——製造水泥，以含有矽土，礬土，氧化鐵等之黏土質料，及以石灰爲主成分之石灰質原料，適當混和，加以强熱，達熔融，然後粉碎之即成。原料之混和及粉碎方法，分乾濕兩種，濕法應用於含水較多而質輕之原料，乾法用於質堅而含水極少之原料。由窰燒爐送出之水泥燒塊，使經一旋轉冷却器，冷至常溫，移入碎機中碎爲粉末，即成水泥。惟此種水泥，凝結過速，必加2—3%之石膏以緩和之。法將燒塊與石膏同入粉碎機中碎之，石膏受粉碎時所生之熱，成爲燒石膏，故能調節凝縮。

(3)油漆——油漆之原料計有：(1)不透明顏料，如鋅白(ZnO)或鉛白($Pb(OH)_2 \cdot 2PbCO_3$)。能反射光線及具遮蓋器面之力。(2)內部填料，如硫酸鋇，用以濃稠油漆。(3)乾性油，如亞麻仁油，桐油等，使露於空氣中，即氧化而成透明之薄層。(4)有色顏料，如普魯士藍〔$F2_4FeCN_6$〕鉛丹(Pb_3O_4)鉻黃($PbCrO_4$)。(5)催乾劑，能增乾性油之氧化。(6)稀釋劑，如松節油，可以增其分佈能力。

(4)膠木——使酚(C_6H_5OH)與甲醛作用，用NH_3作觸媒，先成一易溶易熔之樹脂狀物，名粗製膠木。將其加熱，即成難溶難熔，不易傳電之電木。

(5)賽璐璐——纖維素如棉等，以硝酸及硫酸之混合物處理，即得可溶性硝化纖維素，再加樟腦，酒精，顏料，而於密閉器內熱之，即得賽璐璐。樟腦使之柔軟。酒精用作溶劑，以助混和。賽璐璐可用以製玩具及影片。

——待續——

簡易的物理實驗

禹甸

(A)批薩斜塔就在你眼前

要是沒有空氣的話，我們知道物體在空中落下的速度與其重量是無關的。將一銅板，上置一小紙片，使其面在水平位置，然後令它們落下，即見小紙片與銅板同時落地。因銅板掃過之處，在霎時間內幾爲真空，而小紙片恰在銅板背後，無異於真空中落下，故能與銅板同時着地。這實驗不是與伽利略(Galileo)在批薩(Pisa)斜塔上的實驗一樣嗎？

(B)新書欺人

在嚴寒的夜裏讀書，我想你常把你的手縮在你的袖裏，而不願用手去一頁又一頁地翻書。假使那時你讀的是一本新書，你常可見到兩頁紙張挺直而且緊緊的併在一處。要是你所欲讀的剛巧夾在這兩頁中間，你因爲怕冷，於是用你的口向兩張紙的狹縫中吹去，目的在使它們分開，但是你吹得愈烈，它們愈貼得緊，這不是新書在欺人嗎，這是一個Bernoullis Theorem的實驗，因爲吹入的空氣的速度較外面大，因此它的壓力小於外面大氣壓力，故兩紙張愈吹被壓得愈緊了。

震光園地

Horner氏綜合除法及其應用（續）

J.C.Ling

再以算式表之如下：

$$\frac{a_0x^m+a_1x^{m-1}+a_2x^{m-2}+\cdots+am}{b_0x^n+b_1x^{n-1}+b_2x^{n-2}+\cdots+bn}=?\quad(m>n)$$

$$\begin{array}{r|l}
b_0 & a_0+a_1\quad+a_2\quad+a_3+\cdots\cdots+am+\cdots+an\\
-b_1 & -\frac{a_0b_1}{b_0}\ -\frac{a_0b_2}{b_0}\ -\frac{a_0b_3}{b_0}+\cdots\cdots-\frac{a_0bm}{b_0}\\
-b_2 & \quad -b_1\frac{a_1b_0-a_0b_1}{b_0^2}-b_2\frac{a_1b_0-a_0b}{b_0^2}-\\
-b_3 & \quad\cdots\cdots\cdots\cdots\cdots\\
\vdots & \quad\cdots\cdots\cdots\cdots\\
-bm & \quad\cdots\cdots\cdots\\
\hline
\end{array}$$

$$\frac{a_0}{b_0}+\frac{a_1b_0-a_0b_1}{b_{02}}+\frac{1}{b_0}\left(a_2-\frac{a_0b_2}{b_0}-b_2\frac{a_1b_0-a_0b_1}{b_0^2}\right)+\cdots\text{至}m-n+1\text{項。}$$

此爲商式各項之係數。

再舉一實例。$(6x^4-29x^3+40x^2-7x-12)\div(6x^2-17x+12)=?$

$$\begin{array}{r|l|l}
6 & 6-29+4 & -7-12\\
17 & \quad 17-12 & \\
-12 & \qquad -34 & +24\\
 & & -17+12\\
\hline
 & 1-2-1 & 0\quad 0
\end{array}$$

∴商式 $=x^2-2x-1$　餘式 $=0$

至於Horner氏除法的應用，範圍很大，只要應用到除法的地方，Horner氏除法都可代用，而省了不少的麻煩，但下面約舉二特例以表Horner氏除法的特點！

例一　利用Horner氏除法求高次方程式(一元)之對稱式

設有方程式 $f(x)=x^n+a_1x^{n-1}+a_2x^{n-2}+\cdots\cdots a_n=0$

若其n個根各爲 $\alpha_1,\alpha_2,\alpha_3,\cdots\cdots\alpha n$。

求　$\Sigma\alpha^r=?$

$$\therefore f'(x)=f(x)\left[\frac{1}{x-\alpha_1}+\frac{1}{x-\alpha_2}+\frac{1}{x-\alpha_3}+\cdots\cdots+\frac{1}{x-\alpha n}\right]$$（請參閱Fine College Algebra P.478）

$$\text{i.e. }\frac{f'(x)}{f(x)}=\frac{1}{x-\alpha_1}+\frac{1}{x-\alpha_2}+\frac{1}{x-\alpha_3}+\cdots\cdots+\frac{1}{x-\alpha n}$$

但 $$\frac{1}{x-\alpha_1}=\frac{1}{x}\cdot\frac{1}{1-\frac{\alpha_1}{x}}=\frac{1}{x}\left(1-\frac{\alpha_1}{x}\right)^{-1}$$

$$=\frac{1}{x}\left(1+\frac{\alpha_1}{x}+\frac{\alpha_1^2}{x^2}+\frac{\alpha_1^3}{x^3}+\cdots\cdots\right)$$

$$=\frac{1}{x}+\frac{\alpha_1}{x^2}+\frac{\alpha_1^2}{x^3}+\frac{\alpha_1^3}{x_4}+\cdots\cdots$$

同理 $$\frac{1}{x-\alpha_2}=\frac{1}{x}+\frac{\alpha_2}{x_2}+\frac{\alpha_2^2}{x^3}+\frac{\alpha_2^3}{x^4}+\cdots\cdots$$

$$\frac{1}{x-\alpha_3}=\frac{1}{x}+\frac{\alpha_3}{x_2}+\frac{\alpha_3^2}{x^3}+\frac{\alpha_3^3}{x^4}+\cdots\cdots$$

$$\cdots\cdots\cdots\cdots\cdots\cdots\cdots\cdots\cdots$$

$$\therefore\frac{f'(x)}{f(x)}=\frac{n}{x}+\frac{\Sigma\alpha}{x^2}+\frac{\Sigma\alpha^2}{x^3}+\frac{\Sigma\alpha^3}{x^4}+\cdots\cdots$$

所以 $\Sigma\alpha^r$ 即等於 $\frac{f'(x)}{f(x)}$ 的商式中第 $r+1$ 項之係數。

茲舉二實例，讀者可依照Fine氏大代數中的方法做一次以相比較，則此法便利之處實堪驚人！

例　有 $f(x)=x^3-2x^2+x-1=0$。求其各根之四次方之和。(S_4)

∵　$f'(x)=3x^2-4x+1$。

則　$\frac{f'(x)}{f(x)}=\frac{3x^2-4x+1}{x^3-2x^2+x-1}$。

用Horner氏除法

$$\begin{array}{r|l}
1 & 3-4+1\\
2 & \quad 6-3+3\\
-1 & \qquad 4-2+2\\
1 & \qquad\quad 4-2+2\\
 & \qquad\qquad 10-5+5\\
\hline
 & 3+2+2+5+10+\cdots\cdots
\end{array}$$

∵商式第4+1項之係數爲10　∴$S_4=10$。

既可求出方程式各根之r次之和，

則 $\Sigma\alpha_1a,\alpha_2b,\alpha_3c\cdots\cdots$ 之值亦可求得之。（參閱Fine氏大代數）

例二。用以核對循環級數（Recuring series）中所求得之母函數（Generating Function）有無錯誤，且求此級數以下數項

例：　有一循環級數

$$1-7x-x^2-43x^3+\cdots\cdots$$

求其母函數。

解：　設關係式（Scale of relation）爲

$$a_n+pa_{n-1}+qa_{n-2}=0$$

則 $-1-7p+q=0$

$-43-p-7q=0$

$\therefore p=-1\quad q=-6$

$\therefore$ 關係式爲 $a_n-a_{n-1}-6a_{n-2}=0$

又設其母函數爲 $\frac{A+Bx}{1-x-6x^2}$

則 $\frac{A+Bx}{1-x-6x^2}=1-7x-x^2-43x^3+\cdots\cdots$

i.e $A+Bx=(1-x-6x^2)(1-7x-x^2-43x^3+\cdots\cdots)$

比較兩邊常數項與x項之係數得，$A=1\quad B=-8$

$\therefore$ 母函數爲 $\frac{1-8x}{1-x-6x^2}$

此母函數有無錯誤，只須將其直接除出，若其商與原來循環級數同，則無誤。

今用Horner氏法除之。

```
1 | 1−8
1 |     1+6
6 |       −7−42
  |           −1−6
  |               −43−258
  |                    −49………
  |__________________________________
     1−7−1−43−49−307………
```

共商爲 $1-7x-x^2-43x^3-49x^4-307x^5\cdots\cdots$

$-49x^4-307x^5\cdots\cdots$ 爲新求得之項。

共商和原來循環級數相同。（完）

花了你多少時間

呂延申

酷熱而漫長的暑假夠令人厭煩的，不是嗎，跑出去，强烈毒辣的陽光射得令人難過，困在家裏嗎，可不要悶死？然而，我眞感到高興，今夏的暑假太令人留戀了，使我，不，許多人，的生活充滿了緊張，熱烈和生氣；在我的心頭留下了無窮的回味，尤其是其中有一小時的數學比賽，時間過去得這末快，但各人心頭却充滿了緊張的熱烈競爭心緒，至今思之，眞夠使人回味不止。

一點鐘內要做完二十五門題目，可不容易，這裏有算術，有代數，也有幾何，短促的時間中，整個教室內的空氣完全沉寂下來了，但聽見鋼筆鉛筆劃在紙上的簌簌的聲音，當然咯，你有淸晰聰敏的頭腦，書寫迅速的能力，自然佔點兒小便宜，可是題目這末多，一個又一個地在你眼前跳躍過去，你不做錯也得看錯，時間終於到了，大家繳上卷子，走出教室門，一顆緊張的心至此才鬆弛下來，每個人的臉上露着一絲疲劳的笑容。眞的，這一小時內不知絞了你多少的腦汁呢！

這是測驗各人數理基本智識之是不是純熟，計算是不是準確？朋友，你不妨試試看，放一隻錶在你旁邊，看，在一小時內你做出了多少（可別看答案）；或者，盡你最大的努力，看，這二十五個數學題目究竟花了你多少時間？這也是一種很好的智力測驗呢！

數學競賽題目（答案附後）：

（1）$3-\{4+[20+(\overline{4+8}\div6+3)]\div5\}\div3=$

（2）$\dfrac{2\frac{5}{8}\times\frac{4}{7}}{\frac{1}{[illegible]}+\frac{1}{8}}-\dfrac{6\frac{7}{9}-\frac{7}{3}}{\frac{35}{36}}=$

（3）$0.\dot{9}\dot{8}=$

（4）$999\times999=$

（5）求 $\frac{11}{101}$ 至小數四位。

（6）求 $\sqrt{5}$ 至小數四位。

（7）化2936成質數。

（8）求918，128，77，813的最小公倍數。

（9）甲數比乙數之二倍大4，乙數比丙數之半大1，問甲數比丙數大若干？

（10）一數以4除之，餘3，以5除之餘4，以6除之餘5，求最小此數爲何？

（11）$\dfrac{1}{1+\dfrac{1}{1+\dfrac{1}{1+\frac{1}{x}}}}=1$　　答x=

（12）解 $ax+by+c=o$　　答x=

　　$a'x+b'y+c'=o$　　y=

（13）$\frac{1}{x-2}+\frac{6}{(x-2)^2}+\frac{12}{(x-2)^3}=$

（14）爲何 $x^2+y^2>2xy$　　答：

（15）$1+2+3+\cdots\cdots50=$

（16）解 $x^2+y^2=25$　　答x=

　　$xy=2$　　y=

（17）解 $(x+3)(x+4)(x+5)(x+6)=360$

　　答x=

（18）如果 $\frac{x+1}{x(x-1)^3}=\frac{A}{x}+\frac{B}{x-1}+\frac{C}{(x-[illegible])}$

$+\frac{D}{(x-1)^3}$，則A=　B=　C=　D=

（19）設△ABC三邊之長爲4，5和7，則其面積爲何？

（20）若三等圓相切，其半徑各爲6寸，求三圓所夾一片之面積。

（21）π之定義爲何？

（22）爲何半圓內之弓形角爲一直角？

（23）設正六邊形每邊長2尺，求其面積。

（24）證明二三角形全同有幾種方法？

（25）設A和B爲定點，又PA：PB=常數，則P點之軌跡爲何？

（26）有一長30尺闊30尺之園地，園中有三圓湖，半徑各爲1尺，2尺，3尺，問此園地中陸地面積爲若干？

註：時間五十分鐘，祇書答案，不必寫算式，答案請參看17頁

代數恆等式

張旭如

在高等代數中，有很多化簡，分解及證明問題，必須應用恆等式才後容易解出，所以恆等式在代數中，佔着相當重要的地位，在下面恆等式中，有很多是普通的，故證明略去。

〔註：$\sum$是和（sum）的記號，其上面的數字表示所用的文字指數。如：$\sum^3 a^3=a^3+b^3+c^3$，

$\sum^3 a^2(b-c)=a^2(b-c)+b^2(c-a)+c^2(a-b)$ $\prod$是表示一組對稱式連乘積的意思，其上面的小數字表示所含的因子數。ω是$x^2+x+1=0$之根，

$\omega=\frac{-1+\sqrt{3}i}{2}$，　$\omega^2=\frac{-1-\sqrt{3}i}{2}$〕

1.　$(a\pm b)^2=\sum^2 a^2\pm 2ab$

2.　$\left(\sum^3 a\right)^2=\sum a^2+2\ {}^3\ ab$

3.　$(a^2\mp ab+b^2)=(a\pm\omega b)(a\pm\omega^2 b)$

（附）$a^3\pm b^3=(a\pm b)(a\pm\omega b)(a\pm\omega^2 b)$

$a^4+a^2b^2+b^4=(a+\omega b)(a-\omega b)(a+\omega^2 b)(a-\omega^2 b)$

4.　$\sum^3 bc(b-c)=\sum a^2(b-c)=-\sum^3 a(b^2-c^2)$

$=-\prod^3(b-c)$

證：$\sum^3 bc(b-c)=bc(b-c)+ca(c-a)+ab(a-b)$

設b=c，代入原式，則原式爲零。故(b−c)爲原式之一因子，

同理可知(c−a)和(a−b)均爲原式之因子。

故　原式=K(a−b)(b−c)(c−a)　由數字代入得K=−1

∴原式$=-\prod^3(b-c)$

同理可證　$\sum^3 a^2(b-c)=-\prod^3(b-c)$

$\sum a(b^2-c^2)=\prod^3(b-c)$

5.　$\sum^3(b-c)a^3=+\prod(b-c)\left(\sum a\right)$（證略）

6.　$\sum^3 a^2b+3abc=\left(\sum a\right)\left(\sum ab\right)$（證略）

7.　$\sum^3(b-c)^3=3\prod(b-c)$（證略）

8.　$\sum^3 bc(b+c)+2abc=\sum^3 a^2(b+c)+2abc$

$=(\sum a)(\sum ab)-abc=\prod^3(a+b)$

證：以a=−b，b=−c，c=−a分別代入

$\sum^3 bc(b+c)+2abc$，結果均爲零。

故原式$=K\prod^3(a+b)$

由比較係數得K=1　∴原式$=\prod^3(a+b)$

同樣可得$\sum^3 a^2(b+c)+2abc=\prod^3(a+b)$

$\left(\sum^3 a\right)\left(\sum^3 ab\right)-abc=\prod^3(a+b)$

9.　$\left(\sum^3 a\right)^3-\left(\sum^3 a^3\right)=3\prod^3(a+b)$

證：與(13)同，另有一證如下：

設原式成立，則

$\left(\sum^3 a\right)^3=\sum^3 a^3-3abc+3\left[\sum^3(a+b)+abc\right]$

$=\left(\sum^3 a\right)\left(\sum^3 a^2-\sum^3 ab\right)+3\left(\sum^3 a\right)\left(\sum^3 ab\right)$

$=\left(\sum a\right)\left(\sum^3 a^2+2\sum^3 ab\right)=\left(\sum^3 a\right)^3$

故知原式成立

10　(A)$\sum^3 a^3-3abc=\left(\sum a\right)\left(\sum^3 a^2-\sum ab\right)$

(B)$\sum^3 a^3-3abc=\left(\sum a\right)\frac{1}{2}\sum^3(a-b)^2$

(C)$\sum^3 a^3-3abc=\left(\sum^3 a\right)(a+\omega b+\omega^2 c)(a+\omega^2 b+\omega c)$

證：(A)設a=−(b+c)代入原式則爲零

故a+b+c爲原式之一因子。

∴原式$=(a+b+c)[K(a^2+b^2+c)^2+L(ab+bc+ca)]$

以數字代入得K＝1，　L＝−1

$\therefore$ 原式 $=\left(\sum a\right)\left(\sum^{3} a^{2}-\sum^{3} ab\right)$

(B) $a^{2}+b^{2}+c^{2}-ab-bc-ca$

$=\frac{1}{2}\left[2a^{2}+2b^{2}+2c^{2}-2ab-2bc-2ca\right]$

$=\frac{1}{2}\left[(a-b)^{2}+(b-c)^{2}+(c-a)^{2}\right]$

(C) $(a+\omega b+\omega^{2}c)(a+\omega^{2}b+\omega c)$

$=a^{2}+\omega^{3}b^{2}+\omega^{3}c^{2}+(\omega^{2}+\omega^{4})bc$

$+(\omega^{2}+\omega)ac+(\omega^{2}+\omega)ab$

$=a^{2}+b^{2}+c^{2}-ab-bc-ca$

$(\because \omega^{3}=1，\omega^{0}+\omega^{4}=\omega^{2}+\omega=-1)$

11. $2\sum^{3} a^{2}b^{2}-\sum^{3} a^{4}=\left(\sum^{3} a\right)\left(\sum^{3} a-2a\right)$

$\left(\sum^{3} a-2b\right)\left(\sum^{3} a-2c\right)$

證：設 $a=-(b+c)$ 代入，則原式爲零。復以 $a=b+c$，$b=c+a$，和 $c=a+b$ 代入原式皆爲零，故原式含有四個因子。

即原式 $=K(a+b+c)(a+b-c)$

$(b+c-a)(c+a-b)$。

$=K\left(\sum^{3} a\right)\left(\sum a-2a\right)$

$\left(\sum a-2b\right)\left(\sum^{3} a-ac\right)$

由比較係數，$K=1$

故 $2\sum^{3} a^{2}b^{2}-\sum^{3} a^{4}=\left(\sum^{3} a\right)\left(\sum^{3} a-2a\right)$

$\left(\sum^{3} a-2b\right)\left(\sum^{3} a-2c\right)$

重提科學救國　　　之文

「科學救國」這一個口號，在中國已經喊了二三十年了。然而喊的人儘管喊破喉嚨，事實却清清楚楚地放在我們眼前，救國這句話壓根兒沒有做到，青年學生對於科學基本的數理化各科，見了就喊枯燥頭痛，抱着「敬而遠之」的態度，就是一個最好的證明。有人說，這是國人不懂科學方法和國中缺少科學天才的緣故。這句話不是騙騙自己，就是看輕自己。難道近代的科學家個個是科學天才嗎？個個懂得科學方法嗎？中國古代的商高定理不是在畢達哥拉斯定理之前發明的嗎？過去的經驗和現在的事實告訴我們，中國的國民性太保守了，沒有進取競爭的心理，寧可相信迷信，不願使用和研究新奇的事物。由於這保守的國民性，中國的科學落後了，地大物博而不能利用。外人的侵略由此而形成。

近四年來，中國國際地位提高了不少，一部份也應歸功於我國科學建設的進步，不見大後方的交通一天天發展起來了嗎，工業的基礎已經深深地打下了，日用的軍火已能大量地出産。這一切，應歸功於全國民衆對於科學有了較深刻的認識，戰爭迫使中華民族認識了科學的重要性。

二十世紀是科學戰爭的世界，科學落後的國家民族，無疑地終有被人淘汰的一天，今日我們重提科學救國，不是唱唱高調喊喊口號就算提倡，我們需要的是：每一個中國人民應當抬起頭來，看一下目前是什麽樣的世界，革除過去一切的保守性，認識科學對國家民族的迫切需要。切切實實的做去，以埋首苦幹的精神，向科學大道上邁進！

上面這些話，也許有人以爲老生常談，不足一聽，可是，假使老生常談你都不喜歡聽的話，新生常談的科學怪不得你要「敬而遠之」了。

築成我們新的長城　　　一鳴

中華民族確是富有韌性的民族，堅忍而耐勞，這一特性，造成了四千年來光榮燦爛的歷史，使中華民族能在艱險顚沛的過程中轉危爲安。在這次空前絕後生死存亡的民族戰爭中，這種特性表現得最顯著，讓我來舉一個工程上的例子罷。

明白地顯示中華民族堅忍力量的工程很多，遠者如長城，運河，江南海塘等，近者有連接湘水桂江兩大流域之湘桂鐵路，後方大動脈的滇緬公路，以及川黔桂粵的公路等，這些工程，都是在非常簡劣的狀態下完成的。今年春夏間建築完工的飛機場，更顯出這種特性的偉大。七月號美國航空服務（Air Service）雜誌上，曾轉載漢明威氏自自由中國給華盛頓郵報的通訊，其中有一段說：

「這飛機場專供波恩式飛行堡壘停降之用，工事非常龐大，但因缺少機械，所以全部利用人工，主持者爲陳洛光（譯音）工程師，共計掘去泥土1,050,000立方公尺，機場跑道都用水泥碎石鋪成，共分三層，下層爲三尺深之碎石，中層是　和上，上層是石子，碎石是從半哩外河牀上開採後，由工人用扁担挑籃輸送到工作地點，跑道用人工曳引的三噸半至十噸的滾壓機壓平，二旁有平行的水溝，四周佈有暗水道，能受每平方呎五噸的壓力，機場可容 B—19 最新式飛機 150 架。建造時，共動員人工十萬名，動用碎砂二十二萬立方呎，開採碎石的河牀計有八哩長，唯一的工具只是普通石匠用的鐵鎚，運輸工具共用獨輪車五千輛，挑籃扁担廿萬副。」

本來像萬里長城那樣的偉大工程，只有中華民族才能把它完成。可惜我們不能知道當時人民在怎末樣的情況下完成這工程的。現在我們再看漢明威氏的報告：

「此次共動員工人十餘萬人，工人們穿得都很襤褸，衣服千補百縫，只能蔽體。赤脚露背，在塵埃滿佈的道路上工作，飛機場的灰沙有時塗滿了他們紅而黑的面頰。」

工人工作的艱苦可想能知。從這裏，我們可以明瞭我們後方的同胞在怎樣困苦的狀況下完成這浩大的工程。

「雖然灰沙遮蓋了他們的面頰，使我看不到蕩漾在他們臉上的微笑，但是那工作時雄壯快樂的歌聲，却一陣陣飄入我耳中。那歌聲，正是我永久不會忘記的；聽：

………用我們的血肉，築成我們新的長城！……………

數學比賽答案

(1) 0、(2) 2　(3) $\frac{89}{90}$　(4) 998001　(5) 0.1089　(6) 2.2361　(7) $2^{8}\times 337$　(8) 1,225,977,984

(9) 2　(10) 111,111,111。　(11) 59　(12) $x=-1$　(13) $x=\frac{bc^1-b^1c}{ab^1-a^1b}$，$y=\frac{ca^1-c^1a}{ab^1-a^1b}$

(14) $(a^2+2a+2)(a^2\ \ 2a+2)$　(15) 因 $(x-y)^2>0$　(16) 1275　(17) $\left.\begin{matrix}x=4\\y=3\end{matrix}\right\}\left.\begin{matrix}3\\4\end{matrix}\right\}\left.\begin{matrix}-4\\-3\end{matrix}\right\}\left.\begin{matrix}-3\\-4\end{matrix}\right\}$

(18) $x=0$，-9，$\frac{-9\pm\sqrt{\ 1}\,i}{2}$　(19) $A=1$，$B=-1$，$C=1$，$D=-1$　(20) $4\sqrt{6}$　(21) 5.76方寸

(22) 答：圓周與直徑之比　(23) S.S.S.=S.S.S.　S.a.S.=S.a.S.　a.S.a.=a.S.a.　(24) 圓

(25) 1756方尺。

你是胖子還是瘦子

S.K.

我們時常聽人說某人是矮胖子，某人是瘦長子，而從不聽見人說長胖子與矮瘦子，由此可知確定一個人是胖子或是瘦子與其高度是有着密切關係的。一個身軀寬大而長得高高的人，我們不見得會說他是胖子，而說他身材魁梧；一個身軀細小而長得很矮小的人，我們不見得會說他是瘦子，而說他身材矮小。那麼到底胖子與瘦子有什麼標準呢？最近美國生物學家R.Pearl氏提出了一個測定胖瘦的標準，並定用一個名詞叫做「體質指數」（Habitus Index），就是

$$\text{體質指數}=\frac{100\times(\text{胸圍}+\text{腹圍})}{\text{身高}}$$

在上面算式中，測量時人體應在正常狀態，換句話說既不可挺胸凸肚，也不可彎腰曲背，胸圍應在乳頭水準處測得；腹圍應在肚臍水準處測得，單位當然應該相同。R.Pearl氏說正常成人的體質指數應在100左右；在90以下者爲瘦子，在110以上者則爲胖子。

科學小品

初等幾何學講話(版權保留)

金品著

第一次　證題前之準備

學生：我的天資太差，雖然學了一年的幾何却所得無幾；尤其慚愧的是公理和定理雖勉强記得，習題却證不來，容易的還證得出，比較難一些的就證不出了。不知是什麼道理，請老師指教。

教師：原因當然很多，不過主要的不外二種，就是（1）只知强記定理，而不知活用牠們。（2）太忽略了證題前應有的準備工作——很多初學的人就犯着這種毛病，往往拿到題就想證：接着是毫無頭緒的想一下，所以比較容易的題目還僥倖能想得出，難的就無從着想了。

學生：原來如此！在證題以前應當有些什麼準備呢

教師：第一要辨題——就是把習題的假設和終決兩部分辨別清楚，并且分別標出，第二作圖——就是畫一個精確的圖。

學生：不錯，去年我們校裏教幾何的殷老師常常叫我們把習題的假設和終決分別寫出來，但是我們不知道爲什麼要這樣做，雖然勉强做了，也不十分願意。

教師：這種準備工作很是重要；决不可輕視牠，一個習題的終决就是牠的目的或用意所在，譬如有了木料，要叫匠人做傢俱，必須先把我們的目的或宗旨——做一張桌子還是做一個櫥——告訴他，他才能動手去做。至於習題的假設呢？彷彿是材料。譬如用木料，鋼鐵，竹子，籐條都可以做一張桌子，但是做法各各不同，因此工具當然也不一樣。所以同是做一張桌子，我們必須把應當用些什麼材，料吩咐匠人，他才能計劃做的方法和必要的工具。所以一個習題的「假設」和「終決」是非常重要的。

學生：想不到辨題這番工作竟如此重要。

教師：希望你以後不要再輕視牠。

學生：聽說一個定理可分成假設和終決二部分的，難道習題也是如此嗎？

教師：對的，習題定理是沒有多大分別的，不過習題是不很重要和應用不廣的定理罷了。有些教本上，往往也把重要的定理當作習題的。譬如「直角三角形斜邊的中點，與三個角頂等距離」這一個廣用的定理是常常被看作習題的。

學生：原來如此，請問什麼叫做定理呢？

教師：定理是一句眞實而需要證明的詞(Statement)。

學生：如此說來，定理并不是幾何學的專利品呀！

教師：不錯，定理到處都有，就是在尋常談話中間，也可以找出不少。具體的說，代數學中的「任何二次方程式均有二個根」便是一個定理。

學生：老師說談話中間，也有定理，能舉些例子嗎？

教師：可以的，我姑且舉五個例子：（1）凡糖都是甜的。（2）金屬遇熱則膨脹。（3）弱國無外交。（4）湖南人都是中華民國的國民（5）人爲萬物之靈。

學生：怎樣可以認識一個定理的假設和終決呢？

教師：這個倒不是容易解決的事情。有些定理的假設和終決固然容易認識，有些却不很容易。要解决這一個問題，最好把定理先分成四種典型。

學生：怎樣分法呢？

教師：我們可以把「已知……，求證……」這一類定理歸入第一種典型；「若……，則……」這一類定理叫第二種典型。又「假使……，那末……」這一類定理叫第三種典型。至於第四種典型的定理在形式上沒有什麼特別的地方，不過字句中的虛字很少。例如「等腰三角形的底角相等」就是。

學生：請老師每一種給我舉一個例子好不好？

教師：好的，我舉的例子是：

（1）已知一個四邊形的兩雙對邊相等，求證這四邊形是平行四邊形。

（2）若兩三角形之三對邊均相等，則此兩三角形全等。

（3）假使他是一個湖南人，那末他一定是中華民國的國民。

（4）凡糖都是甜的。

學生：到底怎樣辨別定理的假設和終決呢？

教師：如果定理是屬於第一種典型的，那末「已知」二字以後的短句是假設，「求證」二字以後的短句是終決。同理「若」和「假使」以後的短句是假設，「則」和「那末」以後的短句就是終決了。至於第四種典型的定理可先依照定理的原意把牠改成上列三種典型。

學生：怎樣改法呢？

教師：改法也很便當，往往祇要加上幾個代名詞和名詞卽可。

學生：請你做一個榜樣給我看看。

教師：好的，我拿「等腰三角形的底角相等」這一個定理來說罷！我可以改成：「若此三角形爲等腰，則其底角相等」又如「凡糖都是甜的」這個定理也可改成。「假使」這一塊是糖，那末這一塊東西必定是甜的。

學生：照這樣說起來，第四種典型的定理也並不比其他三種難上多少呀！

教師：對的。

學生：這種樣子的改法的確很便當，請你說一個定理讓我試一試看！

教師：好的，我就說：「等腰梯形之對角線相等」這個定理罷！

學生：我把牠改成「若此梯形爲等腰，則其對角線必相等」不知道改得對不對？

教師：改得不錯。

學生：我們從前學幾何的時候，殷老師常叫我們畫一個精確的圖，可惜我們畫不來，不知要怎樣畫才好。

教師：這裏所謂圖是些直線和一部分的曲線（如圓及圓弧）構造成功的，不過線和綫中間有種種關係，畫圖的目的不過是想把這些一一表明起來，使我們一眼望去，便能了解牠們的關係，而這些關係，僅在證題時有些幫助而巳，但是無論那一個圖（指幾何圖形）決不能一筆畫成。所以那條綫應得先畫，那條線應得慢畫，必須仔細端詳，這是畫幾何圖形的一個要訣。還有，應當特別注意綫與線的關係，而設法把這種關係充分表明起來，這是第二個祕訣。

學生：請你舉一個實例來具體的說明一下罷！

教師：好的，我舉的例子是「若ABC爲一直線，ABEF與BCGH均爲正方形，則AH＝CE。」一看題目便知道圖裏面有二個正方形，但是正方形決不能一下畫成功，必須先畫一邊，可是第一正方形有AB，BE，EF及FA四邊，第二正方形也有BC，CG，GH，HB四邊，那末到底先畫那二邊，因爲ABC爲一直線，必須先把這一層關係表明出來，以後方才可以把正方形的關係表明。若先畫正方形，則直線這層關係便不容易表明起來了，這就是我說的先後問題，本題畫圖的順序應如下述：

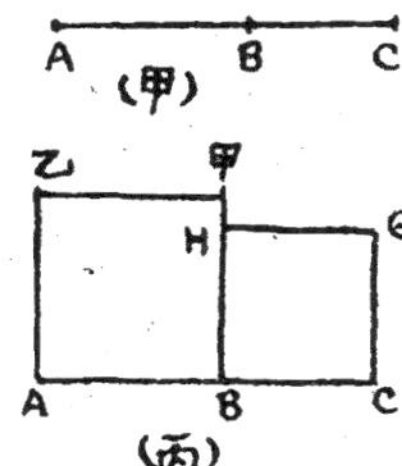

(甲)
(丙)

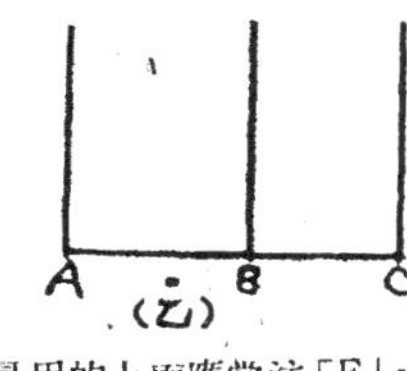

(乙)

於是甲的上面應當注「E」，乙的上面應寫「F」，因爲正方形是ABEF，假使是ABFE，那末甲是便該寫「F」了，要是把剛才的圖畫成丁圖；那末AH，CE便不會相等，所以圖畫錯了，這個題目會變成不好做的。

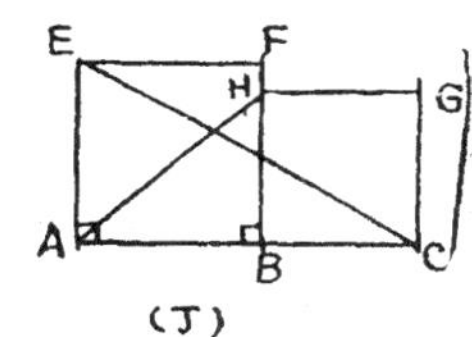

(丁)

「丙」圖畫好了，再看一看題目的終決，便知道這個圖裏面應該還有AH及CE二條線，所以便加上了成功戊圖

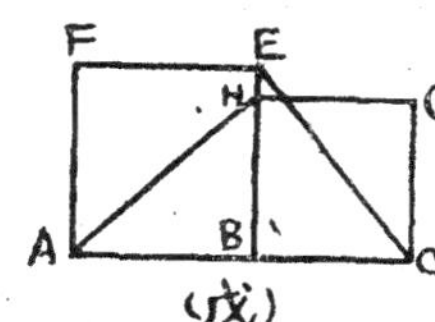

(戊)

學生：畫中的AB和BC可不可以畫成一樣長呢？

教師：不可以的，因爲題目中並沒有提到牠們相等的事，畫圖祇要把題目中所說的關係表明就好，一切不相干的關係是不必表明出來的，要是把不相干的關係表明出來，以後證明的時候非但沒有幫助，反而有害，記得有一次一個學生把：「四邊形內角之和爲360°」中的四邊形畫成正方形後再證，結果他的老師給他一個零分。

學生：經先生這樣一說，使我茅塞頓開，感激得很，今晚費掉老師不少時間，改日再來請教罷！再會！

教師：再會！

請

介紹！　批評！　投稿！

奇形軌跡　　濟國

已知正方形，抽去一邊所成之折線ABCD，試求與此折線諸端成等角之軌跡。

（a）點　連接AC，BD得交點O，

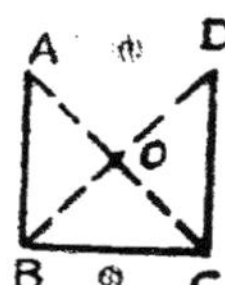

則AO＝BO＝CO＝DO

又AB＝BC＝CD（正方形各邊相等）

∴△AOB≡△BOC≡△COD

（S.S.S.＝S.S.S.）

∴∠AOB＝∠BOC＝∠COD（全同三角形相當角相等）

故O點即爲所求之軌跡。

（b）弧　以對角線AC和BD以交點O作圓心，OA爲半徑，作AD弧，則AD上任意點P與A，B，C，和D連接，必成等角。

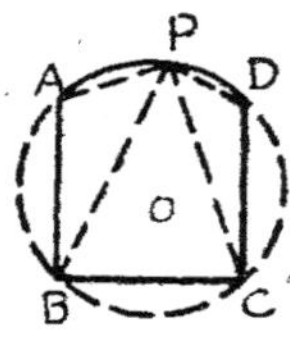

因ABCD爲正方形，能內接於圓。（如圖）

但AB＝BC＝CD，∴$\overset{\frown}{AB}$＝$\overset{\frown}{BC}$＝$\overset{\frown}{CD}$（在同圓內，等弦對等弧）

則∠APB＝∠BPC＝∠CPD（等弧所對的圓周角相等）

故$\overset{\frown}{APD}$爲所求之軌跡。

（c）線（1）延長AC，BD之A，D，二端，則此二延長線上任意點與A，B，C，D四點連接，亦成等角。

設P爲延長線上一點（如圖）

則∠APB＝∠BPC＝∠CPD（BD二等分∠APC）

故BD和AC之延長線爲所求之軌跡。

（2）自對角線AC和BD之交點O作一直線（圖上未曾畫出）垂直於正方形ABCD，則此垂直線亦爲所求之軌跡。

設想　M爲此垂直線上任意一點，則

AM＝BM＝CM＝DM，

又AB＝BC＝CD　∴△AMB≡△BMC≡△CMD

（S.S.S＝S.S.S.）

故　∠AMB＝∠BMC＝∠CMD

故　自O點所作垂直於ABCD平面之直線亦爲所求之軌跡。

討論：（a）之交點O即（c）（2）軌跡上之一點，唯此點在正方形ABCD平面上耳。

三等分任意一角　　陳慶臻

三等分任意角向來被認爲幾何學上的難題，所以不妨再在此處討論一次。本題所以難的地方大概不外乎兩種原因：（一）規定用圓規和直尺作圖；（二）我們所學的幾何（Euclid幾何），牠的元素都是固定的緣故。就是說牠的邊不能夠活動，即使能活動也不能牽及其他各邊。器具是能夠活動的東西，所以我們可以利用牠的特長來解決我們這個問題。現在就把所做器具的原理，構造和利用的方法敘述如了：

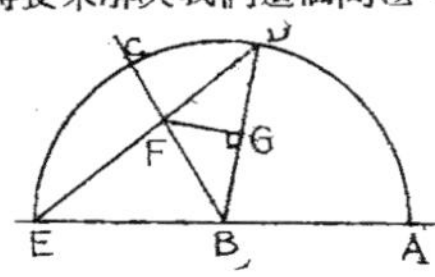

（圖一）

設∠ABC是所要分的角，用B做圓心，任意長AB做半徑畫弧，延長AB與弧相交於E點，在AC弧上任意取一點D，聯接BD和DE兩條線，由BC和DE的交點F畫一垂線$\overline{FG}$到BD。

（一）假設∠DBC是∠ABC的三分之一，那末∠ABD是兩倍於∠BDC。因爲BE＝BD（半徑相等），所以∠D＝∠E（等腰三角形的兩底角相等）。又因爲∠ABD＝∠D＋∠E（三角形外角等於內對角的和），所以∠E＝∠D＝½∠ABD＝∠DBC（等於同量的量相等）。所以我們只要做到∠DBC，∠D和∠E同時相等，那末∠DBC就是等於∠ADC的三分之一。

（二）假設BD是用B點做圓心（支點）可以擺動的線，G是BD的中點GF'是固定垂直於BD而且是跟着BD擺動的線（F'並不是以上所說的F點，F只是GF'線上與BC，DE相交的一點罷了）。同時DE'是用D點做圓心，也是可以擺動的線。（E'並不是E點，E點只是DE'與AB之延長線相交的一點）。你在把BD和DE'拿來擺動，等到DE'，GF和BC相遇於一點叫他F點，同時DE'要通過E點（這種動作只有用器具能做到）。然後在直角三角形BFG和DFG裏面，因爲FG是公共的，BG＝DG（作圖），所以∠FBG＝∠D。∠CBD＝∠D＝∠E，是與第一假設的理由相合，所以∠DBC＝∠ABC。

第三用一張明信片（能夠製尺的東西都可以用，但用明信片最便利，且製造最迅速）（圖二用在牠上面畫一個等邊三角形BF'D由BD的中點G連GF'，則GF'⊥BD。另外再畫一條直綫等於兩倍BD的長叫牠做DE'再從第一圖可以看出DE'最大只能等於AE就是最大只能等於兩倍半徑 BD（其餘各形皆爲便利指示方向起見而作，並無其他特殊意義。照第二圖實線所畫的兩塊用剪刀剪下來再將牠們的D點活釘在一起（即DE'可繞D點能轉動。）

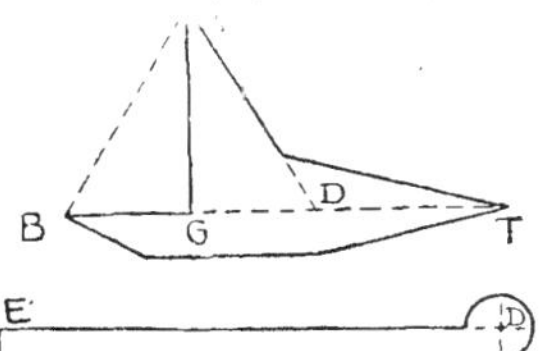

（圖二）

用器具的時候先把器具上的B點放在所要分的∠ABC的角頂上，在AB在線上截AB等於器具上BD（或BF'）的長，並延長AB於角的另一方面至E，令BE＝AB＝BD＝BF'。照第二假設的方法把器具轉動，等到DE'和GF'的交點在BC上，且DE'通過E點時，∠CBT就是∠ABC的三分之一。（圖三）

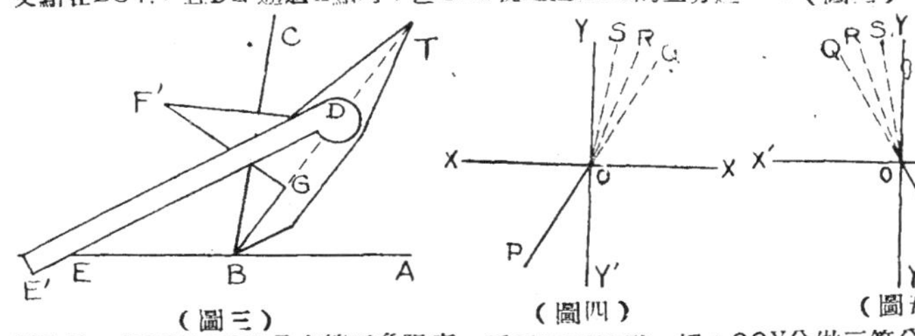

（圖三） （圖四） （圖五）

若使∠ABC大於兩直角時就要多加一些步驟。

例一：若所給的角大於兩直角而小於三直角，就可以照下面的方法做。一平面下，XX'垂直YY'於O點，所給的∠XOP的OP線是在第三象限裏。延長PO到Q點，把∠QOY分做三等分，（照前法）然後∠XOS就是三分之一的∠XOP。因爲∠XOP等於三直角減去∠pOY'，所以三分之一的∠XOP等於一直角減去三分之一的∠QOY，也就是等於∠XOS。

例二若所給的角是大於直三角而小於四直角，所給∠XOP的OP邊是在第四像限裏面。延長PO至Q，把∠YOQ依前法分做三等分，然後∠XOS就是三分之一的∠XOP。因爲∠XOP是等於三直角加上∠Y'OP。三分之一的∠XOP等於一直角加上三分之的∠POY'。就是等於一直角加上三分之一的∠YOQ，也就是等∠YOS。

編者按：本文原刊載於第二十屆光華附中畢業紀念刊上，今蒙陳君略加修改後刊登本刊，不勝感謝。

閒談科學

儲品良

一、毒氣

科學昌明，利器亦銳利，毒器戰爭，前次歐戰時已應用，蓋有强權而無公理，無所謂公法之限制也。者今，風雲日急，吾人對於毒氣，應有適當之認識。

毒氣之種類，可分四種：窒息毒氣，腐蝕毒氣，催淚毒氣，噴嚏毒氣。

（一）腐蝕毒氣　此類特性，對於皮膚及黏膜起腐敗作用，發生糜爛，同時且侵呼吸器，本類主要爲芥氣和葵氣。

（甲）芥氣（Dichlor-Diethyl-Snlphide;Mustard-gas）$CH_2Cl-CH_2SCH_2Cl$ 具芥末臭味，死性極烈，空氣中如有萬分之一，已足害人，即帶防毒面具，亦屬徒然。

（乙）葵氣（Lawisite B. Chl rovinyl—dichlorarsine）具味似葵，故名，腐蝕性較弱，刺激呼吸器之力較强，因含有多量之砒，故能使人中砒毒。

（二）窒息毒氣　此類之特性對於吾人及動物之呼吸器起作用，發咳嗽呼吸困難及惡心嘔吐，若吸入過多則致死。本類毒氣主要者有三：

（甲）氯氣（Chlorine）Cl_2，毒力極强。

（乙）光氣（Earbonyl Chlofide）$COCl_2$，毒力比氯氣爲强，極易揮發，致人於死，除發咳嗽外，能使血液變濃，肺臟破裂。

（丙）重光氣（Trichlormethyl Chlorformate）$ClCOOCCl_3$毒性較光氣爲弱，但有持久性，且能使人下淚。

（三）噴嚏毒氣　此類含砒，故劇毒，其特性爲刺激鼻和喉，使人發噴嚏及嘔吐，間亦有腐蝕性。本類主要者有六：

（甲）二氯甲砒（Nethys Dichloarsrne）CH_3AsCl_2除刺激狀外，顯有腐蝕性。

（乙）二氯乙砒（Ethyl Dichloarsine）$C_2H_5AsCl_2$

（丙）甲烯氯砒爆（Diphenyl Chlorarsine）$(C_6H_5)_2AsCl$雖含千萬分之一之含量，亦能使人患病，有蒜臭。

（丁）二烯氰砒爆（Diphnylcyanarsine）$(C_6H_5)_2AsCN$其毒更能透過防毒面具，刺激性極强，易於致死。

（戊）二烯礦氧砒爆（Diphenylarsine Chlorarsine）$NH(C_6H_5)_2AsCl$有烟焦氣，毒性雖較弱，但非受毒已深，無著明之症狀，故頗難預防。

（已）氰溴甲烯（Bromobenzylcyanide）$C_6H_5CHBr(CN)$。

（四）催淚毒氣　此類毒氣之特性，爲刺激眼結合膜使流淚，致妨礙視綫。本類毒氣之主要者有四：

（甲）溴丙酮卽乙瓦斯（Bromacetone,B—Gas）$CH_2Br_3CO—OH_3$

（乙）氧化二氯甲烷（Dichlormethyloxide）$CH_2Cl—O—CH_2Cl$

（丙）二氯合烯胩（Dichlorphenylcarbylamine）$C_6H_5—N—C=Cl_2$

（丁）氯苦味質（Chloropicrune）$CCl_3—NO_2$。

二、夜明錶

提起夜明錶，誰也知道，可是誰都不大明白它的配置。

夜明錶數字和針上是塗有能發光的物質，這些大都是鈺類化合物與硫化鋅的混合質。按化學特性而言，硫化鋅本身有螢光作用（Phosphorescence的現象）卽硫化鋅見光之後，再置晨處，卽能發光，可是時間不長，經相當的時間後，黑暗如初，然而發光的特性是明顯的。鈺類化合物則特具放射性（Radioactvity）能夠放出一種質點，碰到硫化鋅，卽發光。兩者混合之一爲發光本質，一爲放射性，雖則未經光照，置於暗處，亦能閃光。

編者的話

編者

在本期特大號同各位讀者見面的時候，我們感到非常的抱歉。第四期原定於雙十節出版的，但因近日適逢鉛字另件工人罷工，加以本期篇幅增加了一半，以致遲至今日才匆促出版，希望本刊讀者加以原諒。

自本期起，編輯部人事有了一番新的調整，並聘請了多位特約撰稿員，各欄均有編輯負責。內容方面，以後將多載通俗而有價值之文字。編排形式方面，將無多大變動。我們相信在讀者，作者和編者共同合作之下，本刊將一天比一天進步，不斷地進步。

這裏，我們感謝金品先生，金先生對於數理很有研究，今後將担任本刊特約撰稿。本期初等平面幾何學講話，卽係金先生之特稿，以簡明的筆法和師生對白的方式，講述學習平面幾何時之困難和解決方法，實爲初學平面幾何者之良好指導，亦可作爲已學者研究時的參考，該文以後將按期刊登，幾何學三大不能問題敍述並解釋幾何三大難題之癥結何在，且列舉以前解法之錯誤和近似方法，頗值一讀。

霞光園地欄中，呂延申君之花了你多少時間一文，甚有趣味，讀者閱過以後不妨一試，這可說是自我智力測驗之一法。Horner氏之綜合除法及其應用本期繼續刊載。

關於讀者信箱，編輯部每天接到不少讀者詢問疑難題目的來函，其中有些非常淺顯，卽由信箱欄編者直接答覆。有些問題，問得想入非非，頗使編者爲難。不過我們總設法給以最合理的解答。但我們的解答只是根據客觀的科學立場，想入非非的解答，我們是不願意也是不應當做的。同時，有許多讀者來函不照信箱規約的規定，則怨我們不作答覆。至於疑題的解答是否載登在讀者信箱欄內，由編者決定，故讀詢問之疑題解答，如欲刊載在信箱欄內而不願直接由編者作覆者，可勿附信封郵票；否則，須附貼足郵資寫明姓名地址之信封。編輯部辦事困難之處，想定蒙讀者見諒。

關於懸賞，我們打算每三期舉行一次，讀者應徵懸賞，希照懸賞規約辦理。

本刊自創刊以來，接到不少讀者的建議和批評。但大多數讀者對本刊內容和編排方面尙沒有什麼反響，在這兒，編者誠懇地祈望愛護本刊的讀者，對本刊多多提出建設性的批評和指教。

讀者信箱

信箱規約

（一）讀者信箱之闢設，專爲讀者解答疑難之科學及數理問答。

（二）問題內容，不得超越科學範圍，簡單者由編者直接奉答外，較高深者，可徇讀者要求，或編者之決定，登載本欄內，供讀者之研究討論。

（三）問題以簡明爲主，每題不得超過一百五十字，有圖者須以黑墨水繪圖。

（四）來信須繕寫清楚，並須詳細註明姓名地址，如欲直接答覆者，須附有貼足郵資之信封。

（五）來信須註明本刊「讀者信箱」欄。

貝效良問：

1.設有一鏡球屋（一球形屋內以鏡爲壁）中置放一燈，必光亮異常。若燈滅後，屋中是否仍亮？抑立刻昏暗？如立即暗，如何以能不滅定律釋之。

2.同溫層中是否較地面寒冷，若然，何故？如係熱之輻射作用，則有飛機或汽球行于中，必熱不可耐矣，何故仍冷甚？

3.若置溫度計于透明眞空匣內，浴以日光，溫度是否增高抑不變？請附理由。

4.設一酒瓶於頸口安一彈簧，中置一彈子，然後於高處下落。定時間內此彈子向瓶底彈出。則酒瓶之下落速度增高否？何故？如何以動力等衡量定律釋之

5.有否只吸收一色之玻璃，如只吸收紅色，（或橙，黃，青，等）則此玻璃本身爲何色。

6 設有如右圖之一物。瓶中一半置水中有長短玻璃管 A.B.各下 B口本爲閉塞若開B口則水因位能而下降經 B口而至大盆 C中。其時瓶內形成部份眞空則必思補充之。則水由 A吸上，如是則應循環不息矣，此種裝置是否可能？如不能，何故。

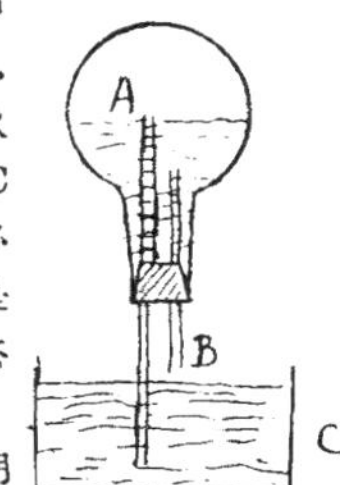

7.能究爲何物，使下一簡明之定義。

8.能不滅定律有否證明，是否有推翻可能？

9.熱之輻射作用，有否證明？

10光究爲何物，是能，抑爲物質微粒運動之現象，何說較爲可靠。

答：

1.燈熄後室內立即黑暗。　因光綫射於鏡面時，一部反射回去，而另一部分則穿入鏡面。　因受鏡莖之阻力，而漸消失其能。而被反射之波當及於相對之鏡面上時，亦起上列相同之作用相互反射，能即漸歸消滅，惟光波速度甚大，故其進行之速，絕非目力所能覺察。故燈熄後室內即歸黑暗。其實是經過一般非常短促的時間內。

2.同溫層中含有氮，氫及氦等氣體，惟甚爲稀薄，因此不能阻擋大部陽光之來路，以吸收光能而轉變成熱能輻射出去。此爲其所以寒冷之主要原因。同溫層上近聞另有高熱圈，其理尚待研究。

3.此須視匣之性質而言，如該匣能爲光熱射線所通過，則因光熱乃屬能之波動，當能貫穿眞空，而使溫度計中溫度昇高。

4.題意欠明晰，恕無法作答。

5.此種透明體尚未所聞，如有之，則其能吸收之光波中當爲黑色。其他色光則皆通過。

6.不可能。　因在燒瓶無水部份之空氣，因水之流出（自 A B 兩玻管同時流出），而漸稀薄。　其氣壓減至相當程度，當與燒瓶內水面與盆中水面之水位壓力之和與外面大氣壓力相等時，即不再流出。

7.凡工作之容量即爲（ The cap c ty for doing work is c lled energy)。

8.依據有自然界循環不息之事實，能不滅定律無推翻之可能　惟可用之能日趨減少是爲事實。　實驗中，證明自機械能　光能，電能等相互轉變後所生之熱能不變。　故可推論能僅會轉變而決不會消滅。至自熱能轉變至其他能之實驗，尚無法實現。

9.坐於火爐前，如有人突站於你與火爐之間，你將感到身上所受之熱不及以前之受此火爐之熱能由輻射而及你身，如介之屏障，則輻射熱不易通過，此爲輻射熱之一證。他如太陽熱能傳至地球，亦屬熱之輻射作用。

懸　賞

懸賞規約

（一）應徵者須附該期懸賞印花一枚，黏貼在應徵稿件左上角。

（二）來稿務須繕寫清楚，自左至右橫寫（不得直寫）。

（三）來稿須於稿末詳細註明姓名地址及肄業學校或服務機關。

（四）來稿信封上須註明「第二次懸賞」字樣。

物理常識　　爾蘭

1.物體之重量，依高度而變，愈高則愈輕，愈低則愈重。今有一物，質量m克，問在地心稱其重量，應為若干？並述其理由。

2.根據牛頓第三定律：「作用力與反作用力大小恆相等且方向相反」，設有一馬拽一車，此馬作用於車上之力與此力之反作用互相抵消，既已抵消，為何車尚能前進？

3.日光為紅橙黃綠青藍紫七色組成，然為何以此七色顏料配合後，不得白色？

4.蛋落於石上則碎，落於棉絮上則不碎何故？試以牛頓定律解釋之。

5.今有一極細之空心管，問欲量其內部直徑，應用何法？

6.你知道X光有那幾種用途？

懸賞第二期

讀者來函

編者先生：

我曾計算過目前上海之科學雜誌，共有四本，即科學趣味，科學畫報，科學，科學雜誌。但皆是偏於多方面，而真正能和教科書吻合的可說沒有。貴刊的創辦恰合需要。這不啻是在荒蕪的科學界開出一朵鮮豔的花。現在我雖未深知貴刊的內容，但我深信貴刊的前途是光明的。我們喜歡數理的學生和青年們都在作貴刊後的盾，不要怕幹不要去！

在第二期中，我見到有人提議組織一讀者座談會的建議。對這，我是十分贊成。但我有一點小意見，不如設立一個如科學趣味中之「科學之友」欄，讓大家自動通訊討論而在一月內集會研究一次，編者先生，你以為如何？

大維上

很榮幸地，有一部份讀者向本刊提出建設性的批評和建議。我們非常慶幸，新中國正在不斷地向科學建設之大道上邁進。青年學生對科學之日漸重視和本刊讀者的一天天增加，不是很好的證明嗎？我們今後在本刊全體讀者督促鼓勵下，當不斷地努力奮鬥，以副讀者諸君之期望。

上面是從許多讀者來函中選擇的一封信，大維君響應提議組織讀者座談會，並建議在本刊中設立一類似科學之友的一欄，作讀者通訊研究討論之用。這些，我們都誠意地接受。不過，如組織讀者座談會等，還希讀者諸君多多提供具體的意見，以作大家的參考。

——編者——

歡迎刊登廣告

廣告刊例

等級	特等	優等	普通
地位	封底	底裏	正文前後
1	120元	100元	80元
1/2	80元	60元	50元
1/4	60元	40元	30元
1/6	40元	30元	20元

不足1/6作1/6計算。

長期登載，另有優待

本埠各報攤均有出售

震光數理　第一卷第四期

民國三十年十月十日出版

編輯者　震光數理社　福煦路三八四號

發行者　震光數理專校　上海福煦路

總經售　震光數理專校　三百八十四號

定價

期數	冊數	價目
全年	二十四期	六元
半年	十二期	三元二角
三月	六期	一元七角

預定

每月出版二期　本期售價五角

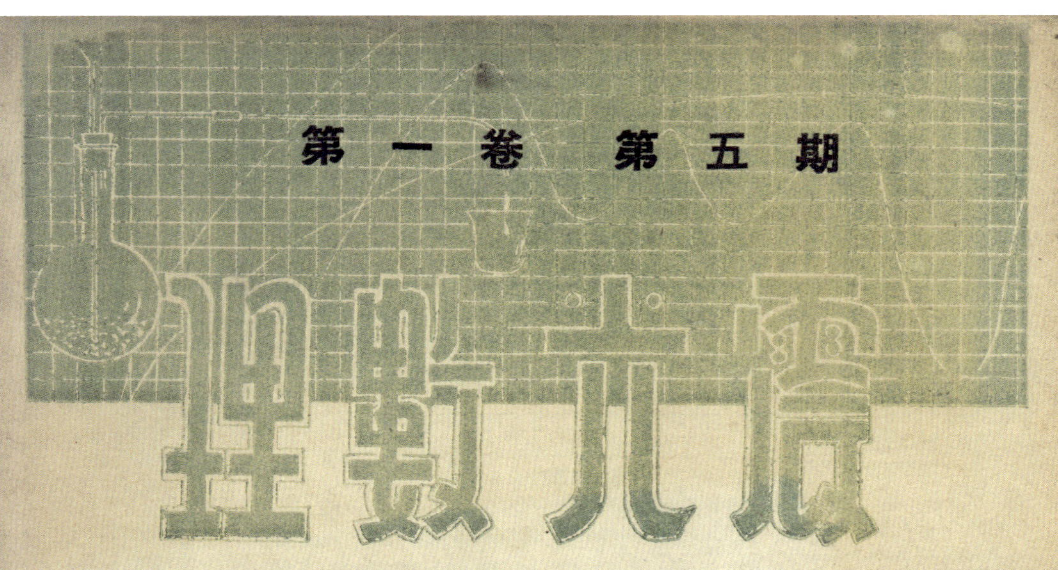

公共租界警務處登記證C字九五九號 30 cts.

中華民國三十年十月二十六日出版 交通大學校友主編

本期目錄

編者的話

編 者

本期青年與國防科學運動一文，是張文伯先生的大作，原文載於中國青年月刊創刊號。張先生就是當年浴血淞滬，率第五軍偕同十九路軍作戰的張治中將軍。站在國防最前線的人，講國防的事，是最切實的，我們希望讀者對此篇再三留意。研究科學的人，决不能忘記了現實，國防不僅是今日强隣壓境時賴以抗戰的，而且是我們建國的中心。蔣委員長對本屆工程學會年會訓詞有謂：「……國事多艱，人力未盡，科學之研究未博，工業之進步濡滯，馴致經濟不振，國防不競，卒使外侮深入，致國家蒙受空前之犧牲……國防爲國家生命之所繫，無國防即無國家。」我們研究科學，埋頭於數理化之中，但同時决不能忘記了這一以國防爲中心的最大的目標，我們願以「科學國防化」的口號與讀者諸君共勉勵。

專論二篇，一篇關於化學上接觸作用的闡述，另一篇是關於解析幾何坐標旋轉的研討。前者舉例淺顯，說理透澈，極饒興趣。後者的作者教授數學多年，利用De Moivre定理證明旋轉公式，確是獨創一格。

震光園地欄共三篇。用圖解法解方程式，普通教科書都不討論。其實圖解法與分析法在科學上各有其重要性，所以我們刊載圖解法解方程式一例一文，使讀者對圖解的方法，能略有認識。Atwood機械之變形是物理上力學部分的問題，一般物理教科書論而不詳，此篇可作爲補充教材。

科學小品以不變馭萬變是一篇創作，作者從數學，物理與化學上舉例說明了一個「不變」的原則，並且認爲自然界一切變化，都被各種不變的函數關係支配着。此篇文筆生動，觀察研究都從大處着眼，頗堪一讀。初等幾何學講話本期續載，金品先生的著作，我們上期已介紹過，諒讀者們亦必有口皆碑，不再贅述了。手指的數學一文，寓科學於遊戲之中，讀者若能閹熟此篇所述方法，則十個指頭，何異懷中算盤。

讀者信箱因限於篇幅，不能多載，餘件已各專郵奉覆。第二期懸賞，定下期揭曉。

轉　載

青年與國防科學運動

張文伯

高度國防的重要點是在什麼地方呢？那不止是在軍港，在要塞，同時也是在工廠，農場，運動場，至寂靜無聲的科學實驗室裏…………。

（轉載正言報）

一

十年前，在一次紀念「五九」國恥的時候，我曾對中央軍校學生講過下面的一段話：「我們現在要救國救亡，一定要廢除不平等條約，但是，大家想一想：我們怎樣才可以廢除不平等條約，怎樣才可以使得我們中國獨立自强呢？我相信大家都知道很淸楚這就靠現在的革命：第一步打倒了軍閥，第二步打倒帝國主義；打倒了帝國主義就可以廢除不平等條約。這不是一句空話，我們要以鐵和血來打倒帝國主義，廢除不平等條約！這是我們革命同志所知道也是我們革命同志所應該準備的。但是，我們更要知道：光用『鐵』『血』還不夠，除了『鐵』和『血』以外，我們還要用『腦』和『力』，首先要自立自强，建設三民主義的新國家；這樣，就是我們不去打倒帝國主義，而帝國主義者自然要向我們屈服。如果不用『腦』，不用『力』，而徒憑鐵和血，那是成就不了一個近代國家的。譬如我們要和外國人打仗，但還不能鍊鋼，新式的武器還是要向外國人去買，這是不行的。假如我們要自己鍊鋼，當然要用我們的腦和力去實驗，去發明，去改進，去創造。我們要各方面都能如此自立自强，然後可以充分運用鐵和血去應付非常，自然可以打倒帝國主義了。」

當時我特地舉出一個例子來說明：「德國自從大戰結束，締結了凡爾賽和約以後，所有德國的兵器，兵艦，飛機以及重要工廠的機器，統統給戰勝國拿了去，連德國五百噸以上的商船也都被拿了去，把德國的東西總算拿得乾乾淨淨。但是德國人常說：『各國把我們的兵器，飛機，商船，機器都拿得去，可是有一件東西是拿不去的。這東西是什麼呢？是德國人的『腦』，是日耳曼民族的『精神』！德國人的腦沒有被拿去，就一定可以圖恢復的！』大家想不想，人家是如何的有抱負，如何的有魄力！這不是德國人的誇大，而事實上他們都已經表現出來了。我有一次參觀他們新造的四萬八千噸的商船，覺得他們造得比戰勝國拿去的更大更好；從前燒煤，現在燒油了，從前一小時只能行十四至十六浬，現在能行十八至二十浬了。唯其德國人有了腦，舊的丟了，就可以去創新的。我們在這裏有沒有那樣勇氣，說那種大話？假使一個民族個個人能說如此大話，那怕什麼『二十一條』呢？」

二

過了一年以後，那時我們已經渡過了一個最危險最動亂的時期。在「九一八」以後的南京，以至「一二八」的淞滬戰役，我經歷了很多嚴肅的場面，我也曾接觸了不少熱情激昂的青年。那年五月，在淞滬戰爭告了一個段落以後，我停駐在江南的一個縣城，也正是「五九」這一天，我在一個機會上又對一些青年說了下面一段話：「我以爲現在要講救國救亡，都不是普通人所能擔負，而只有青年同志纔能擔負起來，我常常想到，現在一般中年以上的人，連我自己在內，對國家負責都有一個限度了！我們必須要注意後繼的青年。明日中國的復興，必須要靠今日青年的心血！……我們青年要尊重自己的責任，要更尊重國族的前途。我們在青年時代，要趕快充實我們建設新中國的學問和能力，也就是要趕緊充實我們民族的生命力，否則是談不到救亡雪恥的。倘使我們不從事現代文化的研究和國防力量的建設，我們將用什麼東西去爭取自由平等？試想：我們築了路，在路上行駛的汽車是人家的；我們科學館裏面的儀器，化學室裏面的藥品，都是外國的，沒有一樣是我們的。說到打仗，我們飛機大砲不及人家，我們器械裝備不及人家，怎麼會這樣的呢？這就是因爲我們科學落後啊！科學爲什麼落後呢？我們當然要反省。科學怎樣才可以進步呢？這不能不期望於我們青年。試問那一種科學上的發明，不是科學研究者經年累月心血換來的成績？又試問大砲飛機是誰創造，誰改進的呢？那些人都不是在戰場上，而是在研究室裏！那些人的成就，都不是靠　時的衝動，而都是靠幾十載的　心。我要告訴大家：我們民族的苦難也不知要延續到若干年，要爭取自由平等，固非鐵血不可，但是要謀國家的强盛昌隆，却非心血不可！

三

從九一八到今年，我們國家在鐵鬢血影中過了十年的歲月。作戰三年又七個月以來，更是拚着鐵血寫成了無限光輝的歷史，堅定了我們民族的信心。但是我們要問：「抗建只是單純的靠着鐵血嗎？」

提起了這個問題，回想十年前所說的話，我深深感覺有至誠勸告我們現代的青年，以至後代的青年。「正視現在遠矚未來」的必要，我們更要認識我們的時代，認識我們的國家，認識我們的世界。

如我們　領袖之所昭示的，我們現在的時代，是一個「科學的羣衆時代」；如我們大家所知道的，我們的國家還是一個一切落後的國家；也正如我們大家所共聞共見的，今天乃至明天的世界，還是一個實力相競優勝劣敗的世界。如果我們青年是愛自己，愛民族，愛國家，那就要爲我們自己不朽的生命打算，更要爲國家民族千百年的大計打算。我們的眼光固然要集注在艱苦的現在，而尤其要遠射到更艱苦的未來；這就是說：我們所有的心思才力智慧精神，不只是要用在戰時，更是要貫注到戰後。我們不能把「作戰」與「建國」機械的分開。我們知道「建國就在作戰的時候」，但是我們更應該知道作戰也就在建國的時候。蘇聯兩次五年計劃，可以說是建國的計劃，也可以說是作戰的計劃。德國四年計劃的完成，與其說是建國計劃的完成，毋寧說是作戰計劃的完成。一個國家必須要號召他全國的國民，特別是他的優秀的青年，能發展腦力心血以處常，能運用武力鐵血以應變。一個國家立國最高的目的應該是不戰而勝人；萬不得已出於一戰，也必須一戰而勝人。我們今天要以苦戰而勝人，這是我們之弱，並不是我們之强如何轉弱爲强，强而至强，又如何由日日增强而達於至强，以至於至强無敵，這就靠國力的充實，這就靠高度的國防。高度國防的重要點是在什麼地方呢？那不止是在軍港，在要塞；同時也是在工廠，農場，運動場，至寂靜無聲的科學實驗室裏！我們今天被逼要以劣勢的準備，戰勝對方；我們明天須得要注意以優勢的準備，懾服對方，使他無從再萌侵略的妄念。我們要知道，這不是單純的堅甲利兵可以濟事，更其不是從外國搬運堅甲利兵所能濟事！一個民族最怕是患着[illegible]視的毛病。我們在今天必須要喚起青年從正視現在以迄遠矚未來的深遠的眼光，我們不能不特別重視加在我們肩上的一重責任，一個歷史的課題，那就是國防科學運動。是我在過去已經一而再喚的引起青年們的注意了。

四

什麼是國防科學運動呢？

這個運動包含着兩個要點：第一是提高一般科學的研究來增强國防力；第二是注重有關國防的專門科學，以完成高度的國防。

我們先說明第一點的道理。大家要知道：兵兇戰危，古人說：「兵者國之大事」，是國家生命存亡所繫；所以每一個國家，把他全民的智力物力都用到國防上，直接增進國力，增進國富，間接就可以增强國防。譬如，製造一個飛機上的發動機，少不了鋼，因而採礦冶鐵，鍊鋼都成爲必要的基礎科學。而且這些科學，語其精微，固非深造的專家不能窮其蘊奧，但語其淺近，就是匹夫匹婦也可以參加一份。我且舉一個大家所知道的例子。譬如採礦，該可算是很專門的學問罷！蘇聯的史太哈諾夫，原來是一個養馬的馬夫，挖煤的工人，然而他發明了一個挖煤的方法，使煤的產量增加了十幾倍乃至幾十倍，因之史太哈諾夫運動，在蘇聯鬧得喧天震地，發展到各個部門。大家還要曉得，煤產增加，使得蘇聯重工業方面解決了一個難題，遂有長足的發展，這個對於國防的貢獻還了得嗎？然於史太哈諾夫不只是一個挖煤的工人嗎？

我們今天，不只需要一個成名的史太哈諾夫，我們更需要無數的不爲人知不求人知的史太哈諾夫式的英雄多一個重工業人才，即無異多一份槍炮；多一名顏料工人，即無異乎多一份化學生產能力。棉花是製衣的原料，但也是製造軍火的原料；絲是奢侈品，但在降落傘工業中却是必需品。這些例子，都在說明一件事實，那就是所謂國防科學運動的範圍是很廣泛的，而我們所要號召的青年也不只限於智識青年，但不論在原則上，在技術上，那無疑的都是要由智識青年的領導。

領導到什麼地方去呢？我們要把全國的頭腦都變成科學的頭腦，要把全國的人民都變成「國防人」；我們要把全國的手足都變成產業的手足，要把全國的人民都變成「生產人」。狹義的說，「國防人」必須是「生產人」；廣義的說「生產人」也就是「國防人」；國防不能離開科學，科學也不應離開生產，科學本身就是一種生產力；科學者絕不能只注意到理論的研究，而蔑視實際的生活。今後不打開科學的大門，放出一些科學研究者，去廣泛地領導一些生產者，科學運動不會有效地展開，國防建設也要失去基本的基礎，結果還是徒託空言，於國家一無所補。

五

現在我們再來說明第二點。國防科學運動範圍雖然是很廣，然而眞正在戰場裏所應用的科學知識却是很高深。所有一切武器裝備皆是高深科學精密研究的產物。正如一個照空燈一個聽音機一個遠射程砲，那一個不是費了許多科學家的頭腦，用了很高深的科學原理才能製造出來？所以有人說二十世紀科學文明是整個的擺在一艘最新的兵艦上。照這樣看起來，國防上所應用的專門科學，可以說是科學的頂點了。惟其如此，所以我們在這些有關國防的專門科學上，我們必然要旁搜博採，窮究深研，而且要使得青勝於藍，獨步一世，那樣我們的國防才算有把握，才能操必勝之券。

講到這裏，我們也可以引起一種歷史的回憶。遠在若干年前，富國强兵的運動已經被重視過了，堅船利炮的呼聲也已經震響過了。近代科學的浪潮差不多是同時打在中日兩國的海岸：爲什麼別人就能夠成就他的維新事業進步爲現代國家，而我們還是依然落後呢？這是値得我們自己檢查和反省的問題。我在一本研究中國近百年歷史的書籍上曾經看到一段紀載，說是俾斯麥有一次講過：「日本留學生到歐洲來是研究機械的製造，準備回去仿製；而中國留學生到歐洲來只是看看機械的樣子，預備回國以後來購買。」這種深刻批評，我們能有方法不接受嗎？能提出證據來反駁嗎？直到現在，我們還是擺脫不了這種可怕的病原，學術上的販賣主義，經濟上買辦制度，乃至多種部門仰給外國依存的關係，都是從這種幾微的根本的弱點蛻變而來。我們想起國家積弱的原因，實在不能指出我們國家優秀的青年缺乏勞動創造的精神，應該是其中重要的一個。怎樣在精神上勝過我們的强鄰，凡是眞心愛國的有志氣的青年，應該要有一個打算，尤其要有一個決心。

自然我們亦不能忽略客觀上的因素。我們是一個崇文重士的國家，士以服官爲榮，國以養士爲貴；到了末流，所謂文士，只是談空說玄，咬文嚼字，不辨菽麥，不諳技藝，乃至不用腦筋不勤四體，還儼然自居爲四民之首。這不但落伍了的文士是如此，當前的知識分子又何嘗不有一部份是一樣的空疏，一樣的浮泛！這樣習俗相沿，已足[illegible]沒無量的技術天才，毀損許多興國的機運。何況技術上的事，近在二三十年還被視爲「奇技淫巧」，科學在那時節甚至被視爲「離經叛道」的怪物，即使有識者也不能不有若干人認爲研究科學是一個「冷門」，是一件不能弋名，不能博利的，太艱難太清苦的工作而望門却步！至於國防科學那更是一件和現實生活渺不相關的行業。這樣因果相循，又不知埋沒了多少科學研究者的天才，阻滯了國家生命力的充實。可是到了今天，强鄰進逼，我們才痛感到我們工業基礎沒有，我們科學基礎不夠，我們國防基礎是太薄弱，所謂獨立創造，青勝於藍，根本是談不到。我們歆羨着別的國家幾個幾年計劃的完成，我們又何嘗注意到在二三十年前，國父便已經爲我們訂下了一個十年的國防計劃，要訓練國防基本人才三千萬，訓練國防物質工程技術人才一千萬，來執行這個空前的計劃，並且昭示我們以獎勵國民關於國防物質科學發明之方略呢？

我們物質上絕不缺少什麼，我們智力上更不比任何人弱，所可遺憾的就是我們傳統風氣太壞了！教育方向太不注意了！學術上和國家生存需要上的認識太不够了！我們失去了多少寶貴的時機，我們放鬆了多少及時的努力！我們終於成了一個落後的國家。就是遠在　國父以前，曾文正公憂心外患也曾說過：「自强之道，貴在銖積寸累，一步不可蹈空，一語不可矜張。其講求之要有三：曰製器，曰學校，曰操兵。」可是我們檢查曾文正時代以後的歷史，我們做了一些什麼呢？製器是不成，學技無以用，操兵即使能做到，已是「不揣其本而齊其末」了，而操兵還得借功於舶來的武器，這如何可以說是自强？要研究所以致此之由，實在應該承認我們在着手之初已經違反了前人的教訓。「自强之道，貴於銖積寸累」，我們卻想一步登天；明明是應該「一步不可蹈空」我們做來却沒有一步踏實；明明是應該「一語不可矜張」，但是誰曾有做「無名英雄」的崇高志趣？誰不只是淺嘗輒止，妄自尊大呢？把前面所引的俾斯麥的話印證起來，歷史的教訓，實在是太够發人深省了，但是青年們得注意！歷史的教訓應該只有一回！

六

懲前毖後，讓我們當代的青年用他們的全心全力去寫成歷史上光輝一頁罷！今後若干年內，我們青年對於國防科學運動有沒有貢獻，是今後我們國家歷史的發展上一個重要關鍵。這個偉大的工作要比當前的作戰或更艱苦多多。因爲一個是有形的有聲的鉄與血的鬥爭，而另一個是無形的無聲無臭的腦力與汗汁的較量；前者只是暫時，可以立刻收功，後者貴在持續，必須積久見效；前者需要勇毅與熱情，後者更需要平凡冷靜和深刻。換一句話說，前者只要提得起勇氣，後者却要耐得住黯淡，熬得起辛苦，還要保持着恆久的努力而不輟。今後我們不只需要訓練若干優秀的射擊手，優秀的航空員，優秀的坦克車駕駛者，優秀的海上戰鬥員，優秀的軍用化學隊以及英勇的降落傘部隊；我們更需要養成千萬個刻苦篤實的科學研究者，千萬個研精殫慮的工程師，千萬個盡忠職守的技術員，和工場農場的指導者，以至於受過近代技術訓練的工人和農人！我們更需要無數個有志氣，有苦心，有遠見，具備「勞動」「創造」「武力」三個革命救國建國的基本條件的青年：這些青年可以埋頭努力於琳瑯滿目的實驗室中，也可以全神寄託在黑漆一團的機器裏；可以用他的才力去建造一個新的要塞，發明一件新的武器；也可以用他們的心血去灌溉一個新的農場，開發一座新的礦山；更可以把他們整副的聰明才力時間和生命，犧牲在一件專精而微小的研究和發明上面，前仆後繼，不達目的決不休止！所有這些青年的努力必然都會表現爲增加國力增强國防的源泉。今後的智識青年，不應該再以脫離生產，脫離戰鬥的「時代驕子」自居，不應該再過着「公子少爺」式，乃至「政客官僚」式，甚至舊時代「文人」式的優閑生活而不以爲恥。他應很毅然決然的接受「重工作習勤勞」的無名戰士的使命。在這一個廣大的戰鬥序列中，他只是一個士兵，一個農工；他要做士兵和農工所做的事，他更要吃士兵和農工所能吃的苦。這需要踏實！這需要刻苦！這需要平凡！讓我們用踏實，刻苦，與平凡，來實現　國父的實業計劃和國防十年計劃！來迎接三民主義產業革命的新時代！來迎接三民主義國民經濟建設時代！來迎接我們國防科學運動廣泛展開的新時代！

◇　◇　◇　◇　◇

今天（即十四日）讀到貴報所載張文伯先生「青年與國防科學運動」一文，使我非常興奮。的確，無論是爭取或保障國家獨立自由，都非有最新型的鋼鐵般的國防設備不可。國防科學化以及青年對國防所負的責任，在本文中已有詳確的說明，不過該文前還有一篇小敍，述及執筆的動機，爲貴報所略，玆特從某刊中錄出，俾成完璧：

『本文引述民國二十年及二十一年兩度「五九」紀念時之舊語，根觸前塵，已多感憶；稿成之日（二月十四日）又適爲民國二十一年余奉命統率第五軍增援淞滬作戰之日，今日（二月十六日）實爲余自南京和平門車站登車出發逕赴前方之日，亦卽我第五軍袍澤以血肉踐履無名英雄使命之第九週年，溯懷往事，尤深追念！自一二八之變作，我十九路軍與對方作戰經旬，其時八十七，八十八兩師分駐京杭，　領袖命余指揮緊急赴援，接替左翼自江灣，至廟行，蘊藻浜，以迄吳淞，劉河之線；並諄諄告以不計毀譽，決心犧牲，應與十九路軍死生一致，安危與共，團結奮鬥，表現民族革命精神，保持本軍之光榮歷史。余卽親率中央軍校教導總隊直趨南翔劉行鎭，時全軍已分別進入作戰地區；未數日，對方以其主力向我進犯，在廟行，蘊藻浜一帶，先後展開空前激烈之野戰，卽所謂廟行之役，血戰三晝夜，雷奮電掃，風雲變色，終以擊潰對方之總攻。當時激烈悲壯情形，殆非楮墨所可形容。　領袖賜電嘉慰，謂國際譽我軍爲神勇，三十年積恥，稍得湔滌於萬一，宜再奮勉，用竟全功，亦以慰殉國先烈之心。凡此經過，固歷歷如在目前。猶憶十年前今日，余已奉出征之命，就宿中央軍校，夜過半，披衣起床，開燈就案，鄭重書遺囑，天明起程，計惟決心以一死報國，固不謂時至今日，我五千餘傷亡將士，皆已遂其成仁成功之願，而余報仇雪恥之責，尙未克盡，殊愧對諸袍澤在天之靈也。又憶戰後滬濱人士，曾就廟行舊戰場度地營阡，埋葬忠骨，而題曰「無名英雄之墓」。落成典禮之日，又適爲二月十六日，余由京馳往，微服雜羣衆中，敬以一瓣心香，對我陣亡諸袍澤，默致其哀敬，追念先烈，益懷後死職責之重大。繼是在京服務，暇時常至靈谷寺一二八烈士墓園，每覩十九路軍與第五軍陣亡將士紀念碑，巋然並峙，輒爲低徊不忍去。今則戰鬥方殷，風雨如晦，我諸先烈在天有靈，其何能安？雖然，復地雪恥，其事非難，而建軍强國，則非旦夕可致。余今以至誠，致其希望於吾親愛之青年，知必能効法諸先烈刻苦奮鬥慷慨犧牲之精神，而以聰穎之頭腦，與萬能之雙手，踵武前修，發揚國防科學，俾奠定我神州禹域億萬斯年之堅强堡壘，此乃所以報國，亦卽以報諸先烈。爰抒所感，弁於簡首，意在使我青年，撫往日戰爭之史蹟，竟未來建國之全功，感奮興起，貢獻一切以自效於國家，俾一二八以來一切戰役中爲國捐軀之無數忠魂，得藉我青年國民對於國防科學之盡瘁，而永垂芳馨於無窮無竟，斯則余特於今日發表此文之微意也！』

此序爲編淞滬戰史的絕好資料，張文伯先生卽一二八戰爭統率第五軍張治中將軍之字，張爲安徽巢縣人，美國歐維施大學軍事科畢業，不久以前曾任甘肅省政府主席，現方擔任軍事要職。

★　★　★　★　★

專　論

利用De Moivre定理證明坐標軸旋轉變化之公式

——沈振年——

1. De Moivre定理：凡一複數，皆可以在平面上之一點表之，如PN=x；PM=y則P點所表之複數爲

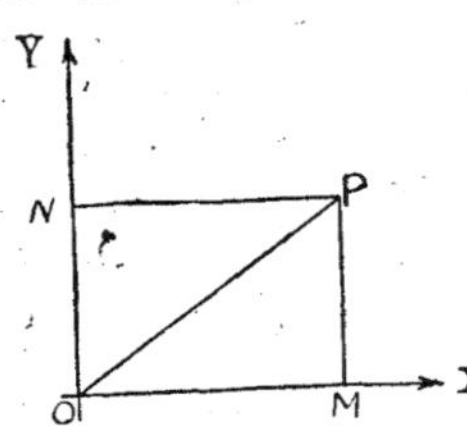

x+iy。而$OP\sqrt{x^2+y^2}$稱爲複數x+iy之絕對值，以ϱ表之；又θ=arc tan(y/x)稱爲複數x+iy之幅。

於是因x=ϱ cosθ，y=ϱ sinθ，故複數+iy另可以ϱ(cosθ+isinθ)表之；如此之表示法，在複數之相乘或相除等運算上，較爲方便，例如有二複數$\varrho_1(\cos\theta_1+i\sin\theta_1)$及$\varrho_2(\cos\theta_2+i\sin\theta_2)$。則相乘時，得

$$\varrho_1\varrho_2[\cos(\theta_1+\theta_2)+i\sin(\theta_1+\theta_2)]$$

一般言之，設有n個複數$\varrho_j(\cos\theta_j+i\sin\theta_j)$，j=1，2，……，n相乘時，其積等於

$$\varrho_1\varrho_2\cdots\varrho_n[\cos(\theta_1\theta_2+\cdots+\theta_n)+i\sin(\theta_1+\theta_2+\cdots\cdots+\theta_n)]$$

若設此n個複數爲相等時，則得

$$[\varrho(\cos\theta+i\sin\theta)]^n$$
$$=\varrho^n(\cos n\theta+i\sin n\theta)$$

上式稱爲De Moivre定理，見Fine大代數P.489。

2. 坐標軸之旋轉變化：設有一組直交坐標系XOY，若依原點而旋轉θ角後得另一組坐標系X'OY'，則對於一點P而言，在XOY中之坐標設爲(x, y_1)在X'OY'中之坐標設爲(x'，y')，則其間有關係：

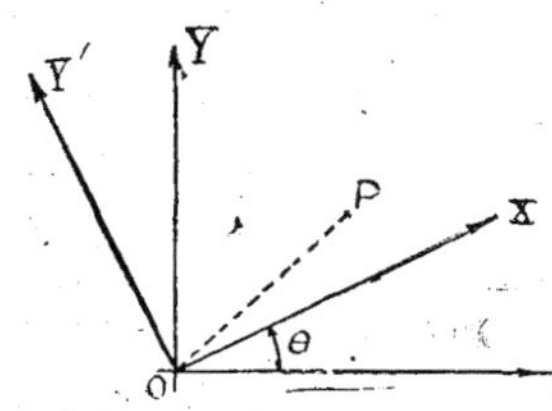

$$x=x'\cos\theta-y'\sin\theta,$$
$$y=x'\sin\theta+y'\cos\theta$$

見Smith-Gale解析幾何P.162。

再設一組斜交坐標系XOY，其間之夾角爲ω。而OX依O點轉過φ角後爲OX'，OY，自角ω轉至一角ψ，則此組新斜交坐標系X'OY'間之夾角爲ψ－φ。

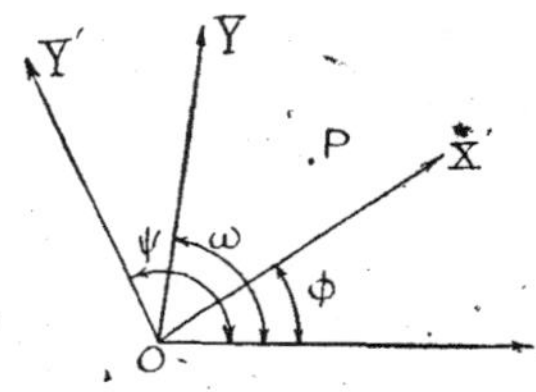

今對於一點P而言，設在原坐標系中之坐標爲(x，y)，在新坐標系中之坐標爲(x'y')，而其間之關係爲

$$x=\frac{x'\sin(\omega-\phi)}{\sin\omega}+y'\frac{\sin(\omega-\psi)}{\sin\omega}$$

$$y=y'\frac{\sin\phi}{\sin\omega}+y'\frac{\sin\psi}{\sin\omega}。$$

見Smith-Gale解析幾何P.172。

3. 證明：先就直交坐系而論，設OP與OX間之角爲φ，與OX'間之角爲φ'，則φ'=φ－θ

又
$$x+iy=\varrho(\cos\phi+i\sin\phi)$$
$$x'+iy'=\varrho(\cos\phi'+i\sin\phi')$$
$$=\varrho[\cos(\phi-\theta)+i\sin(\phi-\theta)]$$

依De Moivre定理。

$$\cos(\phi-\theta)+i\sin(\phi-\theta)$$
$$=(\cos\phi+i\sin\phi)[\cos(-\theta)+i\sin(-\theta)]$$
$$=(\cos\phi+i\sin\phi)(\cos\theta+i\sin\theta)^{-1}$$

故得
$$x'+iy'=\varrho(\cos\phi+i\sin\phi)(\cos\theta+i\sin\theta)^{-1}$$
$$=(x+iy)(\cos\theta+i\sin\theta)^{-1}$$

即
$$x+iy=(x'+iy')(\cos\theta+i\sin\theta)$$
$$=(x'\cos\theta-y\sin\theta)+i(x'\sin\theta+y'\cos\theta)$$

因而由比較實數部分與虛數部分，證明

(I)
$$x=x'\cos\theta-y\sin\theta$$
$$y=x'\sin\theta+y'\cos\theta$$

再論斜交坐標系，作直交坐標系X_1OY_1，使OX_1與OX重合，並設P點對此坐標系之坐標爲(x_1, y_1)則

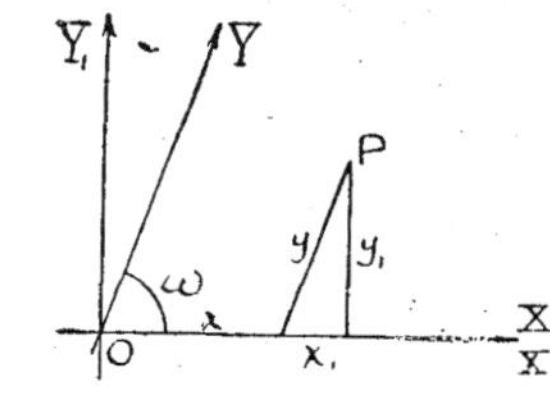

$$x_1=x+y\cos\omega$$
$$y_1=y\sin\omega$$

故得$x_1+iy_1=x+y(\cos\omega+i\sin\omega)$

同理再作一組直交坐標系X_2OY_2，使OX_2與OX'重合，並設P點對此坐標系之坐標爲(x_2, y_2)則得

$$x_2+iy_2=x'+y'(\cos\omega'+i\sin\omega')$$

其中ω'爲$X'OY'$間之夾角，故等於$\Psi-\phi$

於是由二組直交坐標系X_1OY_1及X_2OY_2之關係，因其間OX_1與OX_2之夾角爲ϕ，故得

$$x_1+iy_1=(x_2+iy_2)(\cos\phi+i\sin\phi)$$

即 (i) $x+y(\cos\omega+i\sin\omega)$

$$=[x'+y'\{\cos(\Psi-\phi)+i\sin(\Psi-\phi)\}](\cos\phi+i\sin\phi)$$

兩邊乘以$(\cos\omega-i\sin\omega)$得

(ii) $x(\cos\omega-i\sin\omega)+y$

$$=[x'+y'\{\cos(\Psi-\phi)+i\sin(\Psi-\phi)\}][\cos(\phi-\omega)+i\sin(\phi-\omega)]$$

$$=x'[\cos(\phi-\omega)+i\sin(\phi-\omega)]+y'[\cos(\Psi-\omega)+i\sin(\Psi-\omega)]$$

由比較(ii)之兩邊虛數部分得

$$x\sin\omega=x'\sin(\omega-\phi)+y'\sin(\phi-\Psi)$$

由比較(i)之兩邊虛數部分得

$$y\sin\omega=x'\sin\phi+y'\sin\Psi$$

即 (II)

$$x=x'\frac{\sin(\omega-\phi)}{\sin\omega}+y'\frac{\sin(\omega-\Psi)}{\sin\omega}$$

$$y=x'\frac{\sin\phi}{\sin\omega}+y'\frac{\sin\Psi}{\sin\omega}$$

在(II)中，若令$\omega=90^0$，$\Psi-\omega=\phi$，則(I)式即可由(II)推得之。

接觸作用與接觸劑

連　喬

我們在實驗室中製備氧氣時是用過氯酸鉀加熱的方法，然而祗將過氯酸鉀加熱，可是氧氣却慢慢地不肯出來。於是我們投入二氧化錳，則情形大不相同了，在比較低的溫度下，頃刻間我們就收集到幾瓶的氧氣。而當檢驗二氧化錳時，却又奇怪，它根本就沒有起什麼變化，這種作用就叫做接觸作用，二氧化錳叫做接觸劑，下面是幾個接觸作用的有趣玩意兒，讀者不妨一試。

一　一滴水亦是接觸劑

去買一點固體的碘，二倍多的鋁，預備一根玻璃棒，一個洋鐵罐。找個通風較便的地方，就可以動手做起來，先把固體碘和鋁放在洋鐵罐中，用玻璃棒攪和，但攪了好一會，不會有化學作用發生。但當我們用一滴水攙入這混合物內，則不消幾秒鐘，我們就有奇怪的變化看到了。

碘和鋁的混合物慢慢地變熱，突然間，紫紅色的火焰（碘的蒸氣）在這堆東西上穿出來(註一)當碘的蒸氣放射出來時，這碘和鋁的混合物仍舊燃燒着。慢慢地混合物開始冷却下來，這樣我們以爲變化完了，正想收拾東西時，突然間又是一個火花出現，這便是鋁在氧化時發出的光。最後剩下一堆捲曲的東西便是氧化鋁，一滴水使鋁氧化了，但水本身在完成接觸作用後，却隨着碘蒸氣化成水氣被風吹散。(註一：因爲要使碘蒸氣容易吹散，所以須找通風的地方。)

二　兩樣東西合作完成接觸作用

做這試驗我們先預備一種次氯酸鈣的溶液（$CaOCl_2$）。拿十克的漂白粉（約二茶匙）溶在一百立方糎水中，經濾過而得一無色溶液。在三隻試管中把各注滿一半無色溶液，在第一試管內加入五立方糎稀硫酸銅溶液，在第二試管內加入五立方糎稀硫酸鐵溶液，而在第三試管內加入硫酸銅硫酸鐵各五立方糎。搖動每一個試管，再讓它放在試管架上，靜靜地注意這三玻璃管中的變動，不一會我們看見在放着硫酸銅和鐵的那玻璃管中有氣泡發生，可是其餘的二個試管中却沒有什麼變化。

氣泡不斷的發生，這就是次氯酸鈣分解後放出的氣體，該插入一根燃着的稻草，那根稻草就放出極眩耀的光來，閃閃地燃燒起來，表示出這就是氧氣，這裏是證明硫酸銅和硫酸鐵兩樣東西中，任何一樣不能單獨當作接觸劑用，然而它們合作起來，却完成了接觸的作用。

三　工業上應用的接觸作用

我們已做了兩個有趣的實驗，然後我們再來談一談工業上是怎樣利用着接觸作用。

(一)哈柏氏氮氣固定法(Haber Process of Nitrogen Fixation)　$N_2+3H_2 \rightleftarrows 2NH_3$

哈柏氏試驗製氮，在550^0C時，僅得0.08%，在1000^0C，竟毫無所得。於是他研究利用接觸作用，發現純鐵和一種鐵的合金的接觸劑爲最有效。

(二)沙柏梯氏氫化法(Sabatiers Hydrogenatin Process)

十九世紀末葉，沙柏梯氏發現還原的鎳可使烯族和炔族變成醇族 $C_2H_4+H_2=C_2H_6$ $C_2H_2+2H_2=C_2H_6$ 在氫化法中，被氫化東西的蒸氣與氫氣混和後通過鎳接觸劑。在150°至300°C的溫度下就可完成作用。這氫化法現被廣泛地應用着，使許多液體油類經氫化而成爲固體脂，是化學工業上一大成就，例如不飽和的橄欖油，可氫化而成硬脂酸等。

（三）鉛室法和接觸法製硫酸（Chamb er and Contact Proces for manufacture of Sulfuric acid）

製造硫酸先燃燒硫而得二氧化硫，再使氧化而成三氧化硫，鉛室法用氧化氮作接觸劑，而接觸法則用白金與二氧五釩作接觸劑。後者價雖較貴，但效率極宏，可製發烟硫酸。而前者僅能製50—60%的硫酸。

四　接觸作用的解釋

有許多原理被用來解釋接作用，現在我們普通用的是中間生成原理。這原理說：當普通一個化學作用我們用量熱器所量出的q熱量是能量E_1與能量E_2的差數。作用物須吸收相當的能量E_1使其達到活潑狀態B，從B的活潑狀態然後起作用放出能量E_2而成生成物C，普通B⟶C一段放出的能量是較A⟶B一段吸收的爲大，這是放熱作用，有時E_1所吸收的能量較E_2高時，就是吸熱作用。現在我們所以要用接觸劑，就因爲要找一個較短的路線使其完成活潑狀態時，只須吸收少量的能量。這樣接觸劑可以不斷地應用。如下面之化學作用：

$A+G \longrightarrow AG$ 此作用在普通情形下進行得非常慢，用一適當的接觸劑H，使此作用加速度進行。於是，

(1)$A+H=AH$ (2)$AH+G=AG+H$ 鉛室法用二氧化氮作接觸劑來氧化二氧化硫，這是一個很好的證明。二氧化硫加氧的作用進行得非常緩慢， $2SO_2+O_2 \longrightarrow 2SO_3$ 氧化氮對此作用所起之加速度現象，可用下面簡單方法表明之， (1)$2NO+O_2 \longrightarrow 2NO_2$ (2)$2SO_2+2NO_2 \longrightarrow 2SO_3+2NO$ (3)$2NO+O_2 \longrightarrow 2NO_2$ 再繼續下去 在有機化學中更有許多的例來說明中間物生成原理，最簡單的就是硫酸作接觸劑可從酒精製成醚。

(1)$C_2H_5OH+H_2SO_4 \longrightarrow C_2H_5HSO_4+H_2O$

(2)$C_2H_5HSO_4+C_2H_5OH \longrightarrow C_2H_5OC_2H_5+H_2SO_4$

中間物在此作用中產生，威廉姆孫（Williamson）第一個發現在作用的混合物內存在着硫酸乙烷

有許多化學家以爲是附着作用（Adsorption）產生接觸作用，雖然許多情形下固體的表面可視作原子的棋盤格安放着來自氣體與溶液中的分子，這附着的一層是限於一分子厚度的，更有許多容易液化的氣體凝固在木碳與矽膠實體上，但這些却不是接觸作用。當分子被附着於表面上時化合物能量稍有變化，有一種生成新化合物的傾向。然而附着作用並不一定產生接觸作用，却是接觸作用有固體面的時候往往包含着附着作用。

接觸作用的接觸劑往往是一種偶然的發現，然而這種偶然的發現却亦是科學家作了許多實驗而得來的，某化學家曾作氧化有機化合物萘（Naphthlene）以得隣苯二甲酐（Phathalic auhiyhdride）的試驗。但做了數十次，所得的效果非常微弱，然而有一次突然地得到80%的效果，這使他很覺驚奇，仔細研究，原來是所用的溫度表偶一不慎打破了，所流出來的水銀未洗淨留在裏面，恰巧完成了這接觸作用，於是他的試驗大大地成功了。愛好化學的讀者們，你們或者也在想完成某種實驗吧，那末，我告訴你，你得不斷地研究，不斷地試驗！要知道「失敗是成功之母」呢！

本社緊要啓事

近半月來，報紙市價，因投機商之操縱，結果竟飛漲一倍有餘，本社因虧蝕過鉅，不得已重訂定價如下：

零售　每冊四角五分

訂閱　一年廿四冊　九元

半年十二冊　五元

一季　六　冊　二元六角

新訂廣告刊例如下：

廣告刊例

等級	特等	優等	普通
地位	封底	封裏	正文前後
1	200元	175元	150元
1/2	120元	100元	80元
1/4	80元	60元	50元
1/6	60元	40元	30元

不足1/6作1/6計算

長期登載，另有優待

上列價目自十一月五日起實行

理学卷（第一册） 震光数理 第一卷 第五期（1941）

震光園地

ATWOOD機械之變形

C. S. J.

Atwood機械——此設備爲一輕繩跨過一固定滑車，其兩端各懸以重物m_1及m_2若$m_1>m_2$則m_1下降而m_2上昇，今其加速度及繩中張力求之如下：（一切摩擦力均不計）

(A)加速度a：從Newton第二運動定律F＝ma

$$F=(m_1-m_2)g \qquad m=m_1+m_2$$

故 $(m_1-m_2)g=(m_1+m_2)a$

則 $a=\frac{(m_1-m_2)g}{m_1+m_2}$ ……………………(1)

(B)繩中張力T：因加於m_1之力有二，一爲地心引力m_1g，一爲向上拖之T。但結果m_1向下作等加速運動。故 $m_1g-T=m_1a$

即 $T=m_1(g-a)$ ……………(2)

以一代入(2)簡之得$T=\frac{2m_1m_2g}{m_1+m_2}$……(3)

(附)若以m_2作主體求T亦可得同樣結果（如左圖(二)）

即 $T-m_2g=m_2a$， $T=m_2(g+a)$

以a代入 簡之得 $T=\frac{2m_1m_2g}{2m_1+m_2}$……(4)

試以(3)與(4)比較一下。

變形一：物體m_2置於極光滑之平面上連以一跨上滑輪之輕繩，繩之另一端懸一重物m_1，若各部份均無摩擦力時則無論m_1爲若干重，均可向下作等加速運動。

(A)加速度 a：

$$m_1g=(m_1+m_2)a$$

故 $a=\frac{m_1g}{m_1+m_2}$

(B)繩中張力T： $m_1g-T=m_1a$

以a代入簡之得$T=\frac{m_1m_2g}{m_1+m_2}$

變形二：物體m_2置於光滑之斜面上，斜面與水平面成θ角，一跨過滑輪之輕繩，其一端懸重物m_1，另一端則與m_2連之。若各部摩擦力不計，及m_1大於$m_2\sin\theta$則m_1向下作等加速運動。

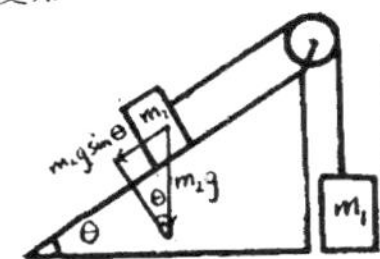

(A)加速度a：$m_1g-m_2g\sin\theta=(m_1+m_2)a$

即 $a=\frac{(m_1-m_2\sin\theta)g}{m_1+m_2}$

(B)繩中張力T：$m_1g-T=m_1a$

變形三：一跨過定滑輪之輕繩兩端各以重物m_1，m_2

以a代入簡之得$T=\frac{m_1m_2g(1+\sin\theta)}{m_1+m_2}$

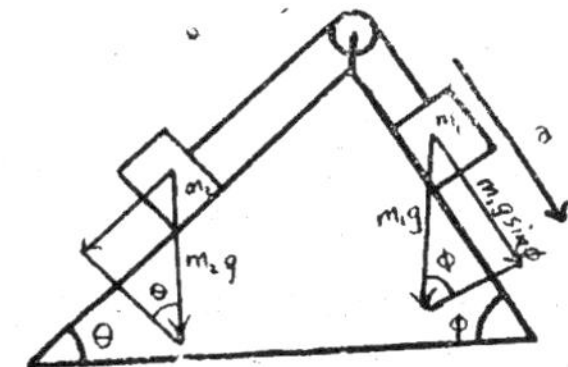

m_1及m_2各置於兩光滑之斜面上，其與水平面所成之角順次爲ϕ及θ。若各部摩擦力不計，而$m_1\sin\phi>m_2\sin\theta$則$m_1$向下作等加速運動。

(A)加速度a：$(m_1\sin\phi-m_2\sin\theta)g=(m_1+m_2)$

故 $a=\frac{(m_1\sin\phi-m_2\sin\theta)g}{m_1+m_2}$

(B)繩中張力T： $m_1g\sin\phi-T=m_1a$

以a代入簡之得$T=\frac{m_1m_2g(\sin\phi+\sin\theta)}{m_1+m_2}$

(附)若$\angle A=Rt\angle$則$\phi=90^\circ-\theta$

故 $a=\frac{(m_1\cos\theta-m_2\sin\theta)g}{m_1+m_2}$

$$T=\frac{m_1m_2g(\cos\theta+\sin\theta)}{m_1+m_2}$$

變形四：物體m_3置於光滑之平面上其兩端連輕繩A及B。A及B均跨過滑輪各懸重物順為m_1及m_2。

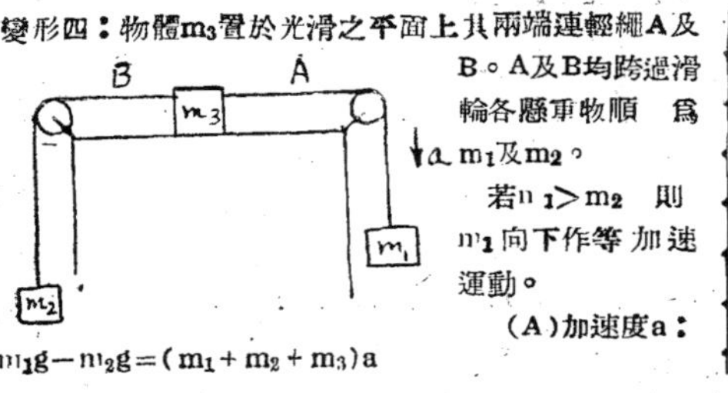

若$m_1 > m_2$則m_1向下作等加速運動。

(A)加速度a：

$$m_1g - m_2g = (m_1 + m_2 + m_3)a$$

故 $a = \frac{(m_1 - m_2)g}{m_1 + m_2 + m_3}$

(B)(一)A繩之張力：$m_1g - T_A = m_1a$

故 $T_A = \frac{m_1g(2m_2 + m_3)}{m_1 + m_2 + m_3}$

(二)B繩之張力：$T_B - m_2g = m_2a$

故 $T_B = \frac{m_2g(2m_1 + m_3)}{m_1 + m_2 + m_3}$

——完——

圖解法解方程式之一例

述　繼

有許多方程式，如高次的與包含複雜的函數的，都不能用普通的方法把他們的根解出來，要找出他們的根的近似值，只有試探的一種方法，但是把一個個的數目代入方程式試驗，太費時間並且也不容易得到正確的結果，因此我們就利用圖解的法子來解這些方程式，下面就是一個例子。

P為圓O上之一點，若以P為中心，X長為半徑作弧，交圓於A，B，兩點，使ADPEB之面積等於圓面積之半，問X長幾何？

在解這題目的時候，可以先假設圓之半徑為r，半徑OP與弦PB所成之角為θ，如θ可求出則$X = 2r\cos\theta$也可求出。今扇形PAB之面積為$\theta \cdot X^2 = \theta(2r\cos\theta)^2$，扇形OPB之面積為$\frac{1}{2}(\pi - 2\theta)r^2$，△OPB之面積為$\frac{1}{2}OC \times PB = \frac{1}{2}(r\sin\theta)(2r\cos\theta) = r^2\sin\theta \cdot \cos\theta$故ADPEB之面積為$\theta(2r\cos\theta)^2 + 2 \times \frac{1}{2}(\pi - 2\theta)r^2 - 2 \times r^2\sin\theta\cos\theta$。或$[4\theta\cos^2\theta + \pi - 2\theta - \sin 2\theta]r^2$。若ADPEB之面積為圓面積之半則

$[\cos^2\theta + \pi - 2\theta - \sin 2\theta]r^2 = \frac{1}{2}\pi r^2$。　　或$[4\theta\cos^2\theta + \frac{\pi}{2} - 2\theta - \sin 2\theta]r^2 = 0$。

此方程式中有θ，$\sin 2\theta$，$\cos\theta$，欲求根θ之值殊不可能，利用圖解法以解之，則先假設

$$y = [4\theta\cos^2\theta + \frac{\pi}{2} - 2\theta - \sin 2\theta]r^2$$

然後選擇適宜之兩座標，本題可以θ為橫座標，$\frac{y}{r^2}$為縱座標，將此式之圖形畫出，此圖形與橫座標相交之點卽為前方程式之解。然而徒手作此圖形，不易得正確之地位，交點亦必不正確。欲減少此種困難，選擇近於θ之值之數數個代人式中，求得相當的y的數值，將這幾對數值作圖，差不多是一根直線，直線與橫座標的交點可以很容易得到正確之數值。

本題中當$\theta = 55^0$的時候 $\frac{y}{r^2} = 4 \times \frac{55 \times \pi}{180} \times \cos^2 55^0 + \frac{\pi}{2} - 2 \times \frac{55 \times \pi}{180} - \sin 110^0$

$$= 1.2632 + 1.5708 - 1.9198 - 0.9397 = -0.0255$$

$\frac{y}{r^2}$的數值很近於零，就可以在55^0的隣近選擇幾個角度與他相當的$\frac{y}{r^2}$的數值列成一表如下；

θ:	54^0	54.5^0	55^0	55.5^0
$\frac{y}{r^2}$	0.0373，	0.0059，	−0.0255，	−0.0571

將這些數值畫出的圖形是一根直線，他與橫座標的交點在$\theta = 54.59^0$的時候，將54.59^0代入上式時

$$\frac{y}{r^2} = 4 \times \frac{54.59 \times \pi}{180} \times \cos^2 54.59^0 + \frac{\pi}{2} - 2\theta - \sin 2\theta$$

故$\theta = 54.59^0$為方程式$(4\theta\cos^2\theta + \frac{\pi}{2} - 2\theta - \sin 2\theta)r^2 = 0$

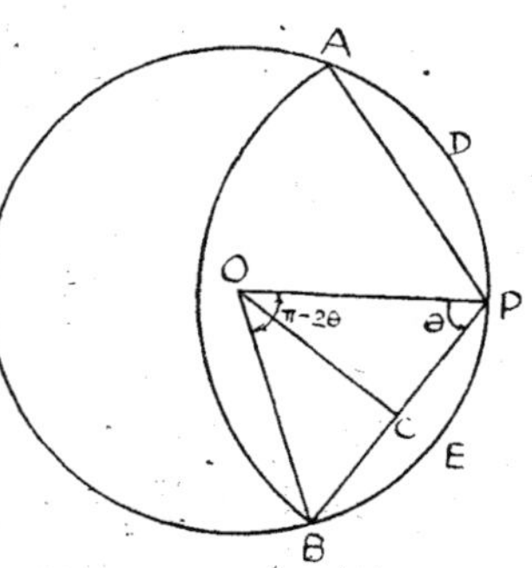

之根之近似值，卽$\theta = 54.59^0$適合我們的條件ADPEB之面積為圓面積之半，而　　$X = 2r\cos 54.59^0 = 1.158r$。

在沒有其他更好的方法的時候，圖解法在實用上保持着他的價值的，

（本文亦作為答章子軒君所問）

科學小品

以不變馭萬變

楊飛

「天行有常，不爲堯存，不爲桀亡……」這是荀子天論的首段，意思是說大自然是不變的，其實，何止「天行有常」，在某一限度之內，一個國家的政策，藝術傑作的價值，以及其他一切眞的，善的，美的都是不變的。在邦國多難，敵焰猖獗時，只要我們立定脚跟，拿定意志地不變，就可化險爲夷，安抵彼岸。這是以不變馭萬變的道理來應付我們目前動盪的局勢。換句話說，是在政治上以不變馭萬變；同樣，在學術上，往往也可以用幾個非常淺簡明顯的原則，解決問題或是說明現象；譬如拿幾何學來說，不論是歐氏幾何，或是非歐氏幾何；不論他推論如何精密，系統如何森嚴；他必有若干假設，稱之謂公理；這些假設，有其統一性，普遍性及最少性；在這個的這一系的幾何學上，這些假設是不變的；假如有人眞正澈底明白了這些假設及知道如何運用由這些假設所推化出來的定理，他便可以精通這一門幾何學。換句話說，儘是問題如何錯綜複雜，光怪陸離，終可拿不變來馭萬變的。

在幾何學上應用這不變馭萬變的原則，或許還不能使我們明瞭這個原則。我們且從物理學上與化學上來找例子。

在沒有舉實例之前，我們先討論下述的不變原則，這是可以由我們的經驗所得的暗示與刺激來承認其眞確性的。這是說

「假如有一物體或一組物體，欲改變其原有之平衡（Equilibrium）狀態，則此物體或此組物體必發生一反抗此種改變的效應。」

這是一個假設，但可用直覺想像得到的，所以說是原則，我們只要想一下，當改變一物體的平衡狀態時，假如所發生的效應是幫助此種改變的，那末世界上現在一切存在都將在加速的改變中。因爲本初起一有偶然的發生改變的因素，這改變便愈演愈烈，决不能再歸平衡。

上面所說的，是約略地說明，敍述很不嚴密，沒有證明；本來像這種一經直覺及實驗認爲正確的假設，便可作爲公理，無需證明，也不能證明。

在物理學上力學部分的牛頓第一定律，或是說慣性定律，便可直接用現在我們討論的這原則推出來。這定律說「每個物體倘非有外力影響之使其改變狀態，則該物體仍保持其原來的靜止的或等速度直線運動的狀度。（請參閱萬有文庫，自然哲學之數學原理，牛頓著，鄭太朴譯）」所謂靜止，所謂等速度運動，是一種因力的平衡的結果。此物體既在平衡狀態之下，若要改變他的平衡，他便發生一種反抗此種改變的效應，或是說物體具有反抗改變其力的平衡的性質，此種性質，在力學上的名詞，便稱爲慣性（Inertia），若改變的結果是綫加速度運動，則此慣性即用質量（Mass）來表示，若改變的結果是角加速度運動，則此慣性即用轉動慣性（Moment of inertia）來表示。如此說來，這個不變的原則，可以誘導出牛頓運動第一定律。

在物理學電學部分，我們也可把這不變原則應用到磁電感應上去，1834年楞次（Lenz）所發現的定律，說：

「當導體與磁場有相對的運動時，在導體中被感應電流之方向，係另生一磁場，以反抗二者之相對運動。」（請參閱大學叢書，普通物理學，薩本棟著）。這一定律有其實驗的證明，我們且不談。根據能量不滅定律（自然科學基本公理，亦即不變原則之一）亦很容易解釋。因爲當此導體與磁場有相對運動時，如所生電流無阻止此運動之趨勢，則儘可不必費功，即可獲得電能，此顯與能量不滅定律矛盾。若根據現在我們所討論的不變原則，我們很明顯地可察見此導體即爲原則中所說的「有一物體」，當其不荷電，不運動時，此導體是在電力與磁力平衡狀態。運動狀態改變所發生的效應即爲感應電流的產生，此感應電流的效應即爲一磁場的發生，此磁場必反抗此種改變，即反抗二者之相對運動。所以我們歸納起來，便可得到Lenz定律。

若把這原則應用到化學平衡上，則我們很可以說

「在一化學平衡中，如改變其平衡之條件而影響其平衡，則此化學平衡趨於反抗其受影響之方向而進行」此即爲十九世紀法國化學家Le Chateler所發現 Le Chateler原理。（請參閱General Chemistry

Deming）。其中可影響化學平衡之條件，據實驗觀察而知，計有溫度，壓力，濃度三種，單以溫度而論，我們可說「昇高溫度，得增進吸熱反應之進行，降低溫度得增進放熱反應之進行。」則此又單獨稱之謂Vant Hoff原理，因其爲荷蘭化學家Vant Hoff於18 4年所公佈。現在且舉氫與氮合成氨的實例略加說明：

$N_2+3H_2 \rightleftharpoons 2NH_3+2180\,Col$。

（1）溫度影響——此爲一發熱反應自左向右之影響，即在增高溫度，是故減低溫度，可以使此化學平衡趨向右邊，同理可知增加溫度可使此化學變化趨向左邊。

（2）壓力影響——左邊爲四個體積，右邊爲二個體積，當增加壓力時，其影響爲減少體積，此可使化學平衡趨向右方，若減少壓力則此化學變化趨向左方。

（3）濃度影響——今自左向右之影響，在於減少N，H之濃度，故增加N及H，此平衡趨向右方，同理，減少NH_3，此平衡亦趨向右方。

其實，化學上關於平衡的，如溶解與未溶解，電離與未電離，都可用我們所討論的不變原則說明，理由很簡單，也不再多述了。

總之，我們在科學上常有幾個不變的原則，以之可以解決複雜的問題，說明奇異的現象。上述不變原則即於許多不變原則之一。但單用此原則，我們已可同時說明牛頓運動第一定律，Lenz定律，Vant Hoff定律，Le Chatelier原則等。可見以不變馭萬變之一般。法國算理家兼哲學家昔恩衛來（Henri Poincare）在他的名著La Science et eHypothese（科學與假設，萬有文庫葉蘊理譯）上說：「一切算學的眞理，是用了一串連貫而準確的推理方法從少數明顯的命題（Proposition）推演出來；不單我們不得不服從這些眞理，就連那自然界本身亦是如此。」自然界儘有着變化，但其變化必循規蹈矩，換言之，自然界變化的函數關係是不變的（請參閱數理叢談萬有數庫朱言鈞）。天空中月亮儘有陰晴圓缺，地上儘有風霖雨雪，種種變化，仍被一定的函數關係支配着。所以說「天行有常」。科學家們不斷地在探索這些不變的原則，經過工程師的經營，不變的原則便實際應用來支配自然，控制自然，這便是自然科學上的「以不變馭萬變。」我們研究自然科學的職務，也無非是找尋這些不變的原則，以及學習如何運用這些原則。古人治學，達到「通天人之變」的境界，所謂「通天人之變」在今日[illegible]，也無非是探求自然的及社會的不變原則。來馭自然的與社會的千變萬化罷了。

初等幾何學講話（版權保留）

金 品著

第二次　定理間的關係

學生：什麼叫逆定理？

教師：把一個定理的假設和終決改作另一新定理的終決和假設；那末這個新定理便是原來定理的逆定理，而原來那個定理也可以叫做「本定理。」

學生：請舉一個例子。

教師：好的，譬如「若二線被另一線所截成之一雙內錯角相等，則此二線平行。」這個定理，牠的假設不是「二線被另一線所截成之內錯角相等」嗎？現在把牠改作新定理的終決，便得一個新定理：「若二線平行，則此二線被另一線所截成之一雙內錯角必相等。」這個新定理便是前定理的逆定理。

學生：現在我有些明白了，我說「湖南人都是中國人」的逆定理，是「中國人都是湖南人。」不知道對不對？

教師：對的，一點也不錯。

學生：剛才所說的逆定理「中國人都是湖南人」，不是有些語病嗎？因爲中國地方很大，除掉湖南一省以外，還有許多省，像江蘇，安徽等省，所以說中國人都是湖南人簡直是不通。

教師：你的見解一點也不錯。一個定理即使是千眞萬確，牠的逆定理還不一定對，而且往往是錯誤的。像「凡糖都是甜的」是對的，但是「凡甜的都是糖」便錯了。

學生：什麼叫否定理？

教師：把一個定理的假設和終決的相反語或否定詞做假設和終決的新定理，叫做該定理的否定理。

學生：請舉二個例給我看看。

教師：想來你一定記得下面一個定理：「若一三角形之兩底角相等則其對邊必相等」。牠的假設不是「一三角形之兩底角相等」嗎？牠假設的相反語或否定詞不是「一三角形之兩底角不相等」嗎？牠終決的相反語不是「其對邊不相等」嗎？所以上面那個定理的否定理應當是：「若一三角形之兩底角不相等，則其對邊不相等。」又「凡糖都是甜的」的否定理是「凡不叫做糖的都不甜。」

學生：什麼叫逆否定理？

教師：一個定理的否定理的逆定理叫逆否定理。

例如定理「凡糖都是甜的」的否定理「凡不叫做糖的都不甜」，牠的逆否定理便是「凡不是甜的都不叫做糖。」

學生：是不是每一個定理，都有逆定理，否定理和逆否定理呢？

教師：是的。但這些逆定理，否定理和逆否定理不一定對。

學生：如此說來，普遍一個定理都可產生三個新定理嗎？

教師：對的。

學生：請教定理「等腰梯形之對角綫相等」的逆定理，否定理和逆否定理。

教師：牠的逆定理是「對角線相等之梯形必等腰。」牠的否定理是「不等腰梯形之對角線必不相等」，牠的逆否定理是「對角線不相等之梯形必非等腰。

學生：請教這四種定理中間的關係怎樣呢？

教師：第一，本定理和逆定理的關係，與否定理和逆否定理的關係一樣，因爲逆否定理是否定理的逆定理。這裏的關係是一個定理即使對了，另一定理的對或不對還是沒有把握。

第二，逆定理和否定理，本定理和逆否定理的關係是兩定理或是全對或是全錯，決不會一個對一個錯，因此一個定理的逆定理要是對了，那末牠的否定理就非對不可。

第三，本定理和否定理的關係，同於本定理和逆定理的關係；逆定理和逆否定理的關係，也同否定理和逆否定理的關係一樣。

學生：請舉一個本定理對而逆定理錯的例子。

教師：定理：「全等三角形的面積必相等」的逆定理是「面積相等的三角形是全等形。」這個逆定理顯而易見是不對的。

學生：怎麼知道牠不對呢？

教師：因爲面積相等的三角形有時並非全等形而是等底等高的三角形，如圖中的△ABC及△ABD。

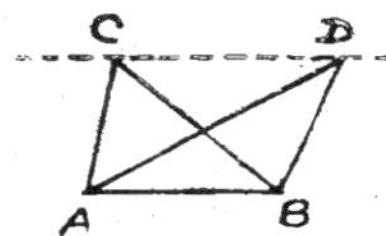

學生：請你再舉一個本定理，逆定理都對的例子。

教師：這種例子多得很，教科書上也有不少的例子。例如「平行四邊形的對邊相等」和「對邊各相等的四邊形是平行四邊形」。

學生：多謝你的指教，我想請你再舉一個否定理和逆定理全錯的例子。

教師：好的，我就拿「凡糖都是甜的」這一個例子來說罷！牠的逆定理和否定理不是「凡甜的都是糖」和「凡不叫做糖的都不甜」嗎？這最後二個定理便是全錯的。

學生：怎樣知道是全錯的呢？

教師：這層道理很簡單。譬如香蕉甘蔗和橘子，味道倒是甜的，可是這些東西都不是糖，可見得「凡甜的都是糖」這一句話就靠不住。再說香蕉甘蔗等等東西雖說不是糖，但是一樣的有甜味，所以「凡不叫做糖的都不甜」這句話也有毛病。

學生：請再舉一個逆定理和否定理全對的例子。

教師：我舉的例子是：「定直線AB之中垂線上各點，均與A，B等距離。」牠的逆定理和否定理分別是：「與A，B等距離各點，均在AB之中垂線上。」和「不在A，B中垂綫上之各點均不與A，B等距離。」這二定理的眞確是極易證明的。

學生：天晚了，下次再談罷！下一次我想請老師講一些證題的方法。

教師：好的，明天是星期日。我有一些事情，恐怕晚上不得回來。我們明天暫停一天，後天請早一些到這裏來。

學生：再會！老師。

教師：好，再會。

手指的數學

忠言

7×8等於多少？

就是小學一二年級的同學，祇要學過一點算術乘法的，個個都會毫不遲疑地答是等於56。但是，假使問他37×38等於多少？他就會抓頭挖耳的一時答不出來，這不用說是小學生，就是一般中學生大學生，也祇能用鉛筆在紙上一步一步的演算出來，而不能信口回答。現在我來告訴你一個方法，假使你按法做去，那末99×99就和9×9一樣的容易解決了。

在第一種數目，先把你的兩手伸出，並使手心中向着你的身體，再在兩手的手指上分別標出下面的號數：大拇指，6；食指，7；中指，8；無名指，9；小指，10。假使你要求7×8的積

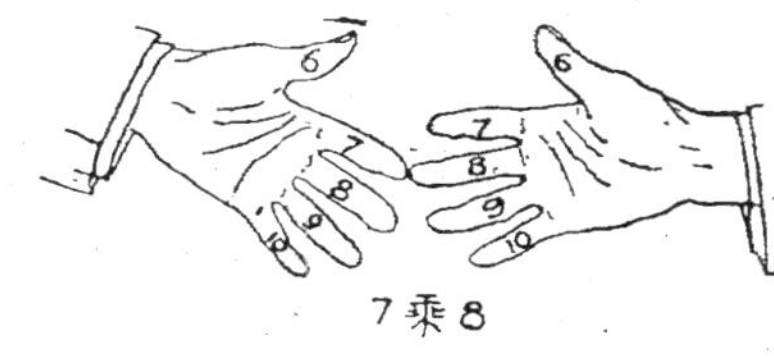

7乘8

，你就把一手的第7指，和另一手的第8指聯在一起，如圖所示。

這兩隻相聯的和上面的幾隻手指稱爲上指，每一上指所代表的數目等於10。在兩隻相聯的手指下面的各指稱爲下指，每一下指所代表的數目等於1。把各個上指所代表的數目加起來，再加上左手下指數和右手下指數的相乘積，就得所要求的結果。譬如，在圖中，左手共有 個上指，右手共有3個上指，所以各上指所代表的總數等於5×10=50；又左手共有3個下指，右手共有2個下指，3和2的相乘積等於6；所以7和8的相乘積等於50+6=56。

現在再來求6和6的相乘積：把兩隻大拇指聯在一起，因爲牠們的上面沒有手指，所以上指祇有這2隻，牠們所代表的總數等於2×10=20；在大拇指下面，每隻手上有4個下指，4×4=16，所以6×6的答案是20+16= 6。

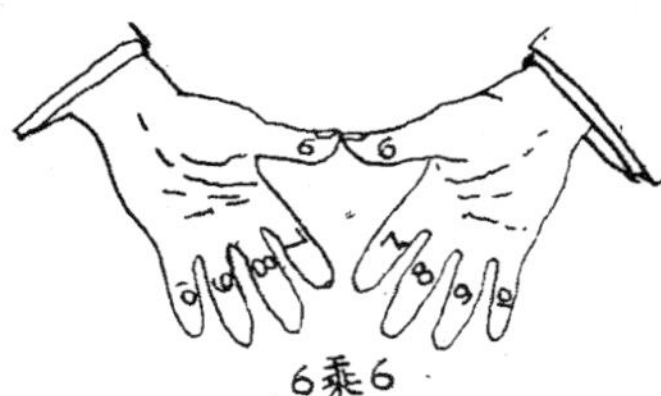
6乘6

假使你要求10和8的相乘積，那末把左手的小指和右手的中指聯在一起。現在共有8個上指，牠們所代表的總數是8×10=80，右手有2個下指，而左手一個也沒有，2×0=0；所以10和8的相乘積是80+0=80。

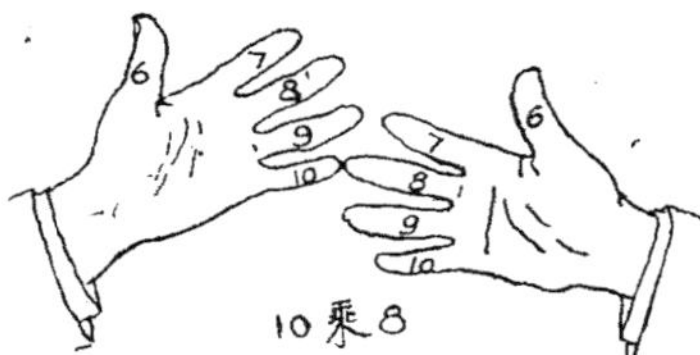
10乘8

在第二種數目中，相乘的兩個數目都大於10，我們就得把手指的號數重行排定如下：大拇指，11；食指，12；……。現在要求13×13的結果，我們一望而知共有6個上指，6×10=60；到這裏我們就能再用上面所說的方法，我們不用左右手的下指數相乘，而用牠們的上指數相乘，就是3×3=9；把9加入上面的60中，就得69；再加上100（因爲大於10的兩個數目相乘，牠們的相乘積一定大於100），就得13和13的相乘積，169。

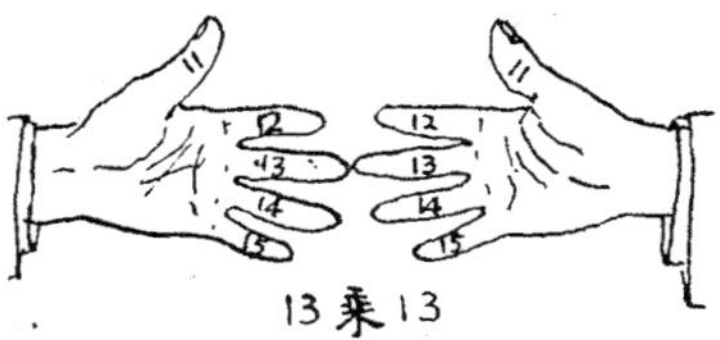
13乘13

上題的結果，也可用下面的方法求得，假使我們把上指所代表的數目視爲6×20=120，下指所代表的數目視爲4×10=40，然後再回到上指，左手的上指數乘右手的上指數得9；所以13和13的直乘積等於120+40+9=169。這兩個方法，其實是一而二，二而一的，但是把牠們一比較，就覺得前面這個加整數的方法更爲迅捷而且容易得多了。

在第三種數目中，相乘的數目都大於15，手指的號數爲大拇指，16；食指，17；……。每一上指所代表的數目爲20，計算方法和第一種數目相同，應加的整數爲200。譬如要求17×17的結果，一望而知各上指所代表的總數爲4×20=80，兩手的下指數的相乘積爲9；所以17和17的相乘積爲80+9+200=289。

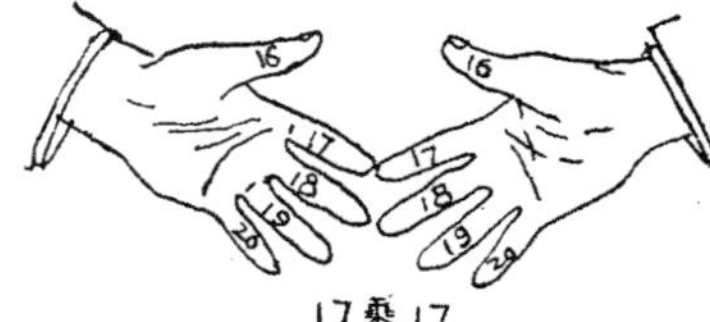
17乘17

在第四種數目中，手指的記號爲：大拇指，21；食指，22；……。每一上指所代表的數目爲20，計算方法和第二種數目相同，應加入的整數爲400。

25×25以上，每一上指所代表的數目爲30，照第三種數目的方法計算，再加上 00。

這樣可以一直計算下去，但須牢記，凡是末一字爲1，2，3，4，5 的數目相乘，計算的方法和第二種目相同，凡是末一字爲6，7，8，9，0 的數目相乘，就用第三種數目的方法計算。

現在的問題是上指所代表的數目究竟如何決定，我們來舉個例子看罷，45和55間的任何兩數相乘，每一上指所代表的數目爲50，就是45和55的平均數。在82×84中每一上指所代表的數目是80（因爲75和85的平均數爲80）。

在計算時應當加以注意的有下列三點：

（一）計算方法應當依照第二種數目還是第三種數目；

（二）每一上指所代表的數目。

（三）應加的整數。

關於第（三）點，我現在把11×11到100×100之間應加的數目列表如下，以供參考：

11×11至15×15應加100；
16×16至20×20應加200；
21×21至25×25應加400；
26×26至30×30應加600；

31×31至35×35應加900；
36×36至40×40應加1200；
41×41至45×45應加1600；
46×46至50×50應加2000；
51×51至55×55應加2500；
56×56至60×60應加3000；
61×61至65×65應加3600；
66×66至70×70應加4200；
71×71至75×75應加4900；
76×76至80×80應加5600；
81×81至85×85應加6400；
86×86至90×90應加7200；
91×91至95×95應加8100；
96×96至100×100應加9000。

假使你把上面幾點弄清楚，那你乘法計算的迅速而且準確，遠非你以前所能夢想的了。

現在再來舉個例作爲本文的結束罷。譬如要求86×89。

（一）因爲兩數的末一字爲6和9，所以計算方法和第三種數目相同。

（二）每一上指所代表的數目爲½(85+95)=90

現在把你的左手的大拇指(86)和右手的無名指(89)聯在一起，左手共有1個上指，右手有4個上指所以上指代表的總數爲5×90=450。又左手有4個下指，右手有1個下指，4×1=4。

（三）應加的整數爲7200

所以86和89的相乘積爲7200+450+4=7654。

（完）

定價					
每月出版二期 本期售價三角	預定	期數	全年	半年	三月
		冊數	二十四期	十二期	六期
		價目	六元	三元二角	一元七角

震光數理 第一卷第五期

民國三十年十月廿五日出版

編輯者 震光數理社

福煦路三八四號

發行者 震光數理專校

上海福煦路

總經售 震光數理專校

二百八十四號

本埠各報攤均有出售

讀者信箱

信箱規約

（一）讀者信箱之開設，專爲讀者解答疑難之科學及數理問答。

（二）問題內容，不得超越科學範圍，簡單者由編者直接奉答外，較高深者，可徇讀者要求，或編者之決定，登載本欄內，供讀者之研究討論。

（三）問題以簡明爲主，每題不得超過一百五十字，有圖者須以黑墨水繪圖。

（四）來信須繕寫清楚，並須詳細註明姓名地址，如欲直接答覆者，須附有貼足郵資之信封。

（五）來信須註明本刊「讀者信箱」欄。

章子軒君問：

1.橡皮中滲入硫少許，何以質特佳？此處所謂少許，先生可能告以適當準確之成分否？

2.含有鎂之物質，以何法將鎂除去？

3.含有蔗糖之易溶於水之物質以何法將蔗糖除去

4.錫何以會有錫疫？

5.今日最佳之解析幾何參考書爲何？是書先生可能代爲設法在先生指定條件之下借余一覽可否？

6.先生可否能示知在解析幾何中三直線共點及四點共圓之必要條件否？

7.何謂反或能率？是否在大代數中佔重要地位？有何書可參考？其書名爲何？價格如何？

8.何謂惰性？其正確定義爲何？

答：

1 天然橡樹脂製成之橡皮質軟而不堅韌，且冬脆而夏黏，加入少許之硫，可使橡皮質較硬，無脆黏之弊且堅韌異常，至於硫之成份當視所需橡皮之質地而定之。

2.可加以氫氧化鈉或炭酸鈉液，則氫氧化鎂或炭酸鎂於鹼性液中沉澱而出。

3.將此混合物溶液加以石灰乳，則蔗糖成鈣鹽而沉澱，如仍欲得純質之蔗糖，可將此鈣鹽置水中加熱，通以炭酸氣，鈣成炭酸鈣沉澱而出，餘下之糖水可用眞空蒸縮法除去水份而得純粹之蔗糖。

4.題意不明

5.Loney's Coordinate Geometry 甚佳。

6.設三直線之方程式各爲 $a_1x+b_1y=c_1$，$a_2x+b_2y=c_2$，$a_3x+b_3y=c_3$，則此三直線共點之條件爲

$$\begin{vmatrix} a_1 & b_1 & c_1 \\ a_2 & b_2 & c_2 \\ a_3 & b_3 & c_3 \end{vmatrix}=0，$$

設四點爲 (x_1, y_1)；(x_2, y_2)；(x_3, y_3)；(x_4, y_4)；其同圓之條件為：

$$\begin{vmatrix} x_1^2+y_1^2 & x_1 & y_1 & 1 \\ x_2^2+y_2^2 & x_2 & y_2 & 1 \\ x_3^2+y_3^2 & x_3 & y_3 & 1 \\ x_4^2+y_4^2 & x_4 & y_4 & 1 \end{vmatrix}=0。$$

7 待考

8.任何物體保持其靜止或等速直運動之狀況之性質謂之惰性。

代郵：

厲星槎君：

「隋」字確爲惰字之誤，承蒙指正，謹此致謝，日食時地之預測，爲天文學上之問題，敝刊同人未能解答，有負雅意，實爲抱歉。

蔡宗蔚君：

1.排列組合與幻方的討論的書籍很多，各大書店都有，但好的很少，未能介紹。

2.沒有。

3 未聞汪聯松已於戰後新發見「初等幾何不能問題」的解法。即使有，必爲矛盾，請參閱大學叢書初等幾何作圖不能問題。

4.上海並無專門之數學圖書館，唯學校圖書館與較完善之公共圖書館皆有數學書籍與雜誌可借。

5.震光科學圖書館現因管理與流通甚感困難，暫形停頓。各熱心讀者如能多多協助，籌辦有望。

沈開甲君：

無問題，請於明夏至震光書校詢問。

滕正鑫君：

德文問題。暫不置答，請原諒。

潘仲館君：

第一問似不可能列式解答。第二問爲世界難題，曾懸獎徵答，無人應徵。第三問如無誤則極爲簡單，因十三噸減去五噸即爲八噸也。

初等幾何三大難題爲三等分一任意角，立體倍積，與作直線與圓周等長。

胡國定君：

係文字含義不明，已解釋如下：

本刊第一卷第二期十四頁讀者信箱欄答李存孝問第三條謂離心力剛好和吸引力「平衡」句，含義不明，特解釋如下：

凡一物體，作等速率圓周運動，則必有一力，常作用於此物體，此力之方向，正對圓心。（參閱物理學教科書，圓周運動）。此力之作用，在改變此物體運動之方向。吾人經常稱此力爲向心力，而稱此向心力之反作用力曰離心力，離心力實爲一虛力（Virtual Force）事實上並不作用於此物體，但爲簡便之故，吾人討論作等圓周運動之物體時，認爲此物體受有一離心力之作用，若此離心力得與其他外力（External Force）平衡，則此物體可以作等圓周運動。

今地球本身具有作直線運動之速度，若繞太陽，作等圓周運動，則必須有一力與離心力平衡，此力即爲太陽吸地球之力，故地球繞太陽作等速圓運動。

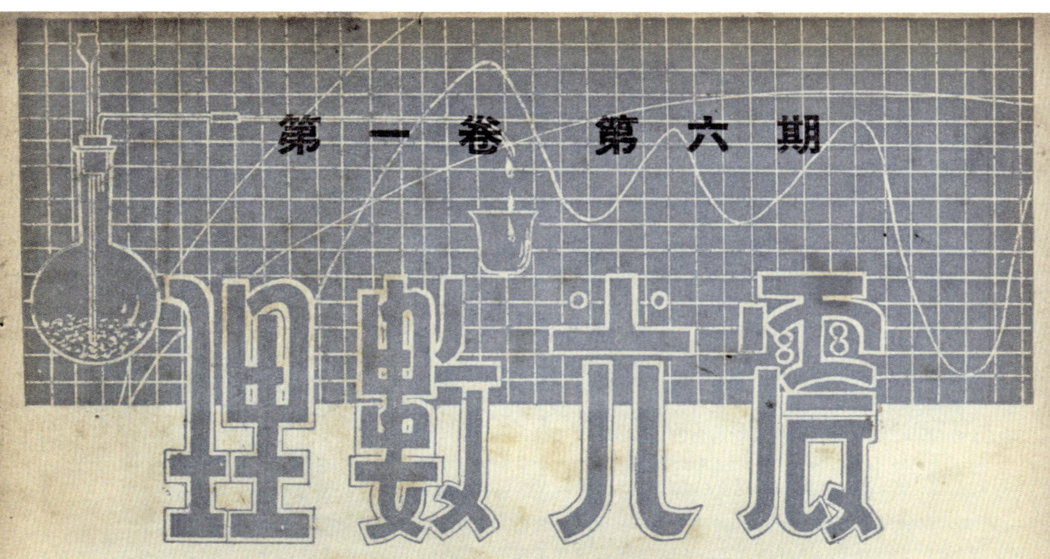

公共租界警務處登記證C字九五九號
法租界警務處登記證A字五八四五號

45 Cts.

中華民國三十年十一月十日出版

交通大學校友主編

本期目錄

編者的話

編者

上期本刊因限於篇幅，未將交大入學試題化學之部續登，現將續稿載於本期，惟前有讀者來函詢問，本社謹致抱歉，

無線電風行已久了，然而一般人只知道它的功用是在娛樂上，而不知道其他的應用，本期「專論」中無線電之權威一文，舉出了它的比娛樂更重要的應用，希望大家以後把無線電格外看重些。對稱中線與對角線，是交大數學系校友呂君的大作，本文告訴你對稱中線及等角線是什麼，以及在三角形中與中線及等分角線的關係怎樣，還告訴你牠們在三角形中的特性，而此類關係及特性雖然不難尋出，但也正是我們平常所沒有想到的，惟本期因稿擠，暫登一半。忠言君的圓錐曲線之焦點，準線，軸及離心率之求法，在普通解析幾何教科書中，關於此類求法是不述的，其法既簡且明，別出心裁，正在念解析幾何的讀者尤宜一讀。

「震光園地」欄內的計算兀值的歟子，是省上中校友張君的遺稿。張君在校對於數學一門，素稱擅長，畢業後著作甚豐，本文係摘自上中同學所編工聲一書，詳述兀之計算及歷史；惟張君因用腦過專於數理，廢寢忘食，且其身體本極衰弱，不幸業已逝世，這也是國家社會的一大損失，足爲人所悼惜。拋射體的討論詳釋公式的運動用，足供正在讀物理的讀者作參考。

「科學小品」欄中金品先生的初等幾何學講話是續稿，在前兩期已介紹過，諒一般對於幾何生厭的初學者，讀了金先生的作品後，定不再感到幾何學的枯燥無味。地球向來是被認爲圓球體的，這裏「地球是角錐體嗎？」中却說地球是一個角錐體，本文是由邵祺君參考了 Popular Science 中 Is earth a Pyramid? 一文而作的，致於信不信那由讀者去了。

前本刊曾續兩期內載三等分一角的問題，致引起一部讀者興趣，本社陸續收到關於此類問題稿件多種足見孤島青年對於數理有興趣者實不在少數，惟審其內容，均與本刊前所發表大同小異，故不再刊出，又本期讀者信箱欄內三角形的二個內角等分線相等，則此三角形爲等腰一題，初見似易，然向認爲難題，早有讀者紛紛來函求解，現由思承君以直接證法證出，希讀者特別注意。

過去，我們接到許多讀者來信，建議設立讀者數理研究會或座談會。現在，綜合各方意見，我們決定設立「震光數理讀者研究會」，經常研究討論數理化各科問題，章則暫由編輯部同人共同擬定，必要時得循讀者之要求加以修正，凡愛好數理之本刊讀者，皆可申請參加，在這兒，我們謹以滿腔懇摯的熱誠，歡迎讀者的合作，歡迎讀者的加入！

無線電之權威

許萃羣

無線電之進展大可驚人將來生活中幾有無無線電不可之趨向，現代戰爭中所理想之死光亦是根據無綫電原理，但是我們決不希望無線電向殘酷殺人一道邁進，總希望能向人類謀幸福方向進展。本文譯自有名無線電發明家亨生(Earl C. Hanson)氏對吉爾加司德(Chas. J. Gilchrest)氏之討論關於有益於人類之無線電進展。

普通人心目中對於無線電之印象覺得它不過用作娛樂之廣播。收音機之應用雖廣，也僅用以傳遞信息而已，實則不然，以無線電用於娛樂品之時期已成過去，現在無綫電已成爲生活必需品及偵探犯罪暨海空運輸之唯一利器。昔林得保(Lindberyh)氏飛渡大洋，因未得無綫電之幫助，認爲飛行創舉，但今日飛行家駕駛有無綫電設備之飛機橫渡大洋，則易如反掌，據環球飛行家詹謀末登(Jimmy Mattern)之報告；用無綫電控制作一直綫之飛行，宛如由一根繩子上滑過，既準確且極易駕駛。

美國海軍部在數年前已有用無線電導船入港之設計，在大西洋及太平洋海濱現均有此設備，且曾作過幾次試驗，據海軍部報告，實習成績甚佳；所有船隻均能沿無線電引導之航線入港而無一漂散在外。其設備之大概；在海港外舖設海底電綫直通海峽，在此線上荷有高週率電流，在船上有兩無線電接收綫圈，聽電波之音調，沿音調最强之方向前進即可直達港內。

無線電功效最卓著者厥爲指導航空，飛機可接收自航空站上不斷發出訊號準一直線而飛行，盲目飛行（即在濃霧及晚間飛行）最易遭遇危險。例如從紐約至芝加哥航途中常有重霧，今在此航途中架有荷高週率電線，在站上用眞空振盪器產生高週率之訊號通入該線，而發射出電波，飛機用無綫電接收機收聽訊號，按向前進，在此訊號指示之航線上飛行，能一如火車之在鐵軌上行走，即使遇到了狂風暴雨濃霧障雲也不致妨礙及無線電波之領導，訊號之發出恒用一定符號，除非有時欲報告上空與地面氣候之轉變情況及交通上之差遣。此種無線電引導飛機前進之設備在商用航空業上已早經應用，最近私人飛機亦有用此設備之趨向。

無線電之另一應用于航空爲控制飛機之下降，盲目飛行中所得之結果證明此種無線電系統之控制飛機效力確實偉大，其作用之情形如此；當一架飛機飛近機塲欲下降時，或因有重霧或暴雨蒙蔽視綫不能見到塲地之情況，在航空站上即發出訊號，通達至四千呎之高空，報告地面風向風速，飛行員聆悉後綜合飛機上高度計(Altimeter)所示之高度，即可計劃下落之行程，盤旋入塲，萬無一失，此種無綫電之裝置，謂之無線電升降器(Radio elevator)。

旋翼飛機(Autogyro)在軍事上早已在普遍地應用了；這次世界大戰中已見過不少德國旋翼轟炸機之殘殺行爲，但是此種飛機現將漸趨商業化，因爲它們下降所需地位甚小，且可以低速度上升與下降，在普通之航空機因需極大之飛機塲，故不得不停落在離城數哩之郊外，而一般旅行者所達之目的地常在城市，故旅行者常耗費許多時間及金錢來達到他們的目的地。旋翼飛機固好，但也須無線電之控制始奏効果，今日所用無綫電控制之旋翼飛機可直接上升於下降，公園及大廈之屋頂均可作飛機塲，航空站可設在城市中，旅行者也就可直達目的地。

同理海電線發射無綫電波亦可導船入港，最近更利用無線電波幫助瞎子之旅行，據實驗所得此種無線電波之波長以三萬公尺至六十萬公尺爲最合宜，因爲此種周波可穿過霧及水而不受損失。

無線電發展至今，已堪驚人，如動人力之輸送，動植物發育之助長。有推想此種高週率之電線將舖設至每個家庭中，將電能發射出來，直接收用作發光及熱之用，街道上汽車載重車亦可用此電能來開動機馬達，讀者府上如置有此項高週率電線祇須用一線圈置鉄板下即可接受電能而燒熱熨斗來燙衣，到了冬天亦無需用煤火爐，廚房中更無需用煤球，花園內花果，受無線電波之刺激作肥料，格外長得美麗而肥碩，農塲內之牛豬受無線電波之刺激也格外肥胖，牛乳產量增加亦因之而跌價。無線電另一功用可增加或減少水菓之濕度，殺滅菜菓內之病菌，這許多還須將來發展；試觀現今無線電導船入港指揮飛機協助聾盲用作療病均已充分實現，其餘之理想當可不難達到的。靠了無線電的幫助人類未來之幸福未可限量！但願此種發展不為野心者所利用作為殺人利器，去荼毒無辜生靈。

對稱中線與等角線

呂學禮

三角形中三條中線的性質，想來我們都很熟悉的了。但在三角形中，還有三條"對稱中線"，和三條中線有極密切的關係，恐怕是大家都很覺得生疏的。本文便預備先把對稱中線的初步性質，介紹給讀者，再順便提及"等角線"的一些基本性質。

定義： 在三角形一條分角線的另一旁，和同一頂點的中線相對稱的直線，稱為"對稱中線"（Symmedian）。

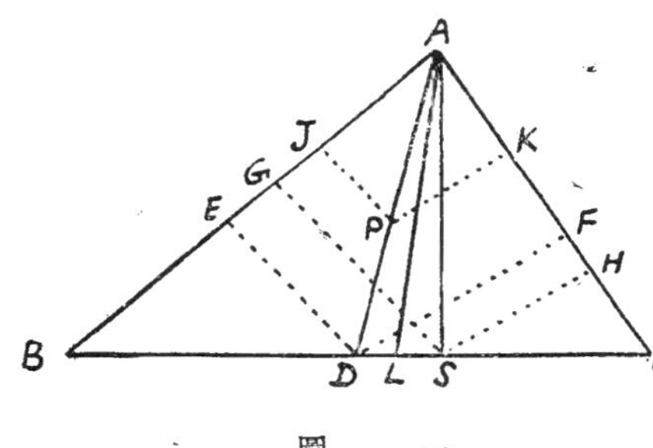

圖 一

如圖一，若AD是中線，AL是分角線，又若，∠SAL＝∠DAL，那末AS就稱為對稱中線。因為AL是分角線，所以可見∠SAC＝∠DAB。

定理一： 從中線上的任意一點，到夾此中線的二邊距離之比，等於此二邊的反比。

證：命中線AD遇BC於D，假若看作BD，DC順次是△ADB和ADC的底邊，那末此兩三角形有公共高和相等的底邊，所以面積相等。但假使DE，DF順次是從D點到AB，AC的距離，那末△ADB和ADC內面積順次是$\frac{1}{2}$AB×DE和$\frac{1}{2}$AC×DF。所以$\frac{1}{2}$AB×DE＝$\frac{1}{2}$AC×DF，這就是

DE：DF＝AC：AB。

所以從D點到AB，AC距離之比是AB，AC的反比，於是可見從AD上任意一點到AB，AC的距離之比也是AB，AC的反比。因為假若P在AD上，PJ，PK順次是P到AB，AC的距離，那末PJ：DE＝AP：AD＝PK：DF，所以PJ：PK＝DE：DF＝AC：AB，因此定理一完全證明。

定理二： 從對稱中線上的任意一點，到夾此對稱中線的二邊，其距離之比，等於此二邊之正比。

證：若對稱中線AS遇BC於S（圖一），而SG，SH順次是從S到AB，AC的距離。因為∠SAC＝∠DAB，∠SAB＝∠DAC，所以rt.△SAH∽rt.△DAE，rt.△SAG∽rt.△DAF。因此DE：SH＝AD：AS，DF：SG＝AD：AS。所以DE：SH＝DF：SG，或SG：SH＝DF：DE。但因定理一，DF：DE＝AB：AC，所以SG：SH＝AB：AC。因此從S點到AB，AC的距離之比等於AB，AC的正比，而AS上任意一點到AB，AC的距離之比也就等於AB，AC的正比了。

我們如如將定理一和定理二加以比較，便可見中線和對稱中線間的密切關係了。

定理三： 三角形的一條對稱中線，分對邊所成的二線分，與夾此對稱中線二邊的平方成比例。

證：因為△ASB與ASC面積之比等於SG×AB與SH×AC之比，（圖一）。但另一方面，看作SB，SC是這二個三角形的底邊，那末他們有公共高，所以他們面積之比又應是二底邊SB與SC之比。所以SB：SC＝SG×AB：SH×AC。但定理二中已證明SG：SH＝AB：AC，所以SB：SC＝AB^2：AC^2。

我們可以注意到中線AD分對邊成一與一之比，分角線AL分對邊成AB與AC之比，而對稱中線AS却分對邊成AB^2與AC^2之比。這樣一加比較，定理三便容易記憶得多了。

定理四： 從三角形二邊夾角中間的一點，到這二邊的距離之比，假定等於這二邊的正比，那末此點一定在第三邊上的對稱中線上。

本定理是定理二的逆定理，證明如下：

在△ABC的二邊AB，AC的夾角中間，若有一點M，（圖二）能使從M到AB，AC的距離之比，等於AB，AC之比，聯AM，使遇BC於T，那末T點到AB，AC的距離之比，也等於AB，AC之比。於是完全做證明定理三的方法，我們便可證明T點必分BC成二線分，使TB：TC＝AB^2：AC^2。但對稱中線AS遇BC的一點S，也能分BC成二線分，使SB：SC＝AB^2：AC^2。而因爲內分BC使成此比之點只有一點，所以T點與S點重合，就是說M點在對稱中線AS上。

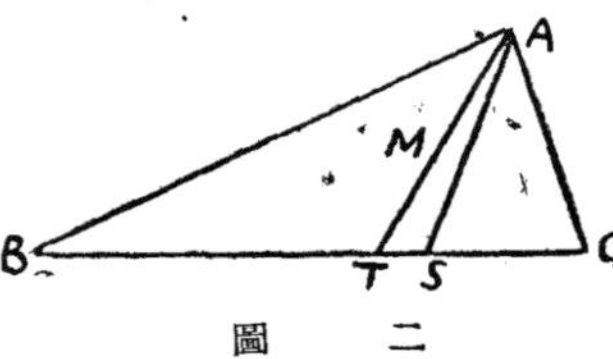

圖　二

定理五：　從三角形一條對稱中線上任意一點，到夾此對稱中線的二邊作二垂線，他們垂足的連線，必和同一頂點的中線垂直。

同樣從中線上任意一點到夾此中線的二邊作二垂線，他們垂足的連線也必和同一頂點的對稱中線垂直。

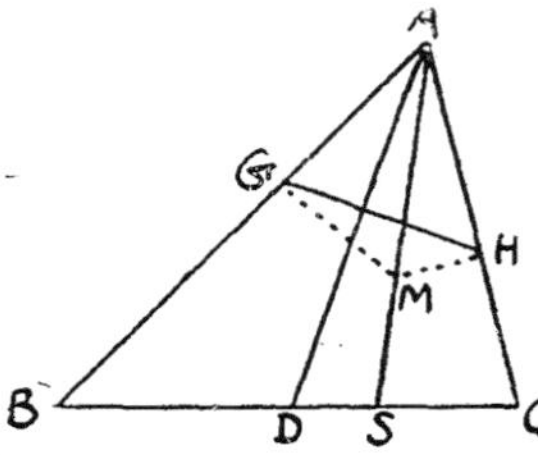

證：在圖三中，若M是對稱中線AS上任意一點，AD是同一頂點的中線，而MG⊥AB，MH⊥AC。因爲MGAH是聯圓四邊形，所以∠MGH＝∠MAH。但∠MAH＝∠SAC＝∠DAB，所以∠MGH＝∠DAB。又因∠MGH和∠AGH是餘角，所以∠DAB和∠AGH也互成餘角。換一句說，就是GH⊥AD。所以本定理的前半部份已經證明。用完全同樣的方法，也可證明後半部份。

圖　三

定理六：　三角形的三條對稱中線，相遇於一點。

證：因爲假若二條對稱中線BY和CZ相遇於K（圖四），而從K點到BC，CA，AB三邊的距離順次是p，q，r，那末因定理二，K在對稱中線BY上，所以p：r＝BC：BA。又因K在對稱中線CZ上，所以p：q＝CB：CA。兩式相除，可得r：q＝AB：AC。這就是說K點到AB，AC的距離之比，等於AB，AC的正比。所以根據定理四，K點必在對稱中線AS上。因此三條對稱中線相遇於一點。

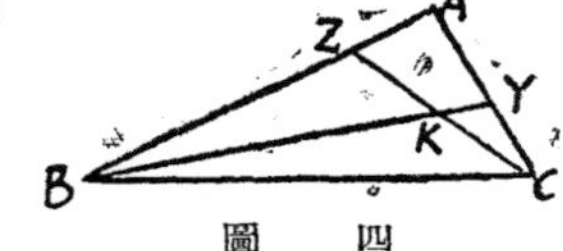

圖　四

定義：　三角形中三條對稱中線的相遇點，稱爲三角形的"對稱重心"(Symmedian point)，或稱"雷莫恩點"(Lemoine point)。

"對稱重心"一名，表示和三條中線的相遇點，重心，有聯帶的關係。

定理七：　三角形ABC內，BC邊上對稱中線之長，等於BC邊上中線之長乘以$\frac{2bc}{b^2+c^2}$　此處b指CA邊之長，c指AB邊之長，同樣，BC邊之長以a表之。

證：　在圖三內，若AD，AS順次是BC邊上的中線和對稱中線。△ASC和ADB因有公共高，他們面積之比應爲SC和DB之比。但S點分BC成SB：SC＝c^2：b^2，所以SC＝$\frac{ab^2}{b^2+c^2}$，又因DB＝$\frac{a}{2}$，因此△ASC和ADB面積之比是$\frac{ab^2}{b^2+c^2}:\frac{a}{2}$。

另一方面，這兩三角形因有相等的頂角SAC和DAB，他們面積之比又應是夾頂角二邊相乘積之比。就是b×AS：c×AD。所以我們可得 b×AS：c×AD＝$\frac{ab^2}{b^2+c^2}:\frac{a}{2}$。或者就是：$AS=\frac{2bc}{b^2+c^2}\times AD$。

我們早知BC邊上中線AD之長是$\frac{1}{2}\sqrt{2b^2+2c^2-a^2}$，由本定理，就可見BC邊上對稱中線之長是

$$AS=\frac{bc}{b^2+c^2}\sqrt{2b^2+2c^2-a^2}\text{。}$$

又同樣可知CA邊上和AB邊上對稱中線之長順次是

$$\frac{ca}{c^2+a^2}\sqrt{2c^2+2a^2-b^2}\ \text{和}\ \frac{ab}{a^2+b^2}\sqrt{2a^2+2b^2-c^2}\text{。}$$

上面幾個定理，告訴我們對稱中線的一些初步性質。由這幾個定理看來，可見對稱中線和中線有很多相聯的關係。假使把對稱中線和中線間的關係加以推廣，我們便得到所謂"等角線"的觀念。　（未完）

圓錐曲線之焦點準線軸及離心率的求法

——忠　　言——

1. Smith's Conic Section 中所述的方法(p.2?8)，和其他方法一樣不能表出焦點，準線，軸和離心率之間的相互關係，下面所講的方法，將告訴你如何可以做到這點。若圓錐曲線爲橢圓，則實離心率必隨實焦點，虛離心率必隨虛焦點。但若圓錐曲線爲雙曲線，則無此關係，因其離心率皆爲實數也。

2. 若(α,β)爲一焦點，則依定義，圓錐曲線

$$ax^2+2hxy+by^2+2gx+2fy+c=0,$$

可寫作　$(x-\alpha)^2+(y-\beta)^2-(lx+my+n)^2=0$

其中　$lx+my+n=0$ 爲相當於焦點(α,β)的準線，且若離心率爲 e，則$e^2=l^2+m^2$，

比較上例二方程式之係數，得

$l^2-1=\lambda a$，$lm=\lambda h$，$m^2-1=\lambda b$，

$ln+\alpha=\lambda g$，$mn+\beta=\lambda f$，$n^2-\alpha^2-\beta^2=\lambda c$。

由此得　$\lambda(a\alpha+h\beta+g)=l(l\alpha+m\beta+n)$，

$\lambda(h\alpha+b\beta+f)=m(l\alpha+m\beta+n)$，

$\lambda(g\alpha+f\beta+c)=n(l\alpha+m\beta+n)$。

故　$\lambda^2\{(a\alpha+h\beta+g)^2-(h\alpha+b\beta+f)^2\}=(l^2-m^2)(l\alpha+m\beta+n)^2$，

$\lambda^2(a\alpha+h\beta+g)(h\alpha+b\beta+f)=lm(l\alpha+m\beta+n)^2$，

$\lambda(a\alpha^2+2h\alpha\beta+b\beta^2+2g\alpha+2f\beta+c)=(l\alpha+m\beta+n)^2$，

但　$l^2-m^2=\lambda(a-b)$，$lm=\lambda h$，

因此　$\lambda\{(a\alpha+h\beta+g)^2-(h\alpha+b\beta+f)^2\}=(a-b)(l\alpha+m\beta+n)^2$，

$\lambda(a\alpha+h\beta+g)(h\alpha+b\beta+f)=h(l\alpha+m\beta+n)^2$，

$\lambda(a\alpha^2+2h\alpha\beta+b\beta^2+2g\alpha+2f\beta+c)=(l\alpha+m\beta+n)^2$。

又　$\lambda(a+b)=l^2+m^2-2=e^2-2$，

故　$e^2=2+\lambda(a+b)$。

3. 令　$a\alpha+h\beta+g=p(h\alpha+b\beta+f)$，

則　$\lambda(p^2-1)(h\alpha+b\beta+f)=(a-b)(l\alpha+m\beta+n)^2$，

$\lambda p(h\alpha+b\beta+f)^2=h(l\alpha+m\beta+n)^2$

$\lambda(a\alpha^2+2h\alpha\beta+b\beta^2+2g\alpha+2f\beta+c)=(l\alpha+m\beta+n)^2$。

由此得　$(p^2-1)/p=(a-b)/h$，

即　$hp_2-(a-b)p-h=0$，

此爲 p 之二次方程式，其兩根實而互異，（圓錐曲線爲圓時除外）。

設此方程之一根爲 $p=p_1$，則

$a\alpha+h\beta+g=p_1(h\alpha+b\beta+f)$，

$\lambda p_1(h\alpha+b\beta+f)^2=h(l\alpha+m\beta+n)^2$，

$\lambda(a\alpha^2+2h\alpha\beta+b\beta^8+2g\alpha+2f\beta+c)=(l\alpha+m\beta+n)^2$，

由此得　$h(a\alpha^2+2h\alpha\beta+b\beta^2+2g\alpha+2\beta+c)=p_1(h\alpha+b\beta+f)^2$，

$a\alpha+h\beta+g=p_1(h\alpha+b\beta+f)$

解此二方程式，可得兩組(α,β)之值，即兩焦點。

過此二焦點之値直線，即相當于此二焦點之軸，

爲　$ax+hy+g=p_1(hx+by+f)$，

從p之方程式得$p_1(a-hp_1)=-(h-bp_1)$，故此軸平行於直線$x-p_1y=p$。

又從前述方程式，

$(a\alpha+h\beta+g)\ l=(h\alpha+\beta+f)/m$，

故　$l=p_1m$，$\lambda h=lm=p_1m^2=p_1(\lambda b+1)$，

即　$\lambda(h-p_1b)=p_1$，

故　$e^2=2+\lambda(a+b)=2+\dfrac{p_1(a+b}{h-p_1b}$，

由此可求相當于此兩焦點之離心率。

又從前述方程式，

$l:m:n=a\alpha+h\beta+g:h\alpha+b\beta+f:g\alpha+f\beta+c$。

故相當于任二焦點(α,β)之準線，即可求得。

對于上述二焦點，$l=p_1m$，故相當于此二焦點之準線皆平行於直線 $p_1x+y=0$，由此可知二準線都和相當軸 $x-p_1y=k$ 垂直。

與 p 方程式之第二根 $p=p_2$ 相當之焦點等亦可用同法求得。因 $p_1p_2=-1$ 故圓錐曲線之兩軸（各平行于 $x-p_1y=0$ 及 $x-p_2y=0$）互相垂直。

4. 例題　$2x^2-12xy-7y^2+18x+36y-27=0$

p之方程式爲$-6p^2-9p+6=0$，即 $2p^2+3p-2=0$。

故　$p_1=\frac{1}{2}$，$p_3=-2$。

(i)　$p=\frac{1}{2}$，則 $e^2=2+\frac{1}{2}\cdot\dfrac{-5}{-6+\frac{7}{2}}=3$

相當軸爲 $2x-6y+9=\frac{1}{2}(-6x-7y+18)$ 即 $y=2x$

此軸上之兩焦點可由下列二方程式求得：

$$-6(2\alpha^2-12\alpha\beta-7\beta^2+18\alpha+36\beta-27)$$
$$=\frac{1}{2}(-6\alpha-7\beta+18)^2\ \beta=2\alpha$$

解之，得 $\alpha=0$，$\beta=0$ 及 $\alpha=\frac{5}{9}$，$\beta=\frac{18}{5}$，實焦點。$\alpha=0$，$\beta=0$，則

$l:m:n=9:18:-27$

故相當于焦點 $(0,0)$ 之準線爲 $x+2y=3$。

$\alpha=\frac{9}{5}$，$\beta=\frac{18}{5}$，則

$l:m:n=-9:-18:54$

故相當于焦點 $\left(\frac{9}{5},\frac{18}{5}\right)$ 之準線爲 $x+2y=9$。

此圓錐曲線之另一軸必平行於此二準線，且其距離相等，故其方程式應爲 $2x+y=9$。

(ii) $p=-2$，則 $e^2=2+\frac{(-2)(-5)}{-6-14}=\frac{3}{2}$

相當軸爲 $2x-6y+9=-2(-6x-7y+18)$，即 $2x+4=9$。

此軸上之兩焦點可由下列二方程式求得：

$$-6(2\alpha^2-12\alpha\beta-7\beta^2+18\alpha+36\beta-27)$$
$$=-2(6\alpha-7\beta+18)^2,\ 2\alpha+4\beta=9。$$

解之，得 $\alpha=\frac{9}{10}\mp\frac{9}{5}i$，$\beta=\frac{9}{5}\pm\frac{9}{10}i$，虛焦點。

$$l:m:n=\mp 9i:\pm\frac{9}{2}i:\frac{27}{2},$$

故相當準線爲 $2x-y\pm 3i=0$。

又此圓錐曲線之第一軸必平行於此二準線，且其距離相等，故其方程式應爲 $2x-y=0$。

5. 特例　(1) 當圓錐曲線爲拋物線，即 $h^2=ab$ 時，上述方法仍能適用。

P之方程式爲 $hp^2-(a-b)p-h=0$；

故 $P=\left[a-b\pm\sqrt{(a-b)^2+4h^2}\right]/2h$
$=\left[a-b\pm(a+b)\right]/2h$
$=a/h$ 或 $-b/h$

(i) $p_1=a/h=h/b$，則 $h-p_1b=0$，故 $e^2=\infty$

相當軸之方程式爲　$ax+hy+g=p_1(hx+by+f)$

即　$ax+hy+g=ax+hy+\frac{af}{h}$。

故與 p_1 相當之軸及焦點在無窮遠。

(ii) $p_2=-b/h=-h/a$，則 $h-p_2b=h(a+b)/a$，故 $e^2=2-\frac{h}{a}\cdot\frac{a(a+b)}{h(a+b)}=1$

相當軸之方程式爲

$$ax+hy+g=p^2(hx+by+f),$$

即　$ax+hy+g=p_2\frac{b}{h}(ax+hy+\frac{fh}{b})$

$$=-\frac{b}{a}(ax+hy+\frac{fh}{b}),$$

即　$(a+b)(ax+hy)+ag+fh=0$

若　(α,β) 爲相當焦點，則 $(a+b)(a\alpha+h\beta)+ag+fh=0$，

由此得　$a\alpha+h\beta=\frac{ag+fh}{a+b}(=\eta)$

又　$h(a\alpha^2+2h\alpha\beta+b\beta^2+2g\alpha+2f\beta+c)$
$=-\frac{h}{a}(h\alpha+b\beta+f)^2$

即　$(a\alpha+h\beta)^2+a(2g\alpha+2f\beta+c)$
$=-\{\frac{b}{h}(a\alpha+h\beta+f\frac{h}{b})\}^2$；

即　$\eta^2+a(2g\alpha+2f\beta+c)$
$=-\frac{b}{a}(\eta^2+\frac{2fh}{b}\eta+f^2\frac{h^2}{b^2})$

即　$a^2(2g\alpha+2f\beta+c)=-(a+b)\eta^2-2fh\eta-af^2$，$a\alpha+hf=\eta$

解此二方程式，可得一組根，故拋物線有一個實焦點，準線之方程式可用上法求得。

6. 例題　$4x^2+12xy+9y^2+2x+2y+2=0$。

p之方程式爲 $6p^2+5p-6=0$，故 $p=\frac{2}{3}$ 或 $-\frac{3}{2}$。

(i) $p_1=\frac{2}{3}$；$h-\frac{2}{3}b=0$，故 $e^2=\infty$。

相當軸爲　$4x+6y+1=p_1(6x+9y+1)$

即　$4x+6y+1=4x+6y+\frac{2}{3}$，

此爲無窮遠之一直線。

(ii) $p_2=-\frac{3}{2}$；$e^2=2+\frac{p^2(a+b)}{h-p_2b}=2-1=1$。

軸之方程式爲　$4x+6y+1=-\frac{3}{2}(6x+9y+1)$，

即 $26x+39y+5=0$。

若　(α,β) 爲焦點，則 $26\alpha+39\beta+5=0$，

即　$2\alpha+3\beta=-\frac{5}{13}(=\eta)$

又　$6(4\alpha^2+12\alpha\beta+9\beta^2+2\alpha+2\beta+2)$
$=-\frac{3}{2}(6\alpha+9\beta+1)^2$；

故　$4(\eta^2+2\alpha+2\beta+2)+(3\eta+1)^2=0$，
$8(\alpha+\beta+1)=-(13\eta^2+6\eta+1)$

即　$\alpha+\beta=-1/13$，及 $2\alpha+3\beta=-5/13$。

解之，得焦點爲 $(-37/13, 23/13)$。

今　$a\alpha+h\beta+g=\frac{3}{13}$，$h\alpha+b\beta+f=-\frac{2}{13}$，

$g\alpha+f\beta+c=\frac{12}{13}$，

故準線之方程式爲　$3x-2y+12=0$。

各大學數理入學試題解答

（一）交通大學　D. 化學之部（續）

IV a.(1) 在常温爲液態之金屬如汞—用於氣壓計，温度計高度真空抽氣機，以及在金礦中提煉金子等。

(2)質輕而强毅者如鋁—用於(1)鋁熱劑，以鋁粉及氧化鉄粉混和，上種鎂帶一條，燃時即起反應 $2Al+Fe_2O_3\rightarrow 2Fe+Al_2O_3$ 因同時生火熱，温度昇至3000°C，故Fe熔成液體，即能使接處之鋼熔融，冷則接合成一體。(2)鋁青銅，色澤如金，不易受化學藥品之侵蝕，用以製屑金飾品。(3)鋁鎂齊，比重輕而其質堅，用以製飛機。

(3) 熔點極高之金屬如鎢—用作電燈之絲，及太陽燈之極等。

(4) 不易生銹之金屬如錫—其主要用途，爲製馬口鉄，其法以鉄片或鋼片，鍍以熔融之錫而成。可用製各種罐頭，能歷久不壞，且表面光亮，可加印刷。但如所鍍之錫破損，一旦將裏面之鐵露出，則因電動表中，鉄位錫上，故遇空中水氣，即成一電池，而鉄作陰極，錫作陽極，鉄之受蝕，反較前速。

(5) 凝固時體積膨漲者如銻—銻有特性，一如水之結冰體積反見膨漲，故鉛銻，錫之合金，可作活字金。若以該項合金，熔融而傾入模型，則因冷漲之故，鋒稜畢現，不致感模糊不清之苦。

b.(1) 氨用於發冷器，因氣施以高壓，即易液化。液態氨氣化時，須吸大量之熱，故用於製人造冰及冷藏食物。其法先以氨高壓液化，所生之熱，以冷水吸收之，或用風扇散去。液態氨減壓，則氣化而吸熱。如此循環處置，其膨漲管外之鹽水，可冷至－20°C左右，以此冷鹽水，循環室中，即成冷藏室，水置其內，即成人造冰。通常電氣冰箱，多據此原理，而以電力，司氨之壓縮。

(2) 銅可由電解法精煉——電解精銅，法以純銅作陰極，雜銅作陽極。硫酸銅作電解溶液，加以硫酸。粗銅之中，含有金銀等較銅不活潑之金屬，及鋅鉛等較銅活潑之金屬，電流通後，金銀等較不活潑金屬，因難於氧化，即沈入下面，而成陽極渣泥。鋅鉛等金屬，易於游子化。但在陰極，則因電壓不足，難於析出。故在陰極析出者，爲純粹精銅。

(3) 硬水不適用於鍋爐洗滌——水之含有可溶性鈣鎂，鉄鹽者，稱作硬水。硬水不適用於洗滌，因(1)消耗肥皂，肥皂爲一硬脂酸鈉鹽，與鈣鹽作用，則得鈣肥皂之沈澱

$$2C_{17}H_{35}CONa+CaSO_4\rightarrow(C_{17}H_{35}CO)_2Ca+Na_2NO_4$$

故肥皂的泡沫，不易生成。(2)硬水於纖維上生斑點，鈣鹽與硬水作用，所生成之鈣肥皂，即沈澱與纖維上，如爲鉄鹽或鎂鹽，則生成之鉄肥皂及鎂肥皂，黏於纖維上，水解而成 Fe_2O_3，或 $MnO(OH)_2$，均有鉄鏽斑點。硬水又不適於鍋爐，因鈣鹽及鎂鹽，沈於鍋底，不易傳熱，故浪費燃料，且易生爆烈之危險。

(4) 乙炔之焰温度甚高——以石灰及焦炭，混和置電爐中，熱至2800°C，則作用成碳化鈣。碳化鈣與水起作用，放出電石氣。$CaO+3C\rightarrow CaC_2+CO\uparrow$ $CaC_2+2H_2O\rightarrow Ca(OH)_2+C_2H_2\uparrow$ 電石氣用於氧炔焰，可供切斷銲接之用。

(5) 固體食鹽不能導電溶於水中則能導電一固體食鹽，呈結晶形。其中游子，有一定之排列，而不得自由運動，故不能傳電。如溶於溶液中，則有規則之結晶機構破裂，而游子得自由運動。此種游子，共有二種，一爲帶陽電而向陰極移動之陽向游子，一爲帶陰電而向陽極移動之陰向游子。電流通時，在陽極則陽向游子放出電子，在陰極則陰向游子，獲取電子，故能導電。

(6) 氯化氫通入飽和之食鹽溶液則生沈澱通入石灰乳中則促其溶解—欲明此理，當先一述公共游子效應，如食鹽溶液，$NaCl\rightarrow Na^++Cl^-$ 通入氯化氫，$HCl\rightarrow H^++Cl^-$ 則因同具公共游子 Cl^- 之故，Cl^- 之濃度必增。但在 $NaCl\rightarrow Na^++Cl^-$ 因「溶度積」爲一常數，故 Cl^- 之濃度一增，Na^+ 之濃度必減，故NaCl之溶解度可減。所謂溶度積者，如 $NaCl\rightarrow Na^++Cl^-$ 溶度積 $=\frac{[Na^+][Cl^-]}{[NaCl]}=R$ $[Na^+]$，$[Cl^-]$，$[NaCl]$ 均表克分子濃度，又因 $[NaCl]$ 在飽和溶液中，在一定温度時爲一常數。故 $[Na^+][Cl^-]=R$。

而石灰乳中，爲氫氧化鈣之溶液。$Ca(OH)_2\rightarrow Ca^{++}+2OH^-$ 其溶度積K亦爲一常數

$$K=\frac{[Ca^{++}][OH^-]^2}{[Co(OH)_2]}$$ 。

當氯化氫通入時 $HCl \rightarrow H^+ + Cl^-$

氯化氫中之 H^+，與石灰乳中之 OH^-，結合而成不易游離之 H_2O。 $H^+ + OH^- \rightarrow H_2O$ 故 OH^- 之濃度遞減，而因溶度積 K 爲一常數，故 Ca^{++} 之濃度必增，石灰乳之沈澱，即見溶解。

Va. 以碳酸鈉，石炭酸鈣，及石英共熱，即得玻璃，爲一複雜鹽類之過冷溶液。

$Na_2CO_3 \rightarrow Na_2O + CO_2\uparrow$

$CaCO_3 \rightarrow CaO + CO_2\uparrow$

$SiO_2 \rightarrow SiO_2$

$Na_2Co_3 \rightarrow Na_2O + CO_2\uparrow$

$Na_2Co_3 = 46+12+48 = 106g$　$Na_2O = 62g$

$CaCO_3 \rightarrow CaO + CO_2\uparrow$

$CaCo_3 = 40+12+48 = 100g$　$CaCO = 56g$

$SiO_2 \rightarrow SiO_2$

$SiO_2 = 28+32 = 60g$　$SiO_2 = 60g$

若　Na_2CO_3用106克。即1克分子量。

則　$CaCO_3$亦用106克。即160/100＝1.06克分子量。

而　SiO_2 則用212克。即212/60＝3.53克分子量。

所得之Na_2O則有62克，即1克分子量。

CaO　則有 $\frac{106}{100}\times 56 = 60$克，即1.06克分子量。

SiO_2則有212克　即3.58克分子量。

故全重爲　62＋60＋212＝334克。

故百分組成爲

Na_2O　$\frac{62}{334}\times 100 = 18.5\%$

CaO　$\frac{60}{334}\times 100 = 17.9\%$

SiO_2　$\frac{212}{314}\times 100 = 63.6\%$

b. 比重1.10，含氯化氫20%之鹽酸溶液5立升。

所需之氯化氫爲

5000×1.10×20%＝1100克

食鹽與過量之硫酸共熱時，起次之反應：

$NaCl + H_2SO_4 \rightarrow NaHSO_4 + HCl$

58　　　　　　　　36

∴ 58：36＝X：1100

$\therefore X = \frac{58\times 1100}{36} = 1772$克

1100克之HCl，共有 $\frac{1100}{30} = 30.$克當量。

故若所製爲2N之HCl溶液，則溶液體積應爲15立升。

參書考　Blaek & Connonto: Practicot Chemistry

Holmes : College Chemist ry

Demnig : Gene'al Chemistry

Brinkley : General Chemistry

Chapin : Second year Chemistry

仿與買

效飛

從前德國的卑士麥會這樣說：「日本的留學生在我國買了機器回國的目的是去仿造，而中國的留學生在我國買了機器回國的目的是去勸他人來購買。」這句話要是出在德國的機器商口裏，或須是爲了商業上的利害關係，本不足道；不過出在這位鐵血主義的卑士麥口裏，那就多少對我們是一種侮辱，而這種侮辱在當時的中國人聽了是無可奈何的，惟有忍聲吞氣罷了。雖然經過轉轉的記載，這句話的正確與否，還是一個問題，不過由過去的事實，證明卑士麥的話的確並不是毫沒根據的。

大家都知道仿與買是不能混爲一談的。我們常鄙視某國貨，不是因爲有仿造行爲，而是因爲有冒牌行爲。並且在一個科學落後的國家說起來，仿造似乎是一個必經的工作譬如你在他國見了一具機器，你回國後就一而再，再而三的屢次仿造，俗語說，「熟能生巧，其中奥妙就不難被尋出，將來自已就可作新的發展了。要是懶惰成性，專想享現成福，去買他人的現成東西，久而久之，自已那裏還想求上進，那末「自力更生」也無從談去了。當然我並不勸人家去專事仿造，我的意思是與其買不如仿，現再略加申說。

當今科學家裘維裕先生說：「我倒現在並不希望中國人有所發明，而希望能把人家所發明的東西拿來作一番研究」。的確，要是徒作發明幻想，而把他人已發明的不加研究，我想人的智力不會一躍千里的，結果總是難望有所成就的。愛因斯坦發表相對論，我想他在事前一定把牛頓的運動定律研究爛熟，何况愛因斯坦自已還說：「我的相對論與牛頓定律並沒有抵觸，不過有所補充罷了」。數年來的苦鬭，反驅使中國走上了自力更生路，不過未來國家還有許多建設事業，現在來提出這一點也並不是沒有意思，此後我們應把世界上已存在的定的律或公理努力加以探討，正如逸蓀君在第四期中說應該迎頭趕上，然後認清他人的正誤，優劣，加以改進加以糾正，以後我們也就有發明的能力了。

計算兀值的戤子

張兆鈞

本篇原刊載於前幾年省立上中工科同學主辦之工聲上，作者張君兆鈞，品學兼優，於數理二科尤有深刻之研究，卒業後，入國立暨南大學攻讀理科，祈他日對國家社會有所貢獻。不幸身體衰弱致學業未竟而逝世，誠國家民族之一大損失，今日刊載張君之遺作，亦聊誌紀念之意耳。

——編者識——

一 兀之歷史及其計算

念過幾何的讀者，對於兀想必已是熟悉的了，初次見兀的值——3.1416——，有四位小數，倒也並不容易記住，後來因屢次應用它，也就脫口即是3.1416，不用多加思索了。然而兀的值豈僅止於小數四位，它的值可延至小數點後無窮位，我們豈可馬馬虎虎記至小數點後四位即爲滿足嗎？當然我們不必去做戤子去記至小數點數十位，但是對於它的歷史，及其值的精密求法，我們總得要曉得，才不愧稱爲一個已認識兀的人。

求兀精密的值，自古迄今採用的方法，大別可分爲二種：

第一：於圓內作內接外切正多角形，漸次倍其邊數，則此二正多角形周圍之極限，即是圓周的長度，兀爲圓周與直徑的比率，由是即可求得。

第二：尋求足以表兀之值的解析式，如無窮級數，無窮連乘積等，用之以達目的。

第一種可稱爲幾何的方法或古代法，第二種可稱爲解析的方法或近代法，今先述第一種如下：

設R爲某圓的半徑，a爲該圓內接正n角形一邊的長，則其內接正n角形一邊的長也可求得如F：

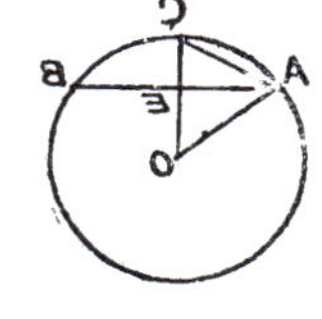

圖 1.

圖一中AB爲圖內接正n角形的一邊，$OC\perp AB$，

$\therefore$ AC爲圓內接正2n角形的一邊，即a' AO則等於R.

$\because$ $AC^2=CD\cdot CE=2R(R-OE)$

又 $OE=\sqrt{\overline{AO}^2-\overline{AE}^2}=\sqrt{R^2-(\frac{a}{2})^2}$，故得

$$a'=\sqrt{2R(R-\sqrt{R^2-a^2/4})}=\sqrt{R(R-\sqrt{4R^2-a^2})}\cdots\cdots\cdots\cdots(1)$$

a'既求得，則同邊數的圓外切正多角形之邊長也可求得了。

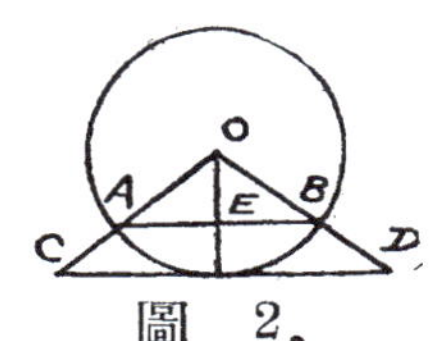

圖 2.

圖二中CD爲b'，AB爲a'，AO爲R

$\because$ $\triangle COD\backsim\triangle AOB$，$\therefore$ $b':a'=R:OE$

但 $OE=\sqrt{\overline{OA}^2-\overline{AE}^2}=\sqrt{R^2-\frac{a'^2}{4}}$，

$$\therefore\quad b'=a'F/OE=2a'R/\sqrt{4R^2-a'^2}\cdots\cdots\cdots\cdots(2)$$

由上面(1)(2)，即可求得兀的值；因內接於圓的正六角形的一邊等於半徑，故以一單位長爲直徑的圓，其內接正六角形的圓周爲了。又由(2)式可知該圓外

接正六角形的周圍爲 3.4641016，故可知π的值介乎該二數的中間。更進一步，仍用(1)(2)兩式，順次求之，可得內接外切正十二角形，二十四角形，四十八角形……等周圍之值可求得，如內接1536角形的周圍爲3.1415909，外切正 1536 角形的周圍爲 3.1415970，π的值必介乎此二數之間了。如繼續將角數增多，計算之，可得更精密的值，但總不能以有窮小數正確表示出來。原來π之值是無理數，且爲超越級數（卽不能爲代數方程式之根的數，爲高登（Gordon 氏首先證明）現在把歷來先哲的計算過程略述於下：

首先用上法求π之值者，相傳是阿基米得（Archimedes 287—212 B.C.），他由正 96 角形而得 $3\frac{1}{7}>\pi>3\frac{10}{71}$，故知$\pi$的近似值約爲$\frac{22}{7}$　二世紀時，杜勒梅(Ptolemy)嘗得較精確的值$\pi=\frac{377}{120}$，卽　3.14166……，此值爲外切正 384 角形的周圍。至於 3.1416，$\sqrt{10}$，3927/1250 等值是印度，及阿剌伯所首先用的。此後求π之值者，多偏重於二次根式表它的值，因欲解決三大問題中改圓爲方（見本刊第一卷，第四期幾何三大不能問題），而欲正確表示的數值，終歸失敗，因此得不少的近似值，著名的如史帕乞（Specht）所得$\pi=13\sqrt{146}/25=3.141592$。阿獨來曾得$\pi=\frac{1}{3}\sqrt{120-18\sqrt{3}}$，又卜來爾曾得$\pi=\frac{1}{3}(10+\sqrt{229})=3.141593……$，布曼特亦得$\frac{\pi}{2}=\frac{2}{\sqrt{2}}\cdot\frac{2}{\sqrt{2+\sqrt{2}}}\cdot\frac{2}{\sqrt{2-\sqrt{2+\sqrt{2}}}}$以上各$\pi$的近似值均可用圓規直尺作出，因$\sqrt{146}=\sqrt{11^2+5^2}$，$\sqrt{120-18\sqrt{3}}=\sqrt{6^2+(9-\sqrt{3})^2}$，$\sqrt{229}=\sqrt{15^2+2^2}$，故均可由作直角三角形而作出，而改圓爲方之近似方法卽可因此解決。π的較精確的值，在十六世紀時，布曼特由作 6×2^{16} 角形而決定範 $3.1415926535<\pi<3.1415926537$，同世紀，麥丟司（Metius）得簡單而正確的小數六的分數 355/113，他的兒子阿獨利安又親作正 2^{30}（1073741824）角形，正確算得π的值至小數十五位，同世紀的末，魯道夫，巴因，席奈因由作正 60×2^{28} 角形，正確之小數二十位，又作正 2^{60}（卽 1152921504606846976）角形算至小數三十二位，後又算至三十五位，是用幾何方法所得最精確的π值。

，幾何方法決定π之值，正多角形的邊數愈大，所得的值愈精確，上面所述的數學家。的毅力已足以使人驚奇了。由邊數 n 的一邊長，再求邊數 2n 的一邊長，公式雖然不能稱繁，然重覆運用，也足够頭昏腦脹了，而且如是計算，中途錯誤難免，正確解答，顯極困難，近世數學家於是重闢了π的園地，卽用解析法來求它的值。

由解析方法以求π的值，可分三類卽利用無窮級數，無窮連乘積，無窮連分式。不過實際上以第一類應用爲最廣。用無窮級數表π，首先是克萊谷利，他於 1671 年展開反正切函數，而得π的級數，其法如下：

若　$y=\tan^{-1}x$，則 $\tan y=x$，

微分上式得　$\sec^2 y\,dy=dx$。

但　$\sec^2 y=\tan^2 y+1=1+x^2$，　$\therefore\ dy=dx/(1+x^2)$

若　$|x|\leqq1$，則由二項式定理得　$dy=(1-x^2+x^4-x^6+\cdots\cdots)dx$。

積分上式得　$\tan^{-1}x=x-\frac{x^3}{3}+\frac{x^5}{5}-\frac{x^7}{7}+\cdots\cdots$(　)

(3)式通常稱爲克萊谷利級數，於此級數中若令$x=1$，則　$\tan^{-1}x=\frac{\pi}{4}$。

$$\therefore\frac{\pi}{4}=1-\frac{1}{3}+\frac{1}{5}-\frac{1}{7}+\cdots\cdots\cdots\cdots$$

若用上式求π的值，仍是不勝其繁，因此收斂級數收斂甚緩；要想精確並至小數五位，至少要取萬項，於是各學者探求使(3)變爲較快收斂的級數的方法，所採用有兩種方法，1. 以小於 1 之數代入(3)之 x 中，2. 用適當的變形。

本刊是適用於中學或大一學生閱讀的，第二法涉及高深數學，姑且不論，現將第一法述於後，第一法爲1699年夏沛所首用，他以 $x=\frac{1}{\sqrt{3}}$ 代入(3)式，得

$$\frac{\pi}{6}=\frac{1}{\sqrt{3}}\left(1-\frac{1}{3}\cdot\frac{1}{3}+\frac{1}{5}\cdot\frac{1}{3^2}-\frac{1}{7}\times\frac{1}{3^3}+\cdots\cdots\cdots\cdots\right)$$

由是算至小數第七十二位，而其結果至七十一位仍正確，1719年，獨洛克尼用此法可算至小數112位的精確小數。

（未完）

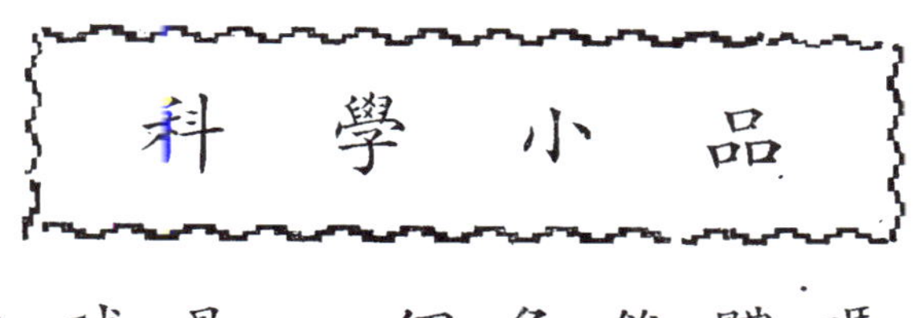

地球是一個角錐體嗎？

邵　　祺

在一百人中你可找不出一個會否認地球是圓的。但是大多數的天文學家却以爲我們所住的行星，與其說是個圓球體，那就相差太遠了，不如說它是一個四面角錐體來得適當些。我想你一定會不信我的話，不過我這裏有眞憑實據，致於信不信還是由你們讀者了。

在圖（1）中，我畫了一個倒立的四面角錐體彷彿一個怪形，要是你閉了眼去想一想，你就可發現一個明顯的事實，就是地理上所知道的四大洋恰巧佔據了這倒立着角錐體的四個三角面，而四大陸恰位在四個角頂上及延着代表南極(S)的一個三面角的三條稜上。用四把針，每一針由此四面角錐體的角頂插入，經過中心而在相對的三角面中心穿出，我們就可看到每個角頂和世界上的一大山脈相重合，每個高峯區是和地球另一面的深洋平衡着，所以終年積雪的落磯山（A）差不多正在印度洋（A'）的反面，歐洲的阿爾卑斯山（B）恰在太平洋（B'）的反面，而從喜馬拉雅山（C）頂插經過地心，穿出地球的又一面即是大西洋（C'），深得莫測的北極海（D）恰相當於南極洲——包括愛里勃山（Mt. Erebus）和透羅(Mt. Terror)等大山脈。要是把諸大洋的水移去，地球赤露露地不是成了一個四面體相近的物體嗎？

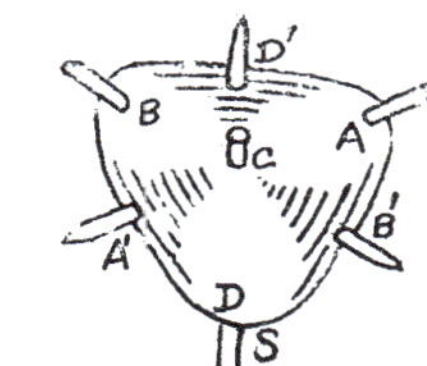

當這「大洋和高山相反佔據地球」的理論，最先洛新格林（William Lowthian Green）宣佈的時候，北極和南極附近的地帶都還未曾澈底的探察過，然而如今在北極發現了深洋，在南極發見了連綿不斷的大山脈，更證明此理論的不是荒謬無稽。

你現在或須要追問我，甚麼力量的發展，使地球形成了這種怪形？下面所講的一個簡單實驗就能很清楚的解釋地球怎樣從最初熾熱的球體經過冷縮而形成了角錐的模樣。在原始的半液體狀態下，我們的星球是近於球體的，可是當一層圓體的地殼在外慢慢形成，而內部繼續不斷緊縮時，這地殼就漸漸向內深陷，隆起綫和空凹處也因此形成，這和蘋果的皮乾後皺縮情形相同。不過在地球說起來，隆起綫度成山脊，而空凹即變成了深海。這種發展並不是偶然的，而是有機械原理作根據。現在試取一個很厚的橡皮球，另外用一條橡皮管通到球體內，若是我們把空氣從空球內吸到外面，當然這球就要漸漸縮小而至不成爲球體，而且我們可預期結果它一定了一個四面角錐體的樣子爲圖（1）。剛才說皮球內部縮小恰和原始時代地球內部冷縮一樣那末地球變四面角錐的形成可迎刃而解了。在家裏你要是喜歡做這實驗的話，你可在玩。玩具店裏化幾角錢買到一個皮球，開一個小孔，再用銅孔頭塞入孔裏，另外想法弄一根軟橡皮管，一頭通到銅孔頭，這樣就可以想法吸出球內的空氣了，再向化學實驗室裏一隻壓榨活栓，這東西的用處是在防止空氣從外面再流到球裏去。做實驗的時候，這活栓是用手開着，而用嘴含住橡皮管的一頭吸出球內的空氣，要呼出你肺內的空氣而準備另一次吸氣時，你可以把活栓閉住。最後當大部分空氣吸出去時，原來是圓的球是變成一個近於角錐體形狀的東西——起了四個凹陷。

在做這實驗時有一點你應該加以注意：當第一個深凹形成時，你一定要避免它凹的太大，否則就會變成一隻空的橡皮杯。這可用手指來調整它。這樣後，你繼續的吸氣可以使球有四個空陷，總之你避免空陷形成得太大，那末你就決不會失敗了。在地球的冷縮過程中，球心支持着地殼，所以在我們的空球例子中，完全的向內崩潰，是應該避免的。

我們現在要有這樣一個問題了：什麼機械原理現使從一個皺縮的球體產生一個四面角錐體？為什麼結果所得的形狀不是一個六面正方體，為什麼不是一個八面或十面體？這裏有一個科學上的答案：一個四面的角錐體有最大的表面積而內部的體積却是最小所以皺縮球體——無論是球或是地球——有一種變成四面角錐體的傾向因為這形狀是最容易處置大面積的。還有一個很有趣的事情凡是地殼曲摺成列的地方，它就自然的在幾處破裂，使熾熱的內部液質洩出。根據我們的理論就是世界上大多數的大火山，常分佈在沿着這些山脈主綫的原理。

倘使地球是尖劈形的物體是事實，那末別個星是怎樣形狀呢？我們難道不可以相信同樣的皺縮原理使它們的形狀也變成四面角錐體嗎？

我們知道木星。土星，天王星，海王星，大概仍是在半液膠體的情態下，它們的演化，還不會形成一個固定的硬殼。金星仍是被厚厚的雲層包圍着，水星的情形，知道太少了它的凹凸高低分佈情形，我們不清楚，祇有火星，我們的近鄰，可以給我們來做比較從我們望遠鏡裏看起來，火星上的許多陰影，慢慢的向它的一端集中，像地球上的大陸一樣！假使這些陰影確是火星上的大陸，那末同樣的機械原理也使火星成為一個四面角錐體了。

（完）

初等幾何學講話(續)

金 品

第三次 證兩線相等的方法

學生：請教證兩線段相等的方法怎樣？

教師：證法有好多種：(1)利用全等三角形法，(2)利用等腰三角形法，(3)利用平行四邊形法，(4)利用第三線分法等等。

學生：利用全等三角形來證線分相等的步驟怎樣？

教師：先把題意辨別清楚，圖也畫出。然後作第一步手續：就是在圖中認清你需證的線分，並在牠們附近覓得與這二條線分有關係的兩個三角形。因此這一步手續可以叫做覓標。

學生：怎樣叫有關係的三角形呢？

教師：譬如一個三角形有一邊 AB，他一個三角形有一邊 CD，那末這二個三角形就叫與 AB，CD 有關係。

學生：這個我明白了，請教第二步怎樣呢？

教師：因爲第一步所找到的三角形，不一定是全等形，所以第二步應當仔細檢查這二個三角形倒底全等不全等。

學生：怎樣去檢查呢？

教師：這個很容易，只要把牠們的邊（要證的線分應當除外）一對一對查過，再把牠們的角也一對對查過；看牠們共有幾對邊相等，幾對角相等。

學生：這種檢查手續很麻煩，能否減省一些？

教師：可以的，檢查的時候很可以少查幾對，不過初查的時候，便不容易辨別，查慣了，到處都能運用機會以減省檢查手續。

學生：檢查的目的何在？

教師：要想解決所查三角形是否全等這一個問題，因爲經過這樣一查以後，全等不全等問題是大概可以解決了。

學生：這話怎樣講呢？

教師：因爲全等三角形的條件有三個：即 (1)二邊夾一角彼此相等，(2)二角一邊彼此相等，(3)三邊彼此相等。所以檢查結果，如能有合于上面三個條件之一的，便可斷定牠們是全等三角形了。

學生：請教檢查的時候，怎樣可以知道某一對邊等不等，某一對角等不等呢？

教師：有些邊和角的相等，是假設中載明白的，有些是先知道另一對邊和角的相等，然後利用加法或減法，公理或其他定理而誘導出來的。更有些是需要利用另外一套全等三角形來證明牠們相等的，爲便了于檢查的關係，我們還隨時把相等的線和角用顏色的筆畫出或標上一種特別記號。

學生：假使我們能够證明有關係三角形是全等的，那末我們要證的線分是毫無疑義的相等了。

教師：你說得很對。

學生：利用全等三角形來證兩線分相等的方法我明白了，頂好請老師再舉例說明一下。

教師：很好，我舉的例是「BC是等腰△ABC的底邊，在BC的延長綫上取BD＝CD那末AD＝AE」

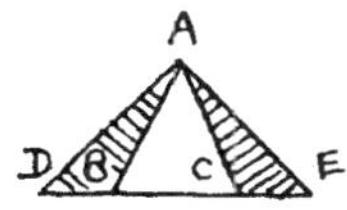

仔細看一看，便知道我們要證明相等的線分是AD和AE；那末與AD和AE有關係的三角形不是△ABD和△ACE嗎？

學生：不錯但是與AD，AE有關係的三角形(除老師所說的一對以外還有三對即(1)△ACD和△ABE (2)△ACD和△ACE(3)△ABD和△ABE；何以老師單說△ABD和△ACE呢？

教師：你這一問問得周到。當然，與求證線分有關的三角形往往不止一對；有幾對是全等的，（如本題的△ACD，△ABE和△ABD，ACE）也有幾對不是全等的，（如本題的△ACD，△ACE和△ABD，△ABE）但是在沒有檢查以前，你不知道究竟那幾對是全等？那幾對不是全等？至於那一對應當先查，那一對不應當查，更難斷定，因此除掉預知非全等形的幾對以外；（如這裏的△ACD，△ACE和△ABD，△ABE）我們祇能一對一對地挨次檢查。若能運氣好，第一次查到的就是全等形；那末問題就隨之解决。不然，就再查第二對，第三對，一直查下去，眞正查到沒有辦法，還要想補救辦法——作補助線。

學生：這樣說起來，檢查的時候，倒要當心一點呢？

教師：不是嗎？一個不小心，就會把本來全等的認作不全等，遂以爲圖中沒有一對全等三角形，或者反而把不全等的三角形當作全等三角形，那就是糟了。而且檢查的時候，還要有耐心；第一對三角形沒有檢查完畢，切不可再查第二對，免得思想要雜亂而一無所成。

學生：認定△ADB，△ACE是有關係三角形以後，怎樣進行呢？

教師：我們就得開始檢查，檢查的結果是：

(1)AD，AE兩線分能否相等，目下尙不知，至少在三角形全等否這一問題未解決以前，是不知道相等的，所以這一對邊就不用查，

(2)BD，CE兩線分是題中言明相等的。

(3)AB，AC兩線分也是相等的，因爲題中言明△ABC爲等腰三角形，卽△ABC中有二腰相等。

(4)末了再查∠ABD，∠ACE二角的等不等，而其他二對角便不用檢查了。

學生：何以不用檢查其他二對角呢？

教師：這很容易明白的，因爲其他二對角，都不是等邊的夾角，卽使牠們能相等，也合不上二邊夾一角彼此相等的條件；更合不上全等三角形的其他二條件；所以檢查其他二對角的結果一定是白費心機。我們又何必多此一舉呢？

學生：那末我們能否知道∠ABD=∠ACE呢？

教師：我們還得要詳細查一查才能答覆這個問題

學生：怎樣的詳細檢查呢？

教師：先查一查假設中有否說及∠ABD，∠ACE相等，要是說及的，那末本題便可解決，否則可再查假設中有否說及其他的等角，如果有的，更查能否因這些等角的關係，而使∠ABD，∠ACE隨之相等，要是假設中沒有說及∠ABD=∠ACE也沒有提及其他的等角，那末夾角相等這一問題便不容易解決了，把方法說明了，我就把∠ABD，∠ACE來詳查一下。

學生：好的

教師：細查以後，我們知道假設中雖沒有說出∠ABD=∠ACE但說及∠ABC=∠ACB，而且∠ABD，∠ACE是這一對等角的補角，因此依照補角定理可知。∠ABD=∠ACE了，

學生：如今在△ABD，△ACE中不是有(i)BD=CE(ii)AB=AC及(iii)∠ABD=∠ACE嗎？這樣不是可以斷定，△ABD，△ACE是全等形了嗎？那末AD=AE不是證明確實了嗎？

教師：一些也不錯

學生：不是本題還要寫一個證明嗎？

教師：對的

學生：每一題都要有一個證明，並且還要提出許多理由，這實在有些麻煩，遇着知其然而不知其所以然的時候，就得搜索枯腸。同學們差不多十有八九是見着就頭痛的，這也是一般同學怕學幾何的內在原因之一。

讀者信箱

大維君問：

（一）「一三角形其二底角之平分綫相等，求其爲等腰三角形」，請示其解法如何（最好不用歸謬證法）？

（二）宇宙中容積最大的星究竟是蒭藁增二（鯨魚甲）還是心宿四（天蝎甲）

答：

△ABC兩底角B，C之等分角綫BD，CE今知BD=CE試證△ABC爲等腰△

(證)自E作∠GEC=∠DBC且截取EG=BC（如圖）……………………………………(I)

聯結CG

∴ BD=CE，EG=BC，∠GEC=∠DBC

∴ △GEC=△DBC

∴ ∠EGC=∠ACB……………………(II)

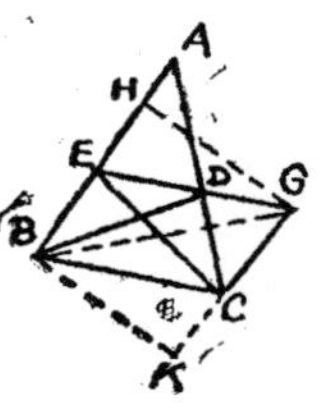

又 ∠BDC=∠ECG

故 ∠GCB=∠ECB+∠ECG=∠ECB+∠BDC=∠ECB+∠ABD+∠BAC

$$=\frac{\angle C}{2}+\frac{\angle B}{2}+\angle A \cdots\cdots\cdots\cdots(1)$$

又 $\angle GEB=\angle CEB+\angle CEG=\angle ACE$

$$+\angle BAC+\angle CBD=\frac{\angle C}{2}+\angle A+\frac{\angle B}{2}\cdots(2)$$

由(1)及(2) 故$\angle GCB=\angle GEB$

自B作GC之垂線BK與GC之延綫交於K

自G作AB之垂綫GH與AB交於H

$\therefore$ $\begin{cases}\angle BCK=\angle GEH(\angle GCB=\angle GEB\text{，等角之補角相等}) \\ EG=BC \quad (\text{作圖})\end{cases}$

$\therefore$ Rt.$\triangle BCK\equiv$Rt.$\triangle GEH$ $\therefore HG=BK$

$\therefore$ $HE=CK\cdots\cdots\cdots\cdots\cdots\cdots(3)$

連結BG $\because$ $HG=BK$， $BG=BG$

$\therefore$ Rt.$\triangle HBG\equiv$Rt.$\triangle KBG$

$\therefore$ $HB=GK\cdots\cdots\cdots\cdots\cdots\cdots(4)$

由(3)及(4) $HB-HE=GK-CK$

$\therefore$ $BE=CG\cdots\cdots\cdots\cdots(III)$

由(I)及(III) $EG=BC$， $BE=CG$

$\therefore$ BCGE爲平行四邊形

$\therefore$ $\angle EGC=\angle ABC\cdots\cdots\cdots\cdots(IV)$

由(II)及(IV)

$\therefore$ $\angle ACB=\angle ABC$

即 $\triangle ABC$爲等腰三角形

（思承答）

（二）前者，不過將來也許還有容積更大的星，陳新觀，嚴福儒君並此。

胡述善問：

（一）下面二式中，那一式對；

(a)$\sqrt{(-1)^2}=(\sqrt{-1}\cdot\sqrt{-1})=-1$

(b)$\sqrt{(-1)^2}=\sqrt{1}=\pm 1$

（二）設P爲三角形ABC中綫AM上任意一點，BP，CP，交AC、AB，之點爲X、Y，求證XY=BC

（三）設一圓內接四邊形之對角綫互相垂直，自交點向四邊作四垂綫，求證連接此四垂綫所成之四邊形爲一圓之外接四邊形。

答：

（一）(b)式對，請參閱第一卷第三期科學小品欄內矛盾在那裏一文。

（二）證：過P點引直綫RPS平行於BC，與AB，AC之交點爲R，S，則$RP:BC=YP:YC$，$PS:BC=XP:XB$.

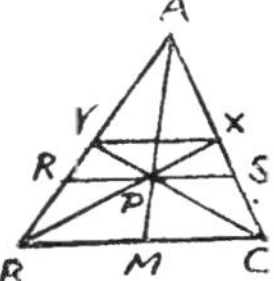

但 $PS:CM=AP:AM=PR:BM$

而 $BM=CM$

故 $PS=RP$，故$YP:YC=XP:YB$，因而$XP:PC=XP:PB$，

而 $\angle XPY=\angle BPC$， 故$\triangle PXY\backsim\triangle PBC$

而 $\angle PXY=\angle PBC$ 故$XY=BC$

（三）證：設圓內接四邊形ABCD之對角線AC和BD交於O點，M，N，P和Q爲自O點向AB，BC，CD和DA所作垂綫之垂足，求證，連MNPQ，則成圓之外接四邊。

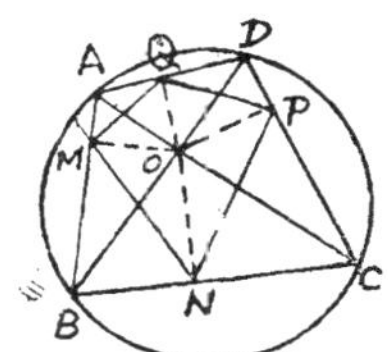

證：在四邊形BMON中，$\angle BMO=\angle BNO=$直角，

故過B，M，O，N四點可作一圓（若一四邊形對角互爲補角，則此四邊形爲一圓之內接四邊形）

$\therefore$ $\angle MBO=\angle MNO$（等弧所對的圓周角相等）

同理$\angle OPC$與$\angle ONC$亦爲直角

故過P，O，N，和C四點亦可作一圓）

$\therefore$ $\angle PCO=\angle PNO$

但 $\angle MBO=\angle PCO$，（因兩角同對$\overset{\frown}{AD}$）

$\therefore$ $\angle MNO=\angle PNO$（等於等量的量相等）

即 NO爲$\angle PNM$之角平分線。

同理可證MO，PO，和QO各爲$\angle NMQ$，$\angle NPQ$和$\angle PQM$之角平分線

故 O點爲四角二等分綫之交點即O點與MNPQ四邊形之四邊距離相等。故MNPQ爲圓之外接四邊形。

第二次懸賞解答

爾　　蘭

1. 若將質量等於m克之物體，置於地心，則其重量等於零，因重量者，即地球各部對此物體之吸力之合力也。今若置物於地心，則物體所受各方面的吸力皆相等，其合力必等於零，故重量爲零。

2. 作用與反作用，雖是大小相等方向相反，但決不互相抵消，因此二力並不作用於同一物體上，所以各有各的效果，並不抵消，所以車能前過。

3. 顏色與色光性質不同，顏色配合時，有吸收的現象。故七色顏料配合時，各自吸收其能吸收之色，而將不能吸收之色呈現。此不能吸收之色必非白色，故七色顏料配合，不得白色。

4. 棉絮爲一彈性體，蛋落於其上，其接觸的時間頗長；石則不然，蛋如落於石上於石上，接觸之時間極爲短促，故根據牛頓定律：

$$ft=mv \quad 或 \quad f=mv/t \quad（t 爲接觸時間）$$

在上式中，t大愈小則f愈大，t愈大則f愈小，故蛋落於石上時，由於趣短促的接觸時間，而受到極大之力，故立即破碎。

5. 以水銀灌滿此細管，其長爲l. 在灌之前，置於天秤上稱之，灌後再稱一次，則二次重量之差即爲管內水銀之重，設爲m克。今管之直徑爲d，則管內體積爲 徑πd^2l. 故水銀之重爲 $13.6\times$直$\pi d^2l=3.4\pi d^2l=m$

$$故\ d=\sqrt{\frac{m}{3.4\pi l}}$$

此細管中不能灌水，因所灌之水之重量太小，不易稱出。

6. X光之用途：

a. 醫學上診察體內病況

b. 觀察結晶體內部的結構

c. 在化學上，可利用X光譜，檢別各元素

d. 工業上，可利用X光透視金屬內部是否有氣孔，以防破裂

附註：在數十位應徵稿件中，第一問答對的，竟不滿十人，大多數的答案是無窮大，因爲在公式$f=cmM/d^2$，在地心時$d=o$，$f=\infty$。此答案，表面上視之，似無錯誤，實則在地心時 $d=o$，$M=o$。故$f=0/0$爲不定，故重量不能由此公式求得。

錄取名單：（已個別通知領奬時日）

第一名　謝　僧（揚州中學）　第二名　施燕玉（樂羣中學）　第三名　武達仁（揚州中學）

定價

每月出版二期　傳價四角五分

預定 期數	冊數	價目
全年	二十四期	九元
半年	十二期	五元
三月	六期	二元六角

震光數理　第一卷第六期

民國三十年十一月十日出版

編輯者　震光數理社（福煦路三八四號）

發行者　震光數理專校（上海福煦路三百八十四號）

總經售　震光數理專校

本埠各報攤均有出售

震光數理讀者研究會章則

（一）宗　旨　本會以聯絡「震光數理」讀者之感情，相互切磋，研究數理爲宗旨。

（二）資　格　凡「震光數理」之讀者，皆可申請加入本會爲會員。

（三）入會手續　塡具入會申請書，經本會審查委員會審查合格後，給予會員證，並同時繳納會費五角，作推進會務之經常費用。

（四）會　務　(a)每月集會討論一次(b)舉辦數理講座(c)發行會刊。

（五）組　織　本會設正副會長各一人及幹事若干人，共同負責會務之進行，會長由總編輯聘任，幹事由會員選舉之。

（六）會員權利　(a)會員訂閱本刊，可享八折優待(b)會員購買本社出版或經售之書籍，可享特別折扣，(c)會員介紹定戶，得依定價九折計算。

（七）會員義務　(a)推進會務(b)繳納會費。

（八）本章有未盡善處，得隨時修正之。

震光數理讀者研究會入會申請書

姓　名		年齡		性別	
地　址				電話	
肄業學校或服務機關					
科別年級					
已學過之數理科目（未學者劃去）	算　術　初等代數　平面幾何　平面三角　立體幾何　大代數 解析幾何　微積分　初等物理　初等化學　高等物理　高等化學				
對那門科目自問頗有心得					
爲什麼對數理發生興趣					
震光數理中那一欄最爲滿意					
震光數理中那一欄最不滿意					
對於震光數理的意見與期望					
審查結果					

中華民國　　年　　月　　日＿＿＿＿＿＿塡（簽名蓋章）

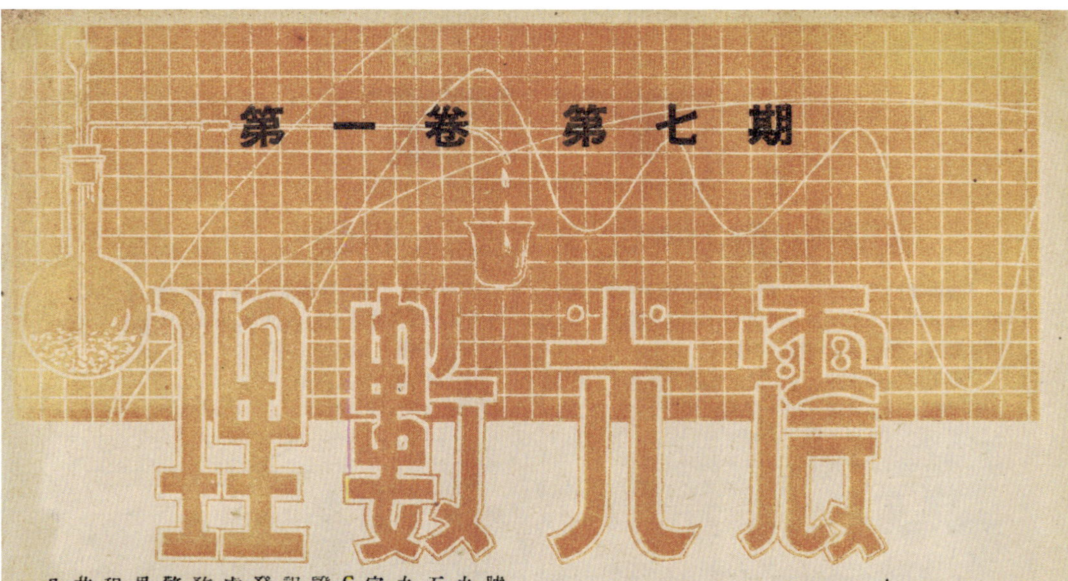

公共租界警務處登記證C字九五九號
法租界警務處登記證A字五八四五號

45 cts.

中華民國三十年十二月一日出版 交通大學校友主編

本期目錄

編者的話

編者

由於百物飛張，印刷工人罷工，以致本刊第六期，不能按期出版。爲了滿足讀者的需要，我們決定把第六期，和第七期，在同時出版。以後我們已經有相當辦法，決不致因了印刷的誤事，而勞讀者的久望。

本期內容，有沈振年先生的解析幾何中之第三基本問題，把解析幾何中的軌跡問題，很有系統地敘述出來，可以補充教科書的不足，和幫助讀者的溫習。青年數學家微言的級數概論，把握着中心概念，將高等代數和微積分上一個重要而忽略的問題，綜合的介紹，請讀者深深地體味。

第六期中，我們發表了二個消息，一是舉辦讀者座談會，一是辦理清寒贈閱辦法。經過月餘之積極籌備，都已有相當頭緒，本期上載詳細章則，請清寒讀者注意。同時本社懇求經濟充裕的讀者，捐助基金，來共襄盛舉。

末了，重申一句，本刊是愛好數理同學的進修學府，是有志數理青年的聯絡樞紐，本社同人下了種，如何灌溉，如何耕耘，使這幼嫩的蓓蕾，結成奇葩異卉，還仗讀者的努力。本社同人，是竭誠歡迎愛好本刊讀者的批評，熱忱接受前進青年的指教。

專　論

解析幾何學中之第三基本問題

沈振年

解析幾何爲以解析之方法，研究幾何問題之數學也，解析幾何之第三基本問題爲自軌跡之方程式，以研究軌跡之性質，並討論其形狀。

解析幾何中軌跡之方程式，其所含變數，爲軌跡上一切點，對於某組坐標系之坐標，故凡軌跡上之某點，其坐標必適合方程式，解方程式所得一對解答，以之爲坐標時，則所決定之點必在軌跡上。

軌跡之性質與形狀，既依方程式之形態而定，故討論時，須依問題之性質，而作若干步驟茲分別論之如下：

1．可分解之方程式：若一方程式，可分解爲若干含有變數之因子之積者，則其軌跡爲令各因子等於0，所得各方程式之一切軌跡。

何則，設有一軌跡，其方程式

(1)　$f(x,y)=0$

爲可分解者，並設分解後之形狀爲

$$f(x,y)=f_1(x,y)\cdot f_2(x,y)\cdots f_m(x,y).$$

則所欲證明者爲：方程式（1）之軌跡，爲下列諸方程式之軌跡之全體。

(2)　$f_1(x,y)=0,\quad f_2(x,y)=0,\cdots\cdots f_m(x,y)=0.$

證之之法，先示凡一點$P_1(x_1,y_1)$在（1）之軌跡上者，必在（2）中某一軌跡之上。

蓋$P_1(x_1,y_1)$適合方程式（1），故

$$f(x_1,y_1)=f_1(x_1,y_1)\cdot f_2(x_1,y_1)\cdots\cdots f_m(x_1,y_1)=0$$

即至少有一因子必須等於0，換言之$P_1(x_1,y_1)$至少須適合（2）中之一方程式，此證明凡一點在（1）之軌跡上者，必在（2）中某一軌跡之上。

證明之第二步爲：凡一點$P_1(x_1,y_1)$在（2）中某一軌跡上時，必在（1）之軌跡上。

今設$P_1(x_1,y_1)$在（2）中之一軌跡上，其方程式爲

(3)　$f_s(x,y)=0$

則　$f_s(x_1,y_1)=0$

但方程式（1）中含有此因子$f_s(x,y)$，故(3)在(x_1,y_1)時爲0，則（1）在(x_1,y_1)時亦爲0，換言之，凡點$P_1(x_1,y_1)$在（3）之軌跡上時，必在（1）之軌跡上，但方程式（3）爲（2）中之任一方程式，故證得凡點之在（2）中某一軌跡上時，亦在（1）之軌跡上。

例1：討論方程式

$$6x^2+5xy-6y^2+x-5y-1=0$$

所表示之軌跡。

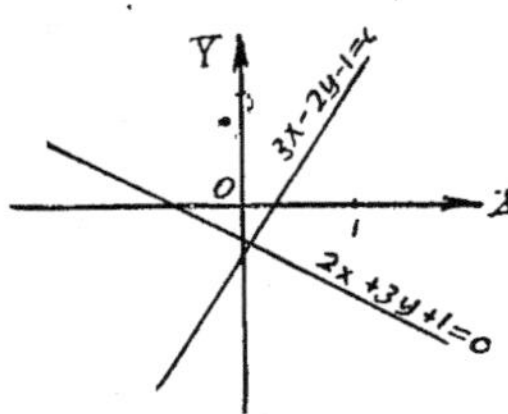

解：此方程式可分解之如下

$$(2x+3y+1)(3x-2y)=0$$

故原方程式所表示之軌跡爲下二方程式所表示之軌跡之全體

$$2x+3y+1=0,$$
$$3x-2y-1=0.$$

換言之，原方程式乃表示直綫是也。

例2．討論方程式

$$x^4+y^4+2x^2y^2-2x^2y-2xy^2-2x^3-2y^3-2x^2-2y^2+8x+8y-8=0.$$

所表示之軌跡

解：原方程式爲可分解者，分解後得

$$(x^2+y^2-4)(x^2+y^2-2x-2y+2)=0$$

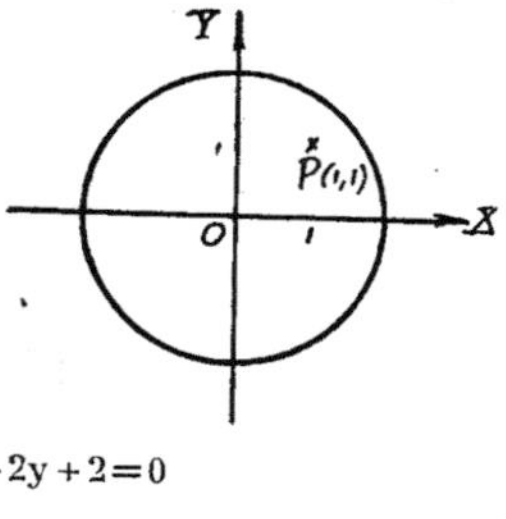

故原方程式之軌跡爲$x^2+y^2-4=0$之軌跡與

$$x^2+y^2-2x-2y+2=0$$

之軌跡，但

$$x^2+y^2-2x-2y+2=(x-1)^2+(y-1)^2=0$$

適合於此方程式者，只有一組實數，即（1，1）是也，換言之，此方式只表示一點，而另一方程式

$$x^2+y^2-4=0$$

爲表示一圓，故原方程式之軌跡爲一點及一圓

2．圖形之對稱性：作一方程式之軌跡時，若能探知其爲對稱者實予吾人一極大之便利，所謂二點對稱於一直線者，意指此直線（爲二點之聯線之垂直平分線也，凡軌跡上之一切點，皆對稱於一直線時，則

此圖形稱爲對稱於此直線者，若一點$P_1(x_1,y_1)$與另一點$P_2(x_2,y_2)$爲對稱於x軸時，則必須

$$x_2=x_1,\quad y_2=-y_1$$

即P_2之坐標爲$(x_1,-y_1)$同理$P_1(x_1,y_1)$與$P_3(-x_1,y_1)$爲對稱於y軸者，故若：

（i）：將方程式中之x改爲$-x$，而方程式不變時，則此方程式之軌跡對稱於y軸.

（ii）將方程式中之y改爲$-y$，而方程式不變者，則此方程式之軌跡對稱於x軸.

又二點$P_1(x_1,y_1)$與$P_2(x_2,y_2)$稱爲對稱於一點$P_3(x_3,y_3)$時，則P_3爲P_1，P_2之聯線之中點，故得

$$2x_3=x_1+x_2,\quad 2y_3=y_1+y_2.$$

若軌跡上一切之點，皆對稱於某一點時，則稱此方程式對稱於此點，若一軌跡對稱原點，則

$$x_3=0,\quad y_3=0;\quad \therefore\quad x_2=-x_1,\quad y_2=-y_1$$

故若

（iii）：將方程式中之x，y同時改爲$-x_1-y$而方程式不變者，則此方程式之軌跡對稱於原點，

例 1．討論方程式

$$x^2+4y^2-10=0$$

所表示之軌跡之對稱性，

解：將此方程式中之x改爲$-x$時，此方程式不變，又將其中y改爲$-y$時，方程式亦不變，故此方程式之軌跡對稱於x軸，又對稱於y軸。

例 2．討論方程式

$$4y-x^3=0$$

所表示之軌跡之對稱性，

解：將方程式中之x改爲$-x$，或將y改爲$-y$，此方程式立即改變，故其軌跡既不對稱於x軸，亦不對稱於y軸，但若同時將方程式中x，y，改爲$-x$，y，則方程式不變，故此方程式之軌跡爲對稱於原點者。

3．圖形之範圍：解析幾何中所論之軌跡，其點之坐標必須爲一對實數，故若二坐標x，y中有一爲虛數或複數者，則以此爲坐標之點，即無法作出之，因此決定一方程式中x，y均須爲實數之範圍，亦屬必要，蓋凡方程式並不能一切皆有實數之解者，不僅如此，抑尚有若干方程式絕無圖形或僅有爲若干孤立之點者.

例如方程式

$$(x-1)^2+(y-1)2=0$$

僅表示一點（1，1）而方程式

$$x^2+y^2+1=0$$

則無圖形

決定方程式中x，y爲實數之範圍，可如下法爲之：

（i）解x以y表之，棄去一切y使x不爲實數者，如此得y之範圍

（ii）解y以x表之如上法得x之範圍

若由（i），（ii）所得之x，y俱有限制之範圍時，則原方程式之圖形必在在某一區域之內，否則若有其中之一爲無限制時，則方程式所表示之圖形伸至無限遠處，若所得x，y僅爲若干對值者，則方程式僅表若干孤立之點，若無一x，y之值俱爲實數時，則方程式無圖形。

例1．討論下二方程式

$$x^2+y^2+4=0,\qquad (x^2-4)^2+(y^2-1)^2=0$$

所表之軌跡，

解：先就第一方程式而論，因二平方之和爲一正數，故無有使上方程式爲0之實數x，y，即此方程式無圖形，再就第二方程式而論，則二平方之和爲0時，必須此二平方同時爲0故得

$$\begin{cases}x^2-4=0\\ y^2-1=0\end{cases}$$

解之得

$$\begin{cases}x=2\\ y=1\end{cases},\quad \begin{cases}x=2\\ y=-1\end{cases},\quad \begin{cases}x=-2\\ y=1\end{cases},\quad \begin{cases}x=-2\\ y=-1\end{cases}$$

故第二方程式表示四點，

例2．討論方程式

$$x^2+4y^2-16=0$$

之軌跡之範圍。

解：因$x=\pm\sqrt{16-4y^2}=\pm2\sqrt{4-y^2}$故y之絕對值不可大於2，於是得y之範圍爲$-2\leqslant y\leqslant 2$.

又$y=\pm\sqrt{16-x^2}/2$，故x之絕對值不可大於4.於是得x之範圍爲：$-4\leqslant x\leqslant 4$.

例3．討論方程式

$$x^2-4y^2-16=0$$

之軌跡之範圍

解：因$x=\pm2\sqrt{y^2+4}$，故對於所有y爲實數時，x皆實數，即y之範圍無限制。

又$y=\pm\sqrt{x^2-16}/2$，故x之絕對值不可小於4.於是求得x之範圍爲$x\leqslant-4$，$x\geqslant4$.

4．有限曲線之變跡：所謂有限曲線者，乃指在有限處之曲線而言，若乎曲線伸長至無限遠時則此無限遠部分之曲線，不稱有限曲線。但其有限處之部分，則亦爲本節所討論者，關於有限曲線之變跡，可分下列諸點論之。

（i）求曲線截坐標軸離原點之距離，或求曲線與坐標軸相交之處，一曲線在x軸上之截距，爲此曲線與x軸之交點之橫坐標故求曲線在x軸上之截距時，可將方程式中之y爲0，而解x，則所得之諸根，即爲曲線在x軸上之截距，同理曲線在y軸上之截距，可自方程式中令x爲零，而解y，則所得之諸根，即爲曲線在y軸上之截距。

（ii）决定曲線經坐標軸時爲上升或下降者，一曲線在某點稱爲上升或下降時，依其方程式中 x,y 之值同爲增大或減少，以及一個爲增大而另一個爲減少而足，故欲決定一曲線經x軸時爲上升或下降者，只須將較曲線在x軸上之截距爲稍大之值代方程式之x，以計算y之爲正或負也，同理可決定曲線經 y軸時爲上升或下降也。

(iii)決定曲線之極大點及極小點，若一曲線爲有限時，則上升時有一極大點，下降時，有一極小點，在曲線經過極大點或極小點

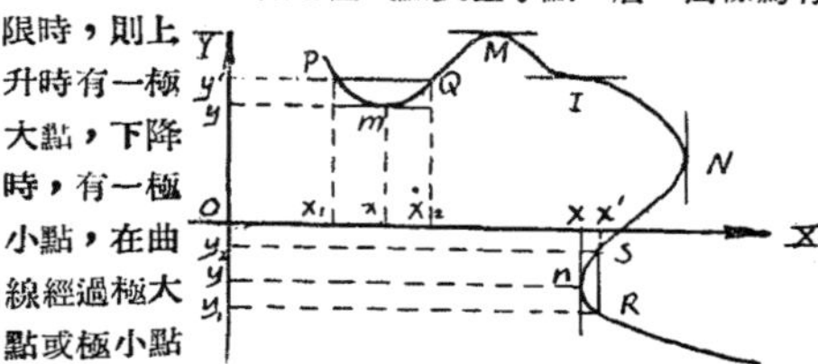

時，如圖上之m,M,n,N諸點，可見對於每一y'，有二x_1及x_2如 m兩旁之P,Q 二點，或對於每一x' 有二y_1及y_2，如兩旁之R,S 二點，惟恰在極大或極小點時，則每一 y 祇有一x，或每一 x亦只有一y，蓋此時x_1與x_2相等，y_1 與 y_2相等，換言之，若予y之一某值，而使方程式中x根爲二重根者，則以此一對x,y爲坐標之點，即爲曲線之極大點或極小點，在另一方面，若予一x之值，使所得方程式中之y爲二重根者，則以此爲坐標之點爲曲線對於x之極大點，或極小點，如N，n是，惟學者必須注意者，若x,y一爲單值，而另一爲重根時，以此種x,y 爲坐標之點方爲極大點或極小點，若二者俱爲重根時則否，如圖上之 I 點，於是得求極大點和極小點之法則如下：

先以y爲待定常數，而求x有二重根之條件.，則所得條件之方程式中僅含y解之得極大點，或極小點之縱坐標，惟其中或有不爲所求者，故代入原方程式以求x，若所得之x爲二重根者，即爲極大點或極小點之橫坐標，再決定該點爲下降或上升者而決定其爲極大或極小也

同理在方程式中予x爲一待定常數以求 y 之重根條件，而求得對於x爲極大或極小之點，

例題：討論方程式

$y=x^3-3x+3$

之軌跡之截距與極大極小之點，

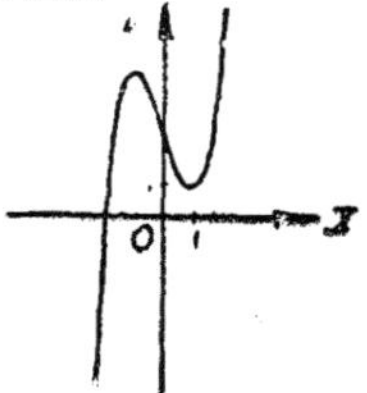

解：x=0時，y=3，此爲曲線y軸上之截距，又y稍大於3時x爲負數，故曲線經y軸時爲下降者，

y=0時，x=−2.1………此爲曲線在x 軸上之截距又x稍小於此數時y爲正數，故曲線經x軸時爲上升者

予x爲某一待定常數，則y爲一次式，故無重根之條件，即對於x而言無極大或極小

予y爲一待定常數時，得

$$x^3-3x+(3-y=0$$

此方程式有重根之條件爲

$$(q/2)^2+(p/3)^3=(y^2-6y+5)/4=0$$

由此得y=1.與5 以y=1代入原方程式，得x=1,1,−2,又以y=5代入原方程式，得x=−1,−1,2 故(1,1,)，(−1,5)爲極大點或極小點，又曲線在(1,1)時爲上升者，故此爲極小點，而曲線在(−1,5)時爲下降者，故此爲極大點，

5.非有限曲線之漸近線：設有一曲線漸次伸長至無限時，與某一直線間之距離亦愈無限接近者，則此直線稱爲曲線之漸近線，故若一曲線雖爲伸長無限者，苟能求得其漸近線時，則其無限遠處之位置亦爲可知者。

求一曲線之漸近綫，可分三方面着手：與x軸平行之漸近線，稱爲水平漸近線，與y軸平行之漸近線稱爲垂直漸近線，其他不與坐標軸相平行之漸近線，稱爲傾斜漸近線。

求水平漸近線之法，在求出y之一值，使 x 爲無限大者，則以此y之値爲截距而與 x 軸相平行之線，即爲水平漸近線，同理若能求得x之一值，而使 y 爲無限大時，則垂直之漸近線亦爲求得矣。

級　數　概　論

徽　言

大代數中，級數實爲最重要之一章，蓋自數學之觀點言之，級數實爲微積分學及高等算學分析之入門。然一般教科書中，語焉而不詳又鮮系統，因本數年教學經驗，而述是篇。學者欲更求深造，請參看下列各書：——

Knopp： Theories & Applications of infinite series

Hedrick： Mathematic Analysis.

Hardy： Pure Mathematcis

Wittaker & Watson： Modern Analysis

第一章　概　說

（1）數列（Sequence）　凡無窮項數，依一定之規律相續，使每項據一定之位次者，謂之數列。

如：$S_1, S_2, S_3, S_4 \cdots\cdots Sn \cdots\cdots$ 爲一數列。

（2）級數（Series）　設已知一數列：$u_\circ, u_1, u_2, u_3, u_4 \cdots\cdots u_n \cdots$ 則 $u_\circ + u_1 + u_2 + u_3 + u_4 \cdots\cdots\cdots + u_n \cdots\cdots\cdots$

謂之級數。

（3）數列之收斂與發散（Convergence and divergence）如上述數列，若Sn在n無限增大時，有一極限者，謂之收斂。反之，則謂之發散。

（4）級數之收斂與發散　若數則列 $S_1, S_2, S_3, S_3 \cdots\cdots Sn \cdots\cdots$ 而 $S_\circ = u_\circ$　$S_1 = u_\circ + u_1$　$S_2 = u_\circ + u_1 + u_2 \cdots\cdots Sn = u_\circ + u_1 + \cdots\cdots u_n$ ……當此數列爲收斂時，此級數稱爲收斂。而數列之極限S，稱爲此級數之和。

$S = u_\circ + u_1 + u_2 + \cdots\cdots + \cdots\cdots u_n + \cdots = \Sigma u_n$

級數之非收斂者，謂之發散級數。

例：如 $\frac{1}{2} + \frac{1}{4} + \frac{1}{8} + \frac{1}{16} \cdots\cdots\cdots$ 爲收斂級數，其和爲 1

$1+1+1+\cdots\cdots\cdots$ 爲發散級數，其值無限增大

$1+1-1+1-1 \cdots\cdots$ 亦爲發散級數，因其值無定

（5）數列收斂發散之定理

定理 1：　若漸增數列，其普通項Sn不能無限增大，則爲收斂的。

定理 2：　若漸減數列，其普通項Sn恆大於某一定數，則收斂的。

（6）級數收斂與發散之定理：　依第三節所述，討論一級數收斂與發散，祇須討論該級數橫式之數列之收斂與發散即得。

反之，如欲討論數列之收斂與發散，亦可由討論級數之斂散知之。

如數列 $S_1, S_2, S_3, S_3\ S_4 \cdots\cdots Sn \cdots\cdots$ 之收斂與發散，可由級數　$S_\circ + (S_1 - S_\circ) + (S_2 - S_1) + \cdots + (Sn - Sn_{-1})$

之收斂與發散明之，因此級數前 n+1 項之和，適爲前述數列之普通項Sn。

依（5）數列收斂發散之定理，可得下述之定理：

定理：　如欲級數爲收斂，必須而充分之條件（Sufficient and necessary condition），爲其和數小於一定數。

第二章　比較測法

（7）級數斂散之測定　其法甚多，綜述如下。

（8）比較測法（Comparison Test）。

（A）設已知正項級數　$a_\circ + a_1 + a_2 \cdots\cdots\cdots + a_n + \cdots$ 爲收斂，則另一正項級數　$u_\circ + u_1 + u_2 + u_3 \cdots\cdots + u_n + \cdots\cdots$ 亦爲收斂，若具下列條件之一：

I.　若自某項起，恆有 $u_n < a_n$ 之條件存在。

或II.　若自某項起，恆有 $u_n / a_n <$ K之條件存在。而K爲某定常數。

或III　若自某項起，恆有 $\frac{u_{n+1}}{u_n} < \frac{u_{n+1}}{u_n}$ 之條件存在。

證：

I.　若級數　$a_\circ + a_1 + a_2 \cdots\cdots + a_n$ n 項之和爲 Sa，$u_\circ + u_1 + u_2 + u_3 \cdots\cdots + u_n$ n項之和爲 S^u

因 $a_n, > u_n$ 故 Sa > Su. 當級數之項n無限增大時，Sa趨近於某極限 A。故Su當項數無限增大時，必趨於某極限B，而B必小於A。

II.　證法同上。

III. 證法同上

同理得

（B）設已知正項級數　$a_\circ + a_1 + a_2 \cdots\cdots + a_n \cdots\cdots$ 爲發散，則另一正項級數　$u_\circ + u_1 + u_2 \cdots\cdots + u_n \cdots\cdots$ 亦爲發散，若具下列條件之一。

I.　若自某項起，恆有 $u_n > a_n$ 之條件存在。

或II. 若自其項起，恆有 $u_n / a_n >$ K之條件存在。

或III. 若自某項起，恆有 $\frac{u_{n+1}}{u_n} > \frac{a_{n+1}}{a_n}$ 之條件存在。

證：。

I　證法倣 A　I

II　證法倣 A　II

III 證法倣 A III

（9）比較測法中常用之測驗級數。

（A）幾何級數　$\Sigma r^n = 1 + r + r^2 + \cdots\cdots r^n$

（i）　當 r = 1　此級數爲發散。

（ii）　當 r > 1　此級數爲發散。

（iii）　當 r ∠ 1　此級數爲收斂。

證見Fine: College Algebra

Hall & Knight: Higher Algebra.

（B）級數　$\Sigma \frac{1}{n^s} = \frac{1}{1} + \frac{1}{2^s} + \frac{1}{3^s} + \cdots\cdots + \frac{1}{n^s} \cdots\cdots$

（i）當S＝1時　該級數爲發散。

（ii）當S＜1時　該級數爲收斂。

（iii）當S＜1時　該級數爲發散。

證見上列二書

（10）比較測法之系：應用比較測法時所根據下述二系：

（A）設二正項級數 $\sum u_n = u_0 + u_1 + u_2 \cdots\cdots + u_n + \cdots\cdots$

及 $\sum a_n = a_0 + a_1 + a_2 + a_3 \cdots\cdots + a_n \cdots\cdots$，

若 $\frac{u_n}{a_n}$ 趨近於某定限，而該定限不爲零。

則 $\sum u_n$ 之爲收斂或發散，由 $\sum a_n$ 之爲收斂或發散而定。

（B）設二正項級數 $\sum u_n = u_1 + u_2 + u_3 \cdots\cdots + u_n$

及 $\sum a_n = a_1 + a_2 + a_3 \cdots\cdots + a_n$

當項數n無限增大時，$\frac{u_{n+1}}{u_n}$ 及 $\frac{a_{n+1}}{a_n}$ 各趨近於定限r及S.

若 $r < S$ 及 $\sum a_n$ 爲收斂，則 $\sum u_n$ 亦爲收斂。

若 $r < S$ 及 $\sum a_n$ 爲發散，則 $\sum u_n$ 亦爲發散。

習題：

試定下列級數之斂散性。

1. $\frac{1}{3} + \frac{1}{\sqrt{3}} + \frac{1}{\sqrt[3]{3}} + \frac{1}{\sqrt[4]{3}} \cdots\cdots + \frac{1}{\sqrt[n]{3}}$

2. $\frac{1}{\log 2} + \frac{1}{\log 3} + \frac{1}{\log 4} \cdots\cdots + \frac{1}{\log n}$

3. $\frac{1}{3} + \frac{2}{3^2} + \frac{3}{3^3} + \frac{4}{3^4} + \frac{5}{3^5} + \cdots\cdots \frac{n}{3^n} \cdots\cdots$

4. $\frac{2}{10} + \frac{3}{10^2} + \frac{4}{10^3} \cdots\cdots + \frac{n+1}{10^n} \cdots\cdots$

5. $\frac{2}{7} + \frac{2^2}{26} + \frac{2^3}{63} + \frac{2^4}{124} + \cdots\cdots$

6. $1 + \frac{5}{2!} + \frac{9}{3!} + \frac{13}{4!} + \frac{17}{5!} + \cdots\cdots$

7. $\frac{3}{2\cdot 3} + \frac{6}{3\cdot 4} + \frac{9}{4\cdot 5} + \frac{12}{5\cdot 6} + \cdots\cdots + \frac{3n}{(n+1)(n+2)}$

8. $\frac{1}{3-2} + \frac{1}{(3^2-2)} + \frac{1}{(3^3-2)} + \frac{1}{(3^4-2)} + \cdots\cdots + \frac{1}{(3^n-2)}$

9. $\frac{2}{3} + 2\left(\frac{2}{3}\right)^2 + 3\left(\frac{2}{3}\right)^3 + 4\left(\frac{2}{3}\right)^4 + \cdots\cdots$

10. $1 + \frac{1}{2^2} + \frac{1}{3^3} + \frac{1}{4^4} + \frac{1}{5^5} \cdots\cdots + \frac{1}{n^n}$

（讀者如有疑難，可函本刊讀者信箱詢問。）

各大學數理入學試題解答

（二） 暨南大學 (A) 大代數

設x,y,z,爲各不相等之正實數，求證：

$(x^2y+y^2z+z^2x)(xy^2+yz^2+zx^2)>9x^2y^2z^2$

解：$(x^2y+y^2z+z^2x)(xy^2+yz^2+zx^2)-9x^2y^2z^2$

$=x^3y^3+y^3z^3+z^3x^3+x^4yz+xy^4z+xyz^4-6x^2y^2z^2$

$=(x^3y^3+y^3z^3+z^3x^3-3x^2y^2z^2)+(x^4yz+xy^4z+xyz^4-3x^2y^2z^2)$

$=[(xy)^3+(yz)^3+(zx)^3-3(xy)(yz)(zx)]+xyz(x^3+y^3+z^2-3xyz)$

$=(xy+yz+zx)(x^2y^2+y^2z^2+z^2x^2-x^2yz-xy^2z-xyz^2)+xyz(x+y+z)(x^2+y^2+z^2-xy-yz-zx)$

$=(xy+yz+zx)\{\frac{1}{2}x^2(y^2-2yz+z^2)+\frac{1}{2}y^2(z^2-2zx+x^2)+\frac{1}{2}z^2(x^2-2xy+y^2)\}+xyz(x+y+z)\{\frac{1}{2}(x^2-2xy+y^2)+\frac{1}{2}(y^2-2yz+z^2)+\frac{1}{2}(z^2-2zx+x^2)\}$

$=\frac{1}{2}(xy+yz+zx)\{x^2(y-z)^2+y^2(z-x)^2+z^2(x-y)^2\}+\frac{1}{2}xyz(x+y+z)\{(x-y)^2+(y-z)^2+(z-x)^2\}$

∴x≠y≠z，且x,y,z爲實數故$x^2(y-z)^2+y^2(z-x)^2+z^2(x-y)^2>0$。

$(x-y)^2+(y-z)^2+(z-x)^2>0$。

又因x>0,y>0,z>0,故

$xyz>0;x+y+z>0,xy+yz+zx>0$。

∴$\frac{1}{2}(xy+yz+zx)\{x^2(y-z)^2+y^2(z-x)^2+z^2(x-y)^2\}+\frac{1}{2}xyz(x+y+z)\{(x-y)^2+(y-z)^2+(z-x)^2\}>0$。

即$(x^2y+y^2z+z^2x)(xy^2+yz^2+zx^2)-9x^2y^2z^2>0$

∴ $(x^2y+y^2z+z^2x)(xy^2+yz^2+zx^2)>9x^2y^2z$

2.試求$\frac{\alpha\cdot\beta}{1\cdot r}+\frac{\alpha(\alpha+1)\beta(\beta+1)}{1\cdot2\ r(r+1)}+\frac{\alpha(\alpha+1)(\alpha+2)\beta(\beta+1)(\beta+2)}{1\cdot2\cdot3\cdot r(r+1)(r+2)}\cdots\cdots$

爲收斂時α,β,r之關係。

解：設此級數爲$u_1+u_2+u_3+\cdots\cdots+u_n+\cdots\cdots$

則$U_n=\frac{\alpha(\alpha+1)(\alpha+2)\cdots\cdots(\alpha+n-1)}{1\cdot2\cdot3\cdots\cdots n.\ r(r+1)(r+2)}\frac{\beta(\beta+1)(\beta+2)\cdots(\beta+n-1)}{\cdots\cdots(r+n-1)}$

$U_{n+1}=\frac{\alpha(\alpha+1)(\alpha+2)\cdots\cdots(\alpha+n)\beta}{1\cdot2\cdot3\cdots(n+1)\cdot r(r+1)(r+2)}\frac{(\beta+1)(\beta+2)\cdots\cdots(\beta+n)}{\cdots\cdots(r+n)}$

$\frac{U_{n+1}}{u_n}=\frac{(\alpha+n)(\beta+n)}{(n+1)(r+n)}$

$=\frac{n^2+(\alpha+\beta)n+\alpha\beta}{n^2+(1+r)n+r}$

∵$\lim\limits_{n\to\infty}=\frac{U_{n+1}}{u_n}=1$，依Gauss試驗之原理，

U 級數爲收斂之條件爲

$1+r-(\alpha+\beta)>1$。or $r-\alpha-\beta>9$。

故此級數爲收斂時α,β:r之關便爲$r>\alpha+\beta$

3.試解$12x^6-13x^5-156x^4+314x^3-156x^2-13x+12=0$

解：$12x^6-13x^5-156x^4+314x^3-156x^2-13x+12=0$

∵x≠0,各除以x^3, $12x^3-13x^2-156x+314-156\frac{1}{x}-13\frac{1}{x^2}+12\frac{1}{x^3}=0$。

或$12\left(x^3+\frac{1}{x^3}\right)-13\left(x^2+\frac{1}{x^2}\right)-156\left(x+\frac{1}{x}\right)+314=0$。……(1)

設$x+\frac{1}{x}=z$，則$x^2+\frac{1}{x^2}=z-2$，$x^3+\frac{1}{x^3}=z^3-3z$。

代入(1) $f(z)=12(z^3-3z)-13(z^2-2)-156z+314=0$

或 $f(z)=12z^3-13z^2-192z+340=0$。……(2)

由試驗得f(2)=0•故z=2爲f(z)=0之一根

(2)式可書爲$(z-2)(12z^2+11z-170)=0$。

或$(z-2)(3z-10)(4z+17)=0$。

∴$z=2$，$\frac{10}{3}$，或$-\frac{17}{4}$

(A)z=2,即$x+\frac{1}{x}=2$

各乘以x $x^2+1=2$; 或$x^2-2x+1=0$。

$(x-1)^2=0$ ∴x=1,1。

(B)$z=\frac{10}{3}$ 卽$x+\frac{1}{x}=\frac{10}{3}$

各乘以3x $3x^2+3=10x$或$3x^2-10x+3=0$。

$(3x-1)(x-3)=0$。 ∴$x=3$或$\frac{1}{3}$

(C) $z=-\frac{17}{4}$ 即 $x+\frac{1}{x}=-\frac{17}{4}$

各乘以 $4x$ $4x^2+4=-17x$ 或 $4x^2+17x+4=0$

$(4x+1)(x+4)=0$ ∴ $x=-4$ 或 $-\frac{1}{4}$

$x=1,1,3,\frac{1}{3},-4$ 或 $-\frac{1}{4}$

(B) 解析幾何

1.已知：一三角形三邊之方程式爲 $x=1$，$x-y=0$，$x+2y+3=0$ 試求共三中線之方程式。

解：作 $x=1$，$x-y=0$，$x+2y+3=0$ 之圖形，各相交於A，B，及C。

解 $x=1$，$x-y=0$ 得 $x=1$，$y=1$ ∴ A(1,1)

解 $x=1$，$x+2y+3=0$ 得 $x=1$，$y=-2$

∴ C(1,−2)

解 $x-y=0$，$x+2y+3=0$ 得 $x=-1$，$y=-1$

∴ B(−1,−1)

設△ABC三邊之中點爲D，E，及F。則其坐標各爲

$D\left(\frac{1-1}{2},\frac{-2-1}{2}\right)$；$E\left(\frac{1+1}{2},\frac{-2+1}{2}\right)$；

$F\left(\frac{1-1}{2},\frac{1-1}{2}\right)$

或 $D\left(0,-\frac{3}{2}\right)$；$E\left(1,-\frac{1}{2}\right)$；$F(0,0)$

∴ AD，BE，CF之方程式各爲

AD: $\frac{x}{y+\frac{3}{2}}=\frac{1}{1+\frac{3}{2}}=\frac{2}{5}$ 或 $x-2y-3=0$

BE: $\frac{x+1}{y+1}=\frac{1+1}{-\frac{1}{2}+1}=4$ 或 $x-4y-3=0$

CF: $\frac{x}{y}=\frac{1}{-2}$ 或 $2x+y=0$

故即△ABC之三中線方程式爲

$5x-2y-3=0$，$x-4y-3=0$，及 $2x+y=0$。

2.若 $P_1(x_1,y_1)$，$P_2(x_2,y_2)$，$P_3(x_3,y_3)$，$P_4(x_4,y_4)$ 四四點共圓，則

$$\begin{vmatrix} x_1^2+y_1^2 & x_1 & y_1 & 1 \\ x_2^2+y_2^2 & x_2 & y_2 & 1 \\ x_3^2+y_3^2 & x_3 & y_3 & 1 \\ x_4^2+y_4^2 & x_4 & y_4 & 1 \end{vmatrix}=0。$$

試證之。

證：設通過 P_1，P_2，P_3，三點之圓之方程式爲

$x^2+y^2+Ax+By+C=0$，

則 $x_1^2+y_1^2+Ax_1+By_1+C=0$ 或

$x_1A+y_1B+C+x_1^2+y_1^2=0$……(1)

$x_2^2+y_2^2+Ax_2+By_2+C=0$ 或

$x_2A+y_2B+C+x_2^2+y_2^2=0$……(2)

$x_3^2+y_3^2+Ax_3+By_3+C=0$ 或

$x_3A+y_3B+C+x_3^2+y_3^2=0$……(3)

解此三聯立方程式可得A，B，及C之數值。

如 P_4 爲亦在此圓上則 $x_4^2+y_4^2+Ax_4+By_4+C=0$

或 $x_4A+y_4B+C+x_4^2+y_4^2=0$……(4)

則得四方程式而未知數唯A，B與C三，故如以(4)式與(1)，(2)，(3)三式中任二式聯立應得同樣之A，B，C之解即(1)，(2)，(3)，(4)四式必爲一致而(1)，(2)，(3)，(4)，四式一致之條件爲

$$\begin{vmatrix} x_1, & y_1, & 1, & x_1^2+y_1^2 \\ x_2, & y_2, & 1, & x_2^2+y_2^2 \\ x_3, & y_3, & 1, & x_3^2+y_3^2 \\ x_4, & y_4, & 1, & x_4^2+y_4^2 \end{vmatrix}=0 \text{ 或 } \begin{vmatrix} x_1^2+y_1^2, & x_1, & y_1, & 1 \\ x_2^2+y_2^2, & x_2, & y_2, & 1 \\ x_3^2+y_3^2, & x_3, & y_3, & 1 \\ x_4^2+y_4^2, & x_4, & y_4, & 1 \end{vmatrix}$$

$=0$（參閱大代數方程式論）

亦即爲 P_1，P_2，P_3，P_4 四點共圓之條件

3.設一已知長之線段兩端各在二互相垂直之直線上移動，試求該線段上任意一點之軌跡之方程式。

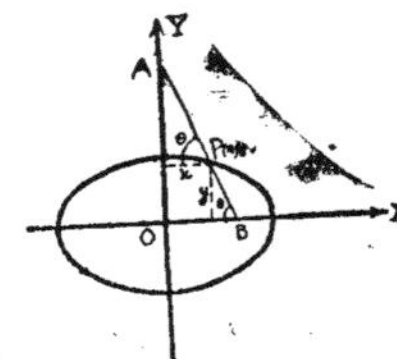

設AB爲已知線段，P(x,y)爲其上任一點，如 AB=a，AP=b 則 BP=a−b。

設∠ABO=θ，則

$y=PB\sin\theta=(a-b)\sin\theta$

或 $\frac{y}{a-b}=\sin\theta$ ……………………………(1)

$x=PA\cos\theta=b\cos\theta$ 或 $\frac{x}{b}=\cos\theta$ ………(2)

$(1)^2+(2)^2$ 消去 θ 得 $\frac{x^2}{b^2}+\frac{y^2}{(a-b)^2}=1$。

故P點之軌跡爲一橢圓其方程式爲

$\frac{x^2}{b^2}+\frac{y^2}{(a-b)^2}=1$。

4.詳細討論 $\frac{x^2}{25-k}+\frac{y^2}{9-k}=1$ 之軌跡，k爲參變數。

解：$\frac{x^2}{25-k}+\frac{y^2}{9-k}=1$ 爲一二次曲線，與XY軸俱呈對稱形。

因 $25-k\neq 9-k$，故其軌跡普通橢圓或雙曲線。

∵ $C^2=a^2-b^2=25-k-(9-k)=16$，

$C=\pm4=$ 常數。

故此一組雙曲線與橢圓有共同之焦點(4,0)與(−4,0)。

當 $k<9$ 時 $\begin{matrix}25-k>0\\9-k>0\end{matrix}$，$\frac{x^2}{25-k}+\frac{y^2}{9-k}=1$ 爲一橢圓。

當 $k=9$ 時，原式爲 $(9-9)x^2+(25-9)y^2$

$=(25-9)(9-0)$

或 $16y^2=0$。或 $y=0$。

故其軌跡重合於x軸。

當$25>k>9$時，$25-k>0$，$9-k<0$。

$\frac{x^2}{25-k}-\frac{y^2}{k-9}=0$爲一雙曲線。

當$k=25$時，原式爲$(9-25)x^2+(25-25)y^2$
$=(9-25)(25-25)$

或 $-16x^2=0$。或 $x=0$。

故其軌跡重合於Y軸。

當$k>25$時，$25-k<0$，$9-k<0$。則

$-\frac{x^2}{k-25}-\frac{y^2}{k-9}=1$。

但當x，y，爲實數時 $-\frac{x^2}{k-25}-\frac{y^2}{k-9}<0$

故原式爲無軌跡（虛軌）。

（參閱Smith-Gale neeley三氏解析幾何）

(C)平面幾何

1.設AB，CD爲圓內二正交之弦，且其交點爲O，則聯BD中點E與O之延線，必垂直AC。

已知：$AB\perp CD$，$BE=ED$

求證：$EF\perp AC$。

證：若以E爲中心，EB及ED爲半徑即BD爲直徑作圓則此圓通過O點（因$\angle DOB$爲直角）

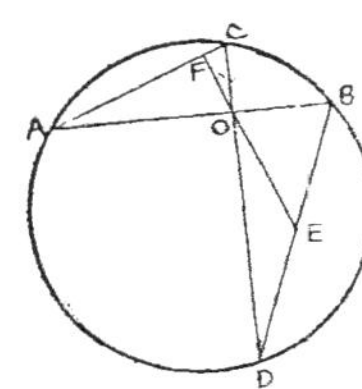

故$OE=EB$，而

$\angle EOB=\angle EBO$

（等腰三角形之底角相等）但

$\angle BOE=\angle FOA$（對頂角）

故$\angle OBE=\angle FOA$（代換）

又$\angle CAB=\angle CDB$

（同以$\overset{\frown}{CB}$之半度之）

故$\triangle AOF\backsim\triangle OBD$（兩角各各相等）

∴$\angle AFO=\angle DOB=RT.\angle$.

即 $EF\perp AC$.

2.設AD爲△ABC邊BC上之中線；DE，DF各爲$\angle ADB$，$\angle ADC$之分角線，且各交AB，AC於E，F.求證：$EF\parallel BC$。

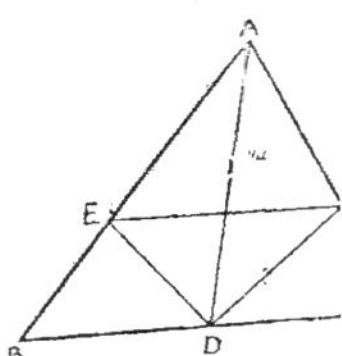

證：已知$BD=CD$，

$\angle ADE=\angle BDE$，

$\angle ADF=\angle CDF$。

故$AE:EB=AD:DB$

$AF:FC=AD:DC$

（角三等分線截對邊成線分與鄰邊成比例）。

但$DB=DC$ ∴$AE:EB=AF:FC$。

故$EF\parallel BC$（一直線截三角形之兩邊成比例線分則平分於第三邊）。

3.已知一三角形三中線之長，求作此三角形。

已知：△ABC之三中線$AD=a$，$BE=b$，$CF=c$，

求作：△ABC

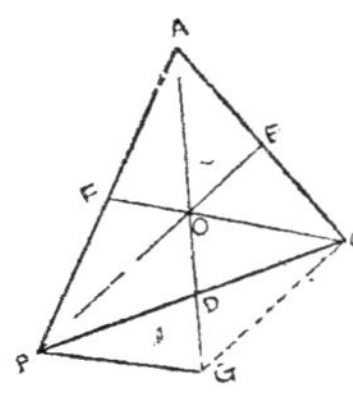

作法：以$\frac{2}{3}a$，$\frac{2}{3}b$，$\frac{2}{3}c$爲三邊作△BOG。延長GO至A使$OA=OG$.聯OG之中點D與B延長至C使$BD=DC$聯AB，AC，則△ABC爲所求者。

證：聯CO，延長BO，與CO交AC與AB於E及F。

∵ $BD=CD$ 故 AD爲中線

又$AO=OG==2OD$，故 $AO=\frac{2}{3}AD$。

∴ O爲△ABC之重心

故 CE，BE，亦爲中線

故 BOCG爲一平行四邊形。

聯CG，則因$OD=DG$，$BD=CD$，

$BO=CG$，（▱對邊相等）。

故 $OE=\frac{1}{2}CG$。（三角形兩邊之中點聯線等於第三邊之半）

但$AO=OG$，$AE=EC$，

∴ $BO=2OE$，$BE=\frac{3}{2}BO=\frac{3}{2}\times\frac{2}{3}b=b$。

同理可證$CF=c$

又 $AD=\frac{3}{2}OA=\frac{3}{2}\times\frac{2}{3}a=a$。

故△ABC爲所求之三角形。

4.設平行四邊形一邊之長爲一定，且其位置不變他邊之長亦一定。試求其對角線交線之軌跡。

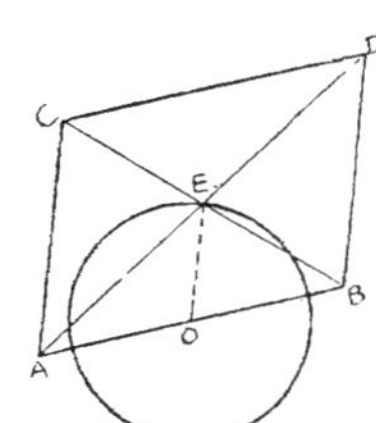

設E爲平行四邊形ABCD之對角線之交點，O爲一邊AB之中點，則因AB之長度及位置一定故O點之位置亦一定。聯OE，

則因E爲AD之中點（平行四邊形對角線互相平分）

$OE=\frac{1}{2}BD$ BD之長一定，OE之長亦爲一定。

故E爲一動點，其與一定點O之距離爲一定，其軌跡爲以爲中心，爲半徑之一圓。

∴此平行四邊形對角線之交線之軌跡爲以定邊中點爲中心，他邊之半爲半徑所作之一圓。

(D)平面三角

1.試解： $\cos^3\theta-3\cos\theta-2=0$。

$\cos^3\theta-3\cos\theta-2=0$。

$\cos^3\theta-\cos\theta-2\cos\theta-2=0$。

$\cos\theta(\cos\theta+1)(\cos\theta-1)$

$-2(\cos\theta+1)=0$。

$(\cos\theta+1)(\cos^2\theta-\cos\theta-2)=0$。

$(\cot\theta+1)^2(\cos\theta-2)=0$。

$\therefore\cos\theta=-1,-1$。（2不合）

$\therefore\theta=2n\pi+\pi,2n\pi+\pi$。

$\theta=(2n+1)\pi;(2n+1)\pi$。

2.設$A+B+C=\pi$，試證

$$\tan A+\tan B+\tan+C=\tan A\tan B\tan C$$

證：$\because\ \tan(A+B)=\dfrac{\tan A+\tan B}{1-\tan A\tan B}$

$\therefore\tan A+\tan B=\tan(A+B)-\tan(A+B)\tan A\tan B$。

$\because A+B+C=\pi,A+B=\pi-C$，

$\tan(A+B)=\tan(\pi-C)=-\tan C$。

$\therefore\tan A+\tan B=-\tan C+\tan A\tan B$。$\tan C$

即$\tan A+\tan B+\tan C=\tan A\cdot\tan B\ \tan C$

3.設一山坡之傾斜率（slope）不變，自山坡上一點A測山頂上一旗竿之頂，得其視線與山坡所成之角為α，又自較A離山頂近a尺之一點B測之，得其視線與山坡所成之角為β。若旗竿之高為h尺，試證山坡之傾斜角（inclinatiou）為

$$\text{arc cos}\left(\frac{a\sin\alpha\sin\beta}{h\sin(\beta-\alpha)}\right)$$

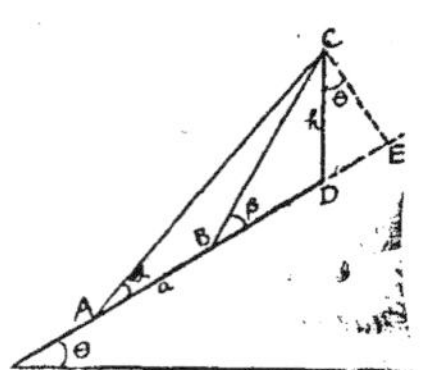

已知$CD=h,\angle CAD=\alpha$，$\angle CBD=\beta,AB=a$，設山坡之傾斜角為θ作$CE\perp AD$交AD之延長線於E，則$\angle DCE=\theta$。

$\therefore CE=CD\cdot\cos\theta=h\cdot\cos\theta$

但$CE=AE\cdot\tan\alpha=(AB+BE)\tan\alpha$

或$h\cdot\cos\theta\cot\alpha=a+BE$。 (1)

$CE=BE\tan\beta$

或$h\cdot\cos\theta\cot\beta=BE$ (2)

(1)−(2)：$h\cdot\cos\theta(\cot\alpha-\cot\beta)=a$。

或 $h\cdot\cos\theta\left(\dfrac{\cos\alpha}{\sin\alpha}-\dfrac{\cos\beta}{\sin\beta}\right)=a$。

$h\cos\theta\left(\dfrac{\sin\beta\cos\alpha-\cos\beta\sin\alpha}{\sin\alpha\sin\beta}\right)=a$。

$h\cdot\cos\theta\sin(\beta-\alpha)=a\cdot\sin\alpha\sin\beta$。

$\therefore\ \cos\theta=\dfrac{a\cdot\sin\alpha\sin\beta}{h\sin(\beta-\alpha)}$

$\theta=\text{arc.cos}\left(\dfrac{a\cdot\sin\alpha\sin\beta}{h\cdot\sin(\beta-\alpha)}\right)$

以上四類題目，投考理科者考(A)，(B)及(D)；投考文商科者考(A)(C)及(D)。

震光園地

三線共點及三點共線解析之證法

陳振先

在初學幾何時常感證三線共點及三點共線之困難，——我想一定有許多同學與我同感吧！然既習解析幾何則化難爲易且方法甚多，我以此爲一極有趣且極重要之問題，故特羅輯衆家之說演成此稿，希望親愛的朋友們加以指教。

A. 三線共點之證法

設三直線爲 $a_1X+b_1y+c_1=0\cdots\cdots\cdots(1)$

$a_2X+b_2y+c_2=0\cdots\cdots\cdots(2)$

$a_3X+b_3y+c_3=0\cdots\cdots\cdots(3)$

證：解 (1)及(2)

$$\left.\begin{aligned} X&=\begin{vmatrix}-c_1 & b_1\\ -c_2 & b_2\end{vmatrix}\Big/\begin{vmatrix}a_1 & a_2\\ b_1 & b_2\end{vmatrix}=(b_1c_2-b_2c_1)/(a_1b_2-a_2b_1).\\ y&=\begin{vmatrix}a_1 & -c_1\\ a_2 & -c_2\end{vmatrix}\Big/\begin{vmatrix}a_1a_2\\ b_1b_2\end{vmatrix}=(c_1a_2-c_2a_1)/(a_1b_2-a_2b_1).\end{aligned}\right\}(4)$$

若三直線相交於一點時則此解必能適合於(3)

$$\therefore\quad a_3\cdot\frac{b_1c_2-b_2c_1}{a_1b_2-a_2b_1}+b_3\cdot\frac{c_1a_2-c_2a_1}{a_1b_2-a_2b_1}+c_3=0,$$

i. e. $a_3(b_1c_2-b_2c_1)+b_3(c_1a_2-c_2a_1)+c_3(a_1b_2-a_2b_1)=0$,

亦i. e. $a_1(b_2c_3-b_3c_2)+b_1(c_3a_3-c_3a_2)+c_1(a_2b_3-a_3b_2)=0$

別證a：依行列式之理論此三方程式若有公解卽此三直線相於一點 $\therefore\begin{vmatrix}a_1 & b_1 & c_1\\ a_2 & b_2 & c_2\\ a_3 & b_3 & c_3\end{vmatrix}=0$

展開此行列式卽得與上之同樣結果。

別法b：若 $p(a_1X+b_1y+c_1)+q(a_2X+b_2y+c_2)+r(a_3X+b_3y+c_3)=0$

p,q,r各爲某一定之量則此三直線相交於一點，何則移項得 $a_3X+b_3y+c_3=-\frac{p}{r}(a_1X+b_1y+c_1)$ $-\frac{q}{r}(a_2X+b_2y+c_2)\cdots\cdots(4)$；(1)及(2)之交點坐標代入(4)之右方則可使之等於零(因(4)之右方卽代表過(1)及(2)之交點之直線族[System of lines]方程式也)故亦必使(2)之左方式爲零，卽(1)及(2)之交點坐標適合於(3)， ∴此三直線相交於一點。

例 任意三角形之三中綫相交於一點。

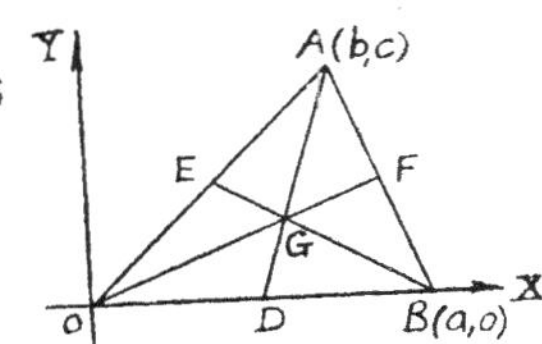

證：取△之一頂點合於原點，一邊合於 X－axis，設三頂點之坐標爲 O (0,0)，A(b,c)，B(a,0)三中點之坐標爲 $D\left(\frac{a}{2},0\right)$ $E\left(\frac{b}{2},\frac{c}{2}\right)$，$F\left(\frac{a+b}{2},\frac{c}{2}\right)$，三中線之方程式爲

AD：$\dfrac{X-b}{\frac{a}{2}-b}=\dfrac{y-c}{0-c}$，i.e. $2cX+(a-2b)y-ca=0$ (1)

OF：$\dfrac{X-0}{\frac{a+b}{2}-0}=\dfrac{y-0}{\frac{c}{2}-0}$，i.e. $cX-(a+b)y=0$ (2)

BE：$\dfrac{X-a}{\frac{a}{2}-a}=\dfrac{y-0}{\frac{c}{2}-0}$，i. e. $cX+(2a-b)y-ac=0$ (3)

法1. (3)－(2)，$3ay-ac=0$. $\therefore y=\frac{c}{3}\therefore X=\frac{a+b}{3}$.

代入（1），得 $2c\cdot\frac{a+b}{3}+(a-2b)\frac{c}{3}-ac=0$

即 $2ac-+2bc+ac-2bc-3ac=0$. ∴三中線相交於一點。

法2. $\begin{vmatrix} 2c & a-2b & ca \\ c & -(a+b) & 0 \\ c & 2a-b & ca \end{vmatrix}=\begin{vmatrix} c & -(a+b) & 0 \\ c & -(a+b) & 0 \\ c & 2a-b & ca \end{vmatrix}$ ∴三中線相交於一點。

法3. $[2cX+(a-2b)y-ca]+(-1)[cX-(a+b)y]+(-1)[cX+(2a-b)y-ca]$

$=2cX+(a-2b)y-ca-cX+(a+b)y-cX-(2a-b)y+ca=0$

∴此三中線相交於一點。

乙　共線點之證法

設三點爲 $A(X_1,y_1)$，$B(X_2,y_2)$，$C(X_3,y_3)$

證法，若此三點所包之三角形之面積等於零時則此三點共線，

∴ $\triangle ABC=\frac{1}{2}[X_1(y_2-y_3)+X_2(y_3-y_1)+X_3(y_1-y_2)]=0$. 或

$\triangle ABC=\frac{1}{2}\begin{vmatrix} X_1 & y_1 & 1 \\ X_2 & y_2 & 1 \\ X_3 & y_3 & 1 \end{vmatrix}=0$ 即爲A.B.C三點共線之必要充分條件

別法a：若一點在其餘二點之連線上則此三點共線。

A,B二點之連線方程式爲 $\frac{X-X_1}{X_2-X_1}=\frac{y-y_1}{y_2-y_1}$，C點在其上

故 $\frac{X_3-X_1}{X_2-X_1}=\frac{y_3-y_1}{y_2-y_1}$ 即三點共線之必要充分條件。

別法b：若二點A,B之連線與B及C之連線平行則此三點共線.

A B之斜率（Slope） $m_1=\frac{y_2-y_1}{X_2-X_1}$，BC之斜率 $m_2=\frac{y_3-y_2}{X_3-X_2}$

∴ AB // BC 故 $m_1=m_2$，∴ $\frac{y_2-y_1}{X_2-X_1}=\frac{y_3-y_2}{X_3-X_2}$ 即爲三點共線之必要充分條件。

別法C：若C爲A,B兩點之分點則此三點共線

故在 $X_3=\frac{X_1+\lambda X_2}{1+\lambda}$（1），$y_3=\frac{y_1+\lambda y_2}{1+\lambda}$（2）

兩方程式中λ之值相等。從（1）$\lambda=\frac{X_1-X_3}{X_3-X_2}$，從（2）$\lambda=\frac{y_1-y_3}{y_3-y_2}$，

∴ $\frac{X_1-X_3}{X_3-X_2}=\frac{y_1-y_3}{y_3-y_2}$ 即爲三點共線之必要充分條件。

注意：別法a,b,c中之結果形雖異而其實則同因皆可化爲第一法之結果也。

例：任意三角形之重心，外心，垂心共線（三點之連線曰尤拉線 Euler's Line）

證：設三角之頂點坐標爲 $0(0,0)$，$A(b.c)$，$B(a.0)$，

外心 $C(X_3,y_3)$ 重心 $G(X_1,y_1)$，垂心 $H(X_2,y_2)$. 0 B之中點 M_1

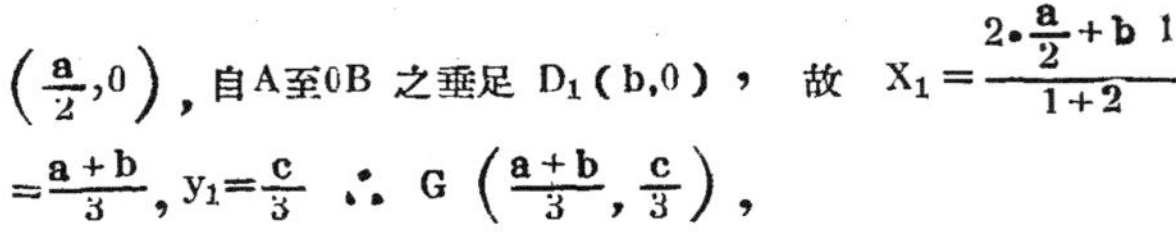

$\left(\frac{a}{2},0\right)$，自A至0B之垂足 $D_1(b,0)$，故 $X_1=\frac{2\cdot\frac{a}{2}+b\ 1}{1+2}$

$=\frac{a+b}{3}$，$y_1=\frac{c}{3}$ ∴ G $\left(\frac{a+b}{3},\frac{c}{3}\right)$，

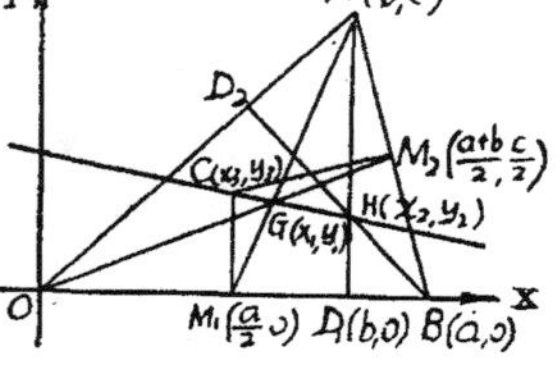

AD_1 之方程式爲 $X=b$，（1）AB之斜率 $\frac{c}{b-a}$ 故 $0D_2$ 之斜率爲 $\frac{a-b}{c}$ $0D_2$ 之方程式爲 $\frac{y}{X}=\frac{a-b}{c}$，（2），

解（1）及（2）得 $X=b$，$y=\frac{b(a-b)}{c}$。即 $X_2=b$，$y_2=\frac{b(a-b)}{c}$，故 $H\left(b,\frac{b(a-b)}{c}\right)$

CM_1 // 0y ∴ CM_1 之方程式爲 $X=\frac{a}{2}$，（3）CM_2 // $0D_2$ 故斜率爲 $\frac{a-b}{c}$，∴ CM_2 之

方程式爲 $y-\frac{c}{2}=\frac{a-b}{c}\left(X-\frac{a+b}{2}\right)$ (4)，解(3)及(4)，得 $X=\frac{a}{2}$，$y=\frac{b^2+c^2-ab}{2c}$，

即 $X_3=\frac{a}{2}$, $y_3=\frac{b^2+c^2-ab}{2c}$ 故 $C\left(\frac{a}{2},\ \frac{b^2+c^2-ab}{2c}\right)$

法 1.

$$\triangle=\begin{vmatrix}X_1 & y_1 & 1\\ X_2 & y_2 & 1\\ X_3 & y_3 & 1\end{vmatrix}=\begin{vmatrix}\frac{a+b}{3} & c/3 & 1\\ b & b(a-b)/c & 1\\ a/2 & (b^2+c^2-ab)/2c & 1\end{vmatrix}=\frac{1}{6c^2}\begin{vmatrix}a+b & c & 3\\ bc & ab-b^2 & c\\ ac & b^2+c^2-ab & 2c\end{vmatrix}$$

$$=\frac{1}{6c^3}\begin{vmatrix}ac+bc & c^2 & 3c\\ bc & ab-b^2 & c\\ ac & b^2+c^2-ab & 2c\end{vmatrix}=\frac{1}{6c^3}\begin{vmatrix}bc & ab-b^2 & c\\ bc & ab-b^2 & c\\ ac & b^2+c^2-ab & 2a\end{vmatrix}=0$$

故C,G,H三點共線。

法 2. $\because\ \frac{X_3-X_1}{X_2-X_1}=\frac{\frac{a}{2}-\frac{a+b}{3}}{b-\frac{a+b}{3}}=\frac{a-2b}{2(2b-a)}=-\frac{1}{2}$，$\frac{y_3-y_1}{y_2-y_1}=\left(\frac{b^2+c^2-ab}{2c}-\frac{c}{3}\right)\Big/\left(\frac{b(a-b)}{c}-\frac{c}{3}\right)$

$=\frac{3b^2+3c^2-3ab-2c^2}{2(3ab-3b^2-c^2)}=-\frac{1}{2}$，$\therefore\ \frac{X_3-X_1}{X_2-X_1}=\frac{y_3-y_1}{y_2-y_1}$，

故C,H,G三點共線，

法 3. CG之斜率 $m_1=\frac{\frac{c}{3}-\frac{b(a-b)}{c}}{\frac{a+b}{3}-b}=\frac{c^2-3ab+3b^2}{ac+bc-3bc}=\frac{c^2-3ab+3b^2}{ac-2bc}$

HG之斜率 $m_2=\left(\frac{c}{3}-\frac{b^2+c^2-ab}{2c}\right)\Big/\left(\frac{a+b}{3}-\frac{a}{2}\right)$

$=\frac{2c^2-3c^2-3b^2+3ab}{2ac+2bc-3ac}=\frac{c^2-3ab+3b}{ac-2bc}$. $\therefore\ m_1=m_2$

故C,G,H三點共線

（由十六頁轉此）

2.當一力作用於一斜面上時，因何一定要分解成兩個互相垂直的分力，例如作用於飛機的力，可否分解如圖右。

B A O C

OA. force of propeller

OB. lift

答：

1.萬有引力定律 $F=K\frac{mm'}{d^2}$，應用於地球和其他物體時，只限於物體在地球表面，因爲在這種情形下，我們可以認爲地球的質量（mass）集中於地心一點，若物體在地球內時，這定律就不適用了，因爲在地球內的物體四面皆收到吸力之故。物體在地球中心時，四周所受的力皆相等，故F=0，並不等於∞。在F=ma中，當F=0，即a=0，即物體在地心時的加速度等於零，故 $g=K\frac{1}{x}$ 此式不能應用於當物體在地球內時，a=－cx則可應用，因物體在地球內，離地心愈近，加速度愈減少。設通過地心築一隧道，物體必在其中成Simple Harmonic Motion，即因a=－cx之故也。

2.當一力作用於斜面上時，一定要分解成兩個互相垂直的分力，其主要目的在使計算容易便利，作用於飛機之力，可如上圖分解，但一力並不一定要分解成兩個垂直的分力才可以，即使不垂直也可，祇須這兩分力的合力大小和方向與此完全相同即可，上圖即將力OA分解成不相垂直之二分力OB和OC，因依平行四邊形之方法可知OB和OC之合力，即等於OA，方向也和OA相同。

科學小品

談談膠體

蒼濟

將物質繼續下斷的分割，使它變成許多極小的分子，然把它們散布在別種物質內，這樣所成的均勻混合液就稱 溶液，（Sotution）在一定限度內，它的成分比例，可以連續的改變。譬如糖水，鹽子都屬於這一類。但是肥皂溶於水中，分散作用却是沒有完全，這分散後所成的質點，雖然是也很微小，不過和酸鹽的分子相較，就顯得太大了。這就是叫做膠體溶液。（Colloidol Solution）所以溶液內分子狀態的溶質，可以從濾紙中通過，倘使取一些高錳酸鉀晶體，溶解於一杯水中，就成了紫色的溶液，用濾過所濾出的液體，再加熱蒸發，高錳酸鉀的晶體又結成了。膠溶液體似乎也透明不均勻，不過若把它放在顯微鏡下，用一道强光集焦點於液內，卻可看到液體內混懸有明亮的質點，因爲每一膠體質點都有反射一部分光線的作用，這是挺達爾試驗。（Tyndall Test）光線通過眞正溶液却只是顯出一道淡暈的光線，顯微鏡內看不出有質點存在

分散微力的大小，普通用Mi limicron（mu）來表示，1mu＝10^{-1}cm

粗縫分布	細微分布	膠體分布	溶液
分布質點可用肉眼看見	分布質點可用顯微鏡來觀察到	分布質點在高倍顯微鏡下方能看到	分布質點是分子狀態
直徑750000mu	直徑100—500000mu	直徑1—100mu	直徑 0.2—1mu

一切物質＞也因之可分成二類；像糖、鹽等可成結晶體的物質的叫做晶質。（Crystallo.d）它的化學組成比較簡單，質點小，溶解後就成溶液；像澱粉、橡皮、樹膠，它們的較複雜，質點較大，這就叫膠體（Clloid）根據化學室內實驗所知，晶體和膠體間並無眞正嚴格的界限。--切物質都可在適宜情形下製成膠體；因此膠體就像液體固體等，只是在某--物質狀態下，而並不是物質的另一類、例如食鹽爲軸晶類之晶體，但我們可以使它散布在石油、醚內，而呈膠體狀態；反之，膠體物質，也可以轉變成晶狀體。

膠體擴散的速比晶體應該小得多，晶體容易穿過羊皮紙和動物質薄膜，但是膠體却不容易穿過：膠體質點是帶電的，有時帶陰電，有時帶陽電 ， 同種電的質點，互相排斥。所以若在膠體溶液內通以電流，則帶電的質點，必移到相反的電極，而在電極上聚成粗粒。這種移動現象，稱爲電泳（Electro-opphoresino）膠體另一種現象，叫做白浪運動，（ Br wning Movement ）它的質點，老是不停地向各方向撞擊液體的分子，故能保持一種常態。質點表面，還有着一層保護膜，故能阻止它們合成較大的粒塊。

膠體的製法，種類極多：例如膠金，可用還原法，從金鹽的稀溶液製造，（還原劑爲蟻醛）。用電解法處理貴金屬的稀溶液，可使一部分金屬變成膠體狀態，另一種膠體的製法，如複分解法。例如使三氧化二砷和硫化氫反應，可造得膠狀三硫化二砷，以上所述三種方法，統稱凝結法 ， 另 種方法叫做分散法，在分散法中，有一種電分裂法，係在水中，兩根金屬錢間，發生電弧。使金屬分裂而成膠體質狀態像金鉑鈦等貴金屬，都可用此法製成。分裂作用大都在陰極發生。

我們把兩種不能混合的液體，像水和油，盛在一個容器內，加意振盪，變成乳膠，但是如果不再加入第三種物質作爲乳化劑，則水和油，就迅速再行分開。取醋和橄欖油盛在杯中，可見它們不能混合，但加入蛋黃做乳化劑，它們就能保持混合而成一種乳膠，稱蛋黃醬。

液體狀態的膠狀，叫做懸膠體，以水爲分散液體的懸膠體，叫做水懸體。以酒精爲分散液體的懸膠體叫做醇懸膠體。半液體狀態的膠體稱爲乳膠體。

膠體化學對於現代化學工業的重要，已爲一般人所公認，因爲一切動植物的組織大半由膠體材料或膠體材料的混合物所構成。研究血淸，橡樹膠、人造絲、澱粉、肥皂、染色學、油漆、照相學、牛乳、淨水法、玻璃製造法，都應用着膠體材料，預料膠體材料在今後工業上的應用必將漸廣。我們對於膠體之化學知識是應該必須具有的。

第三期懸賞

懸賞規約

（一）應徵者須附該期懸賞印花一枚，黏貼在應徵稿件左上角。

（二）來稿務須繕寫清楚，自左至右横寫（不得直寫）。

（三）來稿須於稿末詳細註明姓名地址及肄業學校或服務機關。

（四）來稿信封上須註明「第二次懸賞」字樣。

整數與質數

慰增

1.有一每邊長a尺之正方形花園，園中每一方尺可種花一枝，今如將此園擴充至每邊b尺之正方形園地，則可多種花101枝。已知a，b皆為整數，問a，b各為若干？

.2有一六位之數abe，def，其中a，b，c，d，e，及f皆代表一單位數。若以此六位數三倍之，則得 bcdefa，二倍之得cdefab，六倍之得defabc，四倍之得 efabcd五倍之得fabcde，求此數。

讀者信箱

信箱規約

（一）讀者信箱之闢設，專為讀者解答疑難之科學及數理問答。

（二）問題內容，不得超越科學範圍，簡單者由編者直接奉答外，較高深者，可徇讀者要求或編者之決定，登載本欄內，供讀者之研究討論。

（三）問題以簡明為主，每題不得超過一百五十字，有圖者須以黑墨水繪圖。

（四）來信須繕寫清楚，並須詳細註明姓名地址，如欲直接答覆者，須附有貼足郵資之信封。

（五）來信須註明本刊「讀者信箱」欄。

周藹生君問：

1.本生燈焰之溫度為何比燭焰之溫度高？

2.水煤氣和煤氣有何分別？

3.就原子構造而解釋同原子有不同之性質及重量？

4.CO與CO_2之製法性質用途及認識如何？

5.Give the diagram of the of Atoms of "NaoH" aud"$CaCl_2$"

6.木屑較木棒易燃何故？

7.氫氧混合點火即起爆炸何故？

答：

1 燭焰內部無氧氣，燃料在燭焰內部不能燃燒，必至燭焰外層方能開始燃燒，故單位體積之燭焰所發出之熱量甚少。本生燈之構造，其特點為一長銅管，在此銅管之下部導入多量之空氣與燃料混合，故當燃料噴出管口，達到發火點時即能與充分之氧氣起燃燒，所以本生燈之火焰每一部份皆在良好地燃燒，所以單位體積之火焰所發出之熱極多，故此本生燈焰之溫度爇較燭焰之溫度為高。

2.煤氣為煤經乾餾後所得之氣體，其主要成分為甲烷（沼氣，CH_4），氫氣與一氧化碳。以上水蒸氣通過紅熱之煤上，則水蒸汽與碳化合成氫與一氧化碳，此種氫與一氧化碳之混合氣體卽稱爲水煤氣。

3.根據道爾頓定理之假設同原子之重量一定，性質亦一定，但英國物理學家恩斯吞（Francis William Aston）證明其並不確實。恩氏之證明，普通化學教科書甚少提及。石墨與金剛石之性質相異，由於原子構造之不同，可參閱但明化學第222節。貴校月考題旣如此，貴校所授書籍上必有之祈告書名及貴校教師。

4.閱但明化學362，363節。

5.閱但明化學原子構造章。

6.木屑燃燒時木與氧的接觸面遠較木棒燃燒時爲大，故氧之濃度亦以木屑燃燒時爲大，所以木屑較易與氧氣作用而燃燒，而木棒不易燃燒。

7.氫氧之混合氣體到達一定溫度時卽化合成水，其作用極快且極完全，而氫氧化合而成之水，體積突然縮小，故起爆炸。

朱集盛君問：

1.題略

2.某市在十日之內（包括一月一日）死人五起，問無人死於一月一日之機遇如何。

3.在朔望之日，潮水特盛，或謂此乃月球引力之關係。但此引力爲何不能吸起其他物體如羽毛等？

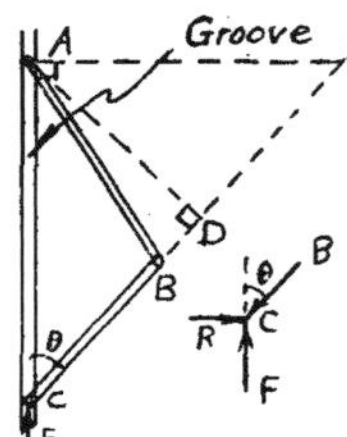

答：

1.設作用於AB之力偶之矩爲L，今引入力矩－L與L平衡則可視作無運動，BC亦必無運動，在C點有F_1 R_1及BC棒內之壓力P相平衡，$P\cos=F \therefore P=\frac{F}{\cos\theta}$.故作用於AB棒上之力爲BC棒力之壓力P，此力對於A點之力爲矩 $P\ AD=\frac{F}{\cos\theta}\times Ac\cdot\sin\theta=F\cdot AC\cdot\frac{\sin\theta}{\cos\theta}$

$=F\ AC\ \tan\theta=F\cdot AK$，

卽 $L=F\cdot AK$。

2.五人可死於十天內，故第一人或可死於第一天，或可死於第二天，或死於第十天，共有十種死法。第二人亦有十種死法，第三人亦然，第五人亦然。由各種排列五人共有死法 $10,10,10,10,10=10^5$ 種如一月一日不死人，則五人唯九天可死，其死法當有 $9,9,9,9,9=9^5$ 種。故一月一日不死之機遇爲 $\frac{9^5}{10^5}=\frac{59?46}{100000}$。

3.羽毛在地面上受起心的引力，月亮對羽毛之吸力不超過地心之引力，故羽毛不能被吸起。水受地心之吸力，本成平衡狀態，當一部份水受月亮之吸力，其重力無形減輕，此處水底之壓力與四周未受月亮吸力處水底之壓力便不相等，此處之水便受四周之水之壓力而上升。此處之水上升則水面之壓力又不相等，故此處之水又必下降。如此往復卽成潮汐。

朱瞻問：

1.重力加速度與萬有引力之關係若何？根據萬有引力定律 $f=K\frac{mm'}{d^2}$；

當物體在地心時 $d_2=0$，所以 f 當爲∞。又由Newton氏之第二定律：$F=ma$

當 $F=\infty$，a卽 $g=\infty$，請問此處之 g 是否確爲∞？但有人說假設通過地心築一隧道，若有一物體落於此中時必成－S.H.M.因爲此處適合 $a=-cx$ 之條件，不過以上所說應當 $g=K1/x$

事實上究竟如何，請予以圓滿之解答。

（下接第13頁）

震光數理 第一卷第七期

民國三十年十二月一日出版

編輯者 震光數理社 福煦路三八四號

發行者 震光數理專校 上海福煦路

總經售 震光數理專校 三百八十四號

本埠各報攤均有出售

每月出版二期 本期售價五角五分

預定	期數	冊數價目
全年	二十四期	九元
半年	十二期	五元
三月	六期	二元六角

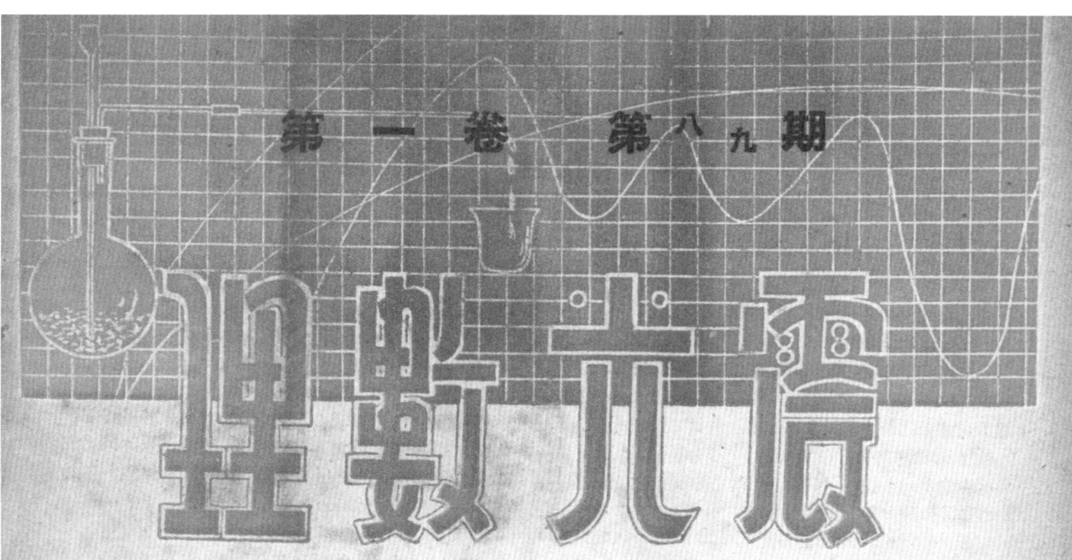

公共租界警務處登記證C字九五九號
法租界警務處登記證A字五九八四五號
50 cts.
中華民國三十一年二月一日出版　交通大學校友主編

本期目錄

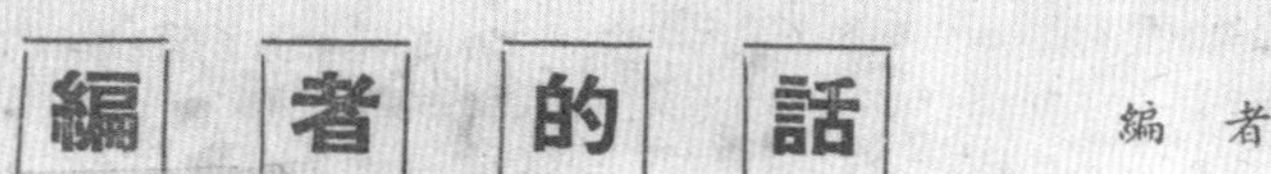

編者的話

編　者

「震光數理」與讀者諸君已是第八次見面了，過去四五個月的相聚，我們不敢說讀者對本刊有什麼樣的好感，但我們常常接到讀者的批評，意見和建議，以及社會有識人士的指導勉勵，使我們深深地感到這本小小的刊物是有它必然的光明前途的，本社同人盡心盡力，不敢稍自怠忽。現在我們看到在讀者作者扶助下，這經了一番辛苦播種的園地，已充滿着蓬勃的生氣，正像含苞待放的花兒一樣時，眞感到十二分的欣悅，此後本社同人仍舊是一本初衷，盡我們最大的力量，使得本刊在可能範圍內繼續和讀者見面。

本期有二篇都是續載第六期之專論，即「解析幾何學中之第三基本問題，和「級數概論」。「談e」及「拋物線之焦點及準綫的求法都是基本數學中値得研討的問題，前者屬於大代數，後者屬於解析幾何，波義耳定律爲理化二科中之基本定律，「波義耳定律之補充」一文，將該定律內容加以一番補充的說明。「包含在數裏面的理」一文，具有哲學氣息。內容留待讀者去體昧和發掘，編者不願在此多噜蘇。

關於讀者信箱，我們希望每一位詢問的讀者都能於來信中附一只寫明姓名地址的信封，以便編者直接答覆。在讀者並不會感到麻煩，在編者就便利不少了。

專　　論

解析幾何學中之第三基本問題（續）　沈振年

再論傾斜漸近線，設其方程式爲：

$$y=mx+b$$

此直線既與曲線在無限遠相遇，則曲線上無限遠一點之x，y，其比與直線上之點相同換言之，此直線方程式中之m，即爲曲線方程式中x，y爲無限大時之比之極限值。

在求得m之後，再求y－mx之極限值，蓋此值即爲b也。

至於曲線在漸近線之何方，可比較其同一橫坐標時之縱坐標，或同一縱坐標時之橫坐標孰大孰小而定之。

例題：討論方程式

$$y=\frac{2x^3-5x^2+4x+1}{2x^2-x-1}$$

所表示之軌跡之漸近線。

解在此方程式中令x＝1或－1/2時，則y爲無限大，故x＝1，及2x＋1＝0爲二垂直漸近線。

又x，y俱爲無窮大時，y/x之極限爲1，且y－mx在x，y俱爲無窮大時之值爲－2，故y＝x－2爲其傾斜漸近線。

6.坐標系位置之變換與方程式之簡化，所謂一軌跡之方程式，乃含軌跡上之點對於某組坐標系，之坐標爲變數之方程式也，故如坐標系變時，則軌跡上之點之坐標亦變，因而軌跡之方程式亦變，在討論方程式之軌跡時，自以此軌跡之方程式愈簡單爲愈佳，故吾人自可求出一組坐標系，使某一軌跡之方程式，成爲可能之最簡單者。

自一組坐標系XOY變至另一組坐標系，可以二種

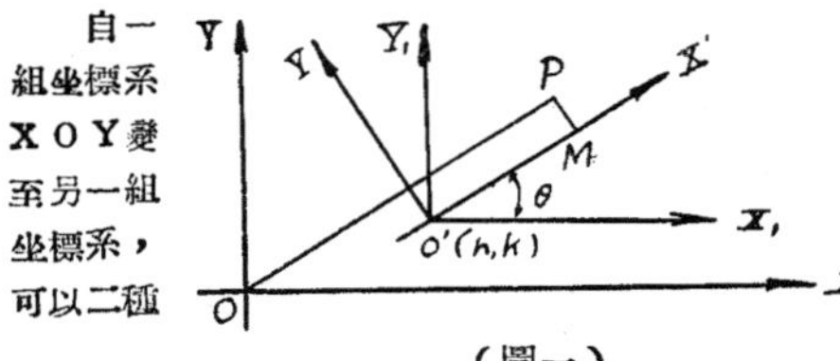

（圖一）

運動之方式完成之，蓋吾人可先將一組坐標系XOY平行移動至$X_1O'Y_1$之位置，再自$X_1O'Y_1$，固定O而旋轉至X'O'Y'也，見圖。

設有一點P.其在XOY坐標系中之坐標爲(x,y)又設O'在XOY坐標系內之坐標爲(h,k)，而OX'與OX_1即與OX間之角爲θ又P對於X'O'Y'坐標系中坐標爲x^1,y'則有下列之關係式：

$$\begin{cases} x=x'\cos\theta-y'\sin\theta+h \\ y=x'\sin\theta+y'\cos\theta+k \end{cases}$$

此稱爲坐標系變換之方程式。

證之如下：因OP在OX上之射影等於OO'O'M,MP在OX上之射影之和，但OP在OX上之射影爲x,oo'在OX上之射影爲h,O'M在OX上之射影爲$x'\cos\theta$,MP在OX上之射影爲$-y\mathrm{stin}\,\theta$,故得

$$x=h+x'\cos\theta-y'\sin\theta 。$$

同理求在OY上之射影而得

$$y=k+x'\sin\theta+y'\cos\theta 。$$

上述之變化，亦可僅平行移動而不旋轉者，則因θ＝0.故得

$$\begin{cases} x=x'+h \\ y=y'+k \end{cases}$$

亦可僅旋轉而不平行移動者，則因h＝0.k＝θ,故

$$x=x'\cos\theta-y'\sin\theta$$

$$y=x'\sin\theta+y'\cos\theta 。$$

坐標系變化之法對於討論一方程式爲有對稱性之軌跡最爲有用，茲舉例以明之。

例1.討論方程式

$$x^2+y^2-6x+4y-12=0$$

所表示之軌跡之對稱性。

解：原式可寫爲

$$(x^2-6x+9)+(y^2+4y+4)-25=0$$

$$(x-3)^2+(y+2)^2-25=0$$

或將坐標系平行移動至原點爲(3,－2)時，則上述之方程式變爲

$$x'^2+y'^2-25=0$$

換言之，原方程式爲對稱於一點(3,－2)者

例.2討論方程式

$$xy+8=0$$

所表之示軌跡之對稱性。

解：設此曲線對稱於一直線，其與OX相交之角爲θ，則將坐標系之方程式爲

$$(x'\cos\theta-y'\sin\theta)(x'\sin\theta+y'\cos\theta)+8=0$$

化簡之爲

$$x'^2\sin\theta\cos+x'y'(\cos^2\theta-\sin^2\theta)-y'\sin\theta\cos\theta+8=0$$

但此方程式所表之軌跡爲對稱於x'軸者,故x'y'數必須爲0.於是得$\theta=\pi/4$但此時之方程式變爲之係

$x'^2-y'^2+16=0$

換言之，原方程式所表示之軌跡，不僅對稱於經原點而與OX相交π/4角之線，且亦對稱於經原點而與OX相交爲3π/4角之線。

7.一般討論方程式之軌跡之法則：在作圖以前，吾人若將該圖形之方程式，作以上各點之險討，則作圖時實有甚大之便利，且可保證其決無錯誤發生，而軌跡之性質，亦得瞭然於心矣。

討論一軌跡之方程式，可依下列之步敍進行之。

第一步：觀察所予方程式爲可分解與否。

第二步：所予之方程式考驗是否對稱於原點或某一坐標軸。

第三步：用坐標系變換法化簡方程式。

第四步：決定曲線之範圍。

第五步：求曲線在坐標軸上之截距者。

第六步：決定曲線經坐標軸時爲上升者抑係下降者。

第七步：求出曲線之極大點及極小點。

第八步：若曲線爲伸長至無限者，求其漸近線。

以上各步驟，雖如此排列之，自可依方便而變更之，且每一方程式亦不必皆須經過所有各步之討論者，茲舉例如下以作本篇之結束。

例1.討論方程式

$$x(y^2-x^2)+x^2-y^2=0$$

所表示之軌跡

解：此方程式中y之次數均爲偶此，故此方程式之軌跡對稱於x軸。

又方程式可寫成

$$y=\pm\frac{x}{x-2}\sqrt{(x-1)(x-2)}$$

故x之範圍爲，$x>2$，或$x<1$

$x=2$時，y爲無限大，故$x-2=0$爲垂直漸近線。

$x=0$時，$y=0$故曲線經過原點

$y=0_2$時，$x=0,1$故曲線經x軸上另一點截距爲1者。

將原方程式寫成

$$x^3-x^2-y^2x+2y^2=0$$

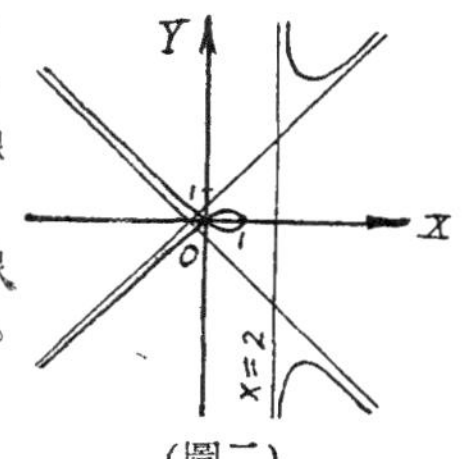

（圖二）

時，求得x爲重根之條件：

$$y^2(4y^4-71y^2+8)=0$$

由此求得 $y=0,\pm0.34\cdots,\pm4.2\cdots$

但其中$y=0$爲重根，代入原式其相當之x不爲重者爲1.故(1,0)爲對於x之極大點。

以$y=\pm0.34,\cdots$之4.2…代入原式中，其x爲重根者之相當值爲0.72…與2.78…由試驗其點之曲線爲下降與上升，得知對於y之極大點爲(0.72…，0.34…)，(2.78…，−4.2…)，極小點爲(0.72…，−0.34…)與(2.78…，4.2…)。

又將原方程式寫成

$$\frac{y^2}{x^2}=\frac{x-1}{x-2}\quad\text{或}\ \frac{y}{x}=\pm\frac{\sqrt{x-1}}{\sqrt{x-2}}$$

故y/x在x,y均爲無限大時之比爲±1.故傾斜漸近線有二。

設$m=1$,則

$$y-x=x\left(\frac{\sqrt{x-1}}{\sqrt{x-2}}-1\right)=\frac{x}{x-2}\cdot\frac{1}{\frac{\sqrt{x-1}}{\sqrt{x-2}}+1}$$

在x,y俱爲無限大時，其極限值爲1/2.同理$m=-1$時，$y+x$之極限值爲$-1/2$故得二傾斜漸近線爲

$$y=x+1/2,\ y=-x-1/2,$$

將其軌跡作出時，其形如上圖。

例2.討論方程式

$5x^2+6xy+5y^2+22x-6y+21=0$ 所表示之軌跡

解：將坐標系旋轉π/4後，方程式變爲

$4x'^2+y'^2+4\sqrt{2}x'-7\sqrt{2}y'+21/2=0$再將原點移至$(-\sqrt{2}/2,7\sqrt{2}/2)$之處，則方程式不變

爲$4x''^2+y''^2=16$

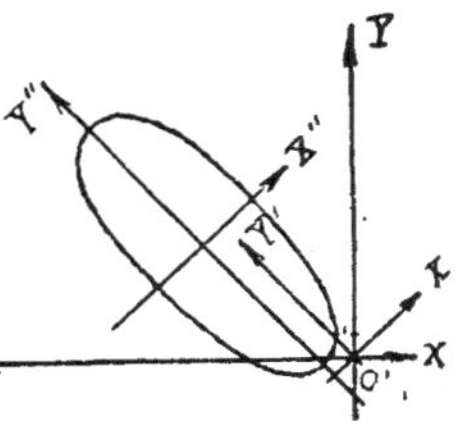

（圖三）

在新坐標系中論之，其軌跡爲對稱於坐標軸，亦稱對於原點，x''與y''之範圍易求得其爲$-2\leqslant x''\leqslant2$,此$-4\leqslant y''\leqslant4$,且此種數值亦爲其極大值與極小值，曲線既爲在一區域之內，故無漸近線可求。

將其圖形作出時，如上所示。

級數概論（續）

徽言

第三章 歌氏測法與達氏測法

§1.歌氏測法(Cauchy's Test)設有正項級數。

$\Sigma u_n=u_1+u_2+u_3+\cdots\cdots$若自某項起，$\sqrt[n]{u_n}$恆小於一定數$K<1$，則級數爲收斂。反之若某項起，$\sqrt[n]{u_n}$恆大於或等於1，則級數發散。

按題意前節，於 $n>p$ 有 $\sqrt[n]{u_n}<K<1$，因之 $u_n<K^n$，而 $\sum_{n=p}^{\infty} K^n$ 爲一收斂幾何級數，故可斷 $\sum_{n=p}^{\infty} u_n$ 爲收斂，即可斷 $\sum_{n=0}^{\infty} u_n$ 爲收斂。

反之若自某項起 $\sqrt[n]{u_n}>1$，即 $u_n>1$ 則級數普通項不趨於零，而爲發散級數。

§2.歌氏測法應用之系，歌氏定則，於應用時，可改如下述：——若 $\sqrt[n]{u_n}$ 於 $n\to\infty$ 時，趨於一限 l，則級數之爲收斂或發散，視 $l<1$ 或 $l>1$ 而定。若 $l=1$ 則不能決，但 $\sqrt[n]{u_n}$ 若由大於1之值趨於1，則所判斷級數爲發散。

§3.達氏測法(D'alembertis Test)設有正項級數 $\sum u_n=u_1+u_2+\cdots\cdots$ 若自某項起，$\frac{u_{n+1}}{u_n}<1$ 則級數爲收斂，反之，若 $\frac{u_{n+1}}{u_n}>1$，則級數發散。

按題意，設自某項起，有 $\frac{u_{n+1}}{u_n}<K$，此不等式可書作 $\frac{u_{n+1}}{u_n}<\frac{K^{n+1}}{K^n}$，而 $\sum K^n$ 爲一收斂級數，故所論級數爲收斂。反之若自某項起恆有 $\frac{u_{n+1}}{u_n}\geq 1$，則普通項 u_n 顯然不趨於零，故爲發散。

§4.達氏測法應用之系，達氏定則，於應用時，可改如下述：——若 $\frac{u_{n+1}}{u_n}$ 於 $n\to\infty$ 時，趨於一限 l，則級數之爲收斂或發散，視 $l<1$ 或 >1 而定。

若 $l=1$，則不能決，但 $\frac{u_{n+1}}{u_n}$ 若自大於1之值，趨於1，則級數發散。

§5.前二測法之比較。

I.歌氏測法與達氏測法，皆取一等比級數爲比較標準而得，但前者較後者爲普通，試設一級數 $\sum u_n$，於 $n>p$ 時，$u_n<Ar^n$（A爲常數，$r<1$）若是有 $\sqrt[n]{u_n}<rA^{\frac{1}{n}}$，而此不等式右端，於 $n\to\infty$ 時以 r 爲限，命K爲介於r與1間之一常數，則自某項起，有 $\sqrt[n]{u_n}<K$；可見歌氏測法恆可用，至達氏測法則未必可用，蓋 $\frac{u_{n+1}}{u_n}$ 可有大於1之值，而無論n若何大也。例如級數。

$(1+r/\sin a/+r^2/\sin 2a/+\cdots+r^n/\sin na/+\cdots)$ 其中 $r<1$，於a爲常數。於此級數，用歌氏測法，得 $\sqrt[n]{u_n}=r\sqrt[n]{\sin na}<r$，若用達氏測法，則 $\frac{u_{n+1}}{u_n}=r\left|\frac{\sin(n+1)a}{\sin na}\right|$ 於 $n\to\infty$ 時，所有無窮個有大於1之值。

但達氏測法，亦有其價值，因其應用較便也。例如級數 $1+\frac{x}{1}+\frac{x^2}{\lfloor 2}+\cdots\cdots+\frac{x^n}{\lfloor n}$

用達氏測法 $\frac{u_{n+1}}{u_n}$ 於 $n\to\infty$ 時，$\frac{x}{n+1}$ 以零爲限，若用歌氏測法，$\sqrt[n]{u_n}=\frac{x}{\sqrt[n]{n!}}$，則於n增大時，不易知其限若何？

2.當 $\sqrt[n]{u_n}$ 與 $\frac{u_{n+1}}{u_n}$ 各有一限時，此二限常相等。又當 $\frac{u_{n+1}}{u_n}$ 趨於一限 l，則 $\sqrt[n]{u_n}$ 亦趨於此限 l。

設另有級數，$u_0+u_1x+u_2x^2+u_3x^3+\cdots+u_nx^n+$ 式中x爲正數，若 l 表 $\frac{u_{n+1}}{u_n}$ 於 $n\to\infty$ 時之極，則此級數一項與前項之比，以 lx 爲極限，若有 $xl<1$，則級數爲收斂，反之則爲發散，

倣此，令 l' 爲 $\sqrt[n]{u_n}$ 之限，則 $\sqrt[n]{u_nx^n}$ 之限，顯爲 $l'x$，而級數之收斂或發散，由 $l'x<1$ 或 $l'x>1$ 而定。

二者結果相較，即得 $l=l'$。

但可注意者，於 $\sqrt[n]{u_n}$ 有一限時，$\frac{u_{n+1}}{u_n}$ 未必有限。例如級數，$1+a+ab+a^2b+a^2b^2+\cdots\cdots+a^nb^{n-1}+a^nb^n\cdots$ 其前項與後項之比循環爲a與b而 $\sqrt[n]{u_n}$ 則於 $n\to\infty$ 時，以 $\sqrt{ab}$ 爲限。

又如級數 $a+b+a^2+b^2+a^3+b^3+\cdots\cdots$

其中 $0<a<b<1$。$\frac{u_{2n}}{u_{2n-1}}=\left(\frac{b}{a}\right)^n$

當 $u\to\infty$ 時，其值趨近於 ∞。

而 $\frac{u_{2n+1}}{u_{2n}}=a\left(\frac{a}{b}\right)^n$ 當 $n\to\infty$ 時，其值趨近於零

若用歌氏測法，$\sqrt[2n]{u_{2n}}=\sqrt[2n]{b^n}=\sqrt{b}<1$ $\sqrt[2n-1]{u_{2n-1}}=\sqrt[2n-1]{a^n}=\sqrt[\frac{2n-1}{n}]{a}=\sqrt{a}<1$

第四章　拉氏測法與郭氏測法

§6.拉白氏測法(Raabe's Test)

達氏測法，於 $\frac{u_{n+1}}{u_n}$ 自小於1之值，而趨於1時，即告失敗，拉白氏測法，可補救此缺點。——

設正項級數 $\sum u_n=u_1+u_2+u_3+u_4+u_5\cdots$

而 $\frac{u_{n+1}}{u_n}$ 由小於1之數而趨於 1，則可書

$\frac{u_{n+1}}{u_n}=\frac{1}{1+a_n}$，$a_n$ 爲一正數，於 $n\to\infty$ 時趨近於零，故得下列定則：

若自某項起，na_n 恆大於一定數 $K>1$，則級數爲收斂的，反之若自某項起，na_n 恆小於1，則級數爲散發的。

證法從略。

§7. 拉氏測法應用之系，設正項級數 Σu_n

若 $\frac{u_{n+1}}{u_n}$ 於 $u\to\infty$ 時，趨近於 1，而 ua_n 於 $n\to\infty$ 時，趨於一限 l，則級數於 $l>1$ 時收斂，而於 $l<1$ 時發散。

§8. 郭恩氏測法(Cohen's Test)

拉氏測法，於 na_n 以 1 爲限時，又告失敗，郭氏測法，可補救此缺點。——

設正項級數 $\Sigma u_n'=u_1+u_2+u_3+\cdots\cdots+u_n\cdots\cdots$ 若 $\frac{u_{n+1}}{u_n}$ 於 $n\to\infty$ 時，趨近於 1，na_n 於 $a\to\infty$ 時，亦趨於1，則可書 $a_n=1+\frac{\beta_n}{n}$，

或 $\beta_n=n\left[n\left(\frac{u_n}{u_{n+1}}-1\right)-1\right]$ 若 β_n 恆小於或等於某有限數K，則此級數爲發散。

證法縱略

§9. 郭氏測法應用之系　若正項級數 Σu_n 於 $n\to\infty$ 時，$\frac{u_n}{u_{n+1}}=1$，$n\left(\frac{u_n}{u_{n+1}}=1\right)=1$，若 $n\left[n\left(\frac{u_n}{u_{n+1}}-1\right)-1\right]$ 趨近於某有限數，則此級數爲發散。

第五章　級數舉例

§10. 設正項級數之 u_n 其普通項 $u_n=\frac{a_0n^p+a_1n^{p-1}+\cdots+a_p}{b_0n^q+b_1n^{q-1}+\cdots+b_q}$ 若 $q>p+1$，此級數爲收斂，若 $q\leqslant p+1$，此級數爲發散，

證　假定級數 $\Sigma a_n=\frac{1}{1^s}+\frac{1}{2^s}+\cdots\cdots+\frac{1}{n^s}$ 使 $s=q-p$ 則 $\frac{u_n}{a_n}=$

$$\frac{a_0n^p+a_1n^{p-1}+\cdots\cdots+a_p}{b_0n^q+b_1n^{q-1}+\cdots\cdots+b_q}\Big/\frac{n^p}{n^q}=\frac{a_0+\frac{a_1}{n}+\frac{a_2}{n^2}\cdots\cdots+\frac{a_n}{n^p}}{b_0+\frac{b_1}{n}+\frac{b_2}{n^2}\cdots\cdots+\frac{b_n}{n^q}}\doteq\frac{a_0}{b_0}$$

$\frac{a_0}{b_0}$ 爲一有級數，不等於零，應用比較測法即　。

§11. 設正項級數 Σu_n，而 $\frac{u_{n+1}}{u_n}=\frac{a_0n^p+a_1n^{p-1}+\cdots\cdots+a_p}{b_0n^q+b_1n^{q-1}+\cdots\cdots+b_q}$ 則(1)若 $P<q$，此級收斂。

若 $P>q$，此級數發散。(2)若 $P=q$

當 $a_0<b_0$ 時，此級數收斂。

當 $a_0>b_0$ 時，此級數發散。(3)若 $a_0=b_0$

當 $a_0b_1-a_1b_0>a_0b_0$ 時，此級數收斂。

$a_0b_1-a_1b_0\leqslant a_0b_0$ 時，此級數發散。

讀者試自爲之。

§12 高斯測法，若正項級數 Σu_n，而 $\frac{u_{n+1}}{u_n}$ 能書作 $1-\frac{r}{n}+\frac{H_n}{n^{1+\lambda}}$，而入爲正數，r爲常數，$H_n$ 於 $n\to\infty$ 時絕對小於一定數，則於 $r>1$ 時，級數收斂，而於 $r=1$ 時，級數爲發散。

例：若正項級數 Σu_n $\frac{u_{n+1}}{u_n}=\frac{n^p+a_1n^{p-1}+a_2n^{p-2}+\cdots\cdots}{n^p+b_1n^{p-1}+a(n^{p-2}+\cdots\cdots}$ 由除法可書作 $\frac{u_{n+1}}{u_n}=1+\frac{a_1-b_1}{n}+\frac{R(n)}{n^2}$ $R(n)$ 爲n之一有理屌數，於 $n\to\infty$ 時，趨於一某定限，由前定理，公級數收斂，必須而充分之條件爲 $b_1>a_1+1$

談"e"

劉秉忠

I. e的產生

e是代表一個無窮收斂級數的極限值，它的數學式便是：

$$e=\lim_{n\to\infty}\left(1+\frac{1}{n}\right)^n\cdots\cdots\cdots\cdots(1)$$

依二項定理展開，則

$$\left(1+\frac{1}{n}\right)^n=1+n\cdot\frac{1}{n}+\frac{n(n-1)}{1\cdot2}\frac{1}{n^2}+\frac{n(n-1)(n-2)}{1\cdot2\cdot3}\cdot\frac{1}{n^3}+\cdots\cdots\cdots\cdots$$

$$=1+1+\frac{1-\frac{1}{n}}{1\cdot2}+\frac{\left(1-\frac{1}{n}\right)\left(1-\frac{2}{n}\right)}{\underline{|3}}+\cdots\cdots$$

令n無限增大，則 $\frac{1}{n}$，$\frac{2}{n}$，$\cdots\cdots\cdots\to0$，

故 $e=\lim_{n\to\infty}\left(1+\frac{1}{n}\right)^n=1+1+\frac{1}{\underline{|2}}+\frac{1}{\underline{|3}}+\frac{1}{\underline{|4}}+\cdots\cdots\cdots(2)$

由此式即可知e是代表一無窮級數。用下法可證

明其爲收斂性的級數。

∵ $\frac{1}{\underline{|3}} < \frac{1}{2.2}$ 即 $\frac{1}{\underline{|3}} < \frac{1}{2^2}$

$\frac{1}{\underline{|4}} > \frac{1}{2.2.2}$ 即 $\frac{1}{\underline{|4}} < \frac{1}{2^3}$

於是(2)之右端自 $\frac{1}{\underline{|2}}$ 起各項之和小於級數

$\frac{1}{2}+\frac{1}{2^2}+\frac{1}{2^3}+\frac{1}{2^4}+\cdots\cdots$(3) 之和

但(3)爲一等比級數其和爲 $\frac{1/2}{1-1/2}=1$。

故(2)之和恆小於2+1=3。由此，可知此級數，且可得爲收斂的。

e之值必在2與3之間。

若使 $n=\frac{1}{m}$，當 $n\longrightarrow\infty$，則 $m\longrightarrow 0$

∴ $\lim_{n\to\infty}\left(1+\frac{1}{n}\right)^n=\lim_{m\to 0}\left(1+m\right)^{\frac{1}{m}}=e$ ……………(4)

此即爲二種表示e的代數式

II. e的近似值

e既爲在2與3間之數目，然不能以分數表之，今證之如下：

如e能以分數表之，則

$e=\frac{s}{r}$ s與r皆爲不可相約之整數。

於是 $\frac{s}{r}=1+1+\frac{1}{\underline{|2}}+\frac{1}{\underline{|3}}+\cdots\cdots+\frac{1}{\underline{|r}}+\frac{1}{\underline{|r+1}}+\cdots\cdots$(5)

以 $\underline{|r}$ 乘(5)式之兩邊，則(5)式各項除 $\frac{\underline{|r}}{\underline{|r+1}}$ 以下諸項外均成整數，今以N代表各整數之和

則 $s\underline{|r-1}=N+\frac{\underline{|r}}{\underline{|r+1}}+\frac{\underline{|r}}{\underline{|r+2}}+\frac{\underline{|r}}{\underline{|r+3}}+\cdots\cdots$

$s\underline{|r-1}$ 顯然亦爲一整數，以M代表，則 M－N 亦可爲一整數 P

即 $P=\frac{1}{r+1}+\frac{1}{(r+1)(r+2)}+\frac{1}{(r+1)(r+2)(r+3)}+\cdots\cdots$(6)

但(6)式右端 $>\frac{1}{r+1}$

而 $<\frac{1}{(r+1)}+\frac{1}{(r+1)^2}+\frac{1}{(r+1)^3}$

即 $<\frac{1}{r+1}\div\left(1-\frac{1}{r+1}\right)$

即 $<\frac{1}{r}$

即(6)式右端之值在 $\frac{1}{r+1}$ 與 $\frac{1}{r}$ 之間而爲一分數，決不能等於左端之整數。

故 $e=\frac{s}{r}$ 之假定爲不可能，即e不能以分數表之。

e之近似值之計算可如下法排列之

$e=1+1+\frac{1}{\underline{|2}}+\frac{1}{\underline{|3}}+\cdots\cdots+\frac{1}{\underline{|n}}$

1		1
1	2	1.0000000
$\frac{1}{\underline{|2}}$	3	0.5000000
$\frac{1}{\underline{|3}}$	4	0.1666666…
$\frac{1}{\underline{|4}}$	5	0.0416666…
$\frac{1}{\underline{|5}}$	9	0.0083333…
$\frac{1}{\underline{|6}}$	7	0.0013888…
$\frac{1}{\underline{|7}}$	8	0.0001984…
$\frac{1}{\underline{|8}}$		0.0000248…
	e=	2.7182785…

以此類推，可得e之近似值，其有效數可因所加項之多少而定。(Sigrifiacnt figure)

III. e的性質

e既爲一特殊之數，自有其特殊之性質，茲就其重要者分述如次：下式表示 e^x 爲一級數。

$$e^x=1+x+\frac{x^2}{\underline{|2}}+\frac{x^3}{\underline{|3}}+\cdots\cdots\quad(1)$$

此級數稱作指數級數(exronential s ries)(1)所示可證明之如下：

當n>1時

$$\left\{\left(1+\frac{1}{n}\right)^n\right\}^x=\left(1+\frac{1}{n}\right)^{nx}$$

$$=1+nx\cdot\frac{1}{n}+\frac{nx(nx-1)}{1\cdot2}\cdot\frac{1}{n^2}+\frac{nx(nx-1)(nx-2)}{1\cdot2\cdot3}\cdot\frac{1}{n^3}+\cdots\cdots$$

$$=1+x+\frac{x\left(x-\frac{1}{n}\right)}{1\cdot2}+\frac{x\left(x-\frac{1}{n}\right)\left(x-\frac{2}{n}\right)}{1\cdot2\cdot3}+\cdots\cdots$$

令n無限增大，則依前 $\left(1+\frac{1}{n}\right)^n=e$

故得 $\lim_{n\to\infty}\left\{\left(1+\frac{1}{n}\right)^n\right\}^x=e^x=1+x+\frac{x^2}{\underline{|2}}+\frac{n^3}{\underline{|3}}$

$+\cdots\cdots$

上式之證明限於x爲實數（real number）

當x爲複數時

則 $x=r(\cos\theta+i\sin\theta)$，$i=\sqrt{-1}$ (2)

以(2)代入(1)

$$e^x=1+r(\cos\theta+i\sin\theta)+\frac{r^2(\cos\theta+i\sin\theta)^2}{\lfloor 2}+\cdots\cdots$$

應用De Moirre定理，則

$$\text{得}\ e^x=1+r(\cos\theta+i\sin\theta)+\frac{r^2(\cos2\theta+i\sin2\theta)}{\lfloor 2}+\cdots\cdots$$

$$=1+r\cos\theta+\frac{r^2\cos2\theta}{\lfloor 2}+\cdots\cdots+i\left(r\sin\theta+\frac{r^2\sin2\theta}{\lfloor 2}+\cdots\cdots\right) \quad (3)$$

$$\text{但}1+r\cos\theta+\frac{r^2\cos2\theta}{\lfloor 2}+\cdots\cdots<1+r+\frac{r^2}{\lfloor 2}+\cdots\cdots$$

$$\text{且}\ r\sin\theta+\frac{r^2\sin2\theta}{\lfloor 2}+\cdots\cdots<r+\frac{r^2}{\lfloor 2}+\cdots\cdots$$

故(3)式爲收斂級數。

由(1)對於複數之成立可以導出更多之公式。

先說明sinx及cosx之級數。

$$\sin x=x-\frac{x^3}{\lfloor 3}+\frac{x^5}{\lfloor 5}-\cdots\cdots \quad (4)$$

$$\cos x=1-\frac{x^2}{\lfloor 2}+\frac{x^4}{\lfloor 4}-\cdots\cdots \quad (5)$$

在(1)式中以ix代x則得 $e^{ix}=1+ix+\frac{i^2x^2}{\lfloor 2}+\frac{i^3x^3}{\lfloor 3}+\cdots\cdots$

$$=1+ix-\frac{x^2}{\lfloor 2}-\frac{ix^3}{\lfloor 3}+\frac{x^4}{\lfloor 4}+\frac{ix^5}{\lfloor 5}-\cdots\cdots$$

$$=\left(1-\frac{x^2}{\lfloor 2}+\frac{x^4}{\lfloor 4}-\cdots\cdots\right)+i\left(x-\frac{x^3}{\lfloor 3}+\frac{x^5}{\lfloor 5}+\cdots\right)$$

由(4)及(5)知

$$e^{ix}=\cos x+i\sin x \quad (6)$$

如令 $x=\pi$

則 $e^{i\pi}=\cos\pi+i\sin\pi=-1$

即 $e^{i\pi}=-1$ (7)

或 $\log e(-1)=\pi i$

(7)式將數學中三個屢見之常數連結一起，洵屬奇妙。

由(7)知負數之對數爲虛數，至於此處乃以e爲底數。而吾人通常應用者爲以10爲底數之對數。爲易區別計，吾人亦稱以e爲底數之對數曰自然對數，自然對數與普通用對數間轉換關係如下：

設 $\log_e N=a$，$\log_{10}N=b$

則 $N=e^a=10^b$ (8)

故 $\log_e N=a=b\log_e 10$

但 $\log_e 10=2.303$ ∴ $\left.\begin{array}{l}a=2.303b\\ \text{即}\ b=0.434a\end{array}\right\}$ (9)

即由e底對數轉換10底對數時乘以0.434

由10底對數轉換e底對數時乘以2.303

此0.434稱爲轉換係數(Modulus)

由(6)可知三角函數與指數函數在複數制中可以互通。但尚有一種函數，爲以指數函數表示者，此即

IV. 雙曲線函數

設 $x=\frac{e^n+e^{-n}}{2}$，$y=\frac{e^n-e^{-n}}{2}$ (1)

於是 $x^2-y^2=\frac{(e^{2n}+e^{-2n}+2-e^{2n}-e^{-2n}+2)}{4}=1$

故(1)式爲雙曲線 $x^2-y^2=1$ 之參變方程式(parametlic equation)。n爲參變數。

因此稱x，y爲n之雙曲線函數

此處 $\frac{e^n+e^{-n}}{2}$ 稱之爲cosh n

即cosine hyperbolic n之縮寫

$\frac{e^n-e^{-n}}{2}$ 稱之爲sinh n

即sineh yperbolic n的縮寫

$$\text{即}\quad \cosh n=\frac{e^n+e^{-n}}{2} \quad (2)$$

$$\sinh n=\frac{e^n-e^{-n}}{2}$$

這是一種函數的表示方法，眞像 $f(x)=x^2+x+1$ $\phi(x)=x^3+x+\sin x^n$ 等一樣；但雙曲線函數有其獨特的性質，故另用符號以表明之，

由(2)易知 $\cosh^2n-\sinh^2n=1$ (3)

因爲雙曲線函數與三角函數性質頗多類似。凡適用於三角函數之公式，除符號不同外，均適用於雙曲線函數，如相當於(3)之三角函數之公式爲

$\cos^2n+\sin^2n=1$ 是。故雙曲線函數亦冠以cos sin等字樣而不用其他符號，關於上項類似之性質，可略示數式以明之

$$\frac{\sinh x}{\cosh x}=\tanh x$$

$$\sin(n+v)=\sin n\cos v+\sin v\cos n$$

$$\sinh(n+v)=\sinh n\cosh v+\sinh v\cosh n \quad (4)$$

$$\cos(n+v)=\cos n\cos v-\sin n\sin v$$

$$\cosh(n+v)=\cosh n\cosh v-\sinh n\sinh v \quad (5)$$

$$\sin2n=2\sin n\cos n$$

$$\sinh 2n=2\sinh n\cosh n \quad (6)$$

$$d\sinh x=\cosh x\,dx$$

$$d\cosh x=-\sinh x\,dx$$

關於(4)，(5)，(6)之成立，讀者可自證之，其他相當於三角函數之公式，學者亦可依法化得。

行列式撮要

竹召

行列式是數學上運算的利器，他的定義，非常簡明，起初僅當做運算的符號，直到他的特性發現後，才引起數學專家的注意，而加以詳細的研究，推廣他的運用，實在是數學史上的莫大貢獻，今就行列式的普遍特性，及其運用上的便利，作一簡要的說明，願與讀者諸君共研究之，又行列式的運用，以九元行列式爲最廣故下面的敘述，均以九元行列式爲準。

甲、行列式的定義：以 a_1,b_1,c_1 等九字排成正方

如 $\begin{vmatrix} a_1 & b_1 & c_1 \\ a_2 & b_2 & c_2 \\ a_3 & b_3 & c_3 \end{vmatrix}$ 稱爲行列式。a_1,b_1,c_1 等九字是組成行列式的元，$a_1\ b_1,c_1$ 三元是同列，a_1,b_2,c_3 三元是同行，a_1,b_2,c_3 三元連成的對角線是主對角線，a_3,b_2,c_1 三元連成的對角線是副對角線，$a_1b_2c_3$ 的乘積是主項，行列式的符號爲便利起見，可以主項來代表，故上述九元行列式亦可寫作 $|a_1b_2c_3|$。

乙、行列式的展開：九元行列式的展開的方法如下：

行列式改寫爲 $\begin{vmatrix} a_1 & b_1 & c_1 \\ a_2 & b_2 & c_2 \\ a_3 & b_3 & c_3 \\ a_1 & b_1 & c_1 \\ a_2 & b_2 & c_2 \end{vmatrix}$ 之後

以 $a_1b_2c_3$、$a_2b_3c_1$，$a_3b_1c_2$，的乘積，冠以正號，$a_3b_2c_1$，$a_1b_3c_2$，$a_2b_1c_2$，的乘積冠以負號，相加起來即得展開式 $a_1b_2c_3-a_3b_2c_1+a_2b_3c_1-a_1b_3c_2+a_3b_1b_2-a_2b_1c_3$。較繁的行列式不能直接展開，但別有方法，化爲九元行列式後，再展開之。

丙、行列式的諸特性：

特性一： 將行列式的行變爲列或列變爲行如果不變更其排列的次序，則行列式的值，仍舊不變，由此可知行列式的行和列，並無區別。

$$設\quad D_1=\begin{vmatrix} a_1 & b_1 & c_1 \\ a_2 & b_2 & c_2 \\ a_3 & b_3 & c_3 \end{vmatrix} \quad D_2=\begin{vmatrix} a_1 & a_2 & a_3 \\ b_1 & b_2 & b_3 \\ c_1 & c_2 & c_3 \end{vmatrix}$$

$$則D_1=\begin{vmatrix} a_1 & b_1 & c_1 \\ a_2 & b_2 & c_2 \\ a_3 & b_3 & c_3 \end{vmatrix}=a_1b_2c_3-a_3b_2c_1+a_2b_3c_1$$

$$-a_1b_3c_2+a_3b_1c_2-a_2b_1c_3$$

$$D_2=\begin{vmatrix} a_1 & a_2 & a_3 \\ b_1 & b_2 & b_3 \\ c_1 & c_2 & c_3 \end{vmatrix}=a_1b_2c_3-a_3b_2c_1+a_2b_3c_1$$

$$-a_1b_3c_2+a_3b_1c_2-a_2b_1c_3$$

故 $D_1=D_2$

特性二： 行列式的兩行（或列）互易後，則行列式的絕對值不變，僅變其正負號而已。

$$設\quad D_1=\begin{vmatrix} a_1 & b_1 & c_1 \\ a_2 & b_2 & c_2 \\ a_3 & b_3 & c_3 \end{vmatrix} \quad D_2=\begin{vmatrix} a_1 & c_1 & b_1 \\ a_2 & c_2 & b_2 \\ a_3 & c_3 & b_3 \end{vmatrix}$$

$$則D_1=a_1b_2c_3-a_3b_2c_1+b_1c_2a_3-b_3c_2a_1$$

$$+c_1a_2b_3-c_3a_2b_1$$

$$=-(a_1b_2c_3-a_3b_2c_1+b_1c_2a_3-b_3c_2a_1+c_1a_2b_3$$

$$-c_3a_2b_1)$$

特 $D_1=-D_2$

特性三： 行列式的任一行（或列）的各元，均爲零時，則此行列式的自值，亦等於零。

$$設\quad D=\begin{vmatrix} a_1 & a_2 & a_3 \\ b_1 & b_2 & b_3 \\ 0 & 0 & 0 \end{vmatrix}$$

則 $D=0\times(a_1b_2-b_2a_3+a_2b_3-b_1a_2+a_3b_1-b_3a_1)=0$

特性四： 行列式的兩行（或列）全同時，則行列式的值亦等於零。

$$設D=\begin{vmatrix} a & b & c \\ a & b & c \\ x & y & z \end{vmatrix}$$

則 $D=abz+bcx+cay-bcx-cay-abz=0$

x，y，z 可以任何數字代入，對行列式的值均無影響。

特性五： 以 k 偏乘（或除）行列式的任一行（或列）的各元，則此行列式的值爲 k 所乘（或被 k 除）。

$$設\quad D=\begin{vmatrix} a_1 & b_1 & c_1 \\ a_2 & b_2 & c_2 \\ a_3 & b_3 & c_3 \end{vmatrix}$$

$$則\quad \begin{vmatrix} ma_1 & b_1 & c_1 \\ ma_2 & b_2 & c_2 \\ ma_3 & b_3 & c_3 \end{vmatrix}=\begin{vmatrix} ma_1 & mb_1 & mc_1 \\ a_2 & b_2 & c_2 \\ a_3 & b_3 & c_3 \end{vmatrix}=mD$$

特性六： 行列式的任一行（或列）的各元，爲數項和的時候，則有如下的關係

$$\begin{vmatrix} a_1+a_1' & b_1 & c_1 \\ a_2+a_2' & b_2 & c_2 \\ a_3+a_3' & b_3 & c_3 \end{vmatrix}=\begin{vmatrix} a_1 & b_1 & c_1 \\ a_2 & b_2 & c_2 \\ a_3 & b_3 & c_3 \end{vmatrix}+\begin{vmatrix} a_1' & b_1 & c_1 \\ a_2' & b_2 & c_2 \\ a_3' & b_3 & c_3 \end{vmatrix}$$

特性七： 在一行列式中，以 k 偏乘一行（或列）的各元，再加到另外一行（或列）的相當元內，則此行列式的值不變。

設 $D_1=\begin{vmatrix} a_1 & b_1 & c_1 \\ a_2 & b_2 & c_2 \\ a_3 & b_3 & c_3 \end{vmatrix}$　$D_2=\begin{vmatrix} a_1+kb_1 & b_1 & c_1 \\ a_2+kb_2 & b_2 & c_2 \\ a_3+kb_3 & b_3 & c_3 \end{vmatrix}$

則 $D_2=\begin{vmatrix} a_1 & b_1 & c_1 \\ a_2 & b_2 & c_2 \\ a_3 & b_3 & c_3 \end{vmatrix}+\begin{vmatrix} kb_1 & b_1 & c_1 \\ kb_2 & b_2 & c_2 \\ kb_3 & b_3 & c_3 \end{vmatrix}$

$=\begin{vmatrix} a_1 & b_1 & c_1 \\ a_2 & b_2 & c_2 \\ a_3 & b_3 & c_3 \end{vmatrix}+k\begin{vmatrix} b_1 & b_1 & c_1 \\ b_2 & b_2 & c_2 \\ b_3 & b_3 & c_3 \end{vmatrix}$

$=\begin{vmatrix} a_1 & b_1 & c_1 \\ a_2 & b_2 & c_2 \\ a_3 & b_3 & c_3 \end{vmatrix}+k\cdot 0=D_1+0=D_1$

特性八：一個行列式可以其高次式來表示此特性可使行列式的化值，便當不少。

例如 $\begin{vmatrix} a_1 & a_2 & a_3 \\ b_1 & b_2 & b_3 \\ c_1 & c_2 & c_3 \end{vmatrix}=\begin{vmatrix} 1 & 0 & 0 & 0 \\ x & a_1 & a_2 & a_3 \\ y & b_1 & b_2 & b_3 \\ z & c_1 & c_2 & c_3 \end{vmatrix}$

x y z 可以任何數目填入，對於行列式的值，絕無影響。

特性九：行列式主對角線一旁的各元全為零時，則此行列式的值，就是主對角線上各元的乘積。

設 $D=\begin{vmatrix} a_1 & x & y \\ o & b_2 & z \\ o & o & c_3 \end{vmatrix}$　則$D=a_1\begin{vmatrix} a_2 & z \\ o & c_3 \end{vmatrix}=a_1b_2c_3$

x，y，z 可以任何數字代入，對行列式的值，並無影響。

特性十：兩行列式的乘積可照下法計算：

設 $D=\begin{vmatrix} a_1 & b_1 & c_1 \\ a_2 & b_2 & c_2 \\ a_3 & b_3 & c_3 \end{vmatrix}$　$D_2=\begin{vmatrix} d_1 & e_1 & f_1 \\ d_2 & e_2 & f_2 \\ d_3 & e_3 & f_3 \end{vmatrix}$

則$D_1D_2=\begin{vmatrix} a_1 & b_1 & c_1 \\ a_2 & b_2 & c_2 \\ a_3 & b_3 & c_3 \end{vmatrix}\cdot\begin{vmatrix} d_1 & e_1 & f_1 \\ d_2 & e_2 & f_2 \\ d_2 & e_3 & f_3 \end{vmatrix}$

$$=\begin{vmatrix} a_1d_1+b_1e_1+c_1f_1 & a_1d_2+b_1e_2+c_1f_2 & a_1d_3+b_1e_3+c_1f_3 \\ a_2d_1+b_2e_1+c_2f_1 & a_2d_2+b_2e_2+c_3f_2 & a_2d_3+b_1e_3+c_2f_3 \\ a_3d_1+b_3e_1+c_3f_1 & a_3d_2+b_3e_2+c_3f_2 & a_3d_3+b_3e_3+c_3f_3 \end{vmatrix}$$

證明從略。

丁、代數行列式展算的舉例：

例一：　展開行列式　$D=\begin{vmatrix} a & b & c \\ a^2 & b^2 & c^2 \\ bc & ca & ab \end{vmatrix}$

以a乘第一行，b乘第二行，c乘第三行，即此式被abc所乘

$abc\,D=\begin{vmatrix} a^2 & b^2 & c^2 \\ a^3 & b^3 & c^3 \\ abc & abc & abc \end{vmatrix}=abc\begin{vmatrix} a^2 & b^2 & c^2 \\ a^3 & b^3 & c^3 \\ 1 & 1 & 1 \end{vmatrix}$

即　$D=\begin{vmatrix} a^2 & b^2 & c^2 \\ a^3 & b^3 & c^3 \\ 1 & 1 & 1 \end{vmatrix}$此行是a，b，c的同次循換式設以a易b

則$D=\begin{vmatrix} b^2 & b^2 & c^2 \\ b^3 & b^3 & c^3 \\ 1 & 1 & 1 \end{vmatrix}=0$

同理以b易c及以c易a則D均等於零。

故知D含有(a−b)(b−c)(c−a)乘積的因式。

則D被(a−b)(b−c)(c−a)除後所得的商亦應該是同次循換式但是D是五次行列式，

除式(a−b)b−c(c−a)是三次循換式所以商應當是二次循換式。因為D　a，b，c的最高次是三次，所以商式中不能有$(a^2+b^2+c^2)$。

所以 $D=A(a-b)(b-c)(c-a)(ab+bc+ca)$

由比較a^3c^2的係數　$A=1$

故$D=(a-b)(b-c)(c-a)(ab+bc+ca)$

例二：展開行列式$D=\begin{vmatrix} a-b+c & 2a & 2a \\ 2b & b-c-a & 2b \\ 2c & 2c & c-a-b \end{vmatrix}$

將第二三兩列的各元加入第一列的相當元內得

$D=\begin{vmatrix} a+b-c & a+b+c & a+b+b \\ 2b & b-c-a & 2b \\ 2c & 2c & c-a-b \end{vmatrix}$

$=(a+b+c)\begin{vmatrix} 1 & 1 & 1 \\ 2b & b-c-a & 2b \\ 2c & 2c & c-a-b \end{vmatrix}$

自第一行的各元分別減去第二三兩行的相當元得

$D=\begin{vmatrix} 1 & 0 & 0 \\ 2b & b+b+c & 0 \\ 2c & 0 & a+b+c \end{vmatrix}(a+b+c)$

$=(a+b+c)(a+b+c)(a+b+c)$

$=(a+b+c)^3$

戊、行列式的應用：行列式的應用太廣一時難以言盡今舉其最普通的應用介紹給讀者。

一、解聯立方程式：

例如
$a_1x+b_1y+c_1z=d_1$　(1)
$a_2x+b_2y+c_2z=d_2$　(2)
$a_3x+b_3y+c_3z=d_3$　(3)

上列三元一次聯方程式，照普通方法解之則非常麻煩，假使用行列式法來解則易如反掌今解之如下：

$$x=\frac{\begin{vmatrix} d_1 & b_1 & c_1 \\ d_2 & b_2 & c_2 \\ d_3 & b_3 & c_3 \end{vmatrix}}{\begin{vmatrix} a_1 & b_1 & c_1 \\ a_2 & b_2 & c_3 \\ a_3 & b_3 & c_3 \end{vmatrix}},\ y=\frac{\begin{vmatrix} a_1 & d_1 & c_1 \\ a_2 & d_2 & c_2 \\ a_3 & d_3 & c_3 \end{vmatrix}}{\begin{vmatrix} a_1 & b_1 & c_1 \\ a_2 & b_2 & c_2 \\ a_3 & b_3 & c_3 \end{vmatrix}}\ 及\ z=\frac{\begin{vmatrix} a_1 & b_1 & d_1 \\ a_2 & b_2 & d_2 \\ a_3 & b_3 & d_3 \end{vmatrix}}{\begin{vmatrix} a_1 & b_1 & c_1 \\ a_2 & b_2 & c_2 \\ a_3 & b_3 & c_3 \end{vmatrix}}$$

將行列式展開就得到x，y，及z的解。

二，解析幾何上的應用：

a.求三角形的面積：倘使三角形之三頂點d_1，d_2，d_3的坐標各為(x_1,y_1)，$(x_2\ y_2)$，(x_3,y_3)

則此三角形的面積是$\frac{1}{2}\begin{vmatrix} x_1 & y_1 & 1 \\ x_2 & y_2 & 1 \\ x_3 & y_2 & 1 \end{vmatrix}$展開後就得到所求三角形的面積了。

b.測知三直線是否相交於點。設三直線的方程已知道是$a_1x+b_1y=c_2$及$a_2x+b_2y=c_2$

則$\begin{vmatrix} a_1 & b_1 & c_1 \\ a_2 & b_2 & c_2 \\ a_3 & b_3 & c_3 \end{vmatrix}=0$時則此三直線相交於一均否則就不相於一點了。

震光園地

拋物線之焦點及準線的求法

忠 言

1. 在本刊第六期中，作者曾和讀者討論一般圓錐曲線之焦點等的求法，並且說明此法亦適用於拋物線，然而，拋物線之焦點等，還有一個較爲簡便的求法，現在把它寫在下面，來和讀者們討論。

2. 設拋物線之焦點爲 (α, β)，準線爲

$lx+my+n=0$，則其方程式爲

$$(x-\alpha)^2+(y-\beta)^2=\left\{(lx+my+n)/\sqrt{l^2+m^2}\right\}^2$$

即
$$(mx-ly)^2-2x\{(l^2+m^2)\alpha+ln\}-2y\{(l^2+m^2)\beta+mn\}+(l^2+m^2)(\alpha^2+\beta^2)-n^2=0 \cdots (1)$$

因任何拋物線之方程式，其二次項必可書作完全平方之形式，故任何拋物線之方程式，皆可書作。

$$(mx-ly)^2+2gx+2fy+c=0 \cdots\cdots (2)$$

因此，準線方程式中之 l 及 m，可直接從拋物線之方程式求得。現在再來研究 n、α 及 β 之求法。

3. 比較(1)，(2)兩式中之係數，得 α，β，n 之方程式如下：

$$(l^2+m^2)\alpha+ln=-g \cdots\cdots (3)$$
$$(l^2+m^2)\beta+mn=-f \cdots\cdots (4)$$
$$(l^2+m^2)(\alpha^2+\beta^2)-n^2=c \cdots\cdots (5)$$

從(3)及(4)，得

$$(l^2+m^2)^2(\alpha^2+\beta^2)=(ln+g)^2+(mn+f)^2$$

從(5)，得 $(l^2+m^2)^2(\alpha^2+\beta^2)=(l^2+m^2)(n^2+c)$

故 $(ln+g)^2+(mn+f)^2=(l^2+m^2)(n^2+c)^2$

即 $2n(lg+mf)=(l^2+m^2)c-f^2-g^2 \cdots (6)$

由此 n 即可求得。

以(6)式中所得之 n 值，代入(3)及(4)，則得

$$2(lg+mf)(l^2+m^2)\alpha=-l\{(l^2+m^2)c-f^2-g^2\}-2(lg+mf)g=lf^2-lg^2-2mfg-l(l^2+m^2)c.$$

$$2(lg+mf)(l^2+m^2)\beta=-m\{(l^2+m^2)c-f^2-g^2\}-2(lg+mf)f=mg^2-mf^2-2lfg-m(l^2+m^2)c$$

故 α，β 可由此求得：

而準線之方程式爲

$$2(lx+my)(lg+mf)+(l^2+m^2)c-f^2-g^2=0$$

4. 拋物線之其他性質亦可由上述結果求出。

5. 從第3節之方程式(3)及(4)，得

$$(l^2+m^2)(m\alpha-l\beta)=lf-mg$$

故焦點在直綫

$$(l^2+m^2)(mx-ly)=lf-mg$$

上，但此直垂直于準線，又因其通過焦點，故此直線爲拋物線之軸。

拋物線之通徑等於焦點至準線之距離之二倍，故其長爲

$$2\left\{\pm(l\alpha+m\beta+n)/\sqrt{l^2+m^2}\right\}$$

其頂點可解拋物線與軸之方程式得之。但軸之方程式爲 $(l^2+m^2)(mx-ly)=lf-mg \cdots\cdots (7)$

或 $mx-ly=\dfrac{lf-mg}{l^2+m^2}$

代入拋物線之方程式，則得

$$2gx+2fy+c=-(lf-mg)^2/(l^2+m^2)^2 \cdots (8)$$

故頂點之座標可解(7)，(8)兩式得之。

8. 例題 拋物線 $4x^2+12xy+9y^2+2x+2y+2=0$ 求其準線，焦點，軸，通徑及頂點。

此處 $m=2$，$l=-3$，$g=1$，$f=1$，$c=2$

n，α，β 之方程式爲

$$13\alpha-3n=-1 \cdots\cdots (9)$$
$$13\beta+2n=-1 \cdots\cdots (10)$$
$$13(\alpha^2+\beta^2)-n^2=2 \cdots\cdots (11)$$

故 $169(\alpha^2+\beta^2)=13n^2+2$ 〔從(11)式〕

$$=(3n-1)^2+(2n+1)^2$$
$$=13n^2-6n+4n+2 \text{〔從(9)及(10)式〕}$$

故 $n=-12$

因此，準線之方程式爲

$$-3x+2y-12=0$$

從 (9)式及(10)式，$13\alpha=3n-1=-37$，

$13\beta=-2n-1=23$.

故焦點爲 $\left(-\dfrac{37}{13}, \dfrac{23}{13}\right)$

軸之方程式爲 $13(2x+3y)=-3-2$

即 $26x+39y+5=0$

通徑之長爲 $\pm 2(-3+2)/13^{\frac{2}{3}}$

頂點可從下例二方程式求之

$$26x+39y=-5$$
$$2x+2y+2=-(2x+3y)^2=-\frac{25}{169}$$

故頂點爲 $\left(-\dfrac{959}{338}, \dfrac{298}{169}\right)$.

過頂點之切線平行於準線，故其方程式爲

$$3\left(x+\frac{959}{338}\right)-2\left(y-\frac{298}{169}\right)=0$$

即 $3x-2y+\dfrac{313}{26}=0$

準線之足（即準線與軸之交點）可解準線與軸之方程式得之，即

$$3x-2y=-12\ ,\ 2x+3y=-\frac{5}{13}$$

故此點爲 $\left(-\dfrac{478}{169}, \dfrac{297}{169}\right)$

由此可證頂點爲此點與焦點聯線之中點。

科學小品

波義耳定律的補充

昌祺

凡是已經學過一點化學的人，都知道氣體壓力，是由於具有高速度的分子，不斷的向容器四壁作衝擊而起的。氣體壓力的強度是根據每秒鐘衝擊次數和分子的平均動能而定。假定後者在某一時間內不變，換句話說，假定溫度一定，而一定量氣體的體積被壓縮到原來的一半。那末每立方糎所含的分子數的原來的二倍，也就是說每秒鐘向容壁所作的衝擊數增加二倍，結果呢壓力變成二倍大了。二克氫氣在攝氏零度，體積22.4立升時，它所施的壓力是一個大氣壓假使體積減小到11.2立升，壓力就增爲二個大氣壓了，所以波義耳定律就是在定溫度下，氣體的壓力和它的體積成反比，這裏我們可看到氣體體積和壓力的乘積是一個常數（22.4）我們可以用一個公式，表示它 $pV=K$, 或 $pV=p'v'$ 這是波義耳定律的最簡單形式。

以大多數普通氣體在低壓情形而言，這簡單公式很準確的代表實際情形，假使氣體是屬於理想的一型，那就是說：（一）假使分子在空間不佔據地位，只是幾何的點，（二）分子間並不互相吸引，若這二個理想的假使都對的，那末這公式在任何壓力下是對的但是事實上氣體並不是理想的，因爲分子是佔有空間並相互吸引的，那末這二件事對於波義耳定律究竟有什麼影響呢？

氣體的壓力依分子在單位時間內在單位面積上所作衝擊數而定，所以也視分子所運動的自由空間（Free Space）大小而定，設使氣體在低壓下，分子很廣闊的散布着，它們所佔的空間和容器的總容積相較是可以忽略不計的，在這個例子中自由空間和總容積實際上是相等的，我們壓縮這氣體到它的一半體積，並且假使分子所佔的體積仍可不計的話，我們只是簡單的把向單位面積衝擊數增加一倍，因之把我們所稱的壓力增加了一倍。這樣的氣體是符合波義耳定律的。但在另一方面本身所佔的空間是總容積的$\frac{1}{10}$，今以1代表氣體分子所佔體積，這時候的自由空間是 $10-1=9$ 再假設把這氣體的體積壓縮到5，因爲氣體分子所占空間是不可壓縮的，所以自由的空間是 $5-1=4$。壓力可不是加倍而是 $9\div4=2\frac{1}{4}$倍了。我們以波義耳定律來說這情形應該是：壓力和自由空間（即自由體積）的積等於K，所謂自由體積是由總體積中減去氣體分子所佔的體積。令後者以b代表之我們可以把波義耳定律寫成 $p(V-b)=K$。

其次讓我們來研究分子間吸引的影響，這吸引力當然有拉分子聚集在一起以致減小體積的傾向像上面所討論的體積改正一樣這效果祇有在高壓下分子互相緊擠時才是不可以忽略的，Van der Waals就以爲此種吸力與分子間距離之平方成反比即與分子密度之平方成正比，而密度與體積成反比故就吸引力的強度和氣體所佔體積的平方成反比例，倘若a是體積爲一立升時的吸引力那末 $a/^2v$ 是代表任何別的體積的吸引力，我們已說過這吸引力有減小氣體體積的趨勢所以這壓力應該計算進去，總壓力該是 $p+a/y^2$

對於體積及壓力二者，波義耳定律應該修改成

$$(p+a/y^2)(v-b)=K$$

這就叫 "Van der Waa's" 公式

我們應該注意到這兩個因素使錯誤相反而行，吸力的影響使體積減小因之減小 pV，自由體積的影響避免更大的壓縮，因之增加 pV，所以有時在高壓下這個錯誤互相平衡而使普通波義耳定律的公式可以代表它，我們從下面所列關於乙烷氣體的資料，可以見到這句話是不錯的。

P	V	PV
（大氣壓）	（立升）	
1	1.000	1.000
45.8	0.01705	0.781
84.2	0.00474	0.399

110.5	0.00411	0.454
176.0	0.00365	0.643
282.2	0.00333	0.941
389.7	0.00313	1.243

起先雖然壓力增加，PV的值漸漸的却是小了這是由於吸引力的影響佔了優勢近三百大氣壓時這二個影響互相平衡，PV的值和原來的一樣了，壓力再高時，由於自由體積的影響大，使PV值增大

大概和波義耳定律抵觸得很厲害的氣體是最容易液化的，這是因爲在這些氣體裏分子間的吸引力極大，下面一張表是氮氣的值還氣體和波義耳的定律所說的相差得很近，由於它的內在分子吸引力很小氮氣是很難液化的

P （大氣壓）	V （立升）	PV
1.00	1.000	1.000
46.50	0.0212	0.9876
73.00	0.0135	0.9868
90.98	0.0108	0.9893
126.90	0.0079	1.0015
208.64	0.0032	1.0520

假使把已算出的乙烷氣和氮氣的a,b值代入 Van der Waals 公式，我們可以研究他們的P V值是否爲常數，我們所得的 a b值是

	a	b
乙烷	………0.00891	0.00 55
氮	………0.00277	0.00175

取乙烷氣的第一組值我們得

$$\left(1+\frac{0.00891}{(1)^2}\right)(1-0.00255)=K$$

$$\therefore\ K=1.0063$$

又若取第四組的值代入公式

$$\left(110.5+\frac{0.00891}{(0.00411)^2}\right)(0.00411-0.00255)=K$$

$$K=0.9053$$

上面所得K的結果值相差得微乎極微，以量高壓力和小體積的準確度的困難而言，這種成績是甚稱滿意了，以氮氣第一組值代入

$$\left(1+\frac{.00277}{(1)^2}\right)(1-0.001750)=K$$

$$K=1.0010$$

以第六組的值代入，結果 K=1.0238

這兒K的相當值似乎稍不近些。在高温下氣體不易液化時，它們是漸漸變爲理想型了，當二氧化碳在0°C 17.70大氣壓時，從理想氣體定律算出的壓力是20.4，而從 Van der Waals 公式算出來卻是18.20在100°C時實際的，理想的，Van der Waals的壓力各爲26.1，27.8和25.9，所以大氣壓從 Van der Waals 公式中所算得的結果較從波義耳定律所得結果和實際情形更準確些。

——辰光數理補習專校近訊——

辰光數專秋季班自於去年十二月底結束後，春季班開將二月十日左右開學。內設高中初中二組，高中組有解析幾何，大代數，平面三角，高等物理，高等化學及微積分等科目；初中則有初等代數，平面幾何，三角，初等物理，初等化學等科，各科可任意選讀，上課時間將定於每日下午四時至七時，簡章可至該校索取，函索附郵二分卽寄，報名卽日開始云。

包含在「數」裏面的「理」是不完全的

慕 宇 光

有人常常以爲，「數」是宇宙間的眞理，「數」的本身就是完全的眞理，於是他們只抱住了「數」却丟棄掉余了「數」以外的「理」，這些人當和人們談話的時候，雖然常常談到眞理，但他們之所謂眞理，是一種「羲皇上人」式的眞理，是一種「隔離塵世」的眞理如果他們將他們的眞理應用到人間世來，他們是一定會遭遇到碰壁的危險的。

其實，那是因爲他們不知道「數」和「理」必須並重的緣故。

固然，「數」的本身也包含着「理」，但那包含在「數」裏面的「理」是不完全的，譬如說誰也知道「四」減「一」等于「三」的正確，然而果眞是正確的嗎？却很少人加以細細的研究。又如「三」乘「十」得「三十」，這是不是可以應用到一切的事實上去嗎？却也很少人加以慢慢的咀嚼。人們大多喜歡把「數」活生生的吞到到肚子裏去。肚子飽了，就沒有問題了。難得有少數人在研究吞下肚子的「數」，是否能適合我們人體的需要。

我們知道「四」減「一」等于「三」是「數」的眞理。但我們也應當知道「四」減「一」不等于「三」的眞理。我們知道「三」乘「十」是「數」的眞理。但是我們也應當知道「三」乘「十」不等于「三十」的眞理。

或許有人會質問我，對我說：『你的話簡直不通。「四」減「一」不等于「三」決不是眞理，「三」乘「十」不等於「三十」也決不是眞理，因爲他們是不可能的。如果你硬要說他們是眞理，請你舉出一些例來』。

好的，那末就讓我舉例來證明吧！

當我們看見一張桌子，我們把他的四個角，用鋸子鋸去一個角時，多下來的，却常不是三個角，却反是五個角了，如果用數字來表示，豈不是「四」減「一」等於「五」嗎？因爲「五」不等於「三」所以我們得到的結論，不是變成「四」減「一」不等於「三」嗎？

於是人們會對我說：『我們要去掉四角桌的一個角時，可以不必定依照你的方法。如果我們將鋸子依照那四角桌的對角綫鋸下去或我們用銼子把四角桌的一個角，銼成光滑的曲線形狀。所得到的，不將是三角形的桌子了嗎』

對的，他們的話不錯，但是他們終究不能不承認我的「鋸桌角法」也是一個可能的方法之一，我的「四」角桌鋸去「一」角變成「五」角桌的話，是也有以事實爲根據的理由的。所以我所說的「四」減「一」不等於「三」，也不能算不通。

又如：假使我們已知孫君每次跳高的能力是三尺，我們決不能說他如果跳了十次，就能跳到一堵三十尺高的阻礙物的上面。都不是「三」乘「十」不等於「三十」的一個很好的證明嗎？

自然，或許人們又會對我說：『那是因爲當他每一次跳到三尺高的地方時，地心就有吸力拉他回到地面的去，如果在那堵三十尺高的阻礙物的旁邊，放着每級三尺高的石階十級孫君跳十次就可能跳到和那堵三十尺上阻礙物等高的所在了。』

然而我要對他們說：『地心吸力是，物的「理」不是「數」的「理」如果我們不談「物」的「理」，那末「三」乘「十」不等於「三十」的話，豈不是沒有錯誤了嗎？』

從這看來，我們就知道『包含在「數」裏面的「理」是不完全的』，這句話的意義了。

（下文由16頁轉來）

$HM-HN+CN=CM=\frac{a}{2}$。

$\frac{3}{5}HM=\frac{a}{2}-2CN=\frac{a}{2}-\frac{2}{5}a=\frac{1}{10}$ $\therefore HM=\frac{1}{6}a$。

因圖形對稱，MN 故亦等於$\frac{1}{6}a$，$HN=\frac{a}{3}$，

$CH=DK=\frac{1}{2}\left(a-\frac{a}{3}\right)=\frac{a}{3}$

$\therefore CH=HK=DK$　　Q E D.

註：此題若以解析幾何解之，則較簡而易。

讀者信箱

信箱規約

（一）讀者信箱之闢設，專爲讀者解答疑難之科學及數理問答。

（二）問題內容，不得超越科學範圍，簡單者由編者直接奉答外，較高深者，可徇讀者要求或編者之決定，登載本欄內，供讀者之研究討論。

（三）問題以簡明爲主，每題不得超過一百五十字，有圖者須以黑墨水繪圖。

（四）來信須繕寫淸楚，並須詳細註明姓名地址，如欲直接答覆者，須附有貼足郵資之信封。

（五）來信須註明本刊「讀者信箱」欄。

某君問：

1.我人以手觸木及鐵時，則手感覺鐵之溫度較木爲低，此以鐵爲良導體而木爲不良導體之故。但以手觸玻璃或石時，其溫度亦覺較木爲低，而玻璃及石均爲不良導體，何以能與鐵有同樣感覺？

2.井水何以夏涼而冬暖？

答：

1.我人觸及鐵與木時，覺鐵較木爲涼，蓋因鐵將人體內之熱傳導較木爲快也。傳熱之速度（單位時間內所能傳導之熱）與溫度之差，導熱係數，與接觸面皆成正比，導熱係數愈大，傳熱速度愈快，鐵爲良導體，其導熱係數較木爲大，故鐵較木似稍涼。接觸面愈大者傳熱速度亦愈快，玻璃與石表面光滑，以手觸之，接觸面大，木表面粗糙，以手觸之，接觸面少，故玻璃石與木雖同爲不良導體，玻璃與石之傳熱速度較木爲大，是以玻璃與石似較木爲涼。然而表面極光滑之木，觸之亦覺較涼。

.2以井水本身而言並非夏涼而冬暖，夏天井水之溫度亦稍較冬天爲高，所以覺井水冬暖夏涼者，因夏天地球表面之物體受熱之影響，溫度變遷較大，而井水因在地面下之故受熱之影響而改變溫度較小，是以夏天井水溫度較他物爲低。同理冬天各物溫度降低，而井水溫度之變遷較他物爲少，故冬天井水之之溫度較他物爲高。

錢恆敬問：

1.如圖ABC，BDE，CEF均爲等邊三角形，X，Y，Z各爲垂心，求證XYZ爲一等邊三角形。

2.一凸字形物欲秤其一部之重量，能否不使物體分散，利用比重或他種方法秤得之，請敘述方法及理由。

3.據貴刊第一卷第二期十四頁所載地球繞太陽旋轉的軌道不是一個圓，而是一根向外盤旋的曲線，那末年數越久，所繞之軌道越大，則一年的時期越長，但現今一年之時間一定，並未有所增加，未知何故？請解釋。

4.凡物是否先氣化而燃燒，若如是碳之熔點。據Mepherson and Henderson所著Aeourse In General Chemisty(Third Edition)所載 [illegible]00^0C，而煤爐之溫度未達3500^0C未知何故請解釋。

答：

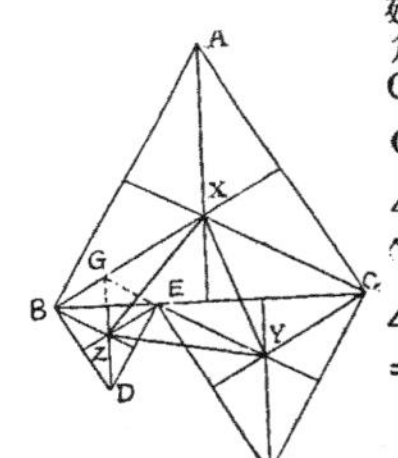

延長YE交BX於G，GXCYBGEZ爲平行四邊形，延長DZ亦交於G。CX＝EY＋EG＝EY＋BZ。CY＝GX，∴BG＝BZ＝EG＝EZ。∠GBZ＝6 ^{0} ∴BZG，EGZ皆爲等邊三角形，BZ＝GZ。∠EGZ＝60^0＝∠GBZ，YG＝BX，∴△BZX≌△YZG，∴YZ＝ZX，同理可證YZ＝XY。∴XYZ爲一等邊三角形。

2.先用排水法量其體積，並秤其總重量，由此可求得此物體之比重。然後將此物體置於滿盛水之器內，使凸字之上部完全浸於水內而下部完全露於水面上，則所排出水之體積即爲上部分之體積，以之乘比重，即得重量。

3.地球軌道移動爲數極微，約一百年方移動一米，而以一米之長較之地球繞日之軌道爲一極微小之分數，故影響極少，可忽略不計。再過數十萬年後或稍受其影響。

4.凡物並不一定需要氣化後而燃，但普通所指具有火焰之燃燒，皆爲先氣化而後燃燒者。碳之燃燒並非先由碳化成蒸氣，然後着火，乃碳先在較低之溫度時經氧化而成一氧化碳，然後燃燒成二氧化碳。是以無須達碳之熔點，碳即能燃燒。

代函：黃圓珍君：

關於Gyroscope motion 本刊擬請人撰述專論，所論頗多涉及微積分，對於一般讀者未免過深，因是作罷。Gyroscope motion及Spinning top motion是一種具有轉動軸的運動。其較簡單情形，即爲外加力矩L，與Gyroscope垂直，則$L=I\omega\left(\frac{d\phi}{dt}\right)$，I爲此Gyroscope對重心之轉動慣性(momentof inetia) $\left(\frac{d\phi}{dt}\right)$即爲所產生之軸的轉動角速度。L，ω，$\frac{d\phi}{dt}$均相垂直，可以右手定律決定其方向，大拇指代表力矩方向，中指代表ω方向，則食指代表$\frac{d\phi}{dt}$之方向。

Gyroscope之應用，現日見廣博。諸若飛機之水平儀，定向器，可代替指南針，而不受磁場之影響，航海之羅盤，魚雷之瞄準器，船隻之穩定裝置，均賴Gyroscope之原理而製成。更有單軌火車之研究，正在進行中。國外工業上已有專門製造Gyroscope之工廠，我國則尚未聞有興起者。關於詳細研究，可參閱Pevy's "Spinning Tops"。較簡淺者，可閱Maurcr"s "Jechnical Mechanics"。

鄭漢璋君問

(1)爲何翻書時常有聲音？

(2)爲何銅匠能將錫塗在鋼鐵上而不致落下？爲何自已常常做失敗？

(3)以一杯子裝滿水，放於燈下，沿鉛垂方向，用力吹之，爲何杯底有一黑影？爲何此黑影子之四周滾有一光圈？

(4)爲何物體受熱後常會膨脹？

(5)爲何圓球能滾而六面體不能滾？

(6)在眞空中，振動的音叉是否永不停止？

(7)北極星爲何始終在我們之北？是否在正北？

(8)兩種顏料混合後爲何常會變成第三種不同之顏色？

(9)室內灰塵從那裏來？

(10)如地球離開現在的位置將落到何處去？

(11)假設ABCD爲一正方形，以AC及BD爲直徑在正方形內作二半圓，相切於O點，以A，B二點爲圓心，正方形之一邊爲半徑，作二弧，交方才之半圓於G，F，連OF，延至H及K。

終結：CH=HK=KO

此題是否可以成立？仰係近似？如何證明法？

答：

（1）翻書時，紙張振動成彎的作用震動四週空氣而發聲，參閱Duff物理第616節。

（2）普通銅鐵器的表面都有氧化銅，氧化鐵以及其他化合物或塵埃附着，錫塗上去便不容易牢固。銅匠在塗錫之前，先把銅鐵器用硝酸擦過，拭乾淨，然然將錫塗在純粹的銅或鐵表面上，便不易落下了。

（3）被吹凸的水面向下凹，燈光於凹面上，四散折射出去，中間光線便稀而四周一圈的光線密，所以杯底有一黑影，而四周有一光圈。

（4）依分子運動定律，分子在溫度較高的時候運動速度較快分子的速度快，所含的動量也大，分子與分子間的距離也較大，所以普通物體受熱後常會膨脹。

（5）圓球是在一種隨遇平衡狀況下，把它稍微推動一下，它也就平衡了，沒有回復原狀的趨勢，所以就容易滾，而六面體當一面平放的時候是一種穩定平衡，稍微推動一下，它立刻有回復原狀的趨勢，所以不容易滾動。

（6）不會永不停止，因爲眞空中雖沒有空氣的阻力，而音叉振動時，各個分子與分子之間有摩擦力使音叉慢慢停止下來。

（7）地球自轉的時候是依照一定的軸的，這把軸並不指着太陽而是傾斜的，約摸指着北極星的位置，所以我們始終看見北極星在我們之北，北極星也不是在我們正北的。

（8）顏料能夠顯顏色是把其他的光線都被吸收了而反射出一種光線，假使兩種顏料合在一起，那末有兩種光線是被吸收一部份，被反射一部份，其他的都被吸收了。這兩種光線合起來顯出第三種不同的顏色。不過第三種顏色原來兩種都是相似的。

（9）空氣中到處都包含着大量的灰塵，數量並不是不變的，而是有些在空氣中的凝結成大粒子落下來，另一面從泥土中飛揚到空氣中去，保持着平衡，所以不管你室內怎樣清潔，只要有空氣流通，就會有灰塵積起來的。

（10）地球假使脫離了現在的位置，到那去處，沒有一個人知道，可能的猜想是被別個大的天體吸去，做燃料，或者掉在別個天體的系統裏同樣作週期性的圓運動。

（11）確能成立，證法如下：

聯AG，CG，延長AB至E，令AB=BE。

再聯EG，於是$\angle AGC=90^0$，$\angle AGE=90^0$，

$\therefore \angle CGE=90^0+90^0=180^0$。

$\therefore$ CGE是直線。

$CD=BE$，$\angle CDB=\angle DBE$，$\angle CPD=\angle BPE$

$\therefore \triangle CDP \cong \triangle BPE$(a·a·s　a·a·s)，

$DP=BP=\frac{BD}{2}=\frac{1}{2}CD$。

△CGN∽△CPD

∴GN=½CN。

△AGC∽△CPD

∴AG=2CG。

$\overline{CG}^2+2\overline{CG}^2=a^2$，

∴$\overline{CG}^2=\frac{1}{5}a^2$。

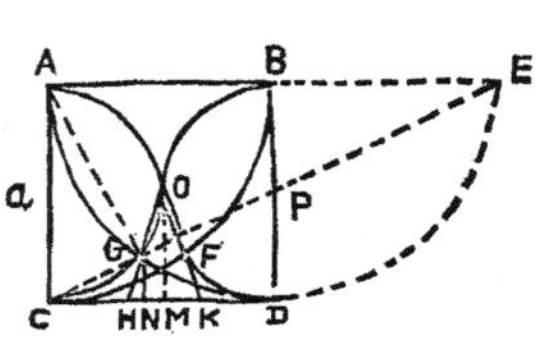

$\overline{GN}^2+(2\overline{GN})^2=\overline{CG}^2=\frac{1}{5}a^2$，

∴$\overline{GN}^2=\frac{a^2}{25}$，　$GN=\frac{1}{5}a$。

$\frac{HN}{HM}=\frac{GN}{OM}=\frac{\frac{1}{5}a}{\frac{1}{2}a}=\frac{2}{5}a$　∴$HN=\frac{2}{5}HM$。

（下文接13頁）

辰光數理補習專校簡章

民國三十一年一月訂

（一）科　目　本校課程採選科制，所設各科，可憑各人之需要與能力，任意選讀，今將所設科目列後：

高中組　1. 微積分　2. 解析幾何　3. 高代　4. 三角　5. 物理　6. 化學

初中組　1. 平面幾何　2. 初代　3. 算術　4. 物理　5. 化學

（二）　授課時間：　各科每週四節，上課時間每日下午四時至七時。

（三）　報名日期：　即日起每日上午九時至十時，下午二時至五時。

（四）　報名手續：　填報名單，隨繳學費。

（五）　報名地點：　福煦路（成都路口）三八四號本校

（六）　開學日期：　二月十日開始上課，五月底結束

（七）　納　費：　高中組　每科十二元

初中組　每科十元

選三科以上高中每科十元初中每科八元

（八）　校　址：　福煦路三八四號震光原址

附　註：　本校代爲聘請家庭教師

歡迎刊登廣告

廣告刊例

等級	特等	優等	普通
地位	封底	底裏	正文前後
1	200元	175元	150元
1/2	120元	100元	80元
1/4	80元	60元	50元
1/6	60元	40元	30元

不足1/6作1/6計算

長期登載，另有優待

本埠各報攤均有出售

震光數理 第一卷 第八九期

民國三十一年二月一日出版

編輯者　震光數理社　福煦路三八四號

發行者　震光數理社　上海福煦路三百八十四號

總經售　震光數理社

定價

每月出版二期　本期售價五角

預定

期數	冊數	價目
全年	二十四期	九元
半年	十二期	五元
三月	六期	二元六角

F-243　58

中華民國三十四年十一月二十日出版

第二卷 第一期

本　期　目　次

復刊詞

本刊同人

經過整整八載生死存亡的堅苦鬥爭，犧牲了無數的忠勇軍民同胞，我們終于到達了今天——光明重臨的一日。在默禱死難同胞英靈之後，讓我們一致來從事隨着勝利來臨而展開在當前的艱巨工作——建國——吧！

本刊過去處於敵僞惡勢力壓迫下，三載有餘。今日得與千萬親愛讀者重見，誠不勝欣慰。本刊將一本創刊詞中所揭示的使命——灌輸青年基本科學智識，充實青年建國技能，努力爲讀者服務。同人能力雖然微薄，見解也許粗陋，但我們將毫不猶豫地於此全國科學刊物極度荒蕪的園地上，負起培養這枝嫩弱的花葩的責任。

同人希望今後本刊能做到下列兩點；第一，成爲大中學生的課外數理讀物。在這裏，本刊此後將時常刊載數學，物理，化學各方面的專論文字，啓人深思的數理題目，富有趣味的科學小品，于此，希望各校同學多多賜稿，共同研討，共同合作，使本刊日新日新又日新。第二，成爲中等學校數理化教師的參考讀物，諸凡學校課本上欠缺之材料，科學界新穎之理論，數理中艱難之疑題，某類題目解法之剖析或探討，均將不斷刊登。因此，同人希望各校教師，源源賜教，嚴加批評。如能將平時教授心得，蒐集整理，彙合成文，惠賜本刊，則尤爲不勝希冀感謝者。

最後，同人願重申發刊詞中所說的話：「科學乃建國之根本，而數理實爲科學之基礎。根基不固。安能支持高樓大厦？」我們熱誠希望全國有志理工的青年，共同到這兒來研究討論，我們要以埋頭苦幹迎頭趕上的精神，發展我國的科學，完成建國的使命！

特稿

舊題新講

虞梅芬

梅芬小姐前以本文題曰：「幾何新講」示余，余循讀再三，覺其內容雖屬舊論，然敍法新穎，頗多啓人深思之處，今乃改曰：「舊題新講」，刊此以餉讀者，尙祈讀者於文內★號處加以覃思，如若走馬看花，則本文之作，意義全失矣！

——編者——

陳維忠是滬西某中學高二的高材生，他的成績雖不能說樣樣都是第一，然數理一項，人家總是及他不來。原來爲着腦子比人家靈敏，他早已名震全校了；在初一時，算術先生曾問：「凡是九的倍數，它的各位數字加起來，仍是九的倍數，爲什麼？」★當時全級默然，隔了數分鐘，在教室的角落裏站起了一位學生，看去只有十一二歲模樣，竟滔滔的把理由說了出來，那先生一面聽，一面連連點頭，從此對那學生就另有一種看待，你想那學生是誰？原來就是維忠；又一次，在初三的自修課裏，幾何先生提出了一個問題：「用四根和四根折成一半長的火柴桿，怎樣才可搭成三個等大的正方形？規定火柴桿不准有觸出或多餘，也不准有部分的相重。」★當時回答這問題的，仍是維忠，先生自然又大大的稱讚了一番。說也奇怪，維忠彷彿生就與數理有緣，他的愛好數理猶如小孩的愛好糖菓一般，已成了一種不易改的性癖，而在數理之中，他尤其喜歡平面幾何，所以幾何簡直是他至尊無上的心愛物，爲着要欣賞這心愛物，他願犧牲日常生活的一切，甚至廢寢忘食，也所不惜。他的妹妹美雲，今年比他小一歲，雖有些愛打扮，但對於數理，倒也很感興趣，所以在家裏他們兄妹倆總是聚在一起，討論着題目，有時他們得到了一種解法，還感到不滿足，於是再去想另一種解法，這樣，每一題往往被他們發現好幾種解法；如「三角形兩內角不等，則等分角線亦不等，大角之等分角綫反小。」這題他們的證法有三種★，又如「三角形兩邊不等，則對此兩邊之中線亦不等，對小邊者反大。」這題他們的證法竟多至六種。★

今晚他們又得到了一個新題目，而且這題目是他們的父親陳先生出的，不用說，他們把題目格外看得重。題目是這樣來的：陳先生是台兒莊附近四個煤礦的總經理，那四個礦區恰佔着矩形的四個角頂，早在戰前，四個礦區之間已有鐵路聯繫着。四條鐵路就成了那大矩形的四條邊，對角的礦區之間，並無鐵路相聯，那是因爲大矩形的中部多高山，鐵路不易穿過的緣故。自那年台兒莊一役後，這些煤礦自然被敵人強奪了去，陳先生於是就避居到上海來。如今抗戰已勝，百廢待興，陳先生急於去接收礦區，日來他除在籌備着如何整頓被糟蹋了的礦區外，爲便利今後運輸計，他還計劃着新的鐵路線，他想在四條原來的鐵路線上各加車站一個，然後再以鐵路聯接那四個新車站，問題是在這兒：要使四段新鐵路的總長爲最短，也就是說使費最小的資本去築造，這四個新車站的位置該怎樣？陳先生從前也念過幾何，也曉得這是一個純粹的幾何題目，爲着一則想解決時在心頭的實際問題，二則想在同事前顯顯他子女的才能，今天晚飯後，他就把這題意告訴兄妹倆，命他們去解決。當下兄妹倆就很快的步入了書房，開亮了檯燈，面對面坐下，維忠想了片刻，他就把題目拿幾何的形式寫下來：「定矩形之內接四邊形中，周邊以何者為最小？並試證明。」你瞧，現在兄妹兩人，正在會精聚神地想着。一個鐘頭過去了，可是還沒有得結果。

「這題目真有點兒討厭，從前我做那些題目，如四邊形或三角形內取一點，使這點與各頂點距離和最小，不到半個鐘頭就完事，今天這題目已化上了一個鐘頭，怎麼還是不成？」維忠有些不耐煩地對着他的妹妹說，做幾何題感到不耐煩，這是他生平第一次。

「哥哥，四邊形內要取一點，使與頂點距離的和最小，那很容易，我也會做*，不過三角形內要取這樣一點，我還不會，你現在就趁便告訴我好嗎？」美雲拋却了本題，很熱切地問着哥哥。

「題目原該自己去想才對，人家告訴你的解法，只使你一時領悟，在你的腦海裏決不會留着深刻的印象，所以隔不多時，就被遺忘，不過剛才你所問的原是名題，我在這兒倒不妨說給你聽，你要得到這一點，你可先在三角形的任何兩邊上向外作正三角形，然後再作這兩正三角形的外接圓，這兩外接圓交在三角形內的一點，就是你所要求的一點，這點叫做斐馬點，是因數學家 Pierre de Fermat 首先發現這點與三頂點距離和是最小而名的，在數學名詞上又叫做等角心，因為三角形的三邊在這點張着 120° 的等角。」維忠應了妹妹的問，這樣解釋着說。

美雲當下就照了他哥哥所說那樣畫了一張圖，把三角形的三角頂註上了三字母 A，B，C；而把求得的等角心註上了字母O，於是她繼續向着哥哥說：

「得到了這一點，還要證明，哥哥，證法你記得嗎？要是記得的話，那末就一併告訴了我罷！」

「妹妹，不是剛才我已說過，題目該自己去想才對，所以這兒我不願拿證法告訴你，反正你只要多化點兒工夫，總想得出來。」

「那末你給我些提示好嗎？」

「既這麼說，我就告訴你一個大概罷！現在你要證明 OA+OB+OC 是極小，你得在三角形內任意取一點 O′，聯接O′A，O′B和O′C，要是能證明 O′A+O′B+O′C>OA+OB+OC，那就行了。好！我就說出來，你聽着(見圖)，先作 OBC 的外接圓，然後延長AO交外接圓在一點，這點你就叫它D罷，聯DB；再在 O′B上作正三角形 GO′B，最後你把 GD 也聯接起來。好了，其餘的你自己去想吧！」

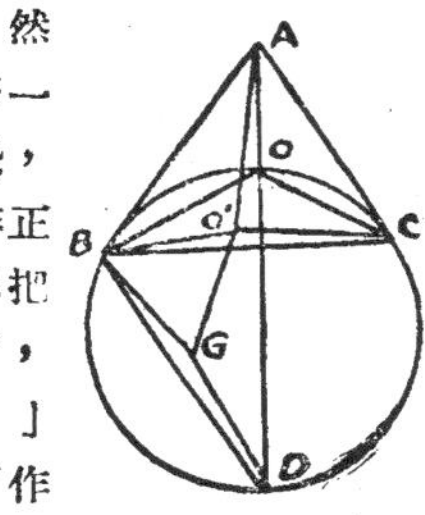

「這兒你只說出了作補助線的方法，至於該怎樣着手去證，並沒有提到，你再給我些提示好嗎？」

「你只要從 AD 是直線，AO′GD 是折線上去着想就是了，其餘的我决不再說下去，因為再說下去就等於把證法全告訴了你。」

美雲把畫好了的圖仔細的看了一看，然後把它摺好，夾入了日記簿，但猛可地她又起了疑問，她把那張圖從日記簿中又抽了出來，再想了一想，於是開始向她的哥哥詰問起來：

「哥哥，要是三角形內有一角等於或大於 120°，兩外接圓就不會交在三角形的裏面，那怎麼辦呢？你的解法顯然有了破綻。」

「妹妹，你想得週到，三角形中要是有一內角等於120°，那末O點就要與120°的角頂相重*；要是有一角大於120°，找一點，使三邊在這點張等角，那就不可能了，但是離三頂點距離和最小那點，不問它的位置如何，總是有的*，不過關於這些，妹妹，我想還是留待明天討論吧！我們不要講得離開本題太遠了，爸爸也許明天就要到董事會去呈計劃書，我們今天非把他的題目解決不可。」維忠回答了美雲的詰問，並結束了這一段討論。

於是兄妹兩人復趨於沉默，此刻在書房內所能聽到的是紙與筆磨擦所生的嚓嚓聲，三角板與三角板相疊所生極低的劈拍聲，以及紙從拍紙簿上揭下來時所生極清脆的次次聲。起初，維忠搔着頭，摸着耳，眉角蹙得很近，臉上不露一絲兒的笑容，他的那支筆在紙上移動得那麼慢，看去似乎有好幾斤重，隔了一會兒，他的眉角慢慢地鬆下來了，臉上也漸露笑容了，美雲眼快，她立刻就打破了沉默：

「你已想出了嗎？」

「是的，總算有點頭緒了，不過說出來也許你不滿意。」

「那不要去管他，你講給我聽了再說。」美雲很急切地說；

「眞要告訴你，我得在這兒先來叫你做一個題目；直線XY的同側有兩定點A和B，現在要你在XY上取一點P，而使PA＋PB是最小，你怎麼取法？」

「這從前好像碰到過，那時我記得是這樣做的：只要經過A，B兩點作直線XY的切圓，那切點就是。」

「妹妹，你仔細想一想，你說得對嗎？」

「老實告訴你，這是從前先生講給我們聽的，怎麼會得不對，不然我那兒可以說得這樣肯定呢？」

「妹妹，你記錯了，你記到一個求極大的問題上面去了，照你這樣取到的P點，在這時PA＋PB不是最小而是∠APB最大，你記得如此不着實，我眞替你担心，不知你把幾何定理是不是也記得這樣糟？以我的意思，與其記得有些似是而非，還不如完全忘記。不然在考試的時候，牛頭不對馬嘴，先生看了你的卷子，非但不給你分數，反要倒扣你的分數呢！」維忠向妹妹教訓了一番。

「領教，領教，以後決不再貿貿然說話了。」美雲說時臉上略有些紅暈。

「現在你可把那題目再想一想了。」

「哥哥，我不比你，一時總想不出來，你還是說給我聽吧！」女孩子在感到有些慚愧的時候，再容易些的事，她也不願去做。

於是維忠在紙上很快的畫了圖，註好了字母，手指着圖，就說：

「以XY做對稱軸，在XY的又一側取B的對稱點B′，然後聯AB′，這聯線交XY在一點這就是我們所要求的P點。」

「哦？對了，你這一提，我就記起來了，從前我們先生曾告訴我們以取對稱點的方法來解決直線的極小問題，當時他還舉出了一個題目，好像是這樣的：P，Q是∠XOY裏面的兩定點，要我們在OX，OY上各取A，B兩點，而使PA＋AB＋BQ最小，★當作了例。」美雲忘却了慚愧說：「哥哥，這題的解法，你旣告訴我了，那末它與我們的本題究有什麼關係，你快點兒說好嗎？」

「妹妹，除了PA＋PB是極小外，你還發現些什麼？」

「我發現不出什麼來，你說罷！」

「角×PA等於角YPB對嗎？」

「原來你說這個，那當然對，不過有了這發現，與我們的本題又有什麼相干呢？」

「你別着急，我慢慢的說來，你聽着，我們知道當PA＋PB是最小時，∠×PA＝∠YPB，因此我推究到一個結論，不過說來很嚕囌，現在我想還是把它寫下來，比較妥當。」

於是維忠就寫下了他的結論：於多邊形每邊（或邊之延線）上各取一點，然後順次聯接各點而成之新多邊形中，以每雙鄰邊與原多邊形邊在同側成等角者之周邊爲最小★，放下了筆，他讀了一遍，然後把紙遞給了美雲。美雲當下細細的讀了數遍，只見她皺着眉並不作聲，顯然她對於這樣一個嚴肅的結論，還沒有明白懂得，她哥哥也看出了這一點，所以就在那紙上再畫了一張圖（見圖）同時手指着圖，他開始解釋給妹妹聽：

「爲着使你容易懂些，我們就拿四邊形來說罷，你看E,F,G,H各是四邊形ABCD四邊上的一點，我的意思是說：當∠AEH＝∠BEF，∠EFB＝∠CFG，∠FGC＝∠HGD，∠AHE＝∠GHD時，EFGH周邊最小，現在圖中所畫着的EFGH，正是一個周邊最

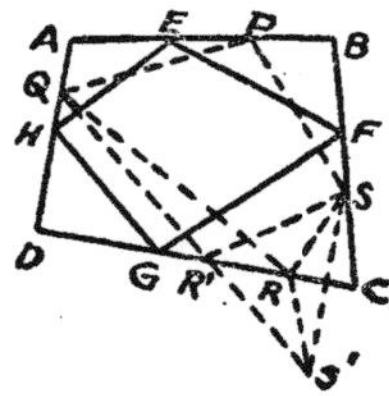

小的四邊形。」

「何以見得？」美雲不服氣地問。

維忠在圖上加添了幾條線繼續解釋着說：

「因爲假使另有這樣一個四邊形如PQRS，只要它有一雙鄰邊與ABCD的一邊在同側成不等角，我就有方法把它改成一個周邊較小的四邊形；譬如，∠SRC>∠QRD，我就可拿DC做軸，作S的對稱點S′，然後聯S′Q，交DC在R′，那末四邊形PQR′S的周邊定比PQRS的來得小；再拿同樣方法我可把PQR′S再改成一個周邊較小的四邊形，這樣，逐次的改，周邊就逐次的小下來，除非改到了如EFGH那樣，那就沒有方法再把它改小了，所以我斷定EFGH的周邊是最小。」★

「在你固然振振有辭，但不知在幾何學裏有沒有這種證明方式？」美雲仍有些不服氣地問。

「有！有！妹妹，你記得嗎？從前我們證定圓內接三角形中以正三角形的面積是最大，不是也用這種方式證明嗎？★」維忠很得意地說：「我們說一個不等邊的內接三角形，我們總有方法將它改成一個面積較大的內接三角形，獨有三邊已相等的正三角形，我們就沒有方法再改大，所以就斷定它的面積是最大，當時爲了這題目，我還去問過海上幾何權威吳先生，他說我們的證法極合理，並且說這原是間接證法的一種。」

從四邊形推到任何多邊形，那是很容易明白的，所以關於維忠的結論，美雲現在已相信了，不過她終究是一個富有研究幾何興趣的學生，默默地想了一會兒，她又起了一個疑問：

「哥哥，每個多邊形上是不是一定有如EFGH那樣周邊是最小的多邊形？」

「一定有，不過它的頂點不一定都在原多邊形的邊上，有時可能在邊的延綫上，再說到這新圖形，也不一定是凸多角形，有時可能是凹的。★」維忠想了一想，然後回答着說：「這些特例，你如需要明白，我可在這兒當場畫給你看。」

「那不必，讓我自己去想罷！現在你還是快些把爸爸的題目繼續說下去好嗎？」

「好的，那末我就……」維忠剛開始說，就被美雲拿下面的話打斷了。

「哥哥，哥哥，不用講了，不用講了，我想到了，有了你那結論，爸爸的題目當然馬上就可解決，怎麼還要問你？眞是笑話。來吧！讓我們趕快定出一個答案來，要是明天一早能告訴了爸爸，那末他心裏該是多麼的歡喜啊！」美雲說時站了起來，這時她想到爸爸明天將如何稱讚他們，將如何帶他們出去玩，而母親也一定可以答應給他們做新衣服，因此她的情緒頓時興奮起來。

「可是，妹妹，你別這樣樂觀呀！你要曉得除了銳角三角形外★要在多邊形上作出如EFGH那樣周邊最小的圖形，很不容易，如今你只是在原則上知道，實際上還做不到，題目只可說做出了一半。」維忠向妹妹澆了一盆冷水。

「不錯，眞的不容易作，那怎麼辦呢？」美時想了一想後說：「原來你還沒有做出，糟了！糟了！看上去今天這題目不能解决了。」這時她的一番熱望，驟然的冷了下去。

『別着急啊！你別忘了我們那多邊形是矩形，說到矩形，那就好辦，我們只要順次聯接四邊中點，所成的菱形不是就是具備了我那結論中的條件嗎？』維忠說着就在紙上畫了一張圖。

「那末你剛才爲什麼掃我的興呢？」美雲埋怨似地說，雖然她的情緒已慢慢地由失望又轉爲興奮。

「我無非要叫你注意在別的多邊形上可就沒有這麼簡單。」哥哥這樣回答，便使妹妹起了敬意。

「好了，好了，我們明天就告訴爸爸說：四個新的車站各可設在四段舊鐵路的四個中點。」

「妹妹，可是定矩形的內接四邊形中，周邊是最小的還有呢！你不能認定一個就算數呀！」

「既是最小，應該只有一個，難道會有兩個不成？」

「豈但兩個，還有無數呢！我已發現凡是兩鄰邊各平行於矩形兩對角線的內接平行四邊形，都可當作周邊最小的內接四邊形，因為它們都具備了我那結論中的條件，並且我可證明它們的周邊都等於矩形兩對角綫的和★，至於我們那菱形，不過是其中的一個罷了。」

美雲當即就畫了一張圖，默想了好一會兒，然後點着頭說：

「哥哥，你的意思我明白了，不過不要去管別的，我仍主張新車站設在舊鐵路的中點，因為這樣可使四段新鐵路的長度和車站與礦區間的距離都來得相稱些。」

「妹妹，你說得有理，也好，也好，那末明天就照你所說那樣去告訴爸爸罷，時候不早了，我們該去睡了，妹妹，走罷！」維忠說時，神采奕奕，充分顯示了他的成功。

美雲看了一看鐘，就響應着說：

「真的不早了，已十二點缺一刻了，好！我們快上樓去！快上樓去！」她說着就去關那檯燈。

夜深了，陳公館的樓梯上現在還能聽到一陣輕快的脚步聲。

第二天一早就有人敲着美雲的房門，開了門，進來的不是別人而是維忠，他這樣老清早來，大概對於題目又有了新的發現。果然不錯，你聽：

「妹妹，關於矩形上任意畫成的內接四邊形周邊要比兩對角線的和大，昨晚後來我又想出了一個直接證法，現在我把它已寫好在這兒，你看，」維忠向妹妹說，同時他即遞了一張紙給美雲看。

在那紙上是這樣寫着：

假設：EFGH 為矩形ABCD各邊上任意取一點所成之內接四邊形。

終決：$EF+FG+GH+HE>AC+BD$

證：延長FB至Q，FC至P，令$FB=BQ$，$FC=CP$，聯EQ，GP，HQ，及HP。

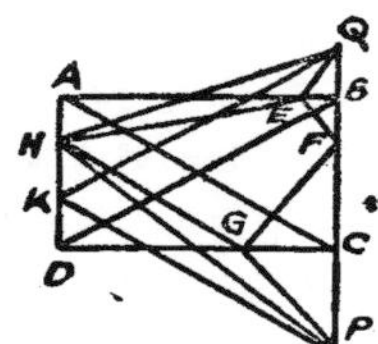

則 $EF+FG+GH+HE=EQ+PG+GH+HE$。

又$EQ+PG+GH+HE>HQ+HP$。

於AD上取一點K，令$AK=FC$，則ACPK與QBDK皆成平行四邊形，而$KP=KQ=AC=BD$。

因$HQ+HP>KP+KQ$。（同底等高之三角形中以二等邊者周邊為最小。）

故$EQ+PG+GH+HE>AC+BD$。

故$EF+FG+GH+HE>AC+BD$。Q.E.D.

美雲看完，笑了起來說；

「真巧，真巧，哥哥，關於這問題，昨晚我也想出了一個直接證法，並且我也寫好在這兒，現在我……」

「妹妹，我對你說正經話，你別跟我開玩笑呀！」維忠打斷了美雲的話說。

「真的，我昨晚想到了一點鐘才睡呢！」美雲說着就向床那兒走去，在枕頭底下，也拿出了一張寫好的題目紙來。

原來美雲的證法大致與維忠的差不多，不過細看時，覺得還值得一知，惜筆者因未得陳小姐同意，不便在此發表，只得留待讀者自己去想了★。

斜漸近線的求法

守　瑜

在畫解析幾何學中的曲線圖時，如果能先知道曲線的漸近線，那末畫起來就便當得多。但是一般教科書中祇論及曲線的縱，橫方向漸近線的求法而沒有提到斜方向漸近線的求法。這兒介紹讀者二種斜漸近線的求法，並舉幾個例子以表明它們的應用。

（I）假若一個曲線方程式可以化簡成爲

$$y=F(x)=\frac{f(x)}{\phi(x)}=\frac{a_0x^n+a_1x^{n-1}+\cdots\cdots\cdots\cdots+a_n}{b_0x^p+b_1x^{p-1}+\cdots\cdots\cdots\cdots+b_p} \qquad (1)$$

的形式，其中$f(x)$和$\phi(x)$兩式無公共因子。從(1)式可知$y=0$當$f(x)=0$，又$y=\infty$當$\phi(x)=0$；所以如果$x-c$是$\phi(x)$的一個因子，那麼直綫$x-c=0$就是曲綫，$y=F(x)$的一條縱漸近線。此外 x 等於任何值時，y 必有一個相當值。今若命x的絕對值 $|x|\to\infty$，則與之相當的y值就須看 $f(x)$和$\phi(x)$的冪n和p而定，如$n<p$，則$y\to 0$；$n=p$，則$y\to\frac{a_0}{b_0}$；但當$n>p$，$|y|$ 也$\to\infty$，這時$y=F(x)$的圖形就可能有斜漸近線了，今再詳加討論如下：——

假如$n-p\leqq 1$，那末(I)式可以化簡而成爲

$$y=F(x)=mx+b+\Psi(x) \qquad (2)$$

的形式，其中m或b或兩者都可等於0，又$\Psi(x)$代表一個眞分式，細察(2)式我們就可得到下面這樣一個定理：——

若$F(x)=mx+b+\Psi(x)$，而$\Psi(x)\to 0$ 當 $|x|\to\infty$ 則直線$y=mx+b$是曲線$y=F(x)$的一條漸近線。

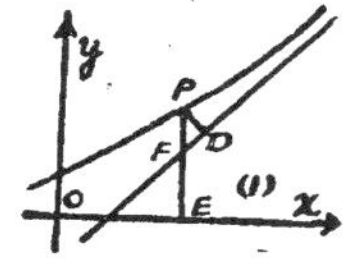

要證明上面之定理，我們可從圖形上去着想，比較容易明白，在圖一中設 l 是直線$y=mx+b$，c是曲線$y=F(x)$的一部份，P是曲線 c 的一點，又若$PE\perp x$軸，$PD\perp l$，F是PE與 l 的交點，則由圖我們便可知道$OE=$P點的横座標x；

$$EP=mx+b+\Psi(x),\ EF=mx+b,\ FP=\Psi(x),\ \text{P點與l的距離}DP=FP\sin\angle DFP,$$

今若$\Psi(x)\to 0$，當 $|x|\to\infty$，卽P點若在無窮遠處，FP就接近於 0，也就是說當 P點在無窮遠處時，它與直線$y=mx+b$的距離接近於0，這就證明了，$y=mx+b$是$y=F(x)$的漸近線，同時我們還可注意到一件事就是c在l的上面或是下面可視$\Psi(x)$値正負而定。

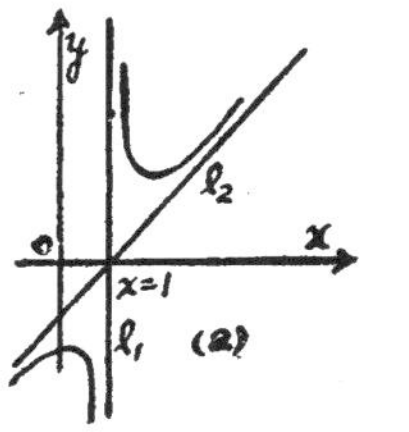

例一：　求　$y=(x^2-x+1)/(x-1)$的圖形。

解：　因　$y\to\infty$當$x\to 1$，故$x-1=0$是這圖形的一條縱漸近線。

再做除去得$y=x+\frac{1}{x-1}$，因$\frac{1}{x-1}\to 0$　當 $|x|\to\infty$；

故這曲線還有一條斜漸近線，就是 $y=x$。然後在兩漸近線間選幾個適當的x値，再計算y的相當値，祇需寥寥數點，就可將圖形畫出。（見圖二）

如上述的題目很多，散見於各教科書中，讀者可隨時注意之，像最通用的斯蓋尼三氏解析幾何的教本中P.42問題二中的(i)和(l)，都可用此法求出各個曲線的斜漸近線。

(II)假若一個曲線方程式可化成或求得如

$$y^2=f(x) \tag{3}$$

的形式，f(x) 可以是整式或分式，那末這圖形的縱漸近線的求法同前，但斜漸近線可根據下面的定理來求得之。

若曲線 $y^2=f(x)$ 中的 $f(x)$ 可被化成 u^2+v 的形式，其中u是x的實一次式或是一個實常數，且 $\frac{v}{u}\to 0$ 當 $x\to\infty$，則 $y=u$ 和 $y=-u$ 是曲線 $y^2=f(x)$ 的兩條漸近線。

這定理爲什麼可以成立呢？請看下面的證明：——

如 $y^2=f(x)=u^2+v$；

即 $\pm y=(u^2+v)^{\frac{1}{2}}=|u|+[(u^2+v)^{\frac{1}{2}}-|u|]$

$$=|u|+[(u^2+v)^{\frac{1}{2}}-|u|]\cdot\frac{[(u^2+v)^{\frac{1}{2}}+|u|]}{[(u^2+v)^{\frac{1}{2}}+|u|]}$$

$$=|u|+\frac{(u^2+v)-u^2}{(u^2+v)^{\frac{1}{2}}+|u|}=|u|+\frac{v}{(u^2+v)^{\frac{1}{2}}+|u|}. \tag{4}$$

若 $\frac{v}{u}\to 0$； 當 $x\to\infty$，

即 $\frac{v}{(u^2+v)^{\frac{1}{2}}+|u|}=\frac{v}{u}/(1+\frac{v}{u^2})^{\frac{1}{2}}\pm 1\to 0$； 當 $x\to\infty$；

又 $\lim\limits_{x\to\infty}\frac{y}{x}=\pm\lim\limits_{x\to\infty}\frac{u}{x}$；也就是等於直線 $y=\pm u$ 的斜率。這樣看來(4)式好比就是前節中的(2)式，故直線 $y=u$ 和 $y=-u$ 正如 $y=mx+b$ 一樣，所以當然是曲線的兩漸近線了。

用同樣方法，我們可以知道若圖形的方程式爲

$$(y-mx-c)^2=u^2+v$$

即 $$y=mx+c\pm(u^2+u)^{\frac{1}{2}} \tag{5}$$

則它的兩漸近線是 $y=mx+c+u$ 和 $y=mx+c-u$，(5)式中如 $(u^2+v)^{\frac{1}{2}}$ 旁有常數，漸近線仍同樣可以求得，讀者當能知一反三，筆者不再贅述了。

例二： 求雙曲線 $y^2=x^2+2x$ 的漸近線。

解： $y^2=x^2+2x=x^2+2x+1-1=(x+1)^2-1$

又 $\lim\limits_{x\to\infty}\frac{1}{x+1}=0$

所以兩漸近線是 $y=x+1$ 和 $y=-(x+1)$；即 $y-x-1=0$；和 $y+x+1=0$。

例三： 試繪 $y^2+xy-2x^2-4=0$ 的圖形。

解： 解y的二次方程式得 $y=-\frac{x}{2}\pm\frac{\sqrt{9x^2+16}}{2}$

上式的根號裏面是一 u^2+v 的形式，且 $\frac{v}{u}=\frac{16}{3x}\to 0$ 當 $x\to\infty$，故由上述第二定理而知此曲線的兩條漸近線是 $y=-\frac{x}{2}\pm\frac{3x}{2}$，即 $y=x$ 和 $y=-2x$。

又因爲，$(9x^2+16)^{\frac{1}{2}}>3|x|$，故知此曲線必位在這二漸近的上面與下面，這圖形是一雙曲線

，如圖三所示。

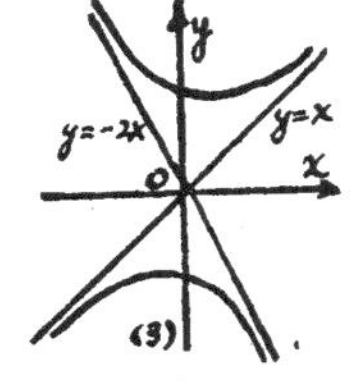

例四： 試製$y^2=(x^3+x^2)/(x-1)$的圖形。

解： 因y^2或$y\to\infty$當$x=1$，因而知道$x-1=0$是這圖形的一條縱漸近線，再將等號之右邊化成u^2+v的形式，可得

$$y^2=x^2+2x+2+\frac{2}{x-1}=(x+1)^2+\left(1+\frac{2}{x-1}\right)$$

今知$\dfrac{1+\dfrac{2}{x-1}}{x+1}\to 0$ 當$x\to\infty$，所以直線$y=x+1$和$y=-(x+1)$也是這曲線的漸近線。

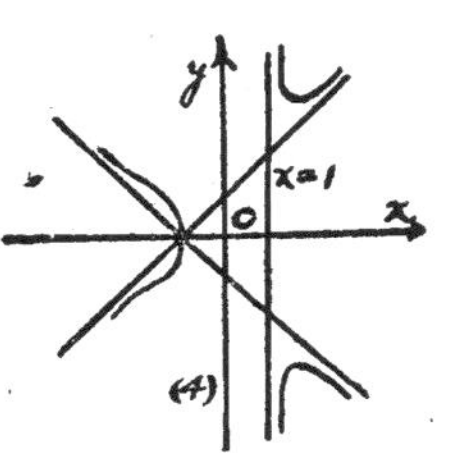

這方程式中不含y項，故知這圖形必以x軸爲對稱軸，用適當x值代入式中，而算得y的相當值，得一組點的座標，今例表如下：

x	−3 ;	−2 ;	−1 ;	0 ;	1 ;	2 ;	3
y	±2.12 ;	±1.15 ;	0 ;	0 ;	∞ ;	±3.46 ;	±4.24

繪出後得三支曲線如圖四中所示，圖中的0點便就是這曲線的共軛點。

如遇上述二個定理都不適用的時候，則在某種機會下可利用參變數方程式來求得某種曲線的漸近線，下面的例題五就是應用這類方法的一個例子。

例五： 試繪 $x^3+y^3-3axy=0$ 的圖形（笛士卡葉線）。

解： 我們都知道方程式 $y=tx$ 代表一條經過0點而有斜率t的直線。解$y=tx$與$x^3+y^3-3axy=0$的聯立方程式，就可得到這直線與上述曲線三交點的座標，三交點是(0,0)；(0,0)（曲線在原點經過兩次，），和一點P，它的座標是：

$$x=3at/t^3+1;\quad y=3at^2/t^3+1 \qquad (6)$$

由(6)式知x和y都成無窮大，當$t=-1$，這是在暗示我們：漸近線是與$x+y=0$平行的，所以設這漸近線的方程式是$y=mx+b$，那末我們已知道$m=-1$，所不知道的只有b了，至於b怎樣決定，讀者只要一看圖五，就可明瞭，在圖五中：

$$EP_1=QP_1-QE=y_{P_1}-y_E=y+x=3at^2/t^3+1+3at/t^3+1$$

在無窮遠處 $$EP_1=\lim_{t\to -1}(3at^2/t^3+1+3at/t^3+1)$$

$$=\lim_{t\to -1}(3at/t^2-t+1)=-a$$

現在我們就可說$b=-a$，也就是說這曲線的漸近線是$x+y+a=0$了，因爲假如我們畫出直線$x+y+a=0$〔經過$(0,-a)$畫一直線平行於$x+y=0$〕，再設EP_1的延長線交$x+y+a=0$於F點，那末在無窮遠處EF仍等於$-a$，$EP_1\to -a$，故P_1F必$\to 0$，這就證明了$x+y+a=0$是曲線的一條漸近線。

畫$x^3+y^3-3axy=0$的圖時，可先令(6)式中的t爲自$-\infty$至$+\infty$的任何值，然後算出x和y的相當值，如是得到一組點的座標，然後以漸近線爲輔，我們就能把圖很迅速的畫出。

男性激素

孫炯鑫

遺精，失眠，神經衰弱，變成現代都市男子們的通病，影響他們的健康，使學業和事業遭受嚴重的打擊。而市上荷爾蒙賜保命一類藥劑，因此便如雨後春筍，風行一時了。荷爾蒙是什麼東西？牠的生理和化學性質怎樣？這裏來介紹一下。

人類或其他高等動物的身體裏，有許多無管腺體如甲狀腺，胸腺等，能分泌特種物質，直接滲入血液周行全身，控制某些生理作用。這些腺體，便稱爲內分泌官，而所分泌的物質便稱作內分泌素，或稱荷爾蒙，學名激素。男性激素便是許多內分泌素的一種。

男性激素最早的研究，當推德國貝多德氏(Berthold，1849) 貝氏發現把雄雞的睪丸割去，那美麗的羽毛和雄壯的頭冠，不久之後便萎縮消退；如再移入睪丸，那些雄雞的特徵，又重恢復其固有的恣態 。 六十年後美國麥琪氏(Mc Gee,1927) 從牡牛睪丸製成不含細胞的酒精浸出液，注入去勢雄雞，亦能恢復消退了的羽毛和頭冠。這證明睪丸的控制性特徵，並不由於睪丸的本身而由於牠所分泌的內分泌素，卽男性激素。

睪丸是產生精子的器官，精子是胚胎的祖先，動物因之使種族綿延不絕。睪丸產生性激素的內分泌官大概在精細管間的間隙組織，分泌的激素爲量極微，却控制許多生理作用：

（1）影響男性生殖器官（精液囊，攝護腺，庫柏氏腺輸精管和陽莖等）的發長。

（2）影響其他內分泌官的分泌；去勢的動物，副腎的重量增加腎臟肝臟及甲狀腺等減小。且影響精子之形成，持久力及活動力。

（3）控制第二性特徵（如雄雞之冠，鹿羊之角，及人類之鬚等）

我國古時的太監和受宮刑的人，割除睪丸後，鬍鬚稀少，身體肥胖，性情溫和而且聲調類似婦孺，失去了男子雄糾糾的氣概。

從動物提取男性激素有兩個途徑；或從少壯男子小便，或從陽性動物的睪丸。因爲含量少，隔雜物多，是很艱難的工作。一九三一年德國哥庭根 (Gotingen) 大學教授浦泰能氏(Butenandt) 首先告成。浦氏從1500竏男子小便（約重153O公斤）分離出25公絲（百萬分之二十五公斤）的純粹結晶性激素，浦氏名之曰「雄酮」(Androsteron)。從這些微量的結晶他不但能測定了許多物理和化學的性質並且準確地決定了牠的分子結構式：

雄酮 $C_{39}H_{30}O_2$

融點 182－183°c

後三年浦氏又從小便裏提出另一性激素——『去氫異雄酮』(Dehydro-iso-androsteron)。生理的效應沒有雄酮強。

去氫雄酮 $C_{29}H_{28}O_2$

融點138°c－148°c

從睪丸提取性激素，比較更難，許多學者的研究都告失敗。直到一九三五年荷蘭安姆司坦的來寇爾氏(Laqneur) 完成古典型的不朽工作，他終於分離出生理效應較雄酮強數十倍的純粹結晶，名謂睪酮(Testosteron)。

睪酮 $C_{39}H_{28}O_2$

融點 154－154.5°c

這些天然男性激素是針狀或羽毛狀的結晶體，有旋光性。不溶於水，難溶於石油醚，但易溶於三氯甲烷，乙醇，丙酯，乙酸，乙酮等有機溶劑。在高度眞空（0.01mm 水銀柱壓之下）可以昇華。都是含有『部分氫化環戊烯駢菲』母體的二價醇基酮類，所以能和酸或酸酐酯化成酯類（醇基的反應），能和氨脲或羥胺縮合成縮氨脲或肟等導生物（酮基的反應）。

人工合成法製造男性激素，以瑞士國蘇黎世 (Zurich) 大學教授羅雪嘉氏 (Ruzicka) 貢獻最大，羅氏由膽固醇(Cholesterol)氧化而製出各種性激素一九三九年度諾貝爾化學獎金，卽因羅雪嘉，浦泰能兩氏於男性激素之功勳，分贈兩氏。

測量男性激素生理效應強弱的單位叫「雞冠單位」把雄雞睪丸除去，二三月後雞冠萎縮達於極點，用測面積器量出它的面積，然後注入性激素油溶液，頭冠卽復原。若連續二日注射於三隻相同方法去勢的雄雞，於第三日或第四日能平均增長原頭冠面積百分之二十所用之性激素量，卽等於一雞冠單位。天然男性激素的雞冠單位如下：

(1)雄酮 150—200γ＝1雞冠單位
(2)去氫異雄酮 600γ＝1雞冠單位
(3)睪酮 10γ＝1雞冠單位

(1γ＝百萬分之一克)

睪酮是男性激素中最強有力的。

男性激素製劑能醫治發育障礙，男性不育，陽萎，早洩，遺精，神經衰弱諸症，確有促進健康，預防衰老之功。所以先靈藥廠製的「蓋世維雄」市售百餘萬元儲幣一針，而問津者亦並不乏人了。

學而時習之

李秀英

張：好久不見，近日功課可忙？

李：不瞞老兄說，小弟資質愚魯，忙也忙不出什麼成績，不過，明夏預備投考大學，倒不能不把從前的功課複習一下。

張：可眞用功，複習些什麼？

李：看到大代數中或然率（probaility）一章，越看越糊塗，要不是想讀理工科，這一套東西眞不想去翻它。

張：越看越糊塗，那是先前沒有透澈明白的關係。

李：題目的變化愈來愈多，可是我的腦袋不會愈想愈聰明啊！

張：錯了，我們研究數理，最重要的一點就是要了解得徹底，然後按步就班做去，隨便說吧，你對於或然率的意義懂得沒有。

李：那自然懂那，可是單獨事件（Simple event）和混合事件（Compound event），還有獨立事件（Independent event）和附屬事件（Dependent event），再加上什麼互斥事件，（Mutually exclusive events），愈攪愈不淸楚。

張：這很簡單，單獨發生的事件叫做單獨事件，二件以上關聯的事情仝時發生，叫做混合事件，舉例來說，「袋中有五黑球和六白球，連續取二次，每次取二球，求計算其先二球爲白，後二球爲黑之或然率。」這類事件，前後相聯，就稱作混合事件，假使只取一次，就成單獨事件，若第一次取出之球，不再放入袋中，則第二次取球時，必受第一次影響，是之謂附屬事件。否則，二次都爲獨立事件。若仝時有幾件事情，祗能有一件發生，則此類事件謂之互斥事件。

李：懂啦，講到袋中取球，這一類或然率題目很多，變化無窮。

張：好罷，我來隨便舉幾個例子談談。

李：傾敎。

張：假如（一）袋中有三白球，四黑球，某君任意取二球，問均爲黑球之機會若何？我們一看題目，知道這是單獨事件，計算出從四黑球中取二球之方法，及從七球中任意取二球之方法。二者相除，卽得結果。

李：這種題目，容易明白。

張：進一步，假如（二）袋中有五黑球和六白球，連續取二次，若第一次取出後仍放入，問第一次取出者爲二白球，第二次取出者爲二黑球之或然率爲若何？

本題所求之或然率與二次取球均有關係，故爲一混合事件。

李：如何計算呢？

張：將兩次取出二球之或然率各各算出，……

李：再相乘便得結果是不是？

張：不錯，假使題目修改一下，第一次取出之球不再還入袋中，情形便不仝了。

李：是不是第二次取球之方法由 C^{11}_{2} 種變成 C^{9}_{2} 種了。

張：是的，如果遇到（三）袋中有五白球和三黑球，連續取出四球（每次一球），問交叉爲二種不同顏色之機會若何？

這種題目，先要看淸楚，有兩種情形可能發生。

（1）先白後黑，則 p_1＝第一次取得白球之或然率＝$\frac{5}{8}$，p_2＝第二次取得黑球之或然率＝$\frac{3}{7}$，p_3＝第三次取得白球之或然率＝$\frac{4}{6}$，p_4＝第四次取得黑球之或然率＝$\frac{2}{5}$。

故 p＝先白後黑交叉二色之或然率＝$\frac{5}{8}\times\frac{3}{7}\times\frac{4}{6}\times\frac{2}{5}=\frac{1}{14}$。

（2）先黑後白，算法仝上，得先黑後白交叉二色之或然率亦爲 $\frac{1}{14}$。

這兩種情形，互相衝突，不得同時發生，

祇能有一種發生，故所求之或然率應爲$\frac{1}{14}+\frac{1}{14}=\frac{1}{7}$。

李：這樣一說明，對於互斥事件，更明瞭了。

張：再把題目變更一下，（四）袋中有二白球，五黑球；甲乙二人，輪流摸取，若取出後不再還入，問各人最先取得白球之或然率各爲若干？

李：誰先取得白球，我們可不知道。

張：問題就在這裏，正因爲不知道，祇有假定，兩人統統將黑球取出後，白球才可取得

李：那末如何着手？

張：現在甲先取，那末甲第一次取得白球之或然率應爲$\frac{2}{7}$。如果甲失敗，乙才可以取，所以計算乙取得白球之或然率時，一定要計入甲不能取得白球之或然率。故乙繼甲後，取得白球之或然率應爲$(1-\frac{2}{7})\frac{2}{6}$。假使乙失敗，甲第二次再取時，那末甲乙第一次不能取得白球之或然率亦應同樣計入，故甲第二次取得白球之或然率應爲$(1-\frac{2}{7})(1-\frac{2}{6})\frac{2}{5}$，依此類推下去，直到黑球完全取出爲止。

李：那末所求二人最先取得白球之或然率是不是將各人每次取得白球之或然率相加？

張：不錯，老弟，你的資質並不愚笨啊！再進一步討論：（五）甲袋中有五白球和一黑球；乙袋中有六白球，從甲袋中取出二球，置入乙袋中；再從乙袋中取出二球，還入甲袋中，問甲乙二袋各有黑球之或然率若何？

李：這倒費腦筋，從甲袋中取出二球置入乙袋中時，究竟有沒有黑球在裏面呢？

張：老弟，這得運用你的思想了。我們既無從知道此黑球有沒有從甲袋中取出，那末我們計算黑球在甲袋中的或然率時，必須要考慮到：(1)此球未被取出之或然率，(2)此黑球自甲入乙，再由乙入甲之或然率。(1)之或然率爲$\frac{2}{3}$（黑球未從甲袋中取出），(2)之或然率爲$\frac{1}{3}$（黑球自甲袋中取出之或然率）乘$\frac{1}{4}$，（再自乙袋中取出置入甲袋中之或然率），得$\frac{1}{12}$。兩者相加，$\frac{2}{3}+\frac{1}{12}=\frac{3}{4}$，卽爲黑球在甲袋中之或然率。

李：那末黑球在乙袋中的或然率怎樣算法呢？

張：非此卽彼，黑球在乙袋中的或然率當然爲$1-\frac{3}{4}=\frac{1}{4}$了。

李：如此一說，更爲簡單明瞭，不過遇到下列這種題目，倒很不容易着手，（六）有四袋，每袋中有黑球三，白球四。另有三袋，每袋中有白球一，黑球三，任意取一黑球，問此球來自前四袋中之或然率若何？

張：這類題目要分二步進行，第一步，計算此黑球取自第一組四袋中之機會爲$\frac{4}{7}$，取自第二組三袋中之機會爲$\frac{3}{7}$。第二步，假定選中了第一組，那末自第一組中任何一袋取得此黑球之或然率爲$\frac{3}{7}$。故此球自第一組中任何一袋實際取得之機會應爲$\frac{4}{7}\times\frac{3}{7}=\frac{12}{49}$，自第二組中任何一袋實際取得之機會應爲$\frac{3}{7}\times\frac{3}{4}=\frac{9}{28}$。

李：那末，究竟此球來自第一組四袋中之機會爲多少呢？

張：此黑球必從此二組中取出，故自第一組四袋中取得之或然率當爲$\frac{12}{49}\div(\frac{12}{49}+\frac{9}{28})=\frac{16}{37}$。此類題目屬於「某件事情發生如有多種原因；則假定某種原因成立時，其或然率應爲若干」一類。

李：原來如此，然則此種題目必須依照上列二步驟做去，是不是？

張：一定的，但是題目變化無窮，我們必須辨明題目本意，才不會走入歧途。

李：今天老兄由淺入深地一層層解釋，小弟茅塞，爲之頓開，眞是「聆君一席語，勝讀萬葉書。」

張：不敢，今天我所說的都是老套，不過幫助老弟複習一下，格外清楚一點罷了！

李：孔老夫子所云之「學而時習之」，誠不我欺，今後一定要做到「旣學必習」。

張：現在我偶然想到兩個小題目，老弟不妨回去想想，(一)太平洋海空戰激烈聲中，平均每二十架日機轟炸一艘美艦時，有十七架被艦上熾烈之砲火擊落，今有日機十架猛襲某美艦，問至多二架日機逃回之或然率若何？(二)袋中有球n只，任意取出一球，發現爲黑色，問袋中祇有此球爲黑色之或然率。

李：這兩題恐怕要費去我一個以上的黃昏

張：回去仔細想一下，明天我們再來討論，再會。

李：再會。

簡　訊

交通大學校友主辦之震光數理專科學校，創辦于民國三十年春，以灌輸青年學子數理基本學識爲宗旨，前後共歷六屆，學生共計一千餘人。自三十年十二月八日太平洋戰事發生以後，備受敵僞猜忌，卒于三十二年夏被迫停辦，負責人員咸被敵方拘捕，致使無數青年學子，爲之扼腕歎惜。今者，抗戰勝利，河山重光，該校主辦人員鑒於數理對於科學建國之重要，亟謀復校。唯還來滬上校舍，頗爲難覓，一俟覓到適當校舍，籌備就緒，即可復校云。

☼　☼　☼

本社自決定恢復「震光數理」後，內部組織，均已安排就緒。除由宋孝芳君擔任總編輯，沈順長君任總幹事外，編輯組長由章肇基君担任，發行組長爲李兆麟君，總務組長爲謝祥麟君。並有編輯委員會之組織，由吳耀華，黃慶餘，蘇兆麟，章文南君等任編輯委員。

☼　☼　☼

本刊前任編輯楊大雄君，早歲卒業於江蘇省立上海中學，重歷交通大學，於去歲奉令入國軍第九十四軍服務，任翻譯官之職，今夏第三方面軍進攻柳州作戰時，楊君奉命隨征，六月初旬，於柳州附近，有美軍上校 Coverdale 擬往前線視察我軍陣地，遂偕盟軍中校及上尉各一人，我軍第九十四軍第二十一團砲兵營長一人，連長一人，及翻譯官楊君，乘坐由盟軍士兵駕駛之 Geep Car 一輛，馳往前方，誤入敵軍陣地，敵軍發現後，即密令附近部隊，將是車重重包圍，用重機關槍前後左右掃射，車被迫停止，楊君正擬隨諸長官，跳出車門避彈時，忽一彈飛來，擊中右額，遂倒地。同時飲彈陣亡者，有美軍中校及駕駛員，餘人避入附近草浜邊，得免難，唯均被俘，射擊停止後，敵軍恐楊君未死，於其左腿上再加一刺刀，其殘忍毒辣，竟至於此。三日後，敵軍經我軍猛攻不支而退。 Colonel Coverdale 等乘機逃回。事後，在廣西南丹附近水溝內，我哨兵發現穿有我軍制服及盟軍制服之屍體三具，其旁並有楊君生前所戴之眼鏡一副。此三人屍體均已腐爛，不堪辨識，唯由遺下之眼鏡。確認爲楊君之屍體無疑，遂將三人遺體合葬於貴陽美軍公墓。嗚呼，爲國犧牲，名垂不朽，然如楊君之青年有爲，埋首苦幹，竟不得覩祖國河山之重光，參與建設之偉業，眞可謂「壯志未酬身先死，長使英雄淚滿襟」矣！本社同人，均係楊君生前友好同學，於楊君知之也深，而悼之也更悲。擬於日內，聯合楊君生前親友知交，發起公祭，舉行追悼會云。

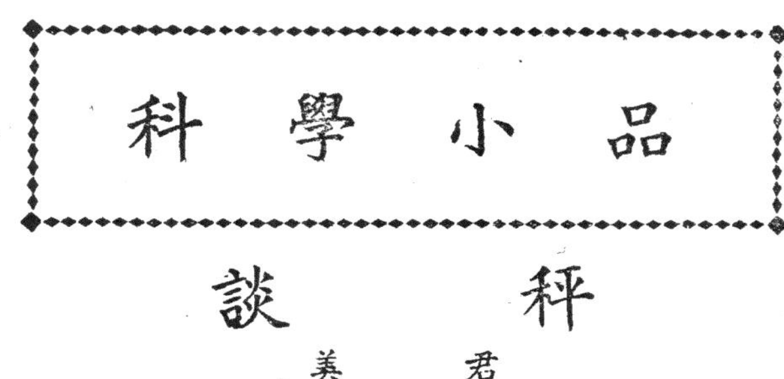

談　　秤

美　　君

我們日常買米，買菜，買油，都脫不了要用秤，尤其一般家庭主婦們，每天早上，帶了娘姨或者燒飯司務，提了菜籃上小菜場買菜，在和攤販一陣討價還價之後，就要用秤了。主婦說：「稱得鮮一點。」「稱得這末鮮，眞是便宜了你。」接着是賣菜者一副神氣傲然的回答。

這裏我們要問，什麼叫「鮮」？「鮮」當然是重量減少一點的意思，但是一鮮之後，「秤」就失却了水平，成了歪斜的狀態，我們來仔細看一下，鮮了以後的秤是不是還成平衡狀態呢？

誰都知道，秤的原理就是槓桿作用原理：

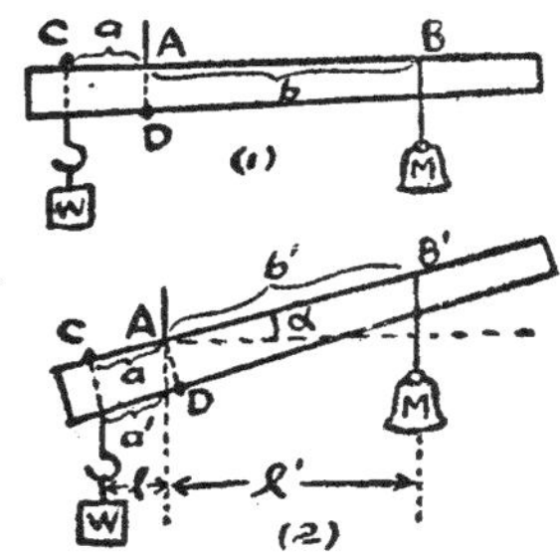

力×力支距＝重×重支距如圖(1)所示，若重物W，放在秤鈎上權其重量，若錘重爲M，則此秤在水平狀態時，$W \times AC = M \times AB$ 或 $Wa = Mb$。今將秤錘向左移動，這就是平常所說的秤得鮮一點，秤就成傾斜狀態，如圖(2)所示。設此時秤桿與水平線成∞角，則 $l' \doteq FE\cos\infty = a'\cos\infty$，$l' = AB'\cos = b'\cos\infty$ 按照槓桿原理 $Wl = Ml'$ 卽 $Wa'\cos\infty = Mb'\cos\infty \therefore Wa' = Mb'$ 因 $a' = a - EP$ ∴a'小於a 故b'小於b，所以秤桿傾斜，AB的距離縮短爲AB'，秤上指示重量就減少。秤雖鮮，不失其平衡狀態。

此外，我們平常看到的秤，自秤首至秤梢之橫截面大小並不一致。近秤鈎處較粗，近秤錘處較細，這是因爲我們用秤的時候，同時須考慮到秤本身的重量，秤的重心 (Center of Gravity)，愈近秤鈕，則稱的時候，錯誤愈小，若秤的重心，剛巧在秤鈕上（卽槓桿的支點上），則秤桿上所標重量間的距離，均勻分配，平常秤之橫截面大小之不等，卽因希望重心愈近，秤鈕以減少其稱物件時的錯誤。秤上所指示之重量間的距離往往不等（離秤鈕愈遠，則距離愈小）。卽因秤之重心雖近秤鈕，但並不正在秤鈕上（卽圖中之AD上）而偏於秤梢一邊的緣故。

究竟什麼道理

綠　　珠

玻璃杯中盛半杯水，上覆玻璃一片，以手指掀住玻璃片，將杯倒置，則見玻璃片堅貼杯口上，不受地心吸力作用而落下。

聰明的讀者，馬上會毫不猶豫地回答：「這是空氣上壓力抵住玻璃片的緣故。」好，那末我要問讀者，玻璃片上下兩面不都是受着大氣壓力嗎？杯中除水以外的空氣，不也是大氣壓力嗎？不信，再拿一只空杯子，上蓋玻璃片，如前述手續倒置，則見玻璃片落下。同樣杯中的空氣壓力相等，爲什麽有水無水就成了二種不同狀態呢？

聰明的讀者們，請再仔細想一想，究竟什麼道理？

小 題 大 做

慶 明

玻璃杯上蓋了紙片，片上再放一錢幣，用手指急速的彈動紙片，片就飛去，而錢幣有時竟會墜入杯中，不過慢慢的移動紙片，就决不會有這現象發生，這一個「小問題」的解釋通常都說是錢幣的慣性使然，我們覺得這樣說法太籠統了，有「大做」的必要。

先從慢慢的移動紙片說起，紙片動得慢，爲什麽錢幣會跟它一起動？我想這是讀者們急於要曉得的，紙片由靜到動，無論它動得如何慢，在開始動時的一刹那，總是一個加速度運動，而錢幣在紙片開始動時，因沒有外力作用於其上，當然不願意動，在這種情形下，幣和紙片的接觸面間就有了滑動的趨勢，同時它們兩物間就產生了，磨擦阻力，要是紙片動得慢，也就是說紙片在開始動時的加速度小，那末這磨擦阻力不到極限(Limiting fiction)，就足以帶動錢幣，使它有一個與紙片一樣大的加速度，（但是决不會比紙片大，因當錢幣達紙片的加速度時，磨擦阻力就沒有了。）於是錢幣就和紙片一起動了起來。上面所說都是開始時一刹那間的情形，這是要請讀者特別留意的，至於既動以後的情形，讀者也許就要這樣問：「動了以後，它們的速度容有不同，那末在它們的接觸面間爲什麽仍無滑動呢？」不錯，動了以後，它們的速度有時的確有不同的趨勢，但當錢幣的運動有較紙片慢的趨勢時，磨擦阻力就會出來拉它一把，當有快的趨勢時，磨擦阻力會抵它一陣，結果使錢幣和紙片間仍無滑動，除非那磨擦阻力不夠大，那末滑動才不能避免，不過在紙片移動得慢時這種情形是决不會有的。

現在我們再來討論紙片動得快時將如何，我們仍可從開始的一刹那說起，紙片如動得快，它在開始動時的加速度就大，以至那磨擦阻力雖大到極限，還是不足以使錢幣得到一個與紙片一樣大的加速度，結果錢幣只得讓紙片走在前頭，而它在後面受了動磨擦阻力的拖動就在紙面上作相對於靜止物的等加速運動，（動磨擦阻力較靜磨擦阻力的極限微小，就說相等也無不可。）如此滑動既不能避免，而錢幣既又落在紙片的後面，當然就有墜入杯中的可能，不過雖如此說，錢幣的能否墜入杯中，仍要看紙片速度的大小而定，爲着使大家容易明白些，我們現在不妨來作一個數量上的討論：

設錢幣C放在紙片P上，幣位置在圓杯的中央，杯的半徑是r，取移動方向做x軸，原點O在杯邊，紙片P的後邊恰切杯邊於O點。（見圖）再設紙片被彈動後的速度在離杯前是

一個定值v，錢幣的質量是m，紙片與錢幣間的磨擦係數是u，

則作用於錢幣上的動磨擦阻力F＝umg。

錢幣得到的加速度 $\frac{F}{m}=\frac{umg}{m}=ug$。

t秒鐘後C與O點的距離 $x_t=r+\frac{at^2}{2}=r+ug\frac{t^2}{2}$。

紙片完全飛離玻杯所需的時間 $T=\frac{2r}{v}$。

如果錢幣能墜入杯中，則在T秒鐘內它的移動距離 x_T 不該大於r。

所以錢幣落入杯中的條件是

$$x_T<2r$$

即 $r+ug\frac{T^2}{2}\leqq r$

即 $ug\frac{\left(\frac{2r}{v}\right)^2}{2}\leqq r$

即 $2ugr\leqq v^2$ 或 $v\geqq\sqrt{2ugr}$

這就是說紙片P的速度在大於或等於$\sqrt{2ugr}$時，錢幣方才會落入杯中。

錯　在　何　處

琴　芸

今有一收斂級數：

$$1=1-\frac{1}{2}+\frac{1}{3}-\frac{1}{4}+\frac{1}{5}-\frac{1}{6}+\frac{1}{7}-\frac{1}{8}+\cdots\cdots(1)$$

讓我們把（1）式的每二項和每四項加以括弧，當然其總和不變，得

$$A=\left(1-\frac{1}{2}\right)+\left(\frac{1}{3}-\frac{1}{4}\right)+\left(\frac{1}{5}-\frac{1}{6}\right)+\left(\frac{1}{7}-\frac{1}{8}\right)+\cdots\cdots(2)$$

$$和A=\left(1-\frac{1}{2}+\frac{1}{3}-\frac{1}{4}\right)+\left(\frac{1}{5}-\frac{1}{6}+\frac{1}{7}-\frac{1}{8}\right)+\cdots\cdots(3)$$

乘(2)式以$\frac{1}{2}$，得

$$\frac{1}{2}A=\left(\frac{1}{2}-\frac{1}{4}\right)+\left(\frac{1}{6}-\frac{1}{8}\right)+\left(\frac{1}{10}-\frac{1}{12}\right)+\cdots\cdots(4)$$

以(4)式加入(3)式，得

$$1\frac{1}{2}A=\left(1+\frac{1}{3}-\frac{1}{2}\right)+\left(\frac{1}{5}+\frac{1}{7}-\frac{1}{4}\right)+\left(\frac{1}{9}+\frac{1}{11}-\frac{1}{6}\right)+\cdots\cdots(5)$$

以(5)式脫去括號，得

$$\frac{3}{2}A=1+\frac{1}{3}-\frac{1}{2}+\frac{1}{5}+\frac{1}{7}-\frac{1}{4}+\frac{1}{9}+\frac{1}{11}-\frac{1}{6}+\cdots\cdots(6)$$

不變各項之正負號，重排(6)式，得

$$\frac{3}{2}A=1-\frac{1}{2}+\frac{1}{3}-\frac{1}{4}+\frac{1}{5}-\frac{1}{6}+\frac{1}{7}+\cdots\cdots(7)$$

(1)式之右邊既等於(7)式之右邊，那末左邊當然也與左邊相差，得$A=\frac{3}{2}A$，或

$$1\frac{1}{2}=1\cdots\cdots(8)$$

讀者們，(8)這樣一個矛盾式，是怎樣來的？數字在欺騙我們呢？還是我們在作弄數字呢？有人說大公無私的數字是決不會欺騙我們的，一定是我們弄錯了。那末錯在何處呢？

數學趣味

逸 菴

（一）大餅一枚，放在桌子上，用刀切之，只准切六刀，今問欲得到最多之塊數，（大小不論）應如何切法？

討論：解答此題，大多人都以爲橫切三刀，豎切三刀，得到十六塊，卽爲答案，詎知不然，其答案自當較十六塊爲多，用幾何口氣說，就是六根弦可分圓最多成幾份？讀者試詳細研究之。

（二）試用曲線分一圓面積爲三等分，並以極簡易之證法說明之。

討論：用直線分一圓積爲三等分，當然甚易，祇須將圓分作三頁各包含120度圓心角之形扇形卽成。若欲以三根平行弦分圓爲三等分，則較難，難在計算。以曲線三等分一圓，則先欲問用何種曲線。在平面幾何中，我們當然用圓弧，怎樣用法，要請教讀者之頭腦了。

（三）某君欲在其屋前廣場上植樹九株，唯須排成十行，每行三株，問應如何植法？

討論：九株樹分十行，似乎樹數太少而行數太多，唯此題解答之妙，妙在排列方法，故此題作法，應就各種幾何圖形着手。

（四）楊柳十棵，分植五排，每排祇准四棵，問如何排法呢？

討論：此題似較上題爲易，因其排數少而行數多，聰明之讀者，或知其排法爲一五角星形。不錯，此果爲一解答。唯尙有一解答，讀者試從我人日常習見之幾何圖形中尋求之。

（五）今有一圓，圓內有某點A，現欲將此圓和此點A，以一筆畫成，問如何畫法？（所謂一筆畫成，就是筆落紙後，不能再提起之謂，且不准已畫之處，筆重覆經過。）

討論：此題若專從圖形上動腦筋，則永無圓滿解答之希望。當從其他方面着手，此題之解答，類似乎哥倫布發現新大陸後在歐洲某次盛大宴會席上解答如何能使一雞蛋豎立在桌上一樣。

總之，解法之巧，存乎腦筋之運用。

懸 賞

第一次

（一）Send more money 一句，共有三字，排成一加法式，卽SEND＋MORE＝MONEY。每一字母（Letter）只代表一位數字（自1,2,3………9,0）求每一字母所代表之數字，並詳細分列說明其必爲某數字之理由。唯不准有兩個字母代表同一數字。

（二）有直線 AB，今欲求其中點，唯祇准用一圓規，問如何求法。

（三）某甲購得麻餅三只，大麻餅之面積，等於中小二麻餅面積之和，平均分給四個兒子。唯其中祇有一兒肯拿兩塊，其餘均欲拿一整塊，問某甲應將三餅如何分法？

上列懸賞解答，限於十二月三十一日前寄交本社，解答務須淸晰詳細，概用鋼筆正楷塡寫，依解答之正確詳細與否，錄取三名，各贈最近出版之名貴書籍一册，應徵者須粘附本刊第六頁之「懸賞印花」一枚准以蓋有本社發行章者爲限。

編 後

編 者

在勝利後的今日本刊與讀者們重逢，愛護本刊者固歡喜，本刊同人當然也歡喜，而編者更歡喜；不過使人憾感的是本期未能如期出版，而延宕至今，其中當然有着不得已的苦衷。緣本社復刊，困難頗多，而其中最大者厥爲經費之籌募，同人均爲職業青年，平時所入僅足生活費用，何有餘資以辦其他事業？故於發動復刊之初曾各方奔走：後蒙朱君惕，程力行，范錫品諸先生熱心幫助，得預算所需的資金，於是着手進行其他事宜；詎知物價飛騰不已，紙價一漲再漲，排工印工日鉅一日，同人不得不另謀補救辦法，折衝樽俎，費時旬日，以致出版之期，一再展延，屢煩舊讀者詢問，謹表歉意。當然，求人之助，終非久長之計，同人均希望今後能自力的經營下去，也就是希望賴銷路與廣告兩項收入來維持本刊今後的發行，所以今後在同人方面；願傾全力於本刊，務使內容一期比一期精彩；在讀者方面；我們希望爲本刊在外多作義務宣傳，如再能介紹商號惠登廣告，那更是我們所熱切企盼的。

本期內容不敢自說滿意，不過至少每篇文字在决定刊登之前，我們曾加以縝密的考慮，所以內容雖不敢說定能使讀者們感到興趣，但總不致如普通教科書那樣使有一部分同學見了頭痛。

舊題新講一文在表面上看來彷彿是短篇小說，其實它是一篇宜於高中學生閱讀的幾何論文，以這種方式寫這種內容，尙屬初見，作者的寫法，堪稱空前。

斜漸近線的求法是守瑜君的心得之作，全文可視作解析幾何學的補充教材，深盼讀者閱後，非惟記其法，尙且明其理，如是才能知一反三，享左右逢源之樂。

動物界中雌雄兩性除在生理構造上有着顯著的不同外，最主要的不同處還在體內所含的某種質素上，所謂某種質素就是激素，俗名荷爾蒙 拿人類來說，就有男性荷爾蒙與女性荷爾蒙之分，男性激素一文告訴你男性荷爾蒙是怎樣發現的，它的化學成分是怎樣的，以及它的量是怎樣計的；作者炯章君服務於海上大藥廠多年，對於各種新藥，頗有研究，以他這樣的身分來寫這樣的文章，可說再適當也沒有了，孫君尙著有女性激素一文，當可於下期刊出，特此預告。

學而時習之是一篇談或然率的文字，作者秀英小姐以極輕鬆的筆法作剝蕉抽繭似的敍述，由淺入深，令人閱時毫無煩碎之苦，惟正如舊題新講一樣，文中也留着題目，有待讀者自己去解決。

稱物時爲着「鮮」與「不鮮」不知打開了多少人的頭，但同是一根橫桿在平衡狀態爲什麼桿的傾斜會影響錘的位置呢？我想這問題從無人去考究過，惟有本期內談秤一文把中國秤作了一個徹底的分析，從此便宜與吃虧就有所本了。

小題大做與究竟什麼道理？所談的是兩個物理學上的「小問題」，其實這兩個問題都有詳細討論的必要，前者今已由燮明君詳爲解釋，至於後者，爲增加趣味起見，請讀者自己先去想一想吧！

交錯無窮級數 (An in finite series whose terms are alternately positive and negative) 究不是一個尋常的級數；因此對付起來就要特別當心，一又二分之一等於一所舉出的正是我們易犯的錯誤，盼讀者閱後常存戒心。

數學趣味與懸賞中，逸菴君列舉趣題數則，答案之妙，非可言喻，讀者於課餘之暇，大可一想以作消遣。逸菴君尙有此類趣題多則，今後將陸續發表，讀者閱信，想必是很歡喜的。

世間有不少足人嗜的東西，在初嘗時是無味的，譬如煙酒，在我們不會吸喝的人嘗來，只覺得是辣是苦，數理正也是其中的一種，其實它的足人嗜遠過於煙酒，不過因初味較煙酒更辣更苦，以致一般同學望而生畏，雖經老師力勸，但仍無意問津，仝人今日正在勸人嘗「數理」的味兒，並且爲着使同學膽壯一些，我們特地在它的上面加了些糖汁；現在我們謹以這盆帶有甜味的精神食糧呈獻於青年大衆之前，願大家快來一嘗吧！

仝人年紀尚輕，經驗當然很少，學識也極淺薄，故錯誤之處，在所難免，而今日所以毅然當此任者，惟冀於建國大業稍效微勞耳，倘祈海內高明賢達師長學友不吝指教，如有見示，請賜尊址，俾編者能登門討教。

本刊正呈請市黨部、中宣部登記中

震光數理月刊

第二卷　第一期

每册實售國幣伍拾元

編輯者　震光數理社編輯組　通訊處　小沙渡路一九七號

發行者　震光數理社發行組　地址　山東路二三一號

經銷處　五洲書報社　電話　九二四七六

作者書社　地址：四馬路中

全國各大書店均有代售

震光數理月刊廣告刊例

等級	地位	全面	半面	四分之一	八分之一
特等	封底	八〇〇〇元	四八〇〇元	三二〇〇元	二〇〇〇元
優等	封裏	七〇〇〇元	四〇〇〇元	二四〇〇元	一五〇〇元
普通	正文前後	六〇〇〇元	三三〇〇元	二〇〇〇元	一〇〇〇元

廣告均用白紙黑字彩印及長期刊登另議